KB262233

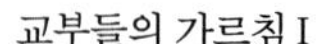

교부들의 가르침 I

교부들의 가르침 I
교부 문헌 주제별 선집
가난-교만

2024년 1월 4일 초판 1쇄
2025년 4월 17일 신판 1쇄

엮은이 하성수 · 김정수
펴낸이 박현동
펴낸곳 ⓒ 성 베네딕도회 왜관수도원 분도출판사
찍은곳 분도인쇄소

등록   1962년 5월 7일 라15호
주소   04606 서울 중구 장충단로 188 분도빌딩(분도출판사 편집부)
     39889 경북 칠곡군 왜관읍 관문로 61(분도인쇄소)
전화   02-2266-3605(분도출판사) · 054-970-2400(분도인쇄소)
팩스   02-2271-3605(분도출판사) · 054-971-0179(분도인쇄소)
홈페이지 www.bundobook.co.kr

ISBN 978-89-419-2506-4 94230
     978-89-419-2451-7 (세트)

• 저작권법에 의해 한국 내에서 보호를 받는 저작물이므로 무단 전재와 무단 복제를 금합니다.

• 이 책은 한국천주교주교회의 한국천주교중앙협의회가 문화체육관광부의 국고지원을 받아 발간한 고대 그리스도교 문헌 총서
 (그리스도교 신앙 원천 · 교부들의 가르침)(비매품)를 분도출판사에서 한국천주교중앙협의회의 허락을 받아 독자 보급용으로 제작하였습니다.

교부들의 가르침
교부 문헌 주제별 선집

가난—교만

한국교부학연구회
하성수·김정수 엮음

분도출판사

일러두기

1. 성경 인용은 원칙적으로 『성경』(한국천주교주교회의 2005)을 기준으로 삼았으나, 교부들이 인용한 성경 본문이 『성경』과 차이가 있을 때에는 그리스어나 라틴어 원문을 직역하였다.

2. 성경 본문에 나오는 지명 '유다'는 로마제국의 지방명일 경우 '유대아'로, '유다인'은 '유대인'으로, '유다교'는 '유대교'로 표기했다. 교부 시대의 인명과 지명은 『교부학 인명 · 지명 용례집』(분도출판사 2008)을 따랐다.

3. 작품명은 『교부 문헌 용례집』(수원가톨릭대학교출판부 2014)을 따랐다.

4. 『교부학 인명 · 지명 용례집』과 『교부 문헌 용례집』을 수정 · 보완한 한국교부학연구회 『교부학 사전』(한국성토마스연구소 2021)을 최종 잣대로 삼았다.

『교부들의 가르침』 발간을 기뻐하며

하느님은 아버지이시고, 교회는 어머니이시니, 우리는 형제입니다.

• 아우구스티누스 『설교』 56,10,14.

가톨릭교회는 계시 진리의 원천이 성경聖經(Sacra Scriptura)과 성전聖傳(Traditio)이라고 고백합니다. '거룩한 전통'을 뜻하는 성전의 주요 부분은 고대 교회 문헌, 특히 거룩한 교부들의 문헌에 담겨 있습니다. 따라서 고대 교회의 문헌은 가톨릭교회의 보고寶庫라고 일컫습니다.

2002년 설립된 '한국교부학연구회'는 이런 보물 창고의 문을 조금씩 열기 시작했습니다. 라틴어와 그리스어 대역본인 『교부 문헌 총서』, 교부학 연구에 기초를 다진 『교부학 인명·지명 용례집』과 『교부 문헌 용례집』, 교부들이 성경 각 구절들을 해석한 『교부들의 성경 주해』, 교부 연구의 전화번호부라 할 수 있는 『교부학 사전』 등을 펴내 교회의 보물이 얼마나 아름답고 좋은지 맛보는 데 도움을 주고 있습니다. 여기에 한국 교부학 발전에 크게 기여하신 하성수 교수님과 교부들을 사랑하는 신학자들이 『교부들의 가르침』*Doctrina Patrum*을 출간하여 우리를 보물 창고로 더 깊이 안내합니다.

이런 제목으로는 7~8세기 전환기에 쓰인 『말씀의 육화에 관한 교부들의 가르침』*Doctrina Patrum De Incarnatione Verbi*이라는 그리스 교부들의 그리스도론 선집이 있습니다. 이와 달리 이번에 발간되는 『교부들의 가르침』은 모든 교부들의 말씀을 주제별로 정리한 것입니다. 인용된 본문의 규모와 분량 면에서 볼 때, 세계교부학회 역사에서 전대미문의 작품이라 할 수 있습니다.

아우구스티누스의 작품 중에 흥미로운 것이 있습니다. 『거울』*Speculum*입니다. 이 작품은 특별한 해설 없이 구약과 신약 성경 구절을 모아 놓았습니다. 그야말로 성경 구절 선집입니다. 그래서 어떤 이는 이 작품을 '성서 선집'으로 번역하기도 했습니다. 아우구스티누스는 이 책의 서문에서 "하느님께서 나를 도우시는 한, 나는 정경에서 그런 것들을 모두 모아서 쉽게 살펴볼 수 있도록 거울처럼 하나로 모아 놓습니다"(ut quantum me Deus adiuvat, omnia talia de canonicis Libris colligam, atque ut facile inspici possint, in unum tamquam Speculum congeram)라며 저술 의도를 밝힙니다. 육신의 얼굴을 거울로 보듯이 영혼의 얼굴을 『거울』로 보라는 뜻입니다.

『교부들의 가르침』은 교부 문헌을 총망라해서 주제별로 엮은 또 다른 거울입니다. 교회를 사랑하는 성직자와 수도자, 평신도에게 참으로 유익한 영혼의 거울이 될 것입니다. 이 거울은 교회 사목에 매진하는 이들뿐 아니라, 현재 삶의 소용돌이 속에서 고민하고 힘들어하는 일반 신앙인들에게도 자신의 신앙을 살펴보는 삶의 나침반이 되고 여유롭고 풍요로운 믿음의 삶을 맛볼 수 있게 할 것입니다.

교회는 거룩하고 오래된 전통에 머물지 않고 끊임없이 새로워지고 있습니다. 어느 시대나 어둡고 혼란스러운 부분이 있습니다. 하느님 백성은 경청하고 소통하며 친교로 교회 쇄신의 큰 물줄기를 함께 이루어 나아가야 합니다. 『교부들의 가르침』이 교회 안에 상호 이해의 폭을 넓히는 좋은 길잡이로 활용되기를 바랍니다.

성 아우구스티누스 축일에
마산교구장 이성효 리노 주교

머리글

분도출판사와 한국교부학연구회는 2008년부터 2022년까지 『교부들의 성경 주해』 총 29권을 함께 출간했다. 이 총서는 교부들이 창세기부터 요한 묵시록까지 성경 각 구절을 풀이한 내용을 골라 엮은 것이다. 교부들의 성경 해석 역사는 고대 그리스도교의 역사라 하겠다. 해석 자체는 역사적 성격을 띠고 있으며, 해석의 과정인 역사적 전승과도 깊이 관련되어 있다. 이는 해석학의 꽃인 이해의 방법이 세월 속에서 끊임없이 변할 뿐 아니라 해석의 내용도 발전한다는 뜻이다. 성경은 성경 해석을 통해 삶에 녹아들고 신학적 가르침에 적용되었으며, 거룩한 독서와 고대 그리스도교 문화의 실질적 밑바탕이 되었다.

『교부들의 성경 주해』 스물아홉 권은 『교부들의 가르침』(부제: 교부 문헌 주제별 선집)의 밑뿌리가 되는 가장 중요한 자료다. 『교부들의 가르침』은 교부들이 해설한 중요한 개념들을 가나다순 250여 항목으로 분류한 선집이다. 총 열 권으로 구성했으며, 해마다 한 권씩 펴낼 계획이다. 항목의 규모와 분량으로는 세계 교부학계의 다양한 시도들 가운데 가장 방대할 것이다. 깊은 땅속에서 캐낸 거친 돌들을 하나씩 다듬어 보석으로 만드는 마음으로 교부 문헌 가운데 지혜가 번득이고 심금을 울리는 본문을 담고자 했다.

제2차 바티칸 공의회의 근본정신이자 종교개혁의 첫 외침은 '원천으로 돌아가자!'(ad fontes)는 것이었다. 19세기 말 서양에서 교부 문헌을 자국어로 번역하던 시기에도 똑같은 외침이 울려 퍼졌다. 신약 성경과 가장 가까운 시대에 살았던 교부들은 교회 전통에서 특별한 권위를 지닌다. 이들은 성경이라는 원천에서 그리스도교 신앙의 맑고 깨끗한 물을 길어 냈다. 교부들이 남긴 문헌 대부분은 그들이 성경을 읽고 묵상하면서 쓴 성경 풀이였기에, 『교부들의 가르침』은 성경을 더 깊이 이해하는 데 큰 도움이 될 것이다.

성경과 성전聖傳이라는 계시의 두 원천에서 성전의 핵심은 교부들의 가르침에 들어 있고, 그것은 교회 쇄신의 바탕이 되는 소중한 보화들이다. 오늘날 그리스도교의 갈라진 형제들도 복음적 삶의 원리와 본보기를 남겨 준 교부들의 지혜를 배울 필요가 있다는 데 공감하고 있다. 교부 문헌은 그리스도교의 모든 교파가 함께 보존하고 가꾸어야 할 그리스도교 공동 유산이기 때문이다. 가톨릭과 정교회와 개신교는 갈라지기 이전의 교부 문헌을 연구함으로써 오랜 장벽을 허물고 서로 대화하며 차이를 좁혀 나가게 될 것이다.

　교부들은 문명사의 다양한 물줄기를 종합하여 새로운 시대정신을 만들어 냈고, 그 사상과 문화는 중세를 관통하여 오늘날까지 이어지고 있다. 현대 서양 사상과 유럽 정신문화의 뿌리이자 그리스도교 사상의 핵심 원천은 교부 문헌이다. 서양의 인간 존중 사상과 인본주의 문화, 공동선과 공생의 사회적 원리를 앞세우는 전통의 탄생에 결정적으로 공헌한 그리스도교 근본정신이 거기에 보존되어 있다. 현대사회에도 여전히 유효한 시대정신이기도 하다.

　교부들이 일구어 낸 지혜의 원천에 쉽게 다가갈 수 없는 한국 상황에서『교부들의 가르침』은 교회 일치와 쇄신, 그리스도인의 삶과 영성, 성직자들의 사목과 설교, 평신도의 영적 성숙에 도움이 될 중요한 그리스도교 문헌을 제공하는 데 초점을 맞추었다. 이 문헌들은 교부학을 비롯한 신학 연구에 필수적인 1차 자료로서 신학 발전에 이바지할 것이다. 아울러 오늘날 제기되는 수많은 신학적 문제뿐 아니라 사회적·윤리적·실천적 문제를 올바로 평가할 수 있는 토대를 마련하고 현재의 교회와 사회가 나아가야 할 방향을 제시해 줄 것이다. 교부들의 말씀을 강론이나 설교에 접목해 복음을 선포한다면, 전 세계가 맞닥뜨리고 있는 설교의 위기를 극복하는 데도 도움이 되리라 믿는다. 교부들의 명언은 듣는 이들의 마음속에서 거룩하게 공명할 것이기 때문이다.

　교회의 전통 안에서 시대의 징표와 요구를 읽어 내려 한 교부들은 당대 최고의 지성인이자 학자였다. 당시 그들의 수사학적 표현은 넘볼 수 없을 만큼 뛰어났다. 그러나 더러 문장을 길게 늘어뜨리거나 과도한 기법을 사용한 까닭에 교부들의 글을 우리말로 옮기는 데 늘 어려움이 뒤따른다. 가능하면 짧고 간결한 문장으로 다듬으려 했지만, 어쩔 수 없는 한계 또한 겸허히 인정한다.

　교부들의 일부 사상 가운데 오늘날의 상황과 잘 맞지 않는 내용도 있다. 특히 여성의 권리에 관한 어떤 진술들은 받아들이기 어려울 수도 있다. 현대적 시선을 선명하게 유지하면서도 1,500여 년 전에 살았던 이들의 생각을 그들의 삶의 자리에서 읽어 내야 하는 대목이다.

　이 책에 수록된 교부들의 생애나 작품 등을 더 깊이 알고 싶다면『교부학 사전』(지그마르 되프·빌헬름 게어링스 편집, 하성수·노성기·최원오 옮김, 한국성토마스연구소 2021)에서 상세한 기초 정보를 얻을 수 있다.『교부들의 가르침』에 담긴 오래고도 새로운 정신문화 유산에 누구나 친숙하게 다가갈 수 있기를 기대한다. 그리하여 이 선집에 실린 교부들의 가르침이 세상에서 한 줌 소금과 한 줄기 빛이 되기를 간절히 바란다.

2022년 지양산 자락에서
하성수

가난과 부[1]

가난한 마음이 참된 부입니다.
• 알렉산드리아의 클레멘스 『교육자』 2,3,39.

가난은 부끄러운 것이 아닙니다.
• 요한 크리소스토무스 『사도행전 강해』 18,4.

가난은 참으로 위대한 미덕입니다.
• 요한 크리소스토무스 『히브리서 강해』 18,3.

가난은 죄가 아니고 궁핍에는 어떠한 불명예도 없습니다!
• 암브로시우스 『토빗 이야기』 21,81.

가난은 저주고 부富는 축복이었습니다. 그러나 이제는 더 이상 그렇지 않습니다.
• 요한 크리소스토무스 『히브리서 강해』 18,4.

무지와 함께하는 부보다 인식과 함께하는 가난이 낫습니다.
• 폰투스의 에바그리우스 『수도승에게』 26.

돈이 하늘 나라로 가는 문이 될 수 있음을 아십시오.
• 예루살렘의 키릴루스 『예비신자 교리교육』 8,6.

---

1 여기에서 '부'라는 낱말은 '재화, 돈, 재산, 재물'을 포함한 개념이다.

영적 가난과 부

참된 재산은 덕행과 믿음이다

보물을 갖고 싶다면, 저 깊은 땅속이 아니라 높은 하늘에서 발견되는, 보이지 않고 만질 수 없는 것을 가지십시오. 지상에서 무엇을 가졌든, 영으로 가난하게 되십시오. 그러면 그대는 부유하게 될 것입니다(마태 5,3 참조). "사람의 생명은 그의 재산에 달려 있지 않고"(루카 12,15) 그의 덕행과 믿음에 달려 있습니다. 그대가 하느님과의 관계에서 부유하다면, 그 재산이 그대를 부유하게 할 것입니다.

• 암브로시우스『카인과 아벨』1,5,21.

하느님에 대한 믿음이야말로 우리의 유일하고 참된 재산이다

인간은 확실히 알몸으로 태어나고 알몸으로 묻히며 오직 수의만 걸칠 뿐입니다. 하느님께서는 우리를 위해 또 다른 생명을 마련하셨고, 그 생명으로 인도하는 길로 현재 삶을 만드셨기 때문입니다. 하느님은 우리가 가진 물건들을 단지 이 길을 위해 준비하는 용도로만 쓰게 하십니다. 이 길의 끝에 이르렀을 때, 우리가 소유한 물건으로 이루어진 부는 더 이상 우리와 함께 가지 못합니다. 우리가 소유한 그 어떤 것도 진짜 우리 것이 아니기 때문입니다. 엄밀하게 말하면 우리에게는 오직 단 하나의 재산, 곧 하느님에 대한 믿음이 있을 뿐입니다.

• 알렉산드리아의 클레멘스『단편』1 "성경 주해 선집".

선한 사람은 결코 곤궁해지지 않는다

선한 사람은 하느님에 대한 믿음을 지키는 한 결코 곤궁해지는 일이 없을 것입니다. 그는 필요한 것은 무엇이든 만물의 아버지께 청하고 받을 수 있으며, 그분의 아드님에게 순종하기만 하면 그분께 속한 어떤 것이나 누릴 수 있기 때문입니다. 또한 그는 어떠한 부족함도 느끼지 않는다는 이점도 가지고 있습니다. 우리의 교육자로 일하시는 말씀께서 우리에게 부요함을 주십니다. 그분을 통해 부족함으로부터 자유를 얻은 사람들은 다른 사람들의 부를 질투할 필요가 없습니다. 이러한 종류의 부를 소유한 사람은 하느님의 나라를 상속받을 것입니다.

• 알렉산드리아의 클레멘스『교육자』3,7,40.

열망해야 하는 재물

하느님께서는 어떤 부자를 사랑하시는지 눈여겨보십시오. 어떤 재물을 가난한 이들을 위해 쌓아 두라고 우리에게 명하시는지 살펴보십시오. 또 어떤 재산을 간직하라고 특별히 명령하시는지 알아차리십시오. 그것은 믿음, 하느님에 대한 두려움, 절제, 성덕 그리고 규율입니다. 세속의 것도, 아래의 것도 아니며, 사라져 버리거나 변해 버리는 것도 아닙니다.

• 마르세유의 살비아누스『교회에게 또는 탐욕 반박』1,4,20.

하느님께서 주시는 부

부자는 세상이 주는 것들과 관련하여 불확실성 가운데 살지만, 하느님께서 주시는 부는 사라지는 일이 없으며 언제나 그대로 유지됩니다. 이 부富는 주님을 경외하는 데서 생기는 것이기 때문입니다.

• 소 아르노비우스『시편 주해』34.

참된 재산

"참된 재산"(루카 16,11)은 "성도들 사이에서 받게 될 그분 상속의 부"(에페 1,18 참조)라고 기록된 영원한 생명 자체의 기쁨을 뜻합니다. 또는 이사야 예언자가 "구원의 부와 지혜, 지식, 곧 주님을 경외함이 그 보물"이라고 한 충만한 생명에 이르기 위하여 필요한 영적인 덕행을 의미합니다.

• 존자 베다『루카 복음 해설』5,16,11.

영혼의 소중한 재산

'아브람은 모든 재물을 도로 가져왔다'고 쓰여 있습니다. … 여기서 '재물'은 집안에 전해 오는 재산이 아니라 영혼의 소중한 재산을 가리킵니다. 영혼은 참으로 값진 (지푸라기나 마른 풀이 아닌) 부를 찾아볼 수 있는 곳이며, 우리 희망의 실체를 담고 있는, 탁월하게 이성에 호소하는 힘이 자리하는 곳입니다. 이런 것들이 실로 우리의 참된 '재물', 곧 부요함이 넘치는 지혜입니다. 이런 재물은 썩지 않는 재물입니다. 반면 육체의 즐거움이나 물질적 재물은 오래가지 않고 짧습니다.

• 암브로시우스 『아브라함』 2,7,44.

가난한 마음

가난한 마음이 참된 부입니다. 참된 고귀함은 부에서 오지 않고 부를 경멸하는 데서 옵니다. 자신의 소유물을 자랑하는 것은 부끄러운 일입니다. 재산에 연연하지 않는 것이야말로 의로운 사람임을 입증해 주는 증거입니다.

• 알렉산드리아의 클레멘스 『교육자』 2,3,39.

내면의 부를 소유한 욥

여러분은 욥이 엄청난 부자였다는 것을 알고 있습니다. 그러나 그의 내면적 부는 더욱 풍요로웠습니다. 눈에 보이는 부도 빛났지만 눈에 보이지 않는 부는 영속하기에 더욱 찬란했습니다. 눈에 보이는 부는 점점 낡고 가치를 잃으며 계속 부패와 파멸의 나락으로 떨어집니다.

• 예루살렘의 헤시키우스 『욥기 강해』 1,1,2-3E.

선한 재산은 선한 정신이다

선한 재산은 선한 정신입니다. 그러므로 깨끗한 사람은 소중한 재산입니다. 이 재산에 울타리를 둘러치고, 생각으로 성벽을 쌓으십시오. 육체의 비이성적 욕정이 이를 뚫고 들어와 포로로 만들지 않도록 조심스레 가시나무로 빗장을 지르십시오. 그리하여 묵직한 격정이 들이닥치지도, 길 가는 이들이 그 수확물을 약탈하지도 않게 하십시오. 그대의 "내적 인간"(로마 7,22; 에페 3,16)을

지키십시오. 그대의 내적 인간을 하찮게 여기지도 귀찮아하지도 마십시오. 왜냐하면 소중한 자산이기 때문입니다. 그 열매는 덧없고 일시적인 것이 아니라 안정적이고 영원한 구원을 지닌 것입니다. 그러므로 그대의 재산을 일구어 그대에게 밭이 되게 하십시오.

• 암브로시우스 『성직자의 의무』 1,3,11.

하느님께서는 우리를 찾으십니다

하느님께서는 우리의 것을 찾으시는 것이 아니라 우리를 찾으십니다. 그리스도인의 제물은 자선 또는 가난한 이들에 대한 친절입니다. 이 때문에 하느님께서는 죄에 관대하십니다.

• 아우구스티누스 『설교』 42,1.

죽은 자의 동반자

재물을 어떻게 써야 하는지 모르는 사람이 쓸데없이 재물을 쌓아 둡니다. 그는 곳간이 가득 차자 누구를 위하여 그것들을 모아 두는지도 모르고(시편 39,7 참조) 새로 수확한 곡식을 쌓아 둘 곳간을 증축하는 사람과 같습니다. … 우리가 가지고 갈 수 없는 것들은 본디 우리 것이 아닙니다. 덕행만이 죽은 자의 동반자입니다. 자비만이 우리를 따라옵니다. 그것은 우리를 하늘 나라와 첫 번째 거처로 인도합니다. 하찮은 재물을 잘 활용하게 함으로써 죽은 자를 위해 영원한 거처를 마련해 주는 것이지요. 그래서 주님께서는 이렇게 명하십니다. "불의한 재물로 친구들을 만들어라. 그래서 재물이 없어질 때에 그들이 너희를 영원한 거처로 맞아들이게 하여라"(루카 16,9).

• 암브로시우스 『루카 복음 해설』 7,122.

그들은 흡족해질 것이다

예수님께서는 "그들은 흡족해질 것이다"(마태

5,6)라는 말씀으로, 이번에도 우리가 지각할 수 있는 것으로 비유하시며 그 상이 어떤 것인지를 나타내십니다. 부자는 욕심이 있어서 부유해진 다는 것이 일반적인 생각이었고, 따라서 예수님의 말씀은 실제로 '아니다. 그렇지 않다. 참된 부를 낳는 것은 의로움이다. 그러므로 너희가 의롭게 행동하는 한, 너희는 가난을 두려워하지도 배고픔에 불안해 떨지도 않는다. 오히려 모든 것을 잃는 이는 강제로 빼앗는 자들이고, 반면 의로움을 사랑하는 이는 다른 모든 재산을 안전하게 소유한다'는 뜻입니다.

• 요한 크리소스토무스 『마태오 복음 강해』 15,4.

선행이 없다면 부와 지식이 있어도 사람은 가난하다

주님께서 뜨겁지도 차지도 않고 미지근하다고 말씀하시는 사람들에 관한 이 구절에서 우리는 세상에서 고귀한 신분에 있는 이들을 떠올리게 됩니다. 이들은 재산이 무척 많음에도 불구하고 신심에서 우러나오는 행위를 할 줄 모르고 선행을 하려는 자애심으로 불타지도 않아서 가난하다고 [여겨지며], 뜨겁지도 않고 차지도 않다는 말을 듣습니다. 이들은 재산은 많으나 그것을 허투루 사용하고 그럼으로써 나태해지며, 그 부를 필요한 사람들과 나누지 않으니 마땅히 선행을 할 생각이 부족하다고 여겨집니다.

• 프리마시우스 『묵시록 주해』 3,15.

덕과 재물

덕보다 재물을 더 소망하지 마십시오. 재물은 여러분이 찾아 헤매어도 발견하지 못하는 때가 많기 때문입니다. 그런데도 여러분은, 재물을 발견하리라는 보장이 없다는 것을 알면서도, 그것을 찾으려고 온갖 방법을 다 씁니다. 그런데 덕의 경우에는 그것을 분명히 받게 된다는 약속이

있는데도, 재물에 대해 보이는 열망의 아주 작은 만큼도 마음을 보이지 않습니다.

• 요한 크리소스토무스 『마태오 복음 강해』 23,4.

재물은 하느님의 적이다

죄를 지음으로써 세상을 사랑하는 자는 누구나 하느님의 원수임이 드러납니다. 죄를 짓지 않음으로써 하느님과의 우애를 확증하는 이는 세상의 항구한 적인 것과 같습니다. 그런즉 하느님과 재물을 함께 섬길 수 없듯이, 세상의 친구이면서 동시에 하느님의 친구일 수는 없습니다.

• 맹인 디디무스 『가톨릭 서간에 관한 짧은 상해』(야고보서).

하나를 선택해야 한다

"내가 부를 사랑하면 그리스도 마음에 들 수는 없다는 것이오?" 하고 묻는 사람도 있을 것입니다. 사도들은 즉시 그물을 버림으로써, 세상의 것을 소유한 채로는 누구도 거룩한 것에 완전하게 이를 수 없다는 교훈을 우리에게 보여 주었습니다. 보십시오, 땅과 하늘 사이에 양쪽 창조계를 가르는 중간층이 있습니다. 이는 거룩한 몸과 세상의 몸은 서로 섞일 수 없음을 알려 줍니다. 거룩한 몸은 영적이며 빛이라, 당연히 위를 향합니다. 세상의 몸은 무겁고, 언제나 아래로 처집니다. 그러므로 여러분이 영적인 것들을 붙든다면, 그것들은 여러분을 위로 데려갈 것입니다. 여러분이 세상의 것들을 붙든다면, 그것들은 여러분을 아래로 데려갈 것입니다. 그래서 사도들은 자신들의 그물이 이로움을 가져다주기보다는 방해가 되는 일이 없도록 그것을 버렸습니다.

• 『마태오 복음 미완성 작품』 강해 7.

두 주인을 섬기는 것

예수님께서 재물을 '주인'으로 표현하시는 것은

재물이 본성적으로 주인이어서가 아니라, 그 아래서 굽실거리는 이들의 비루함 때문입니다. … 재물을 주인으로 모시면, 이미 그 자체가 나중에 받을 어떤 벌보다 괴로운 일이며, 거기에 걸려든 이는 벌을 받기 전에도 이미 충분한 응징을 받은 셈입니다. 유죄 선고를 받은 어떤 범죄자가, 한때 하느님을 자신의 주님으로 모시며 그 관대한 다스림 아래 있다가 돈에 대한 이 통탄할 집착으로 달아난 사람들만큼 비참할 수 있겠습니까? … 더욱 가슴 칠 일은 그로 인해, 하느님의 종이 누릴 최고의 복됨에서 떨어져 나온다는 사실입니다.

• 요한 크리소스토무스『마태오 복음 강해』21,2.

마귀는 우리가 하느님을 저주하게끔 몰아붙인다

욥이 어느 때에 복을 받았다고 생각하십니까? 수많은 낙타와 가축과 양 떼를 소유하고 있던 때입니까, 아니면 "주님께서 주셨다가 주님께서 가져가시니"(욥 1,21)라고 말했던 때입니까? 악마는 우리의 재물을 빼앗아 가 버리긴 하지만 재물을 빼앗는 일이 악마의 목적은 아닙니다. 재물이 아무것도 아니라는 것은 악마도 알고 있기 때문입니다. 그보다는 재물을 잃었다고 원통해하면서 우리 입으로 하느님을 모독하는 말을 내뱉게끔 만드는 것이 악마의 목적입니다. … 보십시오, 저주받은 악마는 욥이 가진 것을 몽땅 빼앗아 알거지로 만들어 놓고는 이렇게 지껄입니다. '내가 노린 것은 이게 아니야. 내가 애초에 궁리한 일은 아직 끝나지 않았어. 나는 욥에게서 하느님의 보살핌을 빼앗아 버리려고 마음먹었던 것이야. … 나의 목적은 그것뿐, 나머지는 아무것도 아니야. 내 목적이 달성되지 않는다면 욥은 아무 손해도 입지 않은 사람일 뿐 아니라 오히려 은혜를 입은 사람이 될 터이니까.' 이처럼 심술궂고 못된 악마도 하느님의 보살핌을 받지 못한

다는 것이 얼마나 엄청난 손실을 뜻하는 것인지 분명히 알고 있습니다. 아시겠습니까, 여러분?

• 요한 크리소스토무스『히브리서 강해』20,8.

오감五感을 너무 사랑하면 가난을 사랑할 수 없다

[부자인] 그대가 라자로를 형제로 사랑하지 못한 것은 당연하오. 그대는 그 다섯 형제를 사랑했으니까. 그대의 다섯 형제는 가난을 좋아하지 않소. 그대의 시각, 후각, 미각, 촉각이 그대의 형제들이었소. 이 형제들은 재물을 사랑하고 가난에는 눈길도 주지 않았소. "저에게 다섯 형제가 있는데, 라자로가 그들에게 경고하여 그들만은 이 고통스러운 곳에 오지 않게 해 주십시오"(루카 16,28). 그대는 이렇게 말하지만, 이 다섯 형제가 바로 그대를 이 고통스러운 지옥으로 보낸 자들이오. 그들은 죽지 않고서는 구원받을 수 없소. 어쩌자고 그대는 가난을 사랑하지 않는 다섯 형제를 구하려고 하는 것이오? 그들은 제 형제들과 같이 있어야 하오.

• 히에로니무스『라자로와 부자에 관한 설교』86.

가난이 완전한 선인가?

복된 신클레티카는 가난이 완전한 선인지 질문을 받았습니다. 그녀는 말했습니다. "그럴 능력이 있는 사람에게는 가난이 완전한 선입니다. 가난을 견딜 수 있는 사람은 육체로는 고통을 당하지만 영혼으로는 평온합니다. 그것은 마치 사람이 발로 물을 세게 짜면서 세탁한 거친 옷과 같습니다."

• 『사막 사부들의 금언』(신클레티카) 5.

물질적 가난과 부

가난은 부끄러운 것이 아니다

아무도 가난하다고 하여 부끄럽게 여기지 않도록 합시다. 가난은 부끄러운 것이 아닙니다. 우리로 하여금 많은 사람의 몫을 차지하게 하고 많은 사람에게 빚을 지게 만드는 부富가 부끄러운 것입니다.

• 요한 크리소스토무스 『사도행전 강해』 18,4.

가난은 창피가 아니라 영예다

우리 가운데 많은 사람이 자신을 가난하다고 여긴다면 이는 우리에게 창피가 아니라 영예입니다. 부유한 생활은 영을 약하게 하며, 절제는 영을 강하게 합니다. 궁핍한 생활을 모르며, (재산이 많아) 돈을 벌려고 애쓰지도 않는 부유한 사람이 어떻게 하느님 보시기에 가난할 수 있습니까? 늘 더 많이 갖기를 갈망하는 사람은 그가 이미 많이 가졌을지라도 더 가난해집니다.

• 미누키우스 펠릭스 『옥타비우스』 16.

참된 가난을 대하는 태도

그대는 왜 '가난한 사람'이라 불린다고 짜증스러워합니까? 그대의 본성을 기억하십시오. 그대는 벌거벗은 몸으로 이 세상에 왔고 그런 몸으로 이 세상을 떠납니다(욥 1,21 참조). 벌거벗은 사람보다 더 가난한 사람이 어디 있습니까? '가난한 사람'이라는 지칭이 그대 자신에게 진짜로 들어맞는다고 생각하지 않는 이상, 그대는 경멸적인 이름으로 불리는 것이 아닙니다. 가난하다는 이유로 감옥에 끌려간 사람이 있습니까? 비난받을 만한 것은 가난하다는 사실이 아니라 가난을 당당하게 받아들이지 못하는 태도입니다. '부유하시면서도 우리를 위하여 가난하게 되신'(2코린

8,9 참조) 주님을 생각하십시오.

• 대 바실리우스 『분노하는 이들 반박』 4.

참된 부를 소유한 나봇

옛 이야기가 두 이웃에 관하여 들려줍니다. 아합 임금과 가난한 나봇입니다. 이 둘 중에서 우리는 누가 더 가난하고, 누가 더 부자라고 생각합니까? 임금이라는 지위에 걸맞은 부를 선사 받았으나 자신의 부에 만족하지 못하고 가난한 사람의 작은 포도밭을 탐낸 이입니까, 아니면 임금이 지닌 엄청난 금과 재산을 진심으로 하찮게 여기며 자신의 포도밭에 만족한 이입니까? 자족하며 자기 욕구를 통제하여 남의 것을 전혀 넘보지 않았으니, 그가 더 부유하고 더 임금 같지 않습니까? 자기 금은 아무것도 아닌 듯 여기고 남의 포도밭을 대단하게 여긴 이는 매우 가난하지 않습니까? 그가 왜 그리 가난했는지 알겠습니다. 부당하게 축적한 부는 토해 내게 되지만, 의로운 이의 뿌리는 튼튼히 박혀서 야자나무처럼 무성해지기 때문입니다.

• 암브로시우스 『편지』 55(38),8.

부를 찬양하는 관습

인간의 관습이 부를 찬양하는 데 이토록 오래 젖어 있어서, 부자가 아니면 아무도 영예를 누릴 자격이 없다고 생각합니다. 이것은 최근의 관습이 아니라 오래된 것입니다. 더 나쁜 것은, 이러한 악습이 인간의 정신에 뿌리박혀 있다는 사실입니다.

• 암브로시우스 『성직자의 의무』 2,26,129.

재물과 가난

여러분은, 가난하면 비천하고 하잘것없는 사람으로 취급받는다고 합니다. 맞습니다. 우리는 그

런 가난이 필요합니다. 가난이 우리에게는 엄청난 유익이 됩니다. "가난은 인간을 겸손하게 만든다"(잠언 10,4 참조)라고 성경에 쓰여 있습니다. 그리스도께서도 "행복하여라, 마음이 가난한 사람들!"(마태 5,3)이라고 하셨습니다. 이렇듯 미덕에 이르는 길을 가고 있는데도 여러분은 불만이십니까? 가난 덕분에 우리 마음이 얼마나 당당해지는지 정말 모르시겠습니까?

… 그리스도께서는 가난을 추구하시며 "사람의 아들은 머리를 누일 곳조차 없다"(마태 8,20)라고 하셨습니다. 제자들에게 "금도 은도 여벌 옷도 지니지 마라"(마태 10,9-10)라고도 하셨습니다. 바오로 사도도 "아무것도 가지지 않은 자같이 보이지만 실은 모든 것을 소유하고 있습니다"(2코린 6,10)라고 하였습니다. 태어날 때부터 불구자였던 사람에게 베드로 사도는 "나는 은도 금도 없습니다"(사도 3,6)라고 당당히 말했습니다. 생각해 보십시오. 재물을 엄청나게 존중하던 구약시대에도 정작 엄청난 존중을 받은 사람은 누구입니까? 가진 것이라곤 양가죽밖에 없던 엘리야 아니었습니까? 엘리사와 세례자 요한 아니었습니까?

• 요한 크리소스토무스 『히브리서 강해』 18,3-4.

악인에게 부는 도움이 안 된다

부는 선한 사람에게는 해를 입히지 못합니다. 그는 재물을 인정을 베푸는 데 쓰기 때문입니다. 그런가 하면 부는 악인에게는 도움이 되지 않습니다. 그가 탐욕스럽게 그것을 지키거나 방탕하게 써 버리는 한 그렇습니다.

• 아를의 카이사리우스 『설교』 35,4.

부를 기뻐하지 마라

사람은 자기가 사랑하는 것, 가장 중요하게 여기고 추구하는 것, 그것이 있으면 행복하다고 여기는 것들 안에서 사는 법입니다. 그래서 성경은 부에 대해 이렇게 말합니다. "재산이 는다 하여 거기에 마음 두지 마라"(시편 62,11). 저는 즐거움에 대해 이렇게 말하겠습니다. 즐거움이 는다 하여 거기에 마음 두지 마십시오. 그것들이 당신에게 모자라지 않는다는 사실에, 그것들이 그대가 흡족할 만큼 풍성하다는 사실에, 말하자면 그것들이 세상의 행복의 풍요로운 원천에서 흘러나온다는 사실에 너무 의지하지 마십시오. 그대는 이 모든 것을 속으로 경멸하고 거부해야 합니다. 그대의 신체 건강을 유지하는 데 필요한 것 이상을 가지려 하지 마십시오.

• 아우구스티누스 『편지』 130.

필요한 것만 바라라

우리가 우리의 친절하신 구원자를 알아보고 우리의 값어치에 대해 생각한다면, "세상도 또 세상 안에 있는 것들도 사랑하지 마십시오"(1요한 2,15). 사도의 말대로, "먹을 것과 입을 것이 있으면, 우리는 그것으로 만족합시다"(1티모 6,8). 우리는 필요하고 소용되는 것을 구하고 욕심은 부리지 맙시다. 우리에게 부가 없을 경우, 악행과 불의한 이득으로 부를 얻으려 하지 맙시다. 그러나 우리에게 부가 있다면, 선행으로 그것을 하늘로 옮겨 놓읍시다. 그러면 "불쌍한 이들에게 후하게 나누어 주니 그의 의로움은 길이 존속하리라"(시편 112,9)라는 말씀이 우리에게 이루어질 것입니다. 우리 주 예수 그리스도의 도움을 받아서 말입니다.

• 아를의 카이사리우스 『설교』 141,6.

부를 추구하지 마라

하느님의 지혜는 그 자녀들에게 지상의 이익을

얻기 위해 지나치게 애쓰지 말라고 가르칩니다. 그렇지 않으면 여러분은 탐욕과 시기 그리고 이와 유사한 고통과 같은 역경을 피할 수 없을 것입니다. 그래서 잠언에는 이런 말씀이 있습니다. "눈길이 탐욕스러운 사람은 재물 모으기에 급급하지만 빈곤이 자기에게 들이닥치리라는 것을 깨닫지 못한다"(잠언 28,22). 그리고 이런 말씀도 있습니다. "부정한 이득을 챙기는 자는 집안을 어지럽힌다"(잠언 15,27). "주님을 경외하며 가진 적은 것이 불안 속의 많은 보화보다 낫다"(잠언 15,16). 코헬렛에는 또 이런 말씀이 있습니다. "돈을 사랑하는 자는 돈으로 만족하지 못하고 큰 재물을 사랑하는 자는 수확으로 만족하지 못한다"(코헬 5,9).

• 라바누스 마우루스『집회서 주해』3,4.

좋은 목적을 위해 재물을 사용하다

지금 제가 황금을 의로운 사람과 부정직한 사람 사이에 두겠습니다. 부정직한 사람이 그것을 취하면 가난한 자들은 억눌리고, 관리는 부패하며, 법은 효력을 잃고 사회는 전복됩니다. 왜 그렇습니까? 부정직한 자가 황금을 취했기 때문입니다. 만약 의로운 이가 그것을 갖게 된다면 가난한 이들은 도움을 받고, 벌거벗은 이들은 옷을 얻으며, 억눌린 이들은 해방되고, 죄수들은 구원될 것입니다(참조: 이사 61,1; 루카 4,18). 의로운 사람이 가진 금으로부터 얼마나 좋은 일들이 나오고, 부정직한 자가 가진 금에서 얼마나 악한 일들이 나옵니까! … 여러분이 부정직하다면 황금을 쫓을 것입니다. 여러분이 의롭다면 황금이 여러분을 쫓을 것입니다. "황금이 여러분을 쫓는다"는 것이 무슨 의미입니까? 그것은 여러분이 황금의 종이 되는 것이 아니라 그것을 다스린다는 뜻입니다. 황금이 여러분을 소유하는 것이 아니라 여러분이 그것을 소유할 것이기 때문입니다.

• 아우구스티누스『설교』311,9,9.

동정심보다 정의가 먼저다

'너희는 가난한 이라고 두둔해서는 안 된다'라는 규정은, 우리가 동정심이라는 구실 아래 불의한 판단을 내리지 않게 하기 위해 주어졌습니다. 사람은 누구나 개인의 인간적인 중요성이 아니라 사건 자체에 따라 판단되어야 하기 때문입니다. 어떤 부자가 자신의 재물을 선용한다면, 그의 부는 그에게 장애물이 아닙니다. 궁핍하고 비참하게 사는 가난한 사람이라도 나쁜 짓에서 손을 떼지 못한다면, 가난함은 그에게 훈장이 아닙니다.

• 히에로니무스『편지』79,1.

재산을 쌓아 두는 어리석음

여러분은 마음이 불안합니다. 그런데 절대 틀릴 수 없는 분께서 우리에게 말씀하십니다, 여러분이 쓸데없이 걱정하는 것이라고. 네, 여러분은 보물을 쌓고 있습니다. … 그대는 보물들을 쌓고 있고, 이윤이 사방에서 쏟아져 들어오며, 그대의 돈궤에서는 샘처럼 돈이 넘쳐흐르고, 어디에 필요한 일이 있으면 넉넉하게 채워 줍니다. … 그렇습니다. 그대는 부유해지고 있습니다. 그러니 얻는 것 없이 마음이 불편한 것은 아닙니다. 그런데 그대는 내게 "내가 왜 헛되이 걱정하는 것이오? 나는 내 돈궤를 가득 채우고 있으며 나의 곳간은 내가 모으는 보물들을 다 쌓아 놓을 수가 없을 지경이오. 그런데 어째서 내가 헛된 걱정을 한다는 것이오?" 하고 묻습니다. 그대는 보물들을 쌓고는 있지만 누구를 위해서 그것을 모으고 있는지 모르기 때문입니다. 혹시 그대가 그것을 안다면, 내게 좀 알려 주십시오. 나는 당신의 대답을 듣고 싶습니다. 그대가 헛되이 불안해하는 것이 아니라면, 누구를 위해 보물들을 모으고 있는지 나에게 말해 보십시오. "나 자신을 위해서요"라고 그대는 대답합니다. 그대가 죽어야만 하는데도 감히 그런 말을 하는 것입니까? "내 자식들을 위해서요"라고 그대는 대답합니다. 그들 역시 죽어야만 하는데 감히 그런 말을 하는 것입니까? "자식들을 위해 보물을 모아 두는 것은 부모의 신성한 의무요!" 아닙니다! 사람은 죽지 않을 수 없으므로, 죽지 않을 수 없는 그들을 위해 보물을 모아 두는 것은 참으로 덧없는 일입니다. 그대 자신을 위해서 모으는 것이라면, 죽을 때 남기고 가야 하는 보물들을 무엇 때문에 모으는 것입니까? 그대의 자녀들과 관련해서도 마찬가지입니다. 그들이 당신의 대를 잇겠지만 그들 역시 영원히 살지는 못합니다. 자녀가 어떤 인물이냐는 물음은 삼가겠습니다. 탐욕이 모은 것을 방탕이 마구 써 버리는 법입니다. 그대가 수고해서 모은 것을 다른 누가 허술한 삶으로 탕진합니다.

• 아우구스티누스 『설교』 60,3.

재산은 핑계일 수 있다

사람들은 자식들 때문에 재산을 모은다는 핑계를 댑니다. 때로 그들은 부정한 짓을 하고 훔치는 등의 일을 하면서 '나는 내 자식들 때문에 이렇게 하는 거야'라고 말합니다. … 나는 부자가 되기 위해 고투하는 사람을 보았는데, 그의 재산은 아무 소용이 없었습니다. 그 자신이 그 재산을 누리지 못했을 뿐 아니라, 그의 아들이 그 재산을 상속받은 것도 아니었습니다. 그는 가난하게 되었고 세상에 태어날 때처럼 알몸이 되었습니다. 사실 애초에 그는 돈이나 의복을 지니고 태어나지 않았습니다. … 영혼의 선만을 천국으로 가져갈 수 있습니다.

• 맹인 디디무스 『코헬렛 주해』 156,15.

불의한 방법으로 축재한 부는 좋은 것이 아니다

이제 부가 부당하게 얻어진 것이 아니라고 가정해 봅시다. 어떻게 이런 일이 가능할까요? 그렇게 파괴적인 열정은 탐욕일 뿐이고, 정의롭게 투를 키워 내는 일은 불가능합니다. … 그러나 어찌됐건 사람들은 자기 아버지로부터 유산을 상속받지 않습니까? 그렇더라도 그는 부당한 방법으로 모은 재산을 받은 것이 됩니다.

• 요한 크리소스토무스 『티모테오 1서 강해』 12,5.

유산으로 상속받은 부도 부당하게 취득한 것이며 불의하다

여러 세대에 걸쳐 전해 내려온 부를 공정하게 얻은 것이라고 입증할 수 있습니까? 아닙니다. 당신은 입증할 수 없을 것입니다. 상속된 부의 뿌리와 기원은 불의한 것이 틀림없습니다. 왜 그런가요? 하느님께서 한처음에 한 사람은 부유하게 또 다른 사람은 가난하게 만드시지 않았기 때문입니다.

• 요한 크리소스토무스 『티모테오 1서 강해』 12,4.

헤프게 낭비하는 상속자

어떤 사람이 엄청난 수고로 부를 쌓으면서, 그것을 어떤 상속자에게 물려주게 될지 모른다면 이 또한 헛되이 고생하는 것 아니겠습니까? 탐욕스런 사람이 고생스레 모은 재산을 사치스런 상속자가 헤픈 낭비로 탕진하고, 오랜 세월에 걸쳐 축적한 부를, 현재에는 눈멀고 미래를 내다보지 못하며 흥청망청하는 꼴사나운 얼간이가 게걸스레 삼켜 버리는 일이 종종 벌어집니다. 또한 기대했던 상속자가 상속 재산에 대한 시기를 받아 갑작스레 죽음으로써 갓 얻은 유산의 이득을 낯선 이들에게 넘겨주는 경우도 잦습니다.

• 암브로시우스 『성직자의 의무』 1,49,244.

아끼며 벌어들인 돈이 타락과 방탕의 원인이 되다

그대는 돈을 아끼느라 입에 빵을 대지도 못하는데, 그대의 상속자들은 모든 것을 잔치와 방탕한 생활에 탕진해 버립니다.

• 아우구스티누스 『설교』 18,3.

하느님께서는 부정 이득을 받아 주시지 않는다

불의하게 얻은 것은 빈곤한 이에게 나누어 주더라도 하느님께서 받아 주시지 않습니다. 불의를 저지르지 않지만 자신이 소유한 재화를 아무에게도 나누어 주지 않는 사람은 칭송받을 자격이 없습니다. … 불의와 강탈로 얻은 것을 하느님께 예물로 바치느니, 그런 재산을 소유하지 않아 예물로 바치지 않는 것이 낫습니다.

• 대 바실리우스 『자비와 심판에 관한 설교』.

악인들과 이단자들의 부는 심판을 받는다

부당하게 모은 부가 그들이 언변으로 쌓은 부 아니고 무엇이겠습니까? 실로 그들은 부당하게 모았습니다. 그러나 자비로우신 하느님께서는 미친 사람들이 부당하게 모은 부를 영원히 지키는 것을 허락하지 않으십니다. 그분은 그들이 그것을 다시 토해 내게 하실 것입니다.

• 오리게네스 『욥기 단편』 14,43.47.

부의 무익함

돈은 사람을 죄에서 해방시키지 못한다

"불의하게 모은 보화는 소용이 없다"(잠언 10,2)고 합니다. 그러면 어떻게 해야 합니까? 많은 사람들이 돈을 지불하고 죽음을 벗어나지 않았습니까? 그렇습니다. 그러나 그들은 죄에서 해방되지 못했습니다. 사실 그들은 죽음보다 훨씬 더

나쁜 삶을 살게 되었습니다. 그러므로 재물이 아니라 덕행을 신뢰합시다.

• 요한 크리소스토무스 『잠언 (주해) 단편』 10,2.

부의 위험을 알아차려라

이 말씀[창세 25,34 참조]을 잘 듣고, 하느님의 선물을 소홀히 하거나 하찮은 것들 때문에 중요한 것들을 잃어버려서는 결코 안 된다는 교훈을 얻읍시다. 하늘 나라와 그 형언할 길 없는 축복을 우리 손에 쥘 수 있는 마당에 돈에 대한 욕망에 사로잡혀서야 되겠는가 하는 말입니다. 영원히 지속될 축복이 있는데, 저녁때까지도 지속되기 힘든, 금세 사라지고 마는 것을 더 좋아해서야 되겠습니까? 이런 것들에 대한 갈망 때문에 그 축복을 잃어버려 순결한 이로서 그것을 누릴 수 없게 되는 어리석음보다 더 나쁜 것이 있을 수 있습니까? 말씀해 보십시오, 그런 부가 무엇이 좋습니까? 큰 부를 얻으면 걱정 근심에 편한 잠을 이루지 못한다는 것을 모르십니까? 이 사람들 ─ 특히, 큰 부자들 ─ 은 모든 사람의 종이며 날이면 날마다 그림자마저 두려워하며 사는 것을 여러분은 보지 않습니까? 부는 음모와 시샘과 깊은 증오와 무수한 악의 근원입니다.

• 요한 크리소스토무스 『창세기 강해』 50,7.

물질적 재화는 무익하다

우리는 왜 궁궐을 짓습니까? 우리는 왜 침상의 이불이나 이런 저런 옷에 신경을 씁니까? 우리는 왜 부에 부를 더하고 가난한 사람들을 억압하며 궁핍한 사람들을 공격합니까? 우리는 왜 우리와 함께하지 않을 그러한 부를 늘리고자 합니까? 그리고 왜 우리는 진실을 말하는 예언에 귀를 기울이지 않습니까? 우리는 왜 심판관의 계명을 신뢰하지 않으며, "너희는 자신을 위하여

보물을 땅에 쌓아 두지 마라. 땅에서는 좀과 녹이 망가뜨리고 도둑들이 뚫고 들어와 훔쳐 간다. 그러므로 하늘에 보물을 쌓아라. 거기에서는 좀도 녹도 망가뜨리지 못하고, 도둑들이 뚫고 들어오지도 못하며 훔쳐 가지도 못한다"(마태 6,19-20)라고 하신 분의 말씀에 순종하지 않습니까? 우리의 천사들이, 그리고 무엇보다도 천사들의 주님께서 우리의 보물을 보호하고 있습니다.

• 예루살렘의 헤시키우스『욥기 강해』20,17,16.

금의 무익함

맛도 냄새도 없고 청각으로는 느낄 수 없으며 다만 촉각으로만 느낄 수 있는 물질 그 자체가 그것을 가진 이에게 무슨 이득이 되겠습니까? 촉각으로만 느낄 수 있는 물질은 사실은 다 똑같은 값어치를 가진 것으로 느껴집니다. 이 말을 금을 주고 구입한 음식이나 의복을 반대하는 것으로 생각하지 마십시오. 금을 주고 빵이나 옷을 산 사람은 쓸모없는 어떤 것을 주고 유용한 것을 얻은 것입니다. 그가 먹는 것은 빵이지 금이 아니기 때문입니다. 그런데 만약 어떤 사람이 이런 상거래를 통하여 스스로를 위하여 금을 모았다면 그가 돈으로 얻게 된 즐거움은 무엇일까요? … 그는 그것을 모으고 계산하며, 쌓아 놓고 인장으로 봉인하며, 누가 좀 달라면 거절하고, 의심을 받으면 돈을 걸고 맹세도 합니다. 그에게는 그것이 복됨이고 노력의 목적이며, 이득이고 행복의 크기입니다.

• 니사의 그레고리우스『코헬렛 강해』4.

이 세상의 것은 지나간다

"여러분은 지나가는 배의 항로나 공기, 먹이를 덮치는 독수리의 진로를 찾을 수 있습니까?"(욥 9,26 칠십인역 이문). 바다는 파도 속에 용골이 지나간 흔적을 간직하지 않고(지혜 5,10 참조), 하늘도 먹이를 찾는 독수리가 지나간 궤적을 간직하지 않아서 그 자취를 찾을 수 없는 것과 마찬가지로 이 세상의 부귀영화도 일단 지나고 나면 그 행복은 흔적도 없이 사라집니다. 그것은 그 부귀를 누렸던 주인과 함께 완전히 잊히고 맙니다. 그래서 욥은 이 세상의 모든 지나가는 것들을 하찮게 여겼고, 그런 것들에 집착하지 말라고 가르쳤습니다.

• 예루살렘의 헤시키우스『욥기 강해』12.

주인을 따라갈 수 없다

어떤 사람들이 이 세상을 살면서 엄청난 금을 모은다 해도, 그것이 영원히 그들의 소유로 남아 있지는 않을 것입니다. … 물건은 본성상, 주인이 이 세상을 떠날 때 주인을 따라갈 수 없기 때문입니다.

• 대 바실리우스『세상사에 초연함』3.

현세적 부의 헛됨

"정녕 그는 볼 것이다, 지혜로운 이들의 죽음을, 어리석은 자도 미욱한 자도 함께 사라짐을, 그들의 재산을 남들에게 남겨둔 채로!"(시편 49,11). 여기에서 그는 둘째 방식의 가르침에 이르게 됩니다. 그는 이 세상의 죄인들이 현자들과 함께 죽을 것이며, 그들이 몹시 사랑했던 부를 자손이 아닌 낯선 이들에게 물려주게 될 것이라고 말합니다. 이것은 더욱 고통스러운 일입니다. 그들은 재산 때문에 온갖 죄를 범했는데, 막상 그들의 후손들은 그 재물을 소유하지도 못합니다.

• 카시오도루스『시편 해설』48,11.

재물은 신의 없는 종이다

재물만큼 신의 없는 것이 없습니다. 제가 자주

말씀드렸고 앞으로도 그럴 터인데, 재물은 신의 라고는 없는, 고마움을 모르는 도망친 종입니다. 그런 종은 수천 겹의 사슬로 묶어 놓아도 기어이 그 사슬을 질질 끌며 도망칠 것입니다. 실제로, 재산이 많은 작자들이 그를 가두고 문에 빗장을 걸고 노예들을 경비로 세워 놓은 적도 많습니다. 하지만 그는 바로 이 노예들을 제 편으로 구워삶아 경비들과 함께 달아났습니다. 간수를 수갑인 것처럼 달고 갔습니다. 전혀 안심할 수 있는 감시가 아니었습니다.

• 요한 크리소스토무스
『(입상에 관해) 안티오키아 신자들에게 행한 설교』 2,4.

말씀의 숨을 막는 욕망

재물을 추구하면 여러분의 몸은 말씀에 가 있어도 마음은 가 있지 않습니다. 여러분이 귀로는 말씀을 들어도 마음으로는 듣지 않습니다. 여러분의 마음은 온통 여러분의 관심사에 가 있습니다. 재물에 대한 욕망은 여러분이 선행을 하지 못하도록 합니다. 더 나아가, 그것은 여러분이 가진 것을 이자를 받고 빌려 주는 것을 허락하여 다른 사람의 재산으로 여러분의 재산을 늘리도록 합니다. 그 이유가 무엇이겠습니까? 여러분이 재물을 갈망하여, 가진 것을 잃어버릴까 겁내거나 자기가 갖지 못한 것을 갖고 싶어 함으로써 하느님의 말씀이 위험에 빠진다면, 여러분 신앙의 진리를 솔직하게 고백하는 것이 아닙니다. 재물에 대한 관심과 욕망이 어떻게 말씀의 숨을 막아 버려 그것이 열매 맺지 못하게 하는지 아시겠지요?

• 『마태오 복음 미완성 작품』 강해 31.

재물은 썩어 없어진다

[재물이 썩어 없어진다]는 것은 자비를 베풀 줄

모르고 불경하게 산 부자들이 지옥 불에 고통을 받을 것이어서만이 아닙니다. 자신들의 구원에 필요한 모든 선행을 할 수 있었던 그들의 재산 또한 심지어 그들이 심판도 받기 전에 썩어 사라질 것입니다.

• 존자 베다 『가톨릭 서간 해설』(야고보서).

부는 사라지고 만다

야고보는 반어법적으로 얘기합니다. 부자는 자신이 자랑삼고 그것으로 이 세상의 가난한 이들을 업신여기던 재산이 사라지는 것을 볼 것이기 때문입니다. 그는 라자로를 업신여긴 부자처럼 영원한 벌에 떨어지는 굴욕을 당할 것입니다.

• 존자 베다 『가톨릭 서간 해설』(야고보서).

돈으로 영원한 벌을 피할 수는 없다

[솔로몬은] 특히 "재물은 진노의 날에 소용이 없다"(잠언 11,4)라고 말하면서 깨달음으로 이끌어 갑니다. 많은 돈이 그날 당신에게 아무 도움이 되지 않을 것이며, 영원한 벌을 면하게 하지도 못하리라는 지식을 여러분의 마음속에 불어넣기 때문입니다.

• 대 바실리우스 『잠언 시작에 관한 설교』 14.

재물에 얽매이다

그대는 왜 이 허무하고 열매 없는 거미줄을 헛되이 치면서, 거미줄처럼 무익한 큰 재산에 대롱대롱 매달려 있습니까? 재산이 넘쳐난다 한들, 아무런 유익이 없습니다. 재산은 하느님의 모상을 그대에게서 몰아내고, 땅의 모습을 입힐 따름입니다. 누가 어떤 폭군의 모습을 지닌다면 단죄받을 일이 아니겠습니까? 그대는 영원하신 황제님[2]

---

2   하느님을 일컫는다.

의 모상을 치우고 그대 안에 죽음의 모상을 세우는 셈입니다. 그대 영혼의 도성에서 악마의 모습을 몰아내고 그리스도의 모상을 세우십시오. 이것이 그대 안에서 빛나야 하는 모상입니다. 그대의 도성에서, 곧 그대의 영혼에서 악습의 모습을 걷어 내고 찬란히 빛나야 하는 모상입니다.

• 암브로시우스 『성직자의 의무』 1,49,245.

재물은 불행을 가져다준다

이 세상 삶에서 사람에게 좋은 것이 무엇입니까? 그는 어둠 속에 살며 그의 욕구엔 만족이 없습니다. 만약 물리도록 재산을 가지고 있다면, 그는 휴식의 즐거움을 빼앗깁니다. 지독한 탐욕으로 얻은 소유물을 지켜야 하기 때문입니다. 그리하여 더 지독하게 그것들을 소유하면서 자신에게 어떤 유익도 되지 못함을 보게 됩니다. 재산을 지키느라 고통을 겪고 그 풍요로움에서 아무 이득도 끄집어 내지 못하는 것보다 더 큰 불행이 있을까요?

• 암브로시우스 『죽음의 유익』 2,4.

재물과 영예에 대한 애착을 버리자

[심판이 얼마나 무서운 것인지] 알았으니, 이제 고난을 당할 때에는 참고 견뎌 내고, 호의를 베풀 때는 순수한 마음으로 베풉시다. 한 발 더 나아가 재물과 영예를 가벼이 여기면 우리는 더욱 더 강해집니다. 재물과 영예에 대한 애착을 버린 이는 만인 가운데 가장 너그러운 사람일 뿐 아니라 자주색 용포를 입은 황제보다도 더 가진 것이 많은 사람입니다. 하고많은 악행이 돈 때문에 저질러지는 것을 보시지 않습니까? 남의 것을 턱없이 탐내는 욕심 때문이라기보다는 그저 재물과 영예에 대한 집착 때문이라고 하겠습니다.

• 요한 크리소스토무스 『히브리서 강해』 20,5.

부의 중립적 가치

부와 가난 자체는 선도 악도 아니다

여러분은 부자이기도 하고 가난한 사람이기도 합니다. 곧, 부자인 여러분은 부가 덕행이 없어도 가치가 있다고 생각하지 말아야 하고, 가난한 사람인 여러분은 가난이 악이라고 생각하지 말아야 합니다.

• 요한 크리소스토무스 『라자로에 관한 강해』 2,1.

가난도 부도 악일 수 없다

부와 가난이 주님에게서 오는 것이라면, 가난이나 부가 어떻게 악일 수 있습니까? 그렇다면 이런 말은 왜 있습니까? 그런 말은 옛 계약 아래에서 나온 것입니다. 그때에는 부를 대단히 중요시했고 가난을 몹시 경멸하였으며, 가난은 저주고 부는 축복이었습니다. 그러나 이제는 그렇지 않습니다.

• 요한 크리소스토무스 『히브리서 강해』 18,4.

부 자체가 악한 것이 아니다

사업에 종사하는 모든 사람이 모조리 단죄를 받아야 한다면, 다른 직업에 종사하는 것으로 알려진 사람들도 이 징벌을 피할 수 없습니다. 사업이라는 것은 자기가 산 것을 산 가격보다 비싼 값에 파는 것 아닙니까? … 단죄받는 것은 떳떳한 재산이 아니라 몹시 사악한 행위입니다. 우리는 성경에서 부자는 하늘 나라에 들어가지 못한다는 말씀을 읽습니다(루카 16,19-31 참조). 그러나 아브라함, 이사악, 요셉 같은 성조들과 욥 같은 이들은 큰 부를 지니고 있었습니다. 그러니 저주받은 이로 헤아려지는 사업가들은 주님의 정의에 대해 아무런 생각이 없는 이들입니다. 돈에 대한 제어되지 않는 욕망으로 타락한 이들과 자기 상품을 정당한 가격에 팔지 않고 부정직하게 터무니없는 값에 파는 이들입니다.

• 카시오도루스 『시편 해설』 70,15.

나쁘거나 악한 것이 아니다

부는 좋은 것인가요? '결코 나쁜 것이 아니지 않습니까?'라고 당신은 되묻습니다. 그렇습니다. 당신이 탐욕스럽지 않고 그것을 가난한 이들에게 나누어 준다면 그것은 나쁘거나 악한 것이 아닙니다.

• 요한 크리소스토무스 『티모테오 1서 강해』 12,4.

가난도 가치중립적이다

"행복하여라, 가난한 사람들!" 하지만 가난하다고 해서 모두 행복한 것은 아닙니다. 가난은 가치중립적입니다. 가난한 사람이 선할 수도 있고 악할 수도 있는 것입니다.

• 암브로시우스 『루카 복음 해설』 5,53.

가난과 부유

성경이 진실하게 증언하듯이, 아브라함과 이사악, 야곱은 모두 큰 부자들이었던 것이 사실입니다. 그렇지만 참으로 부유하셨음에도 우리를 위하여 가난해지신 분께서는 "많은 사람이 동쪽과 서쪽에서 모여 와, 하늘 나라에서"(마태 8,11) 앞에 말한 성조들 위도 아니고 그들 없이도 아니고 바로 그들과 "함께 잔칫상에 자리 잡을 것"(마태 8,11)이라고 예고하고 약속하셨습니다. 그렇습니다. 자주색 옷과 고운 아마포 옷을 입고 날마다 화려한 잔치를 벌이던 거만한 부자는 죽어서 지옥에서 고초를 겪었습니다. 그렇지만 종기 투성이 몸으로 그의 집 문간에 누워 푸대접을 받던 가난한 사람에게 그가 자비를 베풀었더라면, 그도 자비를 얻을 자격이 있었을 것입니다(루카

17,19-31 참조). 그 가난한 사람이 선은 행한 바 없고 내세울 것이 가난밖에 없었다면, 천사들이 그를 이승에서 부유했던 아브라함 곁으로 데려갔을 리가 없습니다. 이 이야기가 우리에게 가르치는 것은 하느님께서는 가난 자체를 높이 여기시는 것도 부를 무조건 단죄하시는 것도 아니며, 사람의 신심과 불경은 각기 그에 따른 결과를 가져온다는 것입니다.

• 아우구스티누스 『편지』(힐라리우스에게) 157.

부의 종류

성경을 보면, 부에는 세 가지가 있습니다. 나쁜 부, 좋은 부, 중립적인 부. … 중립적인 부는 좋은 것도 될 수 있고 나쁜 것도 될 수 있는 부입니다. 그것을 사용하는 사람의 재량과 자질에 따라 어느 쪽도 될 수 있기 때문입니다.

• 요한 카시아누스 『담화집』 3,9.

재물로 덕행을 실천할 수 있다

재산 자체를 비난해서는 안 됩니다. "재산은 사람의 목숨을 보장해 줍니다"(잠언 13,8). 가난한 사람들에게 베푸는 이는 자기 영혼을 구하기 때문입니다. 이처럼 재산으로도 덕행을 실천할 여지가 있습니다. 그대는 망망대해에 떠 있는 배의 키잡이와 같습니다. 자신이 가야 할 방향을 잘 잡으면, 빠르게 바다를 건너 항구에 도달합니다. 그러나 자기 재물을 어떻게 다루어야 할지 모르는 사람은 자신의 짐 때문에 가라앉습니다. 그래서 "부유한 자의 재산은 그에게 견고한 성읍이 된다"(잠언 10,15)라고 쓰여 있습니다.

• 암브로시우스 『편지』 59.

돈에 의해서도 축복받을 수 있습니다

하느님께서 예언자를 통해 분명히 말씀하십니

다. "은과 금은 나의 것이다"(하까 2,8). 은은 잘 사용되면 비난받지 않습니다. 그러나 여러분이 좋은 것을 남용하고 자신의 행실이 비난받는 것을 못마땅해할 때, 여러분은 불경하게도 창조주를 비난하는 것이 됩니다. 누군가는 돈에 의해서도 축복받을 수 있습니다. "내가 굶주렸을 때에 너는 먹을 것을 주었다"(마태 25,35). 의심할 여지 없이 이는 돈을 사용한 것입니다. "내가 헐벗었을 때에 너는 내게 입을 것을 주었다"(마태 25,36). 역시 확실히 돈을 사용한 것입니다. 돈이 하늘 나라로 가는 문이 될 수 있음을 아십시오. 그분은 말씀하십니다. "너의 재산을 팔아 가난한 이들에게 주어라. 그러면 네가 하늘에서 보물을 차지하게 될 것이다"(마태 19,21).

• 예루살렘의 키릴루스『예비신자 교리교육』8,6.

죽음에서 구해 내는 '의로움'

"자기 자신의 재산이 사람의 목숨을 구원한다"(잠언 13,8 참조). 어떻게 생각하십니까? 재산을 그토록 칭송하다니 무슨 뜻입니까? 첫째, 그(솔로몬)는 아무 재산이 아니라 정직한 활동을 통해 얻은 재산에 관해 말했습니다. 그러므로 가난은 나쁜 것이 아닙니다. 오히려 그는 누구도 자신이 원한다고 해서 가난한 사람을 위협해서는 안 된다고 말합니다. 사실 아무것도 소유하지 않은 사람을 어떻게 위협하겠습니까? 따라서 이런 삶에는 고통이 없습니다. 또는 그(솔로몬)는 '자기 자신의 재산'을 자신을 죽음에서 구해 내는 '의로움'이라 부르는 것 같습니다. 그러므로 덕행에서 가난한 사람, 곧 덕행을 실천하지 않는 사람은 위협을 받거나 벌을 선고받을 때 평온한 마음을 지니지 못합니다.

• 요한 크리소스토무스『잠언 (주해) 단편』13,8.

부는 선하지만, 어떻게 사용하느냐에 따라 선도 악도 될 수 있다

부자가 자신의 부를 나누어 줄 때 그는 선합니다. 그가 부를 소유하기를 그만두었을 때, 그가 그것을 다른 사람들에게 주었을 때 그는 선합니다. 그러나 그가 부를 보유하고자 한다면 그는 선하지 않습니다. … 정말로 선한 것들이 무엇인지 배우십시오. 그것은 무엇일까요? 덕과 자선입니다.

• 요한 크리소스토무스『티모테오 1서 강해』12,4.

재화는 사용 여부에 따라 선하기도 악하기도 하다

사용할 줄 알면 선한 것이고, 사용할 줄 모르면 당연히 악한 것입니다. "가난한 이들에게 베풀고 나누어 주니 그의 의로움은 영원히 남으리라"(시편 111,9 참조). 이보다 더 좋은 것이 어디 있겠습니까? 그대가 가난한 사람에게 베푼다면 그것은 선한 일입니다. 하느님께서는 그 가난한 사람 안에서 그대의 빚쟁이가 되십니다. 마치 그분께 자비를 빌려 드린 것처럼 말입니다. 그대 정의의 곳간을 열어젖힘으로써, 그대가 가난한 이들의 빵이 되고, 궁핍한 이들의 생명이 되며, 눈먼 이들의 눈이 되고, 고아들의 아버지가 될 때 비로소 재산은 선한 것이 됩니다.

• 암브로시우스『나봇 이야기』7,36.

맡겨진 재화

재산과 소유물은 우리에게 잠시 맡겨진 것이다

누군가가 여러분에게 돈을 맡겼다면 여러분이 부자라고 말할 수 있을까요? 그렇게 말할 수 없습니다. 왜 그렇습니까? 여러분이 지니고 있는 것은 다른 사람의 돈이기 때문입니다. 그것은 달겨 놓은 것이기 때문입니다.

• 요한 크리소스토무스 『라자로에 관한 강해』 6,8.

주님의 재산을 관리하는 책임을 맡은 종

주님에게서 훔치지 않고, 목적이나 성과 없이 낭비하지도 않은 사람은 주님의 재산을 충실히 관리한 성실한 종입니다. 자기에게 주어진 것을 적절히 나누어 줄 줄 아는 사람은 슬기로운 종입니다. 실로, 우리는 이 두 가지, 충실함과 슬기가 다 필요합니다. 우리는 자기가 맡은 것을 조심스레 사용함으로써 종의 직분을 올바르게 이행하도록 불렸습니다. 또한 우리는 주님에게서 훔쳐서도 안 됩니다. 이 가운데 하나를 제대로 못할 때, 다른 것도 제대로 할 수 없습니다. 우리가 아무것도 훔치지 않았다고 해도, 주님의 재산을 허투루 쓰고 우리가 받은 자원을 마음대로 써 버린다면, 그것은 큰 죄가 될 것입니다. 이와 마찬가지로, 주님의 재산을 적절한 곳에 잘 썼지만 때때로 그것을 훔쳐 자기 것으로 삼은 사람도 엄한 추궁을 받을 것입니다.

• 요한 크리소스토무스 『마태오 복음 강해』 77,3.

재산을 맡은 종

다른 사람의 재산을 관리하는 일을 맡는다는 것은 영예입니다. 믿는 이들은 그런 영예를 입었습니다. "내가 진실로 너희에게 말한다. 주인은 자기의 모든 재산을 그에게 맡길 것이다"(마태 24,47). 이보다 큰 영예가 어디 있습니까? 어떤 말이 이런 고귀함에 걸맞겠습니까? 여기에 어떤 복됨이 따르겠습니까? 지금 우리는 모든 것의 주인이신 하늘의 임금님에 대해 이야기하고 있습니다. 종에게 "자기의 모든 재산"을 맡긴 이는 주님이십니다. 이것이 주님께서 그를 슬기로운 종이라고 하시는 이유입니다. 그가 하늘의 보물

을 받게 되는 것은 이승에서 책임감 있게 행동한 바로 그 이유 때문입니다.

• 요한 크리소스토무스 『마태오 복음 강해』 77,3.

가난한 이들을 위해 맡겨진 재화를 아무렇게나 낭비해서는 안 된다

자선 기부금을 나누어 주는 사람이 무모하고 경솔하게 낭비할 권리가 없듯이, 가난한 이들에게 주라고 당신에게 주어진 것들은 가난한 이들을 위해 주어진 것이기 때문에 당신은 자신의 것을 낭비하면 안 됩니다.

• 요한 크리소스토무스 『마태오 복음 강해』 77,3.

재물은 잘 활용하라고 하느님께서 빌려 주신 대출이다

만일 우리가 게으름을 피우다가 조금 가진 것으로 백배, 다시 말해, 현재 대신 미래를, 없어질 것 대신 영원한 것을 얻는 데 실패한다면, 장차 무슨 말로 핑계를 댈 것입니까? 조심성 없게 우리 돈을 문 뒤나 금고에 넣어 잠가 두고 거기서 곰팡이가 피게 내버려 둔다면 무슨 말로 변명할 것입니까? 우리는 필요한 사람이 쓸 수 있게 지금 그것을 내놓고, 장차 그들의 도움을 받기를 기대해야 합니다. 성경 말씀을 기억하십시오. "불의한 재물로 친구들을 만들어라. 그래서 재물이 없어질 때에 그들이 너희를 영원한 거처로 맞아들이게 하여라"(루카 16,9).

• 요한 크리소스토무스 『창세기 강해』 3,21.

주님의 뜻을 따르는 이

아래의 말을 들으면 누구든지 우리 구원자의 뜻을 알 수 있을 것입니다. 그분은 이렇게 말씀하셨지요. "너희가 남의 것을 다루는 데에 성실하지 못하면, 누가 너희에게 너희 몫을 내주겠느냐?"(루카 16,12). 여기서 "남의 것"이란 우리가 소

유한 재물을 가리키는 말입니다. 우리는 재물을 가지고 태어나지 않았습니다. 알몸으로 태어났지요. "우리는 이 세상에 아무것도 가지고 오지 않았으며 이 세상에서 아무것도 가지고 갈 수 없습니다"(1티모 6,7)라는 성경 말씀은 참으로 옳습니다. … 땅의 재물을 가진 사람들이여, 가난한 이들에게 마음을 엽시다. 하느님의 법에 충실히 복종하는 모습을 세상에 보여 줍시다. 우리 것이 아닌 물질로 주님의 뜻을 따르는 이가 됩시다. 그리하여 우리 몫인, 하느님께서 사람들 영혼에 지어 주시는 거룩하고 흠숭할 아름다움을 받도록 합시다.

• 알렉산드리아의 키릴루스『루카 복음 주해』109.

부의 사용

부를 선행에 사용하라

하느님은 온화하고 겸손한 주인이십니다. 하느님께서는 세상에서 얻은 재화를 사용하라고 우리를 초대하십니다. 그분은 말씀하십니다. "너의 소유물로 주님께 영광을 돌려라"(잠언 3,9). 우리에게 주어진 모든 것은 그분의 것이며, 그것이 우리에게 주어진 이유는 나누라는 것이라고 단언하십니다. 주님께서는 이 모든 것에 대한 소유권을 우리에게 주심으로써 우리가 자신이 한 일에 대해 더 큰 보상을 받게 하십니다. 보통 우리는 자신의 재산에 더 많은 시간과 노력을 들이기 때문입니다. 이런 식으로 일꾼은 마땅히 자신이 한 노동에 대해 상당히 큰 보상을 받습니다.

• 마르세유의 살비아누스『교회에게 또는 탐욕 반박』1,5.

재산으로 선을 행하는 것

[여러분을] 선하게 만드는 선이 있고 여러분이 선을 행할 수 있게 하는 선이 있습니다. [여러분을] 선하게 만드는 선은 하느님이십니다. 언제나 선하신 분만이 사람들을 선하게 만드실 수 있기 때문입니다. 그러므로 여러분이 선하게 되고자 한다면 하느님을 부르십시오. 그런데 여러분에게 그것이 있으면 선을 행할 수 있는 선도 있습니다. 금이 그렇고 은이 그렇습니다. 그것은 여러분을 선하게 만들 수 있는 선은 아니지만 그것을 가지고 여러분이 선을 행할 수 있습니다.

여러분에게 금이 있습니다. 은이 있습니다. 그리고 여러분은 금을 갈망합니다. 은을 갈망합니다. 그것을 가지고 있는데도 그것을 갈구합니다. 그것이 가득한데도 여전히 그것을 목말라합니다. 그것은 부유함이 아니라 병입니다. 물기로 푹 젖었는데도 언제나 갈증을 느끼게 하는 병을 앓고 있는 사람들이 있습니다. 그렇게 젖어 있는데도 더 젖고 싶어 합니다! 돈에 대한 갈망이 그런 심한 수종水腫을 앓게 할 때에 여러분이 어떻게 부유함을 누릴 수 있겠습니까?

그러니까 여러분에게 금이 있다 칩시다. 그것은 좋은 일입니다. 그 자체로 선해지는 것이 아니라 그것으로 선을 행할 수 있는 것을 가지고 있으니까요. 여러분은 묻습니다. "제가 금을 가지고 어떤 선을 행한다는 말입니까?" 하고요. 여러분은 "그는 후하게 나누어 주었다"라는 시편 말씀을 듣지 못했습니까? "그는 불쌍한 이들에게 후하게 나누어 주니 그의 의로움은 길이 존속하리라"(시편 112,9). 이것은 선입니다. 여러분과 함께 있을 때 선인 것, 의로움이지요. 여러분과 함께 있어서 선인 선이 여러분에게 있다면, 여러분에게 있어서 선이 아닌 선으로 선을 행하십시오. 여러분에게 얼마간 돈이 있다면, 그것을 쓰십시오. 여러분의 돈을 써서 여러분의 의로움이 커지게 하십시오. "그는 후하게 나누어 주니", 그가 돈을 썼다는 말입니다. "후하게 나누어 주니 그의 의로움은 길이 존속하리라." 무엇이 줄어들고 무엇이 커지는지 잘 보십시오. 줄어드는 것은 돈이고 커지는 것은 의로움입니다. 여러분이 작별 인사를 할 대상은 줄어드는 그것입니다. 여러분이 내버려야 할 것은 줄어드는 그것입니다. 커지는 것은 여러분이 길이 소유하게 될 그것입니다.

• 아우구스티누스 『설교』 61,3.

소유의 정당성

성경의 많은 증언이 자선의 공로와 이에 내재하는 힘에 관해 우리에게 상세하게 가르칩니다. 확실히, 자신의 영혼에 충실하려는 사람은, 종종 다른 곤궁한 사람을 도와주려고 합니다. … 그러니 자선에서 하느님 사랑의 아름다운 뜻을 아십시오! 어떤 다른 사람이 당신의 후원으로 궁핍하게 살지 않고, 당신의 자비로운 도움으로 가난한 이들을 비참한 곤궁에서, 그리고 당신을 많은 죄에서 해방시키기 위해 하느님의 사랑은 당신이 많은 것을 소유하기를 원하셨습니다.

• 대 레오 『설교』 6(헌금에 관한 첫째 설교).

잃어버릴 수 없는 부

우리를 도와주시는 하느님의 은총에 힘입어 땅에 있는 것들도 천상의 것으로 변화합니다. 단, 많은 이들이 법으로 유산을 받았든 다른 방법으로 취득하였든, 자기 재산을 선행을 베푸는 데에 사용하기만 한다면 말입니다. 그들이 남아도는 것이라고 생각하는 것을 가난한 이들을 돕기 위하여 나누어 주면 결국 잃어버릴 수 없는 부를 얻는 것입니다. 그래서 그들은 자선하기 위해 인출한 돈을 지출이라 생각하지 않고, 자신들의 마음을 '자기네 보물이'(마태 6,21) 있는 곳에 두게 됩니다. 이렇게 재산을 사용하는 것은 지극히 복

된 일입니다. 그 재산은 점점 더 불어날 것이며 없어지지나 않을까 두려워할 필요도 없습니다.

• 대 레오 『설교』 92,3.

가난한 사람들의 위장에 보관된다

돈을 좋은 목적으로 버리면, 돈을 버린 사람들은 돈을 잃는 것이 아니라 다른 안전한 배에 싣는 것입니다. 곧, 그 돈은 가난한 사람들의 위장에 보관됩니다. 말하자면, 항구에 미리 도착하여 … 영광 때문에 돈을 버린 사람들을 위해 보관되는 것입니다.

• 대 바실리우스 『세상사에 초연함』 7.

목숨을 구하는 재산

솔로몬의 말대로 "재산이 사람의 목숨을 구해 줍니다"(잠언 13,8). 이 '재산'은 가난한 사람들에게 나누어 주어 그의 의로움이 영원히 지속되게 하는 세상의 재산일 수도 있고, 가난한 이들을 불쌍히 여기거나 다른 선행들을 행하는 의로움 같은 영적 재산일 수도 있습니다.

• 존자 베다 『성막과 제구』 3,13.

재산은 자비를 베푸는 데 쓰여야 한다

나는 "재물은 진노의 날에 소용이 없다"(잠언 11,4)라고 쓰여 있는 이유를 압니다. 이는 자비를 위해 자기 재산을 사용할 줄 모르는 사람을 두고 한 말입니다. 재산의 힘은 궁핍한 때에 내놓아 사용되어야 하는 것 아니겠습니까? 그대의 영을 하느님의 손에 돌려드릴 때에, 그대는 재물의 진가는 자비를 위해 사용하는 데 있다는 것을 깨닫게 될 것입니다. 재물은 하느님이시며 하느님의 아드님이신 예수 그리스도께서 그대에게 주신 것이기 때문입니다.

• 셰누테 『언어』.

일부라도 나누어 주어라

그대가 아직 형제를 위해서 죽을 만큼은 안 된다 할지라도, 지금 그대의 재물 가운데 얼마는 형제에게 줄 수 있을 정도는 되어야 합니다. 벌써 사랑이 그대의 마음을 두드리고 있습니다. 그것은 자랑하기 위해서가 아니라, 마음 깊은 곳에서 우러나는 자비로 말미암은 것이어야 합니다.

• 아우구스티누스 『요한 서간 강해』 5,12.

상속 재산은 자선을 베풀고 사랑과 덕행을 실천할 기회로 삼으라는 것이다

당신이 부모로부터 유산을 받았다 하더라도, 당신이 가진 모든 것을 이런 방법으로 소유하게 되었다 하더라도, 이 모든 것은 하느님의 것입니다. … 따라서 하느님께서는 이 소유물들을 당신에게서 가져가실 수 있는데도 당신이 덕행을 보일 수 있는 기회를 주시려고 그대에게 남겨 놓으신 것입니다.

• 요한 크리소스토무스 『마태오 복음 강해』 77,3.

바오로의 훌륭한 가난

주님께서는 "네가 완전한 사람이 되려거든 너의 재산을 팔라"(마태 19,21 참조)라고 하셨습니다. 그러나 [바오로는] 남의 것을 하나도 취하지 않았음은 물론 남들에게 필요한 것도 직접 마련해 주었으니, 무엇을 여기에 대겠습니까? 재산을 포기하는 것은 첫걸음입니다. 자신에게 필요한 것을 자기가 해결하는 것은 두 번째 단계입니다. 세 번째 단계는 다른 사람에게 필요한 것도 마련해 주는 것입니다. 네 번째 단계는, 설교자는 사람들에게 생활을 의존할 권리가 있는데도 그렇게 하지 않는 것입니다. 그러므로 바오로는 단지 자기 재산을 포기한 사람보다 훨씬 훌륭합니다.

• 요한 크리소스토무스 『사도행전 강해』 45.

완전함에 도달하려면

우리가 완전하게 되기를 바라느냐 그렇지 않느냐는 우리가 결정하는 것입니다. 그러나 완전하게 되고자 하는 이는 누구나 자기가 가진 것을 팔아야만 합니다. 하나니아스와 사피라가 그랬듯이(사도 5,1-2 참조) 일부만 팔아서는 안 되고, 모두를 팔아야 합니다. 가난한 이들에게 나누어 주려고 자기 재산을 파는 사람은 하늘 나라에 자신의 보물을 쌓기 시작한 것입니다. 그러나 완전함에 도달하려면 이것만으로는 충분하지 않습니다. 부를 경멸할지라도 구원자를 따르지 않는다면, 곧 악을 끊고 선을 행하지 않는다면 소용이 없습니다. 돈주머니는 사람의 의지보다는 경멸하기가 쉽기 때문입니다.

• 히에로니무스 『마태오 복음 주해』 3,19-20

"네가 가진 것을 팔아라"라는 주님 말씀의 영적 의미

"네가 가진 것을 팔아라"(마태 19,21). 이 말은 무슨 뜻입니까? 많은 사람이 이 말을 피상적으로 이해합니다만, 그분께서는 청년에게 소유한 재물을 버리라고, 그의 소유물을 포기하라고 명령하신 것이 아닙니다. 오히려 그분은 청년의 영혼에서 재물에 대한 생각, 재물에 대한 애착, 재물에 대한 지나친 욕망, 재물에 대한 병적인 불안, 재물에 대한 걱정, [영원한] 생명의 씨앗을 자라지 못하게 하는(참조: 마태 13,22; 마르 4,19; 루카 8,14) 세속적인 삶의 가시를 떨쳐 버리라고 명령하십니다. … 따라서 우리는 우리와 이웃들에게 유익할 수 있는 재산을 낭비해서는 안 됩니다. 그것은 소유할 가치가 있기에(κτητὰ ὄντα) 소유물(κτήματα)이라고 불리며, 어떤 것을 할 능력이 있고(χρήσιμα ὄντα) 유익하며 인간에게 유익(χρῆσις)하도록 하느님에 의해 창조되었기에 저산(κρήματα)이라고 불립니다. 참으로 재물은 돌질이나 도구처럼 그것을 사용할 줄 아는 사람들이 잘 사용하도록 가까이에 있으며, 마음대로 사용될 수 있습니다. … 부도 그러한 종류의 도구입니다. 당신은 부를 올바로 사용할 수 있고 부는 의로움에 봉사합니다. 그러나 어떤 사람이 부를 그릇되게 사용한다면 부는 불의의 봉사자로 확인됩니다. 부의 본질은 지배하는 것이 아니라 단지 봉사하는 것입니다. … 그러므로 인간은 자신의 소유물을 없앨 것이 아니라, 가진 것을 더 잘 사용하는 데 동의하지 않는 영혼의 열망을 없애야 합니다. 그래야 인간이 고귀하고 선하게 되어 이 소유물들을 고귀한 방식으로 사용할 수 있기 때문입니다. 따라서 우리가 지닌 모든 것을 다 버리고(루카 14,33 참조) 가진 모든 것을 팔라(참조: 마태 19,21; 마르 10,21)는 요구는 영혼의 열망과 관련한 말씀이라고 이해해야 합니다.

• 알렉산드리아의 클레멘스
『어떤 부자가 구원받는가?』11,1-2. 14,1.3.5.

재물과 구원

잘못된 걱정

그대는 그대의 재산으로 너그럽게 자선을 베풀기 시작하면 혹시라도 그대 재산이 거덜나지 않을까 두려워합니다. 비참한 그대는 가산家産이 없어지는 것은 두려워하면서도, 삶 자체와 구원이 거덜나는 것은 모릅니다. 자기 영혼보다 돈을 더 사랑하는 그대는 그대 재산의 일부분이 줄어드는 것은 염려하면서도, 그대 자신이 끝장나고 있는 현실은 돌아보지 못합니다. 그대의 재산을 잃을까 걱정하는 동안, 재산 대신 그대 자신을 잃어버리게 됩니다.

• 키프리아누스『선행과 자선』10.

구원하는 데 사용되어야 한다

'가난'과 '부'는 '결핍'과 '충분함'의 다른 말입니다. 뭐든 다 원하는 자는 부자가 아니고, 아무것도 원하지 않는 자는 가난한 사람이 아닙니다. … 인간의 부는 영혼을 파멸시키는 데가 아니라 구원하는 데 사용되어야 합니다. 부는 인간이 그것을 잘 쓰면 유익하지만, 그것을 어떻게 쓰는지 모를 땐 덫이 됩니다(잠언 13,8 참조).

• 암브로시우스『편지』15.

너그럽게 베푸는 의인들에게는 늘 도움의 손길이 주어진다

그대가 그대의 재산으로 너그럽게 자선을 베풀기 시작하면 재산이 거덜날까 봐 두렵습니까? 의로운 사람에게 도움이 부족했던 적이 언제 한 번이라도 있었습니까? "주님께서는 의로운 영혼을 굶주림으로 죽이지 않으신다"(잠언 10,3)라고 쓰여 있습니다.

• 키프리아누스『선행과 자선』11.

단죄받는 데 사용되는 보물

적선하기를 거부하는 부자는 자신이 보물을 지켰으니 잘했다고 생각합니다. 보물을 지킨 것은 맞습니다. 그러나 그는 그 보물이 장차 어디에 사용될지, 곧 자신이 단죄받는 데 사용된다는 것을 모르고 있습니다.

• 존자 베다『가톨릭 서간 해설』(야고보서).

목숨을 부지하려고 걱정하지 마라

예수님께서는 "목숨을 부지하려고 걱정하지 마라"(마태 6,25)라고만 하시지 않고, 그 이유를 설명하며 지시를 내리셨습니다. "너희는 하느님과 재물을 함께 섬길 수 없다"(마태 6,24)라고 하신 다음 "그러므로 내가 너희에게 말한다. 목숨을 부지하려고 걱정하지 마라"(마태 6,25)고 덧붙이셨습니다. '그러므로'라니요? 예수님께서는 왜 '그러므로'라고 하셨을까요? 말로 다할 수 없는 그 손실 때문입니다. 여러분이 입는 해는 재물에 있어서만이 아니기 때문입니다. 그 해는 가장 치명적인 부분에 영향을 미칩니다. 여러분을 만드시고 여러분을 돌보시고 여러분을 사랑하시는 하느님에게서 여러분을 멀리 던져 버림으로써 여러분이 구원받지 못하게 하기 때문입니다.

• 요한 크리소스토무스『마태오 복음 강해』21,2.

주님은 재물보다 영혼을 훨씬 소중히 여기신다

주님께서는 믿는 이들의 재물보다 영혼을 훨씬 더 갈망하십니다. 우리는 잠언에서 "그 사람 자신의 재산은 사람의 목숨을 보장해 준다"(잠언 13,8)라는 말씀을 읽습니다. 여기서 '재산'은 다른 사람에게서 받았거나 탈취하지 않은 재산을 뜻합니다. 규정에 따르면, "네가 의롭게 수고하여 얻은 것으로 하느님께 영광을 드려라"(잠언 3,9)라고 합니다. '그 사람 자신의 재산'을 도둑들이 훔쳐 가지도 못하고 강도들이 빼앗아 가지도 못하는 감추어진 보물로 이해하면, 이 말씀의 뜻이 더욱 명확해집니다(마태 6,20 참조).

• 히에로니무스『편지』71,4.

목숨을 무엇과 바꿀 수 있겠느냐?

"사람이 제 목숨을 무엇과 바꿀 수 있겠느냐?"라는 말을 물음에 대한 답이라고 보면, 자기 목숨을 무엇과 바꾸는 사람을 가리킨다고 볼 수 있습니다. 죄를 짓고 나서, 자신의 재산으로 가난한 사람들을 먹이기 위해 가진 것을 모두 버린 사람이 그런 이입니다. 그는 그런 식으로 구원을 얻습니다.

• 오리게네스『마태오 복음 주해』12,28.

구원을 위하여 재산을 나누어 주어야 한다

발 크기에 맞추어 신발을 신듯 사람의 재산은 그의 신체가 필요로 하는 만큼이면 됩니다. 그 이상의 것 — 그들이 부의 장식 또는 치장이라 부르는 것 — 은 장식이 아니라 짐입니다. 하늘 나라에 오르기 위하여 폭력을 사용하고자 한다면(마태 11,12 참조), 참된 안식을 얻기 전에 먼저 거룩한 행실이라는 지팡이를 들고서 우리가 가진 것을 억압받는 이들과 나누어야 합니다. 성경은 참으로 "재물은 사람의 목숨을 보장해 준다"(잠언 13,8)라고 선언합니다. 어떤 사람이 부자라면 재산을 나누어 줌으로써 구원을 얻을 것이라는 뜻입니다.

• 알렉산드리아의 클레멘스『교육자』3,7,39.

복된 가난

모든 가난이 다 칭송할 만한 것은 아닙니다. 오직 복음의 목적에 따라 의도적으로 실천하는 가난만이 칭송할 만합니다. 많은 이들이 그가 가진 재산으로 볼 때는 가난할지 모르지만 마음가짐은 매우 탐욕스러울 수 있습니다. 이런 가난은 그들을 구원하지 못합니다. 오히려 그들의 마음가짐이 그들을 단죄합니다. 따라서 가난하다고 해서 반드시 복된 것은 아닙니다. 세상 재물보다 그리스도의 계명을 더 귀하게 생각하는 사람이 복됩니다.

• 대 바실리우스『시편 강해』16,5(제34편).

재산은 구원을 위한 것이다

사람의 재산은 그의 영혼을 구원하는 일을 해야지 파멸시켜서는 안 됩니다. 사람이 재물을 갈 쓰면 재물은 사람을 구합니다. 재물을 어떻게 써야 할지 모르면 재물은 올가미입니다. 돈이란 여행을 위한 경비가 아니고 무엇이겠습니까? 많은 돈은 짐입니다. 적은 돈은 유익합니다. 우리는 이 삶에서 여행자입니다. 많은 사람이 인생 여정을 걸어가지만 좋은 길을 걸어갈 필요가 있습니다. 주 예수님께서는 좋은 길을 걷는 사람과 함께하십니다.

• 암브로시우스 『편지』 15.

재물은 구원을 얻는 데 도움이 된다

자캐오는 칭찬 들을 만한 사람입니다. 많은 재물도 그가 왕실 문으로 들어가는 것을 막지 못했으니까요. 오히려 많은 재물이 그를 하늘 나라 입구로 데려다 주었으니 크게 칭찬받아 마땅합니다. 여기서 우리는 부유함이 장애가 아니라 그리스도의 영광을 얻는 데 도움이 될 수 있음을 알게 됩니다. 재물이 있으면 우리는 그것으로 방탕하게 살 것이 아니라 구원을 위해 그것을 내주어야 합니다. 재물을 소유한 것 자체는 죄가 아닙니다. 그것을 제대로 쓸 줄 모르는 것이 죄지요. 어리석은 자에게는 부유함이 타락으로 이끄는 유혹이지만 지혜로운 사람에게는 덕행을 하는 데 도움이 됩니다. 재물로 말미암아 구원의 기회를 얻는 이들도 있고, 걸려 넘어져 저주를 입는 자들도 있지요.

• 토리노의 막시무스 『설교』 95-96.

재물과 구원

오, 나의 영혼아, 부자들을 기다리고 있는 불행은 이러하다. 부자들은 수고하여 돈을 벌고 두려워하며 지킵니다. 그들은 위험과 어울려 놀다가 슬픔과 함께 사라져 버리고 맙니다. 우리가 재물을 가지고 있다면 구원받기 어렵고, 재물을 사랑한다면 구원은 불가능합니다. 재물을 거의 지니지 않았으면서도 무절제하게 재물을 사랑할 수도 있습니다. 오, 주님, 이 어려운 과제를 저희에게 가르쳐 주십시오. 저희가 소유하고 있는 재화를 양심적으로 관리하게 해 주시고, 당신께서 저희에게 주시는 것 이상을 탐욕스레 열망하지 않게 해 주십시오.

• 아우구스티누스 『편지』 203.

선행을 하도록 노력하자

과거에는 우리의 일을 이 정도로 무심하게 처리해 왔다 하더라도, 지금은 필요한 것에 대해 적어도 계획이라도 세웁시다. 부의 장식물들로 우리를 치장하는 일에만 안달하지 말고 선을 행하는 데 많은 주의를 기울입시다. 사실 우리의 존재는 현세의 삶으로 끝나지도 않으며 우리가 언제까지나 귀양살이를 하지도 않을 것입니다. 오히려 우리는 머지않아 우리의 참된 본향으로 갈 것입니다. 그러니 우리는 그곳에서 모자라는 이로 판단받지 않으리라는 희망을 품고 모든 일을 합시다. 낯선 땅에는 큰 재산을 남기고 떠나고 우리의 참된 본향에서는 곤궁하다면, 그것이 어떻게 좋은 일이겠습니까? 그러니 사랑하는 여러분, 아직 시간이 있을 때, 우리가 이 낯선 땅에서 소유하고 있는 것을 그리로 옮겨 놓으려 노력합시다.

• 요한 크리소스토무스 『창세기 강해』 48,6.

그리스도의 가난과 부

주 예수님 말고 누가 부유한가?

"아세르는 양식이 넉넉하여, 통치자들에게 진미를 바치리라"(창세 49,20). '아세르'는 '부, 재산'이라는 뜻입니다. 그런데 지혜와 하느님에 관한 지식의 부가 엄청나게 많은 곳에 있는 이 말고 누가 부유합니까? 언제나 충만하시며 결코 결핍을 모르시는 주 예수님 말고 누가 부유합니까? 그분은 모든 사람을 채우셨습니다. 당신 가난으로 모든 사람을 부자로 만드셨으니, 그분의 부는 얼마나 대단한지요! 그러나 그리스도는 우리를 위해서는 가난하셨고 하느님과 함께는 부유하셨습니다. … 그분의 가난은 우리를 부유하게 하고, 그분의 옷자락 술은 치유하며(참조: 마태 9,20-22; 14,34-36), 그분의 배고픔은 우리를 배불리고, 그분의 죽음은 생명을 주며, 그분의 장례는 부활을 줍니다. 그러므로 그분은 값진 보물입니다. 그분께는 양식이 넉넉하기 때문입니다.

• 암브로시우스 『성조』 9,38.

육적 가난과 신적 부유함

외적인 면에서 그분께서는 종이 되셨지만, 본성에 따른 만물의 주님이시기를 그치시지 않았습니다. 육에 따라서는 가난하게 되셨지만 당신 신성에 따라서는 여전히 부유하셨습니다. 그래서 복된 바오로 사도는 그분의 가난으로 그리스도인들이 부유하게 되었다고 단언합니다. … 가난하게 되신 그분께서 당신 안에 당신 신성의 부유함을 지니고 계시지 않았다면, 우리를 부유하게 만드시지 못하셨을 것입니다. 그분은 종의 모습에 따라 가난하게 되셨습니다. 그러나 하느님의 모습에 따라서는 여전히 부유하셨습니다.

• 루스페의 풀겐티우스 『편지』(빅토르에게) 13,2

그리스도의 가난이라는 요람

'부유하시면서도 가난한 사람이 되셨다'는 예수 그리스도에 관한 말씀이 진실임이 여기에서도 드러납니다. 그래서 그분께서는 가난한 어머니와 가난한 고향을 선택하셨습니다. 그래서 가난한 어머니에게서 태어나셨고, 그분의 고향은 "너 베들레헴아, 너는 유다 부족 가운데서도 보잘것

없지만 …"(미카 5,1)이라는 말을 들었습니다.

• 오리게네스 『레위기 강해』 8,4,3.

티루스의 비단 대신 거친 포대기

구원자의 탄생을 알리는 표징이, 티로 산 고급 자색 비단에 싸인 아기가 아니라 거친 포대기에 싸인 아기였음을 새겨 보아야 합니다. 그분은 화려하게 장식된 황금 침대가 아니라 짐승들의 구유에 누워 계셨습니다. 이는 그분께서 우리의 죽을 수밖에 없는 운명을 당신 몸에 지셨을 뿐 아니라 우리를 위하여 가난한 이들의 옷을 몸소 입으셨다는 뜻입니다. 그분은 부유하시면서도 우리를 위하여 가난해지셨고 우리는 그분의 가난으로 부유해졌습니다(2코린 8,9 참조). 그분은 하늘의 주님이셨지만 땅의 가난한 사람이 되시어, 땅에 사는 사람들에게 영적 가난으로 하늘 나라를 얻는 길을 가르치셨습니다.

• 존자 베다 『루카 복음 해설』 1.

보잘것없는 아이가 되신 그리스도

그분은 젖먹이 어린아이셨습니다. 덕분에 여러분이 온전한 어른으로 될 수 있는 것입니다. 그분께서 포대기에 싸이셨기에 여러분이 죽음의 덫에서 풀려날 수 있게 되었습니다(시편 18,4 이하 참조). 그분께서 구유에 누우셨기에 여러분이 제단에 오를 수 있게 되었고, 그분께서 땅에 지셨기에 여러분이 별들 가운데 있게 되었습니다. 여관에 그분이 들 자리가 없었기에 여러분이 하늘에 많은 거처를 가지게 된 것입니다(참조: 요한 14,2; 에페 2,6). … 그런즉 그분의 가난이 우리의 상속 재산이요, 주님의 약함이 우리의 능력입니다. 그분은 스스로 모자람을 택하셨고 그래서 모두에게 넉넉히 주실 수 있었습니다. 그 어린 아기의 찢어지는 울음소리가 저를 깨끗하게 닦아

주고 그 눈물이 저의 죄를 씻어 줍니다. 그러니 주 예수님, 제가 구원받음은 제가 소명을 다해서가 아니라 당신의 고난 때문입니다.

• 암브로시우스『루카 복음 해설』2,41-42.

그리스도께서 가난하게 되시어

그리스도께서 가난하게 되신 것은 하느님께서 인간이 당신 신성의 부유함을 얻고 그리하여 베드로가 말한 대로 인간이 당신의 거룩한 본성을 나누어 가질 수 있도록 당신 권능의 힘을 낮추시어 인간으로 태어나셨기 때문이라고 바오로는 말합니다. 그분께서 사람이 되신 것은 인성을 신성으로 데려가기 위해서였습니다. 그러므로 그리스도께서 가난하게 되신 것은 그분이 아니라 우리를 위해서였지만, 우리가 가난하게 되는 것은 우리의 유익을 위해서입니다.

• 암브로시아스테르『바오로의 열세 서간 주해』(코린토 2서).

숨겨진 부

그리스도 안에 숨겨지고 그분 인성의 가난함 아래 감추어진 지식과 지혜의 모든 보물을 알 수 있는 인간이 어디 있겠습니까? '그분께서는 부유하시면서도 우리를 위하여 가난하게 되시어, 우리가 그 가난으로 부유하게 되도록 하셨습니다.' 우리의 죽을 운명을 취하시고 죽음을 이기셨을 때, 그분께서는 가난 안에서 당신을 드러내셨지만 부를 약속하셨습니다. 그러나 그 부는 나중에 얻게 되는 것이었습니다. 그분께서 가난하게 되신 것은 부를 빼앗겨서가 아닙니다. 그분은 당신을 두려워하는 이들에게는 다정함을 감추시고 당신께 희망을 두는 이들에게는 드러내 보여 주신 적이 얼마나 많은지요! 완전한 것이 올 때까지 우리는 부분만 이해할 따름입니다.

• 아우구스티누스『설교』(성탄절) 194,3.

우리의 비천한 본성을 부유하게 만드시다

"말씀이 우리 가운데 사셨다"(요한 1,14)라는 단언은 우리에게 대단히 심오한 신비를 계시해 주므로 유익한 것입니다. 우리 모두가 그리스도 안에 있었기 때문입니다. 인간의 비천한 요소가 그분 안에 담겨 있습니다. 그래서 그분께서는 마지막 아담이라고 불리시기도 하는 것입니다. 첫 번째 아담이 부패와 어둠을 가져오는 모든 것으로 우리 본성을 가난하게 만들었다면, 마지막 아담께서는 기쁨과 영광을 안겨 주는 모든 것으로 비천한 우리 본성을 부유하게 하셨습니다. 이것이 바로 말씀께서 한 사람 안에 사심으로써 우리 모두 안에 사신 이유입니다.

• 알렉산드리아의 키릴루스『요한 복음 주해』1,9.

예수님의 부와 가난

모든 것이 그분을 통하여 생겨났는데, 그분보다 더 부유한 것이 무엇이 있겠습니까? 부자는 금을 소유할 수는 있지만, 그것을 만들어 낼 수는 없습니다. 그분의 이 같은 부가 확인되었으니 이제 그분의 가난을 봅시다. "말씀이 사람이 되시어 우리 가운데 사셨다"(요한 1,14). 우리가 부유하게 된 것은 그분의 이 가난 덕분입니다. 우리 가운데 사시기 위해 말씀께서 취하신 육신에서 흘러나온 피 덕분에, 우리의 죄를 담고 있던 부대가 찢어졌기 때문입니다. 그 피를 통하여 우리는 죄악이라는 누더기를 벗어 버리고 불사불멸의 옷을 입게 된 것입니다.

• 아우구스티누스『설교』36,3.

여러분이 부유하게 되었다

가난이 큰 부를 낳는다는 것이 믿어지지 않는다면, 예수님의 경우를 생각해 보십시오. 그러면 믿게 될 것입니다. 예수님께서 가난하게 되지 않으셨더라면 여러분은 부유하게 될 수 없었을 것입니다. 바오로가 여기서 말하는 '부유함'은 신심에 관한 지식, 죄를 씻어 없애는 것, 의롭고 거룩하게 되는 것을 비롯하여 하느님께서 우리에게 주셨거나 주고자 뜻하시는 무수한 좋은 것들을 가리킵니다.

• 요한 크리소스토무스 『코린토 2서 강해』 17,1.

우리는 그리스도의 모상이므로 그리스도처럼 섬겨야 한다

우리는 그분의 모상으로 만들어지므로, 그분께서 좋게 보시는 것은 우리도 좋게 보고 그분께서 나쁘게 보시는 것은 우리도 나쁘게 봅니다. 주님은 겸손을 추구하는 분이니, 누구든 자랑거리를 좋는 사람은 그리스도의 모상이 아닙니다. 주님은 가난을 사랑하시는 분이시니, 이승의 부를 사랑하는 사람은 자신에게서 그리스도와 닮은 모습을 내버리는 사람입니다. 스승을 본받지 않는 사람은 참된 제자가 아니며, 자기를 창조하신 분과 닮지 않은 것은 참된 모상이 아닙니다.

• 『마태오 복음 미완성 작품』 강해 35.

그리스도처럼 가난하게 되다

우리가 세속의 재산이나 썩고 없어질 부를 계속 지니고 있다면, 마음은 진창에 빠지듯 타락하고 영혼은 결국 눈멀어 하느님을 보지 못하고 하늘의 아름다움과 우리에게 약속된 좋은 것들에 대한 갈망에 무감각해지게 됩니다. 이런 것들은 일편단심 강한 열망이 우리를 이끌어 그것들을 청하게 하며 그것들을 얻으려는 수고를 가볍게 느끼도록 하지 않으면 결코 얻을 수 없습니다. 그렇다면 이것은 오늘의 강화 제목대로 '극기'입니다. 곧, 물질적이며 덧없는 삶의 끈을 끊고 인간적 관심사에서 자유로워져 하느님께로 가는 길

을 나서기에 좋은 상태로 우리 자신을 만드는 것입니다. … 간단히 말해 그것은 인간의 마음에서 거룩한 삶의 방식으로 옮겨 가는 것입니다. … 그것은 부유하시면서도 우리를 위해 가난해지신 그리스도와 닮아 가는 첫 단계입니다. 그분과 닮은 모습이 되지 않는 한, 그리스도의 복음에 따른 삶의 방식대로 사는 것은 불가능합니다.

• 대 바실리우스 『대 수덕집』(긴 규칙서) 8

그리스도의 가난을 기꺼이 따른 사도들

돈에 대한 사도들의 무관심에 놀라지 않을 사람이 어디 있겠습니까? 그들은 금과 은을 지니는 것을 금하시고 겉옷을 두 벌 갖는 것조차 법으로 금하신 스승을 외면하지 않고 기꺼이 받아들임으로써 그것을 단적으로 보여 주었습니다. 보통 사람은 이런 법을 듣기만 해도 지나친 것이라며 거부할 터인데, 이 사람들은 그 말씀을 실제로 따랐습니다.

• 카이사리아의 에우세비우스 『복음의 논증』 3,5.

강요된 가난이 아니라 스스로 가난해지는 겸손이 복되다

"주님께서는 넋이 짓밟힌 이들을 구원해 주신다"(시편 34,19)라는 말씀도 있습니다. 그러나 물질적인 어려움을 가난이라고 생각하지 마십시오. 예수님께서는 '마음이' 가난한 이라고 하셨습니다. 그러니 이 말씀은 가난이 아니라 겸손이 복되다는 뜻으로 이해하십시오. "행복하여라, 마음이 가난한 사람들!"(마태 5,3). 이들은 성령으로 말미암아 스스로 가난해진 사람입니다. 이런 식으로 가난해진 사람들에 관하여 구원자께서도 이사야를 통해 이렇게 말씀하셨습니다. "주님께서 나에게 기름을 부어 주시니 … 가난한 이들에게 기쁜 소식을 전하게 하셨다"(이사 61,1).

• 히에로니무스 『마태오 복음 주해』 1,5 3.

가난한 이

회개하여 어린이처럼 된 사람이 마음이 가난한 사람입니다.

• 『마태오 복음 미완성 작품』 강해 9.

'가난한 이'는 세상에서는 가난한 자이지만 그리스도 안에서 부자입니다.

• 아퀼레이아의 크로마티우스 『마태오 복음 강해』 17,2,2.

교회의 소유물은 가난한 이들의 재산입니다.

• 암브로시우스 『편지』 73(18),16.

가난한 사람들이 교회의 보물입니다.

• 암브로시우스 『성직자의 의무』 2,28,140.

살로 된 성전이 돌로 된 성전들보다 훨씬 가치 있습니다.

• 요한 크리소스토무스 『마태오 복음 강해』 50,5.

가난한 이의 의미와 이해

가난한 이들이란 과거의 삶을 버리고 자신의 십자가를 지고 그분을 따른, 마음이 겸손한 이들입니다. 하늘 나라는 이런 이들을 위해 준비되어 있습니다.

• 푸아티에의 힐라리우스 『마태오 복음 주해』 11,3.

마음이 가난한 사람들

루카는 간단하게 "가난한 사람들"(루카 6,20)이라고 하는데, 마태오는 "마음이 가난한 사람들"이라고 합니다. 마음이 가난하고 겸손한 사람은 온유하며 자신을 대단하게 생각하지 않습니다. 그러나 마음이 부자라고 생각하는 사람은 자신이 잘났다고 여길 것입니다. 그런 이는 교만하며, "너희가 회개하여 어린이처럼 되지 않으면, 결코 하늘 나라에 들어가지 못한다"(마태 18,3)라는 그리스도의 계명을 따르지 않습니다. 회개하여 어린이처럼 된 사람이 마음이 가난한 사람입니다.

• 『마태오 복음 미완성 작품』 강해 9.

영으로 가난한 사람

영으로 가난한 사람은 세상의 부를 소유하지 않았을 뿐만 아니라 악덕의 부유함도 지니지 않았습니다. 이 사람은 하느님께 다가온 가난한 자이고 깨우친 자입니다. 그는 얼굴을 붉힐 일이 없으며, 주님께 부르짖으면 유익하고 적절한 응답을 얻습니다. 그는 한 가지 고통에서만 벗어난 것이 아니라 세상의 모든 어려움에서 벗어난 사람으로 드러납니다. 이런 일은 의로운 이들에게 종종 일어납니다. 그들이 혼신을 다하여 거룩한 삶을 살고, 이 세상의 무질서한 재난에서 벗어나 걱정에서 해방된 상태로 건너갈 때 일어납니다.

• 카시오도루스 『시편 해설』 34,7.

하느님께 성실한 사람

성실한 사람은 엄청나게 복 받은 사람입니다. 세상에서 제일 돈 많은 사람보다 더 부유합니다. '온갖 부귀는 성실한 사람의 것'(잠언 28,20 참조)이기 때문입니다. 성실한 사람은 황금을 보아도 한낱 돌같이 여깁니다. 돈이 많고 가진 것이 많은 사람은 영혼이 가난합니다. 돈이 많으면 많을수록 갖고 싶은 것은 더 늘어나게 마련이고 그리하여 자꾸만 돈을 더 긁어모으려 하기 때문입니다. 그러나 역설처럼 들리겠지만 성실한 사람은 가난 속에서 부유한 사람입니다. 성실한 사람은 '먹을 것과 입을 것' 말고는 필요한 것이 없음을 알아 "먹을 것과 입을 것이 있으면 우리는 그것으로 만족"(1티모 6,8)하기에 재물일랑 전혀 아랑곳하지 않으며 무시합니다.

• 예루살렘의 키릴루스 『예비신자 교리교육』 5,2.

가난하지만 복된 이들은 하느님 안에서 부유하다

그저 가난하기만 한 것이 아니라 가난하지만 복된 사람을 우리는 실로 많이 압니다. 가난하다고 해서 다 복된 사람이 되지는 않습니다. 가난 속에서도 두터운 믿음을 잃지 않을 때 복을 받습니다. 세상의 재산이라고는 아무것도 없으면서도 끊임없이 죄짓고 하느님을 믿지 않는 이도 있습니다. 분명 이런 사람을 복된 사람이라 할 수 없

지요. 우리는 주님께서 "행복하여라, 마음이 가난한 사람들! 하늘 나라가 그들의 것이다"(마태 5,3)라고 하신 이들이 어떤 이들인지 물어보아야 합니다. 예수님의 말씀은 하느님 안에서 부유해지기 위하여 세상의 부와 재산을 하찮게 여기고 세상에서 가난해지기 바라는 이들이 참으로 행복하다는 뜻입니다. 실로, 이런 사람들은 세상의 눈으로 보면 가난하지만 하느님 안에서 부유하며, 세상에서는 가난한 자이지만 그리스도 안에서 부자입니다.

• 아퀼레이아의 크로마티우스 『마태오 복음 강해』 17,2,1-2

믿음에선 부자인 사람

어떤 이들은 이 구절[야고 2,5 참조]이 부자의 집에서 쫓겨나거나 형편없는 시설에서 사는 가난한 이들을 위로하려는 말이라고 합니다. 하지만 물질적인 것에서는 가난해도 믿음에선 부자인 사람도 있습니다.

• 아를의 힐라리우스 『일곱 가톨릭 서간 해설』 (야고보서).

가난한 사람들이 믿음으로 와서 세상 것들에 마음을 빼앗기지 않을 때, 그들은 부자들보다 더 힘이 넘치고 활동하려는 결심도 더 확고한 경우가 많습니다.

• 오이쿠메니우스
『사도행전과 가톨릭 서간, 바오로 서간 주해』 (야고보서).

영혼이 부유한 이들

마케도니아 신자들은 물질적인 면에서는 가난했지만 영혼은 부유했습니다. 사람들이 아니라 하느님을 기쁘게 해 드리려 애쓰며 깨끗한 양심으로 성도들을 보살펴 주었기 때문입니다.

• 암브로시아스테르 『바오로의 열세 서간 주해』 (코린토 2서).

물질적으로 가난하지만 그 소박함 안에서 부유한 사람들이 있습니다. 그런 이들은 받기보다 주는 것을 더 좋아합니다.

• 펠라기우스 『바오로의 열세 서간 해설』(코린토 2서) 8.

하느님 나라에서 똑같은 상급을 받는 가난한 사람들

형제 여러분, 자캐오도 자기 재산의 절반으로 하늘 나라를 샀고(루카 19,8 참조) 과부도 동전 두 닢으로 하늘 나라를 사서(마르 12,42 참조) 둘 다 거기서 똑같은 상급을 받았으니, 이보다 위대한 일이 무엇이겠습니까? 부자가 베푼 보화와 가난한 사람이 건넨 냉수 한 잔(마태 10,42 참조)이 하늘 나라에서는 똑같은 가치를 지니니 이보다 더 대단한 일이 또 어디 있겠습니까?

• 아우구스티누스 『시편 상해』 111,3.

헌금함과 가난한 과부

헌금함이 무엇입니까? 믿는 이들의 기부금이요 가난한 이들의 은행이며 궁핍한 자들의 피난처입니다. 루카에 따르면, 그리스도께서는 그 곁에 앉아 계시다가, 가난한 과부의 엽전 두 닢이 부자들의 예물보다 더 많이 바친 것이라고 말씀하셨지요. 하느님의 말씀께서는 부자의 많은 예물보다 가난한 자가 사랑과 열성으로 바친 예물을 더 좋아하셨습니다. 그분께서 헌금함 곁에서 그런 판정을 내리실 때 과부와 부자들을 어떻게 견주셨는지 살펴봅시다. 렙톤 두 닢을 바친 과부를 편드신 데는 그럴 만한 이유가 있을 테니까요. 그녀의 값진 가난은 신앙의 신비 안에서는 풍요로운 부富였습니다.

• 암브로시우스 『평신도들에게 보낸 편지』 84.

가난한 이들을 선택하셨다

하느님께서는 가난한 이들을 선택하시어 그들을 나라의 상속자로 만드시고 또한 믿음의 부자로 만드십니다. 그분께서는 그들 안의 이 믿음을 선택하셨다는 말은 옳습니다. 그분께서는 그렇게 하시려고 [나라의 상속자와 믿음의 부자로 만드시려고] 그들을 선택하신 것입니다.

• 아우구스티누스 『성도들의 예정』 17(34).

그 가난한 어부들이 얼마나 많이 버렸는가?

혹시 궁금히 여기는 사람이 있을지도 모르겠습니다. 주님께서 부르셨을 때, 이 가난한 두 어부가 버렸으면 무엇을 얼마나 많이 버렸겠는가, 하고 말입니다. 사랑하는 여러분, 여기서 눈여겨보아야 할 것은 재산이 아니라는 뜻입니다. 자신을 위해서는 아무것도 가지지 않는 사람은 많은 것을 버렸습니다. 그는 가진 것이 별로 없어도 모든 것을 버립니다. 우리는 우리가 가진 것들에 애착하고, 우리가 가졌다고 할 수 없는 것들에 좀처럼 미련을 버리지 못합니다. 그러므로 베드로와 안드레아가 탐내는 마음과 소유하려는 마음을 버렸을 때, 그들은 많은 것을 버렸습니다. 소유한 것과 그것을 가지려는 마음 자체를 버리는 사람은 많은 것을 버린 사람입니다. 그러므로 예수님을 따른 그 가난한 사람들은, 예수님을 따르지 않아 마음대로 탐낼 수 있었던, 그들보다 잘사는 사람들이 가진 것만큼 많이 버렸습니다. 그러니 여러분은 어떤 사람이 많이 버린 것을 보고, '이 세상을 경멸하는 저 사람을 본받고 싶다. 그렇지만 안타깝게도 나는 버릴 것이 없구나' 하고 생각하지 마십시오. 형제 여러분, 여러분이 속된 욕망을 끊으면, 여러분은 많은 것을 버리게 됩니다. 주님께서는 밖의 것은 아무리 조금이라도 충분하다고 보십니다. 주님께서는 우리의 재물이 아니라 마음을 보시기 때문입니다.

• 대 그레고리우스 『복음서 강해』(40편) 5,2.

가난한 이들을 마음에 두다

가난한 이들을 '기억하기로 하였다'라는 말은 '그 일을 반드시 해야 한다'는 뜻이 아니라 '우리는 그들을 마음에 두어야 한다'는 뜻입니다. 이는 '우리의 활동을 여기에 집중하고 이 일만을 완수한다'는 것보다 약한 말입니다. 바오로는 자신이 전하는 복음 외에 이 일에도 생각을 기울였다고 덧붙입니다. 바로 가난한 이들을 기억하며 그들에게 자신이 해 줄 수 있는 모든 것을 하는 일이었습니다. 진실을 말하자면, 오롯이 믿음을 지키고 하느님을 믿으며 구원이라는 보화를 기다리는 사람이라면 아무도 가난하지 않습니다.

• 마리우스 빅토리누스
『바오로 서간 주해』(갈라티아서) 1,2,10.

신심 깊은 삶

제아무리 부자라 해도 그들이 악인이라면 미워하고, 비천하고 가난하더라도 "주님을 경외하는 이들을 존중하는"(시편 15,4) 사람은 누구나 영예와 존경을 받으며 살 것입니다. 그러므로 하느님의 이 명백한 대답 안에서 덕에 대한 완전한 가르침이 어떤 식으로 나타나는지 주목해야 합니다. 먼저 신심과 의로움을 얻고자 주의를 기울이려는 마음이 생깁니다. 그다음, 모든 악행을 멀리하고자 합니다. 그다음에는 신심에 부요함이 따르지 않는다 하더라도 부자들의 행위를 감탄하지 않습니다. … 가난한 사람이 가난의 결과로 생긴 더 큰 불행에도 불구하고 마음을 바꾸지 않고 계속 신심 깊은 삶을 열심히 살아간다면 우리는 이 가난한 사람들을 특히 존중해야 합니다.

• 타르수스의 디오도루스 『시편 주해』 15.

가난한 라자로는 모든 이의 스승이다

대문 앞에 누워 있는 라자로는 마치 길가에 떨어진 금화와 같았습니다. 아니, 그는 금화보다 더 귀했습니다. 가난한 사람들은 대개 "이것이 섭리인가? 하느님이 정녕 인간사를 맡아 주관하시는가? 나는 의롭게 사는데도 왜 가난하며 저 사람은 불의하게 사는데도 왜 부유한가?"라고 말합니다. 하지만 라자로는 그렇게 말하지 않았습니다. 그는 그런 생각을 털끝만큼도 하지 않고 인간에 대한 하느님의 이해할 수 없는 사랑에 순종했습니다. 그는 자신의 영혼을 깨끗이 했으며, 실제로 고통을 견뎌 내고 인내심을 보여 주었습니다. 그의 몸은 누워 있었지만 그의 정신은 앞으로 달려가고 있었으며, 그의 의지는 날개를 단 듯 솟아올랐습니다. 그는 상급을 받기 위해 애쓰고 있었으며, 악한 것들을 버리고 좋은 것들의 증인이 되었습니다. 그는 "식객들은 풍족하게 음식을 대접받고 있는데 나는 빵 부스러기조차 얻어먹지 못하는구나"라고 말하지 않았습니다. 그 대신에 어떤 말을 했습니까? 감사하며 하느님을 찬미하였습니다.

• 요한 크리소스토무스 『라자로에 관한 강해』 6,5.

가난한 라자로는 완전한 지혜를 지닌 사람이다

라자로는 가난하면서도 불평하지 않았는데 부자이면서도 불평을 늘어놓는 사람들은 무슨 용서를 받을 수 있겠습니까? 그는 굶주림과 괴로움에 시달리면서도 감사했는데, 풍족함을 누리면서도 그러한 덕행에 다가가려 애쓰지 않는 사람들은 무슨 변명을 할 수 있겠습니까? 가난한 이들이 살기 위해 구걸해야 하는 일에 불평과 불만을 쏟아 낸다면 무슨 용서를 받을 수 있겠습니까? 라자로는 부자의 대문 앞에서 끊임없이 굶주림과 가난, 외로움, 질병을 지니고 살았으며 뭇사람의 멸시를 받았고 그와 같은 고통을 겪은 그 어떤 사람도 찾아볼 수 없었습니다. 그런데도 그는 그렇게 완전한 지혜를 보이지 않았습니까?

• 요한 크리소스토무스 『라자로에 관한 강해』 2,1.

가난한 이들도 탐욕을 억제해야 한다

지금까지 저는 부자들에게 손가락을 겨누었습니다. 그런데 가난한 사람들도 들으십시오. 여러분도 치를 것이 있습니다. 여러분도 약탈해서는 안 됩니다. 여러분도 자기가 가진 것을 내놓아야 합니다. 여러분도 탐욕을 억제해야 합니다. 가난한 여러분도 바오로 사도의 말에 귀 기울이십시오. "자족할 줄 알면 신심은 큰 이득입니다"(1티모 6,6)라고 사도는 말합니다. 여러분은 부자들과 함께 세상을 소유하고 있습니다. 부자와 같은 집에 살지는 않지만 여러분에게는 하늘이 있고, 그들과 함께 같은 빛을 소유하고 있습니다. 족한 만큼만 구하십시오. 그 이상은 말고 충분한 만큼만 구하십시오. 그 이상은 영을 들어 올리지 않고 내리 누릅니다. 짐이지 보상이 아닙니다.

• 아우구스티누스 『설교』 85,6.

가장 가난한 사람

제가 지금 하는 이야기는 남보다 더 많이 모으고자 욕심을 부리는 이들 들으라고 하는 것입니다만, 그런 욕심꾼들에게 속임을 당한 분들이 들어도 좋은 이야기입니다. 여러분은 그런 자들의 지나친 탐욕을 너그러이 보아 넘겨 버리도록 하십시오. 사실 파멸의 길로 가고 있는 자는 여러분이 아니라 욕심쟁이입니다. 물론 그들은 사람을 속이고 돈을 갈취한 자들이지만, 그럼으로써 하느님의 선의와 도움의 손길을 스스로 뿌리쳐 버린 자들입니다. 그런 자는 세상의 온갖 부귀영화를 누린다 해도 만백성 가운데 제일 가난한 사람입니다.

• 요한 크리소스토무스 『히브리서 강해』 20,7.

탐욕스러운 자가 가장 가난하다

할 수 있는 한 인내를 갖고 그들의 탐욕을 참아 주십시오! 그 사람들은 여러분이 아니라 자기들 자신을 해치고 있습니다. 그들은 여러분에게서 돈을 가져가지만, 여러분은 그들에게서 하느님의 호의와 도움을 가져오는 것입니다. 탐욕에 빠져 살며 세상의 모든 부를 자기 주변에 모아들이는 이는 사실 모든 사람 가운데 가장 가난한 자입니다.

• 요한 크리소스토무스 『성경 주해 선집』.

가난한 이가 겪는 현실과 대안

가난뱅이의 비참한 현실

아무것도 가진 것 없는 가난한 사람이 빚 독촉을 받으면서 끌려가고, 권력자의 식탁에 포도주가 떨어지게 했다 하여 감옥에 잡혀가고, 잠시 형벌을 미루기 위해 자기 자녀를 경매에 부치는 것을 나는 내 눈으로 보았습니다. 다행히 그렇게 궁핍한 가운데 그를 도와줄 누군가가 있었습니다. 그 가난뱅이는 자기 자녀와 함께 집에 돌아갔지만, 모든 것은 차압당해 있었고, 먹을 것이라고는 아무것도 남아 있지 않았습니다. 굶주리는 자녀들 때문에 한숨짓던 그 사람은, 차라리 자녀들을 먹여 살릴 수 있는 사람에게 팔아 버리지 않은 것을 후회하기에 이르렀습니다. 결국 그는 마음을 바꾸어 자녀들을 팔기로 결심하였습니다. 가난의 불의와 부성애의 힘이 맞부딪혔고, 배고픔은 돈을, 본성은 의무를 압박하고 있었습니다. 자녀들과 헤어지기보다는 차라리 자녀들과 함께 죽을 준비가 되어 있었던 그는, 떨어지지 않는 발걸음을 옮기려다 되돌리기를 거듭하였습니다. 그러나 끝내 의지가 아니라 필요가 승리를 거두었고,

아버지의 마음은 필요에 굴복하고 말았습니다.

어떤 아이를 먼저 넘겨줄지 선택해야 했을 때 아버지 마음 안에서 휘몰아쳤을 폭풍에 관하여 이제 생각해 봅시다. 그는 이렇게 말합니다. "어떤 아이를 먼저 팔 것인가. 한 녀석을 판 돈으로는 남은 아이들을 먹여 살리기에 충분하지 않다는 것을 나는 알고 있다. 나에게 유일하게 차고 넘치는 것은 근심뿐이구나. … 불행한 나는 어떻게 해야 할지 알 길이 없으며, 누구를 골라야 할지 모르겠구나. 재앙의 얼굴들과 환란의 노랫소리가 나를 에워싸는구나.

• 암브로시우스 『나봇 이야기』 5,21-22.

가난 때문에 자식을 팔아야 하는 아버지의 애끓는 심정

가난한 사람은 자기 자식들을 바라보면서 애들을 시장에 데리고 나가 팔면, 남은 가족들이 며칠 동안 간신히 굶어 죽지 않을 것이라고 생각할 것입니다. 지금, 굶어 죽는 것과 부성애 사이에서 일어나는 격렬한 투쟁을 상상해 보십시오! 부모로서의 본성은 그러지 말고 차라리 자녀들과 함께 죽을 것을 권하지만, 한쪽에서는 굶주림이 가장 참담한 죽음으로 위협합니다. 이 생각 저 생각해 보지만 결국 궁핍한 처지라는 냉혹한 현실에 굴복하고 맙니다.

이제 아버지는 어떤 생각을 할까요? "어떤 아이를 먼저 팔까? 상인이 가장 흡족해 할 녀석이 누굴까? 맏이를 먼저 팔아야 할까? 아니지, 어떻게 맏이를 판단 말인가. 그럼 막내를 팔아야 하나? 비참함이 뭔지도 모르는 그의 철없는 나이가 가엾구나. 이 아이는 엄마를 꼭 빼닮았고, 저 애는 공부에 재능이 있지. 아, 이러지도 저러지도 못하니, 원망스럽구나! 어째야 하나? 어느 자식에게 등을 돌려야 하나? 어떻게 인면수심人面獸心이 되어야 한단 말이냐? 어떻게 인간 본성을

잊어버린단 말인가? 애들을 모두 끌어안고 있으면, 모두가 굶어 죽는 것을 보아야 할 텐데. 만일 한 아이를 팔면, 내가 무슨 낯으로 다른 아이들을 볼 수 있을까? 애들이 항상 나를 자식을 팔아 넘긴 자로 여기고 불신할 텐데 말이다. 내 손으로 자식을 팔아넘긴 내가 이 집에 살 수 있을까? 아이의 희생으로 얻은 밥상에 내가 어떻게 앉아 있을 수 있단 말인가?

• 대 바실리우스 『내 곳간들을 헐어내리라』 4.

자식들의 굶주림 때문에 탄식하는 가난한 이

두려움에 사로잡힌 사람들은 자기 땅을 넘겨주고, 막내 아기를 업은 가난한 사람은 어린 자녀들을 데리고 길을 떠나는데, 아내는 마치 남편을 따라 무덤에 가는 사람처럼 울면서 남편을 뒤따릅니다. 자기가 사랑하는 사람의 죽음 때문에 눈물 흘리는 것이 오히려 덜 고통스러울 수도 있겠습니다. 남편의 도움을 잃었다 할지라도 무덤은 지니고 있기 때문입니다. 자녀를 잃는다 할지라도 떠돌이 생활을 하는 아이들 때문에 괴로워하지는 않을 것이며, 죽음보다 더 쓰라린 어린 자식들의 굶주림 때문에 탄식하는 일도 없을 것이기 때문입니다.

• 암브로시우스 『나봇 이야기』 1,1.

가난한 이들을 비난하지 마라

가난한 사람들은 여러분이 살아가는 데 필요한 온갖 허드렛일을 하며 살고 있습니다. 무슨 뜻이냐고요? 여러분을 섬기고 모시는 것이 그들의 일이라고요? 그렇다면 여기 아주 특별히 가난한 일꾼이 한 사람 있는데, 이 사람이 앞서 말한 사람들보다 훨씬 더 많은 일을 당신에게 해 준다고 가정해 보십시오. 심판 날에 그는 당신 곁에 서 있을 것입니다. 그가 당신을 불에서 건져 줄까

요? 당신의 종들도 모두 마찬가지로 당신을 구해 줄까요? … 그런데도 당신은 자유민인 그 가난한 일꾼을 당신이 부리는 종만큼도 대우해 주지 않으려 합니다. 옷이라곤 넝마 조각뿐인데 매서운 추위가 몰아치는 바깥으로 내쫓긴 그는 이를 딱딱거리며 거의 죽은 몸이나 다름없습니다. 얼굴, 거동 할 것 없이 보기만 해도 마음이 아플 지경입니다. 그러나 따뜻하게 입고 배부른 당신은 본체만체 지나가 버립니다. 그런데 어찌하여, 당신이 곤경에 빠지게 되면 하느님께서 당신을 건져 주시리라 생각합니까?

… 그런 온갖 사정 때문에 산발한 머리에 넝마를 걸치고 하늘을 향하여 울며불며 하소연하는 사람을 보고, 여러분은 어떻게 사기꾼이니 거짓말쟁이니 협잡꾼이니 하는 소리를 할 수 있단 말입니까? 부끄럽지도 않습니까? 도대체 누구를 두고 사기꾼이라고 합니까? 가련한 사람을 나무라지 마십시오. 들볶아서도 안 됩니다. 당신은 또 말하기를, 사실은 재산이 있는 사람인데 비참한 사람인 척한다고 합니다. 하지만 그런 비난은 바로 당신에게 해당하지 그 불쌍한 이에게는 얼토당토않은 말입니다. 생각이 있는 사람들이 아니라 잔인하고 야수 같은 사람들을 상대해야 하기 때문에, 가련한 사정을 하소연한들 아무도 들어 주지 않기 때문에 그들은 더욱더 비참한 몰골을 하지 않을 수가 없는 형편입니다. 보는 사람의 마음이 조금이라도 움직였으면 하는 간절한 바람이 아니겠습니까. 구걸하는 이가 웬만큼 반듯한 옷차림을 하고 오면 여러분은 '이런 사기꾼 좀 보게나, 번듯하게 차려 입었으니 양갓집 출신 성분이다 이거지!' 하며 내쳐 버립니다. 반대로 비참한 몰골을 하고 찾아와도 여러분은 똑같이 문전박대합니다. 이 얼마나 인정머리 없고 잔인하기 짝이 없는 짓입니까!

… 차마 보기에도 민망할 정도로 우는 사람, 제대로 입지도 먹지도 못하는 아내와 자식들을 데리고 만 사람이 보는 앞에서 드러내 놓고 탄식하며 자기 몸에 재를 뿌리는 사람, 얼마나 비참한 지경이면 그렇게까지 하겠습니까? 실로 가난보다 훨씬 더 참혹한 광경 아닙니까? 그런데도 그같이 참혹한 광경을 만든다는 바로 그 이유로 여러분은 동정은커녕 비난만 퍼붓고 있지 않습니까?

• 요한 크리소스토무스 『히브리서 강해』 11,7-8.

하느님은 가난한 이들의 창조주이시다

"가난한 이를 비웃는 자는 그를 지으신 분을 노하게 한다"(잠언 17,5). 어째서 그렇습니까? 하느님은 가난한 이들의 창조주이시기 때문입니다. 연민의 정을 가져야 할 때 동정하는 대신 비웃는 자는 얼마나 잔인하고 비인간적입니까? 분명히 이것도 벌을 받아야 할 것입니다. 그는 하느님의 고귀하고 슬기로운 섭리를 거슬러 죄를 짓기에 멸망하고 말 것입니다.

• 요한 크리소스토무스 『잠언 (주해) 단편』 17,5.

가난한 이들에게 해를 그만 입혀라

우리가 가난한 사람들을 모욕하고 해를 끼치면서 동시에 그들에 대해 불평하는 짓을 그만 두어야 한다는 뜻입니다. 의로우신 심판자께서 우리의 잔인함에 대하여 심판하시고 유죄 선고를 내리실 것이기 때문입니다.

• 메르브의 이쇼다드 『주해집』.

가난한 사람에 대한 자애

[옛날에는] 수확 뒤에 남겨진 곡식 묶음을 거두는 것이나 포도 수확 뒤에 남겨진 포도를 따는 것, 올리브 나무를 떤 뒤에 남아 있는 올리브 열

매를 모아 들이는 일은 나쁜 짓이며 율법에 저촉되는 일이었습니다. 그 열매들은 가난한 사람들을 위해 남겨 두어야 했기 때문입니다. 율법 아래 있던 사람들에게 그러한 명령이 주어졌다면, 그리스도 안에 있는 사람들에 대해서는 뭐라고 말해야 합니까? 그들에게 주님께서는 이렇게 말씀하십니다. "너희의 의로움이 율법 학자들과 바리사이들의 의로움을 능가하지 않으면, 결코 하늘 나라에 들어가지 못할 것이다"(마태 5,20).

• 위-대 바실리우스 『자비와 심판에 관한 설교』.

가난한 사람들을 위한 양식

율법이 우리에게 신심과 나눔과 정의와 인간애를 어떻게 가르치고 있는지 이제 아시겠습니까? 일곱째 해에는 땅을 놀리라고 명함으로써, 묵히는 땅에서 하느님의 은총으로 자연이 내어 놓은 곡식을 가난한 사람들이 두려움 없이 가져갈 수 있게 하지 않습니까?

• 알렉산드리아의 클레멘스 『양탄자』 2,86,4-5.

가난한 이들을 위해 네 손을 뻗어라

여러분은 주님의 말씀을 들었습니다. "손을 뻗어라." 손을 뻗는 것은 평범하고 보편적인 요법입니다. 성한 손을 가졌다고 생각하는 이들은 그 손이 탐욕과 불경으로 오그라들지 않도록 조심하십시오. 자주 손을 뻗으십시오. 구걸하는 가난한 사람에게 손을 뻗으십시오. 이웃을 돕고, 과부를 보호하고, 불의하게 모욕당하는 이가 해를 입지 않도록 빼내 주기 위해 손을 뻗으십시오.

• 암브로시우스 『루카 복음 해설』 5,40.

그리스도인은 가난한 이들의 곳간

가난한 이들을 마음에 두십시오. 여러분 모두에게 말합니다. 형제자매 여러분, 자선을 베푸십시

오. 그 돈을 잃지 않을 것입니다. 하느님을 믿으십시오. 제 말은 여러분이 가난한 이들에게 준 것을 잃지 않으리라는, 단지 그런 뜻이 아닙니다. 분명히 말하거니와, 여러분이 잃지 않을 것은 오직 그것뿐입니다. … 자, 여러분이 가난한 이들의 기운을 북돋아 줄 수 있는지 어디 봅시다. 그들의 곳간이 되십시오. 여러분이 줄 수 있도록 하느님께서 더 많이 주실 것입니다. 뿐만 아니라 여러분이 지은 모든 죄도 용서하실 것입니다.

• 아우구스티누스 『설교』 376A,3.

가난한 이들의 굶주린 배는 곳간보다 안전한 창고

"재산은 사람의 목숨을 보장해 준다"(잠언 13,8)라고 하였습니다. 그러나 이 어리석은 부자에게는 그런 재산이 없었습니다. 그는 가난한 이들에게 자선을 베풀어 자기 목숨을 보장받지 않고 썩어 없어질 곡식을 쌓아 두는 데 바빴습니다. 네, 장차 그 앞에 서야 할 주님을 위하여 아무것도 내어 놓지 않아 속절없이 멸망할 참이었는데도, 그는 썩어 없어질 곡식을 쌓아 두기만 했습니다. 최후의 심판 날에 "내가 굶주렸을 때에 먹을 것을 주지 않았다"(마태 25,42)라는 말을 들을 때 그는 눈길을 어디로 돌려야 할까요? 그는 사치스럽고 불필요한 잔치를 벌여 자기 영혼을 채우려 하며 가난한 이들의 굶주린 배를 거들떠보지도 않았습니다. 가난한 이들의 굶주린 배가 자신의 곳간보다 더 안전한 창고임을 몰랐던 것입니다. 그가 자기 곳간에 쌓아 둔 것들은 도둑이 당장이라도 훔쳐갈 수 있는 것이었지요. 그러나 그가 그것들을 가난한 이들의 배에 쌓았더라면, 물론 이 세상에서 모두 소화되었겠지만, 하늘에서는 안전하게 보관되어 있었을 것입니다. 참으로 "재산은 사람 목숨을 보장해" 줍니다.

• 아우구스티누스 『설교』 36,9.

가난한 이들이 요구하는 정도는 생존에 필요한 물질적 도움이다

가난한 사람에게는 청원이 하나입니다. 곧, 자신의 곤궁과 궁핍한 처지를 보살펴 달라는 것입니다. 그는 그 밖의 어떤 것도 요구하지 않습니다. 설령 그가 세상에서 가장 사악한 사람일지라도, 가난한 사람에게 필요한 생계수단이 없다면 그를 굶주림에서 벗어나게 해야 합니다.

• 요한 크리소스토무스 『라자로에 관한 강해』 2,5.

필요한 것을 청하다

그들은 가난한 기술자들이었습니다. 그들에게는 아내와 자식들이 있었으며 꾸려야 할 집이 있었습니다. … 이런 처지에 있는 사람들이 넉넉하게 살 수 있기를 기도하는 것은 조금도 이상할 것이 없습니다. 바오로 사도는 하느님께 이들을 부자로 만들어 달라고 청하지 않습니다. 그저 하느님께서 '그들에게 필요한 모든 것을 채워 주시기를' 청합니다. 그래서 그들에게 모자라는 것이 없어지기를, 필요한 것을 갖게 되기를 청합니다.

• 요한 크리소스토무스 『필리피서 강해』 16,4,19.

물질적 도움과 위로

내가 가난한 원인이 당신 탓일지라도 나는 내 가난을 해결해 달라거나 부유하게 해 달라고 말하지 않겠습니다. 다만 나의 굶주림을 가시게 할 빵 한 조각, 옷 한 벌, 약간의 위로를 구할 뿐입니다.

• 요한 크리소스토무스 『로마서 강해』 15,6.

주님의 발을 닦아 드리다

곤경에 빠져 있는 가난한 이들이 절망하지 않도록 위로의 말로 격려할 때, 우리는 주님의 발에 기름을 발라드리는 것입니다. 우리가 분에 넘치는 것들로 가난한 이들의 궁핍을 덜어 줄 때, 우리 머리카락으로 주님의 발을 닦아 드리는 셈입니다 (참조: 신명 15,11; 잠언 31,9; 루카 14,13; 갈라 2,10).

• 존자 베다 『복음서 강해』 2,4.

가난한 이들은 자기가 받을 복을 생각해야 한다

그대가 별 볼일 없는 비천한 사람이고, 가난하며 신분도 낮고, 집도 절도 없고 병들었으며, 매일 끼니 걱정을 해야 하고, 권력가들을 두려워하며, 그대의 비참한 상태 때문에 모든 사람 앞에서 움츠러드는 사람이라고 가정해 보십시오. "그러나 가난한 이는 협박을 들을 일도 없다"(잠언 13,8)고 성경은 말합니다. 그대의 현재 상태가 부러울 만한 것이 전혀 아니라고 해서 낙담하거나 희망을 버리지 마십시오. 오히려, 하느님께서 이미 그대에게 주신 축복과 미래에 대한 약속으로 마련해 두신 축복을 생각하십시오.

• 대 바실리우스 『그대 자신에게 주의를 기울여라』 6.

가난한 자들에게 주는 조언

시편 저자는 헤어날 길 없는 가난한 삶을 살면서 부자들의 거만에 지친 이들에게 조언을 하고 있습니다. … 저들이 현재 누리고 있는 번영을 대단한 것으로 여기지 말라고 그는 말합니다. 모든 이의 눈길을 끄는 부는 오래가지 못합니다. 남을 업신여기며 자신의 부로 교만해진 이들은 머지않아 그것을 모두 남겨 놓고 죽게 될 것입니다.

• 키루스의 테오도레투스 『시편 주해』 49,11.

버림받은 자들의 친구

힘없고 가난한 사람들은 거 모든 사람에게 푸대접받고 무시당합니다. 세상의 임금들은 이들을 쳐다보지도 않으려 하고 통치자들은 등을 돌립니다. 돈 많은 자들은 이들과 마주치면 마치 존재하지도 않는 자들인 양 무시하고 지나갑니다.

아무도 이들과 가까이 하려 하지 않습니다. 그러나 무수한 세력들이 받들어 모시는 하느님, "만물을 당신의 강력한 말씀으로 지탱하시는"(히브 1,3) 하느님, 그 위엄을 세상 누구도 감당하지 못하는 하느님께서 버림받은 자들에게 아버지, 형제, 친구가 되어 주기를 마다하지 않으셨습니다.

• 신 신학자 시메온 『교리교육』 2,4.

가난한 이와 교회의 자산

교회는 신앙 말고는 자신을 위해 아무것도 소유하지 않습니다. … 교회의 소유물은 가난한 이들의 재산입니다.

• 암브로시우스 『편지』 73(18),16.

가난한 이들이 교회의 진정한 보물이다

거룩한 라우렌티우스 순교자가 그런 금을 주님을 위해 간직하고 있었습니다. 그들(박해자들)이 그에게 교회의 보물을 요구하자, 그는 보여 주겠다고 약속했습니다. 그 이튿날 그는 가난한 사람들을 데려왔습니다. 약속한 보물이 어디 있냐는 물음에, 그는 가난한 사람들을 가리켰습니다. "이 사람들이 교회의 보물입니다." 가난한 이들이야말로 참으로 보물이니, 그들 안에 그리스도께서 계시고 그들 안에 믿음이 있기 때문입니다.

• 암브로시우스 『성직자의 의무』 2,28,140.

교회 자산은 가난한 이들을 위한 것이라고 정한 교회회의

주교에게 — 주교와 교회에게 동시에 또는 주교 개인에게 — 맡기거나 바친 것은 주교의 자산이 아니라 교회의 자산이다. 선물한 이는 주교를 이롭게 하기보다는 자신의 영혼을 구원하기 위해서 이를 했기 때문이다. … 교회에 속하는 건물,

노예, 장비 일체는 가난한 이의 자산이기에 어느 주교도 이를 마음대로 팔아서는 안 된다. 교회의 이해관계에서 어떤 것을 팔거나 일정한 목적을 위해 사용하여 이익을 얻을 수 있다 할지라도, 주교는 이웃 지방의 주교 두세 명의 동의나 공동서명으로만 이를 할 수 있다. 그렇지만 주교가 공로가 많은 몇몇 노예에게 자유를 주었다면, 그의 후계자는 이를 승인해야 한다.

• 아그드 교회회의 『법규』 6-7.

교회의 기금을 마련해 두는 관습

"식탁에 함께 앉은 이들은 예수님께서 그(유다)에게 왜 그런 말씀을 하시는지 아무도 몰랐다. 어떤 이들은 유다가 돈주머니를 가지고 있었으므로, 예수님께서 그에게 축제에 필요한 것을 사라고 하셨거나, 또는 가난한 이들에게 무엇을 주라고 말씀하신 것이려니 생각하였다"(요한 13,28-29). 그때 주님께는 돈주머니가 있었고, 그분은 당신을 따르는 이들이나 가난한 이들에게 필요한 것을 마련해 주기 위해 거기에 신자들이 바친 예물을 넣어 두셨습니다. 교회가 기금을 마련해 두는 관습은 여기서 비롯합니다.

• 아우구스티누스 『요한 복음 강해』 62,5

신심의 기탁물

무슨 금고가 있다 하더라도, 그것은 종교가 마치 돈을 내고 사는 것인 양 높은 가입비를 받아 모은 것이 아닙니다. 각 사람은 자신이 원하고 그럴 수 있다면 어느 달 어느 날에, 아니면 언제든 원할 때, 적은 액수를 따로 떼어 놓습니다. 여기에 강요는 없으며 각자가 자발적으로 기부합니다. 말하자면 이런 것이 '신심의 기탁물'입니다. 이렇게 모인 돈은 먹고 마시는 아무짝에도 쓸데없는 잔치나 모임 같은 것이 아니라 가난한 사람

을 지원하고 장례를 치러 주는 데, 또는 부모도 생계 수단도 없는 아이들과 집에 갇혀 지내는 노인들을 위해 사용됩니다. 파선을 당한 뱃사람들이나 광산에서 일하는 사람, 섬사람, 감옥에 있는 사람들을 위해서도 사용됩니다.

• 테르툴리아누스 『호교론』 39.

성물의 진가

우리는 성작聖爵의 쓰임새가 불경한 용도로 뒤바뀌게 두어서는 안 됩니다. 그래서 우선 교회 안에서 아직 사용하지 않은 그릇을 찾아, 이것들을 쪼개고 녹인 다음 가난한 이들에게 나누어 주었고, 사로잡힌 이들의 몸값으로도 사용했습니다.

• 암브로시우스 『성직자의 의무』 2,28,143.

포로를 구제하기 위해 성물을 팔다

언젠가 우리도 포로들의 몸값을 치러 해방하려고 성물을 부수었다는 이유로 미움을 산 적이 있습니다. 아리우스파에게는 언짢을 수도 있는 일이었습니다. 사실 언짢은 행위였다기보다는 우리를 비난할 꼬투리가 되는 일이었습니다. 그러나 인간이 죽음에서 구제되고, 여인이 죽음보다 더 심각한 야만족의 추행에서 벗어나고, 젊은 여자나 청소년이나 어린이들이 죽음에 대한 두려움으로 저지르게 될 우상숭배의 타락에서 구조되는 것을 언짢아하다니, 누가 그토록 가혹하고 잔인하고 무자비하겠습니까?

• 암브로시우스 『성직자의 의무』 2,28,136.

성물로 가난한 이를 돕다

내가 금을 간직하기보다 여러분에게 자유인으로 넘겨드리기를 더 바랐던 사람들이 이들입니다. 이 사로잡힌 이들의 무리, 이들이 늘어선 줄은 잔들의 아름다움보다 빼어납니다. 구원자의 금

이 유익하게 사용되어 마땅한 일은 바로 이것이니, 위험에 빠진 이들의 몸값을 치르는 것입니다. 금에 쏟아부어진 그리스도의 피는 잔을 붉게 물들였을 뿐 아니라, 거룩한 활동의 덕행과 구원의 임무를 잔에 새겼다는 것을 나는 알고 있습니다.

• 암브로시우스 『성직자의 의무』 2,28,139.

하느님 신비를 참으로 장식하는 것은 감옥에 갇힌 이를 구하는 것이다

그대는 어떻게 "하느님의 성전에 장식품이 부족할까 봐 두려웠습니다"라고 말하겠습니까? 그분께서는 이렇게 대답하실 것입니다. "성사는 금을 요구하지도 않고, 금을 즐기지도 않으며, 금으로 살 수도 없다. 성사의 장식은 사로잡힌 이들의 몸값을 치러 해방하는 것이다." 이것이야말로 죽음에서 영혼들을 구제하는 참으로 고귀한 그릇입니다. 이것이야말로 당신 피로 이루어 낸 것을 이루는 주님의 참된 보화입니다. 잔과 피 둘 다에서 구원을 볼 수 있을 때, 주님 피의 잔을 알아뵙게 됩니다. 잔은 당신 피가 죄에서 풀어 준 이들을 원수에게서 구원합니다. 사로잡힌 이들의 무리가 교회가 치른 몸값으로 풀려날 때 "그리스도께서 이들을 풀어 주셨다!"[1]는 말을 하게 된다면 얼마나 아름답겠습니까. 보십시오, 여기에 인정받을 수 있는 금이 있습니다. 보십시오, 여기에 이로운 금이 있습니다. 보십시오, 여기에 죽음에서 구해 낸 그리스도의 금이 있습니다.

• 암브로시우스 『성직자의 의무』 2,28,138.

가난한 이들을 도울 경우에는 성물聖物이라 할지라도 아까워하지 말라

(아우구스티누스는) 갇힌 이들과 수많은 가난한

---

1 직역은 "속량해 주셨다"이다.

이들을 돕기 위해 성물마저 쪼개고 녹이게 하여 필요한 이들에게 나누어 주셨습니다. … 그뿐 아니라 공경하올 기억으로 남아 계시는 암브로시우스께서도 그토록 어려운 처지에서는 서슴없이 그렇게 해야 한다고 말씀하시고 쓰셨습니다.

• 포시디우스 『아우구스티누스의 생애』 24,15-16.

유다의 죄

우리 시대에 교회의 돈주머니를 맡고 있으면서 가난한 이들을 위해 유다처럼 말하지만 거기에 든 돈을 가로채는 이가 있다면, 같은 일을 저지른 유다와 똑같은 몫을 치르게 될 것입니다.

• 오리게네스 『마태오 복음 주해』 11,9.

가난한 이와 그리스도의 동일시

그리스도께서 굶주림 때문에 죽어 가고 계시는데 당신이 키우는 개는 먹이를 풍족하게 먹습니다.

• 요한 크리소스토무스 『코린토 2서 강해』 17,3.

그리스도께서 굶주림으로 돌아가실 지경인데, 당신은 흥청망청 놀고 마시고 있습니까?

• 요한 크리소스토무스 『콜로새서 강해』 7,4.

그리스도와 가난하고 고통받는 지체들을 동일시하다

그리스도께서 머무르실 곳이 아무 데도 없고, 나그네나 벌거벗은 사람, 굶주린 사람처럼 돌아다니시는데도, 당신은 분별없는 허영심으로 도시 밖에 별장과 욕실, 테라스, 많은 방을 만들면서 그리스도께는 한 평 남짓한 작은 오두막도 드리지 않습니다.

• 요한 크리소스토무스 『로마서 강해』 14,11.

그리스도를 모른 체하다

도둑에게 이렇게 말씀하실 것입니다. "너는 부자였는데 왜 다른 사람의 것을 도둑질했느냐? 가난이 강요하지 않았고, 궁핍이 몰아붙이지도 않았다. 네가 변명조차 못 하게 하려고 내가 너를 부자로 만들어 주었더냐?" 권력자에게는 이렇게 말씀하실 것입니다. "너는 왜 불의로 고통받는 과부와 고아를 도와주지 않았느냐? 네게 그럴 힘이 없었더냐? 네가 도와줄 수 없었더냐? 내가 너를 유능하게 만들어 준 것은 폭력을 일삼게 하려는 것이 아니라 폭력을 물리치게 하려는 것이었다. '불의를 겪는 이를 구하여라'(집회 4,9 참조)는 말씀은 너를 위해 쓰인 것이 아니더냐? 또 이렇게 쓰여 있지 않으냐? '가난한 이와 궁핍한 이를 죄인의 손에서 해방하여라'(시편 81,4 참조).' 넉넉한 이에게도 이렇게 말씀하실 것입니다. "나는 너에게 자식과 명예를 넘치도록 주었고, 육체의 건강도 주었다. 그런데 왜 너는 내 계명을 따르지 않았느냐? 내 종아, '내가 너에게 무엇을 하였느냐? 내가 무엇으로 너를 슬프게 하였느냐?'(미카 6,3 참조). 너에게 자식을 주고 명예를 안겨 주고 건강을 선사한 것은 내가 아니었더냐? 왜 너는 나를 모른 체했느냐? 왜 너는 네가 한 짓을 내가 알지 못하리라고 생각했느냐? 왜 너는 내가 준 선물만 움켜쥔 채 내 계명을 무시했느냐?"

• 암브로시우스 『성직자의 의무』 1,16,63.

가난한 이들 안에서 그리스도를 알아보라

여러분의 재산이 '허락하는' 만큼 여러분은 "가련한 이들 안에서" 그리스도를 '알아보아야' 합니다. 우리 주님이신 그리스도께서는 가난한 이들을 입혀 주고, 돌보며, 먹여 줄 때 그것은 곧 당신께 해 준 것이라고 말씀하셨습니다.

• 대 레오 『설교』 6,2.

우리가 가진 모든 것을 나그네들과 가난한 이들에게 기꺼이 나누어 줄 때, 그분께서 우리 가운데 계실 것입니다(마태 25,31-46 참조).

• 존자 베다 『복음서 강해』 2,8.

나눔과 친교의 성사인 성찬례에서 사랑의 실천이 뒤따르지 않다

그대는 주님의 피를 맛보았으면서도 그대의 형제를 알아보지 못하고 있습니다. 그대는 이 식탁에 참여할 자격이 있는 사람을 그대의 음식을 함께 나눌 자격이 없다고 판단하여, 바로 이 식탁 자체의 명예를 손상시키고 있습니다. 하느님께서는 그대를 모든 죄에서 구해 주시고 이 식탁에 초대해 주셨습니다. 그런데도 그대는 조금도 더 자비로워지지 않았습니다.

• 요한 크리소스토무스 『마태오 복음 강해』 50,4-5.

가난한 사람을 경멸하다

당신은, 이 제대가 그리스도의 몸을 받아들이기 때문에 제대를 공경합니다. 그러나 당신은 그리스도의 몸 자체인 [가난한] 사람을 경멸하고, 죽어 가고 있는 그를 무시합니다.

• 요한 크리소스토무스 『코린토 2서 강해』 20,3.

교회의 실질적인 장식물인 가난한 이들

"제가 여러분에게 이 말을 하는 것은 봉헌물을 바치지 말라는 것이 아닙니다. 단지 여러분이 봉헌물을 바치기 전에 희사하기를 간청합니다. … 주님의 식탁이 금잔들로 즐비한데 그분 자신이 굶어 죽으셨다면, 그것이 주님께 무슨 소용이 있겠습니까? 맨 먼저 그분의 굶주림을 채워 드린 다음에 그대가 … 할 수 있는 만큼 그분의 식탁을 장식하십시오. 누더기를 걸쳐 입고 추위로 몸이 무감각해진 어떤 사람을 보고서 그대가 그에게 옷을 주는 대신 그에게 금으로 된 입상을 세우게 하고 그것이 그에게 영예라고 말하면, 그는 그대가 자신을 조롱한다고 … 말하지 않겠습니까? 똑같이 그리스도의 경우를 생각해 보십시오. 그분께서 황량하고 낯선 곳에서 배회하며 머물 곳을 청하시는 데, 그대는 그분을 맞아들이는 대신에 자기 집의 바닥과 벽, 기둥머리를 장식하고 누더기에 은 줄을 달며, 감옥에 묶여 계신 그분 자신은 보려고도 하지 않을 것입니까?"

• 요한 크리소스토무스 『마태오 복음 강해』 50,4.

성전을 장식하면서 고통받는 형제를 멸시하지 마십시오

당신은 그리스도의 몸을 공경하고 싶습니까? 그렇다면 헐벗으신 그분을 무시하지 마십시오. 이곳(성전)에서는 비단옷을 입은 그분을 공경하면서, 저기 바깥에서는 추위와 헐벗음으로 죽어 가는 그분을 업신여기지 마십시오. … 제대 위에 계시는 그리스도의 몸은 제대보가 아닌 깨끗한 마음을 필요로 하십니다. 그러나 밖에 있는 그리스도는 많은 보살핌을 필요로 합니다. … 하느님께서는 금으로 된 그릇들이 아니라 금으로 된 영혼들을 필요로 하십니다. … 그리스도의 식탁에 금으로 된 잔들이 즐비하지만 그리스도께서 굶주림으로 돌아가신다면 무슨 소용이 있겠습니까? 먼저 배고픈 이들을 충분하게 먹인 다음, 그 나머지 것으로 식탁을 장식하십시오. … 당신이 가난한 사람들을 도와주는 일을 성전을 장식하는 일과 더불어 또는 먼저 하기를 간절히 청하는 바입니다. 성전을 장식하는 일에 협조하지 않았다고 해서 고소당한 사람은 없었습니다. 그러나 가난한 이들을 소홀히 하는 사람은 꺼지지 않는 지옥 불에 떨어져 악마들과 함께 고초를 당하게 되어 있습니다. 그러므로 성전을 장식할 때 고통받는 형제를 멸시하지 마십시오. 살로 된 성전이

돌로 된 성전들보다 훨씬 가치 있기 때문입니다.[2]

• 요한 크리소스토무스 『마태오 복음 강해』 50,4-5.

하느님의 극진한 사랑과 우리의 응답

"하느님께서는 세상을 너무나 사랑하신 나머지" (요한 3,16)라는 본문은 극진한 사랑을 말해 줍니다. … 그분께서는 우리를 위해 당신 생명을 내놓으셨으며, 좋은 점이라고는 하나도 없는 우리를 위하여 당신의 귀중한 피를 흘리셨습니다. 우리가 우리 자신을 위하느라 그분께 돈을 쓰기는커녕, 우리를 위해 돌아가신 분께서 헐벗고 나그네 되셨을 때에도 못 본 체했는데 말입니다.

• 요한 크리소스토무스 『요한 복음 강해』 27,2-3.

내가 사람을 사랑하는 방식

하느님께서는 당신 아드님마저 내어 주셨지만, 여러분은 주님께 빵 한 조각 나누어 드리지 않습니다. 그런 여러분을 위하여 그분께서는 버림받으시고 죽임을 당하셨습니다. … 주님께서 말씀하십니다. '너를 위해 고난을 겪은 나를 거들떠보고 싶지 않다면, 나의 가난함이나마 측은히 여겨다오. 내 가난에도 불쌍한 마음이 들지 않는다면, 내 병이라도 보살펴 주고, 묶여 있는 나를 한 번이라도 찾아다오. … 나는 값비싼 것을 원하지 않는다. 한 조각 빵과 걸칠 옷과 한 마디 위로를 구할 따름이다. … 너를 위해 십자가에 못 박히고 발가벗겨진 내가 기억나지 않는다면, 지금도 가난한 사람들 안에서 헐벗은 나를 기억해 다오. 그때 나는 너를 위해 묶인 몸이 되었지만, 지금은 너 때문에 묶여 있다. 전에나 지금에나 너는 조금도 자선을 베풀지 않는구나. 그때 나는 너를 위해 굶주렸지만, 지금은 너 때문에 굶주리고 있다. 그때 나는 십자가에 매달려 목말랐지만, 지금은 가난한 사람들 안에서 목마르다. … 나는 지

금 감옥에 갇혀 있지만, 나를 사슬에서 풀어 해방시켜 달라고 네게 강요하지 않는다. 내가 바라는 한 가지는 너를 위해 묶여 있는 나를 네가 찾아 주는 것이다. … 너를 사랑하기에 너에게 기대를 건다. 너를 너무도 사랑하기에 네 식탁에서 함께 먹기를 원한다. 이것이 바로 내가 사람을 사랑하는 방식이다.'

• 요한 크리소스토무스 『로마서 강해』 15,6

연민을 베풀 기회는 금방 사라진다

그리스도께서는 이렇게 말씀하십니다. '나의 정의는 너희의 실천에 맞갖은 것만을 줄 수 있다 너는 이제 죽어 다른 이의 권한 안에 있으니 울부짖어도 소용없다. 네게 아직 기회가 있어 가난한 이 안에 있는 나를 보았을 때, 너는 눈멀어 나를 보지 못하였다.'

• 아를의 카이사리우스 『설교』 31,4.

자비롭게 행하라

하느님을 사랑하는 사람은 자기 형제를 모른 체하지 않고, 돈을 자기 지체보다 더 귀하게 여기지 않습니다. 오히려 "너희가 내 형제들인 이 가장 작은 이들 가운데 한 사람에게 해 준 것이 다 나에게 해 준 것이다"(마태 25,40)라고 말씀하신 분을 기억하여 큰 자비를 보여 줍니다. 만물의 주님께서는 가난한 사람을 돕기 위해 자비롭게 행한 것을 바로 당신께 해 드린 것으로 여기신다는 것을 그는 알고 있습니다. 그는 가난한 사람의 초라한 겉모양새를 따지지 않고, 가난한 사람에게 베푼 것은 곧 당신께 해 드린 것으로 받아 주시기로 약속하신 분의 위대하심을 생각합니

---

2 마지막 문장의 직역은 "그는 다른 성전들보다 훨씬 가치 있는 성전이기 때문입니다"다.

다(마태 25,31-46 참조).

• 요한 크리소스토무스 『창세기 강해』 55,3.

가난한 이에게 베풀면 주님께서 받으신다

가난한 이에게 선행을 베풀지 않으려는 자들에게는 하느님에 대한 사랑이 없다고 요한도 자신의 서간에 적어 두었습니다. "누구든지 세상 재물을 가지고 있으면서도 자기 형제가 궁핍한 것을 보고 그에게 마음을 닫아 버리면, 하느님 사랑이 어떻게 그 사람 안에 머무를 수 있겠습니까?"(1요한 3,17). 가난한 이에게 베푸는 자선으로 하느님께서 빚쟁이가 되신다면(잠언 19,17 참조), 아주 보잘것없는 것을 베풀더라도 그리스도께 드리는 것입니다.

• 키프리아누스 『선행과 자선』 16.

가난한 이들에게 준 돈은 하느님께 꾸어 드린 돈이다

여러분은 친구들이나 친척들과 잔치할 때 칭송을 들으면 기쁩니까? 제가 여러분께 훨씬 더 좋은 것을 말씀드리겠습니다. 두려워하지 말고 그분에게 꾸어 드리십시오. 그러면 여러분이 주는 것이 무엇이든 이자까지 받을 것입니다. 천사들도 여러분의 관대함을 칭송할 것이며 위에 있는 능력들과 거룩한 사람들도 여러분을 칭송할 것입니다. 모든 것을 초월하며 자비를 사랑하고 친절하신 그분께서도 이를 받아들이실 것입니다.

• 알렉산드리아의 키릴루스 『루카 복음 주해』 103.

선한 행위를 계속하라

누군가의 옷을 훔치지 않았다고 그것으로 충분하다고 생각하지 마십시오. 다른 이의 옷을 빼앗지 않음으로써 그대는 악에서 돌아섰지만, 그 지점에서 말라 버려 불모로 남지 않도록 조심하십시오. 다른 사람들의 옷을 빼앗지 않도록 조심하는 것도 반드시 해야 하는 일이지만, 나아가 헐벗은 이를 입혀 주기도 해야 합니다. 이것이 악에서 돌아서서 선을 행하는 것입니다. "내가 그것으로 무엇을 얻는가?" 하고 묻습니까? 그대가 빌려 주는 바로 그분께서 이미 그대에게 줄 보상이 무엇인지 말씀하였습니다. 그분은 그대에게 영원한 생명을 주실 것입니다. 그러니 안심하고 그분께 주십시오.

• 아우구스티누스 『시편 상해』 37,8.

현실 인식

자비와 사랑은 견디기 어려운 곤경을 끈기 있게 이겨 내는 이들에게만 베풀어야 합니다. 따라서 탐욕스런 거지와 진실한 가난한 이들을 구분할 수 있는 현실 인식이 필요합니다. 가난한 이에게 주는 사람은 주님에게 빌려 드리고 그분의 보상을 받으십시오.

• 대 바실리우스 『자선에 관한 설교』 4.

다른 사람들을 위해 쓴 돈은 보상을 받는다

[자선과 단식]으로 바치는 기도는 곧바로 하느님께 이릅니다. 성경에 쓰여 있듯이, "자애로운 사람은 자신의 영혼을 이롭게 한다"라고 하므로 이웃을 위해 쓴 것만 각 개인의 것이 됩니다. 그의 재물 가운데 가난한 사람을 돕는 데 사용된 것만 영원한 재물로 변화되었습니다. 이런 관대함에서 생겨난 자산은 사용해도 줄어들지 않으며 썩어서 없어지지도 않습니다. "행복하여라, 자비로운 사람들! 그들은 자비를 입을 것이다"(마태 5,7)라고 쓰여 있습니다. 이 교훈의 본보기가 되는 사람은 최고의 보상을 받는 사람이 될 것입니다.

• 대 레오 『설교』 16,2.

가정, 가족

밤에는 여러분의 집이 교회입니다.

• 요한 크리소스토무스 『사도행전 강해』 26,4.

아내의 화관은 남편이며, 남편의 화관은 그의 혼인입니다.

• 알렉산드리아의 클레멘스 『교육자』 2,8,71.

부부 각자에게 그들의 일치의 꽃은 자녀입니다.

• 알렉산드리아의 클레멘스 『교육자』 2,8,71.

자녀들은 부모에게 순종하는 법을 배워야 합니다.

• 오리게네스 『루카 복음 강해』 20,5.

부모에 대한 자녀의 의무를 제정하신 분은 바로 주님이십니다.

• 다마스쿠스의 요한 『복된 동정 마리아의 영면에 관한 첫째 설교』 1,4.

주님의 훈육과 권고로 자식들을 기르고 주님의 뜻에 맞는 일들을 가르치십시오.

• 『사도 헌장』 4,2,11.

훌륭한 아버지는 자기 아들을 꾸짖고, 나쁜 아버지는 그를 잃을 것이다.

• 폰투스의 에바그리우스 『수도승에게』 2.

신자 부부의 자녀는 어떤 면에서 이미 거룩함과 구원이 예정되어 있습니다.

• 테르툴리아누스 『영혼론』 39,4.

부모를 사랑하되 하느님을 그들보다 더 사랑하십시오.

• 아우구스티누스 『설교』 50(100),2.

가정과 가족의 의미와 이해

그리스도처럼 사는 것이 그리스도를 섬기는 것이다

모든 아버지[와 어머니]는 … 가족 구성원이 그리스도와 영원히 함께 살 수 있는 길로 인도함으로써 가정에서 그리스도를 섬긴다면 교회와 성직자의 직무를 수행하는 것입니다.

• 아우구스티누스 『요한 복음 강해』 51,13.

화목한 가정

욥의 가정에는 가장 큰 재산, 곧 상호 간의 이해가 깊이 뿌리내리고 있었습니다. 가족은 함께 밥을 먹었고 공동 잔치를 베풀었습니다. 이러한 관습은 서로를 이해하는 데 확실히 큰 도움이 됩니다. 친애하는 형제 여러분, 여러분은 여기에서 편안한 잔치의 기쁨을 감지하십니까? 화기애애한 식탁이 느껴지십니까? 화목하게 하나된 식구들이 보이십니까? 깊은 애정이야말로 이 모든 것의 원천입니다.

• 요한 크리소스토무스 『욥기 주해』 1,4.

의도적으로 순서를 잡은 명령들

바오로 사도가 훈계를 내리는 순서는 참 감탄스럽습니다. 그는 맨 먼저 남편들과 아내들에게 법을 줍니다. 혼인이 자녀의 탄생보다 먼저이기 때문입니다. 다음엔 아버지와 자녀들에게 주목합니다. 자녀가 태어남은 혼인의 열매이고, 자식이 태어난 뒤 한 사람은 아버지라 불리고 한 사람은 아들이라 불리기 때문입니다. 마지막으로 그는 종들과 주인들에게 명령을 내립니다. 이 명령은 자연의 법칙 아래 생겨난 제도에서 기인하는 것과는 다른, 사회적 환경에 따른 것입니다.

• 키루스의 테오도레투스
『바오로의 열두 서간 주해』(에페소서) 6,9.

가족의 형성

아내의 화관은 남편으로 여겨져야 하며 남편의 화관은 그의 혼인입니다. 부부 각자에게 그들의 일치의 꽃은 자녀이며 그 자녀는 거룩한 경작자께서 육신의 목초지에서 채집하신 참된 꽃입니다. "손자들은 노인의 화관이고 아버지는 아들들의 영광이다"(잠언 17,6)라고 합니다. 우리의 영광은 만물의 아버지이시며 온 교회의 화관은 그리스도이십니다.

• 알렉산드리아의 클레멘스 『교육자』 2,8,71.

화목한 집안

화목한 집안을 이루는 가장 중요한 것은 "남편과 아내가 화목하게 사는 것"(집회 25,1)입니다. 부부가 화목하면 불쾌한 일 따위는 일어나지 않습니다. 머리와 몸이 조화를 이루어 그들 사이에 불화가 없는데 다른 지체들이 어떻게 평화를 이루지 않겠습니까?

• 요한 크리소스토무스 『티토서 강해』 4.

달콤한 향기를 풍기는 부부의 화합

부부가 잘 화합하고 살면 그들의 자녀는 잘 양육되고 그들의 집안은 질서가 잘 잡혀 있으며 그들의 친지와 친척, 이웃들은 조화의 달콤한 향기를 맡게 됩니다. 그러나 그 반대의 경우엔 모든 것이 뒤죽박죽이고 온통 혼란스럽습니다.

• 요한 크리소스토무스 『에페소서 강해』 20,5,22-24.

사랑하라는 명령

인간이 사랑할 대상이 셋입니다. 하느님과 자신과 이웃이지요. 하느님을 사랑하는 이는 자신도 제대로 사랑합니다. 그렇다면 그는 자기 이웃도 하느님을 사랑하도록 설득해야 한다는 결론이 나옵니다. 그는 이웃을 자기 몸처럼 사랑하라는 명을 받았기 때문입니다. 아내, 자식들, 식구들, 그 밖에도 힘닿는 데까지 모든 인간에게 이렇게 해야 합니다. … 인간이라면 무엇보다 자기 가족을 보살펴야 합니다. 자연의 질서나 인간 사회의 구조를 보아도 그렇습니다. 가족에게는 더 쉽게 친밀하게 다가갈 수 있기 때문입니다. 그래서 바오로 사도는 "사람이 자기 친척 특히 가족을 돌보지 않으면, 그는 믿음을 저버린 자로 믿지 않는 사람보다 더 나쁩니다"(1티모 5,8)라고 합니다.

• 아우구스티누스 『신국론』19,14.

자연의 법을 위반하는 것이다

능력이 뛰어나고 가까이 있는 이들을 이롭게 할 중요한 의무가 있는 사람이라고 해도, 그가 남을 가르치면서 자기 가족을 돌보지 않는다면 어떤 말을 듣겠습니까? … 멀리 있는 이들을 이롭게 하지 못하는 사람은 가까이 있는 사람들에게는 이로운 이가 더 못 됩니다. 이 말은 자기 가족을 돌보지 않는 사람은 하느님의 법과 자연의 법을 위반하는 사람이라는 뜻입니다.

• 요한 크리소스토무스 『티모테오 1서 강해』14.

내적 화합

우리는 한 아버지에 의해 생겨나고 한 어머니에 의해 이 세상으로 태어난 형제들처럼 일종의 가족법에 의해 서로 묶여 있습니다. 이처럼 우리는 이성적 본성의 자손이므로 형제들처럼 서로 사랑해야 하며 서로 싸우거나 괴롭혀서는 안 됩니다.

• 암브로시우스 『아브라함』2,6,28.

거룩하게 될 자녀

신자 부부의 자녀는 어떤 면에서 이미 거룩함과 구원이 예정되어 있습니다. 이 희망을 보증해 주는 의미에서 바오로 사도는 바람직하다고 생각

되는 혼인 형태를 유지하라고 권고합니다.

• 테르툴리아누스 『영혼론』39,4.

자녀가 깨끗하고 거룩하며 불신으로 더러워지지 않았다면, 부모의 신앙이 승리를 거둔 것입니다.

• 가발라의 세베리아누스
『바오로 서간 주해 단편』(코린토 1서).

부모에 대해 좋게 말하다

자기 아버지나 어머니를 욕하는 자는 사형을 받을 것입니다. 부모에 대해 좋게 말하는 사람은 삶에서 보상을 충만히 누리게 될 것입니다. 우리의 육의 부모가 우리에게서 그러한 호의를 받아야 한다면, 우리 영적 부모는 얼마나 더 큰 호의를 받아야 하겠습니까?

• 요한 크리소스토무스 『하느님의 이해할 수 없는 본성』6,1.

그리스도와 맘몬

그리스도께서는 '네 가족과 집안사람들을 외면하지 말라'(참조: 이사 58,7; 1티모 5,8; 갈라 6,10) 하시고, 맘몬은 '네 가족을 가엾게 여기지 말고, 네 어머니나 아버지가 아쉬워하는 모습을 보게 될지라도 그들을 경멸하라'라고 합니다.

• 요한 크리소스토무스 『필리피서 강해』2,6.

죄는 문제들을 일으킨다

오늘날 많은 이들이 가정 안에서 전쟁을 벌이고 있습니다. 어떤 이는 아내의 반대를 받고, 또 어떤 이는 자식한테 포위를 당합니다. 누구는 형제의 지배를 받고, 또 다른 누구는 노예한테 지배를 당합니다. 모두가 괴롭고 고통스럽습니다. 맞서 싸우고, 침략하고, 침략을 당하지만 아무도 왜 그런지 이해하지 못합니다. 그런데 만약 죄의 씨앗을 심지 않았더라면 가정에서 가시덤불과 쇄

기풀이 자라는 일은 결코 없었을 것입니다. 만약 그가 자기 죄를 숨기지 않았다면 그의 가정은 불타지 않았을 것입니다.

• 설교가 아스테리우스 『시편에 관한 설교』 3,2.

가정을 파괴하는 사람들은 "하느님의 나라를 상속받지 못합니다"(1코린 6,9-10; 에페 5,5).

• 안티오키아의 이그나티우스 『에페소 신자들에게 보낸 편지』 16,1.

가정의 불화가 하느님의 일을 가로막아서는 안 됩니다.

• 안티오키아의 세베루스 『성경 주해 선집』.

아내와 남편

덕행의 결합에 대한 찬사

저는 성경에서 "훌륭한 아내를 누가 얻으리요?"(잠언 31,10)라는 말씀과 그런 아내는 하느님의 선물이라는 것 그리고 좋은 부부는 주님께서 정해 주신다는 것을 들었습니다. 바깥사람들도 똑같은 생각을 가지고 있습니다. "남자에게 훌륭한 아내보다 더 위대한 은혜는 없고 그와 반대되는 아내보다 더 나쁜 불운도 없다"는 격언이 진실로 그들의 격언이라면 말입니다. 이 점에서 나의 아버지보다 더 복받은 사람을 예로 들기는 불가능합니다. 땅끝까지 그리고 모든 인간 종족 가운데서 가능한 가장 훌륭한 혼인을 이루려고 애썼더라도, 이보다 더 훌륭하거나 조화로운 결합은 발견할 수 없었기 때문입니다. 남자들과 여자들의 가장 좋은 점이 그렇게 결합하여 그들의 혼인은 육체의 결합이라기보다 덕행의 결합이었습니다. 이 부부는 다른 모든 이보다 뛰어났지만 둘은 덕행에서 너무나도 균등하여 한 사람이 다른 한 사람보다 뛰어날 수 없었습니다.

• 나지안주스의 그레고리우스 『부친 추도사』(연설 18) 7.

아내는 덕행에서도 동반자이어야 한다

아내를 얻고자 한다면, 인생에서만 아니라 덕행에서도 동반자가 될 사람을 찾으십시오. 타락한 아내의 남편은 똑같이 멸망하게 마련입니다. 그러므로 돈 말고 덕행을 추구하십시오. 그리고 훌륭하게 처신하는 아내는 영광의 면류관이 될 것입니다. 그녀는 강하기 때문입니다. [이와 달리] 사악한 아내는 그녀의 마음속에 벌레가 거하기라도 하는 듯 점진적으로 조용히 파멸을 초래할 것입니다. 훨씬 더 끔찍한 일은 이것이 외적으로 드러나지 않으며, 이런 아내는 독을 주입하여 불행한 영혼을 파멸시킨다는 것입니다. 덕행은 덕행을 따르는 사람을 아름답게 꾸며 주지만, 불의는 불의한 사람을 훨씬 더 혐오스럽게 만듭니다.

• 요한 크리소스토무스 『잠언 (주해) 단편』 12,4.

배우자를 찾을 때 영혼의 고결함을 추구하라

옛사람들은 아들의 아내가 될 여자를 얼마나 신중하게 골랐는지 아시겠지요? 그들은 돈보다 고결함을 추구했습니다. [그때는] 오늘날 행해지는 계약도, 협약도, 우스꽝스러운 일들도 없었습니다. 자식 없이 한쪽이 죽으면, 여러 가지 일이 일어날 경우 등의 요구 조건을 글로 남기는 문서 같은 것도 없었습니다. 그 시대 사람들은 그런 식으로 살지 않았습니다. 그런 것보다는 처녀의 행실이 가장 확실한 계약이었습니다.

• 요한 크리소스토무스 『창세기 강해』 48,26.

좋은 아내는 하느님의 선물이다

주님을 경외하는 이들은 성경에서 다음과 같이

말하는 배우자를 맞이하게 될 것입니다. "좋은 아내는 큰 행운이다"(집회 26,3). … "그 여자는 가장 비싼 보석보다 더 귀하다"(잠언 3,15 참조). 악한 배우자는 주님에게서 오는 분노입니다.

• 카이사리아의 에우세비우스 『시편 주해』 5,127.

슬기롭고 사랑스러운 아내

신심 깊은 아내는 행복합니다. 그녀가 주님 경외를 칭송하게 합시다. 그녀에게 그녀 입술의 열매들을 줍시다. 그녀의 남편이 성문에서 칭송받게 합시다. 또한 "훌륭한 아내는 남편의 면류관입니다"(잠언 12,4). 그리고 "많은 지혜로운 아내들은 집을 지었습니다"(잠언 14,1). 당신은 슬기롭고 사랑스러운 아내가 주 하느님께 얼마나 큰 칭찬을 받는지 알고 있습니다.

• 『사도 헌장』 1,3,8.

현명한 여인들의 힘

참으로, 그 무엇도 — 거듭 말하지만, 그 무엇도 — 훌륭하고 현명한 여인보다 유능하지는 못합니다. 한 남자를 제대로 된 사람으로 만들고 자신이 바라는 대로 그의 영혼을 빚어 내는 일에서 그렇다는 것입니다. 친구나 선생이나 관리들의 잔소리는 참지 못하는 남자도 아내의 충고나 조언은 가만히 듣기 때문입니다. 사실, 아내의 충고는 일종의 기쁨을 가져다줍니다. 충고하는 그 사람을 그녀가 몹시 사랑하기에 그렇습니다. 더 나아가, 이전에는 냉혹하고 완고하였지만 이런 과정을 거쳐 한결 유순해진 많은 사내를 예로 들 수 있습니다. 아내는 남편과 함께 먹고 함께 자고 자녀들을 낳으며, 함께 이야기를 나누고, 다른 수많은 일을 함께합니다. 아내는 모든 일에서 남편에게 헌신하며, 마치 머리에 붙어 있는 몸처럼 남편과 밀접히 결합되어 있습니다. 슬기롭고 부지런한 아내라면, 그는 남편을 위한 배려에서 그 누구보다 뛰어나고 탁월할 것입니다.

그래서 부인들에게 간청합니다. 이것을 실천하며, 남편에게 옳은 충고만 하십시오. 여자는 선에서 큰 힘을 지녔듯이, 악에도 큰 힘을 가지고 있기 때문입니다.

• 요한 크리소스토무스 『요한 복음 강해』 61.

솔로몬이 칭송하는 아내

하느님의 영감을 받은 솔로몬은 그의 교훈적 지혜, 곧 잠언에서 자기 가정을 돌보고 남편을 사랑하는 여인을 칭송합니다. 밖으로 나돌며, 통제되지 않고 천박하며, 방탕한 행실과 말로 고귀한 영혼들을 노리는 여인과 달리, 솔로몬이 칭송하는 여인은 이렇습니다. 가사를 훌륭히 보살피고 담대한 용기를 갖고 여자의 갖가지 의무를 수행합니다. 남편의 외투를 준비하느라 끊임없이 물레질하며, 제때에 밭을 사들이고 조심스럽게 종들에게 양식을 제공합니다. 넉넉하게 음식을 차려 친구들을 초대합니다. 그녀는 부지런함과 겸손 등 칭송받아 마땅한 모든 자질을 갖추고 있습니다.

• 나지안주스의 그레고리우스
『누이 고르기아나 추도사』(연설 8) 9.

남편의 사랑을 얻는 좋은 아내

좋은 아내가 남편의 사랑을 얻는 것은 자신을 꾸며서도, 사치스럽게 살아서도, 남편에게 돈을 요구해서도, 분별없이 낭비해서도 아닙니다. 현세의 모든 관심사를 멀리하며 사도적 삶의 방식이 몸에 배게 할 때, 정숙함과 단정함, 돈을 경멸하는 마음과 인내를 보여 줄 때 남편의 마음을 사로잡을 수 있습니다. '먹을 것과 입을 것만 있으면 더 필요한 것 없습니다' 하고 말할 때, 이런 사상을 행동으로 실천할 때, 육신의 죽음을 하찮게 여기고 현세의 삶은 아무것도 아니라고 말할 때, 예언자들과 같이 현세 삶의 모든 영광은 "들의 꽃과 같다"(이사 40,6)라고 생각할 때, 아내는 남편의 마음을 사로잡을 수 있습니다.

• 요한 크리소스토무스 『동정』 47,1.

아내의 덕과 진실함

기근이 닥치자 아브라함은 이집트로 갔습니다. 그는 이집트에 육욕과 뻔뻔스러운 욕망, 자제를 모르는 정욕으로 특징지을 수 있는 무분별과 방탕이 널리 퍼져 있다는 것을 알고 있었습니다. 그러한 남자들 사이에서는 사라의 정숙함을 지키기 어렵고, 그녀의 아름다움이 그에게 위험을 불러오리라는 것을 그는 알았습니다. 그래서 그는 아내에게 그녀가 그의 누이라고 이야기하라고 시켰습니다. 여기서 우리는 남자가 아내에게서 추구해야 할 것은 대단한 아름다움이 아니며, 그런 아름다움은 종종 남편의 죽음을 불러온다는 가르침을 얻습니다. 사실 남편을 행복하게 만드는 것은 아내의 뛰어난 아름다움이 아니라 아내의 덕과 진실함입니다. 행복한 혼인 생활을 바라는 사람은 혼인의 의무를 진지하게 여기지 않는 부유한 여인을 원해서는 안 됩니다. 보석으로 화려하게 꾸민 사람이 아니라 훌륭한 행실로 아름다운 사람을 찾아야 합니다. 자신의 사회적 지위가 높다고 생각하는 아내는 남편에게 굴욕감을 주는 경우가 많습니다. 이러한 태도는 오만함과 밀접한 관련이 있습니다. 사라는 남편보다 재산도 많지 않았고 태생이 더 고귀하지도 않았습니다. 그래서 남편이 자기보다 못하다고 생각하지 않았고, 동등한 존엄성을 지닌 사람으로서 그를 사랑했습니다. 그녀는 재물이나 부모, 친척에게 미련을 두지 않고 남편이 가는 곳이면 어디든

따라갔습니다. 그녀는 낯선 땅으로 가서 자신이 그의 누이라고 말했습니다. 남편의 안전을 위해 필요하다면 자신의 정숙함이 위험에 처하는 것도 전혀 마다하지 않았습니다. 남편을 보호하기 위해 자신이 그의 누이라고 거짓말을 했습니다. 정숙한 그녀를 유혹하려는 사람들이 아브라함을 아내를 지키려는 경쟁자로 여기고 죽이지나 않을까 두려웠기 때문입니다.

• 암브로시우스 『아브라함』 1,2,6.

본보기를 보고 배워라

아내들은 성조들의 본보기를 보고 배우십시오. 말씀드리건대, 아내들은 남편을 따르는 것을 배우도록 하십시오. "사라는 아브라함의 등 뒤에서 있었다"(창세 18,10)라고 까닭 없이 쓰여 있는 것이 아닙니다. 이는 남편이 주님께 가는 길을 가고 있으면 아내는 따라가야 한다는 것을 보여 줍니다. 남편이 하느님을 믿고 따르는 것을 보면 아내도 그렇게 해야 한다는 것입니다.

• 오리게네스 『창세기 강해』 4,4.

베드로 사도는 아내들에게 남편을 존중하라고 가르치기도 하는데(1베드 3,1-7 참조), 이것은 성경의 뜻과 완전히 일치합니다.

• 안드레아스 『성경 주해 선집』.

행동이 말보다 더 효과가 있습니다. 남편은 아내에게서 듣는 말이 아니라 자기 눈에 보이는 행동에 의해 설득됩니다.

• 아를의 힐라리우스 『일곱 가톨릭 서간 해설』(베드로 1서).

아내의 본보기가 남편을 바꾼다

이제 베드로 사도는 여자들이 남편에게 순종하는 선하고 정직한 아내가 되기 바랍니다. 남편의

명령을 소홀히 하지 않으며 빈틈없이 순결한 행실을 보여 그들의 본보기가 남편에게 전달되기 바랍니다.

• 존자 베다『가톨릭 서간 해설』(베드로 1서).

자연의 질서

아내가 남편을 다스리는 것보다 남편이 아내를 다스리는 것이 자연의 질서와 더 부합한다는 것을 아무도 부인할 수 없습니다. "아내의 머리는 남편"(1코린 11,3)이라는 바오로 사도의 말은 이런 원칙에 입각한 말입니다. "아내 여러분, 남편에게 순종하십시오"(콜로 3,18)라는 말도 그렇습니다.

• 아우구스티누스『혼인과 정욕』1,9,10.

진짜 아름다움은 겉에 있지 않다

외면의 아름다움은 진짜가 아닌, 참으로 쓸모없는 것입니다. 여자의 진정한 아름다움은 남편에게 순종하는 것입니다. 사라와 같은 옛 시대 거룩한 여인들의 본보기는 이 말이 참임을 알려 줍니다.

• 에메사의 에우세비우스『성경 주해 선집』.

남편에게 순종함은 주님을 섬기는 것

[남편에게 순종하라는] 바오로 사도의 이 말은 믿지 않는 남자와 혼인한 여자 신도들에게 하는 말입니다. 주님께서 그렇게 명령하셨으니, 그들의 순종은 주님을 섬기는 행위입니다.

• 키루스의 테오도레투스
『바오로의 열두 서간 주해』(콜로새서).

남편에게 덕의 길을 보여 주어라

남편은 아내의 머리입니다. 그러므로 아내는 몸의 다른 지체들이 머리에 순종해야 하듯 남편에게 순종해야 합니다. 베드로 사도는 아내가 남편에게 덕의 길을 보여 주기를 바랍니다. 너무 많은 아내들이 남편을 이와 정반대인 길로 이끄는 데 힘을 쏟는데, 그 힘을 덕의 길을 보여 주는 데 쓰라고 합니다.

• 아를의 힐라리우스『일곱 가톨릭 서간 해설』(베드로 1서).

서로 할 바를 하는 것이 중요하다

바오로 사도는 또다시 남편과 아내가 각자 할 바를 하라고 훈계합니다. 여기서도 그는 남편에 대한 아내의 태도로 두려움과 사랑을 명령합니다. 사랑하는 사람은 모질게 굴 수 있기 때문입니다. 그렇다면 바오로의 말은 싸우지 말라는 뜻입니다. 혼인한 부부 사이에서 남편이 아내에게 보이는 태도 가운데 싸움보다 괴로운 일이 없기 때문입니다. 사랑하는 남녀 사이의 말싸움은 모질기 마련입니다. 이는 사람이 자기 지체와 뜻이 안 맞을 때 생겨나는 모진 마음에 기인한다고 바오로 사도는 말합니다. 그러니 사랑하는 것은 남편이 할 일이고 순종하는 것은 그 상대방이 할 일입니다. 서로가 제 할 바를 한다면 모든 것이 굳건히 서 있을 것입니다. 사랑받는 아내는 그 자신도 사랑하게 될 것이며, 아내가 순종하면 남편도 양보할 줄 알게 됩니다.

• 요한 크리소스토무스『콜로새서 강해』1C.

아내들은 정숙과 온순함을 찾는다

아내 여러분, 여러분은 여자든 남자든 교회 밖에 있는 모든 이에게 정숙과 온순함으로 여러분의 신앙을 드러내 그들이 회개하고 신앙에서 진전하게 하십시오. 우리가 자매로 딸로 지체로 여기는 여러분에게 경고하며 간략히 가르쳤으니, 슬기로운 여러분은 모두 흠 없는 삶을 사십시오. 우리 주님의 나라에 이르러 그리고 그분을 기쁘게 해 드리고 영원히 주님 나라에서 쉴 수 있도록 그런 가르침을 열심히 배우십시오.

• 『사도 헌장』 1,3,10.

남편의 인내심

베드로 사도는 아내들에게는 남편에게 순종할 것을 지시하고 남편들에게는 인내심을 가지고 아내와 함께 살아가라고 이릅니다. … 더불어 그는, 남편들이 인내심을 가져야 하는 또 다른 이유도 말해 줍니다. 그래야 아내들의 기도가 가로막히지 않는다는 것입니다.

• 안티오키아의 세베루스 『성경 주해 선집』.

남편은 아내를 위해 기꺼이 목숨을 바칠 각오가 되어 있어야 한다

여러분이 교회가 그리스도께 복종하듯이 여러분의 아내가 여러분에게 복종해야 한다는 전제를 받아들인다면, 여러분도 아내에 대해 그리스도께서 교회에 보여 주시는 것과 똑같은 정성스럽고 희생적인 마음을 가져야 합니다. 설령 아내를 위해 여러분 자신의 목숨을 바쳐야 하더라도 거부해서는 안 됩니다. 그녀를 위해 무수한 싸움을 해야 하고 온갖 일을 겪고 견뎌야 하더라도 마다해서는 안 됩니다. 여러분이 이 모든 일을 다 한다 하더라도, 그리스도께서 교회를 위해 하신 것에는 여전히 못 미칩니다. 여러분의 그러한 행동은 이미 혼인한 상태에서 하는 것인 반면, 그리스도께서는 당신을 거부하고 미워한 이를 위해 그처럼 행동하셨기 때문입니다. 아내가 당신을 거부하고 미워하며 업신여기고 괴롭힐 때에 그분께서 위협하거나 주인 행세 하거나 겁주지 않고 당신의 위대한 배려로 신뢰를 사셨듯이, 여러분도 아내에게 그처럼 행동해야 합니다. 아내가 당신을 깔보고 괴롭히며 싫어하더라도, 당

신이 큰 사랑과 호의를 보인다면 아내의 마음을 얻을 수 있을 것입니다.

• 요한 크리소스토무스 『에페소서 강해』 20,5,25.

사랑과 존경은 부부 서로에게 힘을 북돋는다

존경하는 사람을 어떻게 사랑하느냐고 말하는 사람도 있을 것입니다. 사랑은 존경이 함께할 때 가장 강력해집니다. 아내는 자신이 사랑하는 사람을 또한 존경하며 자신이 존경하는 사람을 또한 사랑하기 때문입니다. 아내는 남편을 머리로서 존경하며 몸 전체에 속한 한 지체로서 사랑합니다.

• 요한 크리소스토무스 『에페소서 강해』 20,5,33.

부부를 몸에 비유한 목적

바오로 사도는 어쩔 수 없이 이 유비[그리스도께서 당신의 몸인 교회의 머리이시듯이 남편은 아내의 머리라는]를 전개한 것입니다. 이와 같은 유비를 사용한 목적은 여자들에게는 남편을 존중하도록 부추기고 남자들에게는 자기 아내에 대한 애정을 심어 주려는 것입니다.

• 키루스의 테오도레투스
『바오로의 열두 서간 주해』(에페소서) 5,22-23.

그리스도께서 교회를 사랑하셨듯이 남편은 아내를 사랑하고, 교회가 그리스도를 사랑하듯이 아내는 남편을 사랑할 일입니다.

• 노바티아누스 『정덕의 유익』 5.

남편은 아내를 제 몸같이 사랑해야 한다

아내들에게는 교회를 본보기로 제시하고 남편들에게는 그리스도를 본보기로 제시합니다. … 바오로는 남편들에게 더 우월한 존재, 곧 그들의 주님만 [본보기로 제시하는 것이] 아니라 더 열

등한 것, 곧 그들 자신의 몸에 근거해서도 [아내 사랑을] 촉구합니다.

• 아우구스티누스 『절제』 23.

바오로 사도는 … 그리스도와 교회가 한 몸이듯이 남편과 아내도 한 몸임을 보여 줍니다. 남편이 새겨야 할 좌우명은 아내를 제 몸같이 사랑하라는 것입니다.

• 마리우스 빅토리누스 『바오로 서간 주해』(에페소서) 2,5,33.

영혼의 남편

영혼의 남편은 하느님의 말씀입니다. 그는 [아내에게] 정결과 정의를 비롯한 온갖 선물을 준, 참으로 사랑이 많은 남편입니다.

• 오리게네스 『에제키엘서 강해』 8,3.

사랑은 영적이어야 한다

신앙을 지닌 남자가 '아내를 사랑하라'는 바오로 사도의 말을 듣고 아내 안의 무질서한 성적 욕망을 사랑하는 것은 절대 안 될 일입니다! 남편은 자신 안에 있는 그런 욕망조차 사랑해서는 안 됩니다. "여러분은 세상도 또 세상 안에 있는 것들도 사랑하지 마십시오"(1요한 2,15)라는 또 다른 사도의 말을 새겨듣는다면 이 사실을 알 수 있을 것입니다.

• 아우구스티누스 『혼인과 정욕』 1,18,20.

부부는 서로 마음에 들려고 그리고 하느님의 마음에 들려고 애써야 한다

혼인생활을 하는 이들은 상호간 서로를 생각하면서 그들의 창조주의 마음을 상하게 하지 않으면서 자기 배우자들을 기쁘게 해 주는 방법을 배우도록 권고 받아야 합니다. 그들은 하느님께 속한 사물들을 열망하는 데 실수하지 않고 이 세상

의 일을 해 나가야 합니다. 그들은 이 세상을 즐겨야 합니다. 그러나 영원한 벌을 몹시 걱정하면서 두려워해야 합니다. 그들은 이 세상의 악행들에 대해서 슬퍼해야 합니다. 그리하여 영원한 선에 대한 확신으로 그들의 희망을 고정시켜 그들이 이 세상에 개입하고 있는 사물들은 한시적이며 그들이 희망하는 것은 영원하다는 생각을 할 수 있게 됩니다. 이 세상의 악이 그들 마음의 용기를 파괴하게 두어서는 안 되며 천상의 사물에 대한 희망이 그들에게 힘을 더해 주어야 합니다. 그리고 영원한 심판에 대한 악의 공포가 그들을 슬프게 할 때 이 세상의 좋은 것들이 그들을 속이게 두어서도 안 됩니다. …

혼인한 사람들에게는 그들이 어떤 때 서로 마음이 맞지 않는 일에는 인내하고 격려하여 구원에 이르는 방법을 서로 도와주도록 권고해야 합니다. 성경에도 "서로 남의 짐을 져 주십시오. 그래서 그리스도의 법을 이루십시오"(갈라 6,2)라는 말이 있습니다. 사실 그리스도의 법은 사랑입니다. 왜냐하면 그분은 사랑으로써 우리에게 당신의 축복을 무한히 주시며 우리의 악을 인내로써 참아 주십니다. 그러므로 우리도 그분의 모범을 본받아 우리의 것들을 관대하게 나누어 주고 우리 동료들의 나쁜 점들을 사랑스럽게 참아 줄 때 그리스도의 사랑을 이행하게 됩니다.

• 대 그레고리우스 『사목 규칙』 3,2ε.

그리스도인 아내와 어머니인 성녀 모니카

[어머니는] 나이가 차서 시집갈 때가 되었고, 남편을 맞자 주인처럼 섬겼으며, 자신의 조신한 행실로써 그에게 당신 이야기를 하면서 당신께 감화를 받게 하려고 힘썼습니다(1베드 3,1-2 참조). 당신께서는 그런 행실로 어머니를 아름다운 여자로 만드셨고 남편에게는 존경을 받으면서 사

랑스럽고도 경탄스러운 여자가 되게 하셨습니다. … 그밖에도 남편은 정이 많은 대신에 걸핏하면 화를 내는 성미였습니다. 그러나 어머니는 화난 남편에게 행동으로는 물론 말로도 맞서지 않는 법을 알고 있었습니다. 다만 분이 꺾여서 가라앉은 다음에야 적당하다 싶으면 남편의 행동 명분을 짚어서 혹여 무분별하게 흥분하지 않았는지 [일깨우곤 했습니다.] …

내 하느님, 내 자비시여, 당신께서는 어머니의 태중에서 나를 창조하신 당신의 저 여종에게 크나큰 선물을 베푸셨습니다. 곧, 어떤 영혼이든 서로 갈라진 사이와 불화하는 사이에서 힘닿는 데까지 화해시키는 역할로 나선다는 점입니다. 어머니는 우선 상대방을 헐뜯는 고약한 말을 양쪽 편에서 허다히 들어 주었습니다. 대개 터무니없이 부풀리고 속으로 삭이지 못한 반목이 그런 말들을 내뱉기 마련입니다. 그 자리에 없는 미운 사람을 두고 그 자리에 있는 친구한테 신물 나는 험담을 통해 사정없는 미움이 쏟아지는 경우 그이는 두 사람을 화해시키는데 도움이 되는 경우가 아니면 한 쪽에 대한 말을 딴 쪽에 건네는 일이 없었습니다. 슬프게도 내가 무수한 군상들을 겪어 보지 않았더라면 저런 덕성은 내게도 사소하다고 보였을 것입니다. … 당신께서 내면의 스승으로서 마음의 학교에서 가르치시다 보니 어머니가 바로 그런 여자였습니다.

끝으로 어머니는 남편의 이승살이 마지막에 남편을 당신께 벌어들였습니다. [남편이] 신자가 아닐 적에는 남편의 [횡포를] 견디고 살았던 바를 두고 이미 신자가 된 마당에 울 일이 없었습니다. 또한 그이는 당신 종들을 섬기는 여종이기도 했습니다. 누구나 그이를 알고 있던 사람은 어머니를 두고 당신을 크게 찬미하고 기리며 사랑하고 있었습니다. 경건한 행실이라는 결실을

증거로 그이의 마음에서 당신의 현존을 누구나 감지했습니다. 어머니는 한 남편의 충실한 아내였고, 어버이에게 은덕의 보답을 하였고, 자기 집안을 경건하게 건사하였고, 선행으로 평판을 받았습니다. 자녀들을 키웠고, 그들이 당신께로부터 멀어져 간다 느낄 적마다 [산고를 다시 겪어] 그들을 낳다시피 하였습니다.

• 아우구스티누스『고백록』9,9.

부모에게 순종함과 부모 공경

자녀들에게 훈계할 차례

바오로 사도는 먼저 남편에 관해, 둘째로는 아내에 관해 이야기했습니다. 이제 그는 자녀들에 관한 말로 넘어갑니다. 남편은 아내에게 책임이 있습니다. 남편과 아내는 자녀들에게 공동 책임이 있습니다. 사도는 자녀들에게 다정하게 말합니다. 그는 남편과 아내가 자신이 내려 준 명령들에 따라 처신을 잘한다면 자녀의 협조를 얻는 데 어려움이 없을 것임을 잘 알고 있습니다. 하지만 만약 부모가 어리석은 명령을 내릴 경우엔 어떻게 되는 것입니까? 일반적으로 부모들은 어리석은 명령을 하지 않습니다. 그러나 만약 그런 일이 있을 경우, 바오로 사도는 구제책을 가지고 있습니다. 그래서 "주님 안에서"(에페 6,1) 부모에게 순종하라고 말하는 것입니다. 부모가 어떤 식으로든 하느님을 거스르지 않는다면 부모에게 순종해야 합니다.

• 요한 크리소스토무스『에페소서 강해』21,6,1-3.

자신을 존재하게 해 준 이에게 순종하는 것은 마땅하다

이 법은 자녀들에게 주어진 것입니다. 그들의 부모는 그들을 존재할 수 있게 해 준 이들이니 부

모에게 순종해야 합니다. 그들을 존재하게 한 이들을 공경한다는 원칙입니다.

• 암브로시아스테르
『바오로의 열세 서간 주해』(에페소서) 6,2.

큰 이가 작은 이에게 순종하는 법을 보여 주신 예수님과 요셉

자녀들은 부모에게 순종하는 법을 배워야 합니다. 더 큰 이가 작은 이에게 순종하십니다. 예수님께서는 요셉이 당신보다 연장자임을 아셨습니다. 그래서 어버이가 받아 마땅한 예우를 하신 것입니다. 그분은 모든 아들에게 모범을 보이셨습니다. … 저는 요셉도 자기에게 순종하는 예수님이 자기보다 큰 분임을 알았다고 생각합니다. 그는 자기에게 순종하는 이가 자기보다 큰 분임을 알았기에 송구스런 마음으로 권위를 내세우지 않았습니다.

• 오리게네스『루카 복음 강해』20,5.

예수님께서는 당신의 어머니를 공경하셨다

우리는 예수님께서 부모에게 순종하셨다는(루카 2,51 참조) 루카 복음사가의 말에서 그분이 당신의 어머니를 매우 공경하셨다는 사실을 알 수 있습니다. … 부모들이 하느님께서 명하시는 길을 방해하지 않는 한, 그들에게 순종하는 것은 우리의 의무입니다. 그러나 그들이 때에 맞지 않는 것을 요구하거나 우리를 영적인 일에서 떼어 내려고 할 경우엔 속아서 덮어놓고 따르면 안 될 것입니다.

• 요한 크리소스토무스『요한 복음 강해』21,2.

우리를 낳은 이들에게 주님 안에서 순종하다

이 구절[에페 6,1 참조]은 자녀들이 '주님 안에서의' 부모에게 순종해야 한다는 말인지, 주님 안에서 자녀들이 자기 부모에게 순종해야 한다는 뜻인지 명확하지 않습니다. 저는 두 가지 의미를 다 받아들입니다. 바오로와 사도들을 통하여 그들이 영적으로 태어났고 그들이 말하는 것을 실행하듯이, 우리는 주님 안에서 낳아 주신 부모에게 순종해야 합니다. 또한 우리는 육에 따라 우리가 태어난 우리 자신의 부모에게 주님 안에서 순종해야 합니다. 주님의 뜻에 어긋나지 않는 그들의 모든 명령을 따라야 합니다.

• 히에로니무스『바오로 서간 주해』(에페소서) 3,6,1.

순종의 동인

바오로 사도는 부모 노릇에서 가장 중요한 것에 대해 설명합니다. 자녀에게 어떻게 순종을 가르치느냐 하는 것입니다. 그는 순종의 동인動因을 순종의 원천이며 샘인 것에서 찾습니다. 그는 이미 앞에서 남편들에게 이야기할 때, 아내가 다가오도록 사랑의 유대로 품어 주라고 충고하면서, 남편의 어떠한 행동이 아내의 순종을 이끌어 내는지 보여 준 바 있습니다. 그와 마찬가지로 여기서도 그는 "자녀들을 주님의 훈련과 훈계로 기르십시오"(에페 6,4)라며, 부모의 어떤 행동이 자녀의 순종을 이끌어 내는지 보여 줍니다. 영적 동기가 있을 때에는 물리적인 결과가 따라 나온다는 것을 아시겠습니까, 여러분? 여러분의 자식이 순종적이기 바라십니까? 애초부터 그를 주님의 훈련과 훈계로 기르십시오. 그를 성실히 성경을 읽는 이로 만드는 것을 결코 하찮은 문제로 여기지 마십시오.

• 요한 크리소스토무스『에페소서 강해』21,6,4.

부모 자식 관계도 제 할 바를 하는 것이 중요하다

바오로 사도는 부모 자식 관계에서도 순종과 사랑을 강조합니다. 그러나 그는 '자녀를 사랑하십시오'라고 하지 않습니다. 자녀 사랑은 우리가 본성상 저절로 하게 되는 일이므로 굳이 말할 필요가 없기 때문입니다. 대신 바오로는 부모가 고쳐야 할 점을 지적합니다. 순종하라는 명령이 강력한 것인 만큼 부모의 사랑도 더 강력한 모습으로 드러나야 합니다. 여기서 바오로는 남편과 아내의 본보기를 사용하지 않습니다. 대신 예언자의 말씀을 들으십시오. "아버지가 자식들을 가엾이 여기듯 주님께서는 당신을 경외하는 이들을 가엾이 여기시니"(시편 103,13).

• 요한 크리소스토무스 『콜로새서 강해』 10.

부모 공경

그리스도께서는 여기서 율법이 분명하게 강조하는 계명을 확인해 주고자 하셨습니다. "아버지와 어머니를 공경하여라. 그러면 너는 주 너의 하느님이 너에게 주는 땅에서 오래 살 것이다"(탈출 20,12). ⋯ 부모를 공경하는 것은 무척 귀중한 덕이 분명합니다.

• 알렉산드리아의 키릴루스 『요한 복음 주해』 12.

약속에 대한 해석

"아버지와 어머니를 공경하여라. 그러면 너는 그 땅에서 오래 살 것이다"(탈출 20,12; 참조: 신명 5,16)라는 약속은 글자 그대로 유지되기 어렵습니다. 왜냐하면 부모를 공경한 많은 이들이 일찍 죽었고, 반면에 부모를 살해한 자들이 장수를 누리기도 하기 때문입니다. 하지만 우리가 확실히 알 수 있는 것은 주님께서 말씀하신 땅이 저 위에 있다는 것입니다. 잠시 시편 제37편을 떠올려 봅시다. 이런 말씀이 있습니다. "가난한 이들은 땅을 차지하고 큰 평화로 즐거움을 누리리라"(시편 37,11). 그리고 이런 말씀이 이어집니다. "너는 주님께 바라고 그분의 길을 따라라. 그분께서 너

를 들어 올려 땅을 차지하게 하신다"(시편 37,34). 이 땅에 관하여 다른 곳에서는 이렇게 노래합니다. "의인들은 땅을 차지하여 언제까지나 그 위에 살리라"(시편 37,29). 하지만 이것은 불가능합니다. 비록 우리가 현재 그 땅에 살고 있다 하더라도 그 땅은 지나가 버릴 터인데 어떻게 의인이 그 위에 영원히 살 수 있겠습니까? 따라서 우리는 이 사실로부터 문제의 땅은 하늘에 위치해야만 한다는 것을 배우게 됩니다.

• 히에로니무스 『이사야서 주해』 16,23.

하느님께서 마리아의 영혼을 받아들이셨다

하느님의 자비로 마리아의 아들이 되기 위해 내려오신 하느님의 말씀은 어머니가 되기에 합당한 가장 거룩하고 신적인 이 여인을 당신의 최고의 손길로 섬기시며, 마리아의 거룩한 영혼을 받아들이십니다. 얼마나 훌륭한 입법자입니까! 법의 지배를 받지 않으시는 분께서 당신이 선포하신 법을 지키십니다. 부모에 대한 자녀의 의무를 제정하신 분은 바로 주님이십니다. 주님은 이렇게 말씀하십니다. "아버지와 어머니를 공경하여라"(탈출 20,12). 성경의 계시에 조금이라도 익숙한 사람에게는 이 말씀이 당연한 진리로 여겨질 것입니다. 성경에서 말하듯이 "의인들의 영혼이 하느님의 손안에 있다"(지혜 3,1)면, 마리아는 자신의 영혼을 더욱더 자신의 하느님이요 아드님이신 분께 의탁하지 않겠습니까?

• 다마스쿠스의 요한
『복된 동정 마리아의 영면에 관한 첫째 설교』 1,4.

그분은 우리에게 아버지와 어머니를 공경하라고 이르시는 분이시기에 당신의 어머니를 낯부끄럽게 하지 않으려 하셨습니다.

• 존자 베다 『복음서 강해』 1,14.

예수님은 어머니를 공경하는 마음에서 청을 들어드린다

왜 주님께서는 "제 때가 아직 오지 않았습니다"(요한 2,4)라는 말로 어머니의 청을 거절하셨다가 나중엔 들어드린 것입니까? 가장 큰 이유는 그분을 적대하며 그분께서 '때'에 종속되어 계시다고 생각하던 이들에게 당신은 '때'에 종속되어 있지 않으시다는 충분한 증거를 제시하시려는 것이었습니다. … 그분께서는 어머니를 공경하는 마음도 드러내고자 하셨기에, 결국 당신을 낳으신 여인의 말씀을 거스르지 않으신다는 사실을 많은 사람 앞에서 분명히 보여 주셨습니다.

• 요한 크리소스토무스 『요한 복음 강해』 22,1.

하느님과 부모를 동시에 진심으로 사랑할 수 있다

하늘에 계신 아버지를 공경하는 동시에 "육신의 아버지"(히브 12,9)도 공경합시다. 주님께서는 율법과 예언서에서 이렇게 분명하게 명령하셨기 때문입니다. "아버지와 어머니를 공경하여라. 그러면 너는 주 너의 하느님이 너에게 주는 땅에서 오래 살 것이다"(탈출 20,12; 신명 5,16). 아버지와 어머니가 계신 분들은 이 명령에 귀 기울이십시오. "자녀 여러분, 무슨 일에서나 부모에게 순종하십시오. 이것이 주님 마음에 드는 일입니다"(콜로 3,20). 우리 주님께서는 '아버지와 어머니를 사랑하는 사람은 나에게 합당하지 않다'라고 하지 않으셨습니다. 여러분이 잘못 알고 잘못 이해하지 않도록 "아버지와 어머니를 나보다 더 사랑하는 사람은 나에게 합당하지 않다"(마태 10,37)라고 분명히 밝히셨습니다.

• 예루살렘의 키릴루스 『예비신자 교리교육』 7,15.

부모를 공경하라는 명령

하느님께서는 자녀들에게 부모를 공경하라고 명령하셨습니다. 말로 부모에게 고약하게 굴기만 해도 그런 죄를 지은 자녀를 죽음에 처하라(신명 21,18-21 참조)고 할 만큼 부모 공경은 중요한 일이었습니다. "그런데 너희는, 누가 아버지나 어머니에게 '제가 드릴 공양은 하느님께 바치는 예물이 되었습니다' 하고 말하면, 아버지를 공경하지 않아도 된다고 한다. 너희는 부모를 공경하고 안 하고는 자녀에게 달렸다고 한다"(마태 15,5-6 참조). 너희는 아들이 "아버지, 아버지를 공양하는 대신 하느님께 감사 예물을 바치겠습니다. 이제 아버지께 드릴 공양은 없습니다"라고 하여도 사리에 어긋나는 일이 아니라고 한다. 너희는 너희의 이상한 전통으로 전능하신 하느님께 바치는 선물을 모독하고 있다.

• 몹수에스티아의 테오도루스 『마태오 복음 단편』 79

너희는 어째서 하느님의 계명을 어기느냐?

율법 학자들과 바리사이들은 "누가 아버지나 어머니에게 '제가 드릴 공양은 하느님께 바치는 예물이 되었습니다' 하고 말하면 아버지와 어머니를 공경하지 않아도 된다"(마태 15,5-6)라고 말합니다. … 그런데 바리사이의 전통은 어째서 "아버지나 어머니를 욕하는 자는 사형을 받아야 한다"(마태 15,4)라는 규정도 팽개쳐 놓는 것입니까? 아마도 그 답은 "제가 드릴 공양은 [모두] 하느님께 예물이 되었습니다"(마태 15,5)라고 하면 아버지나 어머니에게 욕을 한 것과 같기 때문입니다. 이는 코르반 서약을 하고 바친 것을 부도가 받는다면, 부모는 그 서약을 하고 바친 사람에게서 그것을 빼앗는 성전 도둑이라고 이야기하는 것과 같습니다. 그래서 어떤 사람의 아들들이 "제가 드릴 공양은 하느님께 바치는 예물이 되었습니다" 하고 말하면, 유대인들은 그들이 아버지나 어머니를 욕한 것처럼 율법이 정한 대로 그들을 벌합니다. 예수님께서는 '그런데 너희는 너희의 전통 한 가지로 하느님의 계명 두 가지를 폐기하고 있다'고 말씀하십니다.

• 오리게네스 『마태오 복음 주해』 11,10.

율법주의 안에 숨은 속임수

주님께서는 복음서에서 "아버지와 어머니를 공경하여라"(탈출 20,12; 신명 5,16; 마태 15,4; 19,9; 마르 7,10; 10,19; 루카 18,20)라는 율법 계명을 풀이하십니다. 말로만 공경하라는 뜻으로 해석해 부모를 가난하고 궁핍하게 내버려 둔 채 공경하는 시늉만 할 것이 아니라, 그들의 삶에 필요한 것들을 실제로 마련해 드려야 한다는 것입니다. 가난한 부모는 자녀에게 봉양받아야 하고, 자녀는 연로한 부모에게 어릴 적 받았던 은혜를 갚아 드려야 한다고 하느님께서 명령하십니다. 율법 학자들과 바리사이들은 이와 정반대로 부모 공양은 '코르반, 곧 제가 제대에서 약속하고 성전에 봉헌하기로 서약한 선물이 당신 영혼에 힘을 불어넣어 줄 터이니 제가 당신을 공양할 필요는 없습니다'(마르 7,11 참조)라고 말하면 된다고 가르치고 다녔습니다. 그래서 부모가 굶주리는데도 그 자녀는 사제들과 율법 학자들이 게걸스레 먹어치울 제물을 봉헌하는 일이 생기곤 했습니다.

• 히에로니무스 『편지』(아게루키아에게) 123,5.

부모에게 보답해야 하는 이유

"어버이에게 보답하는 법을 배워야 합니다"(1티모 5,4). 왜 그렇습니까? 키워 주고 가르쳐 주셨기 때문입니다. 바오로 사도의 말은 '여러분은 부모에게 많은 보살핌을 받았다'라는 말과 같습니다.

• 요한 크리소스토무스 『티모테오 1서 강해』 13.

무엇이 부모를 공경하는 것인가?

하느님께서는 자식이 마땅히 자기 부모를 공경

해야 함을 가르치시면서 "아버지와 어머니를 공경하여라"(탈출 20,12) 하고 말씀하셨습니다. 부모를 공경하는 한 가지는 음식이나 의복처럼 생활에 필요한 것을 그들과 함께 나누는 것입니다. 그 외에도 자기 부모에 대한 사랑을 드러낼 수 있는 다른 어떤 것들이 있다면 그렇게 하는 것입니다.

• 오리게네스 『마태오 복음 주해』 2,9.

가난한 부모에게 대한 의무

[주님께서는 이 계명은] 단순히 말로만 해석되어서는 안 된다고 단언하십니다. 공경하는 척만 한다면 부모는 여전히 곤경을 벗어나지 못하므로, 실질적으로 생활에 필요한 것들을 제공하라는 것입니다. 주님께서는 가난한 부모는 자식들이 부양해야 하며, 어려서 자식으로서 받은 혜택을 늙은 부모에게 돌려 드려야 한다고 명령하십니다.

• 암브로시우스 『편지』 123,6.

마지막 축복인 상속 재산

자녀를 기르는 것은 부모의 특권입니다. 그러므로 당신의 아버지를 공경하십시오, 그러면 그분께서 당신에게 복을 내리실 것입니다. 하느님을 믿는 사람은 감사의 마음에서 자신의 아버지를 공경하게 하고 은혜를 모르는 사람은 두려움 때문에 그렇게 하라고 합시다. 아버지가 가난하고 자식들에게 남겨 줄 자산이 많지 않다고 하더라도, 그에게는 여전히 자신의 마지막 축복이라는 상속 재산이 있습니다. 그 축복으로 아버지는 자손들에게 성화의 부요함을 물려줄 수 있습니다. 축복을 받는 것은 부자가 되는 것보다 훨씬 좋은 일입니다.

• 암브로시우스 『성조』 1,1.

거짓 효심

여러분의 아들이 일단 돈을 손에 넣으면 여러분을 돌보지 않을까봐 걱정한다면, 실로 여러분은 사랑받을 품성이 아니라 돈을 주고 사는 상품 같은 효심을 만들고 있는 것입니다. 그보다는 극도로 가난하여 물려줄 것이라곤 없는 아버지, 아무것도 기대할 것이 없는 노인의 아들이지만 그럼에도 여전히 땀 흘려 일하며 아버지를 부양하는 아들이 훨씬 낫습니다. 물론 때로는 부자의 자식들도 하느님을 진지하게 경외합니다. 그래서 부모에게 무엇을 기대해서가 아니라 자기를 세상에 있게 해 주고 키워 준 분들이며, 하느님께서 "아버지와 어머니를 공경하라"는 계명을 주셨기 때문에 부모에게 관심을 쏟습니다. 그러나 거기에 누구나 볼 수 있는 보상이 있는 한, 그들의 마음이 순수한지 분명치 않습니다.

• 아우구스티누스 『설교』 45,2.

부모를 소중히 여겨야 한다

여러분이 처음 눈을 떠서 보는 사람이 여러분의 부모이고, 이 삶의 첫 번째 발자국을 내딛게 하는 것이 그들의 사랑입니다. 부모를 공경하지 못하는 사람이 어떻게 구원받을 수 있겠습니까?

• 아우구스티누스 『설교』 9,7.

자녀 교육

자녀 교육의 본보기

그대의 자녀들을 위해 그대는 토빗과 같은 아버지가 되십시오. 토빗이 아들에게 준 것처럼 그대도 자녀에게 유익하고 구원에 도움이 되는 계명을 주십시오. 토빗이 이렇게 명한 것처럼 그대도 그대의 자녀에게 명령하십시오. "이제 애들아, 내

가 너희에게 분부한다. 하느님을 진심으로 섬기고 그분께서 좋아하시는 일을 그분 앞에서 하여라. 너희 자식들도 잘 타일러서, 정의를 실천하고 자선을 베풀게 하여라. 하느님을 기억하며 언제나 그분의 이름을 찬미하게 하여라"(토빗 14,8-9).

• 키프리아누스 『선행과 자선』 20

그리스도의 가르침을 배우게 하라

여러분의 자녀가 그리스도께서 보여 주신 가르침을 따르게 하십시오. 겸손이 하느님께 얼마나 큰 힘을 발휘하는지를 그들이 배우게 하십시오. 순수한 사랑이 얼마나 강력한지, 주님을 경외함이 얼마나 아름답고 위대한지 배우게 하십시오. 주님을 경외함은 순수한 정신으로 주님을 경외하며 거룩하게 사는 이들을 구원한다는 것을 그들이 배우게 하십시오.

• 로마의 클레멘스 『코린토 신자들에게 보낸 첫째 편지』 21.

무엇보다 덕을 좋아하게끔 자녀를 가르쳐라

돈을 모아 자녀에게 물려주려 노심초사하지 말고, 그들에게 덕을 가르쳐 하느님의 축복이 내리게 합시다. 이것이 가장 훌륭한 재산이고, 이 재산은 헤아릴 수 없으며 아무리 써도 없어지지 않고 날이 갈수록 불어납니다. 사실 덕에 버금가는 것은 없습니다. 덕보다 힘 있는 것은 없습니다.

• 요한 크리소스토무스 『창세기 강해』 66,14.

덕을 가르치다

자녀를 잘 감독하고자 하는 아버지는 자식의 뜻에 끌려 다니지 말고 그들에게 모든 덕을 가르쳐야 합니다. 그들의 뜻을 바로잡기 위해서는 강경한 행동도 마다하지 않아야 합니다.

• 키루스의 테오도레투스 『바오로의 열두 서간 주해』(티모테오 1서).

사라지고 마는 것을 사랑하지 마라

지혜로운 아버지는 자기 자녀들에게, 곧 사라지고 마는 것들을 사랑하지 말라고 주의를 줍니다. 이 지혜는 만물을 만드신 지존하신 창조주께서 지니신 가장 영광스러운 것이며, 의로운 모든 사람에게도 잘 어울리는 것입니다.

• 아를의 힐라리우스 『일곱 가톨릭 서간 해설』(요한 1서).

당신 자녀들을 배려함으로써 선행에 더욱 힘써라

참으로 그대의 자녀를 사랑한다면, 자녀에게 충만하고 아버지다운 사랑의 단맛을 보여 주고 싶다면, 올바른 선행으로써 그대의 자녀를 하느님께 맡겨 드리기 위해 더욱 힘써야 하겠습니다. … 그대는 그분이 그대 자녀의 일시적이고 힘없는 아버지라 여기지 마십시오. 영적 자녀의 영원하고 든든한 아버지이신 그분을 모시십시오. 그대가 상속자들을 위해 모으고 있는 그대의 재산을 그분께 맡기십시오. 그분께서 그대 자녀의 후견인이시고, 보호자이시며, 그분께서 거룩한 가르침으로 그대의 자녀를 세상의 모든 불의에 맞서 지켜 주십니다. 하느님께 맡겨 놓은 재산은 국가도 빼앗지 못하고, 세금도 내지 않으며, 어떤 법적 속임수로도 망가뜨릴 수 없습니다. 보호자 하느님께 맡긴 재산은 안전하게 보관됩니다. 이것이 사랑스러운 자녀들을 위해 나중을 내다보는 일이고, 이것이 성경이 말하는 믿음에 따라 아버지의 마음으로 미래의 상속자들을 염려하는 길입니다.

• 키프리아누스 『선행과 자선』 16-19.

자녀가 믿음을 잃지 않도록 잘 인도하라

'잘 이끌어 간다'는 것은 자녀 문제의 경우엔 아버지가 지혜로운 조언으로 자녀를 인도하는 것을 말합니다. 자녀가 불신자가 되더라도 아버지

탓으로 돌릴 수 없을 정도가 되어야 합니다.

• 몹수에스티아의 테오도루스 『티모테오 1서 주해』.

자녀를 성나게 하지 마라

바오로는 '여러분의 자녀를 사랑하시오' 하고 말하지 않습니다. [자녀 사랑은] 자연이 이미 우리 의지와 상관 없이 우리 안에 심어 놓았습니다. … 대신, 바오로 사도는 '자녀를 성나게 하지 마라'고 합니다. 너무나 많은 부모가 이렇게 합니다. 자녀에게 그들 몫의 상속 재산과 약속을 박탈하거나 무거운 짐을 지워 억누르거나 그들이 자유인이 아니라 종인 것처럼 대합니다.

• 요한 크리소스토무스 『에페소서 강해』 21,6,4.

이성의 가르침

이성은 부모들에게 자녀들이 성장할 때까지 그들을 다스리고 엄격하게 교육하는 올바른 방법에 관한 즉각적인 감각을 가르쳐 줍니다. 이런 교육을 받은 자녀들은 부모의 곁을 떠난 후에 그들의 부모에 맞갖은 상속자들이 됩니다. 이성은 또한 영적인 감각에 따라 교회의 지도자들에게 가르침을 줍니다. 그리하여 교회의 지도자들은 죽을 때까지 사려 깊은 권위와 올바른 인도로 성직의 품위를 간직하게 됩니다. 이렇게 함으로써 지도자들은 잘 양성된 제자들을 남기게 되며, 그 제자들은 그들의 직무를 이어받을 훌륭한 상속자들이 됩니다.

• 라바누스 마우루스 『집회서 주해』 7,11.

자녀의 잘못을 바로잡아야 할 의무

우리는 자녀들을 돌보는 데 마음을 쓰지 못했을 뿐만 아니라 그렇게 하는 사람들을 슬그머니 공격하고 비난함으로써 결국에는 야만인들보다 더 자녀들을 잔인하게 대하게 되고 말았습니다.

… 그런데 여러분은 자녀들의 영혼을 노예 취급하고, 노예에게 하듯이 자녀에게 족쇄를 채우고 있습니다. 그리고 그들을 사악하고 흉포한 마귀들과 그들의 격정의 먹잇감으로 던져 주고 있습니다. 여러분은 자녀들에게 영적인 조언을 하지도 않습니다. 또 그럴 의향이 있는 다른 이들이 그렇게 할 수 있도록 허락하지도 않습니다. … 해악과 재앙, 불행과 헤아릴 수 없는 악은 어디에서 왔습니까? 어쩌면 자녀들이 잘못했을 때 그 잘못을 바로잡아야 할 의무를 우리가 소홀히 한 때문이 아니겠습니까?

• 요한 크리소스토무스
『수도생활을 반대하는 이들 반박』3,3.

지나치게 감싸 주면 파멸을 가져온다

자녀를 언제나 도와주면 오히려 자녀를 망치게 됩니다. 때로는 자녀를 도와주지 않는 사람이 오히려 자식을 구합니다. "네 아이를 매로 때려도 죽지는 않는다. 오히려 너는 그의 영혼을 죽음에서 자유롭게 할 것이다"(잠언 23,13-14), "자식의 응석을 받아 주는 자는 그의 상처를 싸매게 되리라"(집회 30,7) 하고 쓰여 있습니다.

• 요한 크리소스토무스『마태오 복음 강해』55,2.

잘 가르친 자녀도 빗나갈 수 있다

자녀를 잘 가르쳤지만 이들이 나중에 빗나가게 되었다면 부모 탓으로 돌려서는 안 됩니다. 이사악은 아들을 잘 가르쳤습니다. 에사우를 튼튼한 토대 위에 올려놓았지요. 그러나 에사우는 죽 한 그릇에 맏아들 권리를 팔아넘김으로써 품행이 나쁜 속된 인간임이 드러났습니다(창세 25,33 참조). 사무엘도 하느님을 부르자 하느님께서 그의 말을 들어 주시어 겨울 수확철에 비를 내리게 한 사람이지만(1사무 12,18 참조) 그의 아들들은 탐욕

에 떨어졌습니다.

• 히에로니무스『티토서 주해』(PL 26,599BC).

자녀 교육에 무관심한 부모

광야에 살면서 걷어차는 야생 나귀보다 더 나쁜 사람들이 있습니다. 사실, 우리 가운데 있는 대부분의 젊은이가 그렇습니다. 그들은 사나운 욕망을 지닌 채 이리저리 날뛰며 걷어차고 고삐 풀린 채 돌아다닙니다. 그들은 점잖지 못한 행동을 하는 데 온 정력을 허비합니다. 그들의 아버지들은 비난받아 마땅합니다. 그들은 자기네 말들을 훈련시키기 위해서는 말 조련사들을 고용하고 망아지들을 오랫동안 길들지 않은 채로 내버려 두지 않으면서도, 정작 자기 아이들에게는 너그럽게 대합니다. 그 젊은이들은 고삐가 풀린 채 스스로를 통제하지 못합니다.

• 요한 크리소스토무스『마태오 복음 강해』19,7.

자기 자녀에 대한 보살핌을 보라

그(감독 후보자)가 자녀를 어떻게 보살피는지 잘 보아야 합니다. 자기 자식을 제대로 가르치지 못하는 이라면 어떻게 다른 사람들을 가르칠 수 있겠습니까? … 자녀를 통제하지 못하는 것은 나약함의 확실한 증거입니다. 자녀에게 무관심하다면 그는 사랑이 결핍된 사람이니 큰 흠입니다. 자기 자식에게도 소홀한 사람이 어떻게 남을 보살피겠습니까?

• 요한 크리소스토무스『티토서 강해』2.

지나친 관용

우리 자녀들이 저지른 죄에 대한 책임을 져야 하는 일이 없도록 부디 우리 자녀들을 도와주십시오. 여러분은 자기 아들들의 잘못을 제대로 바로잡아 주지 못하여 그 늙은 엘리에게 일어났던 일

을 알지 않습니까? 어떤 질병에 수술이 필요할 때에 의사가 피부 연고나 열심히 발라 주면서 적절한 치료법을 시행하지 않으면, 그 병은 나을 수 없습니다. 바로 이처럼 그 노인은 마땅히 자기 아들들의 타락에 대하여 적절한 조치를 취해야 했지만, 지나친 관용이라는 죄를 지어 그도 자기 아들들과 함께 벌을 받았습니다.

• 요한 크리소스토무스 『창세기 강해』 59,20.

부모의 본성

우리는 성경에서 자녀는 부모를 사랑하고 부모는 자녀를 들볶아 화나게 만들지 말라는 말씀을 읽습니다. 자연은 짐승 안에 자기 새끼를 사랑하고 소중히 여기는 본능을 심어 놓았습니다. 그러나 짐승은 인척 관계라는 것을 모릅니다. 인간 세상에서는 부모가 헤어져 다른 배우자를 만나도 자식과 멀어지지 않습니다. 그들은 처음 짝에게서 난 자녀는 소홀히 하고 나중에 맺은 짝에게서 난 자식을 더 사랑하는 것 같은 일을 모릅니다. 그들은 자기가 맺은 서약의 가치를 잘 알고 있으며 사랑에서나 미움으로 인한 자극, 잘못된 행위 같은 것에서 자녀를 차별할 줄 모릅니다.

• 암브로시우스 『육일 창조』 6,22.

자식들을 차별하지 말라

자식들을 똑같은 정성으로 기르십시오. 더 마음에 들거나 자신과 닮은 자식의 어떤 성향에 사랑이 더 가더라도, 모두를 공정하게 대해야 합니다. 사랑받는 아이에게 더 많이 줄수록, 그가 형제의 사랑을 구할 때, 부모의 부당한 편애를 질투하는 형제는 그에게서 더욱 멀어집니다. 에사우는 자기 동생을 죽이겠다고 협박했습니다(창세 27,41 참조). 형제라는 사실도, 부모에 대한 존경심도, 동생을 죽이고 싶은 마음을 없애 주지 못

했습니다. 그는 죄를 저지르기보다 인내로써 자신이 축복받을 자격이 있음을 입증해야 했음에도 불구하고, 축복을 빼앗긴 사실에 앙심을 품었습니다.

• 암브로시우스 『야곱과 행복한 삶』 2,2,5.

자녀에게 해를 입히게 된다

자기 자녀를 사랑하는 것은 즐거운 일이고, 그들을 몹시 사랑하는 것은 몹시 기쁜 일입니다. 그런데 부모가 사랑을 자제하지 못할 때, 그 사랑이 자녀에게 해를 입히는 경우가 많습니다. … 형제의 사랑을 얻는 자식이 더 많이 얻는 자식입니다. 이것이야말로 부모가 보여 줄 수 있는 관대함의 빛나는 본보기며 자식들에게는 더 귀중한 상속 재산입니다. 같은 본성으로 연결된 자녀들이 [부모의] 같은 사랑으로 연결되게 합시다.

• 암브로시우스 『요셉』 2,5-6.

딸들도 율법을 배워야 한다

부모들이 거룩한 율법과 하느님에 관한 증언을 아들들만 아니라 딸들에게도 가르치도록 권고하기 위해 이 증언(수산나 이야기)을 이용하면 좋을 것입니다.

• 오리게네스
『양탄자』(히에로니무스 『다니엘서 주해』 13,3에 인용).

그리스도교의 가르침으로 자녀를 교육하라

바오로 사도는 부모들에게 자식들을 세속 문학에 관한 고등교육을 받게 하라고 이르지 않습니다. 자식들이 희극을 읽고 추잡한 연극 대본을 암송하도록 시키라고 하지 않습니다. 일반 시민들과 마찬가지로 대다수가 이 세상의 평범한 직업에 종사하는 에페소의 평신도들에게 그는 '자녀들을 주님의 훈련과 훈계로 가르쳐야 한다'고

말합니다. 감독과 원로들은 이 점을 마음에 새기십시오.

• 히에로니무스 『바오로 서간 주해』(에페소서) 3,6,4.

부모는 셈을 치러야 한다

아버지들이여, 그대들의 자녀를 주님 안에서 교육하십시오. 주님의 훈육과 권고로 자식들을 기르고 주님의 뜻에 맞는 일들을 가르치십시오. 그래야 그들이 기회가 있어도 엉뚱한 사람이 되지 않고 부모에게 계속 벌을 받지 않을 것입니다. 그래야 때가 되기 전에 느슨해지지 않고 좋은 길에서 벗어나지 않을 것입니다. 그러므로 두려워하지 말고 자녀를 혼내고 엄하게 지혜를 가르치십시오. 여러분이 자녀를 혼낸다고 해서 그들이 죽지 않을 것입니다. 오히려 그들을 살릴 것입니다. … 제 자식을 권고하고 가르치는 데 소홀한 사람은 제 자녀를 미워하는 사람입니다. 여러분의 자녀에게 주님의 말씀을 가르치십시오. 매를 들어 자녀를 다스리고 어릴 때부터 순종하게 하며 성경을 가르치십시오. 거룩한 말씀을 모두 전해 주고 그들이 "젊을 때 권한을 주지 말며"(집회 30,11) 여러분의 의견을 거슬러 행동하지 못하게 하십시오. 그들이 패거리와 어울리지 못하게 하십시오. 그렇지 않으면 그들은 방탕한 길에 들어서고 간음에 빠질 것입니다. 부모의 부주의로 이런 일이 발생한다면, 그런 자녀를 낳은 부모는 그들의 영혼에게 잘못하는 것이 됩니다. 반항하는 자녀가 부모의 무관심으로 인해 방탕한 사람들과 한패가 된다면, 그들만 벌을 받는 것이 아니라 그들을 낳은 부모 역시 그에 대한 책임을 지고 벌을 받을 것입니다.

• 『사도 헌장』 4,2,11.

주님의 새 가족

하느님의 뜻을 행함으로써 이루어지는 친족 관계

주님과의 긴밀한 관계는 육에 따른 친족 관계로는 설명할 수 없습니다. 기꺼이 하느님의 뜻을 행하려 할 때 주님과 가까워질 수 있습니다.

• 대 바실리우스 『도덕 규칙서』 22.

주님의 가족 관계

요한 복음서에는 예수님의 형제들이 아직 그분을 믿지 않았다는 말씀이 있습니다(요한 7,5 참조). 또 마르코 복음서에서는 그분의 가족이 예수님께서 미쳤다고 생각하고 붙잡으려 했다(마르 3,21 참조)는 조금 다른 이야기가 있습니다. 그들의 생각이 그러했기 때문에 예수님께서는 가족 이야기를 입에 올리시는 적이 별로 없습니다. 대신 그분은 순명하는 이들을 가리키십니다. 순명하는 친족 관계로 당신과 맺어진 믿는 이들에게 가족 관계에 따르는 모든 이름을 붙이십니다.

• 라오디케아의 아폴리나리스 『마태오 복음 단편』 75.

순명하는 마음으로 본받다

사람이 행복한 것은 의롭고 거룩한 사람들과 육적 가족 관계로 연결되어 있기 때문이 아니라, 그들의 가르침과 행실을 순명하는 마음으로 본받으며 익혀 나가기 때문이라는 말씀 아니겠습니까? … 예수님의 형제들, 곧 혈육들은 그분을 믿지 않았습니다(요한 7,5 참조). 그 혈연관계가 무슨 득이 되었습니까? 마리아가 그리스도를 육신으로 잉태했을 때보다 더 행복하게 그리스도를 마음으로 모시지 않았다면, 어머니라는 친족 관계조차 마리아에게 아무런 유익이 되지 못했을 것입니다 (참조: 마태 3,8-10; 루카 11,27-28; 로마 9,1-8).

• 아우구스티누스 『거룩한 동정』 3,3.

새로운 가족 관계의 질서

예수님께서는 아버지의 뜻을 실행하지 않는 사람은 당신 가족이 아니라고 말씀하셨습니다. 사랑 가득하신 그분께서는 마리아를 이 가족 구성원에 분명히 포함시키셨습니다. 마리아가 아버지의 뜻을 실행했기 때문입니다. 그래서 가장 선하시고 거룩하신 스승께서는 사람들이 당신께 알려 드린 이른바 사적이고 개인적인 어머니의 이름마저 하찮게 여기셨습니다. 그것은 천상 가족에 대비되는 지상 이름이었기 때문입니다.

• 아우구스티누스 『편지』(래투스에게) 243,9.

하느님의 새로운 가족

"누구든지 나 때문에, 또 복음 때문에 집이나 형제나 자매, 어머니나 아버지, 자녀나 토지를 버린 사람은 현세에서 박해도 받겠지만 집과 형제와 자매와 어머니와 자녀와 토지를 백 배나 받을 것이고, 내세에서는 영원한 생명을 받을 것이다"(마르 10,29-30). 이와 같이, 그리스도를 사랑하기 때문에 아버지나 어머니나 아들을 무시하는 사람은 누구나 백 명의 형제나 부모를 얻기 때문입니다. … 여러분은 자신의 경험으로 이를 입증할 수 있습니다.

• 요한 카시아누스 『담화집』 24,26.

예수님의 새 가족은 말씀을 듣고 행한다

그리스도께서 어머니를 공경하지 않으셨거나 당신 형제들에 대한 사랑을 하찮게 여기셨다고 생각하는 사람이 있어서는 안 됩니다. … 그리스도께서 가르치고자 하신 것은 무엇입니까? 그분은 당신 말씀에 고개를 숙이는 사람들을 더욱 사랑해 주시고자 하셨습니다. 우리 모두는 어머니와 형제들을 최고로 공경하고 완전하게 사랑할 의무가 있습니다. 그분께서 당신 말씀을 듣고 실행하는 사람들이 당신의 어머니요 형제들이라고 말씀하신다면, 당신을 따르는 사람들에게 그들의 받아들이는 자세만큼 더 온전한 사랑을 내리시리라는 것은 명백한 일 아닙니까? 그분은 그들에게, 온전한 복종으로 당신 말씀을 잘 받아들이고 당신의 명에를 질 열망을 쉽게 품도록 하실 것입니다.

• 알렉산드리아의 키릴루스 『루카 복음 주해』 42.

아버지 하느님의 가족

아버지 하느님과 친밀한 관계에 든 우리는 그분의 가족으로 여겨지며 자녀로 불립니다. … 우리는 아들의 가족으로 불리며, 실제로 우리는 그분의 가족입니다. 아들과 우리의 관계를 통해 우리는 아버지 하느님과도 연결됩니다.

• 알렉산드리아의 키릴루스 『요한 복음 주해』 6,1.

요한은 자신을 따라 나중에 그리스도 신앙으로 온 모든 사람을 "자녀"라고 부릅니다. 그들이 죄를 용서받고 물과 성령으로 다시 태어났기 때문입니다.

• 존자 베다 『가톨릭 서간 해설』(요한 1서).

다시 태어난 이에게 믿음의 부모가 되다

'자녀'라는 말은 여러 가지 의미로 사용됩니다. 때로는 사랑에 의한 자녀를, 때로는 본성에 따른 자녀, 때로는 핏줄에 따른, 더 나아가 종교에 따른 자녀가 있습니다. 여기서 바오로가 말하는 "나의 자녀 여러분"(갈라 4,19)이 바로 이런 뜻입니다. 이는 신실한 세례를 통하여 새로운 탄생이 일어날 때, 세례 받은 이들을 성숙으로 인도하거나 또는 그들이 준비를 갖추었을 때 그들을 받아들이는 이는 그들의 아버지로 불리기 때문이거나, 바오로 사도가 그들을 다시 그리스도 안으로

부를 때 그들을 자기 자녀로 만들기 때문입니다.

• 마리우스 빅토리누스
『바오로 서간 주해』(갈라티아서) 2,4,19.

믿음 안에서 내 어머니이신 분

믿음에 듦으로써 주님의 형제가 될 수 있다면, 그분의 어머니는 어떻게 될 수 있느냐고 물어보아야 합니다. 믿음으로써 그리스도의 형제나 자매가 된 이는 복음을 전함으로써 그분의 어머니가 된다는 사실을 우리는 알아야 합니다. 이는 주님을 낳아, 듣는 이들의 마음에 그분을 불어넣는 것이라고 할 수 있습니다. 자신의 목소리를 통해 이웃의 마음에 주님에 대한 사랑이 생겨나도록 하는 사람은 그분의 어머니가 됩니다.

• 대 그레고리우스 『복음서 강해』(40편) 3,2.

성도들과 함께 한 시민

"성도들"은 사도들과 예언자들 그리고 일찍이 하느님을 체험했거나 자기 안에 머무르시는 성령을 통하여 하느님의 신탁을 전한 모든 이를 가리킵니다. 말하자면, 그들은 아브라함이 그랬듯이 육을 통해서나 성령을 통해서, 또는 모든 사도들의 경우처럼 육과 성령 둘 다를 통해서 하느님의 모습을 보았습니다. 이런 특별한 방법을 체험하지 않고 나중에 그리스도를 믿게 된 이들은 "성도들과 함께 한 시민이며 하느님의 한 가족입니다"(에페 2,19).

• 마리우스 빅토리누스 『바오로 서간 주해』(에페소서) 1,2,19.

믿음의 가족들에게 좋은 일을 하자

[바오로] 사도는 우리가 모든 이를 위하여 좋은 일을 해야 하지만 무엇보다 믿음의 식구, 곧 그리스도와 하느님을 믿고 신뢰하게 된 이들에게 더욱 그리해야 한다고 말합니다. … 믿음의 가족

들은 오직 복음에 대한, 곧 그리스도와 하느님에 대한 믿음만을 받아들였기 때문입니다.

• 마리우스 빅토리누스
『바오로 서간 주해』(갈라티아서) 2,6,10.

믿음이 가족을 갈라놓기도 한다

우리가 말씀의 힘을 통해서 세례의 물로 새롭게 될 때, 우리는 죄와 우리 근원인 조상들로부터 갈라섭니다. 마치 하느님의 칼에 베인 것처럼 우리는 아버지와 어머니의 무분별한 사랑으로부터 잘려 나오고, 부모와 갈라집니다. 그리고 죄 많고 불성실했던 과거의 나를 벗고 몸과 마음이 성령으로 새로워지면 우리는 타고난 옛 삶의 습관들을 혐오하지 않을 수 없게 됩니다.

• 푸아티에의 힐라리우스 『마태오 복음 주해』 10,24.

하느님보다 부모를 더 사랑해서는 안 된다

우리는 주님께서 하느님 공경과 사람 사랑을 아울러 가르치셨음을 알게 될 것입니다. 그분은 이렇게 말씀하셨지요. "주 너의 하느님을 사랑하고 '네 이웃을 너 자신처럼 사랑해야 한다'"(루카 10,27). 그런데 이제 상황이 바뀌어서 가까운 친척들의 이름을 지워 버리고 서로 등져야 하는 걸까요? 주님께서 가족과 불화할 것을 명하셨다고 생각해야 합니까? 우리의 평화이시며 하나 되게 하시는 분(에페 2,14 참조)께서 어떻게 그러시겠습니까? 그분께서 만일 가정을 깨뜨려 아비와 아들을, 아들과 아비를 갈라지게 하려고 오신 분이라면, 어떻게 "나는 너희에게 평화를 남기고 간다. 내 평화를 너희에게 준다"(요한 14,27)라고 하시겠습니까? 자기 부모를 업신여기는 자를 저주하신 분(신명 27,16 참조)께서 어떻게 부모를 버리라고 하시겠습니까? 그러나 우리가 첫째는 하느님 사랑이고 그다음이 사람 사랑임을 안다면,

문제는 간단하게 해결됩니다. 우리는 사람보다 하느님을 더 공경할 필요가 있습니다. 사람이 자기 부모를 공경해야 한다면 부모를 지으신 분은 얼마나 더 공경해야겠습니까? 자기 부모의 아버님을 몰라보는 자가 자기 부모는 어찌 알아보겠습니까? 주님께서는 자식이 아비를 물리쳐야 한다고 말씀하신 것이 아니라 하느님을 가장 위에 모셔야 한다고 말씀하신 것입니다. … 자식은 실로 하느님께서 내리신 복입니다. 그러나 복을 내리시고 지켜 주시는 하느님보다 복을 더 사랑해서는 안 됩니다.

• 암브로시우스 『루카 복음 해설』 7,135-36.

가족을 사랑하되 하느님보다 더 사랑해서는 안 된다

주님께서는 "아버지나 어머니를 나보다 더 사랑하는 사람은 나에게 합당하지 않다. 아들이나 딸을 나보다 더 사랑하는 사람도 나에게 합당하지 않다"(마태 10,37)라고 하십니다. '나보다 더'라는 말을 덧붙이신 것은 가족을 사랑하지 말라는 뜻이 아니라 당신보다 더 사랑해서는 안 된다는 뜻이 분명합니다. 그분은 우리에게 당신을 가장 많이 사랑하라고 명령하셨고, 이는 옳습니다. 마음이 온전한 사람들은 부모를 공경하고 자식을 아끼는 것보다 더 하느님을 사랑합니다.

• 알렉산드리아의 키릴루스 『루카 복음 주해』 105.

하느님을 가족보다 위에 두라

하느님을 받드는 것이 부모를 받들어야 하는 의무보다 앞서는가 하는 문제가 제기됩니다. … 하느님을 섬기고자 하는 이는 누구든지 가족의 유대가 더 중요한 일이라는 말로 그리스도를 따르지 못하는 평계를 대서는 안 됩니다. 그리스도께서는 당신과 함께 있는 이들을 위하여, "누가 내 어머니고 누가 내 형제들이냐?"(마태 12,48), "아버지의 뜻을 실행하는 사람이 내 형제요 어머니다"(마태 12,50)라시며 당신의 어머니와 형제들을 가벼이 대하신 적도 있습니다.

• 알렉산드리아의 키릴루스 『마태오 복음 단편』 98.

혈연관계보다 영의 가까움을 더 높이 여기다

예수님께서 이렇게 말씀하신 것은 당신 어머니와 형제들을 낮추보셔서가 아니라 육체의 혈연관계보다 영의 가까움을 더 높이 여기신다는 것을 가르치기 위해서였습니다. 그분께서 가족과 가까이 지내시는 것이 더 중요하다고 생각하는 이들을 위해서도, 그리고 그 자리에 있는 이들을 가르치기 위해서도, 예수님께서 이 말씀을 하실 필요가 있었습니다.

• 몹수에스티아의 테오도루스 『마태오 복음 단편』 71.

사랑의 우선순위

아무도 하느님 사랑보다 가족 사랑을 앞에 두지 않도록, 당신께서 사람들을 아버지와 어머니, 친척들로부터 갈라놓으셨다고 덧붙이십니다. … 우리는 모든 관계에서 사랑의 우선순위를 지켜야 합니다. 여러분의 아버지와 어머니와 자녀를 사랑하십시오. 그러나 부모에 대한 사랑과 하느님 자녀에 대한 사랑이 서로 갈등을 빚어 그 둘을 다 사랑할 수 없는 경우가 생기면, 지체없이 가족을 버리는 것이 하느님과의 관계에서 더 높은 경지의 가족 사랑일 것입니다.

• 히에로니무스 『마태오 복음 주해』 1,10,37.

중요한 일부터 하라

예수님께서는 "너는 나를 따라라. 죽은 이들의 장사는 죽은 이들이 지내도록 내버려 두어라"(마태 8,22) 하고 말씀하셨습니다. … 예수님께서는 부모를 받들어야 하는 의무를 가볍게 여기라고 명령하는 투가 아니라, 하늘 나라와 관련한 일보다 우리에게 더 급한 일은 있을 수 없다는 것을 나타내심으로써 그의 청을 퇴짜 놓으셨습니다. 우리는 우리가 꼭 필요한 다른 긴박한 일이 생기더라도 지체 없이 이 일에 매달려야 하며 조금이라도 소홀히 해서는 안 됩니다.

• 요한 크리소스토무스 『마태오 복음 강해』 27,3.

그리스도 안에서 가족을 사랑하라

우리 아버지와 어머니가 "우리를 사랑하라"고 정당하게 말씀하실 때, 이렇게 대답합시다. "그리스도 대신 부모님을 사랑하지 않고 그리스도 안에서 부모님을 사랑하겠습니다. 두 분은 그분 안에서 저와 함께 계실 것입니다. 하지만 그분 없이 두 분과 함께 있는 일은 없을 것입니다" 하고. 그러면 그분들은 말합니다. "그러나 우리는 그리스도를 사랑하지 않는다." 그분들께 말하십시오. "그런데 저는 부모님보다 그리스도를 더 사랑합니다. 제가 저를 길러 주신 분들께 복종함으로써 저를 창조하신 분을 잃어버려야 하겠습니까?"

• 아우구스티누스 『설교』 65A,5.

간음, 간통, 불륜, 음행[1]

불륜의 뿌리는 음란한 욕정입니다.

• 요한 크리소스토무스 『참회에 관한 설교』 6,2,8.

"불륜"은 합법적인 혼인 관계를 벗어난 사랑입니다.

• 아우구스티누스 『갈라티아서 해설』 51.

음욕은 불륜의 어미입니다.

• 『마태오 복음 미완성 작품』 강해 12.

불륜을 저지르는 것은 육체의 죄이며 이 죄는 육체와 영혼을 다 해칩니다.

• 암브로시아스테르 『바오로의 열세 서간 주해』(코린토 1서).

간음을 금지하신 분께서 지금은 모든 옳지 않은 육욕을 금지하십니다.

• 『사도 헌장』 6,23.

하느님께서는 불륜을 저지르는 자와 간음하는 자를 심판하신다.

• 아우구스티누스 『설교』 82,11.

---

1 네 개념은 정확한 정의에 따라 구분되지 않았으며, 넓은 의미의 '간음'을 대표 개념으로 사용했다.

간음의 의미와 이해

불륜을 저지른다는 것

불륜을 저지른다는 것은 자기의 합법적인 배우자가 아닌 여자와 관계를 맺는 것을 말합니다. 남자가 자신과 적법하게 결합한 여자 대신 다른 여자를 데리고 들어온다면 그는 불륜을 저지르는 것입니다. 율법은 남자가 다른 집의 여자를 유혹하는, 명백한 불륜을 금했습니다. 그러나 구원자께서는 모든 사람에게 발각 난 경우가 아니라도 또 실제로 육체적으로 이루어졌다고 입증되지 않은 것도 불륜임이 틀림없으므로 그 범주에 포함시키셨습니다.

• 라오디케아의 아폴리나리스 『마태오 복음 단편』 94.

혼인과 간통의 구별

우리는 어떤 일에 내포된 목적에 따라 선과 악에 대한 판결이 달라진다는 것을 알아야 합니다. 이 사실에 근거하여 볼 때, 육체관계라는 점에서는 차이가 없지만, 혼인은 간통과 구별됩니다. 목적과 법에서 구별되지요. 마찬가지로, 합법적인 것은 비합법적인 것과 구별됩니다.

• 키루스의 테오도레투스 『호세아서 주해』 1,2.

불륜과 사랑

바오로 사도는 "불륜"을 육의 악덕 가운데 첫째로, 그리고 "사랑"을 영적 덕들 가운데 첫째로 꼽았습니다. … "불륜"은 합법적인 혼인 관계를 벗어난 사랑입니다. 그것은 육욕을 채울 기회를 찾아 온 사방을 헤맵니다. … 불륜의 반대는 사랑입니다. 사랑은 순결이 지켜지게 하는 유일한 수단입니다. 부도덕한 행위는 불륜을 저지르려는 육욕에서 생겨나는 그 모든 혼란에서 오며, 평온에서 비롯하는 기쁨은 그와 정반대됩니다.

• 아우구스티누스 『갈라티아서 해설』 51 (1B,5,22-23).

불륜과 더러움의 차이

"불륜"은 창녀들과 관계하는 것을 의미하는 구체적인 단어입니다. "더러움"은 우리의 육체적 실존 전체에서 간통과 남색만 아니라 다양한 형태의 성적 방종 전부를 가리키는 일반적인 용어, 말하자면, 통칭입니다. "탐욕"은 단순히 단어 자체의 뜻으로 해석할 수도 있고, 내가 전에 [1테살 4,4-6과 관련하여] 설명했듯이 '색욕'이라는 의미로 이해할 수도 있습니다.

• 오리게네스 『에페소서 주해 단편』.

더러운 것들

성경은 … 자신의 품위가 실추되는 길을 택하지 않으면서 더러운 것들의 이름을 입에 담아 그들의 불결함을 일반적인 말로 비난합니다. "불륜이나 온갖 더러움이나 탐욕은 입에 올리는 일조차 없어야 합니다"(에페 5,3)라는 바오로 사도의 말을 상기합시다. 여기서 '더러운 것들'이란 남녀 모두의 말 못할 행동을 이릅니다. 우리는 성경이 침묵한다고 해서 음행을 허용하는 것이 아님을 분명히 알아야 합니다.

• 대 바실리우스 『편지』 3.

더러운 것에 손대지 마라

"더러운 것"(2코린 6,17)은 육으로 행하는 간통과 불륜, 그리고 영혼 안의 사악한 생각들을 가리킵니다. 우리는 영육 양쪽에서 더러운 것들로부터 벗어나야 합니다.

• 요한 크리소스토무스 『코린토 2서 강해』 13,17.

악마가 퍼뜨린 매춘

"또한 그 땅에는 매춘이 있었다"(1열왕 14,24). [성경은] 단순히 육신의 매춘이나 우상 숭배라는 영혼의 [매춘]만을 가리키는 것이 아니라, 악마가 하느님의 피조물을 망치기 위해 이방인들 사이에 퍼뜨린 [매춘]을 가리키는 것입니다. … 그러한 매춘의 첫 형태는 이러한 것입니다. 법에 따라 혼인으로 결합하기 전에[2] 처녀들이 악마의 사제들과 관계를 맺은 것입니다. 두 번째 형태는 처녀들이 한두 해 동안 사탄을 만족시키기 위한 불륜에 몸담았다가 나중에 남자의 소유가 되는 것, 말하자면 길거리에 앉아 있다가 자신의 몸을 판 것입니다.

• 메르브의 이쇼다드 『열왕기 상권 해설』 14,24.

영적 간음

한 가지 간음만 있는 것이 아닙니다. 영혼이 하느님에게만 바쳐야 할 것을 하느님 아닌 것에게

2　고대 이교 시절이라는 뜻이다.

바치면 그것도 간음입니다(탈출 34,14 참조).

• 펠라기우스 『로마서 주해 단편』.

성경은 영혼이 많은 거짓 신들을 섬길 때 그런 것을 영적 의미로 "간음"이라고 표현합니다.

• 아우구스티누스 『요한 복음 강해』 42,7.

모든 사악한 욕망

탕녀들의 이름은 온갖 종류의 육적 욕망으로 이해해야 합니다. 성경은 늘 우상 숭배를 불륜이라는 말로 지칭합니다. 바오로 사도는 탐욕을 우상 숭배라고 표현합니다(참조: 콜로 3,5; 에페 5,5). 그러니 모든 사악한 욕망을 간음이라고 부르는 것이 틀리다고 할 사람이 누가 있겠습니까?

• 아우구스티누스 『주님의 산상 설교』 1,12,36.

이스라엘 자손을 죽게 만든 것은 우상 숭배만이 아니었습니다. 그들의 불륜도 한몫했습니다.

• 펠라기우스 『바오로의 열세 서간 해설』(코린토 1서) 10.

온갖 음행의 샛길

호세아는 사람들의 행실을 "길"로, 도리에 어긋난 생각으로 비롯된 과오를 "행실"이라고 표현한 듯합니다. 그리고 그 여자(이스라엘)가 올바른 길을 가지 않고 곧은길에서 곁길로 들어섰다고 말합니다. 온갖 음행의 샛길을 가는 것처럼, 그들은 우상을 숭배하며, 모든 것의 주인이신 하느님을 모독하는 가장 부끄럽고 어리석은 과오들을 저지릅니다.

• 알렉산드리아의 키릴루스
『열두 소예언서 주해』(호세아서) 3,41.

음행과 다름없는 비술秘術

주님께서는 이 음행을 또 다시 예언자를 시켜 다음과 같이 나무라십니다. "자, 하늘을 연구하는 자들, 별들을 관찰하는 자들, 너에게 무슨 일이 닥칠지 매달 초에 알려 주는 자들, 그들에게 나서서 너를 구해 보라고 하여라"(이사 47,13). 주님께서는 그 음행에 대하여 다른 곳에서는 그들을 이렇게 책망하십니다. "음행의 영이 그들을 기만하여 자기 하느님을 버리고 불륜을 저지르게 하였다"(호세 4,12 칠십인역).

• 요한 카시아누스 『담화집』 14,11.

율법의 미신에 빠지는 것은 간음이다

바오로 사도는 이렇게 말했습니다. "여러분은 날과 달과 절기를 잘도 지킵니다"(갈라 4,10). 이런 말도 합니다. "여러분은 어찌하여 '손대지 마라, 맛보지 마라, 만지지 마라.' 합니까?"(콜로 2,21). 이는 율법에 따른 미신에 관한 말이 분명합니다. 율법에 의한 미신에 빠지는 것은 그리스도를 배반하고 간음자가 되는 것입니다.

• 요한 카시아누스 『담화집』 14,11.

자신의 악에 만족하지 못하는 탕녀

그 여자는 스스로 온갖 역겨운 것들을 낳습니다. 다시 말해, 순교자들을 사랑하는 많은 사람에게 그 잔을 마시게 하며 하느님께 역겨운 것들을 행하도록 강요합니다. 이처럼 그 여자는 그것이 마치 맛있는 음료인 것처럼, 죄의 역겨운 혼미함과 하느님께 대한 불륜의 더러움을 잔에 따릅니다.

• 카이사리아의 안드레아스 『묵시록 주해』 17,4.

선조들의 잘못을 고수하는 민족

'탕녀들의 어미, 바빌론'(묵시 17,5 참조)이라고 적혀 있습니다. 그 여자가 '바빌론'인 것은 그 여자 안에 들어 있는 무시무시함과 혼돈 그리고 성도들에 대한 박해 때문이며(앞에서 이야기했듯이, '바빌론'이라는 이름은 '혼돈'을 뜻합니다) 그가 어미인 것은 그 여자가 저지른 불륜, 곧 하느님께 대한 배반 때문입니다.

• 오이쿠메니우스 『묵시록 주해』 17,1-5.

하느님을 배반할 것을 때때로 강요한 로마

천사는 [로마를] '탕녀'라고 하는데, 로마가 불륜을 저질렀기 때문입니다. 이는 곧 하느님을 배반했다는 뜻입니다. … 성경은 이런 일을 '불륜'으로 지칭합니다. … 묵시록은 또 "땅의 임금들이 그 여자와 불륜을 저지르고"(묵시 17,2)라고 합니다. 임금들은 그들(민족들)을 다스리는 자들입니다. 이렇게 말하는 것은 땅의 임금들이 그 여자의 불륜과 우상 숭배의 광란에 빠졌기 때문입니다. 또 "땅의 주민들이 그 여자의 불륜의 술에 취하였다"(묵시 17,2)라고 합니다.

• 오이쿠메니우스 『묵시록 주해』 17,1-5.

이단자들과 함께하는 것은 영적인 매춘이다

주님께서는 이단자들과 함께하는 것은 창녀와 관계하는 것과 같다고 하십니다. 그리고 그 여자만 아니라 그 여자와 관계하여 더러워짐으로써 하느님 앞에서 간음을 저지른 이들도 회개하여 당신께 돌아오지 않으면 병과 죽음으로 던져 버리시겠다고 경고하십니다.

• 카이사리아의 안드레아스 『묵시록 주해』 2,22-23.

영적 강도짓과 간음

주님의 정의와 계약을 선포하면서 주님께서 행하신 것과 같은 것을 행하지 않는다면, 그것은 그분의 말씀을 뒤로 팽개치고, 주님의 훈계를 경멸하며, 영적 강도짓과 간음을 저지르는 것 아니고 무엇이겠습니까? 복음의 진리로부터 우리 주님의 말씀과 행위를 훔치는 이는 거룩한 가르침

을 더럽히고 망가뜨리는 것이기 때문입니다.

• 키프리아누스 『편지』 63,18.

마음의 간음

인간의 본성

그(바오로)는 '간음하지 말라'고 합니다. 이는 욕정으로 말미암는 행위이지요(참조: 탈출 20,13-14; 신명 5,17-18). 원한과 폭언, 모독과 그 비슷한 악은 모두 잘 분노하고 성을 잘 내는 본성에 속하고, 불륜과 더러움과 탐욕은 욕정과 욕구가 많은 본성에 속합니다. 바오로 사도는 앞에서 분노의 매개물인 떠들썩한 혼란을 금지했듯이, 이제는 욕정의 매개물인 추잡하고 상스러운 말을 금합니다.

• 요한 크리소스토무스 『에페소서 강해』 17,5,3

인간의 의지와 행위

모든 불륜은 음욕에서 시작됩니다. 그러니 그리스도의 계명으로 음욕의 힘을 처음에 잘라 버리지 않는다면, 율법의 계명만으로 어떻게 불륜을 막을 수 있겠습니까? 분노가 살인의 어미이듯이 음욕은 불륜의 어미입니다. … 다른 사람의 아내에게 음욕을 품는 사람은 그 마음을 행동으로 옮기지 못하게 하는 어떤 이유 때문에 실제로 그 여자와 관계를 맺지는 않았다 하더라도, 마음으로는 그 여자와 이미 간음을 저질렀습니다. 그는 행위보다 의지를 보시는 하느님 앞에서는 간음자입니다. 겉으로 드러난 간음 행위는 없었을지라도 의지는 있었기 때문입니다. … 모든 육체의 본성은 이런 정욕에 매여 있습니다. 아무도, 성인조차도, 분노나 음욕의 유혹에서 완전히 벗어날 수는 없습니다. … 하느님께서는 모든 일에서 당

신을 따를 수 있는 영혼, 육신이 성내고 음욕을
품을 때도 성내지 않고 음욕에 사로잡히지 않을
수 있는 영혼에게 말씀하십니다.

• 『마태오 복음 미완성 작품』 강해 12.

마음속에서 시작되다

인간의 마음속에서 정결이 시작된다면 밖으로
도 그것이 드러나게 되어 있다는 것입니다. 마음
속에서 간음하지 않는 사람이 몸으로 간음하는
것은 거의 있을 수 없는 일이기 때문입니다. 그
러나 정결이 겉모습에서 시작된 경우는 그것이
반드시 내적인 절제에까지 이른다고 볼 수는 없
습니다. 따라서 어떤 사람이 몸으로 간음하지 않
는다고 해서 마음으로도 간음하지 않으리라는
보증은 되지 못합니다.

• 오리게네스 『로마서 주해』.

생각으로 간음하다

페트라의 게론티우스 압바가 말했다. "육체의 쾌
락으로 유혹을 당한 많은 이가 자기 몸으로는 아
닐지라도 생각으로 간음을 범했습니다. 그들이
육체의 동정을 유지하더라도 자기 영혼으로 간
음을 범하는 것입니다. 그러므로 친애하는 형제
들이여, 기록된 것처럼 무엇보다도 자기 마음을
지키는 것이 좋습니다"(잠언 4,23 참조).

• 『사막 사부들의 금언』(게론티우스) 1.

마음으로 간음하다

'이전 시대에는 "간음해서는 안 된다"고 하였다.
그러나 나는 너희에게 말한다. 음욕을 품고 여자
를 바라보는 자는 누구나 이미 마음으로 그 여자
와 간음한 것이다'(마태 5,27-28 참조).

• 오리게네스 『여호수아기 강해』 9,3.

불륜의 어미인 욕정

불륜의 뿌리는 음란한 욕정입니다. 이런 까닭에
성경은 불륜뿐 아니라 불륜의 어미인 욕정까지
단죄합니다. … 불륜은 심각한 눈병입니다. 그 욕
정은 눈에서 비롯됩니다. 육신의 눈이 아니라 무
엇보다도 영혼의 눈입니다. 그래서 그분께서는
법에 대한 두려움으로 그 음란함의 발산을 억눌
러 놓으셨습니다.

• 요한 크리소스토무스 『참회에 관한 설교』 6,2,8-9.

이미 간음을 행했다

주님께서는 '욕망을 품는 자는 누구나' 간음한
것이라고 하지 않으셨습니다. 산에 혼자 앉아 있
더라도 욕망을 품을 수 있기 때문입니다. 예수님
께서는 "음욕을 품고 바라보는 자는 누구나"(마
태 5,28) 간음한 것이라고 하셨습니다. … '바라보
기는 했지만 빠져들지는 않았소'라고 하며, 그저
바라보기만 하면 안전하다고 믿다가 죄에 떨어
지는 일이 없도록, 예수님께서는 그런 눈길 자체
가 벌받을 일이라고 하십니다. … 일단 불을 지
핀 사람은 자신이 마음에 둔 여자가 자기 앞에
없을 때도 그 부끄러운 짓을 하는 광경을 끊임없
이 눈에 그리기 때문입니다. 그런 상상은 실제로
행동으로 이어지는 때가 많습니다.

• 요한 크리소스토무스 『마태오 복음 강해』 17,2.

눈으로 범하는 간음

주님께서는 "네 눈이 너를 죄짓게 하거든 그것
을 빼어 던져 버려라"(마태 5,29)라는 단구短句로
이런 나약함을 고칠 약을 주시어 정욕을 뿌리째
뽑아 내게 하십니다. 감정을 담은 눈으로 바라보
거나 음흉하게 곁눈질하는 것, 곧 눈짓은 눈으로
범하는 간음입니다. 먼 거리에서 보고도 정욕은
일어나기 때문입니다. 몸의 다른 부분이 죄를 짓

기 전에 눈이 먼저 죄를 짓습니다.

• 알렉산드리아의 클레멘스 『교육자』 3,11,69-70.

육의 욕망에 노예가 되다

세상의 보편적 욕망을 그 안에 담고 있는, 세상에 대한 이 사랑은 간단히 말하면 간음입니다. 그것으로 인하여 사람은 자기 육체를 거슬러 죄를 짓고, 인간의 마음은 그 때문에 만물의 창조주께 버려진 채 끊임없이 육체적이며 눈에 보이는 것을 추구하는 모든 욕망과 쾌락의 노예가 됩니다.

• 아우구스티누스 『설교』 162,4.

악마는 불순종을 소망한다

악마는 이 소년이 타락하기를 원하고, 이 여자가 간음하기를 원하고, 이 남자들이 몸 파는 여자들을 찾아가기 원한다는 식으로 이해해야 합니다. 이 욕망들의 힘으로 [악마는] 그가 바라는 일들을 하고자 하는 욕망이 결과적으로 그를 섬기도록 만듭니다. 매음과 간통을 하게 만드는 자(악마)가 사람이 그 일을 실행하기도 전에 매음과 간통을 저지른다고 말할 수 있습니다. 다른 모든 죄에 대해서도 똑같이 말할 수 있습니다. 악마는 돈을 욕망하지 않지만 사람들이 돈을 사랑하고 물질적인 것을 열렬히 갈망하게 만듭니다.

• 오리게네스 『요한 복음 주해』 20,179-80.

잠언에서 '창녀의 눈, 죄인의 덫'이라는 말을 읽습니다. … 죄가 있는 만큼 덫이 있고 덫이 있는 만큼 사냥꾼이 있습니다.

• 히에로니무스 『시편 강해 59편』 68 (제90편).

어리석은 처녀들

주님께서는 "음욕을 품고 여자를 바라보는 자는 누구나 이미 마음으로 그 여자와 간음한 것이다"(마태 5,28)라고 하십니다. 이처럼 순결성은 생각만으로도 잃을 수 있습니다. 이와 같이 육체적으로는 처녀지만 영으로는 아닌 이들이 악한 처녀입니다. 기름을 갖고 있지 않아 신랑으로부터 잔치에서 쫓겨나는 어리석은 처녀들이(마태 25,3.10 참조) 그들입니다.

• 히에로니무스 『편지』 5.

눈을 딴 데로 돌리다

우리는 금지되었거나 부적절한 욕망들에 복종하는 일이 없도록 나날이 끊임없이 싸워야 합니다. 이런 종류의 과오로 인하여, 눈이 보지 말아야 할 곳을 보게 되는 일이 생기기 때문입니다. 이런 과오가 심해져 우세해지면 육체적 간음까지 저지를 수 있습니다. 생각이 행동보다 빠르며 방해 요소가 없는 만큼, 불륜은 마음에서는 훨씬 빨리 일어납니다.

• 아우구스티누스 『본성과 은총』.

간음과 죄, 간음자

육의 행위

분노나 탐욕 같은 죄들은 영혼에서 옵니다. 그러나 불륜은 육에 뿌리를 두고 있습니다. 바오로는 여기서 그 죄에 대해 특별히 언급하는데, 당시에 그가 다루어야 했던 문제가 그것이었기 때문입니다. 불륜이 모든 죄 중에 가장 나쁜 죄라는 것은 자명한 사실입니다.

• 오이쿠메니우스 『로마서 주해 단편』.

몸 전체가 더러워지다

불륜보다 더 나쁜 짓은 없기에 바오로는 불륜을

저지르는 자는 몸 전체를 더럽히는 것이라는 말로 그 죄가 얼마나 나쁜 것인지 강조합니다. 다른 죄들과 달리 불륜은 자기 자신에게 죄를 짓는 것입니다.

• 요한 크리소스토무스 『코린토 1서 강해』 18,2.

의도적인 죄

왜 주님께서는 악성 피부병 환자와 임질 환자는 진영 밖에서 살아야 한다고 명령하셨을까요? … 악성 피부병 환자가 부정하다면, 갖가지 불경을 저지르는 사람은 얼마나 더 그러하겠습니까? 그리고 임질에 걸린 사람이 죄 있다는 말은 간음에 대한 유죄 선고입니다. 실수로 저지른 짓도 혐오스러운 것이라면, 의도적으로 저지른 짓은 더욱 그러하기 때문입니다.

• 키루스의 테오도레투스 『민수기에 관한 질문』 8.

불륜은 죄를 늘립니다. 두 사람이 관계되어 있고 둘 다 함께 멸망하기 때문입니다.

• 펠라기우스 『바오로의 열세 서간 해설』(코린토 1서) 6.

탕녀와 결합하다

바오로가 이렇게 말하는 것[1코린 6,16 참조]은 더러운 짓을 하는 사람은 그가 관계하는 상대방과 한 몸이 되기 때문입니다. 성적 불륜은 그 둘을 본성에서나 죄에서나 하나가 되게 합니다(창세 2,24 참조).

• 암브로시아스테르 『바오로의 열세 서간 주해』(코린토 1서).

명령으로 훈계해야 하는 죄들

바오로 사도는 이 백성의 태도가 더 완고한 경우엔 더 엄하게 권위를 가지고 꾸짖으라고 이릅니다. 명령을 내려 방지해야 할 죄들이 있기 때문입니다. 부를 경멸하라든가 온유한 사람이 되

라는 것은 말로 설득할 수 있습니다. 그러나 간음이나 불륜, 사기 같은 죄는 명령으로 다스리는 것이 더 효과적입니다.

• 요한 크리소스토무스 『티토서 강해』 5.

간음자들에게 훈계하지 않은 이들은 그들 자신도 같은 죄를 범하기에 그런 게 아닌가 하는 의심이 듭니다.

• 아를의 카이사리우스 『설교』 42,2.

분별의 문제

영혼이 맑고 깨어 있는 한 육체는 순수한 채로 남아 있습니다. 그러나 영혼이 흐려지면 육체는 진흙탕과 욕정 속에서 뒹굽니다. 다윗이 무슨 짓을 했습니까? 간통을 저질렀습니다. 그런데 그 자신도 그 사실을 의식하지 못했고 아무도 그에게 뭐라 하지 않았습니다. … 분별의 문제는 나이에 달린 것이 아니라 의지에 달린 것임을 깨닫고자 한다면, 다윗이 가장 덕망 높던 시절에 간통에 빠지고 살해를 저질렀다는 사실을 기억하십시오. 그가 그런 한심한 상태에 빠져 자신이 죄를 지었다는 사실도 의식하지 못한 것은 수레를 모는 역할을 하는 그의 정신이 방탕에 취했기 때문입니다.

• 요한 크리소스토무스 『자선』 2,2,4-7.

도둑질보다 더 잔인한 짓

하느님께서는 남자에게 저마다 한 아내를 정해 주셨습니다. 자연에 경계를 두고 한 사람과만 성적 결합을 하도록 제한하셨습니다. 그러므로 다른 사람과 성적 관계를 맺는 것은 법을 어기는 것이며, 자기에게 속하지 않은 것을 취하는 것은 도둑질입니다. 아니, 도둑질보다 더 잔인한 짓입니다. … 하느님께서 몸소 그대를 부르셨는데 그

대는 그분을 모욕했습니다. 그대가 왕후와 자든 그대 집안의 혼인한 여종과 자든 다를 것이 없습니다. 똑같은 죄입니다. 어째서 그렇습니까? 하느님께서는 상처 입은 사람의 보복을 해 주시는 것이 아니라 당신께서 받으신 모욕에 대해 벌을 주시기 때문입니다.

• 요한 크리소스토무스 『테살로니카 1서 강해』 5.

허기진 배를 채우는 도둑질과 영혼을 파괴하는 간음

도둑은 큰 죄를 지은 범죄자지만, 간음자만큼 중죄인은 아닙니다. 도둑의 경우 그러한 행위를 한 다른 이유가 있을지라도 궁핍 때문에 어쩔 수 없이 도둑질했다고 변명할 수 있습니다. 그러나 간음자의 경우는 절박하게 필요한 일이 아니었는데도, 단순한 광기에 의해 부정한 행위의 나락으로 뛰어든 것입니다.

• 요한 크리소스토무스
『(입상에 관해) 안티오키아 신자들에게 행한 설교』 10,11.

간음하는 세대

그 세대는 사악했습니다. 사악한 자의 영향을 받았기 때문이었지요. 그 세대는 간음하는 세대였습니다. 제 남편(진리의 말씀과 율법)을 버리고 거짓과 혼인했기 때문입니다. 우리 육신의 "지체" 안에 있는 법은 "이성의 법"(로마 7,23)과 싸우고 있습니다. 그 법은 영혼과 간음하는 자입니다. 모든 적대하는 힘과 영혼(하느님의 말씀을 신랑으로 모시고 있는)이 부정하게 친밀한 관계를 맺으면, 영혼이 간음을 저지르는 것입니다.

• 오리게네스 『마태오 복음 단편』 274.

간음자들

야고보는 이런 사람들을 '간음자'들이라고 부릅니다. 그들이 실제로 간음을 해서가 아니라, 그들

이 하느님께서 세우신 계명들을 더럽히고 다른 사랑들로 돌아섰기 때문입니다. 그들은 돼지처럼 진창 깊숙한 곳에서 뒹구는 것이 분명한 부정한 교사들을 용인하려고까지 했습니다.

• 오이쿠메니우스
『사도행전과 가톨릭 서간, 바오로 서간 주해』(야고보서).

악하고 절개 없는 세대

예수님께서는 그들을 악하고 절개 없는 자들이라고 하십니다. 악하다고 한 것은 그들이 악행으로 말미암아 사악한 사람들이 된 때문이고(의도적인 사악함 때문에 악하게 된 것입니다), 절개 없다고 한 것은 바리사이와 율법 학자들이 자신들의 참된 배우자라고 할 수 있는 참말씀을 버리고 거짓과 또 죄의 율법과 간음을 했기 때문입니다.[3]

• 오리게네스 『마태오 복음 주해』 12,4.

파렴치한 간음자이기도 한 전문 신학자

전문 신학자가 파렴치한 간음자라면, 전문 신학자라는 사실이 그에게 무슨 도움이 되겠습니까? 고매하게 절제하지만 불경한 신성 모독자는 또 어떻습니까? 교의에 관한 지식은 값진 재산입니다. 철학과 헛된 속임수로 여러분을 속이려는 사람이 많으므로 영혼이 깨어 있어야 합니다(콜로 2,8 참조). 사실 그리스인들은 매끄러운 혀로 사람들을 미혹합니다. 매춘녀의 입술은 꿀을 흘리기 때문입니다.

• 예루살렘의 키릴루스 『예비신자 교리교육』 4,2.

이단자들의 가르침 안에서 태어나 이 원칙들을

---

3   오리게네스는 예수님께서 이런 의미로 바리사이들과 사두가이들을 절개 없다고 하신 것이라고 해석하면서, 그 설명을 일반화시킨다. 곧, 영혼은 도덕적인 법의 신부인데, 죄에 이끌리면 간음하는 여인이 된다는 것이다.

자신의 신앙으로 받아들인 이는 누구나 간음자이자 죄인인 예루살렘의 자식입니다.

• 오리게네스 『에제키엘서 강해』 7,5.

모든 사람이 그들처럼 자기 죄를 인정했으면

"너희 가운데서 죄 없는 자가 먼저 저 여자에게 돌을 던져라"(요한 8,7). 그 [성경 본문에 나오는] 사람들은 양심이 찔려 떠나갔습니다. 그리스도를 시험하는 일도 간음한 여자를 헐뜯는 짓도 멈췄습니다. 그런데 이 사람들은[4] 병이 들어도 단단히 들었는지, 의사를 비난하고 저도 간음자인 주제에 간음한 여자들에 대해 분개합니다.

• 아우구스티누스 『부정한 혼인』 2,7,6.

간음하는 이들의 이중적 기준

아내가 없는 이들이나 혼인하기 전에 간음을 범하는 것을 두려워하지도 부끄러워하지도 않는 이들이, 자신과 혼인하기 전에 간음으로 더럽혀진 신부를 받아들이기 원하는지 알고 싶습니다. 이러한 상황을 관대하게 받아들일 사람은 아무도 없습니다. 그렇다면 아내가 될 여자가 지녔기 바라는 정절을 왜 그대는 미래의 아내를 생각하여 지키지 않습니까? 자기는 타락했으면서 왜 아내는 순결한 여자이기 바랍니까? 자신은 간음으로 영혼이 죽어 버렸으면서 왜 영혼이 살아 있는 여성을 아내로 맞기 바랍니까?

• 아를의 카이사리우스 『설교』 43.

하느님의 성전은 거룩합니다. 불륜을 저지르는 자는 누구나 이 성전을 더럽히는 자입니다.

• 요한 크리소스토무스 『코린토 1서 강해』 9,7.

불륜을 저지르는 자는 불경죄도 저지르는 것입니다. 자기 몸에 해를 끼침으로써 성령의 성전을 더럽히기 때문입니다.

• 가발라의 세베리아누스
『바오로 서간 주해 단편』(코린토 1서).

음행의 금지 이유

그(바오로)는 우리 육체를 음행으로 더럽히는 것을 금합니다. 우리 몸은 "하느님의 성전"(1코린 3,16)이기 때문입니다. 그는 우리 육체를 "그리스도의 지체"(1코린 6,15)로 여기며, 우리 몸으로 "하느님을 영광스럽게"(1코린 6,20) 하고 찬미하라고 권고합니다.

• 테르툴리아누스 『죽은 이들의 부활』 10.

깨끗하게 청소된 집에는 거룩한 주인을 모셔야 한다

우리가 믿기 전에는 더러운 영이 우리 안에 살았습니다. 우리가 그리스도께로 오기 전에는 우리 영혼이 여전히 하느님을 거슬러 간음을 행했고 마귀들을 사랑했습니다. 그 뒤 영혼은 "첫 남편에게 되돌아가야지"(호세 2,9) 하고는 애초에 저를 '당신 모습으로' 지으신 그리스도께로 왔습니다. … 그러나 그 집은 거기 사는 이의 삶이 거룩하고 순결하여 두 번 다시 더럽혀질 수 없는 '하느님의 성전'이 되기까지는 그리스도를 주인으로 모셨다고 말할 수 없습니다. … 자기가 받은 은혜를 소홀히 하고 세상일과 그것을 뒤섞으면 곧바로 더러운 영이 돌아와 그 집을 차지할 것입니다. … 간음하는 영혼이 첫 남편에게 아예 돌아가지 않는 편이 남편에게 돌아갔다가 다시 간음을 저지르는 것보다 낫다고 하겠습니다.

• 오리게네스 『탈출기 강해』 8,4.

---

4 아우구스티누스가 이 글에서 비난하는 사람들을 가리킨다.

하느님의 자비로 죄가 지워지다

간통을 저지른 배우자를 다시 받아들이라는 것은 가혹한 일처럼 보입니다만, 신앙이 있다면 힘든 일이 아닙니다. 세례로 깨끗해졌다고, 참회로 치유되었다고 우리가 믿는 이들을 왜 아직도 간통자로 여기는 것입니까? … 지금은 그리스도께서 간통한 여자에게 이렇게 말씀하신 시대입니다. "나도 너를 단죄하지 않는다. 가거라. 그리고 이제부터 다시는 죄짓지 마라"(요한 8,11).

• 아우구스티누스『부정한 혼인』5.

간음의 유혹과 극복

누구나 간음의 유혹을 받는다

어느 날 한 형제가 포이멘 압바에게 와서 말했다. "사부님, 제가 간음의 유혹을 받는데 어찌 해야 합니까? 이비스톤 압바는 '간음이 당신과 함께 머무르게 해서는 안 됩니다'라고 하셨습니다." 포이멘 압바가 말했다. "이비스톤 압바의 행위들은 천사들과 함께 하늘에 있어서 그는 당신과 내가 간음의 유혹을 받는다는 것을 이해하지 못합니다. 수도승이 자기 배와 혀를 통제하고 유배자처럼 산다면 죽지 않으리라는 것을 믿으시오."

• 『사막 사부들의 금언』(포이멘) 62.

간음을 생각하지 않는 것

알렉산드리아의 압바 키루스가 간음의 유혹에 관해 질문을 받고 이렇게 대답했다. "당신이 간음을 생각하지 않는다면 당신에게 희망이 없습니다. 당신이 간음을 생각하고 있지 않다면 간음을 범하고 있기 때문입니다. 내 말은, 그 죄에 맞서 싸우고 자기 정신으로 그것에 저항하지 않는 사람은 육체로 그 죄를 범할 것이라는 뜻입니다. 실제로 간음하고 있는 사람이 그에 대한 생각으로 걱정하지 않는다는 것은 정말 맞는 말입니다."

• 『사막 사부들의 금언』(키루스) 1.

한 형제가 아가톤 압바에게 간음에 대해 물었다. 아가톤이 말했다. "가서 하느님 앞에 형제의 연약함을 내어 드리십시오. 그러면 안식을 얻을 것입니다."

• 『사막 사부들의 금언』(아가톤) 21

사라 암마는 13년 동안 간음의 악령에 맞서 싸웠다. 그녀는 절대 이 싸움을 멈추어 달라고 기도하지 않고 오히려 이렇게 말했다. "오 하느님, 제게 힘을 주십시오."

• 『사막 사부들의 금언』(사라) 1.

욕망을 현실과 대면시키다

켈리아의 압바 올림피우스가 간음의 유혹을 받았다. 그의 생각들이 그에게 말했다. "가서 아나를 맞이해라." 그는 일어나 진흙을 좀 찾아서 여자를 만들고 자신에게 말했다. "여기 네 아내가 있다. 이제 너는 그녀를 부양하기 위해 열심히 일해야 한다." 그래서 그는 매우 열심히 일을 했다. … 그는 그렇게 하면서 지쳤고 자기 생각에게 말했다. "나는 더 이상 이 피로를 견딜 수 없다." 생각들이 대답했다. "네가 그런 피로를 견딜 수 없다면 더 이상 아내를 원하지 마라." 하느님께서 그의 노력을 보시고 그에게서 그 갈등을 거두어 주셨고, 그는 평화를 찾았다.

• 『사막 사부들의 금언』(올림피우스) 2.

육욕의 강력한 힘

바오로는 금욕이 더 낫다고 말합니다. 하지만 그것을 실천할 수 없는 이들에게 강요할 생각은 하지 않습니다. 그는 육욕의 유혹이 얼마나 센지 알기에, 금욕이 폭력적 성향이나 불타는 욕망을 불러일으켜 불륜으로 타락하느니 차라리 금욕을 그만두라고 말합니다.

• 요한 크리소스토무스『코린토 1서 강해』19,3.

간음과 수치심

어느 날 에프렘이 길을 가고 있을 때였다. 한 창녀가 들러붙어 그를 간음에 빠뜨리거나 아니면 적어도 그의 성욕을 돋우려고 애썼다. … 그들이 많은 군중이 모여 있는 장소에 이르자 그가 그녀에게 말했다. "이곳에서 당신이 원하는 바를 행하시오." … "당신이 사람들 앞에서 부끄러워한다면 어둠 속에 감추어진 바를 아시는 하느님 앞에서 우리는 얼마나 더 부끄러워해야 하겠습니까?" 그녀는 수치심에 사로잡혀 아무 짓도 못하고 떠나갔다.

• 『사막 사부들의 금언』(에프렘) 3.

자신의 영혼을 귀하게 여긴 요셉

포티파르의 아내는 요셉에게 "나와 함께 자요!"(창세 39,12) 하고 말했습니다. 간통녀의 첫 번째 무기는 눈입니다. 두 번째 무기는 말이지요. 그러나 간통녀의 눈에 유혹당하지 않는 사람은 그녀의 말에도 저항할 수 있습니다. 정욕에 아직 매이지 않았을 때는 쉽게 방어할 수 있습니다. 그래서 "요셉은 거절했다"(창세 39,8)라고 쓰여 있습니다. …

　주인의 아내가 다가왔을 때, 옷은 그의 손에 붙들렸지만 영혼은 유혹당하지 않았습니다. … 그래서 요셉은 옷을 벗어 던지고 죄를 떨쳐 버렸습니다. 그는 여자가 붙잡고 있는 옷을 버려둔 채 달아났습니다. 네, 옷은 벗었지만 알몸은 아니었습니다. 정숙이라는 더 훌륭한 옷이 그를 가리

고 있었기 때문입니다. 그렇습니다. 사람은 죄가 그를 발가벗기지 않는 한 알몸이 아닙니다.

• 암브로시우스『요셉』5,23-25.

안토니우스는 음행의 영을 늘 극복했다

안토니우스가 이렇게 물었습니다. "나에게 이러한 말들을 하는 너는 누구냐?" … "나는 음행의 애인이다. 나는 젊은이들을 함정에 빠지게 하고, 그들이 그렇게 하도록 밀어붙이는 임무를 행한다. 그래서 나는 음행의 영이라고도 불린다. 순결하게 살고자 하는 얼마나 많은 이를 내가 그릇된 길로 들어서게 했던가! 절제를 행하고자 노력하는 얼마나 많은 이를 유혹하여 그 마음을 바꾸도록 유인했던가! 나는, 예언자가 '음행의 영이 그들을 그릇된 길로 이끌었다'라고 하며 타락한 이들을 꾸짖도록 만든 일의 원인을 제공한 존재다. 나 때문에 그들이 과오에 빠졌기 때문이다. 자주 너를 괴롭힌 존재가 바로 나이지만, 너는 늘 나를 이겨 냈다."

• 아타나시우스『성 안토니우스의 생애』6.

몸을 함부로 굴리지 마라

바오로는 불륜을 저지른 사람이 부끄러움을 느끼게 하려고, 진정 그리스도께 속하는 사람이라면 그런 천한 행동에 빠져서는 안 된다는 것을 알아야 한다고 말합니다. 그는 이 말을 듣는 이들에게 놀라움과 경각심을 불러일으키기 위해 창녀에 대해 노골적으로 말합니다. 그들에게 두려움을 불러일으키기에 이보다 적절한 표현은 없을 것입니다.

• 요한 크리소스토무스『코린토 1서 강해』17,1.

육을 십자가에 못 박기

행위만이 아니라 생각에서도 죄를 잘라 버려야

'고름을 긁어 내는'(욥 2,8 참조) 것입니다. … 우리가 그리스도를 본받아 우리 육을 십자가에 못박을 때에 우리는 '육을 바위 위에 놓는' 것입니다. … 이는 구원자께서 우리에게 불어넣어 주신 성령께서 마음에 불을 지르시어, 그 세찬 통회의 불길로 행위에서나 생각에서나 부당한 모든 것을 불태워 버리시는 것입니다.

• 대 그레고리우스『욥기의 도덕적 해설』3,30.

간음의 연료

간음은 큰 죄고, 우리의 양심이 더러워지지 않도록 그 죄를 뿌리 뽑기 위해 예수님께서는 간음의 연료인 욕정마저 금하십니다. … 참으로 복음에 따라 사는 복된 사람은 인간의 나약함에 기인하는 육체의 욕망과 음욕을 뿌리 뽑는다는 뜻입니다. 그런 사람은 바위로 묘사되는(1코린 10,4 참조) 그리스도께 대한 신앙을 통하여, 그런 욕망들이 자라기 시작하기도 전에 곧바로 뿌리 뽑아 버립니다.

• 아퀼레이아의 크로마티우스『마태오 복음 강해』23,1,6-7.

네 안의 세상적인 것을 죽여라

"죽은 이들의 장사는 죽은 이들이 지내도록 내버려 두어라"(마태 8,22)라는 말씀에는 '죽은 것들에 시간을 낭비하지 말라'는 영적 의미가 담겨 있습니다. 여러분은 "여러분 안에 있는 현세적인 것들, 곧 불륜, 더러움, 욕정, 나쁜 욕망, 탐욕을 죽이십시오. 탐욕은 우상 숭배입니다"(콜로 3,5). 그러므로 이런 것들은 죽은 것들입니다. 여러분에게서 이런 것들을 던져 버리십시오. 몸 전체에 병이 옮지 않도록 썩은 살을 잘라 내듯 그것들을 잘라 버리십시오.

• 오리게네스『마태오 복음 주해 단편』161.

수확 때까지

"수확 때까지 둘 다 함께 자라도록 내버려 두어라"(마태 13,30)라는 말씀은 다른 계명과 반대되는 것처럼 보입니다. 신자로 불리지만 간음자요 불륜자인 이들과 절대 가까이 해서는 안 된다는, "너희 가운데서 그 악을 치워 버려야 한다"(신명 17,7; 22,21)는 계명이 그것입니다. 수확 때까지 가라지를 뽑아 내서는 안 되고 참아 주어야 한다면, 어째서 어떤 사람들은 우리 가운데서 쫓아내야 하는 것입니까? … 모든 이단자와 위선자는 틀림없이 지옥의 불에 타게 될 것입니다.

• 히에로니무스『마태오 복음 주해』2,13,29-30.

올바른 겸손

제 아름다움을 믿는다는 것은 제 의로운 행실을 자만하는 것입니다. 제 명성에 힘입어 불륜을 저지른다는 것은 그런 영혼이 자신의 의로운 행실을 통하여 창조주를 찬미하기보다 제 명성을 추구하는 것을 뜻합니다. … 바오로 사도가 "하느님의 뜻은 바로 여러분이 거룩한 사람이 되는 것입니다. 곧 여러분이 불륜을 멀리하고 … "(1테살 4,3)라고 하는 것도 같은 맥락입니다.

• 대 그레고리우스『편지』122

바오로가 단지 불륜을 미워하라고만 하지 않고 악의 치명적인 힘을 아는 사람들로서 그것을 피하라고 말한 점에 주목하십시오.

• 키루스의 테오도레투스
『바오로의 열두 서간 주해』(코린토 1서) 198.

포이멘 압바는 또 말했다. "왕의 경호원이 항상 왕 옆에 서서 경호하듯 영혼은 항상 간음의 악령을 경계해야 합니다."

• 『사막 사부들의 금언』(포이멘) 14.

사랑이 아니라 노예살이다

즐거움과 기쁨으로 충만한 삶을 추구하는 사람은 간음하는 여자들과 사귀는 것을 피해야 합니다. 이 여자들은 말과 모든 행동으로 연인과 끊임없이 싸우고 말다툼을 벌여 연인의 마음속에 수많은 갈등을 낳고 격정에 휩싸이게 하기 때문입니다. 가장 적의에 찬 적들에게서 볼 수 있는 것과 마찬가지로, 이 여자들은 자기 연인을 수치, 빈곤, 최악의 상황으로 몰아넣는 것을 목표로 하고 음모를 꾸밉니다.

• 요한 크리소스토무스
『(입상에 관해) 안티오키아 신자들에게 행한 설교』 14,10.

바오로는 불륜자와 같은 죄를 저지르는 신자들과 상종하느니 차라리 죽는 편이 낫다고 합니다. 죽으면 그런 죄짓는 꼴을 보지 않을 테기 때문입니다.

• 암브로시아스테르 『바오로의 열세 서간 주해』(코린토 1서).

간음에 대한 참회와 처벌

회개하지 않는 이들의 죄 때문에 슬퍼하다

여기서 '슬퍼한다'는 말은 만물에 공통되는 자연법에 따라 죽은 이들 때문이 아니라 그들의 죄와 악덕을 두고 슬퍼한다는 뜻입니다. … 불륜과 더러운 짓을 저지르고도 회개할 줄 모르는 이들 때문에 바오로 사도도 슬퍼하고 한탄했다고 합니다(2코린 12,21 참조).

• 히에로니무스 『마태오 복음 주해』 1,5,4.

죄를 뉘우친 사람

바오로는 어떤 이들은 회개했지만 회개하지 않은 이들도 있다고 말합니다. 이는 노바티아누스파의 가르침과 반대됩니다. 그들은 불륜을 저지른 자들은 죄를 뉘우칠 수도 없고 공동체에 다시 받아들여질 수도 없다고 주장합니다. 바오로는 사람들이 실제로 죄를 뉘우쳤으며 따라서 교회의 평화 안으로 다시 받아들여졌다고 확인해 주고 있습니다.

• 암브로시아스테르 『바오로의 열세 서간 주해』(코린토 2서).

간음을 뉘우치는 죄인이 그렇지 않은 사람보다 더 희망이 있다

나는 간음이라는 무서운 죄를 똑같이 지은 두 사람을 묘사하겠습니다. 그러나 간음한 이 두 사람 가운데 하나는 기분이 상하지도 고통을 느끼지도 괴로워하지도 않으며, "먹은 뒤에 입을 닦고서는 '나는 나쁜 짓 안 했어!'" 하고 말한다고 잠언이 묘사하는 간음한 여자처럼 행동합니다. 다른 한 사람을 보십시다. 그는 실수를 범한 뒤 참지 못하고 양심을 벌하며 마음을 찢고, 먹고 마시지도 못하며 심판 때문이 아니라 참회의 슬픔 때문에 단식합니다. … 이런 사람은 하루 낮이나 하루 밤이 아니라 오랜 기간 자신을 질책하는 것도 보십시오. 하느님 앞에서 누가 희망이 있다고 여러분은 생각합니까? 간음을 한 뒤에 걱정하지 않고 "자신을 방탕에 내맡긴"(에페 4,19) 사람처럼 무감각하고 둔감해진 첫 번째 사람입니까? 아니면 한 번 죄를 지은 뒤 그 죄를 슬퍼하고 애도하는 두 번째 사람입니까? 이 두 번째 사람에게는 [희망할 근거가 있습니다]. 슬픔의 불로 타오르면 타오를수록 그는 더욱더 자비를 얻습니다. 간음을 한 뒤에 슬퍼한 사람에게 주어진 징벌의 시간이 있듯이 그에게는 벌 받을 충분한 시간이 있습니다(2코린 2,5-11 참조).

• 오리게네스 『예레미야서 강해』 20,9,1-2.

아브라함은 율법을 어기지 않았다

아브라함이 여종과 관계를 가진 사실에 놀라는 사람들도 있을 것입니다. … 아브라함은 모세율법 이전에 그리고 복음 이전에 살았음을 고려해야 합니다. 이때는 간통이 아직 금지되지 않았습니다. … 여러분도 이교인일 때 죄를 지었다면 변명의 여지가 있습니다. 그러나 이제 여러분은 교회에 들어왔고 "간통해서는 안 된다"(탈출 20,14)는 율법을 들었으니, 죄를 저지르면 핑곗거리가 없습니다. … 여러분은 이교인일 때 간통을 저질렀습니다. 예비신자일 때 죄를 지었습니다. 세례로 그 죄가 용서되었습니다. 가십시오. 그리고 이제부터 다시는 죄짓지 마십시오.

> • 암브로시우스 『아브라함』 1,4,23.

죄를 끊어 버리는 창녀는 그리스도께 대한 믿음으로 동정녀가 된다

죄인이라 할지라도 그리스도의 물에 자신을 씻으면 새로이 동정녀로 돌아가며 전에 행한 것을 잊어버린다는 것, 이는 주님이신 그리스도의 능력입니다. 그렇게 새로이 탄생한 이는 어린아이의 순결을 드러내며 젊었을 때 저지른 죄들을 알지 못합니다. 죄의 타락 때문에 간음한 남자였다 하더라도 그리스도께 대한 믿음 때문에 동정이 됩니다.

> • 토리노의 막시무스 『설교』 22,3.

교회는 한때 간음녀였다

"간음하는 여자의 길도 이와 같아 먹은 뒤에 입을 닦고서는 '나는 나쁜 짓 안 했어!' 하고 말한다"(잠언 30,20). 그리스도를 믿는 교회의 행위도 그러합니다. 우상들과 간음을 저지른 뒤에, 교회는 우상들과 악마를 버리고 자신의 죄에서 깨끗해집니다. 그리고 교회는 용서를 받고 어떤 사악한 행위도 저지르지 않았다고 주장합니다.

> • 히폴리투스 『잠언 단편』.

회개는 구원을 가져온다

여자들 가운데서 어떤 이는 이렇게 말할 것입니다. '저는 불륜과 간음을 저질렀습니다. 저는 제 몸을 너무 많이 더럽혔습니다. 저도 구원을 받을 수 있겠습니까?' 여인이여, 라합을 바라보십시오. 그리고 당신도 구원을 찾으십시오. 내놓고 음행을 저질렀던 그 여자가 회개를 통하여 구원을 받았다면, 음행을 저지른 다음에 참회와 단식으로 은총의 선물을 받은 여인이 구원을 받지 못하겠습니까?

> • 예루살렘의 키릴루스 『예비신자 교리교육』 2,9

주님께서는 죄인들의 죽음을 바라지 않으신다

주님께서는 죄인의 죽음이 아니라, 그가 회개하고 생명을 얻기 바라시기 때문에 그에게 회개할 시간을 주셨다고 이야기하십니다. … '간음하는 여인과 아무 관계없는 너희들, 곧 악한 자의 교활한 술수 ― 너희의 표현대로 ― 를 모르는 순진한 이들에게는 다른 짐을 지우지 않겠다. 너희는 그 순박함만으로도 충분하기 때문이다. 다만 내가 다시 갈 때까지 너희가 가진 것을 굳게 지켜라'고 그분은 말씀하십니다.

> • 오이쿠메니우스 『묵시록 주해』 2,18-29.

불륜과 간음은 마땅히 처벌받아야 한다

[바오로] 사도는 먼저 "혼인은 모든 사람에게서 존중되어야 하고, 부부의 잠자리는 더럽혀지지 말아야"(히브 13,4) 한다고 분명하게 말한 다음, 혼인이 성립된 후에 저지른 불륜과 간음은 마땅히 처벌받아야 한다고 덧붙여 설명하였습니다.

> • 요한 크리소스토무스 『히브리서 강해』 33,2.

베드로 사도는 간음을 하는 자들은 그 죄가 특히 무겁기에 보통 죄인들보다 훨씬 무거운 벌을 받을 것이라고 합니다.

• 존자 베다 『가톨릭 서간 해설』(베드로 2서).

간음에 대한 처벌

간음에 관한 심판의 예로서, 태만하게 미루지 않고, 즉시 시행되었습니다. 미디안의 딸들과 간음을 저지르고 난 뒤에, 선택받은 백성 가운데 이만 사천 명이라는 많은 사람이 한 번의 재앙으로 죽임을 당한 것은 충분한 예라고 생각해야 할 것입니다.

• 테르툴리아누스 『정덕』 6,6,12-14.

사제의 딸도 크게 처벌을 받는다

사제 직무와 아무런 관련이 없는 사제의 딸조차 같은 죄를 저지른 다른 사람들보다 훨씬 큰 벌을 받도록 되어 있습니다. 그것은 사제인 아버지의 존귀함 때문입니다. 사제의 딸과 일반 사람의 딸이 같은 죄(불륜)를 저질렀을 경우, 사제의 딸은 훨씬 큰 처벌을 받습니다. 하느님께서는 일반 사람들보다 통치자에게 훨씬 무거운 처벌을 요구하신다는 것을 여러분에게 확실하게 보여 주고 계시다는 것을 아시겠지요?

• 요한 크리소스토무스 『사제직』 6,16.

하느님께서는 불륜을 저지르는 자와 간음하는 자를 심판하신다

"불륜을 저지르는 자와 간음하는 자를 하느님께서는 심판하실 것입니다"(히브 13,4). 그러므로 여러분, 누구든 이 불륜의 병이 찾아들었다면 조심해야 합니다. 하느님의 말씀에 귀 기울여야지, 듣기 좋은 말만 하는 자기 안의 속삭임에 귀 기울여서는 안 됩니다. 친구가 그렇게 말해도 귀 기울이지 마십시오. 아마 그 친구도 그대처럼 사악한 사슬에 묶여 있는 사람일 것입니다.

• 아우구스티누스 『설교』 82,11.

어떤 사람이 여인을 간통하도록 유혹하거나 어떤 남편이 간통했다면, 죄지은 당사자는 참회의 단계에 상응하여 7년 뒤에나 다시 성체를 영할 수 있다.

• 안키라 교회회의(314) 『법규』 20.

시대에 따라 다르게 우리의 구원을 관장하시다

율법에 따르면 "간통한 남자와 여자는 사형을 받아야 한다"(레위 20,10)라고 규정되어 있습니다. … 그러나 그리스도인이 간통죄를 범한 경우, 이에 관한 징계는 '간통한 남녀'의 몸을 처단하는 것이 아닙니다. 구약 시대 레위기의 계명에 따라 백성의 우두머리들은 간통한 남녀를 바로 죽음의 벌에 처할 수 있는 권한을 갖고 있었습니다만, 지금은 어떤 교구의 주교에게도 그런 권한은 없습니다. 그렇다면 이는 무슨 뜻입니까? 모세 율법은 간통죄를 중범죄로 가차 없이 다스리는 반면, 그리스도의 복음은 간통한 자를 너그럽게 풀어 주어 결국 더 나쁜 길로 빠지게 한다는 뜻입니까? 아닙니다. … 구원을 관장하시는 하느님의 섭리가 시대에 따라 다름을 언명한 것일 뿐입니다.

• 오리게네스 『레위기 강해』 11,2,4.

감각

우리의 육신은 시각, 청각, 후각, 미각, 촉각,
이 다섯 문을 통해서만 무엇을 인식합니다.
• 아우구스티누스 『설교』 93,2.

감각적인 것에 이끌릴 때 두려움이 생깁니다.
• 키루스의 테오도레투스 『다니엘서 주해』 1,10.

감각적인 것은 결코 하느님을 기쁘게 해 드리지 못합니다.
• 히에로니무스 『마르코 복음 강해』 75.

쾌감은 보통 감각을 호리고, 감각은 정신을 호립니다.
• 암브로시우스 『낙원』 15,74.

모든 감각이 잠에 들어 아무런 행동을 하지 않을 때, 마음의 행위는 순수합니다.
• 니사의 그레고리우스 『아가 강해』 10.

감각은 진리에 관한 지식을 실제로 파악할 수 있습니다.
• 오리게네스 『루카 복음 강해』 21,6

감각의 의미와 이해

다섯 가지 감각

육신에 생기를 주는 모든 영혼은 다섯이라는 수로 나타냅니다. 영혼은 다섯 가지 감각을 사용하기 때문입니다. 우리의 육신은 시각, 청각, 후각, 미각, 촉각, 이 다섯 문을 통해서만 무엇을 인식합니다.

• 아우구스티누스 『설교』 93,2.

다섯 가지 감각을 나타내는 다섯 임금

다섯 임금이 있었고 그들이 동굴 속으로 도망쳤다는 이야기가 무엇을 의미하는지도 알아봅시다. … 이 다섯 임금은 육체의 다섯 가지 감각, 곧 시각과 청각, 미각, 촉각, 후각을 가리킵니다. 사람은 저마다 분명히 이 오감의 하나를 통하여 죄로 떨어지기 때문입니다. …

그들이 동굴로 도망쳤다고 하는 것이 이를 가리키는 것으로 볼 수 있습니다. 동굴은 땅속 깊이 묻혀 있는 장소이기 때문입니다. 그러므로 앞에서 말한 그 감각들이 동굴로 도망쳤다고 하는 것은, 그 감각들은 육체 안에 자리 잡고 나면 스스로 육적인 충동에 빠져들어 하느님의 일을 위해서는 아무것도 하지 않고 온통 육체를 섬기는 일만 하기 때문입니다.

• 오리게네스 『여호수아기 강해』 11,4.

다섯 가지 감각이 지배하고 있었다

약속의 땅을 그 이전에 다스리며 복음의 군대에 맞섰던 다섯 임금이 여호수아와의 전투에서 졌습니다. 제 생각에 이는 분명히, 주님께서 당신 백성을 이집트에서 이끌어 내시어 그들에게 할례를 베푸시기 전에는, 시각과 후각, 미각, 청각, 촉각이 지배하고 있었으며, 이 다섯 임금과 같은 오감에 모든 것이 종속되어 있었음을 나타낸다고 이해해야 합니다. 그리고 그 감각들이 육체의 동굴, 어두운 곳에 숨어들었을 때에, 예수님께서 육체에 들어오시어 그것들을 죽이셨습니다. 그 힘의 원천이 그 죽음의 도구가 된 것입니다.

• 히에로니무스 『요비니아누스 반박』 1,21.

이집트에 있는 다섯 성읍

이집트 땅의 다섯 성읍은 우리가 이 세상에서 사용하고 있는 육체의 다섯 감각기관, 곧 시각과 청각, 미각, 후각, 촉각입니다. 육욕으로 여자를 바라보는 자, 가난한 이들의 하소연을 듣지 않으려고 제 귀를 막아 버린 자, 술에 가득 취한 자, 곧 방탕한 자, 신선한 장미로 치장하기를 즐기는 자, 두 손을 피로 더럽히고 오른손은 뇌물로 가득한 자는 이집트의 언어를 사용하는 다섯 성읍, 곧 자신들의 감각기관을 모두 사용하여 어둠의 일을 행하는 자들의 표본입니다. 이집트는 즐겨 어둠을 예찬하였습니다.

• 존자 베다 『루카 복음 해설』 5,19,19.

오감을 나타내는 숫자 '오'

이집트인들은 기근으로 종이 된 뒤 수확의 오분의 일을 파라오에게 바쳐야 했다고 합니다. … 이집트인들은 바칠 몫을 다섯이라는 수로 계량합니다. 육적인 사람들이 섬기는 육체의 감각이 다섯 가지이기 때문입니다. 이집트인들은 언제나 보이는 것과 육체적인 것에 복종합니다. … 여러분이 아직도 육체의 감각을 섬긴다면, 아직도 '오'라는 수로 [계산해] 세금을 바치며 '보이는' 것과 '일시적인' 것을 바라볼 뿐 '보이지 않는 영원한 것'(2코린 4,18 참조)들은 보지 않는다면, 여러분은 이집트인에 속한다는 것을 아십시오.

• 오리게네스 『창세기 강해』 16,6.

감각을 즐겁게 하는 것은 모두 사라질 것이다

그들은 세상의 멋진 볼거리와 육체의 감각을 즐겁게 하는 것과 외양을 꾸미는 데 사용되는 것이 모두 사라지는 것을 슬퍼합니다. 갖가지 금속은 눈을 즐겁게 하는 데 쓰이는 것이고, 향료는 후각을 위한 것이고, 향유는 촉감을, 포도주와 밀과 기름은 미각을 위한 것이기 때문입니다. 여기에 짐 싣는 짐승들과 노예도 들어 있는데, 그들이 인간에게 유용하게 사용되던 것들이 사라짐을 슬퍼한다는 것은 이중의 의미입니다. 그들은 이 세상이 사라질 때 자신들의 삶이 실패로 끝나서 슬퍼하는 것이거나, 또는 죽음으로 세상의 즐거움을 떠난 사람들과 달리 그들은 비참하게 살아남아 [그것이 마치] 자기들 도성의 멸망인 것처럼 그 도성의 파멸을 애도하는 것입니다.

• 존자 베다 『묵시록 해설』 18,11.

이 모든 것이 세상에서 사라질 것이다

"수금 타는 이들과 노래 부르는 이들, 피리 부는 이들과 나팔 부는 이들의 소리가 다시는 네 안에서 들리지 않을"(묵시 18,22) 것이다. 다섯 가지 감각 가운데, 지금까지 이 환시는 청각에 대한 언급을 별로 하지 않았습니다만, 이 말은 이것도 다른 감각들과 함께 사라질 것임을 이야기하고 있습니다. 이는 '보기에 아름다운 것과 듣기에 좋은 것, 만지기에 부드러운 것, 냄새가 감미로운 것, 맛이 좋은 것, 이 모든 것이 세상에서 사라질 것이다'라는 말과 같습니다.

• 존자 베다 『묵시록 해설』 18,22.

육과 감각이 원하는 것을 따랐다

바오로 사도는 "여러분도 전에는 잘못과 죄를 저질러 죽었던 사람입니다. 그 안에서 여러분은 한때 이 세상의 풍조에 따라, 공중을 다스리는 지배자, 곧 지금도 순종하지 않는 자들 안에서 작용하는 영을 따라 살았습니다. 우리도 다 한때 그들 가운데서 우리 육의 욕망에 이끌려 살면서, 육과 감각이 원하는 것을 따랐습니다. 그리하여 우리도 본디 다른 사람들과 마찬가지로 하느님의 진노를 살 수밖에 없었습니다"(에페 2,1-3) 하고 말합니다.

• 프리마시우스 『묵시록 주해』 18,18-19.

영적인 부

검소함에는 기준이 있습니다. 부유함에는 그런 것이 없습니다. 부유함의 기준은 당사자의 의지에 달려 있습니다. 그(아브라함)는 "가축과 은과 금이 많은 큰 부자"(창세 13,2)였습니다. … 나는 '가축'을 육체의 감각을 의미하는 말로 이해합니다. 그것들은 분별이 없기 때문입니다. '은'은 말을, 그리고 '금'은 정신을 나타냅니다. 아브라함은 자신의 무분별한 감각을 통제했기에 진정 부유했습니다. … 이 지혜로운 남자의 부유함은 감각과 말과 정신, 이 세 가지로 이루어져 있습니

다. … 이 셋은 등급에서 차이가 있습니다. 그렇다면 이 가운데서 으뜸은 정신이라고 할 수 있습니다. 감각과 말을 정화하기 위해 영적 낟알을 갈아 가루로 만드는 것이 정신이기 때문입니다. 이 지혜로운 남자의 품성은 언제나 한결같이 유지되고 있습니다.

• 암브로시우스 『아브라함』 2,5,20-21.

영적인 깨어 있음

죽음은 창문을 통해 올라와서 집안으로 들어옵니다. 이처럼 육욕도 신체의 감각을 통해 들어와서 정신의 처소로 들어갑니다. … 육체의 감각을 자신을 돕는 종처럼 받아들이는 거룩한 사람은 그것을 지배합니다. 가장 공정한 재판관은 죄가 오기 전에 그것을 보고 창문을 닫음으로써 육신을 약탈하는 죽음이 들어오지 못하게 합니다.

• 대 그레고리우스 『욥기의 도덕적 해설』 21,2.

딴 생각을 모두 끊어라

'방'은 마음을 뜻합니다. 또는 내적인, 다시 말해 영적 지성을 뜻합니다. … '문'은 좋고 나쁜 모든 것이 영혼으로 들어오는, 외적이며 육체적인 감각입니다. … 그리스도께서도 성경이나 선한 생각을 통해 마음으로 들어오심으로써 그리스도인의 문을 두드리십니다. 성경이나 선한 생각을 받아들이는 사람은 그리스도께 자신을 엽니다. 그것을 돌려보내는 사람은 문을 닫습니다. 이런 까닭에 예수님께서는, 영혼이 자기가 기도하는 것과 자신이 기도를 바치는 분만 생각하도록, 기도할 때에는 안만 바라보라고 하십니다. 그래서 영혼은 외적인 생각과 걱정을 완전히 끊기 위해, 육신의 감각으로 통하는 문을 모두 닫습니다.

• 『마태오 복음 미완성 작품』 강해 13.

처녀들과 등

옳지 못한 감각에 빠지는 것을 삼가는 것이 좋은 일이고, 모든 그리스도인의 영혼이 그것을 삼가기 때문에 처녀라는 이름을 받았다면, 왜 다섯은 들어가고 다섯은 들어가지 못했습니까? 그들은 다 처녀입니다. 그런데도 그중 반은 받아들여지지 못했습니다. 이는 처녀인 것만으로는 충분치 않고 등도 가지고 있어야 하기 때문입니다. 그들은 옳지 못한 감각을 즐기는 것을 삼가기 때문에 처녀들입니다. 그러나 그들이 등을 가지고 있는 것은 선행 때문입니다.

• 아우구스티누스 『설교』 93,2.

만물들

도덕적으로 선한 감정들은 우리 감각의 만물들입니다. … 여러분의 감각에서 도덕적으로 훌륭한 모든 감정은, 실제의 곡식창고에서 얼마간의 곡식을 봉헌물로 나누어 놓는 것과 같은 방식으로(민수 15,20 참조), 영혼의 타작마당에서 떼어 놓은 만물들입니다.

• 암브로시우스 『카인과 아벨』 2,1,5.

감각적 즐거움과 영적 기쁨

음식과 관련하여, 육신이 생명을 유지하고 자신의 역할을 방해받지 않고 행할 수 있도록 양식을 취하십시오. 그러나 진미에 탐닉해서는 안 됩니다. … 우리는 술과 고기를 삼감으로써 단식하는데, 이것들이 우리가 미워해야만 하는 역겨운 것이어서가 아니라 그렇게 삼가는 행위에 대한 보상을 기대하기 때문입니다. 감각적인 것들을 경멸함으로써 우리는 영적이며 천상적인 잔치를 누리게 되기를 바라는 것입니다. … 그러므로 여러분이 이런 것들을 삼가고 있다면, 그것들을 혐오해서 삼가는 것이 아니기 바랍니다. 그랬다가

는 보상을 잃어버릴 것입니다. 그것들은 좋은 것들이나, 여러분 앞에 놓인 더 좋은 영적 보상을 추구하기 위해, 그것을 초월하는 자세로 행하기 바랍니다.

• 예루살렘의 키릴루스 『예비신자 교리교육』 4,27.

외적 인간(육체)과 내적 인간(마음, 영혼, 정신)

"외적 인간"인 육체

"외적 인간"은 육체입니다. 육체의 법은 육의 지혜로서 사람에게 먹고 마시는 것과 같은 감각적 쾌락을 즐기라고 가르칩니다. 이러한 쾌락은 이성과 싸우며, 우세해지면 이성을 죄의 법에 종속시킵니다.

• 펠라기우스 『로마서 주해 단편』.

정욕의 강렬함

정욕은 단순히 겉으로 드러난 지체나 몸만을 공격하는 것이 아닙니다. 그것은 사람 전체를, 육체적으로만이 아니라 감정적으로도 강력하게 완전히 장악하여, 감각이 느끼는 모든 쾌락 가운데 가장 강렬한 것이 됩니다. 그리고 흥분이 최고조에 이르면 그것은 신중한 사고의 능력을 실질적으로 완전히 마비시킵니다. 그렇기에 이는 지혜와 거룩한 즐거움을 사랑하는 사람에게도 어려움을 초래합니다.

• 아우구스티누스 『신국론』 14,16.

이성이 정욕에 의해 파괴되다

이집트의 파라오는 악마의 예형이라고들 합니다. 잔인하게도 사내아이들을 나일강에 던져 버리고 여자아이들만 살려 두라고 명령하였기 때

문입니다. 이처럼 '아담에서 모세에 이르기까지'
(로마 5,14 참조) 세상이라는 거대한 이집트를 다
스리던 악마도 영혼의 '남자', 곧 이성적 자손을
정욕의 강에 빠뜨려 죽이려 애쓰는 한편 육적이
며 감각적인 자손이 늘어나고 번성하는 것을 보
며 즐거워하였습니다.

• 올림푸스의 메토디우스 『열 처녀의 향연』 4,2.

감각적인 것에 이끌릴 때 비겁해진다

그 내시장[다니 1,10 참조]이 주워대는 구실은 비
겁한 것이었습니다. 그는 은총이라는 것은 모르
고 감각적인 것에서 쾌락을 찾는 영을 지닌 사람
이었습니다. 이 사람과 그의 도덕성에 관련해서
는, 영양가 많은 음식을 넉넉하게 먹는 것이 육
체가 활기를 유지하게 하는 방법이라는 믿음이
있었다는 점을 알아 두십시오. 사실, 그런 방종에
여러분의 삶을 걸어서는 안 됩니다. 그들[다니엘
과 친구들]이 기운차게 산 것은 조금씩 먹으며 금
욕한 덕분이기 때문입니다.

• 키루스의 테오도레투스 『다니엘서 주해』 1,10.

쾌락에 젖어 살면

사치와 쾌락에 젖어 살면 자신의 행동에 대해 생
각하기가 힘듭니다. 아니, 불가능합니다. 쾌락을
맘껏 즐기면서도 믿음과 순수함과 올곧음을 온
전하게 지킬 수 있다고 하는 사람들의 말은 근거
없는 주장입니다. 쾌락에 빠져 흥청거리는 것은
본성에 위배되는 짓이며, … 육체의 감각은 미쳐
날뛰는 말과 같지만 전차 모는 전사와 같은 영
혼이 그것을 제어합니다. 기수가 타지 않은 말이
무서운 속력으로 내닫듯이 이성적 영혼의 지배
를 받지 못하는 육체도 파멸을 향해 달려듭니다.

• 히에로니무스 『요비니아누스 반박』 2,9-10.

다른 민족들이 감각이 없어진 것은 그들 탓이다

"감각이 없어진 그들은 자신을 방탕에 내맡겨 온
갖 더러운 일을 탐욕스럽게 해 댑니다"(에페 4,19).
… 여기서 바오로는 그들이 완고해진 것은 그들
이 자발적으로 택한 삶의 방식 때문임을 보여 줍
니다. 그러한 삶의 방식은 그들 자신의 방탕과
후회를 모르는 마음에서 나온 것입니다.

• 요한 크리소스토무스 『에페소서 강해』 13,4,18-19.

무감각하고 완고한 마음

바오로 사도가 말하는 "완고한 마음"(에페 4,18)
은 후회라는 것을 아예 모르는 마음을 뜻합니다.
몸의 부분들이 굳어지면, 그 부분들은 마치 완전
히 죽은 듯이 아무런 감각을 느끼지 못합니다.
마음에도 그런 일이 일어날 수 있습니다.

• 키루스의 테오도레투스
『바오로의 열두 서간 주해』(에페소서) 4,18.

감각이 마음을 어지럽히다

시각과 촉각을 비롯한 다른 감각을 적절히 사용
하지 않으면, 하느님을 기억하는 마음은 어지러
워집니다. 이를 처음으로 가르쳐 준 이는 하와입
니다. … 그녀가 나무를 갈망하면서 바라보고, 불
타는 듯한 욕망에 휩싸여 만졌고, 그 뒤 나무 열
매를 강렬한 육욕에 빠져 맛보았을 때, 그녀는
즉시 육체관계에 매력을 느꼈으며, 알몸이 됨으
로써 정욕에 떨어졌습니다. 이제 그녀의 모든 욕
망은 자신의 감각에 직접 닿는 것을 즐기는 것이
었습니다. 열매의 탐스런 모양 때문에 그녀는 자
신의 타락에 아담을 휘말리게 했습니다.

• 포티케의 디아도쿠스 『영적 완성에 관한 단상 100편』 56.

단죄받는 순서

뱀은 육체의 쾌감을 나타내는 전형典型입니다.

여자(하와)는 감각을, 남자(아담)는 정신을 나타냅니다. 쾌감은 감각을 흥분시키고 나서 정신에 영향을 미칩니다. 그러니 쾌감은 죄의 첫째 원천입니다. 이러한 이유로 하느님께서 심판하시어 처음 뱀이 단죄를 받고, 여자에 이어 남자가 단죄받았다는 사실에 놀라지 마십시오. 단죄받는 순서도 죄를 저지른 순서에 따라 결정됩니다. 쾌감은 보통 감각을 호리고, 감각은 정신을 호리기 때문입니다.

• 암브로시우스 『낙원』 15,73-74.

뒤틀린 마음은 진리가 뚫고 들어가기 힘들다

시력에 손상을 입었거나 눈의 기능을 완전히 잃어 색에 대한 감각이 전혀 없는 사람들이 있습니다. 그들은 누가 앞에 금이나 반짝이는 보석을 갖다 놓아도 분간조차 못합니다. 사실 그들은 밝은 햇빛을 보아도 감탄할 줄을 모릅니다. 모든 감각을 잃어, 그런 것들에서 아무런 기쁨도 얻지 못하기 때문입니다. 마찬가지로, 바라보는 이의 마음에 거룩한 영적 광채를 불어넣는 진리도 마음이 뒤틀린 자들에게는 더럽고 흉한 것으로 보일 따름입니다.

• 알렉산드리아의 키릴루스 『요한 복음 주해』 12.

죄짓고자 하는 마음에 이끌리는 인간 영혼

사탄이 사람의 생각과 그의 마음속 깊은 곳을 채운다는 것(마음의 문으로 들어가는 것이라고 표현할 수도 있겠습니다)은 그의 내면이나 감각으로 들어가는 것이 아닙니다. 그것은 신께서만 하실 수 있는 일이기 때문입니다. 사탄은 간교하고 사악하고 거짓스러우며 부정한 사기꾼처럼 인간의 영혼이 악한 생각과 유혹에 의해 죄짓고자 하는 마음에 이끌리도록 끌어당깁니다.

• 존자 베다 『사도행전 해설』 5,3.

감각의 유혹

나는 솔로몬의 모호한 비유에서 자기 집 문 앞에 앉아 "훔친 물이 달고, 몰래 먹는 빵이 맛있다"(잠언 9,17)라고 말하는 저 뻔뻔스럽고 분별없는 여자를 만났습니다. 그 여자는 나를 유혹했습니다. 내 영혼이 문 밖에서 육체를 추구하며 바깥에서 거하고, 육신의 감각을 통해 섭취한 음식을 마음속으로 되새기고 있는 것을 그 여자가 보았기 때문입니다.

• 아우구스티누스 『고백록』 3,6,11.

마음을 씻어라

골방 밖에는 시간과 공간 속의 모든 것이 있으며, 그것들이 문을 두드립니다. 그것들은 헛된 환영의 무리를 시켜 우리의 기도를 침범하려고, 우리 육신의 감각들을 통해서 우리의 기도를 방해하려고 시끄럽게 떠듭니다. 이것이 우리가 문을 닫아걸어야 하는 까닭입니다. 기도의 정신이 아버지를 향하도록, 육신의 감각들을 물리쳐야 합니다. … 그래서 우리는 마음을 씻으라는 지시를 듣습니다. 마음은 오직 지혜에 대한 순수한 사랑에서, 오로지 한 뜻으로 온 정신을 기울여 영원한 생명을 추구해야만 씻을 수 있습니다.

• 아우구스티누스 『주님의 산상 설교』 2,3,11.

코헬렛은 감각이 얻을 수 없는 것들을 열망하게 하는 책이다

이 책의 가르침은 전적으로 교회의 행위에 관한 것으로 보입니다. 그리고 이 책은 덕스러운 삶에 이르게 하는 것들을 가르칩니다. 이 책이 목표로 하는 것은 정신을 감각 위로 들어 올려, 현 세상에서 위대하고 화려해 보이는 모든 것을 포기하도록 설득하며, 감각적 지각으로는 얻을 수 없는 것들을 영혼의 눈으로 포착하며, 감각이 얻을 수 없는 것들에 대한 열망을 갖게 하는 것입니다.

• 니사의 그레고리우스 『코헬렛 강해』 1.

감각이 잠잘 때 마음은 순수하다

모든 감각이 잠에 들어 아무런 행동을 하지 않을 때, 마음의 행위는 순수합니다. 방해받지 않고 감각의 움직임에서 자유로울 때 이성은 저 높은 곳을 바라봅니다. … 사람이 감각에 주의를 기울이며 육신의 쾌락에 이끌린다면 거룩한 기쁨을 맛보지 못한 채 살아갈 것입니다. … 그들은 감각으로 들어오는 것들을 피해야 함을 압니다. 따라서 존재에 관한 묵상에서만 기쁨을 얻는 영혼은 감각적 쾌락을 가져오는 것들에 마음이 움직이지 않을 것입니다.

• 니사의 그레고리우스 『아가 강해』 10.

영적으로 눈멀다

육체의 감각에 따라 보는 눈, 지상의 것을 보는 육적인 눈이 있습니다. … 우리에게는 이와 반대되는 또 다른 눈이 있습니다. 그 눈은 더 나은 눈이며 거룩한 것들을 인지합니다. 그런데 그 눈은 우리 안에서 눈멀어 있었습니다. 그 눈이 제 기능을 찾게 하여 눈먼 이들은 보고, 보는 이들은 눈멀게 하시려고 예수님께서 오셨습니다.

• 오리게네스 『루카 복음 강해』 16,8.

죄를 지은 다음 감각의 눈이 열리다

그때 감각의 눈(肉眼)이 열렸지만, 그 눈들은 정신의 눈(心眼)으로 보는 것을 흐트러뜨리거나 방해하지 않았습니다. 죄의 결과로, 정신의 눈은 그때 닫혔던 것 같습니다. 예전에 정신의 눈은 하느님과 그분의 낙원을 바라보는 기쁨을 누렸습니다. 우리 구원자는 우리 안에 있는 두 시각을 매우 익숙한 말씀으로 설명하십니다. "나는 이

세상을 심판하러 왔다. 보지 못하는 이들은 보고, 보는 이들은 눈먼 자가 되게 하려는 것이다"(요한 9,39). '보지 못하는 눈'은 당신의 가르침으로 교화되는 정신의 눈을 뜻합니다. '보는 눈'은 주님의 말을 눈멀게 하는 감각의 눈을 뜻합니다.

• 오리게네스 『켈수스 반박』 7,39.

다섯 가지 감각과 영혼

복음서의 열 처녀 비유는 "처녀들이 모두 일어나 저마다 등"(마태 25,7)을 챙겼다고 합니다. 그런데 "어리석은 처녀들은 등은 가지고 있었지만 기름은 가지고 있지 않았다. 그러나 슬기로운 처녀들은 등과 함께 기름도 그릇에 담아 가지고 있었다"(마태 25,3-4). … 그들이 다섯 처녀로 불리는 것은 영원한 생명을 누릴 이들의 수가 적어서가 아닙니다. 생명이나 죽음이 다섯 가지 감각을 통해 영혼으로 들어오기 때문입니다. 이 감각들을 나쁘게 사용하면 우리는 더러워집니다. 그러나 그것들을 늘 좋게 사용하면 우리 영혼의 순결함이 보존됩니다.

• 아를의 카이사리우스 『설교』 156,1.

죽은 이들에게 생명을 주시다

"죽은 이들"이란 영혼이 죄를 지은 사람들입니다. 성경에 "죄지은 자만 죽는다"(에제 18,20)라고 쓰여 있습니다. 필멸하는 우리의 육체에서 감각이 소멸하면 육체가 더 이상 청각과 후각, 미각, 촉각의 기능을 할 수 없는 것처럼, 영혼에서도 영적인 감각이 사라져 영혼은 하느님을 볼 수도 그분의 말씀을 들을 수도, 그리스도의 향기를 맡을 수도, 하느님 말씀을 맛볼 수도, 생명의 말씀을 이해할 수도 없습니다. 이런 사람은 죽었다고 봐야 합니다. 그리스도께서 오셨을 때 우리가 이런 상태였습니다. 그런데 그분께서 당신 은총으

로 우리에게 생명을 주셨습니다(로마 5,21 참조).

• 오리게네스 『로마서 주해』.

생명 나무

사람이 감성과 지성으로 빚어졌듯이, 사람의 가장 거룩한 영역도 감각과 정신으로 알 수 있는 두 측면이 있다고 생각합니다. 사람은 육체로는 가장 거룩하고 제일 아름다운 곳에 살지만, 우리와도 관련되듯이, 영적으로는 더 높고 훨씬 더 아름다운 곳에 거주하였습니다. … 사람은 가장 달콤한 열매인 하느님을 관상하는 일에 흠뻑 빠져 기뻐합니다. 이로써 사람은 자양분을 얻게 되었습니다. 이렇게 하여 이 나무는 생명 나무라는 딱 들어맞는 이름으로 부르게 되었습니다. 하느님을 관상함으로써 맛보게 되는 달콤함은 생명에 참여하는 천사들에게 죽음으로도 방해하지 못하는 생명을 전해 줍니다.

• 다마스쿠스의 요한 『신앙 해설』 2,11.

감각의 세계 위에 있는 산

여러분, 지금 당장 있는 힘껏 오르십시오. 정신을 가다듬고 관상함으로써, 마음으로 꿰뚫어 봄으로써, 속된 감각의 세계 위로 올라가십시오. 한동안 세상살이에 관하여 잊어버리십시오. 마음으로, 생각으로, 한 걸음 한 걸음 꾸준히 구름 위로 하늘 위로까지 오르십시오. 그곳에서 하느님의 지성소를 찾으십시오. 그곳이 '예수님께서 들어가신' 성막입니다.

• 오리게네스 『민수기 강해』 3,3.

지성의 세계

말씀께서는 모세의 성막이 창조계의 표상임을 알고 계십니다. 제가 말하는 창조계는 보이는 세계와 보이지 않는 세계, 곧 감각의 세계와 지성

의 세계를 다 뜻합니다. 그러므로 우리는 첫째 휘장을 지나 감각의 세계 저편으로 들어가야 하지 않겠습니까? 지성소, 곧 지성의 세계이자 천상의 세계인 곳으로 들어가야 하지 않겠습니까?

• 나지안주스의 그레고리우스 『신학』(연설 28) 2,31.

자주 만남의 천막으로 간 모세

군중을 떠나서 천막으로 돌아가는 것은 외적인 것들의 소란스러움을 떠나 마음속의 감추어진 장소로 들어가는 것입니다. 그는 그곳에서 주님께 상의하고, 밖에서 공개적으로 무엇을 해야 하는지 그 안에서 조용히 듣습니다. 좋은 사목자들은 매일 이렇게 합니다. … 자신들의 외적 직무를 흠 없이 완수하기 위하여 그들은 끊임없이 마음속의 비밀 장소로 돌아가고, 그리하여 육적인 감각들에서 물러나 영적 묵상에 잠김으로써 하느님의 감추어진 영감을 통해 그분의 목소리를 듣습니다.

• 파테리우스 『구약성경과 신약성경 해설』(민수기) 5.

호수 건너편으로 가다

예수님의 제자들도 호수 건너편으로 갔습니다. 그들은 물질적 단계에서 영적 단계로, 감각의 단계에서 지성의 단계로 넘어갔습니다. 그래서 예수님께서는 그들이 호수를 건너간 뒤에, 그들에게 주의하고 조심하라는 말씀을 하신 것입니다.

• 오리게네스 『마태오 복음 주해』 12,5.

마음속에 하느님의 궤를 모시고 있다

내적으로 하느님을 향한 길에 놓여 있는 많은 이들은 외적으로 영적이지 않은 감각에 매여 있지만, 마음속에 하느님의 궤를 모시고 있기에 바른 길에서 벗어나지 않습니다. … 하느님의 설교자들은 반드시 그렇게 해야 합니다. 거룩한 교회의

모든 신자도 그렇게 해야 합니다. 사랑으로 자기 이웃들에게 인정을 베풀되 그것 때문에 하느님의 길에서 벗어나서는 안 됩니다.

• 대 그레고리우스『복음서 강해』(40편) 37.

감각과 신적 실재의 이해

하느님이라는 주제는 접근하기 어렵다

우리를 온갖 오류로 이끌었던 감각들과 함께, 또는 감각들과 동떨어지지 않은 채, 우리는 지성으로만 파악할 수 있는 것들을 추구하고 있습니다. 그리고 단순한 지력으로 단순한 실재들을 만나는 것으로는, 우리가 진리에 조금 더 가까이 다가가서 그 개념들로 지성을 형성할 수 없습니다. 하느님이라는 주제는, 그 어떤 것보다 더 완전하고 더 많은 반대에 열려 있으며 그것을 풀기가 더 수고스럽기 때문에, 더 접근하기 어려운 주제입니다.

• 나지안주스의 그레고리우스『신학』(연설 28) 21.

우리의 이해 능력을 넘어서는 분

이제, 첫째 휘장을 통과하여 감각의 세계 너머로 발을 옮겨 딛고서, 천상의 지적 세계에 속한 성소(히브 9,1-3 참조) 안을 들여다볼 수 있지 않겠습니까? … 그분은 당신의 천사들을 바람처럼 만들고 당신의 시종들을 타오르는 불처럼 만드시는 분이십니다. 그래서 천사는 '영' 또는 '불'이라 불립니다. 지적 세계의 창조물로서는 영이며 깨끗이 정화하는 본질로서는 불입니다. 영과 불, 두 이름 모두 제1본질[1]에 속한다는 것을 나는 알고 있습니다. 그러나 적어도 우리 인간의 처지에서 볼 때 천사들은 형체가 없는 존재, 아주 없지는 않더라도 거의 없는 존재임을 우리는 인정해

야 합니다. 보십시오, 천사들의 문제가 얼마나 우리 정신을 어지럽게 합니까? … 이처럼 제2본질들[2]조차 우리의 이해 능력을 넘어서는데 하물며 제1본질이시며 모든 피조물 위에 유일한 본질이신 하느님은 얼마나 더 우리의 이해 능력을 넘어서는 분이신지, 바로 이 점을 여러분께 알려 주기 위하여 우리는 고심하며 줄곧 글을 쓰는 것입니다.

• 나지안주스의 그레고리우스『신학』(연설 28) 31.

하느님에 관한 세 가지 그릇된 생각

물질적인 방식에 따라 하느님을 생각하는 사람들, 인간의 영혼과 같은 영적인 피조물에 해당되는 방식으로 하느님을 인식하는 사람들 그리고 마지막으로 물질적인 것과 영적인 것과는 거리를 두지만 "하느님에 관하여 잘못 생각하는" 사람들입니다. 이 사람들이 가진 하느님에 대한 개념은 감각적 경험에 바탕을 둔 것도 아니고 영적인 피조물에게서 유래한 것도 아니며 창조주에게서 직접 온 것도 아니기 때문에 이들은 진리로부터 더욱더 멀어져 있습니다.

• 아우구스티누스『삼위일체론』1,1,1.

오감 너머

참으로 신비롭게도, 주님께서 쪼개신 빵 다섯 개가 그분의 말씀을 들으러 온 군중의 배를 채웠습니다. 감각 세계가 전부인 듯 그것을 벗어나지 않는 군중이 참으로 많습니다. … 손으로 확실히 만질 수 있는 것만이 존재한다고 생각하며 존재와 행위와 발생 과정 그리고 보이지 않는 모든

---

1 '제1본질'은 하느님을 뜻한다.

2 '제2본질들'이란 창조된 피조물인 천사들을 뜻한다.

것은 받아들이지 않는 사람들이 있습니다. 오감 五感만 인정하는 이들입니다. 그러나 귀로든 다른 감각기관으로든 이런 사람들은 하느님에 관한 지식에 접근할 수 없습니다.

• 알렉산드리아의 클레멘스 『양탄자』 5,6.

인간이 내려오시고 올라가시는 그리스도의 신비를 이해할 수 있는가?

과연 우리 인간의 이해력으로 그분께서 전에 계셨던 곳으로 올라가신다는 사실과 하늘에 머물고 계셨던 그분께서 내려오셨다는 사실을 알아들을 수 있습니까? …

감각이 이것을 알아들을 수 있습니까? 하늘에 계시는 사람의 아들이 하늘에서 내려오십니다. 이성이 이 사실을 파악할 수 있습니까? 말씀이 육이 되셨습니다. 말이 이 사실을 표현할 수 있습니까? 말씀이 육이 되셨다는 것은 곧 하느님께서 사람이 되셨다는 말입니다. 이 사람은 하늘에 있고 하느님께서 하늘에서 오십니다. 내려오신 그분께서 올라가십니다. 그러나 그분은 내려오시지만 한편으론 내려오지 않으십니다. 그분은 이전과 똑같으신 분이면서도 지금의 그분과는 같지 않으셨습니다. 우리는 그 원인들을 떠올려 보지만 그 방법을 설명할 수 없습니다. 우리가 그 방법을 알아들어도 그 원인은 이해할 수 없습니다.

• 푸아티에의 힐라리우스 『삼위일체론』 10,54.

우리의 지식은 부분적이다

이승에서의 우리의 지식은 불완전하지만 그 한계 안에서는 믿을 만한 것입니다. 믿는 이들은 그들의 지성에 종속되어 있는 감각기관이 증언하는 것을 신뢰합니다. 그들은 때로 속기도 하지만, 그렇다 해도 감각기관을 절대 믿을 수 없다

고 주장하는 이들보다는 훨씬 형편이 낫습니다.

• 아우구스티누스 『신국론』 19,18.

감각을 사용해 사물을 인지하다

이 말[로마 1,20 참조]에서 우리는 이 지상에 사는 모든 이가 감각으로 인지할 수 있는 것들로부터 지성적인 것들의 본성에 관한 지식으로 옮겨 가기 위해서는 사물을 느낄 수 있는 감각을 사용하는 것부터 시작해야 함을 추론할 수 있습니다. 그러나 그들의 지식이 감각의 대상들에서 그쳐서는 안 됩니다.

• 오리게네스 『켈수스 반박』 37.

감각을 통해 알려지는 명백한 진리

정신으로 다룰 수 있는 것들은 영적인 것이기에 감각으로 인지할 수 있는 것들보다 본성에서 더 고결합니다. 감각으로 파악되는 것들은 육체적이기 때문에 감각보다 우월한 지성의 능력으로가 아니라 사물로서만 자신의 우월성을 드러낼 수 있습니다. 비천한 것이 고결한 것과 대비되는 것처럼 말입니다. 그렇다면 다양한 진리를 발견하도록 영혼에 가르쳐 주는 것이 감각인데 어떻게 지력이 감각보다 탁월하다고 말할 수 있겠습니까? 이러한 진리들은 명백한 형태를 통해 알 수 있는 것이 사실입니다. 다시 말하면, 보이지 않는 것은 보이는 것의 도움으로 발견됩니다.

• 테르툴리아누스 『영혼론』 18.

인간은 피조물을 통해 하느님의 보이지 않는 완전함을 지성으로 알아본다

인간의 지성은 먼저 육체적인 감각으로 피조물을 지각하고, 미약한 인간의 능력으로 지각한 대상에 대한 개념을 만듭니다. 그다음에는 이 개념들의 근원을 찾고, 이 근원을 통해 원래 하느님

의 말씀 안에 불변하게 있는 것에 도달하게 됩니다. 이런 식으로 인간은 하느님께서 만드신 조물 안에서 하느님의 보이지 않는 완전함을 지성으로 알아보게 됩니다(로마 1,20 참조).

• 아우구스티누스 『마니교도 반박 창세기 해설』 4,32,49.

신성에 대한 우리의 인식

엘리파즈(욥의 친구)는 하느님에 대한 자기의 생각을 표현하기 위해서 "속삭임"(욥 4,16)과 "목소리"라는 단어를 활용합니다. 속삭임과 목소리가 우리의 귀에 들려올 때 그것들은 형상이나 외관을 가지고 있지 않습니다. 우리는 다만 그것들의 감각만을 받아들일 뿐입니다. 속삭임이나 목소리를 볼 수 없는 것과 마찬가지로, 신성에 대한 우리의 생각도 그렇다는 것을 우리는 깨달아야만 합니다. 하느님께서 이러한 생각을 우리에게 주시면 우리는 신성에 대한 인식과 지식을 받게 되지만, 이것은 우리가 형상을 통해서 인식할 수 있는 어떤 것이 아닙니다.

• 메르브의 이쇼다드 『욥기 주해』 4,16.

장엄한 광경을 통해 선포하다

그들은 … 어떻게 선언합니까? 그들은 목소리도, 입도, 혀도 없습니다. 그런데 그들은 어떻게 선포합니까? 빼어난 장관을 통하여 선포합니다. 멋진 경관의 아름다움과 넓이, 높이와 위치, 형상과 꽤 오랫동안 지속되는 안정성을 바라볼 때, 마치 그것이 목소리라도 되는 듯이 듣고 있을 때, 그 장관으로부터 교훈을 얻을 때, 여러분은 그토록 아름답고 진기한 것을 만드신 분을 흠숭하게 됩니다. 하늘은 침묵하지만 그것을 바라보면 나팔 소리보다 더 큰 소리가 울려 나옵니다. 하늘은 귀가 아니라 눈을 통하여 우리를 가르칩니다. 눈은 귀보다 더 확실하고 분명한

감각기관이기 때문입니다.

• 요한 크리소스토무스
『(입상에 관해) 안티오키아 신자들에게 행한 설교』 9,4.

육의 모습으로, 공개적으로

우리의 하느님은 공개적으로 오실 것입니다. 우리의 하느님은 그리스도이십니다. 그리스도는 육의 모습으로 공개적으로 오실 것입니다. 그러므로 우리는 공개적이라는 말을 '육의 모습으로'를 의미한다고 이해합니다. 그리고 이 육은 감각을 통해 인식할 수 있습니다.

• 폰투스의 에바그리우스 『시편 발췌 주해』 49[50],3.

하느님의 행위 아래 머물러라

죄로 말미암아 내면의 기쁨을 누리지 못하는 인간은 마음의 눈을 잃어버렸습니다. … 원수가 그를 두고 음모를 꾸밀 때, 마음이 자신의 선행에 대해 스스로 만족하여 부주의하게 되면, 마음은 예기치 않았던 죄라는 무기에 찔리는 경우가 자주 있습니다. 마음은 주의를 기울이지 않았기에, 얼마 동안 하느님 가까이 데려다 주었던 바로 그 수단에 의해 하느님으로부터 영원히 멀어지게 됩니다. … 그러므로 하느님의 행위의 의도를 파악할 수 없을 때, 우리는 겸손하게 그 행위 아래 조용히 머물러야 합니다. 육의 감각은 존엄한 하느님의 비밀을 꿰뚫어 보는 일을 할 주제가 되지 못하기 때문입니다. 그런즉 하느님의 행위에서 이유를 찾지 못하는 이는, 자신의 약함을 깊이 생각하면서 비록 보지는 못하지만 비로소 보게 됩니다.

• 대 그레고리우스 『욥기의 도덕적 해설』 9,20-22.

마음은 많은 것을 이해한다

인간의 마음은 많은 것을 이해하고 있으므로 결

코 작지 않다는 것을 알아야 합니다. 인간의 위대함이 육체의 크기에 있다고 생각해서는 안 됩니다. 인간의 위대함은 감각의 능력에 있으며, 감각은 진리에 관한 지식을 실제로 파악할 수 있습니다. …

그러니 좋은 행실로 주님의 길을 마련하십시오. 훌륭한 일들로 그 길을 평평하게 만드십시오. 그러면 하느님의 말씀이 아무런 장애 없이 여러분 안에서 걷게 될 것이며, 여러분이 그분의 신비와 그분의 오심을 알게 해 주실 것입니다.

• 오리게네스 『루카 복음 강해』 21,6-7.

신적 감각은 인간적 감각보다 더 높다

"너는 신적 감각을 찾게 되리라"(잠언 2,5 참조)라는 솔로몬의 말에서처럼 육체의 명칭들로 나타내는 바를 영혼의 기능에 적용하고 있는 것입니다. 솔로몬은 우리 안에 두 가지 감각이 있다는 것을 알고 있었는데, 하나는 죽고 썩어 없어지는 인간적 감각이고, 다른 하나는 그가 여기서 '신적'이라고 부르는 불멸하는 지성적 감각입니다. 그러므로 이 신적 감각은 눈(에서 오는 것)이 아니라 깨끗한 마음, 곧 정신에서 오며, 하느님은 이 신적 감각을 통해 합당한 이들에게 보일 수 있습니다.

• 오리게네스 『원리론』 1,1,9.

보이지 않는 것이 보이게 되었다

하느님의 섭리는 언제나 모든 사람을 에워싸고 있습니다. 그러나 그것은 자기 영혼을 죄에서 씻고 늘 하느님을 생각하는 사람이 아니면 눈에 보이지 않습니다. 이들에게 그것이 밝게 드러날 때가 있습니다. 그들이 진리 때문에 커다란 유혹을 겪을 때에는 더 커다란 격려를 받는 것처럼, 그 유혹의 종류와 원인에 따라, 육의 눈으로 보듯이

또 필요할 경우에는 손으로 만져지는 것처럼 감각적으로 감지할 수 있는 능력을 받습니다.

• 니네베의 이사악 『종교적 완성』 5,31.

보이지 않는 것의 확실성

보이지 않는 것은 특별하고 고유한 방법으로 볼 수 있습니다. 그것을 보게 되면 그것은 육체의 감각으로 알 수 있는 사물들보다 훨씬 더 확실합니다. 그럼에도 그것들이 보이지 않는 것이라 불리는 이유는 육안으로 볼 수 없기 때문입니다.

• 아우구스티누스 『편지』 120.

감각적 이해를 넘어서는 기적은 하느님의 힘을 드러낸다

갈릴래아에서 열린 혼인 잔치에서 물이 포도주가 되었습니다. … 물이 물독에 부어지고 포도주가 퍼져 잔에 따랐습니다. 부은 사람의 오감이 느낀 것과 퍼낸 사람의 감각이 느낀 것이 다릅니다. 부은 사람들은 물이 퍼지리라고 생각합니다. 퍼낸 사람들은 포도주가 부어 넣어졌을 것이라고 생각합니다. 부을 때와 퍼낼 때 사이의 시간 간격은 액체가 바뀐 일을 도무지 설명할 수 없습니다. 시력과 감각은 그 일이 어떻게 이루어졌는지 설명하지 못하지만, 얻어진 결과에선 하느님의 힘이 드러났습니다.

• 푸아티에의 힐라리우스 『삼위일체론』 3,5.

눈먼 이의 관점에서 바라본 기적

그는 예수님께서 땅에 침을 뱉으시는 것은 보지 못했지만, 예수님께서 그의 눈에 진흙을 바르시는 것은 느낄 수 있었습니다. "[그분께서] '실로암 못으로 가서 씻어라' 하고 나에게 이르셨습니다"(요한 9,7). 이 말씀도 그는 그대로 전할 수 있었습니다. 그 말씀을 들었으니까요. … 그렇지만

이 모든 일이 있은 뒤에도 그는 자신이 어떻게 치유가 되었는지 말할 수 없습니다. 감각으로 느껴지고 다루어지는 문제들에도 믿음이 필요한데, 보이지 않는 것들의 경우엔 얼마나 더 필요하겠습니까?

• 요한 크리소스토무스 『요한 복음 강해』 57,2.

일어나는 동안에는 눈에 확실히 뜨이지 않은 기적

빵 다섯 개가 군중 앞에 놓였다가 떼어 나누어졌습니다. … 배고픈 이들이 배를 채우고 빵 조각은 열두 광주리를 채웁니다. 눈도 다른 감각기관도 그 놀라운 기적이 어떤 식으로 일어났는지 알아낼 수 없습니다. 존재하지 않던 것이 창조되었습니다. 우리의 지각이 이해할 수 없는 것을 눈이 보았습니다. 그저 하느님께는 불가능이란 없음을 믿는 도리밖에 없습니다.

• 푸아티에의 힐라리우스 『삼위일체론』 3,6.

우리 서로 간의 믿음

믿음은 너그럽고도 힘찬 영혼을 필요로 합니다. 감각의 세계 너머로 높이 오를 수 있을 뿐 아니라 미약한 인간의 논리를 초월할 수 있는 영혼을 필요로 합니다. 예사로운 세상사를 초월하여

자기 자신을 드높이지 않고서는 결코 믿는 사람이 될 수 없습니다. … 세상이 창조되던 당시 아무도 그 자리에 없었습니다. 그런데 어떻게 드러나 보인다고 할 수 있습니까? 이야말로 믿음의 결과입니다. "믿음으로써, 우리는 세상이 하느님의 말씀으로 마련되었음을 … 깨닫습니다"(히브 11,3). 왜 "믿음으로써"입니까? 왜냐하면 '보이는 것은 보이는 것에서 나온 것이 아니기' 때문입니다. 이것이 믿음입니다.

• 요한 크리소스토무스 『히브리서 강해』 22,1-2.

식별의 근원

하느님께 대한 신앙은 [식별의] 근원입니다. 신앙은 우리의 내적 존재에 따라 하느님을 식별하는 샘과 원천으로 작용합니다. 이로써 우리는 참된 빛을 보고, 이해하기 어려운 신탁을 알아들으며, 생명의 빵으로 키워져 그리스도의 향기를 맡고 이 세상에 관한 가르침을 배우게 됩니다. 우리가 신앙을 가지면, 감각기관도 우리와 하나 되어 눈과 입은 더 이상 악을 보지도 말하지도 않습니다.

• 요한 크리소스토무스 『잠언 (주해) 단편』 1,7.

감사

“감사”는 하느님께 받은 좋은 것들에 고마움을 표하는 것입니다.

• 오리게네스 『기도론』 14,2.

“감사”는 하느님께서 나날이 베푸시는 섭리에 고마움을 표하는 것을 뜻합니다.

• 암브로시아스테르 『티모테오 1서 주해』.

감사는 참된 통찰력과 하느님에 대한 진한 사랑을 지닌 영혼에게서 나옵니다.

• 요한 크리소스토무스 『필리피서 강해』 15,4,7.

“감사”는 축복을 고마워하는 것입니다.

• 몹수에스티아의 테오도루스 『티모테오 1서 주해』.

감사를 드리는 것은 우리의 의무입니다.

• 몹수에스티아의 테오도루스 『테살로니카 2서 주해』.

감사할 줄 모르는 영혼은 악으로 가는 큰길입니다.

• 시리아인 에프렘 『타티아누스의 네 복음서 발췌 합본 주해』 11,13.

감사의 의미와 이해

감사란?

“감사”는 지난날에 받은 하느님의 은혜를 기억할 때나 현재에 쏟아지는 선물을 바라볼 때, 또는 앞으로 하느님께서 당신을 사랑하는 이들에게 얼마나 많은 훌륭한 것들을 준비하시는지 미리 생각할 때, 영에 도취되어 고마운 마음을 표현하는 기도입니다. 이런 마음 상태에 들어가면 가끔 기도는 굉장히 풍요로워집니다. 그때 내세에 성인들을 위하여 준비된 상급을 지극히 깨끗한 눈으로 바라보고 우리의 영이 끓어오르면 한없이 기뻐하며 하느님께 감사를 쏟아 내지 않을 수 없습니다.

• 요한 카시아누스 『담화집』 9,14.

아버지께 감사드립니다

주님께서는 인간의 관습에 따라, “아버지께 감사드립니다”(마태 11,25)라고 표현하십니다. 그분은 ‘인정합니다’라고 하지 않고, “당신을 찬미합니다."[1]라고 하십니다. 사실 성경에서 이 단어(찬미, 찬송)는 '감사'라는 의미로 자주 사용됩니다. "당신의 거룩하고 경외로우신 이름을 그들은 찬송하리니 그 이름 거룩하십니다"(시편 99,3), "주님, 제 마음을 다하여 찬송하며"(시편 9,1; 111,1) 같은 말씀이 그 예입니다.

• 알렉산드리아의 키릴루스 『마태오 복음 단편』 145.

하느님께서 주신 선물에 감사하는 마음

우리는 시편의 노래를 불렀습니다. "우리를 저들 이빨의 사냥감으로 내주지 않으신 주님께서는 찬미받으소서"(시편 124,6). 하느님께서 주신 선물에 어울리는 감사의 표현입니다. "우리를 저들 이빨의 사냥감으로 내주지 않으신 주님께서는 찬미받으소서." 이것은 분명 감사하는 목소리입니다. 매우 적절한 감사입니다.

아우구스티누스 『설교』 313B,1.

찬미는 너를 위한 것

'내가 원하는 것은 네가 나에게서 받은 것에 대해 감사와 찬양을 제물로 바치며 감사하는 마음을 갖는 것이다. 이는 너의 감사한 마음이 내게 필요해서가 아니라 네가 감사하는 사람이 되기를 바라는 마음 때문이며, 내가 너에게 더 많은 은총을 베풀 수 있는 기회를 만들기 위해서다.'

• 타르수스의 디오도루스 『시편 주해』 50.

아무 비용도 들지 않는 제물

이것[시편 50,14 참조]은 거저 저희에게 주어진, 아무 비용도 들지 않은 제물입니다. 저는 제가 바쳐야만 하는 것을 사지 않았습니다. 당신께서 그것을 제게 주셨습니다. 왜냐하면 저는 그것을 결코 스스로 찾아낼 수 없었을 것이기 때문입니다. "하느님께 찬양 제물을 바쳐라"(시편 50,14).

찬양 제물을 바치는 것은 여러분이 가진 모든 좋은 것을 주신 분께 감사를 드리는 것이며, 여러분에게서 나온 어떠한 악도 자비로 용서해 주시는 분께 감사를 드리는 것입니다. … 주님께서는 이 제물의 달콤한 향내를 맡고 기뻐하십니다.

• 아우구스티누스 『시편 상해』 50,21.

성령의 내재는 사람을 정화한다

우리는 자력으로는 하느님을 찬양할 수 없습니다. 그것은 오직 성령 안에서만 가능합니다. 그분 안에서 우리는 하느님께 우리가 받은 축복들에 대해 감사를 드릴 수 있습니다. 우리가 악에서 얼마나 정화되느냐에 따라 각 사람이 성령의 도움을 조금 또는 많이 받으며, 그로써 하느님께 찬미의 제물을 바칠 수 있게 됩니다.

• 대 바실리우스 『성령론』 63.

그리스도께 찬미를 드려라

온 세상이 당신을 찬송할 것입니다. 잠깐 동안이 아닙니다. 십 년, 이십 년, 백 년 동안이 아닙니다. 세상의 한 부분에서 찬미를 드리는 것도 아닙니다. 땅과 바다, 사람이 사는 곳이든 살지 않는 곳이든, 어디에서나 줄곧 찬미가를 부르면서, 당신께서 행하신 모든 좋은 것에 대해 감사드릴 것입니다. 그러니 우리도 이 모든 좋은 것에 대해 사랑하올 그리스도께 감사를 드립시다.

• 요한 크리소스토무스 『시편 해설』 45,15.

감사드린 사마리아 사람

유대인인 나병 환자 아홉은 감사한 마음을 잊어

---

1 알렉산드리아의 키릴루스는 여기에서 '엑소몰로게이스타이'*exomologeisthai*는 '고백하다, 인정하다, 승인하다'라는 일반적 의미가 아니라 '찬미하다'의 뜻으로 사용되었다고 풀이한다.

버리고서 하느님께 영광을 드리러 돌아오지 않았습니다. 예수님께서는 이것으로, 이스라엘이 마음이 굳어 감사할 줄 모르는 백성임을 보여 주십니다. … "그들 가운데 한 사람은 병이 나은 것을 보고 큰 소리로 하느님을 찬양하며 돌아와"(루카 17,15)라는 구절은, 사마리아 사람은 감사할 줄 아는 반면 유대인은 은총을 입었으면서도 감사할 줄 몰랐다는 사실을 알려 줍니다.

• 알렉산드리아의 키릴루스 『루카 복음 주해』113-16.

은총을 내리신 분을 찬미하다

주님께서 당신께 감사를 드리러 온 이는 어여삐 여기셨지만, 구원자를 알아보지 못하고 감사할 줄 모르는 자들은 괘씸하게 여기셨다는 사실을 그대는 알 것입니다. 그들은 자기를 고쳐 주신 분보다 나병이 나았다는 사실에 더 마음이 가 있었지요. … 결국 그 한 사람은 나머지 아홉보다 훨씬 많은 은혜를 받았습니다. … 감사드리는 이들과 찬양하는 이들은 같은 마음입니다. 그들은 자신에게 은총을 내리신 분을 찬미합니다.

• 아타나시우스 『축일 서간』6.

감사의 말만 해라

바오로 사도는 해서는 안 되는 갖가지 말을 꼽은 다음, 해야 하는 말을 덧붙입니다. 곧, 우리는 "감사의 말을 해야" 한다는 것입니다. 하느님께는 물론이고 사람들에게도 하라는 뜻이 담겨 있습니다. 그래서 굳이 수식어를 붙이지 않고 "감사의 말"이라고만 합니다.

• 마리우스 빅토리누스 『바오로 서간 주해』(에페소서) 2,5,4.

늘 감사하라

어떤 행위를 하든 우리의 수고가 결실을 이룰 수 있도록 하느님께 간원하고 그 일을 할 힘을 주신 분께 감사하는 마음으로 빚을 갚을 때, 그리고 우리가 들은 말씀대로 그분을 기쁘게 해 드리려는 마음을 늘 잃지 않을 때 그렇게 됩니다. … 언제나 감사하라는 것은 이미 율법도 지시한 일이며, 그것이 우리 삶에 필요한 태도라는 것은 이성과 또 본성에 의해서도 입증되었습니다.

• 대 바실리우스 『대 수덕집』(긴 규칙서) Q,37,R.

감사드리기를 그치지 말자

지나간 폭풍우와 현재의 고요함을 생각할 때 저는 "모든 것을 만드시고 그들을 바꾸시며, 어둠으로부터 빛을 이끌어 내시고, 지옥의 문으로 이끄시지만 다시 돌아오게 하시는, 벌을 내리시지만 죽게 내버려 두지는 않으시는 분, 하느님은 축복받으십시오"라고 말하지 않을 수 없습니다. 저는 여러분도 이 말을 계속 반복하고 절대 그치지 않기 바랍니다. 그분께서 우리에게 행동으로 축복하시는데 우리가 말로라도 보답하지 않는다면, 어떤 용서를 청할 수 있겠습니까? 그래서 저는 하느님께 감사드리기를 결코 그치지 말자고 권고합니다. 우리가 전에 받은 은혜에 감사한다면, 더 큰 은혜를 받을 것이 분명합니다.

• 요한 크리소스토무스 『(입상에 관해) 안티오키아 신자들에게 행한 설교』6,1.

하느님께 희망을 두다

다윗은 하느님께 바치는 감사의 노래로 이 시편을 지었습니다. … 다윗은 "오직 당신께 제 희망을 두었습니다" 하고 말합니다. 그는 후사이에게도, 그의 영리함에도, 어떤 인간적인 지혜에도, 그 자신의 생각에도 의지하지 않았습니다. 그러므로 우리도 이와 같이 해야 할 것입니다. 사람들을 통하여 얼마간의 성취를 이룰 수 있었다 하더라도 그것에 대해 하느님께 감사드립시다. 다른 이들을 통해서건 우리가 가진 수단을 통해서건 우리가 얻게 된 유익에 대하여 감사드립시다.

• 요한 크리소스토무스 『시편 해설』 7,3.

우리가 한 모든 일에 감사하라

우리가 받은 모든 복에 대해 우리의 창조주께 감사드립시다. 그리고 이사야 예언자와 함께 "저희가 한 모든 일은 당신께서 저희를 위하여 이루신 것입니다"(이사 26,12) 하고 겸손하게 말합시다.

• 대 그레고리우스 『에제키엘서 강해』 1,4,16.

감사할 것은 구원받은 일만이 아니다

우리는 하느님께서 폭풍을 잠재우신 데 대해서만 아니라 그 일이 일어나도록 허락하신 데 대해서도 감사합시다. 그분은 우리를 난파에서 구하셨을 뿐 아니라 우리가 그러한 재난을 당하는 것을 허락하시고 그런 극도의 위험에 처하는 것을 용납하셨습니다. 그래서 바오로 사도도 "모든 일에 감사하십시오" 하고 우리에게 이릅니다. '모든 일에 감사하라'는 것은 악에서 구원받은 데 대해서만이 아니라 우리가 그러한 일들을 겪을 때에도 감사하라는 뜻입니다.

• 요한 크리소스토무스
『(입상에 관해) 안티오키아 신자들에게 행한 설교』 17,1.

모든 일에 언제나 하느님을 찬양하시오

바오로 사도는 이제 우리에게 "모든 일에 언제나 하느님 아버지께 감사를"(에페 5,20) 드리라고 촉구합니다. 이 말은 이중으로, 곧 '역경 속에 있을 때나 편안한 시절에나'라는 의미로 이해해야 할 것입니다. … 자기 스스로 덕망 높다고 생각하는 이들은 자기가 위험과 재앙을 면했다는 이유로 하느님께 감사드리는 경향이 있습니다. 그러나 바오로 사도에 따르면, 바로 그런 위험과 재난

속에서 하느님께 감사드리는 것이야말로 더 훌륭한 덕입니다.

• 히에로니무스 『바오로 서간 주해』(에페소서) 3,5,20.

감사하고 기도하다

주님께서 가까이 계시다는 것을 알면 큰 위로가 됩니다. … 여기 모든 나쁜 상황, 모든 고통을 덜어 주는 치료제가 있습니다. 그것은 무엇입니까? 모든 일에 감사하고 기도하는 것입니다. 바오로 사도는 우리가 청원 기도만 할 것이 아니라 우리가 받은 것에 대해 감사드리기를 바랍니다. … 이것이 진심으로 감사하는 사람의 표지입니다.

• 요한 크리소스토무스 『필리피서 강해』 15,4,4-7

그리스도 안에 머무르며 그리스도처럼 되다

자신을 위해 돌아가신 분처럼 될 날을 손꼽아 기다리며 교만도 자랑함도 없이, 창조된 것들과 창조주 — 전능하신 하느님이시며 만물이 존재하게 하신 — 의 관계에서 참된 영광을 굳게 지키며 [하느님께 대한] 사랑과 복종을 변함없이 지키고 늘 감사하는 사람은 누구나 [하느님]으로부터 더 큰 영광을 받을 것입니다.

• 리옹의 이레네우스 『이단 반박』 3,20,2.

어떤 상황에서든 감사하라

주님께서는 감사하는 이들을 사랑하십니다. 그들은 하느님을 찬미하기를 그치지 않습니다. 그들은 늘 주님께 감사합니다. 좋을 때나 나쁠 때나 하느님께 찬미와 감사를 드립니다. 어느 때든 그들은 시간의 하느님이신 주님을 흠숭합니다.

• 아타나시우스 『축일 서간』 3,5.

불행할 때나 행복할 때나 하느님께 감사를 드린다면, 이승의 번영은 금세 사라지는 연기나 수증

기 같은 것이라 여긴다면(시편 102,3 참조), 여러분은 복을 받을 것입니다.

• 세비야의 레안데르 『동정녀 교육과 세상 경멸』 23.

"모든 일에 언제나 하느님 아버지께 감사를 드리십시오"(에페 5,20). 그러면 우리는 모든 것을 넘치도록 얻게 될 것입니다. 이를테면, 금 만 냥을 잃어버렸습니까? 하느님께 감사를 드리십시오. 감사드림으로써 만 냥의 열 곱절을 받는 것입니다.

• 요한 크리소스토무스 『히브리서 강해』 20,7.

우리의 사랑과 그분에 관한 희망을 위하여 모든 것을 견디고 참아 내며 좋은 일이든 나쁜 일이든 — 즐거운 일이든 괴로운 일이든 — 모든 일에 감사합시다. 이런 것들도 구원의 무기라는 것을 대부분의 이성은 압니다.

• 나지안주스의 그레고리우스
『형제 카이사리우스 추도사』(연설 7) 24.

모든 일을 감사히 여기며 참고 견디시오

가난이든 병이든, 어떤 난관이 닥쳐도 모든 일을 감사히 여기며 참고 견디어 냅시다. "우리는 올바른 방식으로 기도할 줄 모르지만"(로마 8,26), 하느님께서는 우리에게 필요한 것이 무엇인지 헤아려 주시기 때문입니다. 성령의 가르침을 받지 않고서는 필요한 것을 어떻게 청할지조차 모르는 우리니, 그저 모든 일에 감사하며 어떤 일이 닥치더라도 꿋꿋하게 참고 견뎌 나갑시다. 여러분은 가난합니까? 감사드리십시오. 병들어 누운 몸입니까? 감사드리십시오. 부당하게 죄인으로 몰렸습니까? 감사드리십시오. 고난을 당하여 신음할 때면 주님께 더욱 감사드리십시오.

• 요한 크리소스토무스 『히브리서 강해』 33,8.

행동으로 감사하기

다른 사람이 아니라 하느님을 위해 단식하는 사람은 주님을 위해 그날을 지키는 것입니다(마태 6,18 참조). 이런 사람은 하느님을 위해 먹음으로써 모든 이가 감사히 여겨야 하는 복음을 가르칠 힘을 얻습니다. 이 사람은 자신의 배가 아니라 다른 사람의 구원에 헌신합니다(1코린 10,31-32 참조). … 말로 감사를 드리는 사람은 혼자 감사를 드리는 것이지만, 말뿐만 아니라 행동으로 감사를 드리는 사람은 다른 사람들과 함께 감사를 드리는 것입니다.

• 펠라기우스 『로마서 주해 단편』.

하느님께 드리는 우리 맏물

예수님께서는 당신의 창조물 가운데 맏물을 하느님께 바치라고 제자들에게 명하셨으니, 당신께 그 맏물이 필요해서가 아니라, 열매도 맺지 못하고 감사도 드릴 줄 모르는 인간이 되지 않게 하시려는 뜻이었습니다. … 하느님께서는 새로운 계약 안에서 당신 선물의 맏물인 양식을 우리에게 베풀어 주십니다.

• 리옹의 이레네우스 『이단 반박』 4,17,5.

빚에서 벗어난 이들이 채무자가 되기를 좋아하다니

바오로가 "여러분은 은총에서 떨어져 나갔습니다"(갈라 5,4) 하고 덧붙이는 것은 손해를 입은 이가 그리스도가 아니라 그들이기 때문입니다. 그리스도 은총의 효과는 율법에 따른 행위들을 빚지고 있던 이들을 그 빚에서 해방시켜 주었다는 것인데, 그런 위대한 은총에 감사할 줄 모르는 이 사람들은 율법 전체에 대한 채무자가 되는 것을 더 좋아합니다. 그런데 이 일은 아직 일어나지 않았습니다.

• 아우구스티누스 『갈라티아서 해설』 42 (1B,5,4-12).

하느님의 요구

악인은 받기만 하고 갚지는 않습니다. 무엇을 갚아야 합니까? 감사입니다. 주는 것이 여러분에게 유익이 되기 때문에 하느님께서는 이것을 요구하십니다. 하느님께서 달리 무엇을 바라시고 요구하십니까? 죄인이 얼마나 많은 것을 받았습니까! 그러나 그는 갚지 않습니다.

• 아우구스티누스 『시편 상해』 37,13.

하느님께 대항하는 이들

하느님께서 우리가 어느 날이고 그것을 기꺼이 실천할 수 있도록 회개를 주실 때, 왜 그들은 그들을 도와주시는 분께 감사와 찬미를 바치는 대신 어리석고 오만하게 그분께 대항합니까? 그렇게 함으로써 그들은 자기 머리에 유죄 판결을 불러오며 피할 수 없는 진노를 자신에게 쌓습니다.

• 알렉산드리아의 키릴루스 『루카 복음 주해』 149.

감사를 모르다

우리가 마치 생명의 주인이라는 듯이 오만해지거나 감사를 모르는 마음으로 하느님을 거슬러 자신을 드높이는 일이 없도록, 하느님의 힘은 약함 안에서 완전해지기 때문입니다(참조: 1코린 15,43; 2코린 13,4).

• 리옹의 이레네우스 『이단 반박』 5,2,3.

시샘 때문에 고마움을 잊어버리다

시샘이 사람으로 하여금 감사를 잊게 만드는 것을 보십시오. 라반의 아들들만 아니라 라반도 그랬습니다. … 이 선한 사람(야곱)이 온 덕분에 주님께서 자신의 재산을 불려 주신 데 대해 감사를 드려 놓고 이제 와서는 아들들 말에 흔들려 마음이 질투로 타올랐습니다. 이 선한 남자의 일이 잘 풀리는 것을 보았기 때문일 것입니다. 그래서

예전처럼 그(야곱)를 대할 수가 없었습니다.

• 요한 크리소스토무스 『창세기 강해』 57,9.

투덜거리는 사람은 은혜를 모르는 자다

누구의 강요 때문이 아니라 자기가 원해서 하는 일을 두고서 왜 투덜거립니까? 투덜거리면서 하느니 그 일을 아예 하지 않는 편이 낫습니다. [투덜거리면서 한다면] 우리가 하는 바로 그 일이 헛되기 때문입니다. … 투덜거리는 사람은 하느님께 감사한 줄 모르며, 하느님께 감사할 줄 모르는 이는 신성모독자입니다.

• 요한 크리소스토무스 『필리피서 강해』 9,2,12-16.

판결의 대상

현세에서 숱한 즐거움을 누리고 있으며, 살아 있는 다른 피조물들에 비하여 많은 본성적인 장점들을 소유하고, 또 여러 가지 은사를 누리고 있음에도 불구하고, 그들은 하느님께서 그들에게 부여해 주신 품위의 위대함을 이해하지 못하였습니다. … 그들은 그 모든 것을 주신 분께 감사를 드리는 일에는 거의 주의를 기울이지 않은 차 경솔한 삶을 살면서 죄 속에서 늙어 갑니다. 따라서 그들 또한 하느님께서 내리시는 엄격한 판결의 대상이 됩니다.

• 몹수에스티아의 테오도루스 『시편 해설』 49,13.

파라오는 감사할 마음이 없었다

교만과 공허한 생각에 사로잡힌 인간, 파라오를 예로 들어 봅시다. 그의 이집트 땅은 개구리 저앙으로 피폐해졌습니다. … 궁지에 몰린 파라오는 모세에게 기도를 부탁하며 … 그의 기도가 마침내 응답받았을 때, 감사할 마음이 없었습니다. 우쭐한 마음으로, 그는 하느님을 잊은 것입니다.

• 암브로시우스 『카인과 아벨』 1,9,33.

선한 그리스도인

저(막시무스)는, 자신이 누리는 하늘의 선물에 대해 창조주께 감사드리지 않는 사람들, 하늘의 호의로 득을 보면서도 은혜를 모르는 쓸모없는 사람처럼 그것을 주신 분을 알아보지 못하는 사람들을 바로 잡기 위해 매우 길게 연설했습니다. … 감사를 드리지 않는다면, 여러분은 하느님을 두려워하지도 사랑하지도 않는 것입니다. 그렇다면 여러분은 무례한 종이거나 거만한 아들입니다. 선한 그리스도인이라면 아버지요 주인이신 분을 늘 찬양하고 그분의 영광을 위하여 모든 선행을 해야 합니다.

• 토리노의 막시무스 『설교』 73,1.

하느님 마음

그분께서는 어떻게 어떤 이들은 마땅히 진노의 그릇들로 삼으시고, 다른 이들은 은혜롭게 자비의 그릇들로 삼으심으로써 그런 유익들을 분배하십니까?(로마 9,22 참조). 누가 주님의 마음을 알아 그분을 가르칠 수 있겠습니까?(1코린 2,15 참조). 우리가 은혜의 영광을 얻는다면, 우리가 받은 것을 우리 공으로 돌려 감사하지 않는 일이 없도록 합시다. "그대가 가진 것 가운데서 받지 않은 것이 어디 있습니까?"(1코린 4,7).

• 아우구스티누스 『펠라기우스파 두 서간 반박』 38.

감사의 요인

하느님께 감사해야 할 이유

우리 가운데 누구라도 이것과 관련해 고민할까 봐 말씀드리는데, 계명은 단 둘입니다. 하느님과 이웃이지요. 하나는 여러분을 만드신 분, 다른 하나는 여러분과 함께하라고 그분께서 만드신 이

입니다. 아무도 여러분에게 "해를 사랑하라, 달을 사랑하라, 땅을 또는 만들어진 모든 것을 사랑하라"고 말한 적 없습니다. 이런 것들은 그 안에서 하느님께서 찬미받으시는, 창조주께서 찬양받으시는 것들입니다. "당신의 업적들이 얼마나 위대합니까!" 우리는 이렇게 말합니다. "당신께서는 그 모든 것을 당신 슬기로 이루셨습니다." 그것들은 당신의 것이며, 당신께서 그 모두를 만드셨습니다. 당신께 감사드립니다! 그런데 당신께서는 우리가 그 모든 것을 다스리게 하셨습니다. 감사드립니다! 저희가 당신의 모습을 지니게 하셨기에 그렇습니다. 감사합니다. 저희가 죄를 지었는데, 저희를 찾아 주셨습니다. 감사합니다! 저희가 소홀히 했건만 당신께서는 저희를 소홀히 하지 않으셨습니다. 감사합니다! 저희가 당신을 업신여겼건만 당신께서는 저희를 업신여기지 않으셨습니다. 저희가 당신의 신성을 잊어버리고 당신을 잃어버리려 하자, 당신께서는 인성을 취하시기까지 하셨습니다. 감사합니다! 저희가 감사를 드리지 않아도 될 때와 장소가 어디에 있겠습니까?

• 아우구스티누스 『설교』 16A,6.

섭리에 대해 감사

성도들에게 우리를 위해 감사를 드리라고 권고합시다. 감사한 마음을 가지자고 우리 서로 권고합시다. 이 훌륭한 일은 특히 사목자들이 해야 할 일입니다. … 여러분은 여러분만 누리는 축복에 대해서는 물론 다른 이들과 함께 누리는 축복에 대해서도 감사를 드려야 합니다. 여러분만이 바칠 수 있는 특별한 찬미를 바쳐야 하는 것입니다. … 다른 이들이 하느님께 대해 지닌 믿음에 대해서도 감사를 바칩시다. 이는 교회가 처음 생겨났을 때부터 시행되어 온 역사 깊은 관습입니

다. 그래서 바오로 사도도 로마 신자들을 위해, 코린토 신자들을 위해, 그리고 온 세상을 위해 감사를 바칩니다.

• 요한 크리소스토무스 『코린토 2서 강해』 2,5.

하느님께서 인간의 마음 안에서 일하신다

그(바오로)는 왜 하느님께 감사를 드릴까요? 어떤 사람에게 그가 하지도 않은 일에 대해 감사하는 것은 의미 없고 헛된 일이 분명합니다. 그러나 바오로 사도의 감사가 헛되고 의미 없는 일일 리 없으니 그가 이 일에 대해 감사드리는 하느님께서 그 일을 이루어 주신 것이 틀림없기 때문입니다. 그래서 테살로니카 신자들은 사도의 말을 들을 때 "그것을 사람의 말로 받아들이지 않고 사실 그대로 하느님의 말씀으로"(1테살 2,13) 받아들였던 것입니다. 그런즉 하느님께서는, 우리가 앞에서 길게 논했던, 당신의 목적에 따른 부르심을 통해 인간의 마음 안에서 일하십니다.

• 아우구스티누스 『성도들의 예정』 19,39.

믿음에 감사하다

바오로는 우리가 율법에 의해서가 아닌 "마음으로부터" 의로움의 종이 되었다고 말합니다. … 율법과 예언자들이 유대인들에게 그리스도에 관해서 예언한 것을 다른 민족들이 마음으로부터 고백했던 것입니다. 그래서 바오로는 주님께 감사를 드립니다. 우리가 아직 죄의 종이었을 때 마음으로부터 순종하여 그리스도를 믿음으로써 모세의 율법이 아닌 본성의 법에 따라 하느님을 섬기게 되었기 때문입니다.

• 암브로시아스테르 『바오로의 열세 서간 주해』(로마서).

하느님께서 이루신 것에 감사하다

어떤 이들을 위해 하느님께 감사드리는 것은 그들이 믿음에서 진보한 데 대해 증언하는 이의 행동입니다. 바오로 사도는 테살로니카 신자들을 칭찬할 뿐 아니라, 모든 일을 하느님께서 몸소 이루신 것처럼 그들을 두고 하느님께 감사를 드립니다. 또 그들이 스스로 자만하지 않도록, 그들의 모든 성장은 하느님 덕분이라고 가르칩니다.

• 요한 크리소스토무스 『테살로니카 1서 강해』 1.

그리스도께 찬미

요한은 거룩한 천사들과 천사들처럼 사는 이들이 하느님께 감사의 찬미를 올린다고 이야기합니다. 주님께서 우리를 위하여, 하느님으로서 태초부터 소유하셨던 그 나라를 인간으로서도 받기에 합당한 존재가 되셨기 때문입니다.

• 카이사리아의 안드레아스 『묵시록 주해』 11,15.

그리스도의 오심에 감사

하느님은 제한되어 계시지 않고 모든 것을 당신 안에 갖고 계시기에, 무한하다고 판단되는 유일한 존재이십니다. 그렇게 위대하신 분이면서도 인간이 죽음과 죄에 종속되어 있을 때 그리스도를 통하여 찾아와 주신 사실에 대해 우리는 그분께 아무리 감사드려도 모자랍니다.

• 암브로시아스테르
『바오로의 열세 서간 주해』(에페소서) 3,18,2.

성도들이 그리스도의 선물과 은혜에 감사드리다

어린양의 노래라는 말에서는 그것이 그리스도께서 오신 뒤에 거룩함 안에서 산 사람들이 바친 감사임을 압니다. 이 감사는 그분께서 우리 인류에게 내리신 선물과 은혜들에 대한 감사입니다. 그분께서 거룩한 사도들을 통하여 모든 민족들을 당신께 관한 지식으로 부르셨기 때문입니다.

• 카이사리아의 안드레아스 『묵시록 주해』 15,3-4.

예표된 말씀이 이루어진 것에 감사

구약성경에서 예표된 모든 진리가 신약성경에서 이루어진 것을 보는 우리는 할 수 있는 한 힘껏 하느님께 감사드려야 합니다. 우리가 아무런 공로를 쌓지 않았는데도 황공하옵게도 먼저 그처럼 고귀한 선물을 우리에게 주셨기 때문입니다. 이 고귀한 은혜가 우리에게 심판이 아니라 진보의 계기가 될 수 있도록, 우리는 그분의 도움을 받아 있는 힘껏 노력합시다.

• 아를의 카이사리우스 『설교』 87,6.

그리스도의 이름으로 감사드린다는 것은

우리는 하느님께서 주신 모든 선물에 대해 그분께 감사드리라는 권고를 듣습니다. 하느님께서는 우리에게 당신을 알게 해 주시는 당신의 아드님 그리스도를 통하여 우리를 자녀로 삼으시기 위해 당신 자신을 몹시 낮추셨기 때문입니다. 영이신 하느님께서는 성령 안에서 찬미받으신다고 우리는 배웠습니다. 그래서 우리는 겸손을 실천하라고 우리에게 이르신 그리스도를 공경하는 마음에서 서로에게 복종합니다.

• 암브로시아스테르
『바오로의 열세 서간 주해』(에페소서) 5,21.

주님의 감사

예수님께서 수많은 민중을 먹이시는 바로 그 순간 감사를 드리셨다는 사실을 그냥 보아 넘겨서는 안 됩니다. 예수님은 우리가 하늘에서 받는 선물에 늘 감사하게 하시려고 감사드리셨고, 당신께서 우리의 영적 회복을 얼마나 기뻐하시는지 깊이 새겨 주시기 위해서도 감사를 드리셨습니다.

• 존자 베다 『복음서 강해』 2,2.

하느님께서 주신 모든 선물에 감사

이스라엘은 율법의 가르침으로 하느님을 알도록 부름 받았고, 하느님의 선물을 풍부하게 받았습니다. 이스라엘은 [이집트에서] 구원되었으며 약속된 땅을 상속받았습니다. … 그리스도께서 나타나시어 악마의 거만함을 파괴하셨을 때 그분은 민족들을 하느님 아버지께 인도하셨고, 민족들은 참된 빛의 광채를 누리며 그분의 영광을 함께 나누었습니다. 그들은 복음을 따라 생명의 길이 비추는 광채를 누리며 이 모든 선물에 대해 하느님 아버지께 감사의 찬미를 드렸습니다.

• 알렉산드리아의 키릴루스 『이사야서 주해』 3,1,25.

그분에게서 오는 좋은 것들에 대해 감사

우리는 과부들과 고아들에게 참으로 두려워하는 마음과 경건한 경의를 갖고 자신들에게 주어진 것들을 받고 궁핍한 이들에게 음식을 주시는 하느님께 감사를 드리며 하느님을 향해 눈을 들도록 권고합니다. … 여러분은 하느님의 그러한 보살핌을 받으며 그분에게서 오는 좋은 것들을 누리고 있으니, 고아와 과부들을 받아 주시는 분, 전능하신 하느님께 그분의 사랑받는 아드님이신 우리 주 예수 그리스도를 통하여 찬양을 드려야 합니다.

• 『사도 헌장』 4,1,5.

그들은 곧 예수님을 따랐다

은혜를 입고도 감사할 줄 몰랐던 사람들과 달리, 이들은 눈을 뜬 후 서둘러 떠나지 않았습니다. 이 눈먼 두 사람은 그러지 않았습니다. 이들이 은혜를 받기에 합당했다는 것은 그들이 큰 소리로 외쳤다는 것과 치유받은 뒤 예수님을 따른 사실에서 드러납니다. 이들은 선물을 받기 전에는 인내했고, 선물을 받고 나서는 감사했습니다. 그들이 예수님을 따랐다고 쓰여 있기 때문입니다.

• 요한 크리소스토무스 『마태오 복음 강해』 66,1.

아브라함은 벌써 선물을 받기라도 한 듯 하느님께 감사를 드렸습니다.

• 펠라기우스 『로마서 주해 단편』.

감사로 시작하다

바오로는 코린토 신자들에게 훈계를 시작하기 전에 먼저 듣기 좋은 말을 합니다. 하지만 그 말은 다 진실입니다. 그는 하느님께서 그들에게 주신 은사에 대해 하느님께 감사를 드립니다.

• 키루스의 테오도레투스
『바오로의 열두 서간 주해』(코린토 1서) 166.

고난 속에서도 감사하다

우리가 크게 기뻐하며 감사를 드릴 수 있다는 것은 엄청나게 좋은 일입니다. 그런데 두려움에서 드리는 감사도 있고 슬픔 속에 올리는 감사도 있습니다. 욥이 그랬습니다.

• 요한 크리소스토무스 『성경 주해 선집』.

바오로는 가는 곳마다 늘 환난을 당했지만 그 때문에 절망에 빠지지는 않았습니다. 오히려 그는 기뻐하며 감사를 드렸습니다. 박해는 수치스러운 일을 당하는 것처럼 보이지만 실상 그것은 지극히 영예로운 일이기 때문입니다.

• 요한 크리소스토무스 『코린토 2서 강해』 5,1.

사람이 불행을 겪을 때보다 더 기꺼이 하느님께 찬양을 드려야 할 때는 없을 것입니다. 또한 고초와 유혹을 당한 뒤 안식을 얻을 때보다 더 감사를 드려야 할 때도 없을 것입니다.

• 아타나시우스 『축일 서간』 10,3.

하느님의 섭리가 모든 것을 지배하다

누군가 곤경에 처했다가 다시 회복한다면, 이것은 하느님께 감사할 일입니다. 비록 인간이 하는 일이 인간적인 뿌리를 가진 것처럼 보일지라도 만일 하느님께서 그것을 주재하시지 않는다면, 그 일은 오래가지 못합니다.

• 맹인 디디무스 『욥기 주해』 8,11-12.

풍요함은 우리를 망칠 수 있다

우리가 올바른 길을 걷기 위해서는 끊임없이 고삐가 필요합니다. 유대인들마저 그 길을 벗어나 하늘로부터 진노를 불러일으켰기 때문입니다. 이집트의 종살이에서 자유롭게 된 뒤 안락함을 누리게 되었을 때, 그들은 더 큰 감사를 드리며 자신들의 주인님께 찬미를 바쳐야 마땅했습니다. 그들에게 그러한 은혜를 베푸신 분에게 더욱 성실해야 마땅했습니다. 그러나 그들은 반대로 행동하였고, 풍요로움을 누리는 안락함이 그들을 망쳐 버렸습니다.

• 요한 크리소스토무스 『예비신자 교리교육』 5,16

불구자의 신앙

불구자는 치유를 받고 나서, 하느님께 감사를 올리며 사도들 곁을 떠나지 않았습니다. 그는 "그들과 함께 성전으로 들어가면서, 걷기도 하고 껑충껑충 뛰기도 하고 하느님을 찬미하기도 하였다"(사도 3,8)고 합니다. … 그것은 감사해서라고밖에 말할 수 없습니다. 그는 몸이 이미 나은 뒤에도 그랬던 것입니다. 그의 믿음이 감사하는 마음과 치유로 드러났습니다.

• 요한 크리소스토무스 『사도행전 강해』 8.

히즈키야의 감사

시편 제28편은 히즈키야의 질병과 회복에 대해

언급합니다. 그가 인간이면서도 성공으로 자만에 빠지자 병에 걸리게 되었습니다. 병에서 회복되자 그는 병과 회복 둘 다에 감사드립니다.

• 타르수스의 디오도루스 『시편 주해』 28.

주님께서 만민에게 내리신 치유의 상징

나아만은 ⋯ 자신을 낮게 해 주신 하느님께 감사드리며, 우주의 주님께서 자신을 알뜰히 살피시어 단순히 물을 통해 그런 특별한 힘을 자신에게 내려 주셨음을 증언했습니다. 그는 또한 자신의 치유는 강물에서 비롯된 것이 아니라 엘리사의 명령으로 말미암은 것임을 고백했습니다.

• 시리아인 에프렘 『열왕기 하권 주해』 5,15.

기적을 기다리지 마라

지금 이 시대에도, 아프던 자녀나 아내가 차도를 보이면 그것을 표징으로 이해하고 신심이 한결 깊어지는 사람들을 많이 볼 수 있습니다. 그렇지만 자녀나 아내가 차도를 보이지 않아도 사람들은 여전히 하느님께 감사드리고 찬미를 바칩니다. 주인을 사랑하고 정신이 올바로 박힌 종들은 용서받을 때만 아니라 벌 받을 때도 마땅히 주인에게 달려가야 하기 때문입니다.

• 요한 크리소스토무스 『요한 복음 강해』 35,3.

부모에게 감사하는 마음

부모에게 감사하는 마음을 지니는 것은 인간만의 특성이 아니라 거의 모든 동물에게도 있는 감정이기 때문에, 그들은 자신들에게 좋은 것을 베푸는 이들에게 애착을 가지게 됩니다.

• 대 바실리우스 『대 수덕집』(긴 규칙서) 2.

신자들의 행실에 감사하다

바오로는 코린토 신자들을 두고 어떤 때에만, 곧

그들이 바른 행실을 보일 때에만 감사를 드리는 것이 아닙니다. 자녀가 무슨 짓을 하든 늘 자신의 자녀에 대해 감사하는 아버지의 태도를 보입니다.

• 오리게네스 『코린토 1서 주해 단편』 1,2,1-15.

다윗의 남다른 부정父情과 지혜

다윗 임금의 아이는 간통으로 태어났지만, 그때는 아이 어머니에 대한 이 복된 사람의 사랑이 가장 뜨거웠을 때고, 여러분이 알다시피, 아이는 부모의 사랑을 함께 나누기 마련입니다. 그만큼 그 아이에 대한 다윗의 사랑은 컸습니다. 그 자신의 죄를 되새겨 주는 아이였지만, 그는 아이를 주신 데 대해 하느님께 감사드렸고 그 아이가 살기를 바랐습니다.

• 요한 크리소스토무스 『콜로새서 강해』 9.

불임은 죄 때문이 아니다

여러분은 덕성스러운 삶을 사는 부부에게 아이가 없는 것을 볼 때면, 믿음에 헌신적인 신심 깊은 사람들인데도 아이가 없는 것을 볼 때면, 그것이 죄의 결과라 생각하지 마십시오. 사실 하느님 계획의 많은 이유를 우리는 헤아리지 못합니다. 우리는 모든 일에 대해 하느님께 감사드려야 하며, 아이가 없는 이들이 아니라 죄 안에 사는 이들만을 사악한 자라고 여겨야 합니다. 하느님께서 우리의 선익을 위해 하시는 일이지만 우리는 그 일이 왜 일어나는지 이유를 깨닫지 못하는 경우가 사실 많습니다. 그러니 우리는 모든 일에서 그분의 지혜에 감탄하며 그분의 이루 말할 수 없는 사랑을 찬미할 일입니다.

• 요한 크리소스토무스 『창세기 강해』 49,6.

하느님의 영광을 위해 먹고 마신다는 것은 창조

주께 감사를 드린 다음 먹고 마신다는 뜻입니다.

• 암브로시아스테르 『바오로의 열세 서간 주해』(코린토 1서).

감사한 마음으로 받은 것

하느님께서는 우리가 불순한 음식 대신 무절제를 모르는 영혼을 청하며 기도하기 바라십니다. 하느님께서 창조하신 모든 것은 좋은 것이고, 우리가 감사한 마음으로 받은 것은 하찮게 여겨져서는 안 됩니다.

• 요한 크리소스토무스 『성경 주해 선집』.

물질적, 영적 회복에 감사

전능하신 주님, 당신은 당신 이름 때문에 만물을 창조하시고, 사람들에게 양식과 음료를 주시어 즐기게 하시고 당신께 감사드리도록 하셨습니다. 그리고 당신 종을 통하여 우리에게 영적 양식과 음료와 영생을 베풀어 주셨습니다. 무엇보다 우리가 당신께 감사드리는 것은, 당신이 능하시기 때문입니다. 당신께 영광이 영원히.

• 『디다케』 10,3-4.

받아들일 때의 본보기

우리는 하느님께서 우리에게 주시는 좋은 것들에 감사드려야 하며, 그분께서 따져서 주신다고 해서 마지못해 받아들여서는 안 됩니다. 하느님께서 우리가 당신과 하나 될 수 있도록 해 주신다면, 우리는 그것을 가장 기쁘고 완벽한 선물로 받아들입시다. 그분께서 그 일을 미루신다면, 우리는 그 미룸을 인내로 견딥시다. 우리 삶을 결정짓는 것은 그분이기 때문입니다.

• 대 바실리우스 『설교』 9,5 ("기도에 관하여").

감사와 기도

감사와 기도

기도는 불신자들을 위한 것이고, 감사는 신자들에 대한 것입니다. 기도는 우리가 청하는 것을 그분께서 해 주시기 바라기에 바치는 것이고, 감사는 그분께서 해 주신 것에 대해 바치는 것입니다.

• 아우구스티누스 『편지』 217

하느님께 드리는 감사 기도

성도들이 하느님께 드리는 감사 기도는 그분께서 그리스도 예수를 통해 베푸신 호의에 고마움을 표현하는 것입니다. … 예수님은 '나에게 청하여라'라거나 간단하게 '아버지께 청하여라'라고 하지 않으셨습니다. "너희가 내 이름으로 아버지께 청하는 것은 무엇이든지 그분께서 너희에게 주실 것이다"(요한 15,16)라고 하셨습니다.

• 오리게네스 『기도론』 15,2

한결같이 찬미하다

그(다윗)는 큰 위험에서 구출되자 자신을 구해 주신 하느님께 감사 기도를 올렸습니다. "나 언제나 주님을 찬미하리라. 내 입에 늘 그분에 대한 찬양이 있으리라"(시편 34,2). 죽음을 피한 그는 마치 자신의 삶에 새로운 규범을 마련하듯이 자신의 영혼이 따를 삶의 태도를 구체적으로 정합니다. 잠시도 찬미를 그치지 않겠다고 하며 크고 작은 모든 일을 하느님께 돌립니다.

• 대 바실리우스 『시편 강해』 16(제33편).

하느님께 바치는 기도

우리가 하느님께 바치는 모든 기도는 우리가 받은 것에 대해 드리는 감사이거나 무엇인가를 받기를 청하는 것입니다. 우리는 우리 자신을 위해서 또 우리가 사랑하는 이들을 위해서 기도하라는 권고를 듣습니다. 그래서 바오로 사도는 '나는 기도 중에 여러분(에페소 신자들)을 기억하며 여러분 때문에 감사를 드린다'라고 말합니다. '그러므로 나의 가장 주된 기도는 첫째는 나와 관련된 것이고,[2] 그다음엔 여러분과 관련된 것입니다'[라는 뜻입니다].

• 마리우스 빅토리누스 『바오로 서간 주해』(에페소서) 1,1,16.

감사의 말

바오로는 그의 다른 서신들도 감사의 말로 시작하는데, 이는 곧 자기 자신뿐 아니라 타인의 일에 대해서도 하느님께 먼저 감사를 드려야 함을 서간을 받는 사람들에게 말과 행동으로 가르치는 것으로 보입니다. 그런데 이 서간의 인사말은 특별한 의의가 있습니다. … 감사의 말에 '예수 그리스도를 통하여'라는 말을 덧붙인 것은 이단자들이 생각하는 대로 그리스도의 사목 활동을 인정한다는 뜻이 아니라, 그분이 감사의 원인이시기 때문입니다. 그래서 바오로 사도는 그들 모두에 대해 하느님께 감사를 드리며 그리스도가 그 모든 일의 원인이시라고 합니다.

몹수에스티아의 테오도루스 『로마서 단편』.

예수 그리스도를 통하여

바오로는 로마 신자들에게 한 것처럼 때로는 모든 이에게 감사를 전하며 글을 쓰지만 때로는 "여러분 모두의 일로"(로마 1,8) 같은 말을 덧붙이지 않고 감사를 드리기도 합니다. 이 점을 알아차린 독자라면, 바오로가 모든 이에게 감사를 전하는 곳에서는 수신인들의 중대한 잘못이나 죄를 꾸짖는 일이 없다는 것을 알 것입니다. 그러나 그가 사람들을 꾸짖고 훈계할 때는 감사 인사에 '모두에게'라는 말을 붙이지 않습니다. … 로

마서에서 바오로는 감사로 서간을 시작합니다. 하느님께 감사를 올리는 것은 그분께 찬미라는 제물을 바치는 것입니다. 그래서 바오로는 대사제를 통하듯이 '예수 그리스도를 통하여'라는 말을 덧붙입니다. … 바오로가 무엇에 대해 감사드리는지 봅시다. "여러분의 믿음이 온 세상에 알려지고 있기 때문입니다"(로마 1,8)라고 그는 말합니다.

• 오리게네스 『로마서 주해』.

기도로 우리를 도와주십시오

바오로가 이렇게 말하는 것은 다른 이들을 위해서 기도하고 다른 이들에게 일어나는 일들에 대해서도 하느님께 감사드리는 습관을 갖도록 분발시키려는 뜻입니다. 남들을 위해 이렇게 하는 사람들은 자기 자신을 위해서는 더더욱 그럴 것입니다. 바오로는 그들에게 겸손과 깊고 뜨거운 사랑을 가르치기도 합니다.

• 요한 크리소스토무스 『코린토 2서 강해』 2,5.

감사하는 마음으로 은혜에 대해 감사하다

바오로 사도는 끊임없이 기도하다 보면 분심에 빠지는 경우가 많다는 것을 알고 있습니다. … 그러면서 "감사하는 마음으로 깨어 있으십시오"라고 합니다. 보이는 것과 보이지 않는 것 모두에 대해 감사하는 마음으로 기도드리는 것이 그대의 일이 되게 하라고 바오로 사도는 말합니다. 기꺼이 받아들이는 이들과 그렇지 않은 이들에게 하느님께서 내려 주신 은혜에 대해, 하늘 나라에 대해, 저승에 대해, 응보와 회복에 대해 감사하라고 합니다. 모든 이가 누리는 은혜에 대해

---

2 '모든 성도를 향한 여러분의 사랑에 대한 나의 감사'를 가리킨다.

감사드리는 것이 성도들의 일상적 기도입니다.

• 요한 크리소스토무스 『콜로새서 강해』 10.

감사를 잊지 마라

하느님의 자비에 희망을 두면 의심이 사라집니다. 그리고 청한 것은 모두 얻을 것입니다. 청한 것을 얻으면, 받은 사랑을 고마워할 줄 모르고 그것을 잊어버리지 마십시오. 받은 사랑을 잘 기록하고 하느님께 감사의 노래를 바치십시오.

• 요한 크리소스토무스 『시편 해설』 13,3.

희망에 찬 영혼

희망에 찬 영혼을 보십니까? 그는 청하고, 청한 것을 받기도 전에 마치 이미 그것을 받은 것처럼 감사를 드리며, 하느님을 찬미합니다. 그리고 그가 기대하였던 모든 것을 얻습니다.

• 요한 크리소스토무스 『시편 해설』 13,2.

깨어 기도를 바치시오

'주님께서 가까이 오셨다'(필리 4,5)고 바오로 사도는 말합니다. 그들은 준비된 상태로 깨어 기도를 바치며 하느님께 감사를 드리고 모든 세상 걱정을 잊어 버려야 합니다. 주님께서 약속하시는 것을 눈으로 보게 될 것을 기대해야 합니다. 바오로 사도가 가르치듯이, 그분의 약속이 우리가 그분께 감사를 드리는 이유입니다.

• 암브로시아스테르
『바오로의 열세 서간 주해』(필리피서) 4,7,2.

감사와 구원

구원의 길

벤야민 압바가 임종 순간에 제자들에게 말했다.

"여러분은 이렇게 하면 구원될 것입니다. '언제나 기뻐하십시오. 끊임없이 기도하십시오. 모든 일에 감사하십시오'"(1테살 5,16-18).

• 『사막 사부들의 금언』(벤야민) 4.

이루 말할 수 없는 감사

아담 안에서건 저 스스로건 "모든 사람이 죄를 지어 하느님의 영광을 잃었습니다"(로마 3,23). 그 결과 온 인류가 벌을 받아야만 했습니다. … 그러니 하느님의 정의가 만인에게 유죄판결을 내려도 어떤 탓도 할 수 없음을 생각할 때, 당신께서 원하시는 이들을 자유롭게 하시는 이 하느님의 자비에 이루 말할 수 없는 감사를 바치지 않을 만큼 어리석은 자가 어찌 있을 수 있습니까?

• 아우구스티누스 『본성과 은총』 1,4-5.

하느님께 감사하기

우리는, 인간을 위해 세상과 그 안의 만물을 창조하시고, 우리를 원죄에서 구원해 주셨으며, 당신의 의지로 고통을 당하신 분을 통하여 악의 권세와 권력들을 완전히 멸하신 하느님께 감사드려야 합니다.

• 순교자 유스티누스 『유대인 트리폰과의 대화』 41,1.

모든 것이 하느님 덕분

우리 구원에 대한 모든 감사는 오직 하느님께 드려야 합니다. 그분은 우리가 길을 벗어나 헤매며 바른길을 찾지도 않을 바로 그때, 우리를 생명으로 다시 부르시기 위해 우리에게 자비를 베푸십니다. 그러니 우리는 우쭐댈 것이 아니라, 그리스도에 대한 믿음을 통해 거룩한 탄생으로 우리를 새사람이 되게 하신 하느님을 자랑해야 합니다.

• 암브로시아스테르
『바오로의 열세 서간 주해』(에페소서) 2,10.

하느님을 자랑하다

우리는 구원에 대한 확신을 주신 하느님께 감사해야 할 뿐만 아니라, 우리 주 예수 그리스도를 통해 하느님을 자랑하기도 해야 한다고 바오로는 가르칩니다. 중개자이신 아드님을 통해 하느님께서 친히 우리를 벗이라 부르시기 때문입니다. 그러므로 우리는 그리스도를 통해 모든 복을 받았고 그분을 통하여 하느님을 알게 되었다는 것을 자랑할 수 있습니다.

• 암브로시아스테르『바오로의 열세 서간 주해』(로마서).

겸손히 자신의 예전 삶을 돌아보라

모든 이를 온유하게 대해야 합니다. 과거의 상태에서 구원된 사람은 다른 사람들을 비난하지 말고 기도하며, 자신과 그들을 그런 악에서 구해 주신 분께 감사해야 하기 때문입니다. 아무도 자랑하지 마십시오. 모두가 죄를 지었습니다. 자신이 지금 잘하고 있어서 다른 이들을 욕하고 싶은 마음이 들면 자신의 옛 삶과 미래의 불확실함을 생각하고 화를 가라앉히십시오.

• 요한 크리소스토무스『티토서 강해』5.

구해 주신 데 대해 감사하다

이 아홉 번째 시편이 히브리어 본문에서는 둘로 나뉩니다. 이 시편에 두 가지 주제가 나타나기 때문에 그렇게 된 것 같습니다. 이 아홉 번째 시편의 첫째 부분은 하느님께서 서로 다른 시기에 강하게 저항하는 이웃들과 원수들로부터 그들을 구해 주신 것에 대해 감사드립니다. 반면에 시편의 나머지 부분은 백성들 가운데 가난한 사람들에 대한 부자들의 멸시를 줄곧 고발합니다.

• 타르수스의 디오도루스『시편 주해』9.

영혼을 집어삼키는 자

바오로 사도는 "나는 사자의 입에서 구출되었습니다"(2티모 4,17)라며 자신을 구해 주신 주님께 또 다시 감사를 올립니다. "사자"는 '누구를 삼킬까 하고 찾아 돌아다니는'(1베드 5,8 참조) 자입니다. 그는 간계로 뭉친 자이며 때로 거짓을 진실처럼 포장합니다.

• 익명『파코미우스의 생애』(그리스어) 135.

성도들이 구원자께 찬미를 바칠 것이다

주님과 함께 다스리는 성도들은 사악한 자들이 벌받는 것을 언제나 볼 수 있으며, 그리하여 그들은 자신들의 구원자께 더 큰 감사를 드리며 주님의 자비를 영원히 찬미할 것입니다. 불길 속에 있던 부자가 편히 쉬는 라자로를 보아도 조금도 기운이 돋지 않았던 것처럼(루카 16,23-24 참조) 악한 자들의 고통은 의로우신 심판관과 뜻을 함께하는 이들에게 괴로움을 주지 못합니다.

• 존자 베다『묵시록 해설』14,10.

하느님을 찬미하는 천사들

천사가 감사를 올릴 때 하늘의 제단 주위에 선 이들도 거기에 맞추어 감사를 바칩니다. "제단이 말하는 것을 들었습니다"(묵시 16,7)라는 말은 제단에서 시중드는 이들을 뜻하기 때문입니다. 저희가 앞에서 언급된 모든 고통에서 구원받아 그리스도께 감사의 찬가를 바칠 수 있게 해 주십시오. 그리스도께 영원토록 영광 있나이다.

• 오이쿠메니우스『묵시록 주해』16,2-7.

거룩함

거룩함은 하느님께 전적으로 헌신하는 것을 뜻합니다.

• 대 레오 『설교』 94,2.

거룩함은 순수함을 뜻합니다.

• 요한 크리소스토무스 『히브리서 강해』 31,1.

하느님의 거룩함 안에서 우리는 정화됩니다.

• 암브로시아스테르 『바오로의 열세 서간 주해』(에페소서) 5,10.

첫 반죽덩이가 거룩하면 그 거룩함은 당연히 반죽 전체에 스며듭니다.

• 예루살렘의 키릴루스 『신비 교리교육』 3,6.

거룩하신 하느님을 닮고자 하는 이는 그 자신도 거룩해져야 합니다.

• 안드레아스 『성경 주해 선집』.

거룩한 사람은 덕이 충만한 사람입니다.

• 히에로니무스 『바오로 서간 주해』(에페소서) 1,1,4.

거짓 겸손의 아들은 거룩함 밖에 있으므로 참으로 하느님 바깥에 있습니다.

• 오리게네스 『여호수아기 강해』 20,5.

거룩함의 의미와 이해

거룩함의 의미

'거룩하다'는 단어의 뜻풀이는 그리스어를 통해서만 가능합니다. '거룩한'을 뜻하는 그리스어는 '하기오스'*hagios*이고, '하기오스'는 '세상의 것이 아닌'이란 뜻이기 때문입니다. 그러므로 우리가 땅의 것보다 거룩한 것을 더 많이 열망한다면, '거룩하다'는 우리에게 어울리는 말이라 하겠습니다.

• 아를의 카이사리우스 『설교』 1,19.

"그 경계는 저 멀리 카데스에 이른다"고 되어 있습니다. '카데스'는 '거룩함' 또는 '성화'를 뜻합니다. 그러므로 유다 지파 경계의 끝은 성화입니다.

• 오리게네스 『여호수아기 강해』 19,3.

거룩한 이와 어린아이의 다른 점

"거룩한" 것과 "흠 없는"(에페 1,4) 것은 다릅니다. 거룩한 사람은 [거룩하다는] 바로 그 사실로 인하여 흠 없다고 이해되지만, 어느 한 시점에 흠 없는 사람은 바로 그 사실로 인하여 거룩한 사람인 것은 아닙니다. 사실 어린아이는 몸이 순결하고 아무런 죄도 짓지 않았기에 무구하지만 그들이 거룩한 것은 아닙니다. 거룩함이란 의지와 노력 없이 얻어지는 것이 아니기 때문입니다. 또한, 아무런 죄도 짓지 않은 사람은 흠 없는 사람으로 불릴 수 있지만, 거룩한 사람은 덕이 충만한 사람입니다.

• 히에로니무스 『바오로 서간 주해』(에페소서) 1,1,4.

주님은 거룩하신 분

"나 주님이 거룩하니, 너희도 거룩한 사람이 되어야 한다"(레위 20,26; 참조: 마태 5,48). 그렇지만 사람은 아무리 성덕에서 진보한다 해도, 순수함과 거룩함을 아무리 많이 지닌다 해도 주님처럼 거룩해질 수는 없습니다. 주님께서는 성덕을 주시는 분이시고 인간은 그것을 받는 자이며, 주님은 거룩함의 샘이시고 인간은 그 샘에서 거룩한 물을 마시는 자이며, 주님은 거룩함의 빛이시고 인간은 그 거룩한 빛을 바라보는 자이기 때문에 그렇습니다. 그래서 "주님처럼 거룩하신 분이 없습니다. 당신 말고는 아무도 없습니다"(1사무 2,2)라고 한 것입니다.

• 오리게네스 『사무엘기 상권 강해』 1,11.

거룩한 열매

그리스도께서는 여러분 구원의 시작이십니다.

그분은 참으로 첫 열매이시며 여러분은 그 뒤를 잇는 열매입니다. 첫 열매가 거룩하다면 당연히 그 거룩함이 다른 열매에게도 이어집니다. 이 가르침을 흠 없이 잘 보존하십시오. 이 가르침이 여러분 안에 머물면 여러분에게 모든 것을 가르쳐 줄 것입니다. … 이 거룩한 것은 육체의 영적 지킴이며 영혼의 구원이기 때문입니다.

• 예루살렘의 키릴루스 『예비신자 교리교육』 11,6-7.

실제로 이루어지다

참으로 그분은 "만물로 바치는 빵 반죽덩이"이시고 여러분은 "나머지 반죽"(로마 11,16)이기 때문입니다. 첫 반죽덩이가 거룩하면 그 거룩함은 당연히 반죽 전체에 스며듭니다.

• 예루살렘의 키릴루스 『신비 교리교육』 3,6.

성령으로 성화된 자녀들

피조물은 피조물을 거룩하게 만들지 못하며, 모든 피조물(콜로 1,16 참조)은 "저는 이들을 위하여 저 자신을 거룩하게 합니다"(요한 17,19)라고 말씀하신 거룩하신 분에 의해서만 거룩하게 됩니다. 그러나 그분은 성령을 통하여 그렇게 하십니다. … 물론 성령은 피조물이 아니라 하느님 신성의 표지시며 만물을 거룩하게 하는 샘이십니다. 사도가 가르치듯이, 우리는 성령의 거룩함 안으로 불렸습니다(2테살 2,13 참조). 이 성화는 우리를 새롭게 하고 우리가 하느님의 모상임을 다시금 보여 줍니다. 성령 안에서 씻기어 새로 태어나고 새롭게 됨으로써 우리는 하느님의 양자(자녀)들이 됩니다.

• 대 바실리우스 『에우노미우스 반박』 5.

피조물들의 아버지

아버지와 아들이 하나의 신성이라면, 아들의 심

판은 아버지의 심판이기도 하며, 아들은 피조물이 거룩함에 참여함으로써 새로이 태어나도록 하셨으니 피조물들의 아버지라고 할 수 있습니다. 그분께서는 자주 당신 제자들을 당신의 자녀라고 부르셨으며, 다른 이들에게도 이렇게 말씀하곤 하셨습니다. "얘야, 용기를 내어라. 너는 죄를 용서받았다"(마태 9,2), "딸아, 용기를 내어라. 네 믿음이 너를 구원하였다"(마태 9,22).

• 안드레아스『성경 주해 선집』.

피조물들의 거룩함은 은총에 의한 것이다

말씀이며 이성이신 하느님의 아드님께서 모든 이성적 피조물을 지으셨듯이, 그들의 구원도 그분에 의해 이루어집니다. 피조물이기에 본성이 아니라 은총에 따라 거룩함을 지니는 존재들이 선을 지니기 위해선 그분에 의해 깨끗하게 되어야 하기 때문입니다.

• 맹인 디디무스
『가톨릭 서간에 관한 짧은 상해』(베드로 1서).

거룩함을 추구하라

우리는 자신이 거룩한 세례로 씻겼으며 이제는 거룩함을 추구할 것이 요구된다는 사실을 깨달아야 합니다. 거룩함을 지니지 못한 이는 결코 주님을 뵐 수 없습니다(히브 12,14 참조).

• 오이쿠메니우스
『사도행전과 가톨릭 서간, 바오로 서간 주해』(베드로 2서).

거룩함에 참여한 사람

농부가 자신의 농작물을 못 쓰게 만들 때, 어떤 식으로 파괴하는가는 하나도 중요하지 않습니다. 그러나 그분께서는 우리가 하리라고 당신께서 예고하신 모든 선한 일을 하라고 우리를 일으켜 세우실 것입니다. 그러니 한 번 깨끗이 씻겨 거룩함에 참여한 사람은 무슨 일이 있어도 그것을 놓치지 않아야 합니다. 그렇게 하지 않으면 주님을 뵙지 못할 테니까요.

• 요한 크리소스토무스『성경 주해 선집』.

거룩하게 살다

그리스도교의 특성이라고 할 만한 덕목이 많지만 그 가운데서 가장 훌륭하고 핵심적인 가치를 꼽는다면 사랑과 평화입니다. … 바오로 사도도 같은 말을 합니다. "모든 사람과 평화롭게 지내고 거룩하게 살도록 힘쓰십시오"(히브 12,14). 거룩함은 순수함을 뜻합니다.

• 요한 크리소스토무스『히브리서 강해』31,1

내면세계를 추구하는 사람만 하느님을 뵐 수 있다

내면세계를 추구하는 사람만이 "평화롭게 지내고 거룩하게 살지 않고는 아무도 주님을 뵙지 못할 것"(히브 12,14)이라는 말씀의 뜻을 알아들을 수 있습니다. 육의 눈은 사랑, 평화, 거룩함 같은 내면세계에 속한 것은 아무것도 볼 수 없기 때문입니다. 그러나 정신의 눈은 사랑이 무엇인지, 평화가 무엇인지, 거룩함이 무엇인지를 알아봅니다. [정신이] 맑으면 맑을수록 사랑과 평화와 거룩함이 더욱 명료하게 보입니다. 그러므로 우리는 하느님을 뵙게 되리라고 굳게 믿어야 합니다.

• 아우구스티누스『편지』148,18.

하느님을 위하여 살다

바오로가 "그리스도 예수님 안에서 하느님을 위하여 살고 있다"(로마 6,11)라고 덧붙인 것은 불필요한 말로 보이지 않습니다. 그는 우리가 그리스도의 본질인 지혜와 평화, 의로움, 거룩함 안에서 하느님을 위하여 살고 있다고 말하고 있는 것 같습니다. 이것들 안에서 하느님을 위하여 사는 것은 곧 예수 그리스도 안에서 하느님을 위해 사는 것입니다. 의로움과 평화, 거룩함 같은 미덕 없이 하느님을 위해 살 수 있는 사람은 없듯이, 예수 그리스도 없이는 아무도 하느님을 위해 살 수 없는 것이 확실합니다.

• 오리게네스『로마서 주해』.

모든 더러움에서 달아나라

바오로의 말뜻은 분명합니다. 그러나 '육의 더러움'이 무엇인가는 여러 가지로 해석할 수 있습니다. 그가 '육의 더러움에서'라고 하지 않고 '육의 모든 더러움에서'라고 한 점에 주목한다면, 이는 우리가 하느님을 경외하면서 성령으로 말미암는 거룩함을 완전하게 이룰 수 있으려면 모든 육적인 악덕에서 달아나라고 격려하는 말입니다. 우리가 그리스도의 이름으로 죄를 삼가며, 하느님을 경외하는 마음에서 볼 때 옳은 것, 곧 거룩한 것들을 추구할 때 우리는 모든 육적인 악덕에서 달아납니다.

• 암브로시아스테르『바오로의 열세 서간 주해』(코린토 2서).

창녀에서 거룩함으로

예언자(호세아)가 창녀를 덕행으로 회심시켰다면, 우리는 그를 비난할 것이 아니라 오히려 칭찬해야 합니다. 그가 악한 여자를 선한 여자로 변화시켰기 때문입니다. … 그런즉 우리는, 예언자가 창녀와 결합함으로써 자신의 거룩함을 잃은 것이 아니라, 창녀가 그와 결합함으로써 지금껏 한 번도 지닌 적이 없던 거룩함을 얻게 된 것이라고 이해해야 합니다.

• 히에로니무스『호세아서 주해』(PL 25,863).

죄를 짓는 자는 그리스도 바깥에 있다

덕과 참된 가르침 안에 머무르는 사람은 죄를 짓지 않으며 무지하지 않듯이, 의로움이요 거룩함이신 그리스도 안에 남아 있는 사람은 죄짓지 않습니다. 의로움과 함께 있는 사람이 어떻게 불의하게 행동할 수 있으며, 거룩함 옆에 타락을 놓아두고 흡족해할 수 있겠습니까? 그러므로 죄짓는 사람은 누구든지 그리스도 바깥에 있으며 그분과 아무런 관계도 없습니다.

• 맹인 디디무스『가톨릭 서간에 관한 짧은 상해』(요한 1서).

그리스도의 거룩함을 지니지 못한 자

우리 모두는 그리스도의 육화로 말미암아 그분과의 신비로운 관계 안에서 하나가 되었습니다. 그러나 그분의 거룩함과 닮은 성덕을 지니지 못한 자는 그분에게서 멀리 있습니다.

• 알렉산드리아의 키릴루스『요한 복음 주해』7,1.

세상일에 골몰한 이들

세상일에 골몰한 그들은 영적인 것을 볼 수 없었습니다. 육신의 사랑에 정복된 자들은 거룩함과 거리가 멉니다. 그들은 탐욕스럽게 재물을 추구하지요. 아래에 있는 것들을 찾느라, 하느님께서 위에 마련해 두신 것에는 눈길조차 주지 않습니다. 사라지고 말 지상의 밭과 이랑들을 차지하는 것보다 낙원의 즐거움을 얻는 편이 훨씬 낫습니다.

• 알렉산드리아의 키릴루스『루카 복음 주해』104.

거룩함을 가장하다

율법 학자들과 바리사이들은 온 세상을 사업과 그들의 제자들이 벌어들이는 다양한 이익이라는 견지에서 보았습니다. 그들은 거룩함을 가장하며 이런 이득을 취했습니다.

• 히에로니무스『마태오 복음 주해』4,23,15.

불경한 이와 거룩함

부도덕한 이들은 덕을 달가워하지 않으며, 불경한 이들과 거룩함은 상극입니다. 더러운 이들에게 정결함은 원수이며, 타락한 이들에게 고결함은 괴로움입니다. 방종한 이들과 검소함은 상극이며, 잔인한 이들은 자비를 보면 참지 못합니다. 인정 없는 자들은 사랑과 친절을 참지 못하고, 불의한 이들은 정의를 참지 못합니다.

• 페트루스 크리솔로구스 『설교』 127,6-7.

인간의 거룩함

우리는 어떻게 하느님을 이해하게 되는가?

우리는 그분에 관해 많은 것을 추측하지만, 모두가 하느님에 대해 어떤 것을 알되 그분이 어떤 분이신지 모두가 알지 못합니다. 모든 것 안에서 그분의 거룩함을 이해하는 사람은 적기, 아니, (감히 말하건대) 아주 적기 때문입니다. 그래서 우리는 하느님에 대한 우리의 생각이 거룩해지도록 기도하라는 올바른 가르침을 받습니다. 그리하면 우리는 그분의 창조에서, 우리에게 필요한 것을 제공해 주시는 것에서, 심판에서, 선택과 버림에서, 받아들임과 거부에서, 각자의 공과에 따라 상을 주시고 처벌하심에서 그분의 거룩하심을 보게 될 것입니다.

• 오리게네스 『기도론』 24,2.

하느님의 거룩한 이름

하느님의 이름은 본성상 거룩하여 우리가 그렇게 말하든지 말하지 않든지 그러합니다. 그러나 "너 때문에 내 이름은 다른 민족들 가운데서 끊임없이 멸시를 당한다"(이사 52,5 참조)라고 하신 말씀처럼 하느님의 이름은 때때로 죄인들 가운데서 모독을 받기 때문에 우리는 하느님의 이름이 거룩히 빛나게 되시도록 기도합니다. 그런데 그 이름은 우리의 거룩함으로 인해 거룩해지는 것이 아니라, 그 이름이 우리 안에서 거룩히 빛나기 때문에 우리가 거룩해지고 거룩함에 합당한 일들을 할 수 있습니다.

• 예루살렘의 키릴루스 『신비 교리교육』 5,12.

민족들에게 빛을

하느님께서 유대인들에게 율법을 주신 또 다른 이유는 거룩함에 대한 그들의 열정과 헌신으로 그들이 다른 민족들에게 빛이 되기 바라셨기 때문입니다(참조: 이사 42,6-7; 49,6; 60,3).

• 키루스의 테오도레투스
『바오로의 열두 서간 주해』(로마서)

그리스도께서 우리의 거룩함이 되셨습니다. 당신께서 변화하시기 위해서가 아니라 육 안에서 우리를 거룩하게 만드시기 위해서였습니다.

• 암브로시우스 『성령론』 3,4,26.

그리스도는 하느님의 거룩함입니다.

그리스도는 하느님의 지혜이고 하느님의 힘입니다. 하느님의 의로움이고 거룩함입니다. 속량입니다(1코린 1,24.30 참조). … 그분이 거룩함일 때, 그분은 하느님께 충실하고 헌신하는 사람들을 거룩하게 하십니다.

• 오리게네스 『예레미야서 강해』 8,2,1.

하느님의 거룩함이 마음속에서 빛나는 이들

마음속에 하느님을 거룩히 모시라는 말이 이해를 초월하는 그분의 거룩함을 여러분의 마음 가장 깊은 곳에서 사랑하라는 뜻 아니고 무엇이겠습니까? 당신의 거룩함이 마음속에서 빛나는 이들이 모든 원수를 이기도록 하느님께서 그들에게 어떤 힘을 주시는지 생각해 보십시오.

• 존자 베다 『가톨릭 서간 해설』(베드로 1서).

마음속에 그리스도를 거룩히 모셔라

하느님을 찬미한다고 해서 그분의 위대함이 더 커지는 것이 아니며 그분을 찬양한다고 해서 그분이 더 영광스럽게 되는 것이 아니듯이, 주님을 거룩히 모신다고 해서 이미 거룩하신 그분께서 더 거룩해지지도 않으십니다. 그러나 우리는 우리 마음 안에서 그분을 거룩히 모시도록 불렸습니다. 그분의 거룩함에 대해 우리가 명확히 이해하고 있다면, 우리는 특정한 때에만 그분을 거룩히 모시지 않습니다. 오히려 [우리 마음 안에서 그분을 거룩히 모심으로써] 그분의 거룩함을 더 확실히 이해하며 그 한 조각이 우리 마음에 심어집니다. … 여러분은 마음 안에서도 그분을 거룩히 모셔야 합니다. 이 고백은 우리 영혼과 육체를 다 거룩하게 합니다.

• 안드레아스 『성경 주해 선집』.

그리스도를 입자

그리스도는 지혜와 의로움, 거룩함, 진리를 비롯한 모든 선이시라고 우리는 자주 말합니다. 그러므로 이러한 자질을 갖춘 사람은 그리스도를 입은 것입니다. 이 모든 것이 그리스도라면 이것들을 모두 겸비한 사람은 당연히 그리스도 또한 모시게 됩니다. 이런 자질을 갖춘 사람은 누구나 육을 걱정하지 않습니다.

• 오리게네스 『로마서 주해』.

거룩함의 참된 원천이신 분

거룩하다고 여겨지는 지상의 권력가나 이성적인 존재들과 인간들은 누구나 본성적으로 거룩하시며 홀로 유일하게 거룩하신 분께 참여함으로써만 거룩하다고 불릴 수 있습니다. … 성부 하느님과 성령 하느님과 더불어 홀로 거룩하신 그분은 당신의 거룩함에 참여하는 이들에게 당신 자신을 전부 주셨습니다.

• 알렉산드리아의 키릴루스 『이사야서 주해』 4,4,49,7.

거룩하게 된 사람은 악에서 안전하다

"제가 세상에 속하지 않은 것처럼 이들도 세상에 속하지 않습니다. 이들을 진리로 거룩하게 해 주십시오"(요한 17,16-17). 그들이 세상에 속하지 않는 것은 예수님께서 앞서 그렇게 해 주십사고 기도하셨듯이 악에서 지켜졌기 때문입니다. 그런데 그들이 아직 진리로 거룩하게 되지 않았는데 어떻게 세상에 속하지 않을 수 있었는지 따져 볼 필요가 있다고 생각됩니다. 또는 그들이 이미 세상에 속하지 않는다면, 어째서 예수님께서는 그들을 거룩하게 해 주십사고 청하는 것일까요? 이는 거룩하게 된 이들도 더욱 거룩하게 되고 성덕 안에서 자랄 수 있기 때문이 아니겠습니까? 그리고 그들은 하느님 은총의 도움 없이 그렇게 되는 것이 아니라, 하느님께서 처음에도 [그들을 거룩하게 해 주셨지만] 계속 거룩하게 해 주심으로써 거룩함이 더욱 자랍니다.

• 아우구스티누스 『요한 복음 강해』 108,2.

행동으로 일치하는 삶

우리가 그리스도를 모든 행위가 한결 같으시고 순수하신 "거룩함"(1코린 1,30)이라 인정한다면, 그분의 이름을 참되게 나누어 쓰는 이들로서 그분의 거룩함이 지닌 힘에 말이 아니라 행동으로 일치하는 삶을 살고 있다는 것을 입증합시다.

• 니사의 그레고리우스
『그리스도인의 완덕에 관해 올림피우스 수도승에게』.

주님을 사랑하고 악을 미워하여라

"나, 주 너희 하느님이 거룩하니 너희도 거룩한 사람이 되어라"(레위 19,2)라고 쓰여 있듯이, 하느님께서 거룩하시므로 그(그리스도인) 자신도 거룩해지려 노력합니다. "주님을 사랑하는 이들아, 악을 미워하여라"(시편 97,10)라는 예언자의 지시를 이행합니다. 하느님은 거룩함과 정의, 신심을 사랑하시는 분이시기에, 그는 하느님과 관계있는 거룩한 일들만을 생각합니다. 그는 하느님께서 사랑하신다고 여겨지는 것만을 행합니다.

• 아우구스티누스『그리스도인의 삶』9.

삶과 성품에서 거룩함을 구현하다

베드로 사도는 그의 두 번째 서간에서 이 세상은 사라질 것이라고 단언하며 우리에게 삶과 성품에서 거룩함을 구현하라고 촉구하였습니다. 의로운 이들에게는 새 하늘과 새 땅이 주어져 그들은 그 안에서 살게 될 것입니다.

• 아우구스티누스『신앙과 실천』14,22.

무엇이 하느님을 기쁘게 하는지 배워라

그분의 충만한 거룩함과 선으로 볼 때 어떤 일들이 하느님을 기쁘게 하는지 알 수 있습니다. … 그분의 거룩함 안에서 우리는 정화됩니다. 그분의 자비 안에서 우리는 충만하고 완전한 의로움으로 가게 됩니다.

• 암브로시아스테르
『바오로의 열세 서간 주해』(에페소서) 5,10.

거룩한 이들의 구원

시온의 구원은 십자가에 있다

'시온산에 구원과 거룩함이 있으리라.' 하느님께서는 예언자를 통해 '내가 그들을 포로 생활에서 되찾아 오고, 거룩한 성전을 재건할 것이다'라고 말씀하십니다. 그리고 시온에 있는 모든 사람의 구원의 원천을 오바드야가 예고하고 있습니다. 하느님께서는 구원의 십자가를 통해 그곳에서부터 온 땅으로 거룩함을 전파하실 것입니다.

• 키루스의 테오도레투스『오바드야서 주해』.

하느님처럼 되다

하느님께서는 우리도 당신처럼 되기를 요구하십니다. 하느님의 거룩함 안에 우리의 구원이 있습니다. 그러므로 그리스도 안에서 지금 진정으로 거룩한 이들은 그분 안에서의 참된 생명을 누릴 준비가 되어 있는 것입니다.

• 안드레아스『성경 주해 선집』.

신실한 이들은 이렛날에 있을 것이다

"하느님께서는 하시던 일을 모두 마치시고 이렛날에 쉬셨다. 그분께서는 이렛날에 복을 내리시고 그날을 거룩하게 하셨다. 하느님께서 창조하여 만드시던 일을 모두 마치시고 그날에 쉬셨기 때문이다"(창세 2,3). 우리가 하느님의 축복으로 가득하고 그분의 거룩함으로 바뀐다면, 우리 자신이 '이렛날'이 될 것입니다. 그때 우리는 쉬면서 그분이 하느님이심을 알게 될 것입니다.

• 아우구스티누스『신국론』22,30.

관계를 회복시켜 주시다

주님께서는 거룩함을 통해 우리에게 당신과의 관계를 회복시켜 주시고, 하느님 나라에 받아 주신 이들에게 자녀가 누리는 영광스러운 화관을 주십니다.

• 알렉산드리아의 키릴루스『이사야서 주해』5,2,54,3.

주님과 하나 되는 성도들

천상 예루살렘은 "주 나의 하느님께서 거룩한 이들을 모두 데리고 오실 것이다"(즈카 14,5)라는 즈카르야의 말처럼, 주님과 함께 올 성도들의 무리입니다. 이들은 하느님의 아름다운 거처로, 곧 그분과 함께 살 이들로 준비되고 있습니다. "신랑을 위하여 단장한 신부처럼"(묵시 21,2) 말입니다. 거룩함과 의로움으로 단장한 그들은 그들의 주님과 하나 되기 위하여 그분께 가서 영원히 함께 있게 될 것입니다.

• 베자의 아프링기우스 『묵시록 주해』 21,2.

가까이에 있는 보상과 권고

바오로는 불의와 죄에서 우리의 지체를 거두고 의로움과 거룩함에 바쳐 죽음의 보수 대신 영원한 생명의 보상을 받으라는 말로 육에게 구원의 보상을 약속하고 있는 것이 명백합니다. 거룩함과 의로움이 지배할 때 가까이에 보상이 없는 육의 명령을 받는다는 것은 모순되는 일입니다. 또한 육의 부활에 이르는 길이 열리지 않는다면 육을 위한 세례를 권고하는 일도 의미가 없습니다.

• 테르툴리아누스 『죽은 이들의 부활』 47.

죽음에서 생명으로

죄를 용서받아 선행을 따라할 수 있게 된다면 우리는 결국 거룩함과 영원한 생명을 얻게 됩니다. 바오로가 '끝'이라고 표현하는 죽음에서 끝이 없는 생명으로 옮겨 가게 될 것입니다(참조: 에제 36,25-27; 마태 5,43-48; 에페 5,17-18.25-27; 1테살 5,23-24).

• 암브로시아스테르 『바오로의 열세 서간 주해』(로마서).

지금의 성화는 영원한 생명을 보장해 준다

이전에 우리가 받아 마땅했던 수치와 죽음 대신에 이제 우리는 거룩함과 영원한 생명을 얻을 희망을 가지고 있습니다. 바오로가 이미 주어진 것과 아직 희망의 대상인 것을 언급하지만 앞의 것이 뒤의 것을 가리키고 있음에 주목합시다. 지금 거룩함에 이를 수 있다면 미래에 영원한 생명을 얻을 수 있다고 확신할 수 있습니다(참조: 탈출 19,6; 레위 11,45; 19,2; 20,7.26; 1베드 1,15-16).

• 요한 크리소스토무스 『로마서 강해』 12.

거짓말

마음속에 있는 것과 반대되는 것을 말한다면,
그것은 무엇이든 거짓말을 하는 것입니다.
• 히에로니무스 『이사야서 주해』 16,8.

그리스도를 부인하는 것은 가장 큰 거짓말입니다.
• 존자 베다 『가톨릭 서간 해설』(요한 1서).

의로운 거짓말이란 없습니다.
• 아우구스티누스 『거짓말 반박』 15,31.

우리가 거짓말했다고 고백할 때 우리는 진실을 말하는 것입니다.
• 아우구스티누스 『삼위일체론』 15,15.

믿음이 없으면서 자신이 의롭다고 말하는 자는 거짓말쟁이입니다.
• 아우구스티누스 『설교』 189,2.

말과 행동이 다른 사람은 모두가 거짓말쟁이이며 진리에 낯선 사람입니다.
• 오이쿠메니우스 『사도행전과 가톨릭 서간, 바오로 서간 주해』(요한 1서).

거짓말쟁이들은 속일 사람이 아무도 없으면 자기한테라도 거짓말을 할 것입니다.
• 『마태오 복음 미완성 작품』 강해 39.

거짓말쟁이들은 혀라는 칼로 스스로를 죽입니다.
• 설교가 아스테리우스 『시편에 관한 설교』 5,24.

거짓을 말하는 자는 침묵함으로써,
곧 속임수를 포기함으로써 자비를 입게 됩니다.
• 폰투스의 에바그리우스 『시편 발췌 주해』 30[31],19.

거짓말의 의미와 이해

거짓말한다는 것은 죄짓는다는 말과 같은 뜻이다

'거짓말하다'라는 단어가 '죄짓다'라는 말 대신 사용되는 경우가 꽤 있습니다. 그러니까 이 구절은 "사람은 모두 죄인"이라고 말한 것과 같습니다. "나의 거짓으로 하느님의 진실하심이 더욱 돋보인다면"(로마 3,7)이라는 구절도 비슷한 경우입니다. 그가 사람들이 하듯이 거짓말을 한다면 그는 사람들이 하듯이 죄짓는 것이고, 심판받게 될 것입니다. 그 심판은 "사람은 모두 거짓말쟁이"(로마 3,4) 또한 "만일 우리가 죄 없다고 말한다면, 우리는 자신을 속이는 것이고 우리 안에 진리가 없는 것입니다"(1요한 1,8)라고 말합니다.

• 아우구스티누스『거짓말 반박』20,40.

모든 거짓말쟁이들

"모든 거짓말쟁이들"(묵시 21,8)도 같은 벌을 받습니다. 여기서 "모든 거짓말쟁이들"은 모든 '속이는 자들'이며, 이는 본성과 반대로 행동하고 덕의 아름다운 본모습을 천하고 겉만 번지르르한 악의 비열하며 허울 좋은 겉모습으로 왜곡하는 이들을 뜻합니다.

• 오이쿠메니우스『묵시록 주해』21,7-8.

거짓말은 죽음으로 이끈다

교묘한 꾀나 단순한 말로 다른 사람을 속이는 것은 옳지 않습니다. 거짓말을 하는 자는 어떤 경우에든 죄를 짓는 것이기 때문입니다. "거짓을 말하는 입은 영혼을 죽인다"(지혜 1,11)라는 말씀이 있습니다. 이런 말씀도 있습니다. "모든 거짓말쟁이들이 차지할 몫은 불과 유황이 타오르는 못뿐이다. 이것이 두 번째 죽음이다"(묵시 21,8).

• 위-암브로시우스『악덕과 덕의 갈등』19.

악한 영들이 하는 말은 다 거짓말

악하고 속이는 영은 모두 거짓말쟁이입니다. 이런 이가 말할 때에는 언제나 하느님의 원천이 아니라 자신의 원천에서 비롯하는 말을 합니다. 이러한 영들의 아버지는 거짓말쟁이, 악마입니다. … 어떤 영이 거짓말하는 영이면 그와 비슷한 모든 영들도 거짓말하는 영인데, 거짓과 악에 따라 그들이 거짓말하는 영이 된 것은 이것이 그들의 본질이라서가 아니라 그들의 거짓말하는 조상 때문입니다.

• 오리게네스『요한 복음 주해』20,257-62.

사탄은 거짓말을 만들어 내고 가장 먼저 사용한 자

거짓말이나 그 비슷한 말을 할 때, 사탄은 다른 이의 것을 이용하는 것이 아니라 자기의 것을 말한다고 예수님께서는 말씀하십니다. 그자는 거짓의 아비입니다. 거짓을 만들어 냈고, 아담에게 낱말을 교묘히 바꾸어 말함으로써 그것을 가장 먼저 사용했기 때문입니다.

• 몹수에스티아의 테오도루스『요한 복음 주해』3,8,44.

악마는 나무가 지식을 준다고 거짓 약속을 했다

악마는 "너희가 나무의 열매를 따 먹는 날, 너희 눈이 열려 선과 악을 아는 신들처럼 되리라"(창세 3,5) 하고 말했습니다. … 그들이 정말 신이 되었습니까? 그들은 신이 되지 않았기에, 선과 악에 관한 지식도 얻지 못했습니다. 악마는 거짓말쟁이며 결코 진리를 말하지 않기 때문입니다. 사실 복음서에 "그는 진리 편에 서 본 적이 없다"(요한 8,44)라고 쓰여 있습니다.

• 요한 크리소스토무스『창세기 강해』7.

아무에게도 속지 마라

죄짓는 것은 결코 잘못된 것이 아니라고 말하는

자들에게 속지 마십시오. 악마는 자기 안에 진리가 없기에 줄곧 죄를 지어 왔습니다. 그자는 가장 지독한 거짓말쟁이입니다.

• 아를의 힐라리우스 『일곱 가톨릭 서간 해설』(요한 1서).

이단자들의 거짓말

"너희는 주님을 버리고 이스라엘의 거룩하신 분을 분노하게 한 자들이다"(이사 65,11). 우리는 이 말씀을 비유적 의미에서 지옥의 자식이며 최악 또는 거짓말쟁이의 후손인 이단자들에게 적용되는 것으로 받아들일 수도 있습니다. 왜냐하면 그들은 그들이 하는 거짓말의 아비이며, 모든 거짓말의 아비인 악마처럼 처음부터 거짓말쟁이였기 때문입니다(요한 8,44 참조).

• 히에로니무스 『이사야서 주해』 16,3.

영혼을 파괴하는 이단자

거짓말을 하는 모든 이는 자신의 영혼을 이미 파괴했고 우리 모두가 거짓말쟁이라면, 우리는 모두 멸망할 것입니까? 이 성경 말씀은 … 이단자들을 가리키는 것으로 해석해야 합니다. … 악행을 저지르는 자는 실로 자신의 영혼을 죽였지만 거짓말쟁이인 이단자들은 그들이 유혹한 모든 사람의 영혼을 죽였습니다.

• 히에로니무스 『시편 주해』 2.

뱀이 하와를 속였듯이

뱀은 하느님에 대해 거짓말을 함으로써 하와를 속였습니다. 하느님은 죽음으로 인간을 위협할 뿐 결코 아무도 죽이지는 않으실 거라고 했지요(창세 3,4 참조). 이와 마찬가지로, 바오로 시대의 거짓 사도들도 거짓말을 했습니다. 복음은 구약에 덧붙여진 것일 뿐이며 따라서 모세 율법을 계속 지켜야 한다고 했지요. 우리 시대에는, 지옥은

존재하지 않거나 있다 해도 영원한 징벌이 아닌 그저 위협일 뿐이라고 주장하는 자들이 있습니다. 이는 성경의 가르침과 반대됩니다.

• 펠라기우스 『바오로의 열세 서간 해설』(코린토 2서).

가장 큰 거짓말

요한은 모든 거짓말은 진리를 떠난 것이라고 말한 바 있습니다. 그리스도를 부인하는 것은 가장 큰 거짓말입니다. 너무나 큰 거짓말이어서 그것과 비교할 수 있는 어떤 것도 생각해 내기가 어렵습니다. 그것은 유대인들에게서 쉽게 찾아볼 수 있는 거짓말이지만, 그리스도를 옳은 방식으로 믿지 않는 이단자들도 그들 못지않은 거짓말쟁이들입니다. 정통 교회에 속해 있지만 그리스도의 명령을 따르지 않는 이들도 예수님은 그리스도라는 것을 부인하는 죄를 짓는 것입니다.

• 존자 베다 『가톨릭 서간 해설』(요한 1서)

가장 나쁘고 혐오할 만한 거짓말쟁이

주님께서는 비겁한 자들을 불충한 자들과 같은 죄인으로 취급하시는데, 이는 승리하는 이들이 받을 보상을 의심하는 자들은 분명 심판을 두려워하는 비겁자들일 터이기 때문입니다. … 주님께서는 거짓말쟁이들에는 많은 층이 있음을 보여 주십니다. 그러나 가장 나쁘고 혐오할 만한 거짓말쟁이는 신앙의 죄를 짓는 자입니다. 주님은 앞에서 이런 사람들에 대해 이렇게 이야기하셨습니다. '그들은 유대인이라고 자처하지만 그들은 거짓말을 하고 있다. 그들은 유대인이 아니라 사탄의 무리다'(묵시 2,9 참조).

• 존자 베다 『묵시록 해설』 21,8.

거짓 증언

다른 이의 현세 삶에 관해 거짓말한다면 몹시 역

겨운 일이거늘, 그의 영원한 생명에 관해 편견을 갖는다면 그것은 얼마나 더 몹쓸 짓입니까? 종교를 가르치며 하는 모든 거짓말이 바로 이런 짓입니다. 그래서 바오로 사도가 그리스도에 관해 거짓말하는 자는 설령 그분을 찬미하는 것처럼 보일지라도 "거짓 증인"이라고 하는 것입니다.

• 아우구스티누스 『거짓말』 13.

그리스도께서는 "나는 진리"(요한 14,6)라고 말씀하셨습니다. 그러므로 모든 거짓말은 그리스도께 낯선 것이며, 거짓말하는 사람들은 그분께 속하지 않습니다.

• 존자 베다 『가톨릭 서간 해설』(요한 1서).

간단하게 '예', '아니요'만 하라

단순한 '예', '아니요'를 넘어서는 것은 무엇입니까? 그것은 거짓 맹세가 아니라 맹세입니다. 거짓말을 하는 것이 잘못이라는 것은 누구나 알며, 거짓말이 적수에게서 나온다는 것은 새삼 배우지 않아도 알기 때문입니다. 그것은 지나친 것이 아니라 모자람입니다. 지나침은 어떤 것 이상, 지금 말하는 것 이상을 뜻합니다.

• 요한 크리소스토무스 『마태오 복음 강해』 17,5.

아버지의 진실하심을 걸고 말하다

우리가 거짓말했다고 고백할 때 우리는 진실을 말하는 것입니다. 우리는 우리가 아는 것을 말하고 있으며, 우리가 거짓말했다는 것을 알고 있기 때문입니다. … 이 '말씀'의 위대한 힘은 그분께서는 거짓말을 하실 수 없다는 것입니다. 그분께는 "예!"와 "아니요!"가 있는 것이 아니라 "예!"면 "예!", "아니요!"면 "아니요!"만 있기 때문입니다. 진실이 아니라면 '말'이라고 할 수도 없습니다.

• 아우구스티누스 『삼위일체론』 15,15.

거짓말 금지와 선의의 거짓말

우리가 때로는 거짓말을 할 필요가 있다는 말은 틀립니다. 우리는 사실이 아닌 것을 믿으라고 남을 설득하려 해서는 절대 안 됩니다.

• 아우구스티누스 『거짓말 반박』 18(37).

거짓말은 절대 해서는 안 된다

거룩한 사람들이 때로는 거짓말을 해도 칭찬받거나 적어도 허용받는 것은 놀라운 일이 아닙니다. 그때는 시작의 때였기 때문에 더 큰 일들도 허락된 것을 우리는 봅니다. … 이제 복음의 빛이 떠올라 우리는 그런 일들이 철저하게 금지되어 있다는 것과 엄청난 죄와 하느님 모독 없이 그런 일을 받아들일 수 없다는 것을 압니다. 그래서 우리는 그런 식으로 거짓말을 이용하는 것은, 아무리 경건한 투로 하는 것이라 해도 인정받지 못할 뿐 아니라 용서받을 수 없다고 생각합니다. … 사도(바오로)도 "서로 거짓말을 하지 마십시오"(콜로 3,9)라며 같은 뜻을 밝혔습니다.

• 요한 카시아누스 『담화집』 17,18.

의도적으로든 충동적으로든 거짓말을 하지 않다

진실과 틀어지는 모든 것은 분명히 정의와 조화를 이루지 못합니다. … 그러니 거짓말을 경솔하게 하는 것인지 의도적으로 하는 것인지, 죄를 식별한다면 그 큰 차이를 누가 모르겠습니까? 그러나 진리를 철저히 신봉하는 이 거룩한 사람은 의도적으로든 충동적으로든 거짓말하지 않을 것입니다.

• 대 그레고리우스 『욥기의 도덕적 해설』 18,5.

하느님께 거짓말하는 것

다른 사람에게 거짓말하는 것이 잘못이라면, 하

느님께 거짓말하는 것은 얼마나 더 큰 잘못이겠습니까? … 판관 입타(판관 11,30-39 참조)의 딸은 자기 아버지가 맹세를 실행하지 못하여 거짓말쟁이가 되는 것보다 자신이 죽음을 당하는 길을 선택했습니다.

• 가자의 프로코피우스『팔경 주해 선집』(민수기) 30,2.

거짓말의 사례들

의로운 거짓말이란 없습니다. 그러므로 성경에 거짓말의 사례들이 나올 때에, 그것은 거짓말이 아닌데 우리가 이해를 못해 그렇게 보이는 것이거나, 혹시 진짜 거짓말이라면 그것은 결코 의로운 것일 수 없으므로 본받아서는 안 됩니다.

• 아우구스티누스『거짓말 반박』15,31.

불의가 유익한 때가 있는가?

누구든지 거짓말하는 자는 불의하게 행동하는 것입니다. 거짓말하는 것이 어떤 이에게 유익하게 보이는 때가 만약 있다면, 그에게는 때때로 불의가 유익해 보이기도 할 것입니다. 그러나 실제로 불의가 유익한 경우는 결코 없습니다. 그리고 거짓말은 언제나 해를 끼칠 뿐입니다.

• 아우구스티누스『그리스도교 교양』1,40.

아브라함은 거짓말을 했는가?

거짓말을 해야만 할 때가 있다고 주장하는 사람들은 아브라함이 사라를 누이라고 불렀을 때 거짓말을 한 것이라며 적절치 못한 근거를 듭니다. 그는 '저 여자는 내 아내가 아니오'라고 한 것이 아니라 '저 여자는 내 누이요'라고 했습니다(창세 20,2 참조). 사라는 실제로 한 집안으로서 아주 가까운 친척이었기 때문에 그를 누이라고 한 것은 거짓말이 아니었습니다. 아브라함은 사라를 데려간 남자가 그를 다시 데려왔을 때 이 사실을

확인해 주었습니다. 아브라함은 그에게 이렇게 대답했지요. "그 여자는 정말 나의 누이입니다. 아버지는 같고 어머니가 달라서 내 아내가 되었습니다"(창세 20,12). 아버지 쪽으로는 친척이지만 어머니 쪽으로는 아니라는 말입니다. 이처럼 그는 진실의 일면은 감추었지만, 그녀가 자기 아내라는 사실을 밝히지 않고 누이라고 한 것이 거짓말은 아니었습니다. 그의 아들 이사악도 같은 행동을 했습니다. 그도 친척을 아내로 맞았음을 우리는 알고 있습니다. 아무튼 진실을 밝히지 않은 것은 거짓말이 아니며, 거짓을 입 밖에 내어야 거짓말입니다.

• 아우구스티누스『거짓말 반박』10,23.

비유적 표현

비유적 표현이나 행동을 거짓말로 여겨야 한다면 이 모든 표현 양식을 다 거짓말이라 해야 할 것입니다. 그러나 어떤 것을 나타내는 표징이 진리를 이해시키는 데 도움이 되도록 또 다른 것을 나타내는 데 사용될 경우엔 거짓말이 아니라고 한다면, 야곱이 축복을 받기 위해 아버지에게 한 행동이나 말, 요셉이 자기 형들을 시험하며 했던 말(창세 42장 참조), 또 다윗이 미친 척한 일이나 이와 비슷한 다른 표징들도 거짓말이라 판단해서는 안 되는 것이 확실합니다.

• 아우구스티누스『거짓말 반박』10,24.

다윗과 바오로도 거짓말쟁이인가?

사람이 의로워지려면 율법의 모든 조항을 지켜야 합니다. 그러나 인간의 본성상 이는 거의 불가능한 일입니다. 그러므로 모든 사람이 거짓말쟁이인 셈이며, 그렇다면 주님께서 인간을 심판하러 오시는 날에 주님만이 의로움을 인정받으실 것이라는 결론이 나옵니다. … "사람은 모두

거짓말쟁이”라는 말은 시편 제116편에 나오는 것임도 알아야 합니다(시편 116,11 참조). … 그런데 사람은 모두 거짓말쟁이라면 바오로도 사람이니 그도 그렇다는 말이냐고 반박할 사람이 있을 것입니다. 그러나 만약 그렇다면, 처음에 이 말을 한 다윗 또한 거짓말쟁이일 것이며 단지 그 이유만으로도 그가 말한 것은 모두 틀린 것이 될 것입니다.

• 오리게네스 『로마서 주해』.

진실을 말하는 것이 가져오는 예기치 않은 결과

때로는 진실을 말하는 것이 사람에게 상처를 주기도 하고, 거짓말이 그들을 돕기도 합니다. 어느 날 사울은 신하들에게 다윗의 도주에 대해 불평을 토로하였습니다. … 그는 진실을 말했기 때문에 산 이들의 땅에서 추방되었습니다. 그러나 창녀 라합은 거짓말 덕분에 가족과 함께 그 땅에서 살 수 있도록 안배되었습니다. 마찬가지로 삼손도 거짓말로 오랫동안 숨긴 진실을, 가장 큰 파멸을 초래하는 방법으로 자신의 사악한 아내에게 말했습니다. 그가 부주의하게 폭로한 진실은 자신의 파멸을 불러온 원인이 되었습니다. 그가 “네 품에 안겨 잠드는 여자에게도 네 입을 조심하여라”(미카 7,5)라는 예언자의 말을 지키지 못했기 때문입니다.

• 요한 카시아누스 『담화집』 17,20.

거짓을 통하여 뜻밖에도 축복이 왔다

라합과 관련해 성경은 그 여자의 덕행에 대해서는 한 마디도 않고 부도덕한 점만 이야기할 뿐입니다(여호 2,6 참조). 그러나 그 여자는 단 한 번의 거짓말로, 곧 정탐꾼들을 드러내는 대신 숨겨 주기로 선택함으로써, 하느님의 백성에 드는 영원한 축복을 나누어 받게 되었습니다. 그녀가 진실을 말하기로 선택하였다면, 또는 동포들 편을 들기로 선택했다면, 분명히 그 여자와 그의 집안은 다가오는 파멸을 피할 수 없었을 것입니다. 또한 그녀는 주님의 탄생에 기여한 사람들 가운데 포함되지 못했을 것이며, 그 후손에게서 만민의 구원자께서 탄생하실 성조들의 족보(마태 1,5 참조)에 기록되지 못하였을 것입니다.

• 요한 카시아누스 『담화집』 17,17.

우리 구원을 확신시켜 주는 라합의 구원

임금이 보낸 이들이 와서 정탐꾼들을 내놓으라고 하며 라합에게 “여기 사람들이 와서 네 집에 들어왔느냐?”(여호 2,4 참조) 하고 묻자, 그는 ‘그 사람들이 저에게 온 것은 맞습니다’ 하고 대답했습니다. 먼저 진실을 세워 놓고, 그 위에 거짓말을 올립니다. 진실을 먼저 드러내지 않는다면 이런 거짓말은 믿을 만한 것이 될 수 없기 때문입니다. 이런 까닭에 거짓말을 하는 사람들은 믿을 만하게 보이려고 먼저 진실을 말하고 고백한 다음, 거짓말과 의심적은 것들을 덧붙입니다. … ‘그들의 뒤를 쫓아가면 따라잡을 수 있을 것입니다’라고 말합니다. 이 선한 거짓말이여! 거룩한 것을 배반하지 않고 신성한 것을 지키는 이 선한 속임수여!

• 요한 크리소스토무스 『참회에 관한 설교』 7,5,17.

사랑 때문에 하는 거짓말

후사이가 다윗에게 보낸 사람들을 맞이한 여자의 행동에 대해 뭐라고 해야 할까요? 여인은 그들을 우물 속에 숨기고 그 어귀에 덮개를 펴서 그 위에 보리쌀을 말리는 체 하면서 “물을 조금 마시고 지나갔다”(2사무 17,20 불가타)라고 하여 그들을 뒤쫓는 사람들의 손에서 구해 냈습니다. 제가 묻겠습니다. 지금 복음 아래 사는 여러분이 비슷한 상황에 처했더라면 어떻게 행동했겠습니까? 말씀해 보십시오. 그들을 숨겨 주고 '그들은 물을 마시더니 갔습니다'라며 비슷한 거짓말을 해서, "죽음에 사로잡힌 이들을 구해 내고 학살에 걸려드는 이들을 빼내어라"(잠언 24,11)라는 명령을 실천했을 것 같습니까? 아니면 사실대로 말하고, 자신들을 죽이려는 자들을 피해 숨어 있는 사람들을 내주었을까요? 그런데 바오로 사도는 뭐라고 합니까? "자기 좋은 것을 찾지 말고 남에게 좋은 것을 찾으십시오"(1코린 10,24)라고 합니다. 또 '사랑은 자기 이익을 추구하지 않으며 남의 일을 돌보아 준다'(참조: 1코린 13,5; 필리 2,4)라고도 합니다. 바오로 사도가 자기에 대해서는 뭐라고 합니까? "나는 많은 사람이 구원을 받을 수 있도록, 내가 아니라 그들에게 유익한 것을 찾습니다"(1코린 10,33)라고 합니다. 우리가 우리의 것을 찾고 우리에게 유익한 것을 고집스럽게 지키려 한다면 우리는 저런 긴박한 경우에도 사실대로 말하여 남의 죽음에 대한 책임을 피할 수 없게 됩니다. 그러나 남에게 좋은 것을 우리 유익보다 앞세움으로써 사도의 명령을 따른다면 어쩔 수 없이 거짓말을 하게 됩니다.

• 요한 카시아누스 『담화집』 17,19.

처지를 바꾸어 생각하다

바오로의 이 말[1코린 9,21 참조]은 거짓말이 아니라 공감하는 마음의 표현입니다. 사람은 누구를 돕고 싶을 때 자신이 그처럼 곤경에 처했다면 무엇을 원할지 생각하는 자비로운 마음으로 인하여 그 사람과 같은 이가 되기 때문입니다. 그러니까 바오로가 다른 이처럼 된다는 것은 자신을 속이는 것이 아니라 입장을 바꾸어 자신을 상대방의 처지에 놓는다는 뜻입니다.

• 아우구스티누스 『거짓말』 12.

상대방의 유익을 위하여 상대방처럼 되었던 바오로

고귀한 사도(바오로)는 손으로 행하는 할례는 아무런 이로움도 가져오지 못한다고 단언하고 글로도 쓴 바 있지만(로마 2,25 참조) 티모테오에게 할례를 베풀었습니다. 그러나 그것은 내켜 하지 않는 히브리인 청중들을 신앙을 통해 단번에 율법으로부터 마음의 할례로 끌어오는 것은 강제로 회당과 관계를 끊게 하는 것이므로, "유다인들을 얻으려고 유다인들에게는 유다인들처럼 되었"(1코린 9,20)던 것입니다. 단지 자기 이웃의 유익을 위하여 스스로 그들처럼 되었던 사람, 의인들이 그들을 시기하는 사람들로부터 당할지도 모를 위험을 예방함으로써 그들의 구원을 위하여 스스로 그들처럼 되었던 이런 사람은 결코 강제로 어떤 일을 이루지 않습니다. … 이런 사람은 자기 말에 충실하며 수고를 견디고 결코 자진해서 거짓말 하지 않으며, 언제나 무죄한 상태에 있을 뿐 아니라 두려움의 노예가 되지 않습니다. 그러나 속이려는 뜻에서 나온 거짓말은 말로 남아 있지 않고 해악을 낳습니다.

• 알렉산드리아의 클레멘스 『양탄자』 7,9.

선의에서 나온 거짓말

사실 많은 거짓말이 다른 사람의 안전이나 이익을 위한 것으로, 악의가 아니라 선의에서 나온 것으로 보입니다. 이스라엘의 사내아이들이 죽임을 당하지 않게 하려고 파라오에게 거짓을 보고한, 탈출기에 나오는 산파들의 거짓말이 그런 경우입니다. 그러나 그들조차도 거짓말했다는 사실 때문이 아니라 그들의 의도 때문에 찬양받습니다. 선의 때문에만 거짓말을 하는 사람은 언젠가는 어떠한 거짓말도 하지 않아도 되는 때가 오기 때문입니다.

• 아우구스티누스 『시편 상해』 5,7.

성령은 속생각을 알아보신다

성경은 입에 관하여 말할 때 자주 마음속에 대해 언급합니다. 인간은 진리를 말할 때 마음 깊은 곳에서 입으로 하게 될 말을 승인하고 결정합니다. 따라서 자기 마음속에서 거짓으로 인정한 것을 말하는 사람은 거짓말쟁이입니다. 그런데 마음속에 거짓이 없는 사람이 마음속에 있지 않은 무엇인가를 말해야 한다면, 그는 그렇게 하는 것이 나쁜 것을 알고 있지만 더 큰 악을 피하기 위하여 그렇게 합니다. 물론 둘 다 옳지 않다는 것을 인정하지만 더 큰 악을 피하는 선택을 합니다. … 마음속의 응답은 사실상 알 길이 없습니다. 스스로 소리를 내어 들려주지 않는 한 마음속의 소리를 들을 수 없는 다른 사람에게는 감추어져 있습니다. 그러나 주님의 성령의 귀에는 마음속의 소리도 들립니다.

• 아우구스티누스 『거짓말』 16,31.

하느님은 거짓 진술을 들으신다

"하느님께서 자네들의 진술을 듣고 계신다는 것을 깨닫지 못하는가? 그분께서 들으시는데 자네들은 어찌 감히 거짓말을 하는가?" 결백하고 진실한 사람이 하는 이 말을 깊이 생각해 보십시오. 사람이 하느님을 따라서 말을 할 때조차도 거짓이 모든 것을 어찌 비난하는지 잘 보십시오. 욥은 하느님의 인정을 받을 수 있도록, 발설되는 모든 말을 진실로 솔직하게 숙고합니다. 하느님이 진리이시기 때문입니다. 구원자께서 말씀하시듯이, 거짓은 사실 악에서 나오는 것입니다(마태 5,37 참조).

• 올림피오도루스 『욥기 주해』 13,6-7.

하느님께서 거짓말을 하실 수 있는가?

하느님께서도 거짓말을 하실 수 있는가?

하느님께서도 거짓말을 하십니까? 아닙니다. 하느님께서는 거짓말을 하실 수 없습니다. 그렇다면 어떤 모자람이 있어서 하지 못하시는 것입니까? 물론 아닙니다! 일으킬 수 없는 일들이 있는 분이라면 어떻게 모든 것의 근원이 되실 수 있겠습니까? 그렇다면 하느님께 불가능한 일은 무엇입니까? 당신의 본성과 반대되는 것만 빼면 그분의 힘에 어려운 일은 없습니다. 하느님께서 거짓말하시는 것은 불가능하다고 성경은 말합니다(참조: 민수 23,19; 티토 1,2). 이 불가능은 모자람 때문이 아니라 하느님의 힘과 위대함 때문입니다. 진리는 거짓을 허용하지 않으니까요.

• 암브로시우스 『편지』 14(주교들에게 보낸 편지).

하느님은 거짓말만 빼고 불가능이 없는 분이시다

하느님은 약속을 충실히 지키시는 분, 공정한 심판을 내리시는 분이십니다. 우리더러 거짓맹세를 해서는 안 된다고 가르치시는 분께서 과연 거짓말 비슷한 것이라도 하실 수 있겠습니까? 하느님은 거짓말만 빼고 불가능이 없는 분이십니다.

• 로마의 클레멘스
『코린토 신자들에게 보낸 첫째 편지』 27,1-2.

거짓말을 할 수 없는 분

어떤 이들은 성경에는 서로 일치하지 않는 내용이 많다느니, 계율을 내려 주신 하느님은 거짓말쟁이라고 떠들어 대기도 합니다. 그러나 이 점에 있어서만큼 불일치란 있을 수 없으며 얼토당토않은 말입니다. 진리이신 아버지 하느님은 거짓말을 할 수 없는 분이십니다. 바오로 사도도 "하느님께서 … 거짓말을 하신다는 것은 있을 수 없습니다"(히브 6,18)라고 분명히 말합니다.

• 아타나시우스 『축일 서간』 19,4.

하느님께서 '하실 수 없는' 일이 있는데 전능하신가?

하느님은 전능하십니다. 그분은 전능하시기에 죽으실 수 없고 속으실 수 없으며 거짓말하실 수 없고, 사도의 말대로, "당신 자신을 부정하실 수 없습니다"(2티모 2,13). 그분은 이런 일들을 하실 수 없지만 전능하십니다. 그분께서 이런 일을 하실 수 없는 것은 전능하시기 때문입니다. 그분이 죽을 수 있다면 전능하신 분이 아닐 것입니다. 그분이 거짓말하실 수 있다면, 속을 수 있다면, 속이실 수 있다면, 불의를 행하실 수 있다면, 전능하신 분이 아니실 것입니다.

• 아우구스티누스 『예비신자를 위한 신경 해설』 1,2.

두 가지 변하지 않는 사실

"두 가지 변하지 않는 사실"(히브 6,18)이란 하느님께서는 약속하신 바에 대하여 결코 거짓말을 하실 수 없다는 것과 그분께서 당신의 약속을 맹세로 보장해 주셨다는 것입니다.

• 몹수에스티아의 테오도루스 『히브리서 단편』 6,18.

나는 거짓말을 하지 않는다

사도들과 그들이 전하는 말씀에 반대했던 유대인들은 다음 두 명제 중 한 가지, 곧 복음이 거짓이거나 하느님이 거짓말하시는 것이 틀림없다고 주장하였습니다. … '하느님께서 아브라함에게 그의 후손들에게 복을 주시겠다고 약속하셨는데 이제는 우리 대신 부도덕한 다른 민족들에게 호의를 보이신다. 만약 사도들의 가르침이 그들이 주장하듯 이러한 약속을 토대로 한 것이라면, 하느님께서 우리 조상들에게 거짓말하신 것

이 명백하다. 반면, 하느님에 대해 이런 식으로 말하는 것이 옳지 않다면 사도들과 그들의 가르침이 거짓이다.'

바오로 사도가 다른 설명을 찾아내어 복음 말씀도 진실이고 하느님께서 거짓말하신 것도 아님을 증명하려 한 것은 바로 이러한 비난에 대응하기 위해서였습니다.

• 콘스탄티노플의 젠나디우스 『로마서 주해 단편』.

이스라엘 자손이라고 다 이스라엘 백성이 아니다

바오로는 유대인들에게 주어진 약속들이 다른 민족들에게 옮겨 갔으므로 하느님께서 약속에 대해 거짓말하신 것이라는 비난을 바로잡고자 합니다. 그래서 하느님께서 여전히 신실하시다는 것을 보여 줍니다. "아브라함의 후손"(로마 9,7)은 육에 따른 이스라엘 사람이 아니라 이스라엘인이 될 자격이 있음을 신심으로 보여 주는 사람이라는 점을 성경은 확실히 밝힙니다.

• 타르수스의 디오도루스 『로마서 주해』.

하느님은 진실하신 분임이 드러나야 한다

"나 주님은 변하지 않는다"(말라 3,6). 그래서 바오로는 "사람은 모두 거짓말쟁이"(로마 3,4)라고 하며, 이것은 진실입니다. 본성은 오류를 범하기 쉽기에 거짓말쟁이라고 불릴 만합니다. 의도적인 거짓말쟁이도 있고 우연히 그렇게 되었을 수도 있겠으나 하느님도 그러실 것이라 생각해서는 안 됩니다. 하느님께서는 완전하시고 선의로 가득 찬 분이시기에 약속하신 것은 지키실 것입니다.

• 암브로시아스테르 『바오로의 열세 서간 주해』(로마서)

인간과 거짓말

사람은 모두 거짓말쟁이다

모든 사람은, 인간은 누구 하나 빼놓지 않고 모두 거짓말쟁이라는 것입니다. 우리를 거짓말쟁이로 만드는 것은 우리 자신에게서 유래하는 것입니다. 우리 자신에게서 유래하여 우리가 지니고 있는 모든 것은 거짓말쟁이가 되는 능력입니다. 우리가 참될 수가 없어서가 아니라, 우리 자신 안에 있는 것들로는 참되게 될 수가 없어서 그렇습니다. … 사람이 하느님의 진리에서 떨어져 나가면 그는 거짓말하는 자신 안에 머물게 될 것입니다. 누구든지 "거짓을 말할 때에는 본성에서 그렇게 말하는 것"(요한 8,44)이기 때문입니다. …그런데 그분께서 내게 되돌려 주신 것은 거짓말한 데 대한 벌이 아니라 악을 선으로 갚아 주신 것입니다. 사악한 자들을 정당화해 주시는 대신 그분께서는 거짓말쟁이를 진리를 말하는 사람으로 만드셨습니다.

• 아우구스티누스 『설교』 28A,1.

사람의 아들들은 거짓말쟁이

"사람의 아들들은 어리석다." 시편 저자는 모두가 다 그의 가르침을 따르지도, 하느님께 신뢰를 두지도 않으며 삶의 어리석은 것들 안에 희망을 둔다는 것을 알고 있었습니다. 그래서 그는 "사람의 아들들은 허영심에 차 있으며 사람의 아들들은 거짓말쟁이"라고 합니다. 왜 허영심에 차 있다고 합니까? 그들이 거짓말쟁이기 때문입니다. 그들의 거짓이 각별히 어디에서 입증됩니까? "거짓에 이용하는 저울판 위"에 서라고 그는 말합니다. 그는 어떤 저울을 말하는 것일까요? … 우리 각자 안에 우리의 창조주께서 심어 놓으신 일종의 저울 같은 것이 있으며, 그것으로 우리는 사태의 본질을 판단할 수 있다는 것입니다.

• 대 바실리우스 『시편 강해』 21,4.

우리의 마음에 쓰여 있는 하느님의 법을 어기다

인간의 이성 안에는 자유의지를 사용하는 모든 이의 마음에 본성이 써 놓은 법이 있고, 이 법은 사람으로 하여금 자신이 당하기를 원치 않는 악을 다른 사람에게 행하지 말라고 암시하기 때문에 이 법에 따르면, 모세를 통하여 율법을 받지 않았더라도 누구나 범법자입니다. 그래서 시편 저자는 "나는 세상의 모든 죄인들을 거짓말쟁이로 여긴다"(시편 118,119 칠십인역, 불가타 참조)라고 말합니다. 지상의 모든 죄인이 모세를 통해 주어진 율법을 어기지는 않았습니다. 그러나 그들이 무엇이든 범법을 저지르지 않았다면 거짓말쟁이로 불리지 않을 것입니다.

• 아우구스티누스 『편지』 157.

"진리의 영"께는 거짓이 있을 수 없다

주님의 모든 말씀은 진실하고 그분에게는 거짓이 없으십니다. 거짓말하는 이들은 자신들에게 맡겨진 것을 주님께 돌려주지 않기 때문에 주님의 것을 빼앗고 주님께 강도질을 한 것입니다. 그들은 주님에게서 거짓이 없는 영을 받았습니다. 그들이 거짓을 말하면서 맡겨진 것을 (손상된 채 주님께) 돌려준다면, 그들은 그분의 계명을 더럽히고 강도가 된 것입니다.

• 헤르마스 『목자』 (계명) 3,1-2.

믿지 않는 사람은 거짓말쟁이다

하느님께서는 결코 당신을 거짓말쟁이로 만드실 수 없습니다. 그분은 진리의 본질이시기 때문

1　바실리우스는 칠십인역 본문으로 주해하고 있다.

입니다. 그러나 믿지 않는 사람은 거짓말쟁이입니다. 진리이신 하느님을 믿지 않기 때문입니다.

• 아를의 힐라리우스 『일곱 가톨릭 서간 해설』(요한 1서).

모든 아담은 거짓말쟁이다

여러분에게 믿음이 있다면, 그리스도께서 여러분 안에 사시는 것입니다. … 여러분은 전도하는 것을 주저할 필요가 없습니다. 여러분은 진리의 샘에 관하여 거짓말을 하는 것이 아니기 때문입니다. 여러분 혀에서 활기차게 이야기하는 것은 여러분이 받은 것입니다. 제 말은, 여러분이 만약 자기가 지어 낸 것을 말하고 싶어 한다면 여러분은 거짓말쟁이가 될 것이라는 뜻입니다. … 모든 아담은 거짓말쟁이입니다. 여러분 자신에게서 아담을 벗어 버리고 그리스도를 입으십시오. 그러면 여러분은 거짓말쟁이가 되지 않을 것입니다.

• 아우구스티누스 『설교』 260E,2.

진실을 알면서도 거짓을 말하다

"거짓말쟁이들의 위선"(1티모 4,2)이라는 말에는 알지 못해서나 미처 의식하지 못해서가 아니라 진실을 알면서도 "양심이 마비"(1티모 4,2)되어 거짓을 말한다는 뜻이 들어 있습니다. 그들의 "양심이 마비"된 것은 그들이 악한 삶을 사는 자들이기 때문입니다.

• 요한 크리소스토무스 『티모테오 1서 강해』 12.

누구나 진리 안에 서 있는 것은 아니다

거짓 가르침을 쉽게 떨쳐 버리기 힘든 인간 본성을 주의 깊게 관찰해 보면, "사람은 모두 거짓말쟁이"(시편 116,11)라는 말처럼, 누구나 진리 안에 서 있는 것은 아님을 보게 됩니다. 어떤 이가 거짓말쟁이가 아니고 진리 안에 서 있다면, 그는

평범한 사람이 아니라 하느님께서 이렇게 말씀하시는 이들과 같은 사람입니다. "내가 이르건데 너희는 신이며 모두 지극히 높으신 분의 아들이다"(시편 82,6). … 성령께서나 천사의 영은 말할 때 자기 말을 하는 것이 아니라 진리나 진리의 말씀 자체를 전합니다. … 그러나 거짓말을 말하는 자는 언제나 자기의 것을 말합니다. … 그러므로 인간인 우리는 온 힘을 다해 서둘러 달려가 "신들"이 되어야 할 것입니다. 거짓말의 아비가 거짓말쟁이이듯, 인간인 한 우리는 거짓말쟁이들이기 때문입니다.

• 오리게네스 『요한 복음 주해』 20,241-42.263-64.266.

타고난 거짓말쟁이들

본디 우리는 거짓말쟁이들입니다. 그럼에도 불구하고 진실되고자 한다면, 하느님께 의탁해야 합니다. 하느님의 도움으로 우리는 진실할 수 있습니다. 본디 우리는 거짓말쟁이들입니다.

• 아우구스티누스 『설교』 257,2.

하느님은 그 자체로 진실하시고, 그대는 하느님으로 말미암아 진실합니다. 그대 자신으로 말미암아 그대는 거짓말쟁이일 따름입니다.

• 아우구스티누스 『요한 서간 강해』 1,6.

하느님께서는 항상 성실하시다

바오로의 말은 옳습니다. 하느님께서는 어떤 경우에나 성실하시고 진실하시지만 사람은 불성실하고 거짓말쟁이로 드러났습니다. 그러므로 하느님께서는 스스로를 의롭다 여기는 사람들에게 당신의 의로움을 주심으로써 당신의 선하심으로 그들의 독선을 이기실 것입니다.

• 라오디케아의 아폴리나리스 『로마서 주해 단편』.

거짓이 없는 그리스도인

형제들이여, 영혼을 찌르는 칼을 피하듯 거짓에서 도망칩시다. … 전쟁터에서 암호로 전우와 적군을 구별하는 것처럼 인간사의 전쟁터에서도 하느님의 친구들은 진실성으로 그리고 거짓을 퍼뜨리지 않는 것으로 구별됩니다. 거짓말쟁이들은 혀라는 칼로 스스로를 죽입니다. 위증이나 거짓을 말하지 않는 입은 말로 하느님을 기쁘시게 합니다. 우리는 거짓말하지 않는 친구와 가족을 존경하고, 그가 부탁할 때 기꺼이 들어줍니다. 그렇다면, 거짓을 거들떠보지 않으시는 하느님께서는 더욱더 기꺼이 들어주실 것입니다. … 거짓은 그리스도인에게 어울리지 않습니다. 거짓이 없는 그리스도인은 가까운 이들, 곧 친구와 이웃, 동업자들에게 존경을 받습니다. 마귀들은 그를 두려워하고 천사들은 그를 사랑합니다. 천사들은 즐거워하며 그에게 천상 왕국의 문을 열어 줍니다.

> • 설교가 아스테리우스 『시편에 관한 설교』 5,24.

하느님의 가르침에 순종하다

"사람은 모두 거짓말쟁이"(시편 116,11)고 하느님 홀로 진실하시다면, 하느님의 종인 우리, 주교들은 인간의 과오와 거짓말을 거부하고 주님의 가르침에 순종하면서 하느님의 진리 안에 사는 것 말고 달리 무엇을 해야 하겠습니까?

> • 키프리아누스 『편지』 67,8.

하느님의 심판을 받는다

주님께서는 우리가 서약을 할 때나 일상의 말을 할 때 아무런 차이가 없기를 요구하십니다(마태 5,33-37 참조). 그렇지 않다면 우리가 하는 서약에 일종의 속임수가 있다는 것을 인정해야 합니다. 마찬가지로 우리의 말에 거짓이 없어야 합니다.

거짓 약속이나 거짓말 모두 신의 심판을 받게 되기 때문입니다.

> • 아퀼레이아의 크로마티우스 『마태오 복음 강해』 24,2,3-4.

거짓말과 진리

주님은 신의를 지키신다

"[주님은] 영원히 신의를 지키신다"(시편 146,6). 우리가 거짓과 속임수로 억압받는다 해도, 그것으로 인해 슬퍼하지 맙시다. 주님께서는 영원 무궁히 진리의 수호자이십니다. 누군가 우리에게 거짓말을 했을 때, 진리를 말하는 우리보다 거짓말을 한 그자가 더 신용을 얻기도 합니다. 그래도 절망하지 말아야 합니다. 주님은 영원히 신의를 지키십니다. "지키신다"고 함은 지당한 말입니다. 그분은 진리를 지키시고 그것을 당신의 보물창고에 간직하십니다. 그리고 그분은 우리를 위해 간직하신 것을 우리에게 돌려주십니다. "영원히 진리를 지키시는 분." 그리스도는 진리이십니다. 진리를 말합시다. 그러면 진리가 우리를 안전하게 지켜 줄 것입니다.

> • 히에로니무스 『시편 강해 59편』 55.

하느님의 시야에서 벗어났다

해가 이미 그들 앞으로 지고 있다는 말은 진리를 뜻하는 내면의 빛이 그들에게서 줄어들고 있다는 뜻입니다. 그들은 그분의 소리를 듣고, 그분 시야에서 벗어나 숨었습니다. 하느님의 시야에서 벗어나 숨은 사람과 그분을 버린 사람, 이제는 제 것을 사랑하기 시작한 사람은 누구입니까? 그들은 이제 거짓말로 옷을 입었고, 거짓을 말하는 사람은 제 것으로 말하기 때문입니다. 이는 그들이 낙원 한가운데에 있는 나무 곁에 숨었다고 말해진 까닭입니다.

• 아우구스티누스 『마니교도 반박 창세기 해설』 2,16,24.

진리가 도래하기 전 모든 인간이 거짓말을 사랑했지만 진실하신 하느님께서는 항상 의로우셨습니다. 당신께 고유한 것들을 고수하시며 적절한 모든 것을 실현시키셨습니다.

• 에메사의 에우세비우스 『로마서 주해 단편』.

하느님께서 어두운 우리 세상에 오시어 빛을 밝히시다

우리의 오랜 원수가 죽음이자 거짓말쟁이(요한 8,44 참조)로 불리는 것은 우리 주님께서 "진리요 생명"(요한 14,6)으로 불리는 것과 마찬가지로 마땅한 일입니다. 우리 주님께서는 당신을 알게 하는 참빛을 우리에게 주셨고, 오류의 어둠을 거두어 가셨으며, 하늘로 가는 확실한 길을 열어 주셨습니다. 그분은 우리의 발을 이끌어 당신께서 보여 주신 진리의 길을 걷게 하셨고, 당신께서 약속하신 영원한 평화의 거처로 들어가게 하셨습니다.

• 존자 베다 『복음서 강해』 2,20.

진리의 문

우리가 주 예수 그리스도를 통하여 어떻게 은총으로 가는지 구원자께서 직접 우리에게 알려 주십니다. "나는 문이다(요한 10,9). 나를 통하지 않고서는 아무도 아버지께 갈 수 없다"(요한 14,6). … 이 문은 진리의 문으로서, 거짓말쟁이는 들어갈 수 없습니다. 또한 이 문은 의로운 문이라 의롭지 못한 자는 들어갈 수 없습니다. "문"께서 말씀하십니다. "나는 마음이 온유하고 겸손하니 나에게 배워라"(마태 11,29).

• 오리게네스 『로마서 주해』.

진리를 위해 창조된 우리는 진실을 말해야 한다

우리는 진리와 의로움 안에서 창조되고 세례로 다시 태어났으므로 그 안에 남아 있기 위해서는 거짓말을 끊어 버리라는 가르침을 받습니다. 진리를 굳게 지키십시오. 어떤 식으로든 여러분의 형제를 속이지 마십시오. 한 몸의 지체들은 서로의 큰 뜻을 돌아가며 지지해 줍니다.

• 암브로시아스테르
『바오로의 열세 서간 주해』(에페소서) 4,25

진리의 띠를 두르고

우리가 갑옷이며 허리띠인 성사를 간직하고 있다면, 우리의 허리띠도 진리가 되어야만 합니다. 진리가 우리가 그리스도의 군사로서 두르는 허리띠라면, 우리가 거짓을 말하고 우리 입에서 거짓말이 나올 때마다, 우리는 그리스도의 갑옷을 벗기우고 진리의 띠가 풀려 버리는 것입니다. 그러므로 진리 안에 있다면 우리는 무장을 갖춘 것이고, 거짓 안에 있다면 무장을 풀어 버린 것입니다.

• 오리게네스 『여호수아기 강해』 5,2

하느님에게서 온 사람

사람에게서 비롯된 복음은 거짓말입니다. "사람은 모두 거짓말쟁이"(로마 3,4)이기 때문입니다. 사람에게서 발견되는 진리는 무엇이건 사람에게서 온 것이 아니라 하느님에게서 온 사람을 통하여 온 것입니다.

• 아우구스티누스 『갈라티아서 해설』 6(1B,1,11-12).

진리는 거짓말하는 경향이 있는 인간에게서 오는 것이 아니다

'사람들에게서' 파견된 이는 거짓말쟁이입니다. '사람을 통해서' 파견된 이는 진리를 말합니다.

진실하신 하느님께서도 사람들을 통해 진리를 보내기도 하시니까요. 그러므로 사람들에게서나 사람을 통해서가 아니라 하느님을 통해서 파견된 이는 사람들을 통해서 파견된 이들조차 진실하게 만드시는 분에게서 진실함을 얻습니다.

• 아우구스티누스『갈라티아서 해설』2.

악마 스스로 속다

악마 안에 진리가 없는 이유는 그가 속았고 거짓말을 받아들이기 때문입니다. 그는 스스로에게 속았습니다. 그런 점에서 악마는, 속아 넘어간 나머지 모든 이보다 더 나쁩니다. 그들은 이자에게 속았지만 그는 스스로 자신의 속임수를 만들어 냈기 때문입니다.

• 오리게네스『요한 복음 주해』20,244.

악마가 말하는 진리

주님께서는 악마가 진리를 말할지라도 믿지 말라고 가르치셨습니다. 그들은 거짓말을 사랑하고 우리의 가장 큰 원수이며 참된 것을 말하지 않기 때문입니다. 그들은 우리를 속임수에 빠뜨리기 위해서 진리를 미끼로 사용할 따름입니다.

• 에우티미우스『마르코 복음 주해』1,25.

없는 것을 말하지 않도록 입술을 조심하라

'거짓'에서 거짓말과 속임과 위선 그리고 없는 사실을 퍼뜨리는 중상이 나옵니다. 그것은 진리의 원수이며 거짓말의 아비인 사탄의 친구입니다. 믿는 이들은 이자의 영향을 받지 않도록 피하며 진리이신 하느님의 일들에 관심을 가져야 할 것입니다.

• 요한 크리소스토무스『성경 주해 선집』.

내적으로 새로 남

내적 인간이 나날이 새로워지는 것이라면(2코린 4,16 참조), 내적 인간도 새로 나기 전에는 분명 옛 인간입니다. '새로 남'은 내적으로 이루어지는 일이기에 바오로 사도는 '옛 인간을 벗고 새 인간을 입어야 한다'고도 합니다. 그것을 그는 거짓말을 버리고 진리를 말하는 것이라고 설명합니다(에페 4,22-25 참조). "마음속으로 진실을 말하는"(시편 14,2) 분이신 하느님의 거룩한 산에 살기 위하여 거짓말을 버리는 곳이 사람의 내면 아니면 어디겠습니까?

• 아우구스티누스『삼위일체론』4,3,6.

겸손

겸손은 모든 덕행의 스승입니다.

• 요한 카시아누스 『담화집』 15,7.

겸손과 하느님께 대한 두려움은 모든 덕을 능가합니다.

•『사막 사부들의 금언』(요한 콜로부스) 22.

겸손이 있는 곳에 사랑이 있습니다.

• 아우구스티누스 『요한 서간 강해』 머리말.

겸손은 자신의 영광을 과시하지 않고 하느님의 영광을 찾는 것입니다.

• 대 바실리우스 『겸손에 관한 설교』 1.

겸손은 아주 무서운 죄를 지은 죄인도 구원합니다.

• 대 바실리우스 『겸손에 관한 설교』 4.

우리가 하느님 앞에서 겸손할 때 모든 좋은 것이 주어집니다.

• 오이쿠메니우스 『사도행전과 가톨릭 서간, 바오로 서간 주해』(야고보서).

겸손한 마음가짐은 황금사슬과도 같습니다.

• 요한 크리소스토무스 『히브리서 강해』 9,8.

거룩해진 영혼의 장신구는 가난하고 겸손한 마음입니다.

• 알렉산드리아의 키릴루스 『루카 복음 주해』 54.

겉으로만 취한 겸손의 가면은 오래 쓸 수 없습니다.

• 대 그레고리우스 『욥기의 도덕적 해설』 26,2.

겸손의 의미와 이해

겸손이란?

겸손이 무엇입니까? 다른 사람들이 던지는 모욕을 견디고, 자기 자신을 거슬러 죄지었음을 받아들이고, 벌을 감수하는 것입니다. 실로 이는 겸손일 뿐 아니라 분별이기도 합니다.

• 안드레아스 『성경 주해 선집』.

겸손은 모든 덕의 원칙입니다. 겸손은 인간들 사이의 구분과 분열과 불화를 없애며 그들 안에 평화와 자비를 심어 줍니다. 그리고 다시 겸손은 자비를 통해 자라나고 커 갑니다.

• 몹수에스티아의 테오도루스 『요한 복음 주해』 6,13,3-5.

겸손은 선한 모든 것을 나누어 주며, 겸손을 제외하고 선한 것은 아무것도 없습니다.

• 테오필락투스 『야고보서 주해』.

무엇이 언제나 주님을 찬미하도록 고무할까요? 겸손입니다. 겸손하다는 것은 무엇입니까? 자기 자신을 자랑하려 들지 않는 것입니다. 누구든지 자신을 칭송하는 자는 교만합니다. 그러나 교만하지 않은 사람은 누구나 겸손합니다.

• 아우구스티누스 『시편 상해』 34,5.

두려움에서 비롯되는 겸손이 있고, 경험 부족과 무지에서 비롯되는 겸손도 있습니다.

• 암브로시우스 『성직자의 의무』 2,17,90.

모든 덕행의 스승

겸손은 모든 덕행의 스승입니다. 겸손은 천상 건물의 가장 확고한 기초입니다. 겸손은 구원자께서 주시는 멋진 선물입니다. 어떤 사람이 그분의 드높은 징표들 때문이 아니라 그분의 인내와 겸손 때문에 온유하신 주님을 따르려 노력한다면, 그는 오만에 빠질 위험 없이 그리스도께서 행하신 모든 기적을 행할 수 있을 것입니다. 그러나 부정한 영들에게 명령하고 병자들에게 치유의 은사를 베풀거나 사람들에게 놀라운 징표를 보여 주고 싶어 안달하는 사람은, 아무리 그리스도의 이름을 부른다 해도 그리스도에게서 멀리 떨어져 있습니다. 그는 오만한 마음 때문에 겸손의 스승을 따르지 않기 때문입니다. … [그리스도께서는] '너희가 징표들과 힘 있는 행위들을 보여 준다면'이라고 하시지 않고, "너희가 서로 사랑하면"이라고 말씀하셨습니다. 온화하고 겸손한 사람이 아니면 아무도 이를 준수할 수 없음이 분명합니다.

• 요한 카시아누스 『담화집』 15,7.

어떤 제물보다 겸손이 낫다

이 제물(제가 말하는 것은 겸손입니다)은 지금도 그렇지만 과거에도 유대인의 희생 제물보다 언제나 더 훌륭한 것이었다고 저는 감히 단언합니다.

• 위-요한 크리소스토무스 『시편 제오십편에 관한 설교』 2.

참된 겸손

사람은 그 마음에서 진정 겸손해야 합니다. 참된 겸손은 자세나 말투로 흉내 내는 데 있지 않습니다. 속마음이 겸손해야 진짜 겸손입니다.

• 요한 카시아누스 『담화집』 18,11.

참으로 죄인인 자가 자신을 죄인으로 생각하는 것은 겸손이 아닙니다. 그러나 자신이 훌륭한 일을 많이 한 것을 알면서도 스스로 대단하다고 생각하지 않는다면 이는 참된 겸손입니다.

• 요한 크리소스토무스 『하느님의 이해할 수 없는 본성』 5,6.

이것이 바로 그리스도인의 참된 겸손입니다. 겸손하건 그대 자신뿐만 아니라 그대가 맡고 있는 이들도 잘 다스릴 수 있습니다. 그대의 승리를 그대 자신이 아니라 하느님께 돌리는 겸손을 통하여 그대는 모든 악덕을 이길 수 있습니다.

• 브라가의 마르티누스『겸손 권면』6.

"하느님의 협력자"(1코린 3,9)는 교만이라는 독이 형제의 마음에 숨어드는 것을 보면 참된 겸손이라는 치료제로 당장 그것을 없애 버리려고 서두르는 사람입니다.

• 아를의 카이사리우스『설교』233,6.

우리에게 겸손하기를 권하시는 예수님

여러분 가운데 남들보다 윗자리에 앉고 싶은 사람은 그 자리를 하늘의 명으로 얻을 것이요 하느님께서 주시는 명예로 관을 쓸 일입니다. 그는 마땅히 빛나는 덕행으로 다른 사람들을 앞서야 합니다. 덕행의 법칙은 뽐내지 않고 자기를 낮추는 마음입니다. 겸손이지요. 복된 바오로 사도는 가장 소중하게 여길 덕목으로 겸손을 꼽았습니다. 그래서 열심히 성인의 길을 추구하는 이들에게 '겸손을 사랑하라'고 썼지요.

• 알렉산드리아의 키릴루스『루카 복음 주해』101.

완전한 복됨은 마음의 겸손이다

주님께서는 당신의 말씀을 떨리는 마음으로 받아들이는 겸손한 사람들을 선택하시리라는 것을 예언자들을 통해 알리실 때(이사 66,2 참조), 완전한 복됨은 마음의 겸손이라고 가르치셨습니다. 그래서 주님께서는 성령을 받은 사람을 하늘나라가 자신의 것임을 아는 사람으로 표현하십니다.

• 푸아티에의 힐라리우스『마태오 복음 주해』4,2.

겸손한 마음

스스로 부족하다고 자신을 낮추는 겸손한 마음만이 모든 것을 할 수 있게 만들며, 자신에게가 아니라 항상 하느님께 공을 돌림으로써 모든 좋을 것을 얻을 수 있습니다. 만약 누군가가 겸손을 통해서 다른 사람들의 섬김을 받게 된다면 나락으로 떨어지지 않습니다. 다른 모든 성덕은 고행적 수행을 통해 우리를 완전함으로 나아가게 합니다. 그러나 겸손함은 오르막길이 아니라 내리막길처럼 얼핏 쉬워 보일지 몰라도 이 길을 걷는 사람들을 천국으로 안내합니다. 또한 겸손은 다른 성덕에 비해 평지 같이 평범해 보이고, 심지어 다른 것보다 낮아 보이지만 실제로는 천국보다 높이 있습니다. 성도들은 겸손을 통하여 "행복하여라, 마음이 가난한 사람들! 하늘나라가 그들의 것이다"(마태 5,3)라는 주님의 말씀을 지킴으로써 미래의 축복이라는 상급을 받습니다. 마음이 가난하지만 하느님의 영 안에서는 부유한 사람은 실로 겸손한 사람입니다.

• 브라가의 마르티누스『겸손 권면』7

그리스도교에서 말하는 겸손

"주님, 제 마음은 오만하지 않고 제 눈은 높지 않습니다. 저는 거창한 것을 따라나서지도 주제넘게 놀라운 것을 찾아 나서지도 않습니다. 오히려 저는 …"(시편 131,1-2). 이 구절에서 분명히 드러나는 것은 겸손한 사람은 결코 추하게 그리고 어울리지 않는 방식으로 자신을 낮추지 않는다는 것입니다. 곧, 무릎을 꿇거나 땅바닥에 엎드리는 것도, 불행의 옷을 입고 먼지를 머리에 뒤집어쓰는 것도 아닙니다. 예언자들이 말하는 '겸손한 사람'이란 그가 도달할 수 없는 위대하고 훌륭한 것으로 향합니다. 곧, 그는 진실로 위대하고 훌륭한 것들에 마음을 둡니다. 그는 "하느님의 강한

손 아래에서 자신을 낮추는"(1베드 5,6) 사람입니다. … 그리스도교에서 말하는 겸손함과 고상함은 플라톤이 말하는 겸손함과 고상함을 훨씬 능가하는 것입니다. 왜냐하면 그는 항상 자신 위에 있는 위대하고 아름다운 것을 지향하기 때문에 겸손하고 아름답게 장식되어 있으며, 또 한편으로 그는 아무 사람 아래에서 겸손하게 행동하는 것이 아니라, 그러한 가르침을 주신 스승 예수 그리스도를 통하여 "하느님의 강한 손 아래에서"(1베드 5,6) 겸손하게 행동하기 때문입니다.

• 오리게네스 『켈수스 반박』 6,15.

겸손한 이는 모든 공로를 하느님께 돌린다

이제 제가 이 성덕을 어떻게 얻을 수 있는지 설명하는 동안, 여러분은 겸손한 마음가짐으로 잠시 들어 주십시오. 우선, 여러분이 선한 일을 하고자 한다면, 칭찬받으려는 마음이 아니라 선한 일에 대한 열망과 사랑을 가지고 시작하십시오. 그리고 그것이 무엇이든지간에 이 선한 일을 완수한다면 다음을 조심하십시오. 자신을 칭찬하고 선행을 통해 명성을 얻을 생각에 인간의 칭찬을 받기 위해 자신을 과대평가하지 않도록 마음을 조심스럽게 다스리십시오. 영광은 여러분이 쫓으면 도망가고, 여러분이 도망가면 쫓아오는 그림자와 같기 때문입니다. 항상 스스로를 낮추고 이것을 명심하십시오. 어떤 좋은 일이 여러분에게 생기면, "그대가 가진 것 가운데서 받지 않은 것이 어디 있습니까? 모두 받은 것이라면 왜 받지 않은 것인 양 자랑합니까?"(1코린 4,7)라는 바오로 사도의 말씀을 상기하면서, 거저 받은 여러분에게가 아니라, 그것을 주신 하느님께 공을 돌리십시오.

• 브라가의 마르티누스 『겸손 권면』 8.

겸손의 유익

겸손은 좋은 것입니다. 겸손은 위험에 빠진 이를 구해 주고 넘어진 이를 일으켜 세웁니다. 이렇게 말한 이는 겸손을 알고 있었습니다. '죄지은 것은 저입니다. 목자인 제가 못된 짓을 했습니다. … 다윗은 자기 죄를 고백하며 참회하고 용서를 청했습니다. 그는 겸손을 통해 구원을 얻었습니다. 그리스도께서는 모든 이를 들어올리기 위해 자신을 낮추셨습니다. 그리스도의 겸손을 본받는 이는 누구나 그리스도의 안식을 얻습니다.

• 암브로시우스 『테오도시우스의 죽음』 27.

우리 선조들처럼 겸손하게 생각하라

저는 이처럼 위대한 인간의 권위를 거슬러 생각할 수 없으며, 우리 선조들의 길에서 벗어나지 않고 오직 그리스도인다운 겸손으로 그의 발자취를 따를 수 있을 뿐입니다. … 그러니 사도의 말대로, 겸손하게 생각하는 것이 우리에게 유익합니다. "오만한 생각을 버리고 비천한 이들과 어울리십시오"(로마 12,16).

• 사라고사의 브라울리오 『편지』 44.

겸손과 아첨

겸손을 익히십시오. 그래서 아첨이 여러분을 현혹할 때 여러분의 겸손을 마음을 다스리는 지침으로 삼으십시오. 겸손은 사람들이 여러분을 찬양할 때, 그것이 진실로 여러분을 위한 것인지, 얼마나 지속될 수 있을 것인지 알려 줄 것입니다. 겸손은 여러분이 거짓말에 현혹되도록 내버려 두지 않을 것입니다.

• 브라가의 마르티누스 『겸손 권면』 3.

겸손과 자비

겸손은 끊임없이 용서를 청하는 기도를 하도록

우리를 북돋고, 자비는 그것을 청하는 이를 거부하지 못합니다. 이 모든 것은 우리에게 헌신적이신 주님께서 이루시는 일입니다. 그분께서는 당신께서 미리 경고해 주신 이들을 단죄하고 싶어 하시지 않기 때문입니다.

• 카시오도루스 『시편 해설』 140,1.

겸손과 연민은 연결돼 있다

동료 피조물(인간)을 존중할 때 겸손은 자유롭게 베푸는 은총을 거절하지 않으며, 연민도 과장하지 않아야 합니다. 이처럼 동료에게 필요한 것을 위해서 연민은 겸손을 지탱하게 하고, 겸손은 연민을 유지하게 합시다.

• 대 그레고리우스 『욥기의 도덕적 해설』 21,19,29.

겸손, 온유, 인내심의 다른 점

바오로 사도는 여러 가지 형태의 인내에 대해 이야기합니다. 이 각각은 사람이 선을 넘거나 교만해지는 것을 막습니다. 겸손이 먼저이고 다음은 온유입니다. 온유는 교만과 잔인함을 억제합니다. 인내는 어떤 불리한 상황이 닥쳐도 견뎌 내는 것입니다. 사람에게 겸손과 온유가 있으면 고난을 두려워하지 않을 줄 알게 됩니다. 인내심이 있으면, 자신이 겪어야만 하는 것에 어떻게 대응해야 하는지 알게 됩니다.

• 마리우스 빅토리누스 『바오로 서간 주해』(에페소서) 1,4,2-4.

거짓 겸손이란?

"거짓 겸손"(콜로 2,18)이란 무엇입니까? 자기를 낮추다 못해 하느님은 우리가 바칠 수 있는 어떤 숭배로도 닿을 수 없을 만큼 멀리 계시며 위대하신 분이라 말하는 것입니다. 그래서 우리는 그분께 다가갈 수 없으며 그분의 천사들을 통해 속죄해야 가까이 갈 수 있다고 믿는 태도입니다.

• 가발라의 세베리아누스 『바오로 서간 주해 단편』(콜로새서).

'거짓 겸손' 또는 '거짓 대답'

우리는 칼렙이 왜 우두머리 성읍을 받았는지부터 알아봅시다. 아낙인들이 살던 그 성읍은 약속의 땅에 있는 모든 성읍들 가운데 가장 먼저 수도라 불린 성읍이었습니다. '아낙'은 '거짓 겸손' 또는 '거짓 대답'을 의미합니다. 그러니까 칼렙은 '거짓 겸손'의 수도를 받은 것입니다. 겸손에는 분명히 두 가지가 있습니다. 하나는 찬양할 만한 겸손입니다. 이런 겸손에 대해 구원자께서는 이렇게 말씀하셨습니다. "나는 마음이 온유하고 겸손하니 나에게 배워라. 그러면 너희가 안식을 얻을 것이다"(마태 11,29). 또 이런 말씀도 있습니다. "누구든지 자신을 낮추는 이는 높아질 것이다"(루카 14,11). … 그러나 죄가 되는 또 다른 겸손도 있습니다. 성경에서는 부정한 성적 결합을 이 낱말로 표현합니다. "그는 그 여자를 강제로 낮추었다"(2사무 13,14). 이것은 암논에 관한 기록으로 그는 자기 누이 타마르를 강제로 "낮추었다"고 합니다. 그것은 거짓 낮춤, 곧 거짓 겸손이어서 죄가 되어 가라앉고 맙니다. 그래서 칼렙은 거짓 겸손의 수도를 점령하여 파괴하고, 거짓 겸손의 아들들인 아낙의 세 자손을 쫓아냈습니다.

• 오리게네스 『여호수아기 강해』 20,5.

거짓 겸손의 아들들

칼렙이 쫓아낸 거짓 겸손의 아들들은 누구입니까? 첫째 아들은 '내 바깥', 곧 '거룩함 바깥'으로 풀이되는 '세사이'(여호 15,14)입니다. 거짓 겸손의 아들은 거룩함 밖에 있으므로 참으로 하느님 바깥에 있습니다. 그리고 다른 아들은 '아히만'으로 이 이름은 '생각 밖에 있는 나의 형제'라는 뜻입니다. 말하자면, '생각이 없는 형제'이지요. 거짓 겸손에게서 태어난 자식들은 분명히 생각 밖에 있는 자들입니다. 셋째 아들은 '벼랑'이나 '매달려 늘어져 있음'을 뜻하는 '탈마이'입니다. 이 사람 안에는 안정된 것이라고는 아무것도 없고 모든 것이 불안정하며 위험으로 치닫고 있다는 것을 가리키는 이름입니다.

• 오리게네스 『여호수아기 강해』 20,5.

그리스도의 겸손

창조주의 겸손

우리 가운데서 태어나신 우리의 창조주께서 겸손하게 오셨습니다. 우리를 창조하셨던 분이 우리를 위해 피조물이 되신 것입니다.

• 아우구스티누스 『설교』 340/A,5.

그분은 우리의 뿌리 깊은 병인 교만을 치료하고자, 의사가 환자를 찾아가듯 우리를 찾아오셨고, 당신의 겸손을 본보기로 보여 주셨습니다.

• 존자 베다 『복음서 강해』 2,20.

겸손의 본보기

신성의 본질에서 하나이며 서로 나뉠 수 없는 거룩한 삼위일체의 거처가 서로 다른 곳일 수는 없는 일이지요. 그래서 주님께서는 성전에서 "왜 저를 찾으셨습니까? 저는 제 아버지의 집에 있어야 하는 줄을 모르셨습니까?"(루카 2,49) 하고 말씀하신 것입니다. 아버지 하느님과 함께 영원하신 당신의 권능과 영광을 말씀하신 것이지요. 그러나 나자렛으로 돌아온 뒤로는 부모에게 순종하셨으니, 이는 겸손의 본보기요 당신의 참된 인성을 보여 주신 것입니다.

• 존자 베다 『복음서 강해』 1,19.

그리스도께서 "종의 모습"(필리 2,7)을 짊어지신 것이 본성적으로 열등해서였다면, 그것은 겸손의 본보기가 아닐 것입니다. 그런데 바오로 사도는 겸손을 권고할 때에 이 본보기를 아주 효과적으로 사용합니다.

• 요한 크리소스토무스
『내 아버지께서 여태 일하고 계시다』(강해 10).

겸손의 좋은 본보기인 "종의 모습"

'종의 모습을 취하시다.' 그분께서는 실제로 붙잡힌 몸이 되어 묶이고 매질을 당하셨습니다. 그분은 십자가에 이르기까지 아버지께 순종하셨습니다. … 그분은 우리에게 이 인내와 겸손을 본받으라고 가르치십니다.

• 암브로시아스테르
『바오로의 열세 서간 주해』(필리피서) 2,8,1-2.

그리스도께서는 겸손의 시작입니다

그리스도께서는 겸손의 시작입니다. 그분은 하느님 아버지와 똑같은 권능을 지니신 분이면서도 종의 신분을 취하셨기 때문입니다(필리 2,6-8 참조). 이렇게 그분에게서 모든 덕이 시작됩니다.

• 암브로시우스 『신앙론』 3,7,52.

한 길

다양한 가르침들은 여러 물길입니다. 하느님의 가르침은 하나입니다. … 겸손의 길은 다른 원천에서 나오지 않습니다. 그것은 오직 그리스도에게서만 나옵니다. 이 길은 그분이 시작하신 길입니다. 그분은 지극히 높으신 분이셨지만 비천한 모습으로 오셨습니다. "자신을 낮추시어 죽음에 이르기까지, 십자가 죽음에 이르기까지 순종"(필리 2,8)하심으로써 그분께서 우리에게 가르치신 것이 달리 무엇이겠습니까? 우리를 빚에서 풀어 주시려고 당신이 지지도 않은 빚을 갚으심으로써 그분께서 가르치신 것이 달리 무엇이겠습니까? 죄가 없으면서도 세례를 받으시고, 무죄하시지만 십자가에 처형되심으로써 그분께서 가르치신 것이 달리 무엇이겠습니까? 이와 같은 겸손이 아니라면 달리 무엇입니까? 그분께서 "나는 길이요 진리요 생명이다"(요한 14,6)라고 말씀하신 것은 적절하였습니다. 바로 이런 겸손으로 우리는 하느님께 가까이 나아갑니다.

• 아우구스티누스『시편 상해』32,18.

지극한 겸손의 본보기

그리스도께서 육을 취하시어 오시기로 되어 있었습니다. 다른 어떤 인간도, 천사도, 사자使者도 아니라 '그분께서 친히 오시어 너희를 구원하시리라'는 것입니다. … 그분은 죽을 육을 취하시어 어린 아기가 되시고, 포대기에 싸여 구유에 뉘어 젖을 먹고 자라기로 되어 있었습니다. 그리고 어른이 되어 마침내 죽음을 당하게 되어 있었습니다. 그분의 겸손을 보여 주는 이 모든 일에서 지극한 겸손의 본보기를 볼 수 있습니다.

• 아우구스티누스『설교』293,8.

주님의 겸손과 숭고함

우리의 주님께서 주시는 도움은 모두가 크고 작은 것이 합쳐진 것이듯이, 이 박해자에게 주신 도움도 겸손함과 숭고함이 합쳐진 것이었습니다. 우리의 주님께서는 태어나셨을 때부터 무덤에 묻히실 때까지 늘 겸손하셨습니다. … 그분의 특성은 단순히 겸손한 것만도 아니고 단순히 숭고한 것만도 아닙니다. 그것은 숭고하고도 겸손

한, 두 가지가 섞인 두 특성입니다.

• 시리아인 에프렘『우리 주님에 관한 설교』34.

예수님의 겸손을 드러내 주는 행동들

예수님께서 발을 씻어 주신 일만 아니라 다른 것으로도 겸손을 보여 주시는 것을 눈여겨보십시오. … 그분은 이 모든 일을 몸소 하심으로써, 어떤 좋은 일을 할 때면 겉으로 보이는 행동만 할 게 아니라 모든 노력을 기울여야 함을 보여 주셨습니다.

• 요한 크리소스토무스『요한 복음 강해』70,2

백인대장의 종을 고쳐 주심은 겸손의 표시다

하늘의 주님께서 백인대장의 종을 찾아보시는 일을 하찮게 여기지 않으셨습니다. 이 얼마나 큰 겸손의 표시입니까? 믿음은 행실로 드러나고, 겸손은 자비 안에서 더욱 활발해집니다. 주님께서 그리로 가신 것은 당신께서 꼭 가셔야만 병을 고칠 수 있어서가 아니라, 지체 높은 사람이나 낮은 사람이나 똑같이 대하는 겸손의 본보기를 보여 주시려는 뜻이었습니다.

• 암브로시우스『루카 복음 해설』5,84.

겸손은 힘이 부족한 데서 나오는 것인가?

위대한 생각을 할 수 있는 힘이 있는 존재가 자신을 낮출 때, 그는 겸손한 것입니다. 그러나 힘이 부족한 데서 비롯하는 겸손은 우리가 겸손이라고 이를 만한 것이 아닙니다. … 권력을 차지하는 것을 마다하고 "죽음에 이르기까지 순종"(필리 2,8)하는 것은 더 훌륭한 겸손입니다.

• 요한 크리소스토무스『필리피서 강해』7,2,5-8.

그리스도의 겸손한 말씀이 사람들을 움직이다

예수님께서 인간의 눈높이에 맞춰 말씀하시자

많은 사람이 그분을 믿었습니다. … 그러나 마땅히 믿어야 해서 믿은 것이 아니라, 그분 말씀의 새삼스러운 겸손함이 마음에 들어 믿은 것뿐입니다.

• 요한 크리소스토무스 『요한 복음 강해』 53,2.

겸손으로 우리 본성을 회복시킨 그리스도의 '비움'

그분께서는 어떻게 "당신 자신을 비우"(필리 2,7)셨습니까? "하느님의 모습"(필리 2,6)이 "종의 모습"(필리 2,7)을 받아들임으로써, 주님이신 탁월하신 분께서 종에게 속한 것을 스스로 짊어지심으로써 그렇게 되셨습니다. 말씀께서 은혜로운 마음과 우리에 대한 동정심에서 당신보다 한참 못한 것을 짊어지고 행하심으로써 육이 되셨습니다. 그분께서 본성에 따라 소유하셨던 모든 것이 이 인격 안으로 비워집니다. 참된 인성 안에서 사람으로서 순종하는 이가 되신 그분께서는 아담의 불순종으로 인하여 타락한 우리의 본성을 당신의 겸손과 순종으로 회복시키셨습니다.

• 베르첼리의 에우세비우스 『삼위일체론』 10(9),57.

우리가 겸손해야 하는 이유

그분께서는 우리를 위해 몸소 율법 아래 놓이신 뒤 율법의 짐을 견딜 만하게 만들어 주시기도 하였습니다. (겸손을 보일 필요도 없으신 분께서) 당신의 겸손으로 우리에게 겸손을 가르치심으로써 그렇게 하셨습니다. 우리가 겸손해야 하는 것은 우리에게는 결코 갚을 수 없는 큰 빚이 있기 때문입니다.

• 존자 베다 『사무엘기 상권 우의적 해설』 3,17.

겸손의 열매

그리스도께서 당신 자신을 낮추시기 전에는 오직 천사들만 그분을 알아보았지만, 당신을 낮추신 다음에는 온 인류가 그분을 알게 되었습니다. 그분께서는 당신 자신을 낮추심으로써 하찮아지신 것이 아니라, 헤아릴 수 없는 은총과 덕행의 열매를 맺으셨고, 당신 영광을 더 찬란히 빛나게 하셨습니다(필리 2,6-11 참조). 아쉬울 것 없으시기에 아무것도 필요하지 않으신 하느님께서 당신 자신을 낮추심으로써 위대한 선을 행하시고, 당신 가족의 수를 늘리시어 당신 나라를 넓히셨습니다. 그런데 왜 그대는 낮아짐으로써 하찮아질까 두려워하는 것입니까?

• 요한 크리소스토무스
『하느님의 이해할 수 없는 본성』 8,46-47.

하느님께서 여러분 안에 머무르시도록 하려면 겸손하십시오. 그분은 여러분 안에 머무르고 싶어 하십니다.

• 아를의 카이사리우스 『설교』 210,5.

오만으로 타락한 이들은 겸손을 통해서만 회복된다

[그리스도]께서는 우리에게 삶의 모범이 되셨습니다. 다시 말하면, 우리는 하느님께 갈 수 있는 확실한 길을 얻었습니다. 오만으로 타락한 우리는 겸손을 통해서만 하느님께 되돌아갈 수 있기 때문입니다.

• 아우구스티누스 『신앙과 신경』 4,6.

주님을 본받자

그리스도는 거지입니다. 우리는 부끄러운 줄 알아야 합니다. 그리스도는 겸손한 분이십니다. 우리도 겸손해집시다. … 그분은 교만이 아니라 겸손으로 세상을 정복하셨습니다. … 그러니 우리 주님을 본받읍시다.

• 히에로니무스 『마르코 복음 강해』 83.

성경 인물들의 겸손

마리아의 겸손

하느님의 복되신 어머니, 영원한 동정녀이신 마리아는, 당신이 낳으신 아드님과 마찬가지로 모든 율법의 지배에서 벗어나신 분입니다. "씨를 받아"(레위 12,2 칠십인역) 아이를 낳은 여인은 부정한 몸이 되었으므로, 일정한 기간이 지난 뒤에 자기가 낳은 자식과 함께 하느님께 희생 제물을 바쳐야만 깨끗해진다고 율법은 말합니다. 그러니 율법이 남자의 씨를 받지 않은 처녀 몸으로 아이를 낳은 여인은 부정하다고 보지 않음이 분명합니다. 그가 낳은 아이도 물론입니다. 또한 율법은 그 여자가 희생 제물을 바쳐서 깨끗해져야 한다고 가르치지도 않습니다. 그런데도 당신의 신성 안에서 우리에게 율법을 주신 우리 구원자 주님께서는 사람으로 오셨을 때 기꺼이 당신을 율법의 지배 아래 두셨습니다. … 또한, 율법 위에 계시는 특별한 권한을 지닌 복되신 어머니께서도, 우리에게 겸손의 모범을 보이시고자, 율법 규정을 따르기를 마다하지 않으셨습니다.

• 존자 베다 『복음서 강해』 1,18.

마리아의 겸손

천사를 만나 그의 인사를 들었던 마리아는 높이 들어 올려질 만한 자격이 있음이 드러났습니다. 그리고 마리아는 자신이 하느님의 아드님을 낳음으로써 영예롭게 될 것임을 알게 되었습니다(루카 1,26-37 참조). 그러나 이런 일이 있은 후에도 마리아는 자신이 받은 천상의 선물로 인해 교만해지지 않았습니다. 비록 자신이 그런 선물을 받을 자격이 있었다 하더라도 그 때문에 교만하지 않았습니다. 오히려 이 선물에 더욱더 합당한 사람이 되기 위하여 마리아는 겸손을 유지하는데 마음을 집중하였습니다. 그래서 주님의 탄생을 예고했던 천사에게 이렇게 대답하였습니다. "보십시오, 저는 주님의 종입니다. 말씀하신 대로 저에게 이루어지기를 바랍니다"(루카 1,38). … 이어서 마리아는 천사에게 보여 주었던 똑같은 겸손을 인간에게도 보여 주었습니다. 이 겸손은 더욱더 의미 깊은 것이라 할 수 있습니다. 마리아가 자신보다 못한 사람들에게도 겸손을 보여 주었기 때문입니다.

• 존자 베다 『복음서 강해』 1,4.

겸손한 모세

모세보다 더 겸손한 사람은 없었습니다. 위대한 민족의 지도자이며, 바다에서 이집트의 임금과 군대를 마치 파리 떼처럼 쓸어 버린 사람이고, 이집트와 갈대 바다(홍해) 그리고 광야에서 무수한 기적을 일으키고, 극히 뛰어난 평판을 듣던 사람이었는데도, 그는 그저 보통 사람처럼 느꼈습니다.

• 요한 크리소스토무스 『코린토 1서 강해』 1,4.

성조 요셉의 겸손

요한 압바가 물었다. "누가 요셉을 팔았습니까?" 한 형제가 대답했다. "그의 형제들이었습니다." 원로가 그에게 말했다. "아닙니다. 그를 판 것은 그의 겸손이었습니다. 그는 '나는 그들의 형제요'라고 말할 수 있었고 저항할 수 있었습니다. 하지만 그는 침묵하면서 자신의 겸손으로 자신을 팔았습니다. 그를 이집트에서 우두머리가 되게 한 것도 그의 겸손입니다."

• 『사막 사부들의 금언』(요한 콜로부스) 2).

다윗의 겸손과 참회

이제 우리 모두 마음을 겸손하게 가다듬고 자선

을 베풀며 이웃의 잘못을 용서해 줍시다. 상처를 받았다면 잊어버리고, 앙갚음하려는 생각일랑 말끔히 지워 버립시다. 우리가 끊임없이 자기 잘못을 반성하며 지낸다면 돈도 권세도 권위도 명예도 세상 아무것도 우리를 교만하게 만들지 못할 것입니다. 그렇지 않으면 황제 폐하의 수레 안에 앉아 있다 할지라도 우리는 쓴 한숨만 내쉴 것입니다. 복된 다윗도 임금의 권좌에 앉아 있었지만 "밤마다 울음으로 잠자리를 적시며"(시편 6,7) 탄식하였습니다. 다윗은 임금의 자색 용포나 왕관 따위에 얽매이지 않았습니다. 자신은 그저 한 인간임을 알고 있었기에 우쭐해하지 않았습니다. 그리하여 참회하는 마음으로 탄식하기를 그치지 않았습니다.

• 요한 크리소스토무스 『히브리서 강해』 9,9.

요한은 교만한 이들에게 겸손을 가르치기 위하여 왔다

하느님이시며 인간이신 주님의 이 선구자가 얼마나 자신을 낮추는지 보십시오. …

그가 겸손의 스승이 아니고 교만한 자였다면 굳이 착오를 바로잡지 않고, 그냥 그들이 생각하고 있던 바를 받아들였을 것입니다. 그랬더라면 그는 사람들이 자기를 그리스도로 여기게 만들려고 무리했을 수 있습니다. … 그런데 보십시오! 그분은 한없이 높이면서 자신은 그분의 발, 아니 신발 끈을 만지기에도 합당하지 않다고 고백하지 않습니까? 이렇듯, 요한은 교만한 이들에게 겸손을 가르치고 회개의 길을 선포하기 위하여 온 것입니다.

• 아우구스티누스 『설교』 293A,4.

세례자 요한의 겸손

세례자 요한은 자신이 그리스도에게서 빛을 받은 등불임을 인정하였습니다. 이것이 그가 자칫 너무 높이 날다가 교만의 바람에 날려 가는 일이 없도록 그분의 발 앞에 피신한 까닭입니다. … 그는 겸손한 사람이었습니다. 사람들이 그에게 명예를 돌렸지만 그는 그것을 내쳤습니다. 사람들은 그의 위대함에 대하여 잘못 생각했지만, 그는 자신의 자리를 제대로 알고 있었습니다. 그는 하느님의 말씀께 사로잡혀 있었기 때문에 사람들의 말로 영광스럽게 되는 것을 원하지 않았던 것입니다.

• 아우구스티누스 『설교』 66,1.

겸손의 모범을 보인 베드로

"베드로는 한동안 야포에서 무두장이 시몬의 집에 머물렀다"(사도 9,43). 베드로의 겸손을 보십시오. 그의 절제를 보십시오. 그는 타비타나 다른 유명인사의 집이 아니라 무두장이의 집에 머물렀습니다. 그의 모든 행동이 사람들을 겸손으로 이끕니다.

• 요한 크리소스토무스 『사도행전 강해』 21.

바오로의 겸손

누가 참으로 겸손한지 알고 싶습니까? 참으로 겸손한 바오로를 보십시오. 바오로는 온 세상의 스승이며, 영적 설교자이고, 선택된 그릇(사도 9,15 참조)이며, 파도 없는 항구이고, 흔들리지 않는 탑이며, 작은 체구로 날개라도 달린 듯 온 세상을 돌며 한 바퀴 여행하였습니다. 무지하나 철학자이고, 가난하나 부유한 그가 스스로를 낮추는 것을 보십시오. 나는 그를 참으로 겸손한 이라고 말하겠습니다. …

그의 겸손이 얼마나 큰지 알겠습니까? 바오로가 겸손하게 스스로를 가장 보잘것없는 자라고 부르는 것을 보았습니까? 그는 "나는 사도들 가운데 가장 보잘것없는 자로서, 사도라고 불릴 자격조차 없는 몸"(1코린 15,9)이라고 말합니다. 이것이야말로 겸손입니다. 모든 면에서 자신을 낮추고 자신을 가장 보잘것없다고 여기는 것입니다. 이 말을 누가 했는지 그것만 생각해 보십시오. 육신을 옷으로 입었을 뿐인 천상의 시민이며, 교회의 기둥, 지상의 천사, 천상의 사람인 바오로입니다.

• 요한 크리소스토무스 『참회에 관한 설교』 2,5,27-28.

바오로는 자신을 "그분을 모독하고 박해하던 자"(1티모 1,13)라고 표현했을 때 참된 겸손을 보여 주었습니다. 그는 지금은 지워진 과거의 죄 때문에 자신을 끔찍스러운 범죄자로 묘사합니다. … 그래서 "모든 성도들 가운데서 가장 보잘것없는 나"(에페 3,8)라고 하는 것입니다.

• 요한 크리소스토무스 『에페소서 강해』 7,3,9-11.

여러분께 바오로의 겸손에 대해서도 지적하고 싶습니다. 그는 "아라비아로 갔다"(갈라 1,17)라고 한 다음 "다시 다마스쿠스로 돌아갔습니다"(갈라 1,17)라고 덧붙입니다. 그는 세례 받은 뒤 엄청난 열정을 보여 유대인들이 그에게 격노했으며 그들이 그리스인들과 공모하여 사람들을 매복시켜 그를 죽이려 할 만큼 심한 적의를 품었다고 하면서도, 자신의 회심에 관해서나 자기가 어떤 사람들을 얼마나 많이 가르쳤는지 구구절절 이야기하지 않습니다(2코린 11,32 참조).

• 요한 크리소스토무스 『갈라티아서 주해』 1,17.

바오로 사도의 겸손이 드러나는 표현이 얼마나 많은지 생각해 보십시오. … "칠삭둥이 같은 나"(1코린 15,8)라고 하고, 예수님을 맨 마지막에야 뵌 사실을 고백하고, "하느님의 교회를 박해하였기"(1코린 15,9)에 사도라고 불릴 자격조차 없다고 합니다. 순진하고 겸손한 사람이 자신이 통회하는 이유를 고백하는 것입니다.

• 요한 크리소스토무스 『코린토 1서 강해』 38,5.

바오로와 요셉의 겸손

바오로가 그러했습니다. 그는 동정녀들에게 조언해 주었고(1코린 7,25-40 참조), 사제들에게 가르침을 주었습니다(참조: 1티모 4,12; 티토 2,7-8). 그는 무엇보다도 본받아야 할 본보기로 자신을 우리에게 드러냈습니다(티토 2,7 참조). 그는 겸손할 줄 알았습니다(필리 4,12 참조). 성조들의 최고 가문 출신이었으나 천한 종노릇을 못마땅해하지 않고, 고분고분 이를 견디며 덕으로 빛났던 요셉이 그랬던 것처럼 말입니다. 요셉은 겸손할 줄 알았습니다. 그는 파는 사람과 사는 사람을 겪었고, 자신을 산 사람을 주인이라고 불렀습니다(창세 39,8-9 참조). 자신을 낮추는 그의 말을 들어 보십시오. "내 주인께서는 당신 부인이신 마님을 말고는 그 무엇도 빼지 않고 가지고 계신 모든 재산을 내 손에 맡기셨으며, 나를 위해 당신 집에 전혀 신경 쓰지 않으십니다. 그런데 제가 어찌 이런 나쁜 말을 하고 주님 앞에서 죄를 짓겠습니까?"(창세 39,8-9 참조). 그의 말은 겸손과 정결로 가득합니다. 주인에게 존경을 표하고 감사를 드러냈기에 겸손으로 가득하고, 수치스런 파렴치로 자신을 더럽히는 무거운 죄를 생각했기에 정결로도 가득합니다.

• 암브로시우스 『성직자의 의무』 2,17,87.

인간의 겸손

겸손한 사람의 특징

우리는 거룩하고, 부끄러워할 줄 알고, 경건히 믿

고, 겸손하여 수줍어했습니다. 자기 믿음의 나약함을 아는 한편 용서받지 못하리라 낙담하지 않는 것이 겸손한 사람의 특징이니까요.

• 암브로시우스 『루카 복음 해설』 6,56.

겸손이 사랑의 길이다

그 어떤 것도 사랑의 길보다 우월하지 않습니다. 또한 겸손한 이들이 아니라면 그 누구도 이 길로 걷지 않습니다.

• 아우구스티누스 『시편 상해』 141,7.

겸손한 이들만이 은총을 받을 준비가 되어 있다

율법은 교만한 사람들에게 주어진 것입니다. 그러나 사랑의 은총은 겸손한 이들 말고는 아무도 받아들일 수 없습니다. 이 은총 없이는 율법의 계명들은 완수될 수가 없습니다.

• 아우구스티누스 『갈라티아서 해설』 24(1B,3,19-20).

겸손한 이들이 성령의 은사를 받는다

별다른 은사를 받지 못한 사람이라도 순수한 삶의 가치를 인식하면 영적으로 성장하는 데에 부족함이 없는 만큼, 그런 이에게 은총이 내린다면 훨씬 더 높이 들려 올라가게 될 것입니다. 은총은 겸손하고 순박한 이들이 받는 선물입니다.

• 요한 크리소스토무스 『히브리서 강해』 3,8.

겸손과 하느님의 거룩하심을 드러낸 마리아

"그분께서 당신 종의 미천함을 굽어보셨기 때문입니다. 이제부터 과연 모든 세대가 나를 행복하다 하리니"(루카 1,48). 마리아는 이 말로, 그가 자신을 얼마나 하찮게 여겼으며 자신이 온갖 복을 받은 것은 모두 거룩한 은총 덕분이라 믿었음을 드러냅니다.

• 존자 베다 『복음서 강해』 1,4.

성경에서 하느님은 거만한 이들을 물리치시지만 겸손한 이들에게는 은총을 베푸신다는 내용이 담겨 있지 않은 구절은 거의 없습니다(참조: 야고 4,6; 마태 23,12; 1베드 5,5).

• 아우구스티누스 『그리스도교 교양』 3,23,33.

겸손과 사랑이라는 두 다리

그리스도 안에 머물기로 약속했다는 사람들은 그분께서 걸어가신 것처럼 걸어가야 합니다. 그대, 그리스도를 따르고 싶습니까? 그분께서 그러하셨던 것처럼 겸손하십시오. 그분의 위대함에 다가가고 싶다면 그분의 겸손을 업신여기지 마십시오. 인간이 죄를 지어 길이 험해졌습니다. 그러나 그리스도께서는 부활로 길을 평평하게 하셨고, 좁은 길을 큰 길로 바꾸어 놓으셨습니다. 이 길은 두 다리로 걸어가야 합니다. 겸손과 사랑이라는 두 다리 말입니다. 누구나 꼭대기에 오르고 싶어 합니다. 그러나 내딛어야 할 첫걸음은 겸손입니다. … 첫 계단인 겸손부터 시작하십시오. 그러면 올라갈 수 있을 것입니다.

• 아를의 카이사리우스 『설교』 159,1,4.

포이멘 압바가 또 말했다. "콧구멍에서 나오는 숨처럼 인간에게는 겸손과 하느님께 대한 두려움이 필요합니다."

• 『사막 사부들의 금언』(포이멘) 49.

겸손과 하느님에 대한 두려움

한 형제가 크로니우스 압바에게 인간이 어떻게 겸손해질 수 있는지 물었다. 원로가 대답했다. "하느님께 대한 두려움을 통해서요." 그 형제가 물었다. "인간은 어떤 행업으로 하느님께 대한 두려움에 이릅니까?" 원로가 말했다. "내 견해론, 인간은 모든 일에서 물러나 육체적 금욕에 전념하고, 자기 육체를 떠나 하느님의 심판을 받으리라는 것을 온 힘을 다해 기억해야 합니다."

• 『사막 사부들의 금언』(크로니우스) 3.

겸손에 이르는 길

한 형제가 티토에스 압바에게 물었다. "어느 길이 겸손으로 안내합니까?" 원로가 대답했다. "자기 통제, 기도 그리고 자신을 모든 피조물보다 못하다고 생각하는 것, 이것이 바로 겸손의 길입니다."

• 『사막 사부들의 금언』(티토에스) 7.

악마도 맞서지 못하는 어느 수도승의 겸손

어느 날 마카리우스 압바가 종려나무 잎들을 짊어지고 늪지에서 자기 암자로 돌아가던 중 길에서 긴 낫을 들고 있는 악마를 만났다. 악마가 그를 치려고 했지만 그럴 수 없었다. 악마가 그에게 말했다. "마카리우스, 너의 능력이 무엇이기에 너에 맞서는 나를 무력하게 하느냐? 나도 네가 하는 모든 것을 한다. 너는 단식하지만, 나는 아무것도 먹지 않는다. 너는 철야를 하지만, 나는 전혀 잠을 자지 않는다. 오직 한 가지 점에서만 네가 나를 능가한다." 마카리우스 압바가 그것이 무엇이냐고 물었다. 악마가 말했다. "너의 겸손이다. 그것 때문에 내가 너에게 맞서 아무것도 할 수 없다."

• 『사막 사부들의 금언』(대 마카리우스) 11.

니코데모가 겸손을 배우다

주님께서 이 유대인들의 스승을 모욕하려 하셨다고 생각합니까? 주님께서는 당신이 무엇을 하고 계시는지 아셨습니다. 그분께서는 이 사람이 성령으로 태어나기 바라셨던 것입니다. 겸손하지 않은 사람은 아무도 성령으로 태어날 수가 없

습니다. "주님께서는 부서지고 꺾인 마음을 가진 이들을 업신여기지 않으시기"(시편 51,19 참조) 때문에 겸손이야말로 우리를 성령으로 태어나게 해 주는 것입니다. 이 사람은 자신의 박학함에 우쭐했으며, 자신이 유대인들의 스승이라는 자리를 중요시했습니다. 예수님께서는 그가 성령으로 태어날 수 있도록 그의 교만을 끌어내리셨습니다.

• 아우구스티누스 『요한 복음 강해』 12,6.

그리스도를 따르는 것은 그분의 겸손을 본받는 것이다

견고한 진리에 다다르기 위해서는 그 어떤 길도 필요 없고, 하느님이신 분께서 우리의 비참한 상태로 내려오시길 바랐던 그 길만을 따라가면 될 것입니다. 그렇소. 첫째가는 길은 겸손이오. 둘째 길도 겸손이오. 셋째 길도 겸손뿐입니다.

• 아우구스티누스 『편지』 118,3,22.

가장 작은 사람이 되는 것은 그리스도처럼 되는 것이다

그리스도께서는 작은 것에 만족하며 겸손하여 자기를 높이지 않는 이를 가장 작은 사람이라고 표현하십니다. 바로 그런 사람이 그리스도를 기쁘게 해 드립니다. … 그리스도를 사랑하는 이들에게 오만의 병이 다가오지 못하게 합시다. 동료들을 자기보다 낮게 여기고, 하느님께서 기뻐하실 마음의 겸손으로 우리 자신을 아름답게 꾸밉시다. 성도들답게 단순한 마음을 지닐 때, 우리는 단순함을 높이 여기시는 그리스도와 함께 있게 될 것입니다.

• 알렉산드리아의 키릴루스 『루카 복음 주해』 54.

주님의 겸손을 본받아라

"주님이며 스승인 내가 너희의 발을 씻었으면, 너희도 서로 발을 씻어 주어야 한다. 내가 너희

에게 한 것처럼 너희도 하라고, 내가 본을 보여 준 것이다"(요한 13,14-15). … 이것은 겸손의 위대한 본보기입니다. 다른 사람을 환대할 때 겉으로 보이는 몸짓으로도 이를 행합시다(요한 13,14 참조). 이 겸손의 실천은 널리 행해지고 있으며 눈에 띄는 그 행위는 매우 효과적인 표현입니다.

• 아우구스티누스『요한 복음 강해』58,4.

발 씻어 주는 행위 자체가 겸손을 불러일으키다

발을 씻어 줌은 환대의 정신으로 다른 사람을 맞아들이는 많은 이가 실행하는 행위입니다. … 그리스도인들은 그리스도께서 하신 일을 따라 하는 것을 가치 없다 여기지 않습니다. 형제의 발 앞에 몸을 숙일 때 겸손한 마음이 샘솟으며, 그런 마음이 이미 있다면 더욱 확고해집니다.

• 아우구스티누스『요한 복음 강해』58,4.

다른 사람의 더러움을 씻어 줄 때 나 자신의 더러움도 씻는다

저도 형제자매의 발을 씻어 주고 싶습니다. 저는 주님의 명령을 실천하고 싶습니다. 저는 부끄러운 사람이 되고 싶지도, 그분께서 몸소 먼저 실천하신 바를 업신여기고 싶지도 않습니다. 겸손의 신비는 좋은 것입니다. 다른 사람의 더러움을 씻어 주는 동안 나 자신의 더러움도 씻기 때문입니다. 그러나 누구나 이 신비를 알아보는 것은 아닙니다. 사실 아브라함도 손님의 발을 씻어 주고 싶어 했지만, 환대의 마음에서 그랬습니다(창세 18,4 참조). 기드온도 그에게 나타난 주님의 천사의 발을 씻어 주려고 했습니다. 그러나 그것은 복종하고자 하는 이의 마음이었지 친교의 정신에서 그렇게 한 것은 아니었습니다. 이것은 아무도 이해하지 못하는 위대한 신비입니다.

• 암브로시우스『성령론』1, 서론 15.

그리스도 예수님께서 지니셨던 바로 그 마음

우리 주 그리스도 예수님께서는 당신 제자들에게 큰 책임을 맡으라고 촉구하실 때 당신께서 먼저 본보기를 세우셨습니다(마태 5,12 참조). … 복된 바오로 사도도 그렇게 합니다. [필리피] 신자들에게 겸손을 실천하라고 촉구할 때에 그들의 눈앞에 그리스도를 제시합니다. … 이것(겸손)을 통하여 하느님처럼 되어 간다는 깨달음은 위대한 이성적 영혼이 지속적으로 선행을 실천하게 하는 그 무엇보다 큰 힘입니다.

• 요한 크리소스토무스『필리피서 강해』7,2,5-8.

자신을 낮추는 이는 높아질 것이다

겸손을 실천하는 것만큼 중요한 것은 없습니다. 예수님께서 끊임없이 그들에게 이 덕을 상기시키시는 것은 이 때문입니다. 어린이들을 제자들 가운데에 세우셨을 때도 그랬고 지금도 그렇습니다. 예수님께서 산에서 가르치시며 산상 설교를 시작하실 때에도 가장 먼저 이 덕에 관해 이야기하셨습니다. 그리고 여기서는 "누구든지 자신을 낮추는 이는 높아질 것이다"(루카 14,11)라는 말씀으로 자만심의 뿌리를 잡아 뽑으십니다. 예수님께서 듣는 이의 주의를 어떻게 정반대의 것으로 돌려놓으시는지 보십시오. 예수님은 그가 윗자리에 마음을 두는 것을 금하실 뿐 아니라 끝자리를 추구할 것을 요구하십니다. 또 그러면 네가 바라는 것을 얻을 것이라고 하십니다. 그러므로 첫째가 되고 싶은 사람은 꼴찌가 되어야만 합니다. "자신을 낮추는 이는 높아질 것"이기 때문입니다.

• 요한 크리소스토무스『마태오 복음 강해』72,3.

겸손을 추구하다

그대가 윗자리와 최고 영예를 사랑한다면 이제

는 끝자리에 있는 것들을 찾아 나서십시오. 모든 것 가운데 가장 보잘것없는 것, 가장 낮은 것, 가장 작은 것을 추구하고, 그대 자신을 다른 사람들 뒤에 세우십시오.

• 요한 크리소스토무스 『마태오 복음 강해』 58.

겸손보다 더 위대하거나 교만보다 더 낮은 것은 아무것도 없다

왜 여러분은 첫째 자리에 앉으려고 합니까? 다른 사람들보다 높게 되고 싶어서요? 맨 끝 자리에 앉으려고 하십시오. 그러면 여러분은 첫 자리를 누리게 될 것입니다. 하늘 나라는 그런 곳입니다. 높은 사람이 되고 싶다면, 높은 자리에 앉으려 하지 마십시오. 그러면 높은 사람이 될 것입니다.

• 요한 크리소스토무스 『마태오 복음 강해』 65,4-5.

숭고함에 이르는 길

겸손의 발걸음으로 숭고함에 이르는 길로 나아가십시오. 죽은 이들에게로 내려가는 것을 부끄러워하지 않으신 당신을 겸손하게 따르는 이들을 주님은 드높이십니다.

• 아우구스티누스 『거룩한 동정』 52(53).

지도자의 겸손

특히 임금으로서 이렇게 행동하는 것은 보통이 아닙니다. 겸손의 임무를 충실히 수행함으로써 보잘것없는 이들과 자신이 똑같다는 사실을 드러내는 것, 다른 사람이 위험에 빠져 있을 때 식음을 전폐하는 것, 자기 죄를 고백하는 것, 하느님의 분노를 자신에게 돌리기 위해 자기 백성을 위해 목숨을 바치는 것입니다.

• 암브로시우스 『성직자의 의무』 2,7,34.

윗사람은 겸손한 권위를 지녀야 하고, 아랫사람은 자유로운 겸손을 지녀야 합니다.

• 대 그레고리우스 『에제키엘서 강해』 1,9,12.

겸손은 누구나 따라야 하는 덕목

베드로 사도가 말하는 "젊은이"란 교회에서 낮은 직무를 맡은 이들을 가리킵니다. 그런데 높은 자리에 있는 사람들도 겸손하게 행동해야 한다는 점에 주목하십시오. 겸손은 누구나 따라야 하는 덕목입니다.

• 아를의 힐라리우스 『일곱 가톨릭 서간 해설』(베드로 1서).

교회의 직무자들은 겸손해야 한다

사제직과 레위인의 직무를 맡은 사람이 그 존귀한 직무를 교회 안에서 갖고 있다는 사실을 망각할 때 그 직무는 매우 자주 교만의 원인이 됩니다. 머리의 자리에 있는 사제들 가운데 얼마나 많은 이가 겸손해야 함을 망각하고 있는지요! 성직 수품이 겸손에 대한 면제라도 되는 듯이 말입니다. 그와 반대가 되어야 합니다. 그토록 고귀한 품위가 주어졌으니 그들은 다음 성경 말씀에 따라 더욱더 세심하게 겸손의 덕을 실천해야 합니다. "네가 높아질수록 자신을 더욱 낮추어라"(집회 3,18). 교회가 여러분을 선택하였으니 여러분은 더욱더 겸손하게 고개를 숙이십시오. 교회가 여러분을 지도자로 뽑았습니다. 그러나 여러분이 높아지기라도 한 것처럼 여기지 마십시오. 그들 중의 한 사람으로서 그들과 함께 하십시오(루카 22,27 참조). 여러분은 겸손하고 조신해야 합니다. 모든 악의 근원인 오만에서 달아나십시오(집회 10,12 참조).

• 오리게네스 『에제키엘서 강해』 9,2.

신앙인의 사명은 겸손한 봉사에 있다

그대는 복종해야 하는 종임을 아십시오. 그대는 하느님의 아들이라는 이름을 얻었습니다. 그러므로 자신을 앞자리에 내세워서는 안 됩니다. … 그대가 섬기는 일을 제법 잘했다 하더라도 할 일을 했을 뿐이니 뽐내지 마십시오.

• 암브로시우스 『루카 복음 해설』 8,32.

겸손을 자랑하지 마라

나는 그대[1]의 겸손함을 알고 있습니다. 당신은 진심으로 "주님, 제 마음은 오만하지 않고 제 눈은 높지 않습니다"(시편 131,1)라고 말할 수 있는 사람임을 나는 압니다. 당신 어머니의 마음 안도 그랬지만 당신의 마음 안에는 악마를 굴러 떨어지게 한 교만이 차지할 자리가 없음을 나는 압니다. … 이제 그대는 세상이 자랑하는 것을 업신여기니, 그 사실이 그대에게 새로운 자랑이 되지 않게 하십시오. 금박 옷에 마음을 두는 짓을 그만둠으로써, 소박한 옷을 입기 시작했다는 생각을 남몰래 마음속에 품지 마십시오. 형제자매들이 가득한 방에 들어왔을 때 너무 낮은 자리에 앉거나, 나는 발판에 앉을 자격도 없다고 주장하지 마십시오. 마치 단식으로 지친 것마냥 목소리를 의도적으로 낮추지도 말고, 다른 이의 어깨에 기대어, 기절하려는 사람의 비틀거리는 걸음새를 흉내 내지도 마십시오. 사람들에게 단식한다는 티를 내려고 자기 얼굴을 꼴사납게 하는 여자들이 있는 것이 사실입니다. 그들은 누가 보이기만 해도 신음소리를 내고 눈을 내리깔며 얼굴을 가립니다. 다만, 한 눈만 빼고 말이지요. 그리고 그 눈으로 다 봅니다. 그들의 옷은 칙칙하고 허리띠는 삼베로 만들었으며 발은 더럽습니다.

• 히에로니무스 『편지』 22,27.

본받지 말아야 할 사람

우쭐거리며 거짓 겸손을 보이고 자기는 천사를 본다고 거짓말하며 저를 드높이는 자가 되어서는 안 됩니다. 이런 자는 상상으로 본 "환시"를 떠들어댑니다. 겉으로만 겸손하고 신심 깊은 척하는 사람을 본받지 마십시오.[2]

• 펠라기우스 『콜로새서 주해』.

겸손은 사람을 성장하게 한다

우리가 정직하게 자신의 행동과 생각을 돌아본다면 자신이 남보다 잘난 것이 하나도 없음을 깨닫고 다른 사람에 대해 쉽게 판단을 내리지 못합니다. 이것은 진실이며 이 사실을 모르는 이는 아무도 없습니다. 자기가 마치 특별한 존재인 것처럼 우쭐한 사람은 잘못 생각하는 것입니다. 그는 겸손이 성장의 수단이라는 것을 모르는 자입니다.

• 암브로시아스테르
『바오로의 열세 서간 주해』(갈라티아서) 6,4,1.

겸손한 말과 의로움

마음가짐을 겸손하게 하면 죄의 사슬이 헐거워집니다. 세리와 바리사이의 비유를 보면, 성경에서 그 증거를 찾을 수 있습니다(루카 18,10 이하 참조). … 세리는 겸손해짐으로써 의롭게 되었습니다. 바리사이는 의로움을 송두리째 잃고 성전에서 내려왔지만, 세리는 의로움을 얻어 내려왔습니다. 말이 행동을 이겼습니다. 바리사이는 자신의 의로운 행동을 온전히 망가뜨렸고, 세리는 겸손한 말로 의로움을 얻었습니다. 실로, 바리사이

---

1 이 편지의 수신인 에우스토키움은 히에로니무스에게서 영적 가르침을 받은, 부유한 로마인 과부 파울라의 딸이다.

2 눈먼 천사를 본받으려는 사람은 없듯이, 천사를 보았다고 거짓으로 우기는 자를 본받아서는 안 된다.

의 말은 겸손이 아니었습니다. 겸손은 훌륭한 사람이 스스로를 낮추는 것이기 때문입니다. 세리의 말도 겸손은 아니었으나, 진실이었습니다. 그의 말은 참이었습니다. 그는 죄인이었습니다.

• 요한 크리소스토무스 『참회에 관한 설교』 2,4,21-22.25.

자신의 의로움보다 죄를 고백하기가 더 어렵다

그렇게 기도한 바리사이가 거짓말을 한 것은 아닙니다. 다만 그는 교만하게 자기 자랑을 했고 세리는 겸손하게 자기 죄를 고백했기 때문에, 하느님께서 바리사이의 자선보다 세리의 고백을 더 기꺼워하신 것입니다. 사람이 자기 의로움을 고백하기보다 죄를 고백하기가 더 어려운 법이지요. 하느님께서는 무거운 짐을 진 자를 굽어보십니다. 그래서 세리가 바리사이보다 더 무거운 짐을 진 자로 하느님께 보였던 것입니다. 바리사이가 아니라 세리가 의롭게 되어 돌아간 것은 그가 겸손했기 때문입니다. 만일 그 바리사이가 죄를 많이 지었다면, 그는 죄악에 죄악을 보탠 셈입니다. 그러나 세리의 죄는 주님께서 깨끗이 씻어 주셨지요. 바리사이의 교만한 기도는 하느님의 진노를 불러일으켰고, 그 결과 세리의 겸손한 기도는 더욱 큰 힘을 발했습니다.

• 시리아인 에프렘
『타티아누스의 네 복음서 발췌 합본 주해』 15,24.

죄인임을 고백하게 하는 겸손

근엄한 바리사이는 교만하게 자기 자랑을 했을 뿐 아니라 하느님 앞에서 세리를 깎아내렸지요. 결국 그는 교만의 죄로 자신의 의로움을 하찮은 것으로 만들었습니다. 반면 거룩하신 하느님께 영광을 돌린 세리는 의롭게 되어 집으로 돌아갔지요. 그는 눈도 들 엄두를 내지 못하고 자비를 간청하기만 했습니다. 그는 태도로, 가슴을 치

는 몸짓으로, 자비만을 구하는 간청으로 스스로를 고발했습니다. 그러니 교만으로 망해 버린 바리사이를 교훈 삼아, 그런 일이 없도록 조심하십시오. 거만한 몸짓은 의로움을 앗아 가고, 건방진 자기 자랑은 그가 받을 상을 앗아 갔습니다. 하느님께서 판결을 내리시기도 전에 자기를 치켜세우며 스스로 판결을 내리다가 비천한 죄인보다 더 못한 자로 심판받았지요. 결코 그대를 다른 사람 앞에, 그가 아무리 나쁜 죄인이라 해도, 내세우는 일이 없도록 하십시오. 겸손은 아주 무서운 죄를 지은 죄인도 구원합니다.

• 대 바실리우스 『겸손에 관한 설교』 4.

겸손한 이는 복되다

주님 앞에서 자신을 낮추는 것은 복된 일입니다. "주님 앞에서 자신을 낮추십시오. 그러면 그분께서 여러분을 높여 주실 것입니다"(야고 4,10)라는 야고보 사도의 말을 따르면 그렇습니다. 우리가 그렇게 자신을 낮추었을 때, 마귀들의 유혹을 받고, 덕을 미워하는 자들에게 공격을 받을지라도 하느님의 법을 잊거나 고통 중에 그분을 저주하지만 않는다면, 우리에겐 우리를 구원해 주실 하느님이 계십니다.

• 헤시키우스 『성경 주해 선집』

겸손은 구원에 이르는 길이다

테오도라 암마는 또 금욕 수행이나 철야 또는 어떤 노고로도 구원될 수 없고 오직 참된 겸손만으로 구원될 수 있다고 말했습니다.

• 『사막 사부들의 금언』(테오도라) 6.

신클레티카 암마가 말했습니다. "못 없이 배를 만들 수 없듯이, 겸손 없이 구원될 수 없습니다."

• 『사막 사부들의 금언』(신클레티카) 26.

겸손에 따르는 보상

겸허한 사람들은 하느님께 감사드리고 목숨이 다하는 그날까지 겸손해야 합니다. 겸손하게 견디어 낸 모든 이에게 축복이 주어지듯이, 천사들과 성조들과 예언자들과 사도들과 모든 성경의 축복이 그들에게 내릴 것입니다. 그러한 축복으로 그들은 영원한 보상을 받게 될 것이며 "의인의 머리에는 주님의 복이 내린다"(잠언 10,6)라는 말씀이 그들에게서 실현될 것입니다.

• 아를의 카이사리우스 『설교』 48,6.

하느님께서 아브라함의 겸손에 상을 내리시다

하느님의 섭리가 선한 이에게 신속히 보상을 내리는 것을 보십시오. 성경은 이 성조가 하느님을 사랑하며 보인 겸손에 대해 얼마나 큰 상을 받았는지 우리에게 가르쳐 주고자 합니다.

• 요한 크리소스토무스 『창세기 강해』 34,5.

겸손과 교만

☞ '교만, 자만, 오만'에서 '교만과 겸손'

경건

여러분이 경건하다면, 여러분은 불경한 영을 죽입니다.
• 아를의 카이사리우스 『설교』 105,9.

거룩한 사람의 영은 경건한 것을 생각하고 행함으로써 생기를 얻습니다.
• 맹인 디디무스 『코린토 1서 주해 단편』.

마음의 경건함은 하느님의 자비와 은총에 복종할수록 더 커집니다.
• 아우구스티누스 『편지』(힐라리우스에게) 157,2,8.

경건한 마음으로 이 세상을 초월한 사람은 모든 걱정과 불안에서 자유롭습니다.
• 암브로시우스 『이사악 또는 영혼』 4,25.

하느님께서는 모든 경건한 행위로 찬양받으십니다.
• 암브로시아스테르 『바오로의 열세 서간 주해』(코린토 2서).

경건한 이들의 어머니는 하늘에 있는 예루살렘입니다.
• 키루스의 테오도레투스 『아가 주해』 3.

경건의 의미와 이해

하느님께서 계시는 곳

하느님께서 계시는 곳에는 하느님에 대한 경외가 있습니다. 거기에는 바람직한 진지함, 세심한 경계, 염려하는 배려, 치밀한 점검을 거친 선택, 균형 있는 통교와 합당한 진전, 종교적 순종, 헌신적 봉사, 겸손한 모습, 일치된 교회를 비롯한 모든 경건한 것이 있습니다.
• 테르툴리아누스 『이단자들에 대한 항고』 43.

거룩한 사람의 영은 경건한 것을 생각하고 행함으로써 생기를 얻습니다. 영은 선한 것을 추구하기 때문입니다.
• 맹인 디디무스 『코린토 1서 주해 단편』

경건한 사람에게 요구되는 것

복된 제자들은 세상을 이끌고 가르치는 일에 곧 나설 참이었습니다. 그래서 경건한 사람에게 요구되는 것을 모두 갖추어야 했습니다. 복음적 삶의 방식을 알아야 했고 온갖 선행을 할 수 있도록 준비되어야 했습니다. 식견 높은 청중에게, 진리를 올바로 드러내는 정확한 구원의 가르침을 베풀어야 했습니다. 거룩한 빛으로 밝은 마음과 시력을 얻은 그들이니, 눈먼 이를 이끄는 눈먼 이가 되지 않도록 그렇게 해야만 했습니다. 무지의 어둠에 묻혀 있는 자가 똑같은 어둠에 묻혀 있는 자를 진리에 관한 지식의 빛으로 인도할 수는 없는 일이지요. 그랬다가는 둘 다 구렁에 빠지고 말 것입니다.

• 알렉산드리아의 키릴루스『루카 복음 주해』29.

경건한 사람은 세상적인 것에 일체 마음 쓰지 않으며, 그것을 잃었다고 슬퍼하지도 않습니다.

• 암모니우스『성경 주해 선집』(사도행전) 27,26.

절제와 정의, 경건

복된 희망과 확고한 기대, 미래의 행복은 불경건함과 세속적인 욕망을 거부하고 이 세상에서 절제와 정의, 경건함을 갖고 살아가는 사람들의 몫입니다. 따라서 절제와 정의, 경건함은 그리스도인들이 주의 깊게 지켜야 하는 덕들입니다. 절제를 하는 사람은 자신의 삶이 관습과 조화를 이루게 합니다. 정의를 실천하는 사람은 이웃에게 해를 끼치지 않습니다. 경건하게 사는 사람은 하느님에 관한 일에 있어서 왜곡된 어떤 것도 믿거나 말하지 않습니다. 그러므로 하늘 나라에 들어가기를 원하는 사람은 누구나 절제의 삶을 살면서 이웃에게 정의를 실천하고 하느님을 향한 신심을 간직해야 합니다.

• 루스페의 풀겐티우스
『죄의 용서에 관해 에우티미우스에게』1,28,2.

경건함은 덕의 실천과 순종하는 성품으로 나타난다

어떤 사람이 자기가 하느님을 사랑한다고 말한

다 해서 그것이 곧 하느님에 대한 참사랑의 공덕을 쌓는 것은 아닙니다. 덕의 힘은 그저 말뿐인 것에 있지 않으며, 경건함은 빈말에 있지 않기 때문입니다. 덕은 선행의 실천과 순종하는 성품으로 나타납니다.

• 알렉산드리아의 키릴루스『요한 복음 주해』9,1.

악인이 미워하는 것

악인이 미워하는 것은 선한 사람들에게 있는 정결과 경건이기 때문입니다. 제멋대로인 사람은 덕을 위한 수고를 미워하고, 대식가 — 욕심 많은 사람 — 는 덕의 수고에서 도망칩니다. 이처럼 이집트인들의 육체는 유혹을 사랑하기 때문에 영혼의 덕으로부터 몸을 돌립니다. 육체는 권위를 미워하고, 덕의 훈련과 이러한 종류의 모든 수고에서 몸을 움츠립니다.

• 암브로시우스『편지』4(27),2.

이상하게 여기지 마라

이 본문[1요한 3,13 참조]에서 "세상"이라고 표현되는 악한 사람들이 그리스도의 명령에 따라 경건하게 사는 사람들을 미워하는 것은 이상하게 여길 일이 아닙니다. 그런 사람들이 우리를 사랑한다면 그것이 오히려 놀라운 일이지요!

• 맹인 디디무스『가톨릭 서간에 관한 짧은 상해』(요한 1서).

경건의 덕

"누구든지 나에게 오면서 자기 아버지와 어머니, 아내와 자녀, 형제와 자매, 심지어 자기 목숨까지 미워하지 않으면 내 제자가 될 수 없다"(루카 14,26). 이 미움은 우리를 한눈팔지 않도록 함으로써 경건의 덕을 가르치고 남을 해치려는 궁리를 하지 못하게 합니다.

• 대 바실리우스『세례론』1,1.

누구나 할 수 있는 일

누가 여러분에게 우리 주님께서 행하신 권능을 본받으라고 한다면 변명할 거리가 있습니다. 권능을 행하고 기적을 일으키는 은총은 아무한테나 주어지지는 않으니까요. 하지만 경건하고 순결하게 살며 모든 사람에게 자애를 실천하는 것(로마 12,18 참조)은 하느님의 도움을 받아 누구나 할 수 있는 일입니다.

• 루스페의 풀겐티우스 『설교』 223,2.

하느님 앞에서 확신을 가질 수 있다

우리가 경건한 일을 할 때, 우리가 진리, 곧 하느님께 속해 있다는 것이 뚜렷이 드러납니다. 그것은 우리가 자신의 능력껏 그분의 완전한 사랑을 본받고 있는 것이기 때문입니다. 행동으로 또 진실로 우리 이웃을 사랑할 때, 우리는 자신이 지고한 진리의 빛 안에서 마음의 확신을 가지고 있다는 것을 분명하게 봅니다. 우리는 어떤 일을 하려 할 땐 실제로 그 일을 하기까지 긴 시간을 생각하며 자기 자신을 설득하기 때문입니다. 사악한 일을 하려는 사람들 또한 온갖 방법을 동원해 그 일을 하느님께 숨기고 싶어 합니다. 그러나 선한 일을 하려는 사람들은 자신이 하느님 앞에서 이 선행을 하고자 한다는 것에 확신을 가지는 데 조금도 망설임이 없습니다.

• 존자 베다 『가톨릭 서간 해설』 (요한 1서).

주님 안에서 자랑하라

복음의 힘을 확신하는 이는 그 힘의 원천인 하느님에 대해 확신합니다. 하느님께서는 모든 경건한 행위로 찬양받으십니다. 하느님께 힘을 받지 못한 이는 주님 안에서 자랑할 수 없습니다. 그런 이는 자신을 자랑하고 싶어 하기 때문입니다.

• 암브로시아스테르 『바오로의 열세 서간 주해』 (코린토 2서).

경건함의 열매가 맺히는 과정

우리는 [찬미를 통해] 하느님과의 교제를 추구하고 하느님은 우리를 경작하십니다. 우리의 노력은 하느님을 더 훌륭한 분으로 만들지 못합니다. 우리가 하는 것은 찬미이지 쟁기질이 아니기 때문입니다. … 그러나 그분께서 우리를 경작하시면 우리는 더 나은 존재가 됩니다. … 그분의 경작은 우리 마음에서 사악함의 씨앗을 모조리 없애고, 당신 말씀의 쟁기질로 우리의 마음을 갈아엎고, 당신 계명의 씨앗들을 우리 안에 뿌리고, 경건함의 열매가 맺히기를 기다리는 과정으로 진행됩니다.

• 아우구스티누스 『설교』 87,1.

베드로의 때 이른 열성

"스승님, 저희가 여기에서 지내면 좋겠습니다"(루카 9,33). … 부지런한 일꾼은 찬양하는 것만으로 만족하지 않지요. 더욱 탄복할 일은 베드로가 사랑하는 마음과 경건한 행실로 초막 셋을 짓겠다고 약속하는 것입니다. 그는 비록 자기가 지금 무슨 말을 하고 있는지 모르기는 했지만, 무분별한 생각이 아니라 때 이른 열성에서, 경건의 열매를 쌓아 올려 거처를 마련하겠다고 약속한 것입니다. 그의 무지는 그가 처한 조건에 기인하지만 그의 약속은 경건한 헌신에서 나온 것입니다 인간의 조건은 필멸의 운명입니다. 유한한 육신이 하느님을 위한 초막을 지을 수는 없습니다.

• 암브로시우스 『루카 복음 해설』 7,18.

경건함의 씨앗

곡식이 무르익어 수확할 때가 왔다는 말은 경건함의 씨앗이 무르익은 밀처럼 완전히 익어 천상 곳간에 들어갈 준비가 되었으며 농부에게 서른 배, 예순 배, 백배의 소출을 내줄 종말의 시간이 왔음을 뜻합니다.

• 카이사리아의 안드레아스 『묵시록 주해』 14,15.

경건함에 따라 달라지다

많은 사람이 신앙에서 멀어질 때, 불신의 구름이 밝은 신앙을 가릴 것입니다. 제 경우에는 제 믿음에 따라 거룩한 태양(말라 3,20 참조)이 밝아지기도 하고 흐려지기도 하니까요. 사람들이 하늘의 해를 바라볼 때도, 보는 사람의 능력에 따라 흐리게 보는 사람과 밝게 보는 사람이 있는 법입니다. 마찬가지로 영적 빛도 믿는 이의 경건함에 따라서 달라지지요.

• 암브로시우스 『루카 복음 해설』 10,37.

사람을 차별하지 않으신다

성령께서는 사람을 차별하지 않으십니다. 성령께서는 사람의 지위가 아니라 경건함을 중요하게 보시기 때문입니다. 부자라고 해서 우쭐대지 말고 가난하다고 낙담하지 맙시다. 저마다 거룩한 선물을 받을 준비나 합시다.

• 예루살렘의 키릴루스 『예비신자 교리문답』 27,19.

경건한 이와 불경한 이

주님께서 경건한 이를 사랑하신다

노아 이야기(창세 6,9-7,24)는 거룩한 노아가 불경건한 이들을 죽인 홍수를 어떻게 기적적으로 피하여 제 가족과 함께 방주에서 살아남았는지를 알려 줍니다. 이 이야기는 주님께서 정의를 사랑하시고 불의를 미워하시며(시편 45,8 참조), 경건한 이들을 유혹에서 어떻게 구해야 하고 마땅히 벌을 받아야 하는 불경한 이들을 어떻게 처벌해야 하는지 아신다는 것을 모든 이에게 명백

히 밝혀 줍니다.

• 존자 베다 『성막과 제구』 2,7,69.

경건한 사람들에게 주어진 땅

모세가 자신의 책 처음에 모든 창조의 시작을 의미하며 "한처음에 하느님께서 하늘과 땅을 창조하셨다"(창세 1,1)라고 쓴 구절을 정확하게 이해한다면, 모든 것의 종말과 완성이 이 시작으로 되돌아가는 것은 적절합니다. 이 구절에서 말하는 하늘과 땅은 경건한 이들의 거처요 안식처이며, 성도들과 온유한 이들은 이 땅을 최초로 상속받을 것입니다. 이것이 율법서와 예언서와 복음서의 가르침입니다(참조: 신명 4,38; 시편 36,11; 마태 5,4-5; 히브 4,9).

• 오리게네스 『원리론』 3,6,8.

천상에 세워진 집

온 세상의 경건한 영혼과 가톨릭교회는 저마다 선행을 실천하여 천상 고향에 제 집을 짓습니다. 그러나 악인들은 자신의 악한 삶과 때로는 공공연한 반역으로 좋은 이들이 잘 지은 것을 허뭅니다.

• 존자 베다 『솔로몬의 잠언 우의적 해설』 2,14,1.

시온과 예루살렘

여러분이 모든 거룩하고 경건한 사람의 영혼을 "시온"이라고 부른다고 해도 틀리지 않을 것입니다. 그 영혼이 현세의 삶 너머로 자신을 들어올리고, 자신의 시민권을 천상에 두며, 세상을 훨씬 초월하는 것들을 바라보는 한 그렇습니다. [시온은] '망대'를 뜻하기 때문입니다. 그런 사람이 격정에서 자유로운 채 고요히 머문다면 여러분은 그를 "예루살렘"이라고 부를 수 있습니다. 왜냐하면 "예루살렘"이란 '평화로운 광경'을 뜻

하기 때문입니다.

• 카이사리아의 에우세비우스『복음의 논증』6,24.

'어머니의 집'은 하늘에 있는 예루살렘

신부는 자기가 애인을 찾았으며 그를 '어머니의 집'(아가 3,4)으로, 자기를 '잉태하신 분의 방'(아가 3,4)으로 인도할 때까지 붙잡고 놓지 않았다고 말합니다. … 예언자들과 사도들을 지나친 뒤 신부는 수행원과 호위병들이 둘러싸고 있는 신랑을 발견하고는 그를 붙잡습니다. '어머니의 집'으로, 자기를 '잉태하신 분의 방'으로 인도할 때까지 그를 붙잡고 놓지 않습니다. 우리는 이제 압니다. 경건한 이들의 어머니는 하늘에 있는 예루살렘이라는 것을. 이에 대해 복된 바오로는 이렇게 말합니다. "하늘에 있는 예루살렘은 자유의 몸으로서 우리의 어머니입니다"(갈라 4,26).

• 키루스의 테오도레투스『아가 주해』3.

불경건한 자들의 운명

물을 적셔 주더라도 왕골과 갈대는 태양의 타는 열기 때문에 말라 버리고 어린 가지들은 시들어 버립니다. "거름더미에서 그의 가지가 솟아날 것"이라는 말은 바로 이런 뜻입니다. 불경건한 자들도, 하느님의 분노가 그들에게 내리면, 똑같은 운명에 처할 것입니다.

• 올림피오도루스『욥기 주해』8,16.

나는 저 하계에서 불경한 자들을 기다리는 징벌의 나락을 보았습니다. 그러나 경건한 이들에게는 다른 장소가 마련되어 있는 것을 보았습니다.

• 기적가 그레고리우스『코헬렛 석의』3,16.

경멸, 멸시, 업신여김

우리는 아무도 업신여겨서는 안 됩니다.

• 암브로시아스테르 『바오로의 열세 서간 주해』(코린토 1서).

사람들은 으레 친절하고 좋은 사람을 업신여깁니다.

• 알렉산드리아의 클레멘스 『교육자』 86.

육을 경멸하지는 말되 육이 하는 일은 거부합시다.

• 히에로니무스 『시편 강해 59편』 143.

멸시와 교만은 저주를 부르고 순종은 축복을 부릅니다.

• 존자 베다 『복음서 강해』 11,15.

하느님께서 가르치시는 대로 행하지 않으면
하느님께서는 우리를 경멸하실 것입니다.

• 암브로시아스테르 『바오로의 열세 서간 주해』.

하느님의 말씀을 경멸하는 자는 구원받을 수 없습니다.

• 루스페의 풀겐티우스 『죄의 용서에 관해 에우티미우스에게』 1,11,3.

인간을 경멸하지 마라

주님께서는 비천한 이를 굽어보신다

아마도 "주님께서는 높으셔도 비천한 이를 굽어보시고"(시편 138,6)라는 말씀 때문에 여러분은 속으로 "그럼 그분은 나는 굽어보시지 않는다"라고 말합니다. 그분께서 여러분을 굽어보시지 않고 무시한다면, 그보다 더 불행한 일이 무엇이 있겠습니까? 굽어본다는 것은 연민을 느낀다는 뜻이고, 무시한다는 것은 경멸한다는 뜻입니다.

• 아우구스티누스 『설교』 70A,2.

경멸하지 않으시다

주님께서는 부자를 가난한 이보다 높이 여기지 않으며, 가난한 자를 가난 때문에 경멸하지 않으십니다. 그분은 이방인을 업신여기지 않으시고 내시를 사람이 아닌 자로 취급하지 않으십니다.

• 히폴리투스 『그리스도의 적』 3.

아무도 업신여겨서는 안 된다

우리는 아무도 업신여겨서는 안 되며 어떤 이든 완전한 이로 여겨서도 안 된다고 바오로는 가르치고 있습니다.

• 암브로시아스테르『바오로의 열세 서간 주해』(코린토 1서).

모든 지체가 다 필요하다

바오로는 인간의 몸은 모든 지체가 필요하며 따라서 모두가 서로 돌보도록 이루어져 있다고 합니다. 다른 것 없이 혼자서만은 존재할 수 없으며, 모자란다고 여겨지는 지체가 더 필요한 경우가 많습니다. 아무도 쓸모없다고 경멸받아서는 안 됩니다.

• 암브로시아스테르『바오로의 열세 서간 주해』(코린토 1서).

눈에게는 몸이 필요하다

몸에서 눈이 가장 대접받습니다. 하지만 눈만 있거나 눈만큼 소중하지 않아 보이는 다른 지체들이 없다면 눈은 그리 대접받지 못할 것입니다. 하늘에서 해는 달보다 더 밝게 빛나지만 달을 업신여기지 않으며, 별들도 서로 광채가 다르지만 결코 교만하게 서로를 비교하지 않습니다.

• 아우구스티누스『과부 신분의 유익』6,8.

눈과 손과 발은 서로를 필요로 한다

교회에는 진짜 눈이 있습니다. 거룩한 성경에서 하느님의 신비들을 보는 교회의 교사와 지도자들이 그들입니다. … 교회에는 손도 있습니다. 효과적으로 일을 처리하는 이들은 눈이 아니고 손입니다. 그들이 성경의 신비들을 헤아립니까? 아닙니다. 하지만 그들은 일에 아주 뛰어납니다. 교회엔 발도 있습니다. 온갖 종류의 공무로 여행을 다니는 이들입니다. 발이 달리는 것은 손이 제 할 일을 찾게 하기 위해서입니다. 눈은 손을 업

신여기지 않으며, 이 셋은 배가 하는 일 없이 논다는 듯이 배를 업신여기지 않습니다.

• 히에로니무스『마태 18,7-9에 관한 설교』85.

누구도 경멸해서는 안 된다

그리스도의 용서를 바라는 사람은 가난한 이들에게 자비를 베푸십시오. 복된 이들과의 친교에 들기 바라는 사람은 비참한 이들을 배부르게 하는 일에 "기꺼이" 나서십시오. 다른 사람에게 하찮은 존재로 대접받아 마땅한 인간은 없습니다. 만물의 창조주께서 당신의 것으로 삼으신 본성을 그 누구도 경멸해서는 안 됩니다.

• 대 레오『설교』9,2.

남을 사랑하는 이는 남을 업신여기지도 능욕하지도 않는다

"네 이웃을 너 자신처럼 사랑해야 한다"(레위 19,18). 우리는 여기서 말하는 "이웃"을 모든 인간으로 이해해야 하며, 우리 이웃을 늘 그리스도로 보아야 합니다. '그러니 여러분도 서로 사랑해야 합니다. 그러나 영 안에서 사랑하십시오. … 남을 사랑하는 이는 시샘을 느끼지 않으며 남에게서 훔치지도 않고 남을 업신여기지도 능욕하지도 않기 때문입니다.

• 마리우스 빅토리누스
『바오로 서간 주해』(갈라티아서) 2,5,14.

비참한 사람은 에덴에 있는 아담과 같다

비천한 사람을 얕잡아 말하고, 그를 살아 있는 피조물로 여기지 않는 이는 하느님을 거슬러 말한 사람과 같습니다. 누군가 자신이 비천하여 멸시받을 만하다고 하더라도, 그 사람이 지닌 영예는 모든 창조물로부터 존중받습니다. 비천한 사람이 몹시 굶주린 짐승들 앞으로 다가가자 짐승

들은 그를 뚫어지게 쳐다봅니다. 순간 그들의 야성은 길들여집니다. 짐승들은 그가 마치 주인이나 되는 양 그에게 다가와 머리와 꼬리를 흔들고, 그의 손과 발을 핥습니다. 왜냐하면 아담이 낙원에서 짐승들을 자기 앞에 모두 모아 놓고 그들에게 이름을 붙여 주던 시절, 그가 타락하기 전 숨을 내쉴 때 나던 같은 향냄새를 그에게서 맡았기 때문입니다. 이러한 모습은 우리에게서 없어졌지만, 예수께서는 그것을 새롭게 하셨으며, 당신 재림으로 우리에게 되돌려 주셨습니다. 이야말로 인류가 지닌 향기를 달콤하게 해 주신 것입니다.

• 니네베의 이사악 『종교적 완성』 77.

나병 환자를 만지신 이유

왜 예수님께서는 율법이 금지하는데도 나병 환자를 만지셨을까요? 그분께서는 "깨끗한 사람들에게는 모든 것이 깨끗하다"(티토 1,15)라는 것을 보여 주시고자 나병 환자에게 손을 대셨습니다. 한 사람 안에 있는 불결이 다른 사람에게 옮지 않으며, 외적 불결이 마음의 정결을 더럽히지 않습니다. 예수님께서는 만져서는 안 되는 나병 환자에게 손을 대시어 우리에게 겸손을 가르쳐 주셨습니다. 나병 환자가 지닌 육신의 상처나 허물 때문에 그들을 멸시하거나 혐오하거나 업신여겨서는 안 된다는 것을 가르쳐 주셨습니다.

• 오리게네스 『마태오 복음 주해 단편』 2,2.

그들의 천사들이 내 아버지의 얼굴을 보고 있다

주님께서는 교회의 몸에 걸림돌이 되는 믿음 없고 불충한 사람들을 잘라 버리고 뽑아 버리라고 명령하시는가 하면, 이 작은 이들, 곧 평신도들 가운데서 하느님의 아드님을 순박하고 성실하게 믿는 비천한 사람들을 업신여기지 말라고 경고하기도 하십니다. 그리스도를 믿는 사람을 업신여기는 것은 옳지 않기 때문입니다. 믿는 이는 하느님의 종으로 불릴 뿐 아니라 양자됨의 은총을 통해 자녀가 된 사람이며, 그들은 하늘 나라에서 천사들과 함께 있게 되리라는 약속을 받았습니다. 그래서 주님께서는 "하늘에서 그들의 천사들이 하늘에 계신 내 아버지의 얼굴을 늘 보고 있다"(마태 18,10-11)고 하십니다. 그들의 천사들이 하늘에 계신 아버지의 얼굴을 늘 보고 있다는 주님의 말씀은 당신을 믿는 이 하나하나를 주님께서 얼마나 아끼시는지를 알려 주는 선언입니다. 그리스도를 믿는 모든 이는 천사들의 지극한 보살핌을 받습니다.

• 아퀼레이아의 크로마티우스 『마태오 복음 강해』 57,1.

작은 사람들을 보살펴라

예수님께서 우리가 보잘것없는 형제들을 보살피도록 얼마나 여러 가지 방법으로 우리를 인도하시는지 아십니까? 그러니 "저치는 대장장이야. 신발수선장이야. 농사꾼이야. 저 작자는 멍청이야" 같은 말은 하지 마십시오. 이런 말은 그를 업신여기는 것이기 때문입니다. 혹시라도 그런 마음이 들 경우, 주님께서 얼마나 여러 가지 방식으로 여러분에게 온화한 사람이 될 것을 촉구하시고 이 작은 사람들을 보살피라고 명령하시는지를 잘 보십시오.

예수님께서는 어린이 하나를 그들 가운데에 세우시고 '어린이처럼 되라'(마태 18,3 참조)고 하셨습니다. 또 "누구든지 이런 어린이 하나를 내 이름으로 받아들이면 나를 받아들이는 것이다"(마태 18,5)라고도 하셨습니다. 그러나 "이 작은 이들 가운데 하나라도"(마태 18,10) "죄짓게 하는"(마태 18,6) 자는 최악의 운명을 맞을 것입니다.

그분은 연자매를 예로 든 것으로도 모자라서,

불행 선언과 함께 그런 사람을 우리의 손이나 눈인 것처럼 잘라 버리라고 하셨습니다. 그리고 당신께서 당신의 뜻과 수난을 통해 이 작은 형제들을 소중히 여기심을 보여 주셨듯이, 우리도 그들을 소중히 여길 것을 촉구하며, 그들에게는 돌보아 주는 천사들이 있음을 힘주어 말씀하십니다.

• 요한 크리소스토무스 『마태오 복음 강해』 59,4.

예수님께서 여자들을 대하신 태도

우리는 예수님께서 온유하고 겸손하시며, 몹시 가난하여 직접 고을 밖에 가서 물을 길어야 하는 여자와 그다지 중요하지 않은 주제에 대해 말씀하시는 것도 마다하지 않으셨다는 사실을 알게 되었습니다. 돌아온 제자들은 놀랐습니다. 그분에게서 위대한 신성을 목격한 바 있는데 그처럼 위대하신 분께서 여자와 이야기하고 계셨기 때문입니다.

• 오리게네스 『요한 복음 주해』 13,166-67.

회당의 전통

바오로가 우리에게 따르라고 권하는 것은 회당의 전통입니다. 거기에선 사람들이 그들의 지위에 따라 의자나 장의자 또는 바닥에 앉아 토론합니다. 바닥에 앉은 어떤 이에게 계시가 내리면 그는 발언을 허락받으며 지위가 낮다고 해서 업신여김 당하지 않습니다.

• 암브로시아스테르 『바오로의 열세 서간 주해』(코린토 1서).

귀하게 쓰이다

한 형제가 포이멘 압바에게 물었다. "어째서 악령들은 저보다 우월한 사람을 존경하라고 제 영혼을 설득하고, 제가 저보다 열등한 사람을 경멸하게 하는 것입니까?" 원로가 대답했다. "사도께서 이렇게 말씀하셨습니다. '큰 집에는 금 그릇

과 은그릇만이 아니라 나무 그릇과 질그릇도 있어서, … 누구든지 이러한 것들에서 자신을 깨끗이 씻어 버리면, 귀하게 쓰이는 그릇, 곧 거룩하게 되어 주인에게 요긴하게 쓰이고 또 온갖 좋은 일에 쓰이도록 갖추어진 그릇이 될 것입니다'"(2티모 2,20-21).

• 『사막 사부들의 금언집』(포이멘) 100.

나이는 걸림돌이 아니다

바오로 사도는 어째서 티토와 티모테오에게만 편지를 썼을까요? 이미 그들에게 교회를 맡겨 특정 장소가 그들에게 위임되었고, 다른 이들은 바오로 사도가 티토와 티모테오에게 한 말을 참고하면 되었기 때문입니다. 티모테오는 덕이 무척 뛰어났던 까닭에 그 자리에 앉는 데 젊은 나이도 걸림돌이 되지 않았습니다. … 덕이 있다면 다른 모든 것은 곁가지이며 아무런 걸림돌도 있을 수 없습니다.

• 요한 크리소스토무스 『티모테오 1서 강해』 논제 2.

실천의 힘

바오로 사도는 티모테오에게 보낸 서간에서 "아무도 그대를 젊다고 업신여기지 못하게 하십시오"(1티모 4,12)라고 한 다음, 그가 업신여김을 당하지 않을 방법을 일러 줍니다. "그러니 말에서나 행실에서나 사랑에서나 믿음에서나 순결에서나, 믿는 이들의 본보기가 되십시오."

• 아우구스티누스 『그리스도교 교양』 4,27,59-60.

복음 신앙은 징계한다

"자기 형제에게 '바보!'[1]라고 하는 자는 최고 의

---

[1] 그리스어로는 '라카'*Raca*이며, 머리가 비었다는 뜻의 모욕적인 말이다.

회에 넘겨지고"(마태 5,22). 성령으로 가득 찬 이를 머리가 비었다고 흉보는 이는 거룩한 사람들의 회의에 넘겨지고, 성령을 모욕한 데 관하여 거룩한 재판관들이 선고한 벌로 속죄해야 합니다. "자기 형제에게 '멍청이!'라고 하는 자는 누구나 불붙는 지옥에 넘겨질 것이다"(마태 5,22). … 이처럼 사람의 행실에서 율법이 단죄하지 않은 것도 복음 신앙은 징계합니다. 업신여기는 말을 하려고 마음먹었다는 이유만으로도 그렇게 합니다.

• 푸아티에의 힐라리우스 『마태오 복음 주해』4,17.

경멸스러운 행동

경솔하게 속단을 내리고 멋대로 구실을 만들어 성내는 것은 천박한 사람들이 하는 짓입니다. 모름지기 깊이 생각하고 행동해야 하는 이유가 바로 이것입니다. 그런데 이 사람들은 얼마나 경멸스럽습니까! 이들은 아무것에나 흥분합니다.

• 요한 크리소스토무스 『사도행전 강해』42.

간음하는 자는 이웃을 경멸하는 자

야고보가 이 계명[야고 2,11 참조]들을 언급한 것은 그가 지금 이야기하는 것, 곧 사랑의 본보기를 들기 위해서입니다. 이웃을 [자신처럼] 사랑하는 사람이라면 그들과 간음을 저지를 리도 그들을 죽일 리도 없기 때문입니다. 이런 일을 한다는 것은 그가 이웃을 경멸함을 말해 줍니다.

• 오이쿠메니우스
『사도행전과 가톨릭 서간, 바오로 서간 주해』(야고보서).

왜 형제를 업신여기는가?

"왜 그대의 형제를 심판합니까?"(로마 14,10)라는 말은 유대인에게, "왜 그대의 형제를 업신여깁니까?"(로마 14,10)라는 말은 다른 민족들에게 한 말

입니다. 우리가 어느 쪽이든 이 두 가지 중 어느 하나도 해서는 안 된다고 바오로는 말합니다. 우리는 그리스도의 행동 기준을 지키며 살아갈 의무가 있기 때문입니다.

• 몹수에스티아의 테오도루스 『로마서 단편』.

작은 이들

주님께서 그리스도를 믿는 이 작은 이들 가운데 하나라도 업신여겨서는 안 된다는 것을 우리에게 더욱 확실히 심어 주기 위해, "사람의 아들은 타락한 자들을 구원하기 위해 왔다"(루카 19,10 참조)라고 하신 것은 적절한 말씀이었습니다.

• 아퀼레이아의 크로마티우스 『마태오 복음 강해』57,4.

모두 심판받을 것이다

그대는 무슨 권한으로 형제를 탐욕스러운 먹보라고 비난합니까? 어떤 이유로 그대는 형제가 믿음이 약하다거나 쓸데없이 단식한다고 업신여깁니까?(로마 14,3 참조) 주님께서는 우리가 어떤 욕망과 의도로 그런 행동을 했는지 보시기 위해 우리 양심을 심판하실 것입니다.

• 펠라기우스 『로마서 주해 단편』.

심판도 하지 말고 업신여기지도 마라

이것[로마 14,10 참조]은 지식이 조금 더 많지만 이해력이 부족한 사람들이 좀 더 나은 지식을 얻도록 가르치기를 거부하는 사람들이 하는 짓입니다. 또 다른 사람들은 자신이 이해할 수 있는 것보다 더 심오한 지식을 얻으려 하는 사람들을 심판 ― 고발하고 비난 ― 함으로써 그들이 얼마나 미숙하고 반항적인지 보여 줍니다. 바오로는 첫 번째 부류의 사람들에게는 지식이 부족한 사람들을 거부하거나 업신여기지 말라고 명하고, 두 번째 부류의 사람들에게는 사실 남을 심판할

능력이 없는데도 자신들이 더 잘났다고 생각하지 말라고 명함으로써 두 부류 모두에게 잘못이 있다고 책망합니다. … "하느님의 심판대"(로마 14,10)는 바오로가 코린토 신자들에게 보낸 서간에서 말한 "그리스도의 심판대"(2코린 5,10)와 같은 것입니다.

• 오리게네스 『로마서 주해』.

잘려 나간 이들을 멸시하지 마라

주님께서는 그러나 사악함으로 인해 교회에서 파문된 이들[2]을 절대 멸시하지 말라고 말씀하십니다. 주님은 이들이 증오나 저주를 받으며 쫓겨나는 것을 바라지 않으십니다. 해를 입히거나 혼란을 초래한 죄가 있으며 악행을 저지르고 마음이 굳어 있는 경우가 많은 이들에게 인정을 베푸십니다. 이런 자들도 다시 나은 사람으로 변할 수 있다고 보시는 것입니다. 예수님께서 말씀하시는 '작은 이들'은 지식에 있어서 불완전한 이들이나 세례 받은 지 얼마 안 된 이들을 뜻합니다. 예수님은 이들이 당신의 가르침을 모르는 무지한 자들로 멸시받지 않기를 바라십니다.

• 헤라클레아의 테오도루스 『마태오 복음 단편』 105.

나약하고 육적인 이들도 그리스도의 몸이다

자유로우며 더 높은 의미에서 영과 진리를 따르는 사람이라면 성경의 글자를 넘어 예형들과 글자가 이야기하는 전조前兆를 읽어 내려 해야 합니다. 그러나 그는 덜 성숙한 이들을 업신여겨서도, 더 깊은 의미를 파악하지 못하는 이들이 희망을 잃어버릴 동기를 제공해서도 안 됩니다. 그들이 영적인 이들과 비교해서 나약하고 육적이라 할지라도 여전히 그리스도의 몸이기 때문입니다.

• 알렉산드리아의 클레멘스 『양탄자』 10.

모자란 지체에 더 큰 영예를 주시다

전문 지식에 대한 열성과 사회적 지위가 명백히 드러난 이들에 대해서는 우리가 덧붙여 말할 필요가 없습니다. 그들이 받을 영예는 이미 그들에게 주어져 있으니까요. 그렇지만 멸시받는 지체 낮은 사람들에 관해서는, 그들도 필요한 존재라는 것을 깨닫게 하고 그들에게 마땅한 영예가 확실히 주어지도록 훈계를 해야겠습니다. 그렇게 하지 않아서 이 사람들이 계속 멸시받는다면, 그들은 점점 더 자신을 소홀히 할 것입니다.

• 암브로시아스테르 『바오로의 열세 서간 주해』(코린토 1서).

은총으로만 얻을 수 있다

이렇게 말할 수 있다면 그것은 훌륭한 것입니다. 시편 저자는 '그는 그를 거슬러 불평하는 이웃이 없었고, 누군가를 경멸한 적도 없었다'고 말합니다. 이런 덕은 … 인간의 능력을 넘어서는 것입니다. 그것은 오직 하느님의 은총으로만 얻을 수 있습니다. "그는 하느님께 버림받은 이를 업신여긴다." 이 말씀에 주의를 기울이십시오. 그가 황제나 총독, 주교나 사제라 할지라도, … 그가 누구이든지 그가 악한 사람이라면 성인들의 눈에는 아무것도 아닙니다.

• 히에로니무스 『시편 강해 59편』 14(15).

테오도루스 압바가 또 말했다. "다른 사람을 경멸하지 않는 것보다 큰 덕은 없습니다."

• 『사막 사부들의 금언』(페르메의 테오도루스) 13.

피조물을 창조주보다 더 사랑하지 않다

하느님께서는 우리가 마음을 다하고 정신을 다

2　여기서 테오도루스는 '작은 이들'을 매우 좁은 의미로 보아서, 참회할 때까지 교회 공동체에서 배제된 죄인들을 뜻하는 말로 해석한다.

하여 당신을 사랑하도록(참조: 신명 10,12; 마태 22,37) 지상 사물을 우리에게 선물로 주셨습니다. 그러나 우리는 가끔 하느님의 선물을 하느님보다 더 사랑함으로써 하느님의 노여움을 불러일으키기도 합니다. 인간관계에서도 똑같은 일이 벌어지곤 합니다. 예를 들어, 어떤 사람이 자기가 돌보아 주고 있는 이에게 특별한 선물을 주었다고 합시다. 그러나 그가 선물을 준 사람을 얕잡아 보고 선물을 준 사람보다 선물을 더 사랑하기 시작한다면, 선물을 준 사람은 더 이상 그를 벗으로 여기지 않고 원수처럼 경멸하고 미워할 것입니다. 하느님과 우리의 관계도 이와 같습니다. 우리가 주는 선물보다 우리를 더 사랑하는 사람들을 우리가 더 사랑하듯, 하느님께서도 당신께서 주신 지상 선물보다 당신을 더 사랑하는 사람들을 사랑하십니다.

• 아를의 카이사리우스 『설교』 159,5-6.

하느님은 죄의 더러움이 있는 곳에는 살지 않으신다

우리도 오물과 악취 속에 사는 것을 견디지 못하고 집에 그런 것이 있으면 어서 치워 버리려고 하는데, 깨끗하고 지극히 거룩하신 하느님은 더러워진 영혼을 얼마나 더 경멸하시고 죄의 늪에 빠진 마음을 얼마나 더 혐오하시겠습니까? 이는 굳이 따져 볼 필요도 없는 일입니다.

• 알렉산드리아의 키릴루스 『요한 복음 주해』 10.

세상의 것과 현세의 삶을 경멸함

세상의 것은 헛되다

바오로는 하늘의 것들을 갈망하는 사람들은 이 세상의 것들을 경멸한다고 말하고 있습니다. 그들이 바라는 것과 비교하면 이 세상의 것들은 아무것도 아니기 때문입니다.

• 암브로시아스테르 『바오로의 열세 서간 주해』(코린토 2서).

세상의 모든 것은 조금도 값지지 않았다

"누구든지 나를 섬기려면 나를 따라야 한다. 내가 있는 곳에 나를 섬기는 사람도 함께 있을 것이다"(요한 12,26). 그래서 저는 세상을 경멸하는 마음으로 불탔고, 이승의 삶은 아무리 길더라도 그 전체가 제 눈앞에서 한 방울 수증기가 되었습니다. 영원한 것들에 대한 제 사랑과 비교할 때, 세상의 모든 것은 조금도 값지지 않았습니다.

• 아우구스티누스 『요한 복음 강해』 52,2.

세속적인 것들을 경멸하는 영혼

그들은 겔몬 데블라타임(알몬 디 블라타임)에 왔습니다. 이 이름은 '무화과나무의 조롱'으로, 곧 세속적인 것들이 철저하게 조롱과 경멸을 당한다는 뜻입니다. 세상에서 우리를 기쁘게 하는 것으로 보이는 것을 거부하고 조롱하지 않는다면, 우리는 하늘의 것들로 건너갈 수 없습니다.

• 오리게네스 『민수기 강해』 27,12.

세상을 경멸하고 악을 이겨야 한다

이 시점[로마 7,25 참조]에서 바오로가 하느님께 감사하는 것은 적절합니다. 모세의 율법과 자연법이 가르치지 않은 것, 곧 세상을 경멸하고 악을 이겨야 한다는 것을 우리 주 예수 그리스도를 통해 배웠기 때문입니다. 복된 바오로 사도는 그것을 이런 말로 가르칩니다. "그리스도 예수님께 속한 이들은 자기 육을 그 욕정과 욕망과 함께 십자가에 못 박았습니다"(갈라 5,24). 여기서도 바오로는 이전에 율법 아래 있었던 사람의 처지에서 말합니다.

• 위-콘스탄티우스 『로마서 단편』.

세상에 대해 죽은 이

바오로는 우리가 세상에 대해 죽기를 요구합니다. 이 죽음은 새 생명의 시작이기 때문에 우리에게 유익합니다. 바오로는 우리가 세상에 대해 어리석게 되라고 지시하는데, 그럼으로써 우리가 참된 지혜를 받아들이게 합니다. 여러분이 속된 지혜를 경멸하고 그 지혜가 믿음을 이해하는 데 아무런 도움이 되지 않았음을 깨달을 때 여러분은 이 세상에 대해 어리석은 이가 됩니다. 그리스도인에게 모든 것은 눈에 보이는 것과 정반대입니다.

• 요한 크리소스토무스『코린토 1서 강해』10,2.

뉘우치는 마음을 지닌 사람

현세의 것들을 경멸하는 사람은 자신을 하느님의 말씀에 바치며, 저 위에 있는 더욱 거룩한 생각들에 정신을 쏟습니다. 그는 뉘우치는 마음을 지닌 사람이며, 그는 그 마음을 주님께서 업신여기지 않으실 희생 제물로 바칩니다. "하느님은 부서지고 꺾인 마음을 업신여기지 않으시기"(시편 51,19) 때문입니다. … 허영이 없는 이는 인간적인 것으로 교만하지 않습니다. 그는 뉘우치는 마음과 겸손한 정신을 지닌 사람입니다.

• 대 바실리우스『시편 강해』16,12 (제34편).

그리스도의 사도

첫째로, 세례자 요한의 생활 방식은 그의 거룩한 삶과 빛나는 겸손의 증거입니다. 세상을 업신여긴 그는 비싼 옷을 찾지 않았습니다. 세상의 즐거움을 필요로 하지 않은 그는 맛난 음식을 먹고 싶어 하지 않았습니다. 의로움의 겉옷을 입은 사람에게 세상의 화려한 옷이 무슨 필요가 있었겠습니까? 거룩한 말씀을 먹고 살며 그리스도의 율법을 참된 양식으로 삼은 이가 세상에서 맛 좋다는 음식을 왜 먹고 싶어 했겠습니까? 그런 선구자는 주님의 예언자며, 거룩하신 하느님께 자신을 온전히 바치시고 세상의 것들을 경멸하신 그리스도의 사도임이 틀림없습니다.

• 아퀼레이아의 크로마티우스『마태오 복음 강해』9,1.

거룩한 것들을 기대하는 사람들

행실 나쁜 여인에게 옷을 빼앗긴 요셉이 더 좋은 옷을 입고 달아났듯이(창세 39,6-23 참조), 여러분의 겉옷을 비방자들의 손에 던져 주고 더 좋은 옷인 의로움을 입고 달아나십시오. 그러지 않으면, 여러분이 육신의 옷을 되찾고자 하는 동안 영혼의 가장 고귀한 옷을 잃어버릴지도 모릅니다. 그리스도인인 여러분이 속된 방법대로 상처를 상처로 되갚고 불법적인 약탈자에게 세상의 재판으로 타격을 입혀 여러분의 영혼을 파멸에 이르게 하는 것을 믿지 않는 이들이 보면, 그리스도인이 선포하는 하늘 나라에 대한 희망이 참이라고 그들이 어떻게 믿겠습니까? 거룩한 것들을 기대하는 사람들은 세상의 것들을 쉽게 경멸합니다. 세상의 것들을 우러르고 받드는 사람은 거룩한 약속을 굳게 믿을 것 같지 않습니다.

• 『마태오 복음 미완성 작품』강해 12.

이승의 삶을 아무것도 아닌 것처럼 경멸하다

모든 이에게 그런 것은 아니지만, 현세의 삶은 그것에 온 주의를 기울이는 이들에게는 달콤하고 즐거운 일이 가득합니다. 그러나 누구든지 하늘을 올려다보며 그 아름다움을 본다면, 그는 곧바로 이승의 삶을 아무것도 아닌 것처럼 경멸할 것입니다. 사물은 그것보다 더 아름다운 것이 없을 때 아름답다는 칭송을 듣습니다. 그러나 더 훌륭한 것이 나타나면 그것은 빛을 잃습니다.

• 요한 크리소스토무스『요한 복음 강해』67,1.

영적 잔치

하느님의 백성은 영적 잔치를 벌이고 순수하게 맛난 것들을 즐깁니다. 그들이 이런 음식을 찾는 것은 몸에 좋고, 이런 음식을 바라는 것은 칭찬할 만한 일입니다. 예언자도 이 음식들을 칭송하며 이렇게 말합니다. "너희는 맛보고 눈여겨보아라. 주님께서 얼마나 좋으신지!"(시편 34,9). 누구든지 마음의 미각으로 하느님의 정의와 자비의 달콤함을 맛보고, 그 달콤함 때문에 주님의 모든 규정을 지키며, 어떤 교만도 결코 줄어들게 할 수 없는 천상의 기쁨을 체험함으로써 취하게 되었다면, 그들은 영원한 것에 감탄하며 썩어 없어질 일시적인 것을 경멸하게 됩니다.

• 대 레오 『설교』 50,2.

저희가 여기에서 지내면 좋겠습니다

이 비밀스러운 계시를 보고 흥분한 베드로 사도는 현세적인 것을 경멸하고 이 세상의 것들을 역겨워하며 영원한 것을 매우 갈구하는 마음에 사로잡혔습니다. 그는 환시를 본 기쁨에 가득 차서, 눈앞에 펼쳐진 그리스도의 영광 안에서 즐거움을 누릴 수 있는 그곳에서 예수님과 함께 지내기를 바랐습니다. 그래서 베드로는 "주님, 저희가 여기에서 지내면 좋겠습니다. 원하시면 제가 초막 셋을 지어 하나는 주님께, 하나는 모세께, 또 하나는 엘리야께 드리겠습니다"(마태 17,4) 하고 말합니다. 그러나 주님께서는 그의 말에 대답하지 않으십니다. 그 말이 사악한 뜻에서 나온 것은 아니지만 부적절한 것이었기 때문입니다. 그리스도의 죽음 없이는 세상은 구원받을 수 없으니까요. 주님의 경고에는 믿는 이들이 이행해야 할 신앙의 의무가 담겨 있습니다. 우리는 영광에 앞서 이승의 유혹들을 견뎌 낼 수 있기를 청해야 한다는 사실을 알아야 합니다. 다스리는

복은 견딤의 시간을 이겨 내기 전에는 오지 않습니다.

• 대 레오 『설교』 38,5.

가난의 은총

주님께서는 당신 교회가 한 일을 칭찬하십니다. 그들이 많은 시련을 겪으면서도 하느님 나라를 얻기 위해 싸웠기 때문입니다. 주님께서는 특별히 가난의 은총에 대해 말씀하시는데, [교회가] 미래에 가질 것들을 얻기 위하여 현세에 허다한 것들을 경멸하기 때문입니다.

• 베자의 아프링기우스 『묵시록 주해』 2,9.

현세의 삶을 경멸하고 미래의 삶을 갈망하다

여러분은 이 현세의 삶을 경멸하고 미래의 삶을 갈망하며 다른 무엇보다 하느님의 호의를 귀하게 여기기를 간절히 바랍니다. 그런 훌륭한 삶으로 여러분 자신을 위해 위대한 확신을 쌓으십시오. 그러면 우리 주 예수 그리스도의 은총과 자애 덕분에 재난을 당하지 않고 이 현세의 삶을 거쳐 미래의 축복을 얻을 수 있을 것입니다.

• 요한 크리소스토무스 『창세기 강해』 46,17.

영적인 이들의 생각에는 날개가 달려 있다

지혜로운 이들의 생각은 자유롭습니다. 그들이 더 낮은 층위에서 더 높은 층위로 날아오르는 한, 지상의 것들의 무게에 아무런 방해도 받지 않고 더욱더 가볍게 날아오릅니다. 영적인 날갯짓을 하면 할수록 그들은 세상과는 동떨어진 천상적인 곳으로 옮아갑니다. [영혼은] 모든 세속적인 것들을 멸시합니다. 영혼은 영원한 덕을 바라보며 세상 위로 날아오릅니다. 정의와 선, 지혜가 이 세상 위에 있기 때문입니다. 설사 이 덕들이 세상에서 발견된다 하더라도 그것들은 세상

저 위에 있는 것입니다.

• 암브로시우스 『동정』 17,108.

죽기 전에 안식은 없다

"의인은 때 이르게 죽더라도 안식을 얻는다"(지혜 4,7). 사방에 시련이 도사리고 있다면 도대체 이 세상에 안식이 있기나 할까요? 만약 안식이 있다면 그 안식은 어디에서 오고, 또 누구를 위해서 있는 것일까요? 어디를 보아도 유혹이 자리를 잡고 있는데, 언제쯤이면 이 유혹에서 벗어날 수 있을까요? 세상은 우리를 위협하거나 유혹하기 때문에 두려워해야 합니다. 그런데 하느님과 세상을 모두 두려워하는 사람은 세상을 경멸합니다. 그렇게 함으로써 자신을 세상으로부터 더 잘 지킬 수 있습니다. 따라서 죽음이 와서 우리를 놀라게 할 때 안식을 누리고 싶다면 의롭게 살아갑시다.

• 아우구스티누스 『설교』 335M.

부와 재물을 경멸함

신중한 처신

그대는 금을 하찮게 여깁니다. 어떤 이는 그것을 사랑합니다. 그대는 부를 경멸합니다. 그자는 그것을 추구합니다. 그대는 침묵과 약함과 은둔하는 삶을 사랑합니다. 그자는 광장과 거리와 약방에서 뻔뻔하게 떠드는 것을 좋아합니다.

• 히에로니무스 『편지』 52.

자만의 위험

부요함을 자신의 궁극적인 행복으로 여길 정도로 부를 사랑하며, 자신의 부의 풍요함을 자랑하는 사람들. 자기 힘을 믿고 부를 경멸할 정도로

부를 조롱하며 자기 힘을 신뢰하는 사람들. 이 두 부류의 사람들 다 교만합니다. 앞의 부자는 하느님이 아니라 자신의 부를 믿기 때문이며, 후자는 부를 경멸하는 근거가 하느님이 아니라 자기 자신에게 있기 때문입니다. 전자는 사랑해서는 안 되는 것을 몹시 사랑하기 때문이고, 후자는 제대로 경멸할 수 있는 것을 제대로 경멸하지 않는 까닭입니다. 전자는 악을 잘못 행하고 있고, 후자는 선을 잘못 행하고 있습니다.

• 루스페의 풀겐티우스 『편지』 6,7.

과도한 부

과도한 부富를 미덥지 않게 여기는 마음은 물질적 부를 경멸하게 만드는 교화敎化를 가능하게 할 수 있습니다. 부는 불안정한 것입니다. 그것은 거센 바람 때문에 순간마다 변하는 파도와 같습니다.

• 대 바실리우스 『시편 강해』 33,7.

모든 것을 가진 듯이 아무것도 소유하지 마라

마치 모든 것을 가진 듯이 아무것도 소유하지 않는 사람은 모든 것을 하찮게 여깁니다. 그는 관리들에게나 통치자에게나 군주에게나 거리낌 없이 할 말을 다 합니다. 소유를 경멸하고 체계적으로 진보해 나가는 그는 죽음마저도 아무렇지 않게 경멸합니다. 그는 이 모든 것 위에 있기 때문에 누구에게나 솔직하게 말하며 아무 앞에서도 두려워 떨지 않습니다. 그러나 돈에 목숨을 건 사람은 돈의 노예이며 명성과 영예와 현세 삶의 노예입니다. 한마디로 모든 인간적 관심사의 노예이지요. 그래서 바오로 사도가 "돈을 사랑하는 것이 모든 악의 뿌리"(1티모 6,10)라고 한 것입니다.

• 요한 크리소스토무스 『동정』 81.

멸시받아야 할 것은 가난이 아니라 재물이다

이제 아무도 가난하다고 멸시당하는 일이 없어야 하겠습니다. 멸시받아야 할 것은 가난이 아니라 재물입니다. 재물은 쌓이면 쌓일수록 더 필요한 것이 많아지고 우리는 갈수록 더 무거운 의무에 시달리게 될 것입니다.

• 요한 크리소스토무스 『히브리서 강해』 18,4.

세상 것들을 지체로 만들지 마라

여러분이 사랑하는 것이 무엇이건, 그것은 여러분과 같거나 여러분 아래 있든지 여러분 위에 있습니다. 여러분이 사랑하는 것이 여러분 아래 있는 것이라면, 그것을 위로하고 보살피고 사용하기 위해 사랑할 뿐 그것에 매이지 마십시오. 예를 들어 여러분이 금을 사랑한다고 칩시다. 금에 애착하지 마십시오. 여러분이 금보다 얼마나 귀합니까? 따지고 보면 금이란 반짝이는 흙 조각에 지나지 않지만 여러분은 주님의 빛을 받도록 하느님의 모습으로 지어졌습니다. 금도 하느님께서 만드셨지만 당신 모습대로 만드신 것은 아닙니다. 그러나 여러분은 당신의 모습대로 만드셨습니다. 그래서 그분은 금을 여러분 아래 놓으셨습니다. 이런 것에 대한 사랑은 경멸해야 합니다. 이런 것들은 그 쓸모 때문에 손에 넣을 필요가 있을 뿐, 접착제 같은 사랑으로 그에 매달려서는 안 됩니다. 그런 것들을 여러분의 지체로 만들지 마십시오. 그것들이 지체가 되면 그것들이 잘려 나갈 때 괴로워하고 아파하게 됩니다. 그러면 어떻게 해야 합니까? 여러분보다 낮은 것들을 사랑하는 사랑에서 올라서십시오. 그리고 여러분과 동등한 것들, 그러니까 여러분 자신인 것들을 사랑하기 시작하십시오. … 그러니 먼저 하느님을 사랑하고 다음으로 여러분을 사랑하십시오. 그렇게 한 다음에 이웃을 여러분 자신처럼 사랑하십시오.

• 아를의 카이사리우스 『설교』 173,4-5.

하느님을 경멸하는 자들

실제로 모든 죄는 하느님을 멸시하는 것이며, 결국에는 사람들로 하여금 하느님의 계명을 짓밟도록 만듭니다.

• 율리아누스 포메리우스 『관상 생활』 3,2,1.

내 이름이 모독을 받는다

우리가 철저하게 피해야만 하는 신성모독의 죄가 실로 있습니다. 그것은 곧 속임수나 상해, 모욕이나 불평을 살 만한 다른 일들을 함으로써 이교인들에게 신성모독의 빌미를 제공하는 것입니다. 그런 일들을 한다면 하느님의 이름은 마땅히 비난을 사게 될 것입니다. 그렇게 되면 주님께서는 당연히 분노하실 것입니다. 그런데 만약 "너 때문에 내 이름이 멸시를 당한다"(이사 52,5 참조)라는 말씀이 모든 종류의 신성모독에 해당되는 것이라면 우리는 구제될 길이 없습니다. 왜냐하면 우리 문화 전체가 하느님의 이름을 공격하고 있기 때문입니다. 우리 자신의 잘못이 아니라 세상이 그 사악한 외침과 더불어 그렇게 하고 있습니다.

• 테르툴리아누스 『우상 숭배』 7,14.

유다의 본을 따르다

유다가 유대인 사제들에게 한 말을 생각해 봅시다. "내가 그분을 여러분에게 넘겨주면 나에게 무엇을 주실 작정입니까?"(마태 26,15). 그는 하느님의 말씀을 내주는 대가로 기꺼이 돈을 받으려 했습니다. 그들은 그들과 함께하기 위해 오신 구원자요 진리의 말씀을 넘겨주고 자기 영혼에서 그분을 물리치는 대가로 감각적이고 세속적인 것을 받는 이들과 똑같은 일을 합니다. 실로, 돈이나 이기적인 욕심 때문에 죄를 저지름으로써 하느님의 말씀을 경멸하고 배반하는 자는 누구나 유다의 본을 따르는 것입니다. 이런 식으로 행동하는 사람들은 하느님의 말씀을 배반하는 죄의 대가로 이 세상의 이득을 주는 원수에게 "내가 그분을 넘겨주면 나에게 무엇을 주실 작정입니까?" 하며, 드러내 놓고 원수의 권능을 나누어 달라고 청하는 듯합니다.

• 오리게네스 『마태오 복음 주해』 78.

우리는 이 말[1요한 5,1 참조]을, '나신 분을 업신여기는 이는 그를 낳으신 분도 업신여긴다'고 바꾸어 말할 수 있습니다.

• 예루살렘의 키릴루스 『예비신자 교리교육』 11,7.

하느님의 법을 업신여기다

불신자와 죄인은 결코 하느님께 눈길을 두지 않습니다. 오히려 심판이 있으리라는 것을 믿지 않고 매일 매 순간 자신의 길을 더럽히고 오염시킵니다. 왜 그럴까요? … 그는 하느님의 법을 철저하게 업신여깁니다. 불법적인 일에 자신의 온 시간을 쏟아붓습니다. 사실 불신자들은 하느님의 법을 하찮게 여기고 헐뜯습니다.

• 키루스의 테오도레투스 『시편 주해』 10,2.

하느님의 영광을 경멸하는 불경자들

"하느님을 알면서도 그분을 하느님으로 찬양하거나 그분께 감사를 드리기는커녕, 오히려 생각이 허망하게 되고 우둔한 마음이 어두워졌기 때문입니다"(로마 1,21)라는 바오로 사도의 말처럼, 모든 죄인과 불경한 자들은 그들에게 부여된 선

한 본성을 거슬러 행동합니다. 마음의 영감과 판단이 아니었으면 그들이 어떻게 하느님을 알았겠습니까? 그럼에도 그들은 그분의 영광을 경멸하였고 자기 양심을 거슬러 그분에게서 멀어졌습니다. 그리고 그들은 사람들을 거슬러 너무도 불의하고 사악하게 행동했기 때문에 억압받는 가난한 이들의 울부짖음이 하느님께 이르는 동안, 자기들 마음에 새겨진 하느님께서 가르쳐 주신 길을 하나도 알거나 이해하려고 하지 않았습니다.

• 사제 필리푸스 『욥기 주해』 34.

하느님 벗들의 의무

주님께서 "나를 영광스럽게 하는 이는 나도 그를 영광스럽게 하지만, 나를 업신여기는 자는 멸시를 받을 것이다"(1사무 2,30)라고 하시니, 우리는 그분께서 우리에게 요구하시는 것이 무엇인지에 대해서도 생각해 보아야 합니다. 그분께서 당신의 적들을 구원하신다는 것은 실로 그분의 영광을 찬양할 일이지만, 그분의 벗이 된 이들은 계속 그분의 벗으로서 행동해야 합니다. 만일 그들이 이전의 적대 상태로 돌아가 버린다면 모든 것(그들이 벗이 되었다는 사실)은 헛되고 의미 없는 일이 되고 말 테기 때문입니다. … 여러분이 이미 선과 꿀을 맛보고서도 그것을 버리고 자신이 게워 놓은 토사물로 되돌아간다면, 그것은 다름이 아니라 바로 여러분이 극심한 증오와 경멸의 마음을 품고 있다는 증거를 내어 놓는 것 아니고 무엇이겠습니까?

• 요한 크리소스토무스 『에페소서 강해』 2.

영원한 불이 파멸시킬 것이다

믿지 않는 사람들, 진리를 경멸하고 이에 순종하지 않는 사람들(로마 2,8 참조), 불륜을 저지르

는 자와 간음하는 자, 남색하는 자와 탐욕스러운 자, 부도덕한 우상 숭배자, 이 모든 이에게는 분노와 진노, 비탄과 고뇌가 있을 것이며, 마지막에는 영원한 불이 그들을 파멸시킬 것입니다(1코린 6,9-10 참조). 나의 친구여, 그대는 "당신의 하느님을 나에게 보여 주시오"라고 요구했습니다. 바로 이분이 나의 하느님이십니다. 그리고 나는 그대에게 이분을 경외하고 믿을 것을 권고합니다.

• 안티오키아의 테오필루스 『아우톨리쿠스에게』 1,14.

하느님의 호의와 관용, 인내를 업신여기다

이 세상에서 얼마나 많은 사람이 날마다 악행을 저지르는지 생각한다면 하느님께서 큰 호의를 베풀고 계심을 알 수 있습니다. 거의 모든 사람

이 하느님을 저버리고 하잘것없이 되어 생명으로 이르는 좁은 길을 무시한 채 넓은 멸망의 문으로 향합니다(마태 7,13-14 참조). 그런데도 하느님께서는 그들이 아무리 당신을 모독하여도 날마다 태양이 그들 모두를 비추게 하시고 비를 내려 주십니다. … 그러므로 하느님의 호의와 관용, 인내를 업신여기는 사람은 이 모든 것이 회개로 이끌고 있음을 모르는 자입니다.

• 오리게네스 『로마서 주해』.

천사들도 그분을 뵙기를 갈망한다면, 인간은 그분을 업신여기는 것을 더욱더 두려워해야 하지 않겠습니까?

• 레미시아나의 니케타스 『성령의 능력』 19.

경배

경배는 오직 하느님만이 받으시는 것입니다.

• 아타나시우스 『아리우스파 반박 연설』 2,23.

아버지께서는 아들과 성령과 함께 경배받으십니다.

• 암브로시우스 『성령론』 3,11,85.

경배는 그분께서 우리를 위해 창조하신 모든 좋은 것에 대한 감사입니다.

• 다마스쿠스의 요한 『성화상에 관한 연설』 3,30.

물질을 경배하지 않습니다. … 저를 위해 물질이 되신 분을 경배합니다.

• 다마스쿠스의 요한 『성화상에 관한 연설』 14.

악마의 제안을 따르는 것은 짐승과 그의 상에게 경배하는 것입니다.

• 오이쿠메니우스 『묵시록 주해』 20,7.

경배의 의미와 이해

올바른 경배

그리스도는 하느님의 아드님이심을 믿는 것이 참된 구원이고, 거짓 없는 믿음으로 바치는 올바른 경배입니다. 아들에 대한 믿음 없이는 우리 안에 아버지 하느님에 대한 사랑이 있을 수 없기 때문입니다.

• 푸아티에의 힐라리우스 『삼위일체론』 6,42.

믿음에는 경배가 따른다

믿음에는 경배가 따르고, 믿음은 권능으로 확인됩니다. … 우리는 하느님을 그분의 권능을 보고 압니다. 따라서 우리는 알려진 분을 믿으며, 우리가 믿는 분을 경배합니다.

• 대 바실리우스 『편지』 234,3

경의를 바치는 것과 경배는 다르다

눈의 아들 여호수아(여호 1,1 참조)와 다니엘(다니 8,15-17 참조)은 하느님의 천사 앞에서 엎드려 절하며 경의를 바쳤지만 경배하지는 않았습니다. 어떤 몹시 위대한 것에 존경심을 표하기 위하여 경의를 바치는 것과 경배는 다른 것이기 때문입니다.

• 다마스쿠스의 요한 『성화상에 관한 연설』 1,8.

경배와 절은 다르다

[하느님께서] 우상 숭배에 이끌리는 사람에게, 그것을 하지 말라고 경고하십니다. 그러나 어떤 사람이 우상 숭배에 이끌리지는 않지만 용기가 없어서, 곧 그가 '순응'이라고 부르는 것 때문에, 다른 사람들이 하는 것처럼 우상을 경배하는 척 했을 때, 그는 우상을 숭배한 것이 아니라 그 앞에서 절을 한 것뿐입니다. 저는 법정이나 또는 그곳에 끌려오기 전에 그리스도 신앙을 공개적으로 버린 사람들은 우상을 경배하는 것이 아니라 우상 앞에 절을 하는 것이라고 말하겠습니다. 그들은 헛되고 생명이 없는 물건에 주 하느님, 곧 '하느님'의 이름을 붙이는 것이기 때문입니다.

• 오리게네스 『순교 권면』 6.

절하는 것은 섬기는 것과 다르다

모압의 여자들과 더러운 짓을 한 사람들도 우상들에게 절을 한 것이지 그것들을 경배한 것은 아니었습니다. 실제로 성경 본문에도 그렇게 쓰여 있습니다. "이 여자들이 저희 신들에게 드리는 제사에 백성을 부르자, 백성은 거기에서 함께 먹으며 그 우상들 앞에 절하고 프오르의 신 바알 예식을 거행하였다"(민수 25,2). 성경이 '그들이 그 우상들을 섬겼다'라고 하지 않는다는 사실에 주목하십시오. 그들이 그처럼 놀라운 표징과 이적들을 경험하고 얼마 되지 않아, 그 여자들과 음행을 저지르면서 우상들을 신으로 섬겼다는 것은 있을 수 없는 일이기 때문입니다.

• 오리게네스 『순교 권면』 6.

경의를 표했다는 뜻이다

야곱은 장차 일어날 일에 대하여 확고한 믿음을 지니고 있었기에 말뿐 아니라 엎디어 경배함으로써 행동으로 당당히 믿음을 드러내 보인 것입니다. 에프라임 지파에서 또 다른 임금이 갈라져 나오게 되어 있었던 만큼, 바로 이 같은 이유 때문에 "야곱은 지팡이 끝에 의지하여 하느님께 경배하였다"(히브 11,21)라고 기록되어 있습니다. 이는 늙은 야곱이 자기 아들인 요셉에게 엎디어 절함으로써 이스라엘 만백성을 대신하여 요셉에게 경의를 표했다는 뜻입니다.

• 포티우스 『히브리서 단편』 11,21.

아들을 제물로 바침으로써 하느님의 아드님께 경배한 아브라함

참된 믿음의 소유자 아브라함은 하나밖에 없는 아들 이사악을 제물로 바치라는 명을 받고도 기꺼이 말씀대로 이행하고자 하였습니다. 일찍이 주님께서는 아들 이사악을 두고 후손이 번성하게 될 나라를 약속하셨던바, 믿음으로써 아브라함은 그 아들을 하느님께 바쳤습니다. 그렇게 아들을 제물로 바침으로써, 아브라함은 하느님의 아드님께 경배하였습니다.

• 아타나시우스 『축일 서간』 6,8.

경배의 자세

사라가 결코 작은 선물이 아닌 축복을 받아 덕과 은총의 탁월함을 지니게 된 것도 남편이 할례를 받기 전이며 그녀의 이름이 사라로 불리기 전이었습니다. 회당이 아니라 교회의 예형이 그녀 안에 설 수 있도록, 하느님께서는 그녀에게서 '여러 민족'과 '여러 나라 임금들'이 나올 것이라고 약속하십니다. 사라에게서 아들을 얻게 해 주겠다는 약속을 듣고 아브라함이 웃은 것은 불신이 아니라 기쁨의 표현이었습니다. 실로 그는 "얼굴을 땅에 대고"(창세 17,17) 엎드렸습니다. 이것은 경배의 자세이며, 그가 믿었음을 뜻합니다.

• 암브로시우스 『아브라함』 1,4,31.

경배는 한곳에서만 올리는 것이라 생각한 시대

내시가 지금 왜 여행길에 있는지 아시지요?(사도 8,27-28 참조). 그것만으로도 하느님을 경외하는 그의 마음을 알 수 있습니다. 하느님께 경배하려고 그가 얼마나 먼 길을 마다 않고 왔습니까? 그 시대 사람들은 아직도 경배는 한곳에서만 올리는 것이라 생각하여, 그곳에서 기도를 올리기 위해 먼 길을 왔습니다. 물론 이 내시도 그래서 하느님께 경배를 [바치려고] 유대인의 제례가 이루어지는 성전에 온 것입니다.

• 요한 크리소스토무스『창세기 강해』35,4.

경배는 예루살렘에만 한정되지 않는다

이 성경 구절[이사 11,6 참조]은 사나운 짐승이 아니라 사나운 사람들로 해석해야 합니다. 스키타이인과 트라키아인, 모리타리아인, 인도인, 사마리아인과 페르시아인을 가리키는 말입니다. 또 다른 예언자는 이들 이민족이 한 멍에 아래 묶일 것임을 이렇게 분명하게 말했습니다. "그들은 같은 한 멍에를 지고 주님을 섬길 것이며 각 사람은 제 고장에서 그분을 경배할 것이다"(스바 3,9; 2,11). 이 말대로, 이제는 예루살렘이 아니라 전 세계 어디서나 사람들이 그분을 섬길 것입니다. 더 이상 예루살렘으로 올라가도록 강요받지 않고 각자 자기 집에 머무르면서 경배할 것입니다.

• 요한 크리소스토무스
『그리스도의 신성에 관해 유대인과 이교인 반박』6,9.

신자들 가운데서 경배하여라

시편 저자는 주님의 거룩한 뜰에서 그분을 경배하라고 우리에게 명령합니다. 그리고 정통 신앙을 간직하고 있는 교회 바깥에서 예배하는 것은 허락되어 있지 않다고 가르칩니다.

• 위-아타나시우스『시편 해설』29.

여러분의 마음으로 주님을 경배하십시오. 넓고 거룩한 마음으로 경배하십시오. 여러분은 그분의 거룩하고 고귀한 거처이기 때문입니다.

• 아우구스티누스『시편 상해』29,2.

두 제단과 두 계약

성전에는 두 제단이 있었는데, 그것은 교회 안의 두 계약을 나타냈습니다. 희생 제물을 살라 바치는 첫째 제단은 청동을 입혔고 성전 문 앞에 자리하고 있었으며, 희생 제물을 바치는 데 사용되었습니다. 이것은 구약의 육적인 마음의 경배를 나타냅니다. 그리고 지성소 입구 가까이에 놓여 향기로운 물질을 태워 올리는 순금을 입힌 분향 제단(탈출 30,3 참조)이 있었습니다. 이것은 새 계약의 내적이며 더욱 완전한 은총과 그 경배자들을 예표합니다.

• 존자 베다『복음서 강해』2,19.

영적인 마음과 경배

진리에 관한 충실한 선포문을 암송하고 여러 덕의 순수한 형태를 확인할 때마다, 우리의 영적인 마음은 더욱 진실한 경배를 하게 됩니다. 이것을 간략하지만 의미 깊게 나타낸 대목이 이 책의 끝 부분에 있습니다. 끝이 없는 시작이신 '말씀'의 신성을 알파(A)로 그분께서 취하신 인성을 오메가(Ω)로 나타낸 부분이 그것입니다. 이 책에 알파와 오메가에 관한 말씀이 여러 번 나오는 것을 보고 저는 여기에 이유가 있음을 알았습니다 [그 말씀이 반복되는 것은] 그리스도 신앙의 전부가 담겨 있다고 우리가 믿는, 한 [분이신] 그리스도의 신성과 인성을 거듭 언명하려는 뜻에서거나 또는 한 본성이신 삼위일체 전체를 나타내려는 뜻에서 [되풀이 되는] 것입니다.

• 프리마시우스『묵시록 주해』22,13.

쉼 없는 경배를 바쳐라

세 번째 종류의 완전무결한 경배는 그분께서 우리를 위해 창조하신 모든 좋은 것에 대한 감사입니다. 만물은 하느님께 감사의 빚을 지고 있으며 그분께 쉼 없는 경배를 바쳐야 합니다. 만물이 그분을 통하여 창조되었고 그분 안에서 존속하기 때문입니다(콜로 1,16-17 참조).

• 다마스쿠스의 요한 『성화상에 관한 연설』 3,30.

거룩한 사물을 대하는 태도

복음서를 비롯한 거룩한 책들처럼 하느님께 바쳐진 사물들에게 우리는 세 번째 종류의 경배를 바칩니다. 이것들은 세상 종말에 다다른 우리의 가르침을 위해 쓰인 것들이기 때문입니다(1코린 10,11 참조). 성반聖盤과 성작聖爵, 향로, 촛대, 제단도 모두 명백히 존중받아야 합니다. 벨사차르가 자기 백성들에게 거룩한 기물에 술을 따르게 시켰을 때 하느님께서 그의 나라가 끝나게 하신 것을 기억하십시오.

• 다마스쿠스의 요한 『성화상에 관한 연설』 3,35.

모든 것이 성별될 것이다

"주님의 집에 있는 솥들은 제대 앞에 있는 그릇들처럼 성스럽게 될 것입니다. … 예루살렘과 유다에 있는 모든 솥도 만군의 주님께 성별된 것이 되어, 제물을 바치려는 이들이 모두 와서, 그 솥을 가져다가 고기를 삶을 것이다." 그러한 존경심 속에, 주님의 집에서 거룩한 예배를 바칠 것입니다. 유대인들은 주님의 집 안에 있는 제대 앞에서 그릇들에 경의를 표하곤 했지만 이제 평범한 솥들도 모든 이방인의 경배를 받을 것입니다. 그리고 주님의 집과 예루살렘에 있는 솥들만 공경받는 것이 아니라, 모든 성소와 도성, 예루살렘에 있는 솥도 모두 영예로운 것으로 취급될 것

입니다. 그리하여 유대인과 이방인이 모두 그것을 주님께 성별된 것으로 공경할 것입니다.

• 시리아인 에프렘 『즈카르야서 주해』.

물질을 경배하지 않는다

보십시오. 여러분이 경시하는 물질의 영광스러움을! 물들인 염소 가죽보다 더 하찮은 것이 무엇입니까? 자주색과 자홍색과 다홍색이 단지 색깔에 불과합니까? 인간의 손으로 만드는 것이 커룹의 모양이 되는 것을 보십시오! 만남의 장막은 모든 면에서 하나의 모상이 아닙니까? "너는 내가 이 산에서 너에게 보여 준 모형대로 [그것들을] 만들어라"(탈출 25,40). 모든 백성이 그 주위에 서서 경배하였습니다. 모든 백성이 볼 수 있었던 곳에 커룹들이 있지 않았습니까? 그 백성이 계약 궤와 등잔대, 제사상, 순금 단지와 아론의 지팡이를 보고 엎드려 경배하지 않았습니까? 우리는 물질을 경배하지 않습니다. 물질의 창조주, 곧 물질 안에 거하시면서 물질을 통해 저의 구원을 이루어 주시는, 저를 위해 물질이 되신 분을 경배합니다.

• 다마스쿠스의 요한 『성화상에 관한 연설』 14.

경배의 참된 신비를 예표하다

율법이 찬양받는 까닭은 그 안에 예형과 상징들이 담겨 있어서가 아니라 그것이 그리스도께 대한 경배의 참된 신비를 예표하기 때문인 것처럼, 금이 귀한 것은 성전을 거룩하게 하시는 분 때문이며, 하늘이 아름다운 것은 그것을 거룩하게 하시며 그 안에 사시는 하느님 때문입니다.

• 헤라클레아의 테오도루스 『마태오 복음 단편』 115.

무엇이 더 중요한가?

제단과 성전의 장식물들은 예배에서 가장 중요

한 것이 아닙니다. 미래의 참된 경배로 가는 길을 가리킬 뿐입니다. 금과 은, 놋쇠, 구리, 진주, 수정은 각기 금속으로서의 고유한 특성으로 인하여 특별한 의미를 띱니다. 예수님께서는 성전의 금이나 제단 위의 제물 자체를 그들이 공경하는 분보다 더 중요하게 여기는 생각을 꾸짖으셨습니다. … 신앙을 지키고자 하는 사람은 마땅히 진리 안에 머물러야 합니다. 하느님께 바쳐진 제물을 경배하느라 진실로 거룩한 것은 지나쳐 버린 이들은 어리석고 눈먼 이들이었습니다.

• 푸아티에의 힐라리우스 『마태오 복음 주해』 24,6.

하느님을 전혀 제대로 섬기지 못하는 것이다

율법주의는 음식 자체보다 양념과 향신료가 더 많이 들어 있는 식사와 같습니다. 사소한 것들에 온통 주의를 기울이고 심판의 심각성은 간과합니다. 영적인 훈련 그 자체가 정의는 아닌데도 그들은 그것이 정의요 연민이요 믿음이라고 이야기합니다. 이런 작은 부분들을 전체로 취급하는 것은 옳지 않습니다. 우리가 경배에 필요한 모든 것을 지킴으로써 하느님을 섬기지 못한다면, 우리는 하느님을 전혀 제대로 섬기지 못하는 것입니다.

• 오리게네스 『마태오 복음 주해』 20.

거짓 경배

사탄은 인간을 타락시키는 법을 알고 있었습니다. "나도 가서 경배하겠소"(마태 2,8). 그는 거짓말을 하고 싶지만 하지 못합니다. 거짓으로 경배하는 척한 자는 능욕하기 위하여 절하고, 형벌을 가하기 위하여 무릎 꿇고, 해를 입히기 위하여 기대어 앉고자 올 것입니다.

• 페트루스 크리솔로구스 『설교』 158,9.

동쪽을 향해 경배하는 이유

우리가 동쪽을 향해 경배하는 것은 이유 없이 우연히 그렇게 된 것이 아닙니다. 우리는 가시적인 본성과 비가시적 본성으로, 지성적인 본성과 감각적인 본성으로 구성되어 있어서, 창조주께 경배도 두 가지 방식으로 드립니다. 우리가 마음으로, 또 육신의 입으로 노래하고, 물과 성령으로 세례를 받고, 성찬과 성령의 은총을 받으며 두 가지 방식으로 주님과 하나 되는 것과 같습니다. 하느님이 성령의 빛이시고 성경이 그리스도를 '의로움의 태양', '동방'이라고 부르는 만큼, 동쪽은 그분에 대한 경배에 바쳐져야 합니다. 모든 좋은 것은 하느님께 선성善性을 부여받았기 때문에 아름다운 것은 하느님께 바쳐져야 합니다. 그래서 신실한 다윗은 "세상의 나라들아 하느님께 노래하라. 주님께 찬미 노래 불러라. 동쪽으로 하늘을 타고 달리시는 분께"(시편 68,33-34)라고 말합니다. 또 성경은 "주 하느님께서 동쪽에 있는 에덴에 동산 하나를 꾸미시어, 당신께서 빚으신 사람을 거기에 두셨다"(창세 2,8)라고 합니다. 사람이 규정을 어겨 내쫓겼을 때 그분은 "그들을 기쁨의 동산 맞은편에 살게 하셨다"(창세 3,24 칠십인역)라고 합니다. 이는 서쪽입니다. 따라서 우리가 하느님을 경배할 때, 우리는 옛 고향을 그리워하는 것이며 그곳을 바라보는 것입니다.

• 다마스쿠스의 요한 『신앙 해설』 4,12.

삼위 경배

권능의 일치

아버지께서 그리스도 안에서 경배받으신다는 말은 무슨 뜻입니까? 아버지께서 그리스도 안에 계시고 그리스도 안에서 말씀하시며 그리스드 안에 머무르신다는 뜻 아니고 무엇이겠습니까? 그 머무르심은 육체로서 육체 안에 머무르는 그런 것이 아닙니다. 하느님은 육체를 지닌 존재가 아니니까요. … 이 말은 접붙인 나무처럼 육체가 결합된다는 뜻이 아니라 권능의 일치를 뜻합니다. 따라서 아버지 하느님께서 그리스도 안에서 경배받으실 때 권능의 일치로 말미암아 그리스도께서도 아버지 안에서 함께 경배받으십니다. 마찬가지로 똑같은 권능의 일치에 따라, 하느님께서 영 안에서 경배받으실 때 성령께서도 하느님 안에서 함께 경배받으십니다.

• 암브로시우스 『성령론』 3,11,82.

유대인들과 바오로는 같은 하느님을 섬기고 있다

[바오로]는 믿음과 믿음의 전통을 '길'이라는 말로 표현합니다. 나자렛 분파는 조상 전래의 하느님과 율법의 규정들, 예언서의 내용과 죽은 이들의 부활을 믿는다는 점을 주지시켜야 했습니다. 바오로는 "내가 우리 조상들의 하느님을 섬기고"(사도 24,14)라는 말로 그것을 알립니다. 이는 그가 그리스도를 믿으며, 율법서와 예언서가 이야기하는 아버지와 동일한 분이신 그분 외에 다른 하느님은 경배하지 않는다는 말입니다.

• 암모니우스 『성경 주해 선집』(사도행전) 24,14.

유일하신 하느님의 것

찬미는 하느님께만 바쳐야 합니다. 그분만이 우리의 경배를 받을 자격이 있는 분이시기 때문입니다. 그분은 '당신 백성을 죄에서 구원하신 분'(마태 1,21 참조)이시므로 우리의 구원자이십니다.

• 아를의 힐라리우스 『일곱 가톨릭 서간 해설』(유다서).

그리스도를 하느님으로서 경배하다

그리스도께서는 비록 우리의 구원을 위하여 이

성적이고 지적 영혼을 겸비한 피조물의 육을 취하셨지만, 창조된 분이 아니라 창조주이며 그리하여 모든 창조물은 그리스도를 하느님으로서 경배한다는 것을 우리는 확고히 믿어야 합니다.

• 맹인 디디무스 『히브리서 주해 단편』 1,6.

경배는 오직 하느님께만 바쳐야 한다

천사들은 아들을 자신들 위에 계신 분으로 모시고 그분의 시중을 들었습니다. 그리고 천사들이 그분께 경배하는 것은 그분께서 자기들보다 더 큰 영광을 지니신 분이어서만이 아니라 그분께서 모든 피조물을 넘어 계신 그리고 천사들을 넘어 계신 분이시며, 오직 그분만이 본질에 따라 아버지의 진정한 아들이시기 때문입니다. 그분께서 천사들보다 큰 영광을 지니셔서 경배를 받으시는 것이라면, 만물은 자기보다 뛰어난 존재 모두에게 경배를 바쳐야 할 것입니다. 그런데 그렇지가 않습니다. 피조물은 피조물을 경배하지 않으며, 종은 주인을 [섬기고], 피조물은 하느님을 경배합니다. 그래서 사도 베드로는 그를 경배하려는 코르넬리우스를 막으며 "나도 사람입니다"(사도 10,26) 하고 말했습니다. 그리고 묵시록에서 요한이 천사에게 경배하려고 하자, 천사는 요한을 말리며 "이러지 마라. 나도 종일 따름이다. … 주 예수님을 경배하라"고 말합니다. 그런즉 경배는 오직 하느님만이 받으시는 것이며, 이것을 천사들도 알고 있습니다. 자신들이 영광에서 다른 존재들을 능가하지만 자신들 역시 피조물이므로 경배받을 존재가 아니라 주님을 경배하는 존재라는 것을 말입니다.

• 아타나시우스 『아리우스파 반박 연설』 2,23.

축복이 임마누엘에게로 넘어가다

임마누엘께서는 우리와 관련하여 "많은 형제들

가운데에 맏이"(로마 8,29)로 불리셨습니다. 그러나 이 사실 때문에 그분께서 하느님이시며 만물의 주님이시라는 것을 잊어서는 안 됩니다. 우리는 그분을 하느님으로 경배하며, 그분께서는 은총을 통하여 형제들 가운데에서 불린 이들을 하느님으로서 다스려 오셨습니다. "정녕 구름 위에서 하늘에서 누가 주님과 견줄 수 있으며 신들 가운데 누가 주님과 비슷하겠습니까?"(시편 89,7). 이처럼 임마누엘께서는 형제의 관계로 받아들여진 이들을 하느님으로서 다스려 오셨습니다. 그리고 그분께 "하늘과 땅 위와 땅 아래에 있는 자들이 다 무릎을 꿇고 예수 그리스도는 주님이시라고 모두 고백하며 하느님 아버지께 영광을 드리게 하셨습니다"(필리 2,10-11).

• 알렉산드리아의 키릴루스
『모세오경의 격조 있는 해설』(창세기) 3,173C.

맏아드님께 경배하라

"맏아드님"과 "천사들은 그에게 경배하여라"(히브 1,6) 하는 두 구절은 모두 그리스도의 육화와 관련지어 이해해야 합니다. 만물을 당신의 강력한 말씀으로 지탱하시는 그분, 세상을 만드시고 창조하신 그분께서 어떤 방법으로 세상에 오셨습니까? 외아드님이 어째서 맏아드님이겠습니까? 육화하신 후에도 천사들이 모두 그분께 경배한다면 육화하시기 전에도 마찬가지로 높이 받들지 않았겠습니까? 그분은 언제 어디에서나 하느님이신 한편, 육화하여 사람으로서 세상에 오신 것입니다.

• 키루스의 테오도레투스
『바오로의 열두 서간 주해』(히브리서) 1.

그 발판에 경배하라

천사들은 하느님의 신성에만 경배하는 것이 아

니라 그분의 발판에도 경배하기에 이렇게 쓰여 있습니다. "그분의 발판은 거룩하니 그 발판에 경배하여라"(시편 98,5 불가타). 또 그리스도 안에서 그분 육화의 신비들 ─ 그 안에서 우리는 그분 신성의 명확한 흔적들과 거룩한 '말씀'의 어떤 특별한 방식들을 보지요 ─ 도 경배받아야 한다는 것을 그들이 인정하지 않는다면, 그분께서 당신 육체의 영광 안에서 되살아나셨을 때에 사도들도 그분께 경배했다는 기록을 그들은 읽어 보아야 할 것입니다.

• 암브로시우스『성령론』3,11,76.

주님은 마리아의 육신에서 육신을 받으셨다

주님을 찾고 있는 저는 주저하며 그리스도께로 돌아섭니다. 저는 신앙을 거스름 없이 땅을 경배하고, 그분의 발판을 흠숭하는 법을 발견합니다. 주님께서는 흙에서부터 흙을 취하셨고, 마리아의 육신에서 육신을 받으셨기 때문입니다. 주님께서는 그 육신으로 이 세상을 거니셨고, 우리의 구원을 위하여 바로 그 육신을 우리에게 음식으로 내어 주셨습니다. 먼저 그 육신을 경배하지 않고는 아무도 그것을 먹을 수 없습니다. 그래서 우리는 어떤 의미에서 주님의 발판을 경배해야 하는지를 알게 되었습니다. 또한 그것을 경배하는 것이 죄가 되지 않을뿐더러 그것을 경배하지 않는 것이 죄가 된다는 것도 알게 되었습니다.

• 아우구스티누스『설교』99,8

인간 이상의 존재가 인도하였다

높은 곳에서 박사들을 부르는 별이 하늘에 나타났습니다. 그들은 포대기에 싸여 구유에 누워 계신 분께 경배하기 위해 먼 길을 왔습니다. 옛 시대의 예언자들이 이분의 오심을 선포한 바 있었습니다. 이 모든 사건의 뒤에는 인간을 넘어서는

185

힘이 작용하고 있었습니다.

• 요한 크리소스토무스 『마태오 복음 강해』 7,3.

동방 박사들이 찾던 것을 발견했다

이처럼 놀라운 일이 연이어 일어났습니다. 동방 박사들은 경배 길에 올랐고, 별이 그들을 앞서 갔습니다. … 뿐만 아니라, 별은 아기가 있는 곳 위에 오더니 멈추어 섰습니다. 이것만 보아도 이 별은 특별한 권능을 지닌 별입니다. 모습을 보이다가 숨더니 다시 나타나서는 이제 가만히 서 있으니 말입니다. 그것을 본 모든 이는 믿고자 하는 마음이 생겼습니다. 동방 박사들이 기뻐한 것은 이런 까닭입니다. 그들은 자신들이 찾던 것을 발견했습니다. 그들은 자신들이 진리의 사자임을 입증했습니다. 그들의 긴 여행은 헛되지 않았습니다. 기름부음받으신 분을 뵙고자 하는 갈망이 이루어졌습니다. 태어나신 그분은 거룩하신 분이었습니다. 그들은 그것을 알아보고 그분께 경배했습니다.

• 요한 크리소스토무스 『마태오 복음 강해』 7,4.

세상이 품을 수 없는 요람

동방 박사들은 무릎을 꿇고, 갓 태어나신 그분을 주님으로 받들었습니다. 예수님은 칭얼거리는 아기에 지나지 않으셨지만, 그들은 요람 안에 계신 그분께 예물을 바치며 받들어 모셨습니다. 그들은 한 가지는 육신의 눈으로 알아보고 또 다른 것은 마음의 눈으로 알아보았습니다. 그분께서 취하신 육신의 미천함은 이미 드러나 있었습니다. 그러나 이제 그분 신성의 영광이 드러났습니다. 그분은 사내아이의 모습이었지만, 경배받으시는 분은 하느님이셨습니다. 참으로 형언할 길 없는 그분의 거룩한 영광의 신비가 아닙니까!

• 아퀼레이아의 크로마티우스 『마태오 복음 강해』 5,1.

신성을 알아보다

동방 박사들은 "아기를 보고 경배하였다"(마태 2,11)라고 합니다. 여러분은 그들이, 하느님께서 그 아기 안에 계시다고 믿지 않았다면, 자신들이 바치는 경배의 영예로움을 이해하지도 못하는 아기에게 경배했으리라고 생각하십니까? 그들은 그렇게 믿었기에, 이해력 없는 어린 아기인 그분께 경배하기를 망설이지 않았습니다. 그들은 아기를 자신이 지닌 신성으로 모든 것을 아는 분처럼 대했습니다. 그들이 바친 예물의 성격도 그들이 아기의 신성을 알아보았다는 증거입니다.

• 『마태오 복음 미완성 작품』 강해 2.

모든 이방인들의 구원을 예시하다

그리스도께서 태어나시고 열두 날이 지났을 때 다른 민족들의 맏물인 동방의 현자들이 그리스도를 찾아와 경배하였고, 그럼으로써 자신들의 구원을 확실히 하였을 뿐 아니라 모든 이방인들의 구원을 예시하였다고 하겠습니다.

• 아우구스티누스 『설교』 203,3.

그리스도를 드러내 주는 유대 예식

그리스도가 태어날 장소에 관해 묻는 동방 박사들에게 유대인들이 성경에 근거해 대답해 주고서도 그들과 함께 그분께 경배하러 가지 않은 사실이 무엇을 뜻하는지 궁금하지 않은 사람이 있을까요? 그런데 우리는 유대인들이 완고한 마음 때문에 그러한 예식과 성사에 매여, 그것들이 그리스도만을 드러내 보여 주는데도 믿기를 거부하는 것을 지금도 보고 있지 않습니까? 그들은 양을 잡아 파스카 축제 음식을 먹지만, 그것은 그들 스스로 경배하지 않는 바로 그 그리스도를 다른 민족들에게 보여 주고 있지 않습니까?

사람들이 그리스도에 대해 예고하는 예언의

증언들을 의심하며, 그 증언들이 그리스도 사건 이전이 아니라 이후에 그리스도인들에 의해 수집된 것이 아닐까 생각하는 것도 이와 같은 종류의 일 아닙니까? 우리는 의심하는 사람들에게 확신을 주기 위해 유대인들이 가지고 있는 성경 사본들을 활용합니다. 이 또한 유대인들이 경배하기를 거부하는 그리스도를 다른 민족들에게 보여 주는 것 아니겠습니까?

• 아우구스티누스 『설교』 202,3.

예수님께서 하느님이며 인간이심을 제자들이 알다

성경은 이렇게 이어집니다. "제자들 가운데에는 '누구십니까?' 하고 감히 묻는 사람이 없었다. 그분이 주님이시라는 것을 알고 있었기 때문이다"(요한 21,12). 감히 묻는 사람이 없었던 것은 그분께서 하느님이심을 그들이 알았기 때문입니다. 그들은 그분과 함께 음식을 먹었습니다. 그분께서 인간이며 육을 지닌 것을 보았기 때문입니다. 그분은 하느님으로서 한 인격이고 인간으로서도 또 다른 한 인격인 분이 아닙니다. 하느님의 아들인 그분은 인간으로 알려졌으며 하느님으로서 경배받으셨습니다.

• 히에로니무스 『예루살렘의 요한 반박』 35.

신으로 경배를 받으시다

군사들이 이렇게 한 것은 예수님을 조롱하기 위해서였습니다. 그러나 이제 우리는 이 일들이 거룩한 신비로 인해 일어났다는 것을 압니다. … 그리스도의 자주색 외투는 임금의 옷입니다. 그리고 그분께서 순교자들의 군주로서 입으신 진홍색 겉옷은 그분께서 당신의 거룩한 피 안에서 고귀한 진홍색으로 눈부시게 빛나심을 나타냅니다. 그분은 승리자로서 관을 받으십니다. 승리자에게는 관이 주어지는 법이기 때문입니다. 그

분은 무릎을 꿇은 사람들에 의해 신으로 경배받으십니다. 그런즉 그분께서 자주색 옷을 입으신 것은 임금이시기 때문이며 진홍색은 순교자들의 군주로서 입으신 것입니다. 그분은 승리자로서 왕관을 쓰시고, 주님으로서 환호를 받으시며, 임금으로서 경배를 받으십니다.

• 아퀼레이아의 크로마티우스 『마태오 복음 강해』 19,1-2.

모든 이들의 경배를 받으셔야 한다

이 구절[필리 2,10 참조]이 뜻하는 바는, 하느님의 온전한 아들이신 까닭에 아버지 하느님의 영광 안에(곧 당신 본성인 신성 안에) 머물러 계시면서도 우리를 위하여 그 길에 순응하셨던 그분께서는 수난의 신비와 승천이라는 승리 이후에는 하늘과 땅 위와 땅 아래에 있는 모든 이들의 경배를 받으셔야 한다는 것입니다.

• 가우덴티우스 『논고』 19

몰랐다는 것은 구실이 못 된다

그리스도의 신비는 위대하여 천사들마저 놀라고 어리둥절해 그 앞에 서 있었습니다. 이것이 바로 그분을 경배하는 것이 그대의 의무인 까닭이며, 종인 그대가 주님에게서 돌아서서는 안 되는 이유입니다. 그대는 몰랐다고 핑계 대며 애원할 수 없습니다. 그분께서 오신 가장 큰 이유가 그대의 믿음을 세우기 위해서였기 때문입니다.

• 암브로시우스 『신앙론』 4,2,27.

하느님 경배가 먼저다

구원자께서는 당신께 대한 헌신보다 훌륭한 것은 없음을 우리에게 확인시키는 논증을 하십니다. 가난한 이들에 대한 사랑은 칭찬받을 만한 일이나, 하느님 경배가 먼저라고 하시기 때문입니다. 그분의 말씀은 이런 뜻입니다. '나에게 경

의를 바칠 시간은 한정되어 있다. 다시 말해, 내가 지상에 머무는 시간은 한정되어 있기에 나보다 가난한 이들을 앞세워서는 안 된다'(요한 12,8 참조). 이는 육화와 관계된 말씀입니다. 그분은 인정 있는 이들이 가난한 이들에게 사랑을 실천하는 일을 금지하신 적이 결코 없었습니다. 그러나 예배나 찬미를 바쳐야 할 때는 그 일이 가난한 이들에 대한 사랑 실천보다 먼저입니다. 선행은 예배가 끝난 뒤에도 할 수 있기 때문입니다.

• 알렉산드리아의 키릴루스 『요한 복음 주해』 8.

하느님께서는 우리를 만드셨고 보호하신다

"그분께 경배드리세. 주님 앞에 엎드려 우리를 만드신 그분께 큰 소리로 외치세." 우리를 만드신 그분께서는 이제 와서 우리를 버리지 않으십니다. 결국 우리를 저버리시려고 우리를 짓는 수고를 하신 것이 아닙니다. "우리를 만드신 주님 앞에서 경배드리세"(시편 95,6)라고 하는 것은 그분께서 우리를 만드셨을 때 우리가 그분께 경배하지 않았기 때문입니다. 그럼에도 그분께서는 우리를 만드셨습니다. 그러니 우리가 당신을 경배하기 전에 우리를 만드신 분께서 우리가 당신을 경배할 때에 우리를 버리시겠습니까?

• 아우구스티누스 『설교』 26,1.

피조물 경배

천체와 천사를 경배하지 않는다

유대인들은 "너에게는 나 말고 다른 신이 있어서는 안 된다. 너는 위로 하늘에 있는 것이든, 아래로 땅 위에 있는 것이든, 땅 아래로 물속에 있는 것이든 그 모습을 본뜬 어떤 신상도 만들어서는 안 된다. 너는 그것들에게 경배하거나, 그것들을 섬기지 못한다"(탈출 20,3-5)라고 하신 하느님의 명령을 철저하게 준수합니다. 그들은 하늘과 만물을 만드신 지극히 높으신 하느님 말고는 다른 어떤 신도 경배하지 않습니다. 율법에 따라 사는 사람들은 하늘을 만드신 분을 공경하기에, 그들이 하늘을 하느님과 함께 숭배하지 않는다는 것은 확실합니다. 또한 모세의 율법을 섬기는 사람들은 아무도 하늘의 천사들을 경배하지 않습니다. 그리고 천체, 곧 태양과 달과 별을 경배하지 않듯이, 그들은 하늘과 그 안에 있는 천사들을 경배하는 것을 피합니다.

• 오리게네스 『켈수스 반박』 5,6.

피조물을 경배해서는 안 된다

원수들은 모든 가능한 간계를 동원하여 우리가 "해나 달이나 하늘의 모든 군대"(신명 17,3)에게 절하도록 유혹합니다. 그러나 우리는 하느님의 말씀께서는 우리에게 그러한 일을 하라고 명하지 않으셨다고 대답할 것입니다. 우리가 모든 사람을 지탱해 주시고 그들의 기도를 고대하시는 창조주 대신에 피조물들을 받들어 섬기는 일은 없어야 하기 때문입니다(로마 1,25 참조).

• 오리게네스 『순교 권면』 7.

창조주 대신 피조물이 경배를 받던 시대

사람들은 온 땅에 그분의 영광이 가득하다고 외치면서, 그리스도를 통하여 실현될 구원 경륜의 신비를 예고하고 있습니다. 말씀께서 사람이 되시기 전에는 세상이 악마와 악인, 뱀, 배교자의 지배를 받았습니다. 창조주 대신 피조물이 경배를 받았습니다. 그러나 이제 하느님의 외아들이신 말씀께서 사람이 되심으로써 온 땅에 그분의 영광이 가득하게 되었습니다.

• 알렉산드리아의 키릴루스 『이사야서 주해』 1,4.

피조물을 경배하는 잘못

탐욕에 사로잡혀 창조주께서 주신 계명을 경시하는 사람들이 금과 은에 대한 혐오스러운 탐욕에 빠져 있기 때문에 창조주께서 만드신 금과 은을 비난해야 한다면, 우리는 하느님의 모든 피조물을 비난해야 합니다. 사도가 말했듯이, 어떤 완고한 사람들은 "영원히 찬미받으시는 창조자보다 오히려 피조물들에게 더 경배하고 봉사하기"(로마 1,25 참조) 때문입니다. 또한 우리는 태양을 단죄해야 합니다. 우리가 잘 알고 있듯이, 마니교도는 태양이 피조물이라는 것을 이해하지 못한 채, 마치 태양이 창조주인 듯, 또는 적어도 그분 지체의 한 부분인 듯 경배하고 숭배하기를 결코 그치지 않으니 말입니다.

• 아우구스티누스 『설교』 50,7.

우상을 거부한 욥

"내가 만일 태양이 환하게 비추는 것이나 달이 휘영청 떠가는 것을 쳐다보며"(욥 31,26). 내가 만일 떠오르는 태양을 보고 숭배했거나 달을 신봉하여 그 앞에 무릎을 꿇었다면, 그것들을 경배한 자신은 분명 잘못을 저지른 것이라는 뜻입니다.

• 시리아인 에프렘 『욥기 주해』 31,26.

모든 것은 그리스도께 종속되어 있다

아버지께서는 "충만한 신성"(콜로 2,9) 안에서 아들을 "육신의 형태"(콜로 2,9)로 낳으시어 아들은 머리가 되고 창조계는 그의 몸이 되게 하실 때 아들에게 당신의 모든 것을 주셨습니다. 그러므로 무엇이든 거룩한 피조물로 간주될 수 있는 모든 것은 그리스도께 종속되어 있는 것으로 보아야 하며, 그분보다 낮은 존재를 경배의 대상으로 여기는 일은 없어야 합니다.

• 암브로시아스테르 『바오로의 열세 서간 주해』(콜로새서).

모든 피조물 숭배를 금지한다

하늘에 있는 별들이 숭배의 대상이 될 수 없는 것과 마찬가지로 어떤 피조물도 숭배해서는 안 됩니다. 설사 보통 사람의 한계를 초월하는 어떤 뛰어난 개인의 지배 아래 살고 있다 해도 말입니다.

• 맹인 디디무스 『히브리서 주해 단편』 1,6.

천사는 피조물이다

눈의 아들 여호수아는 천사를 본성 그대로 보지 못하고 표상만 보았습니다. 천사는 본성상 육체의 눈에 보이지 않기 때문입니다. 그래도 그는 엎드려 절을 하였고, 다니엘(다니 8,15-17 참조)도 그렇게 하였습니다. 그렇지만 천사는 피조물이며, 하느님을 섬기는 종이요 심부름꾼입니다. 하느님이 아닙니다. 여호수아와 다니엘은 천사에게 엎드려 절했지만 하느님이 아니라 하느님을 섬기는 영으로 받든 것입니다. 저는 친구들의 표상을 만들지 말아야 하겠습니까? 하느님으로서가 아니라 하느님 친구들의 표상으로서 그들을 존중하지 말아야 하겠습니까?

• 다마스쿠스의 요한 『성화상에 관한 연설』 3,26

우리는 천사들을 사랑하고 공경한다

우리는 천사를 보고 행복해지는 것이 아니라 '진리'를 보고 행복해지지만, 그분을 봄으로써 우리는 천사들도 사랑하게 되며 그들과 함께 기뻐합니다. 우리는 그들이 진리에 더 쉽게 다가가며 방해받지 않고 그분을 누리는 것을 시기하지 않습니다. 오히려 우리는 그들을 사랑합니다. 그들과 우리의 공통의 주님께서 우리에게 내세에서는 그들과 같은 것을 바라라고 말씀하시기 때문입니다. 그래서 우리는 그들을 사랑하고 공경하지만, 하느님께 하듯 그들을 경배하지는 않습니다. 우리는 그들을 위해 성전을 짓지 않습니다.

그들은 우리가 그런 식으로 그들을 섬기는 것을 바라지 않습니다. 우리가 선한 인간일 때 우리는 지극히 높으신 하느님의 성전들임을 그들이 알기 때문입니다.

• 아우구스티누스 『참된 종교』 110.

엎드린 요한

사도들 가운데 가장 축복 받은 요한은 자신이 [이 말씀들을] 듣고 이 말씀들의 권능과 환시의 중대성에 두려움을 느껴 땅에 주저앉았다고 합니다. 그러고는 "나에게 이것들을 보여 준"(묵시 22,8) 진리의 천사에게 경배하려고 엎드렸다고 합니다.

• 베자의 아프링기우스 『묵시록 주해』 22,8.

요한이 천사에게 경배하려고 하다

묵시록에서 요한이 천사에게 경배하려고 하자, 천사는 그를 막으며 "이러지 마라. 나도 너와 너의 형제들과 같은 종일 따름이다. 주 예수님을 경배하라"(묵시 22,9) 하고 말합니다. 우리 주 예수님께서 얼마나 위대하시면 천사가 이렇게 말하며, 하늘에서 이렇게 경배받으시는 분께서 아직 땅에서 복수하지 않으신 것은 얼마나 대단한 인내입니까!

• 키프리아누스 『인내의 유익』 24.

창조주께 버금가는 것은 없다

종에게는 오만함이 없고 성도들에게는 허영이 없습니다. 그래서 [천사는] 즉각 요한에게 [자신을 경배하지 말라고] 타이릅니다. … 천사는 창조주께 버금가는 존재는 아무도 없다고 선포하며, 주 하느님만이 받아야 할 것은 아무에게도 바쳐져서는 안 된다고 선언합니다.

• 베자의 아프링기우스 『묵시록 주해』 22,9.

천사의 충성심이 드러나다

같은 종에게 경배받는 것을 허락하지 않는 [천사의] 모습은 환시를 보여 주고 설명해 준 천사의 신심을 드러냅니다. 우리는 깨끗한 양심으로 [우리] 모두의 주님께 충성을 바쳐야 할 것입니다.

• 카이사리아의 안드레아스 『묵시록 주해』 22,8-9.

거룩한 천사들은 겸손한 성품을 지녔다

거룩한 천사는 자기를, '미래를 예고하는 자로 경배하지 마라'고 합니다. 그리스도를 고백하는 것, 곧 증언은 예언의 영의 선물이기 때문입니다. 또 여러분은 알아야 합니다. 그리스도께 관한 증언이 확고해지고 성도들에 의해 믿음이 증언되도록 예언이 [주어졌다]는 사실 말입니다. 그래서 천사는 같은 종인 자기에게가 아니라 만물에 대한 권능을 지니신 분께 경배하라고 한 것입니다. 이 말에서 우리는 거룩한 천사들은 성품도 겸손함을 알게 됩니다. 그들은 사악한 마귀들처럼 거룩한 영광을 차지하려고 하지 않고 그 영광을 주님께 돌립니다.

• 카이사리아의 안드레아스 『묵시록 주해』 19,10.

그 장소가 알려지지 않은 이유

주님께서는 모세의 무덤을 이스라엘 자손이 알지 못하게 하심으로써 그를 위해 두 가지 거룩한 은혜를 베푸셨습니다. 첫째로, 모세는 자신의 원수들이 그의 무덤을 알아내 유골을 파헤치지 못하게 된 것을 기뻐합니다. 둘째로, 모세가 이스라엘 자손의 눈에는 하느님과 같았기 때문에 이스라엘 백성이 그의 무덤을 알아서 그곳을 경배의 장소로 삼지 못하게 한 것입니다.

• 아프라하트 『논증』 8,9.

경외

경외는 하느님을 두려워하는 것입니다.
- 알렉산드리아의 클레멘스 『양탄자』 2,8,40,1.

주님을 경외함은 조심스러움이 섞인 사랑입니다.
- 카시오도루스 『시편 해설』 19,10.

하느님을 경외하는 영은 분명히 하느님의 큰 선물입니다.
- 아우구스티누스 『은총과 자유의지』 39.

하느님을 경외하는 덕성스러운 사람이 가장 슬기롭습니다.
- 요한 크리소스토무스 『요한 복음 강해』 41.

하느님을 경외하는 사람은 거룩함 안에 머물게 됩니다.
- 페트루스 크리솔로구스 『설교』 80.

하느님에 대한 경외심을 여러분의 영혼의 양식으로 삼으십시오.
- 시리아인 에프렘 『타티아누스의 네 복음서 발췌 합본 주해』 6,18A.

주님을 경외하는 사람은 오류에서 벗어나고 덕행의 길로 향합니다.
- 암브로시우스 『육일 창조』 1,4,12.

경외의 의미와 이해

하느님의 이름은 비밀이다

그리스어에서 '하느님'[1]은 '두려움'을 뜻합니다. 그분 홀로 두려움의 대상이기 때문에, 이 낱말이 하느님의 명칭이 된 것입니다. 우리는 탈출기에서 "'야훼'라는 내 이름으로 나를 그들에게 알리지는 않았다"(탈출 6,3)라는 말씀을 읽습니다. 이 말에서 우리는 그 이름이 비밀이며 선택된 심부름꾼들에게조차 알려지지 않았다는 것을 알아야 합니다.

- 카시오도루스 『시편 해설』 49,1.

---

1   그리스어로는 '테오스' *Theos*, 라틴어로는 '데우스' *Deus* 다.

하느님에 대한 두려움

경외는 하느님을 두려워하는 것입니다. … 하느님에 대한 두려움은 그 자체도 열정에서 자유롭습니다. 실상 그것은 하느님에 대한 두려움이 아니라 하느님을 잃어버리지 않을까 하는 두려움입니다. 이런 두려움은 악으로 떨어지는 것에 대한 두려움입니다. 악에 대한 두려움입니다. 떨어질 것을 염려하는 두려움은 열정에서 벗어난 자유와 불멸성을 염원하는 것입니다.

• 알렉산드리아의 클레멘스『양탄자』2,8,40,1-2.

하느님을 두려워하는 마음이 가장 앞서야 합니다. 그것이 다른 모든 것을 지배해야 합니다.

• 맹인 디디무스
『가톨릭 서간에 관한 짧은 상해』(베드로 1서).

올바른 경외심

주님께 대한 경외심은 두려움을 자아내는 힘과 함께 우리 안에 주어집니다. 그렇다고 해서 우리의 이성이 마비되거나 지성이 약화되는 방식으로 그렇게 된다는 의미는 아닙니다. 오히려 우리의 정신을 가리고 있던 안개가 걷히고, 비뚤어지고 사로잡혀 있던 의지가 올바르고 자유롭게 됩니다.

• 아퀴타니아의 프로스페르『모든 민족의 소명』2,27.

하느님을 경외함

하느님을 경외함은 공포에 찬 경악이 아니라 흐트러짐이 없는 헌신입니다. 이 경외심은 일시적인 변화에 흔들리지 않으며, 선한 양심에서 우러나오는 진지함 가운데 지속적으로 유지됩니다. 인간적인 두려움은 때에 따라 변하며 생산적이지 않기 때문에 거룩하지도 않습니다. 반면에 하느님을 경외함은 어떤 혼란도 내포하지 않습니다. 자신을 만드신 분을 마땅히 경외하는 사람은 그 재판관께서 간구하는 이들에게 참으로 자비로운 분이시라는 것도 알고 있습니다. 그래서 경외와 사랑 둘 다를 발견한 사람은 온갖 거룩함 안에서 살아갑니다. 주님을 경외함은 조심스러움이 섞인 사랑입니다. 세속적인 맥락에서 그것은 존경이라 할 수 있습니다.

• 카시오도루스『시편 해설』19,10.

경외심과 사랑

하느님께 대한 경외심이 사랑과 섞이지 않으면 그분을 온전한 마음으로 찾을 수 없습니다. 혀로는 그분께 자신의 죄를 고백한다면서 마음속 깊은 데서는 그분과 여전히 불화 상태에 있는 것이 가장 심한 죄라는 사실은 분명합니다. 과연 하느님께서 우리 안에서 진행되고 있는 모든 것을 모르시겠습니까? … 사람들은 단지 혀가 말하는 것만 들을 뿐이지만 하느님께서는 그렇지 않으십니다. 그분의 증언을 충실히 믿는 사람은 진정으로 그분을 사랑하는 사람입니다.

• 카시오도루스『시편 해설』77,37.

하느님 경외는 사랑에서 태어난다

"행복하여라, 주님을 경외하는 이 모두"(시편 128,1). 이 말은 세속의 재산을 잃을까 봐 세상의 위험을 두려워하며 걱정하는 사람들은 행복한 이들이 아니라는 것을 알려 줍니다. 이 위험들은 사람들을 헛된 걱정으로 괴로워하고 비참하게 만들어 그들이 성장이 아니라 감소를, 상승이 아니라 곤두박질 추락을 겪게 합니다. 이와 대조적으로, 주님 경외는 사랑의 자식으로서 자애에서 태어나고, 달콤함에서 솟아나옵니다. 그러한 경외의 은혜를 내팽개치지만 않는다면, 두려워하는 이들을 위로하고 고난받는 이들에게 생기를 주며 기쁨 없는 삶을 결코 경험하지 않게 해 주니 이 얼마나 복된 두려움입니까!

• 카시오도루스 『시편 해설』 127,1.

굴종적인 두려움은 우호적 경외와 다르다

주님을 경외함에는 두 가지가 있습니다. 첫째는 종으로서, 지식이나 지혜의 근원으로 느끼는 경외이고, 둘째는 지혜를 완성하는, 친구로서 느끼는 경외입니다. 굴종적 두려움이 지혜의 근원인 것은 죄를 짓고 나서 굴종적인 두려움을 느끼기 시작한 이는 누구나 고통을 받지 않기 위하여 하느님께 대한 이 첫째 경외심으로 고쳐지기 때문입니다.

• 존자 베다 『솔로몬의 잠언 우의적 해설』 1,1,7.

주님께 대한 경외심

경외심은 벌 앞에서 벌벌 떨거나 상급을 바라는 것이 아닙니다. 사랑의 위대함 그 자체에서 나오는 무엇입니다. … 이 경외심의 광채를 예언자들 가운데 한 사람이 다음과 같이 우아하게 묘사하였습니다. "지혜와 지식은 풍성한 구원이 되고 주님을 경외함은 그의 보화가 된다"(이사 33,6). 이 경외심의 품위와 가치를 이보다 더 명쾌하게 표현할 수는 없었을 것입니다. 예언자는 주님께 대한 경외심 없이는 참된 지혜와 하느님께 대한 지식이 이루는 구원의 풍성한 자산을 유지할 수 없다고 말하는 것입니다. … 주님께 대한 경외심을 견지하는 사람은 반드시 완덕에 이를 수 있습니다.

• 요한 카시아누스 『담화집』 11,13.

그리스도께만 믿음을 두다

하느님께 바탕을 둔 믿음은 불안해하는 이들을 굳세게 하며, 하느님께 의지할 때 그분은 슬픔의 시간 속에서도 평온함을 미리 맛보게 해 주십니다. 하느님을 두려워하는 것은 두려움으로부터 자유를 보장해 주지만, 반면에 하느님을 두려워하지 않는 이는 모든 것을 두려워하게 됩니다. 그리스도를 구원자로 신뢰하지 않는 이들은 자신의 신뢰를 군대에 두어야 합니다.

• 놀라의 파울리누스 『시가』 26.

구원받는 길을 갈 것이다

하느님에 대한 두려움으로 무장을 갖춘 우리는 의로운 이들의 행동을 본받아 그들처럼 구원받는 길을 서둘러 갈 것입니다. 그러나 그와 정반대로 행한 이들은 하느님에게서 오는 선고가 그들 눈앞에 떨어질 것입니다.

• 히폴리투스 『다니엘서 주해』 1,14,4.

포이멘 압바에 따르면, 안토니우스 압바가 팜부스 압바에 대해 종종 이렇게 말했다고 한다. "그는 하느님께 대한 두려움을 통해 하느님의 영께서 자신 안에 거주하시게 했다."

• 『사막 사부들의 금언』(포이멘) 75

경외심을 지니고 거룩하게 되자

사람들 안에는 칭찬할 만한 것들이 있습니다. 죄의 상태에 빠지는 것을 막아 주는 부끄러움이나 하느님께 대한 경외심 같은 것입니다. 구약성경의 책들만 이를 찬양하는 것이 아니라 사도도 이렇게 말합니다. "하느님을 경외하며 온전히 거룩하게 됩시다"(2코린 7,1).

• 아우구스티누스
『심플리키아누스에게 보낸 여러 질문』 2,2,5.

하느님 경외와 지혜

경외함에서 지혜로 올라가다

이사야 예언자는 잘 알려진 성령의 일곱 가지 은사에 대해 말합니다. 마치 그는 가장 높은 곳에서 우리 수준으로 내려오듯이 먼저 지혜로 시작하고, 주님을 경외함으로 마칩니다. 우리가 그런 방식으로 다시 올라가야 한다는 것을 가르치기 위하여 이렇게 하는 것입니다. 그래서 그는 우리가 마쳐야 할 지점에서 시작해서 우리가 시작해야 하는 지점에 이릅니다. 그는 이렇게 말합니다. "그 위에 주님의 영, 곧 지혜와 슬기의 영, 경륜과 용맹의 영, 지식과 신심의 영, 주님을 경외하는 영이 머무를 것이다"(이사 11,2-3). 그가 지혜에서 경외함으로 내려갔듯이 우리는 경외함에서 지혜로 올라가야 합니다. 그가 이런 방식을 취한 것은 순서를 바꾸려고 한 것이 아니라 우리를 가르치려는 뜻이었습니다. 우리가 경외함에서 지혜로 올라가려고 할 때 발전하기 위하여 그렇게 해야지, 자만심 때문에 그렇게 해서는 안 됩니다. "지혜의 근원은 주님을 경외함이다"(시편 111,10; 참조: 잠언 1,7).

• 아우구스티누스 『설교』 347,2.

천상으로 가는 일곱 계단

"주님을 경외함이 지혜의 시작"(시편 111,10)이라는 말씀이 있기 때문에, 천상에 이르는 길은 분명히 경외함에서 출발하여 지혜로 올라가는 것이지 지혜에서 거꾸로 경외함으로 가는 것이 아닙니다. 지혜는 확실히 완전한 사랑을 지니고 있습니다. 또한 "완전한 사랑은 두려움을 쫓아냅니다"(1요한 4,18)라는 말씀도 있습니다. 그러므로 이사야 예언자는 천상의 실재에서 출발하여 지상의 것을 이해하였기 때문에, 지혜에서 시작하여 경외함으로 내려온 것입니다.

하지만 지상의 것에서 시작하여 천상의 것으로 나아가려고 하는 우리는 같은 계단을 올라가는 순서로 열거함으로써 경외함에서 지혜로 발전해 나가고자 합니다. 그렇다면 우리 마음에서 천상으로 가는 길의 첫째 계단은 주님을 경외하는 일이고, 둘째는 경건함이며, 셋째는 지식, 넷째는 능력, 다섯째는 경륜, 여섯째는 슬기이며, 일곱째 계단은 지혜입니다. 주님을 경외함은 마음에 들어 있습니다. 그러나 경건함이 따르지 않는다면 주님을 경외함이 무슨 소용이 있겠습니까?

• 대 그레고리우스 『에제키엘서 강해』 2,7,7.

오르내리는 사다리

더러는 사다리를 올라가고(창세 28,10-22), 더러는 내려옵니다. 올라가는 이들은 누구입니까? 그들은 영적인 실재를 차츰 깨달아 나가는 사람입니다. 내려오는 이들은 누구입니까? 그들은 인간으로서 할 수 있는 범위 안에서는 최대한으로 영적인 실재를 깨닫고 있는 사람임에도 불구하고, 어린이들이 이해할 수 있는 것들을 말하기 위하여 어린이들의 수준으로 내려와서, 젖을 먹고 자란 그들이 영적인 음식을 받아먹을 수 있을 정도로 단단해지고 튼튼해지게 하는 사람입니다. 형제들이여, 이사야가 내려온 계단을 볼 때, 그가 우리를 위하여 내려온 이들 가운데 한 사람이라는 사실이 분명합니다. 그는 성령에 관하여 "지혜와 슬기, 경륜과 강건함, 지식과 경건함의 영, 하느님을 경외하는 영이 그분 위에 머무셨다"(이사 11,2 참조) 하고 말했습니다. 그는 지혜에서 시작하여 경외함으로 내려왔습니다. 교사가 어떻게 지혜에서 경외함으로 내려왔는지 보십시오. 배우고 있는 여러분이 나아지고 싶다면 경외함에서 시작하여 지혜로 올라가야 합니다. "주님을 경외함이 지혜의 시작이다"(시편 111,10)라는 말씀도 있기 때문입니다.

• 아우구스티누스 『시편 상해』 119,2.

산상 설교와 이사야

제가 보기에는 이사야가 말하는 성령의 일곱 가지 활동이 이 계단들 및 금언들과 일치합니다(마태 5,3-9 참조). 하지만 그 순서는 다릅니다. 이사야는 높은 것에서부터 열거하지만, 마태오 복음에서는 낮은 것에서부터 시작합니다. 이사야서에서는 지혜에서 출발하여 하느님을 경외함에서 끝납니다. 그러나 "하느님을 경외함은 지혜의 시작이다"(잠언 1,7). 그러므로 우리가 차례차례 올라간다면, 말하자면 열거를 하자면, 첫 단계는 하느님께 대한 사랑입니다. 둘째 단계는 경건함이고, 셋째 단계는 지식이며, 넷째 단계는 강건함, 다섯째 단계는 경륜, 여섯째 단계는 슬기, 일곱째 단계는 지혜입니다. "행복하여라, 마음이 가난한 사람들"(마태 5,3)이라고 마태오 복음에서 말하는 것처럼, 하느님을 경외함은 가난한 사람들에게 잘 어울립니다.

• 아우구스티누스 『주님의 산상 설교』 1,11.

경외함으로 시작하여 지혜로 완성되다

하느님께서 당신의 성령을 시켜 도와주시지 않는 한 아무도 혼자 힘으로 율법을 완수할 수 없다면, 이제, 성령께서 일곱이라는 숫자 아래에서 우리에게 어떻게 드러나 보이시는지 생각해 보십시오. 거룩한 예언자가 말하듯이, 사람은 "하느님의 영, 지혜와 슬기의 영, 경륜과 용맹의 영, 지식과 경건의 영과 주님을 경외함"(이사 11,2)으로 충만하게 됩니다. 이 일곱 가지 양태는 일곱이라는 숫자로 성령을 드러내 보여 줍니다. 성령

은 위에서 내려오듯 우리 위에 내려앉으시며, 지혜로 시작하여 [주님] 경외로 마무리하십니다. 그렇지만 아래에서 위로 올라가는 우리는 경외에서 시작하여 지혜로 완성을 이룹니다. "지혜의 시작"은 한마디로 "하느님을 경외함"입니다.

• 아우구스티누스 『설교』 248,5.

더욱 복된 단계

하느님께 대한 경외심 안에서 복되고 완전하게 된 이는 "덕행에서 덕행으로"(시편 83,8 불가타)라는 성경 말씀처럼 하나의 완전함에서 또 다른 완전함으로 나아갑니다. 다시 말하면, 열렬한 마음으로 두려움에서 희망으로 올라가면 그는 다시 더욱 복된 단계, 곧 사랑으로 올라가라는 초대를 받게 됩니다. 이와 같이 "충실하고 슬기로운 종"(마태 24,45)이 된 이는 누구나 벗들의 친분을 누리게 되며 자녀가 되는 단계로 넘어갑니다.

• 요한 카시아누스 『담화집』 11,12.

두려움 자체가 지혜의 시작이다

"아이들아, 와서 내 말을 들어라. 내가 너희에게 주님에 대한 두려움을 가르쳐 주마"(시편 34,12 참조). 이 말에서 그의 염치 있는 겸손과 호의를 엿볼 수 있습니다. "주님에 대한 두려움"에 관하여 말하면서, 모든 이에게 공통적이라 여겨지는 염치의 특성을 표현한 것입니다. 두려움 자체가 지혜의 시작이요 행복의 동력이며, 하느님을 두려워하는 이가 복된 까닭에, 가르쳐야 할 지혜의 교사요 추구해야 할 행복의 길잡이는 하느님이시라는 사실을 분명하게 밝혀 주었습니다.

• 암브로시우스 『성직자의 의무』 1,1,1.

지혜의 시작은 경외함이다

정의를 준수하십시오. 그러면 주님께서 당신이

바라는 지혜를 주실 것이라고 성경은 말합니다. 그런데 오직 주님을 경외하는 이들만이 의로움을 지킬 수 있습니다. "경외심이 없는 사람은 의롭게 될 수 없다"(집회 1,28 불가타 이문). 주님께서는 정의를 지키는 이들에게 지혜를 주시며, 주님을 경외하지 않는 사람은 의롭게 될 수 없습니다. 그러므로 주님을 경외하는 것이야말로 지혜의 시작이라고 할 수 있습니다.

• 아우구스티누스 『설교』 347,1.

지혜를 찾는 데 필요한 선행 조건

지혜와 대화하려는 영혼은 먼저 하느님을 경외함으로써 깨끗하게 되어야 합니다. 아무에게나 구원의 신비를 전해 주는 것이나, 정결한 삶을 꾸려 가지 못하는 사람과 신비를 이성적으로 사용하는 데 검증되지 않고 준비되지 않은 이들을 똑같이 받아들이는 것은 더러운 그릇에 가장 값진 기름을 붓는 것과 같습니다.

• 대 바실리우스 『잠언 시작에 관한 설교』 4.

먼저 지혜와 슬기가 있어야 하느님을 경외함이 함께 있을 수 있습니다.

• 폰투스의 에바그리우스 『잠언 발췌 주해』 20,2,5.

두려움의 끈을 끊다

주님을 두려워함은 지혜의 시작, 말하자면 아기의 포대기입니다. 그러나 지혜가 두려움의 끈을 끊고 솟아올라 사랑에 도달하면, 그것은 우리를 하느님의 친구로, 종이 아니라 자녀로 만듭니다.

• 나지안주스의 그레고리우스
『아타나시우스 찬사』(연설 21) 6.

종살이의 영과 자녀로 삼도록 해 주시는 영

자녀로 삼도록 해 주시는 영에 의해 하느님의 자녀가 될 사람은 누구나 처음에는 종살이의 영에 의해 하느님의 종이 될 것입니다. "지혜의 시작은 주님을 경외함"(잠언 9,10)이기에, 하느님을 섬기기 시작한 어린아이(갓 개종한 사람)일 때는 두려움에 가득 차게 됩니다. … 내적 인간이 어린아이로 남아 있는 한 우리는 두려움 속에 성령을 모시고 삽니다. 그러나 우리를 자녀로 삼도록 해 주시는 영을 정당하게 받는 단계에 이르면 만물의 주님이신 아드님처럼 됩니다. 바오로가 "다여러분의 것입니다"(1코린 3,22)라고 했듯이, 하느님께서는 그리스도와 함께 모든 것을 우리에게 주셨습니다. 그래서 우리가 그리스도와 함께 죽으면, 그분의 영이 우리 안에 들어오셨으면 우리는 더 이상 두려움에 빠뜨리는 종살이의 영을 받지 않고 (곧, 믿음의 첫 단계를 마쳤기에 어린아이의 상태로 돌아가지 않으며), 오히려 완전한 사람들처럼 자녀로 삼도록 해 주시는 영을 받아 이 성령 안에서 "아빠! 아버지!" 하고 외친다고 바오로는 말합니다.

• 오리게네스 『로마서 주해』.

성령께서 우리 영에게 증언하시다

자녀로 삼도록 해 주시는 영께서는 … 우리가 하느님의 자녀라는 것을 우리 영에게 증언해 주시고 확신시켜 주십니다. 우리가 종살이의 영에서 벗어나 자녀로 삼도록 해 주시는 영 아래 있게 되면 모든 두려움이 사라집니다. 우리는 더 이상 심판에 대한 두려움에서 행동하지 않고 아버지에 대한 사랑에서 모든 일을 합니다. 하느님의 영께서 우리의 영혼이 아닌 영에게 증언하신다는 것 또한 옳습니다. 영이 더 고귀한 부분이기 때문입니다.

• 오리게네스 『로마서 주해』.

자제는 더 나은 것을 추구하려는 노력이다

이교인들 가운데는, 갖고 싶지만 가질 수 없어서, 사람들에 대한 두려움 때문에, 또는 더 큰 쾌락을 누리고 싶어서 자기 앞에 놓인 즐거움을 삼가는 사람들이 있는 것처럼, 믿음의 경우에는 약속에 대한 존중이나 하느님에 대한 경외 때문에 자제하는 사람들이 있습니다. [사실] 그러한 자제는 지식의 근본이며 더 나은 것에 접근하려는 시도이고 완전을 추구하려는 노력입니다. 그래서 "주님을 경외함은 지혜의 근원이다"(잠언 1,7)라고 합니다.

• 알렉산드리아의 클레멘스 『양탄자』 7,12.

두려움이 있는 곳

지혜의 시작은 경외입니다. 우리는 두려움을 내려놓고 관상부터 시작해서는 안 됩니다. 절제되지 않은 관상은 우리를 절벽으로 밀어붙일 수도 있습니다.

먼저 우리는 현실에 기반을 두고 정화되어 두려움을 빛으로 삼아야 합니다. 그래야만 우리는 높이 날아오를 수 있습니다. 두려움이 있는 곳에 계명 준수가 있고, 계명 준수가 있는 곳에 육의 정화가 있습니다.

• 나지안주스의 그레고리우스 『거룩한 빛』(연설 39) 8.

창조주를 인정하는 자연

지혜의 시작은 만물이 생겨난 근원인 하느님 아버지와 만물이 그분을 통하여 생겨난 주 예수님, 곧 아드님을 경외하는 것입니다. 그러므로 자연은 스스로의 판단으로, 곧 율법이 아닌 이성에 의하여 창조주를 인정합니다. 만물은 자신을 만드신 분을 알아보는 법이기 때문입니다.

• 암브로시아스테르 『바오로의 열세 서간 주해』(로마서).

피조물을 만드신 분을 경배하다

주님을 두려워해야 한다는 구원의 가르침은 태곳적부터 있는 것입니다. '지혜의 시작은 주님을 경외함이고 그 끝은 사랑'(잠언 1,7 참조)이기 때문입니다. 반면 영적인 죽음을 가져오는 그 가혹한 짐승, '그리스도의 적'은 비록 위협을 가하고 놀랍디놀라운 일을 행할지언정 두려워할 것이 못된다고 환시는 이야기합니다. '그가 심판받을 때'가 왔으며 땅에 사는 이들이 두려워하는 분께서 전례 없는 방식으로 그를 벌하실 것이기 때문입니다. 그러므로 [우리는] 하느님께서 미워하시는 사악한 악마가 아니라 모든 피조물을 '만드신 분을 경배해야' [합니다].

• 오이쿠메니우스 『묵시록 주해』 14,6-7.

하느님 경외

인간의 목적

인간은 이 일을 하도록 지정되었습니다. 다시 말해, 하느님을 믿고 그분의 뜻에 따르도록 본성에 따라 인간으로 지어졌습니다. 솔로몬이 증언하는 대로입니다. "하느님을 경외하고 그분의 계명들을 지켜라. 이야말로 모든 인간에게 지당한 것(임무)이다"(코헬 12,13). 그런즉 모든 인간은 애초에 바로 이 목적을 위해, 곧 하느님을 경외하고 그분의 계명들을 지키도록 지어졌습니다.

• 존자 베다 『가톨릭 서간 해설』(베드로 1서) 2,8.

사람이 태어난 이유

우리는 진심으로 "하느님을 경외하고 그분의 계명들을 지킵시다"(코헬 12,13). 모든 사람이 이를 위해 태어났기 때문입니다. 곧, 자기를 지으신 창조주를 알고 그분을 경외하고 공경하며 그분의 계명들을 지키도록 태어났습니다. 심판의 때가 오면 우리가 한 모든 일이 심판대에 오를 것이고 각 사람은 선을 행했건 악을 행했건 자신의 행실에 대한 선고를 받을 것입니다.

• 히에로니무스 『코헬렛 주해』 12,13.

올바른 인성

솔로몬은 올바른 인성, 곧 더렵혀지지 않은 인성이란 어떤 것인지도 말해 줍니다. "하느님을 경외하고 그분의 계명들을 지켜라. 이야말로 모든 인간에게 지당한 것이다"(코헬 12,13).

• 존자 베다 『사도행전 해설』 10,12.

유익한 조언

이보다 간결하고 진실하고 구원에 유익한 말이 있을 수 있습니까? "하느님을 경외하고 그분의 계명들을 지켜라. 이것이야말로 모든 인간에게 지당한 것이다"(코헬 12,13)라고 쓰여 있습니다. 다시 말해 누구든지 존재하는 자는 하느님의 계명들을 지키는 사람입니다.

• 아우구스티누스 『신국론』 20,3

구원받기 위하여 품어야 하는 경외

그가 (계속) 말하였습니다. "주님을 경외하고 그분의 계명들을 지켜라"(코헬 12,13). 네가 하느님의 계명을 지킨다면 너의 모든 행실은 힘 있고 비난받을 일이 없을 것이다. 주님을 경외하면 네가 모든 일을 올바로 할 것이기 때문이다. 이는 네가 구원받기 위하여 품어야 하는 경외다.

• 헤르마스 『목자』 (계명) 7,1.

인간에게 요구되는 것

인간이여, 당신에게 요구되는 것이 무엇입니까? 오로지 하느님을 경외하는 것입니다. 그분을 찾으며, 그분을 따라 걷고 그분을 본받는 것입니다 (신명 10,12 참조).

• 암브로시우스 『세상 도피』 6,33.

새로운 영적 계명

우리에게는 이제, 새로운 영적 계명을 소리 없이 동반해 주는 신비스런 힘이 있습니다. 영혼이 하느님을 경외하는 마음 살핌을 통하여 계명을 지켜 나갈 때, 영혼은 새로워지고 거룩해지며, 새로운 계명은 소리 없이 영혼 구석구석까지 치유해 줍니다.

• 마부그의 필록세누스 『카이사리아의 시메온 사부에게 보낸 편지』.

하느님을 경외하는 신심은 조금도 흔들리거나 손상됨 없이 그 순수함을 지켜야 한다는 교의입니다.

• 아우구스티누스 『요한 복음 강해』 53,6.

말씀은 우리를 하늘길로 안내한다

말씀께서는 호세아를 통해 분명하게 '나는 너의 교육자다'라고 표명하십니다. 그분께서 우리를 교육하는 주제는 하느님께 대한 두려움이고, 그 두려움은 우리가 하느님을 섬기도록 인도하며, 진리에 관한 지식을 가르쳐 주고 하늘로 곧장 통하는 길로 우리를 안내합니다.

• 알렉산드리아의 클레멘스 『교육자』 1,7,53.

두려워하는 법을 배우다

"주님을 경외함은 용기를 갖는 희망이다." 여러분을 위협하는 징벌에 대한 두려움을 느낄 때 여러분은 약속된 보상을 좋아하는 것을 배웁니다. 여러분은 징벌에 대한 두려움을 통해 계속해서 좋은 삶을 유지하며, 좋은 삶을 영위함으로써 좋은 양심을 가지게 됩니다. 그리하여 끝내는 좋은 양심으로 인하여 어떤 징벌도 두려워하지 않게 됩니다. 그러므로 두려움을 느끼고 싶지 않으면 두려워하는 법을 배우십시오.

• 아우구스티누스 『설교』 348,1.

두려움을 없애 주시는 분

우리는 우리가 기도하는 분, 우리의 진짜 아버지를 알 수 있도록 해 주시는 성령을 받았습니다. 그분은 만물의 하나뿐이신 아버지, 곧 아버지처럼 구원을 위해 우리를 교육하시며 두려움을 없애 주시는 분이십니다.

• 알렉산드리아의 클레멘스 『양탄자』 2,78.

두려움을 쫓아내는 두려움

"나 누구를 두려워하랴?"(시편 27,1)라는 말은 '나는 아무도 두려워하지 않으리라'는 뜻입니다. 주님을 두려워한다면 아무도 두려워하지 않을 수 있게 됩니다.

• 카시오도루스 『시편 해설』 27,2.

하느님을 경외하라, 그러면 아무것도 두려워하지 않게 될 것이다

여러분이 의롭다면, 아무도 여러분을 두렵게 할 수 없습니다. 여러분이 하느님을 경외한다면, 아무것도 두려워하지 않게 될 것입니다. "의인은 사자처럼 당당하다"(잠언 28,1)고 하며, '나는 밤의 공포도 무서워하지 않으리라'(시편 91,5 참조)는 다윗의 말도 있습니다. 다윗은 또 "주님은 나의 빛, 나의 구원, 나 누구를 두려워하랴? 주님은 내 생명의 요새, 나 누구를 무서워하랴?"(시편 27,1)라고 하며 "나를 거슬러 군대가 진을 친다 하여도 내 마음은 두려워하지 않으리라"(시편 27,3)라고도 합니다. 하느님의 계명을 지키는 영

혼의 용기와 한결같음을 알아보시겠습니까?

• 아를의 카이사리우스 『설교』 105,6.

하느님 경외를 배우다

포이멘 압바에 따르면, 누군가 파에시우스 압바에게 "제 영혼이 무감각하고 하느님을 두려워하지 않는데, 제가 제 영혼을 어찌해야 합니까?"라고 묻자 파에시우스 압바가 이렇게 대답했다고 한다. "가서 하느님을 두려워하는 사람에게 들러붙어 그 옆에서 생활하십시오. 그가 당신도 하느님을 두려워하도록 가르칠 것입니다."

• 『사막 사부들의 금언』(포이멘) 65

겸손과 하느님에 대한 경외

한 형제가 에우프레피우스 압바에게 물었다. "하느님께 대한 두려움이 영혼 안에 어떻게 머무는지요?" 원로가 말했다. "겸손하고 가난하다면, 그리고 다른 사람들을 판단하지 않는다면 하느님께 대한 두려움이 그 안에 들어올 것입니다."

• 『사막 사부들의 금언』(에우프레피우스) 5.

주님께 대한 두려움은 지혜를 낳고, 그리스도께 대한 신앙은 하느님께 대한 두려움을 선사합니다.

• 폰투스의 에바그리우스 『수도승에게』 69

하느님을 경외하는 사람

아브라함이 하느님을 믿어서 그것이 그의 의로움으로 인정되었다면(참조: 갈라 3,6; 로마 4,3; 요한 15,6), 분명 하느님의 계명에 따라 자선을 베푸는 이는 하느님을 믿는 것이고, 신앙의 진리를 지니고 있는 사람은 하느님을 경외합니다. 하느님을 경외하는 이는 가난한 사람에게 자비를 베풀면서 하느님을 생각합니다.

• 키프리아누스 『선행과 자선』 8.

영혼의 양식

하느님에 대한 경외심을 여러분의 영혼의 양식으로 삼으십시오. 그러면 하느님께서 [여러분의] 몸을 길러 주실 것입니다. 그렇게 하면, 여러분 자신이 [얻을 수] 없는 것을 하느님께서 주실 것입니다.

• 시리아인 에프렘
『타티아누스의 네 복음서 발췌 합본 주해』 6,18A.

주님께 대한 두려움은 영혼을 보호할 것이며, 훌륭한 절제는 영혼을 강하게 할 것입니다.

• 폰투스의 에바그리우스 『수도승에게』 4.

경외와 두려움으로 얻다

하느님께서는 우리의 믿음만을, 우리의 결백만을, 우리의 진실과 덕행만을 기꺼워하십니다. 이런 것들은 우리의 배가 아니라 영혼 안에 있습니다. 그리고 이것들은 하느님께 대한 경외와 거룩한 두려움으로 얻지 지상 음식으로 얻는 것이 아닙니다.

• 노바티아누스 『유대인의 음식』 5.

영혼을 정화하다

몇몇 교부가 이집트인 마카리우스 압바에게 물었다. "압바는 어째서 음식을 먹을 때나 단식할 때나 몸이 항상 수척합니까?" 원로가 대답했다. "불쏘시개로 사용되는 장작은 항상 불로 완전히 타 버립니다. 마찬가지로 인간은 하느님께 대한 두려움으로 자기 영혼을 정화합니다. 그리고 하느님께 대한 두려움은 그의 육체를 태웁니다."

• 『사막 사부들의 금언』(대 마카리우스) 12.

경건한 경외심

하느님을 경외하면 혼란이나 동요, 불안이 없습니다. 그러므로 다른 이들을 만나기 전에 하느님을 경외하는 마음으로 우리 자신을 준비한다면 화를 내거나 큰 소리로 웃을 일이 어디에 있겠습니까? 사실 경건한 경외심이 있는 곳에는 웃음소리도 나지 않습니다. 웃을 때 큰 소리를 내는 것은 어리석은 자들이 하는 짓입니다.

• 바르사누피우스와 요한
『(공주 수도승에게 보낸) 질문과 답변』 454.

자신의 의지로 죄를 짓다

많은 이들이 하느님에 대한 두려움 때문에 교회에 몸담고 있으면서도 세상의 유혹에 이끌려 세속적 잘못을 저지르고 있습니다. 그들은 두려워하기 때문에 기도를 하면서도 자신의 의지로 죄를 짓습니다.

• 푸아티에의 힐라리우스 『시편 강해』 1,22.

경외를 모르면 한순간에 파멸한다

그 원수는, 솔로몬이 자기 손에 "돈 자루", 곧 인간성을 가져간 사람으로 묘사하는 사악한 인간입니다. [인간이] 되풀이해서 죄를 짓다 보면 하느님 경외를 경시하게 합니다. 인간은 시련을 당할 때[에야 비로소] 고민합니다. 인간성이 하느님을 전혀 경외할 줄 모르면 한 순간에 파멸하게 되어 있습니다.

• 오리게네스 『잠언 (해설) 단편』 7,20.

주님을 경외하고 악을 멀리하라

잠언은 우리 각자에게 주님을 경외하고 악을 멀리하라고 명합니다. "주님을 경외하며 악을 멀리하여라. 그것이 네 몸에 약이 되고 네 뼈에 활력소가 되리라"(잠언 3,7-8)라고 합니다.

• 루스페의 풀겐티우스
『죄의 용서에 관해 에우티미우스에게』 1,26,2.

하느님을 경외함은 죄를 멀리하게 한다

"경외심이 없는 사람은 의롭게 될 수 없다"(집회 1,22; 1,28 불가타 이문). 이것은 사랑 안에서 계속해서 성장하고 있는 사람을 가리킵니다. 그런데 한편에는 벌을 받게 된다는 것을 알기 때문에 악을 행하기를 두려워하는 사람들이 있고, 다른 한편에는 그들에게 큰 기쁨을 주는 의로움을 잃지 않으려는 사람들이 있습니다. 따라서 죄와 관련이 있을 때는 이 두 가지 두려움을 모두 키울 수 없고, 오직 한 가지 두려움만 가질 수밖에 없습니다. 이 두려움에 대해서 성경은 이렇게 말합니다. "두려움은 벌과 관련됩니다"(1요한 4,18). 다른 상황에 관해서는 예를 들면 이런 말씀들이 있습니다. "주님을 경외함은 죄를 멀리하게 한다"(집회 1,21).

• 율리아누스 포메리우스『관상 생활』3,31,3.

하느님을 두려워해야 한다

히브리 산파들이 하느님을 두려워하였기 때문에 하느님께서 그들의 집안을 일으키셨습니다. 하느님에 대한 경외심 없이는 집안이 일어설 수 없습니다. 죄를 짓지 않고 하느님을 경외하는 마음으로 하느님의 기쁨에 자기 터를 세운 사람들에 의해 집안이 일으켜졌다면, 포로인 우리는 무엇을 해야 합니까? 죄인이여 들으십시오. 진정, 우리는 죄를 피하기 위하여 하느님을 경외해야 합니다.

• 히에로니무스『시편 둘째 강해집』72.

그리스도 안에서 드리는 예배

그리스도는 하느님의 성전이시며, "하느님은 그리스도 안에서 세상과 화해하셨습니다"(2코린 5,19). 각 사람은 하느님을 경외함으로써 죄로부터 돌아섭니다. 그는 경외심을 갖고 그리스도이신 하느님의 성전에서 예배합니다.

• 폰투스의 에바그리우스『시편 발췌 주해』5,8.

하느님을 경외하는 사람

때로는 포괄적 의미로 사용되는 용어

"완전한 남자"를 논하는 이 구절이 각자가 놓이게 될 부활의 형태와 관계있는 것이라면, 여기서 "남자"(vir)라는 말이 여자도 의미한다고 보지 못하게 가로막는 것이 도대체 무엇입니까? "남자"라는 말을 "사람"(homo) 대신에 쓰인 말로 받아들이지 말라는 법이 어디 있습니까? "행복하여라, 주님을 두려워하는 남자!"라는 말씀에서도 마찬가지입니다. 여기에는 의당히 주님을 두려워하는 여자들도 포함됩니다.

• 아우구스티누스『신국론』22,18.

"네 밥상 둘레에는 아들들이 올리브 나무 햇순들 같구나"(시편 128,3). 아내인 지혜는 당연히 아들들과 딸들이 있다고 말해집니다. 남성성은 통례적으로 정신적 힘을 나타냅니다. 다른 경우에 남성성이 언급될 때, 그것은 남성과 여성을 모두 포괄합니다. 시편 저자가 다른 시편에서 "행복하여라, 주님을 두려워하는 남자!"(시편 112,1)라고 할 때, 주님을 경외하는 남자만 행복하다는 말이 아닙니다. 주님을 경외하는 여자도 행복합니다.

• 카시오도루스『시편 해설』127,3

복된 사람

모든 것에서 경건한 수줍음으로 경외하는 사람은 복된 사람이라 불립니다. 그는 진리 안에 확고하게 서 있어 "언제나 주님을 제 앞에 모시어 당신께서 제 오른쪽에 계시니 저는 흔들리지 않으리이다"(시편 16,8)라고 말할 수 있습니다.

• 대 바실리우스 『대 수덕집』(긴 규칙서) 서론.

하느님 경외하는 이의 특징

"행복하여라, 주님을 경외하는 이 모두"(시편 128,1). 이 영감 받은 말씀은 아브라함의 혈통이나 이스라엘의 자손인 이가 복된 것이 아니라 하느님을 경외하는 마음으로 장식된 이가 행복하다고 선언하였습니다. … 영감 받은 이 말씀은 "자신의 길을 걷는 사람들"(사도 10,35)이라고 덧붙임으로써, 하느님을 경외하는 이는 어떤 이인지도 알려 줍니다. "나에게 '주님, 주님!' 한다고 모두 하늘 나라에 들어가는 것이 아니다. 하늘에 계신 내 아버지의 뜻을 실행하는 이라야 들어간다"(마태 7,21). 그러니까 하느님의 길을 벗어나지 않고 실수 없이 그 길을 가는 것은 주님을 경외하는 이들의 특징입니다.

• 키루스의 테오도레투스 『시편 주해』 128,2.

하느님을 경외하기 위한 훈련

하느님께 대한 경외로 우리 삶을 단련하지 않는다면 우리의 육체 안에 거룩함을 얻는 것은 불가능합니다. … "주님을 경외하는 이들에게는 아쉬움이 없습니다"(시편 34,10). 곧, 주님에 대한 경외심이 이 사람을 모든 이상한 행위로부터 지켜 주고 있다면 그는 어떤 덕행에 있어서도 실패하지 않습니다. 그에게는 인간 본성에 속한 선에 있어서 아무런 부족함이 없기 때문입니다.

• 대 바실리우스 『시편 강해』 16,6(제34편).

하느님을 경외하고 그분께 희망을 두는 이는 실패하지 않습니다.

• 타르수스의 디오도루스 『시편 주해』 34.

하느님에 대한 경외와 거룩함

성경은 이렇게 말합니다. "주님을 경외하는 이는 성공한다"(집회 1,13 참조). 또 이런 말씀도 있습니다. "주님을 경외함은 영광과 자랑이다"(집회 1,11). 그러니까 경외심은 거룩함과 진실로써 사제직을 실현해 가는 이들에게 안전을 보장합니다. 그는 그들이 경외심으로 양육되었다고 말하는 한편 그들이 경외심으로 충만해 있다고 말합니다. 곧, 하느님을 경외함이 그들의 온 마음과 영혼을 차지하고 있습니다.

• 알렉산드리아의 키릴루스
『열두 소예언서 주해』(말라키서) 2,19.

모든 사람의 아버지

코르넬리우스는 '하느님을 경외하는 의로운 사람'이었고 '신심 깊은 사람'이었다고 합니다. 그리고 더욱 훌륭한 점은 온 집안과 함께 그렇게 했다는 사실입니다. 그는 우리와 달랐습니다. 우리는 종들이 우리를 두려워하게 만들려고 온갖 짓을 하면서도 온 집안이 하느님을 경외하게 만드는 일은 하지 않습니다. … 이 사람은 그러지 않았습니다. 그는 "온 집안과 함께 하느님을 경외"하는 사람이었습니다. 그는 그와 함께 사는 사람들과 [그가 거느리는] 모든 사람의 아버지였던 것입니다.

• 요한 크리소스토무스 『사도행전 강해』 22.

하느님을 경외한다는 말을 듣다

아브라함이 이 말씀을 들었습니다. 그리고 하느님을 경외한다는 말도 듣습니다. 이유가 무엇입니까? 자기 아들마저도 아끼지 않았기 때문입니다. … 여러분 가운데 누가 때때로 천사에게서 이런 말을 들으리라고 생각합니까? "네가 너의 아들까지 아끼지 않았으니, 네가 하느님을 경외하는 줄을 이제 내가 알았다"(창세 22,12). '아들' 대신 '너의 딸'이나 '아내'라는 말이 들어갈 수도 있겠지요. 또는 '네가 네 돈 또는 세상의 영예, 또는 세상에 대한 야망마저 아끼지 않고 모든 것을 경멸하며 그리스도를 얻기 위하여 모든 것을 쓰레기로 여겼으니'(필리 3,8 참조)라고 할 수도 있습니다. 또는 '너는 너의 재산을 모두 팔아 가난한 이들에게 주고 하느님의 말씀을 따랐으니'(마태 19,21)라고 할 수도 있습니다. 여러분 가운데 천사들에게 이런 말을 들을 이가 있으리라 생각합니까? 그러나 아브라함은 이 목소리를 듣습니다. 그에게 이렇게 말하는 목소리 말입니다. "네가 너의 아들, 너의 외아들까지 나를 위하여 아끼지 않았으니 …"(창세 22,12).

• 오리게네스 『창세기 강해』 8,8.

주님을 경외하면서 죽은 이들은 복을 받으리라

"행복하여라, 주님을 경외하는 이!"(시편 112,1)라는 말씀을 생각할 때, 이제 우리는 확신을 가지고 테오도루스를 복된 사람이라고 부를 수 있을 것입니다. 우리는 그가 안전한 항구에 닿듯 그곳에 도착하였으며 걱정 없는 삶을 살고 있다고 확고히 믿기 때문입니다. 우리 각자에게도 똑같은 일이 일어나도록, 우리 각자도 항해 끝에 폭풍우 없는 항구에 자기 배의 닻을 내릴 수 있도록, 그리하여 성조들과 함께 안식을 누리도록 그는 이렇게 말할 듯합니다. "내가 이곳이 기쁘니 나 여기에서 지내리라"(시편 132,14 참조). 그러니 몹시 보고픈 사랑하는 형제여, 테오도루스 때문에 슬퍼하지 마십시오. 그는 "죽은 것이 아니라 자고 있"(마태 9,24)는 것이니까요.

• 아타나시우스 『호르시에시에게 보낸 둘째 편지』 58.

주님을 경외하는 이는 그의 씨앗, 곧 그의 선행

으로 인하여 영적인 땅을 상속받게 될 것입니다. 그는 겸손과 노력으로 죄를 용서받고 영적인 땅을 얻게 될 것입니다.

• 위-아타나시우스 『시편 해설』 25.

하느님께서는 의인을 다 받아 주신다

하느님께서는 "당신을 경외하며 의로운 일을 하는 사람은 다 받아 주십니다"(사도 10,35). 바오로의 말처럼 "다른 민족들이 율법을 가지고 있지 않으면서도 본성에 따라 율법에서 요구하는 것을 실천하면"(로마 2,14), 그리고 "당신을 경외하며 의로운 일을 하는 사람"을 하느님께서는 그의 생각과 삶의 자세를 당신께 기꺼운 것으로 "받아 주십니다". 동방의 현자들도, 에티오피아 내시도, 도둑과 탕녀도 살펴 주신 하느님이시니 의로운 일을 하는 사람들은 얼마나 더 세심히 살펴 주시겠습니까?

• 요한 크리소스토무스 『사도행전 강해』 23

영원한 영광이 마련되다

하느님의 인내심에도 불구하고 사람들은 올바른 길로 돌아서지 않았습니다. 죄인들을 참아 주는 것과 그들이 하는 악한 일들을 벌하지 않는 것은 언제나 부당하므로 죄인들은 멸망하게 되어 있습니다. 죄인에게 징벌이 마련되는 것처럼 하느님을 경외하는 자에게는 영원한 영광이 마련됩니다(참조: 로마 2,7-9; 1베드 5,10).

• 위-콘스탄티우스 『로마서 단편』.

하느님을 경외하는 모든 이에게 베푸시는 자비

"당신을 경외하는 이들에게 그분께서는 당신 팔로 권능을 떨치시어"(루카 1,51). 여러분은 주님께 나약한 인간으로 나아가겠지만, 그분을 경외하면 당신을 경외하는 이에게 주시는 주님의 약속

말씀을 듣게 될 것입니다. …

그런즉 여러분이 주님을 경외하면 그분은 여러분에게 용기와 권한을 주십니다. 그분께서는 여러분이 '임금들 가운데 임금님' 아래 있게 되도록, 그리하여 그리스도 예수 안에서 하늘 나라를 차지하도록 여러분에게 나라를 주십니다.

• 오리게네스 『루카 복음 강해』 8,6-7.

하느님께서는 우리를 격려하신다

하느님께서는 어떤 일들이 일어나게 될지를 미리 보여 주시지만 많은 경우 말씀대로 집행하지 않으시고 오히려 격려를 보내실 때가 많습니다. 주님께서 이런 효과적인 방법을 활용하시는 이유는 우리 안에 경외심을 심어 주어 죄를 짓지 않게 하시려는 것입니다. "주님을 경외함은 죄를 멀리하게 하고, 경외심이 없는 사람은 의롭게 될 수 없다"(집회 1,21 이문).

• 알렉산드리아의 클레멘스 『교육자』 1,8,68,3.

주님을 경외하는 사람은 오류에서 벗어나고 덕행의 길로 향합니다. 주님을 경외하지 않는 자는 죄를 짓지 않을 수 없습니다.

• 암브로시우스 『육일 창조』 1,4,12.

하느님을 경외하는 영혼

사랑하는 여러분, 우리가 처한 조건은 많은 인내를 필요로 합니다. 인내는 가르침이 깊이 뿌리 내렸을 때 가장 잘 샘솟습니다. 땅에 깊이 뿌리박은 참나무를 뿌리 뽑아 버릴 수 있는 바람은 없듯이, 하느님을 경외하는 마음으로 못 박힌 — 뿌리내린 데서 더 나아가 못까지 박혀 있다면 — 영혼은 파멸할 수 없습니다.

• 요한 크리소스토무스 『요한 복음 강해』 54,1

마음속 생각과 원의를 살피시다

주님을 경외함은 순수한 정신으로 주님을 경외하며 거룩하게 사는 이들을 구원한다는 것을 그들이 배우게 하십시오. 주님은 마음속 생각과 원의를 살피시는 분이십니다. 주님의 숨결이 우리 안에 있고, 주님께서 원하실 때 그것을 거두어 가실 것이기 때문입니다.

• 로마의 클레멘스 『코린토 신자들에게 보낸 첫째 편지』 21.

아픔을 겪어야 이해하게 된다

의로운 사람들은 자신에게 하느님의 분노가 일어나기 전에 이미 그분께 대한 두려움을 가집니다. 그들은 하느님께서 가만히 계실 때에 그분을 두려워하여 그분께서 움직이신다는 것을 느끼지도 못합니다. 그러나 악한 자들은 매를 보고서야 비로소 맞을 것을 두려워합니다. 그들은 복수를 당하게 될까 봐 괴로워하게 될 때 비로소 공포감에 잠든 것과 같은 무감각 상태에서 깨어나게 됩니다. 그래서 예언자는 "아픔을 겪어야만 듣는 것을 이해하게 된다" 하고 말했습니다.

• 대 그레고리우스 『욥기의 도덕적 해석』 3,11,41.

지혜가 없는 사람

하느님을 경외하는 덕성스러운 사람이 가장 슬기롭습니다. 이 때문에 어느 현인은 "주님을 경외함은 지혜의 근원이다"(잠언 1,7)라고 말하기도 합니다. 하느님을 경외함이 지혜를 갖는 것이고, 악을 행하는 이가 하느님을 경외하지 않는다면 그는 참으로 지혜가 없는 사람입니다. 그리고 지혜가 없는 이야말로 가장 미련한 사람입니다.

• 요한 크리소스토무스 『요한 복음 강해』 41.

미련한 자들은 하느님을 경외하지 않고 부인한다

"미련한 자들"(잠언 1,7)이라는 말은 사실상 무신

론자들에게 가장 잘 들어맞는 말입니다. 하느님을 경외함이 지혜의 근원이라면(시편 111,10 참조), 그분을 경외하지 않고 부인하는 일은 지혜를 반대하는 일일 터입니다.

• 키루스의 테오도레투스 『시편 주해』 14,3.

하느님을 두려워하지 않는 자

주님을 모르는 이는 지혜롭지 않습니다. 그래서 어리석은 자는 "하느님은 없다"(시편 13,1)고 말했지만, 지혜로운 이는 그렇게 말하지 않습니다. 자기 창조자를 찾지 않는 자, 돌더러 "당신이 내 아버지이십니다"라고 말하는 자, 마니교도[2]처럼 악마에게 "당신이 나의 창조자이십니까?"라고 지껄이는 자가 어떻게 지혜롭습니까? 참되고 완전한 창조자보다 불완전하고 타락한 창조자를 모시기를 더 원하는 아리우스파가 어떻게 지혜롭습니까? 마르키온과 에우노미우스처럼 선하신 주님보다 악한 주인을 모시기를 더 바라는 자가 어찌 지혜롭습니까? 자기 하느님을 두려워하지 않는 자가 어떻게 지혜롭습니까?

• 암브로시우스 『성직자의 의무』 1,25,117.

하느님에 대한 두려움이 없다

이런 부류의 사람[로마 3,18 참조]은 분별력이 없기 때문에 하느님에 대한 두려움이 없습니다. "주님을 경외함은 지식의 근원이다"(잠언 1,7)라고 솔로몬은 말합니다. 그런데 성경본문에서는 '그들에게 하느님에 대한 두려움이 없다'고 하지 않고 "그들의 눈에는 하느님을 두려워하는 빛이 없다"(로마 3,18)라고 합니다. 자신들의 행실이 얼마나 악한지 보면서도 겁먹지 않기 때문에 "그들의 눈에는 하느님을 두려워하는 빛이 없다"고 하는 것입니다.

• 암브로시아스테르 『바오로의 열세 서간 주해』(로마서).

하느님에 대한 두려움과 인간에 대한 두려움

두려움에서가 아니라 자유인으로서 섬겨라

주님을 두려워하는 그대는 그분을 찬미하십시오. 그리고 종으로서가 아니라 자유인으로서 그분을 섬기기 위해서는 그대가 두려워하는 그분을 사랑하는 법을 배우십시오. 그러면 그대가 사랑하는 것을 찬미할 수 있게 될 것입니다.

• 아우구스티누스 『편지』(호노라투스에게) 140,19.

아름다운 찬양

인간적 두려움은 찬양이 아니라 욕설을 낳지만 주님께 대한 경외는 올바르고 의로우며, 찬양을 불러일으키고, 사랑을 고백하게 하며, 애덕의 불꽃이 타오르게 합니다.

• 카시오도루스 『시편 해설』 22,24.

사람에 대한 두려움은 신뢰를 사라지게 하지만 하느님을 경외함은 희망의 힘을 낳습니다.

• 카시오도루스 『시편 해설』 25,14

올바른 두려움

인간적 두려움은 쓰라림을 내포하지만 주님을 경외함은 달콤합니다. 인간적 두려움은 우리에게 종살이를 강요하지만 하느님을 경외함은 우리를 자유로 이끌어 줍니다. 끝으로, 인간적 두려움은 우리를 소외시키는 장벽을 두려워하지만 하느님을 경외함은 하늘 나라를 열어 줍니다.

• 카시오도루스 『시편 해설』 34,12.

---

2 마니교는 유대교와 비정통 그리스도교의 몇몇 요소를 꿰맞추어 만들어 낸 철저한 이원론에 바탕을 두고 있다. 이 세상에는 선과 악의 원리가 서로 맞서 싸우고 있으며, 이 세상은 그 싸움터라는 것이다.

비난받을 것이 없다

"하느님을 경외함은 순수하다"(시편 19,10)라는 시편 저자의 말은 맞습니다. 여기서 "순수함"은 비난받을 것이 없음을 의미합니다. 인간적인 두려움은 비난받을 만하며, 공포와 비슷한 의미를 갖기 때문입니다.

• 키루스의 테오도레투스 『시편 주해』 19,6.

의로운 이들의 경외심

의로운 사람들의 경외심은 완전하고 황금처럼 빛나는, 현명함의 기초입니다. 또한 그리스도의 가르침과 사도들의 말씀을 판단하는 도구가 됩니다. … 거룩한 경외함은 지혜로 구체화되고 슬기의 가르침을 받으며, 경륜의 지도를 받고 능력으로 힘을 얻으며, 지식의 통제를 받고 경건함으로 장식됩니다. 주님을 경외하십시오. 비이성적이고 어리석은 두려움은 "밖으로는 싸움이고 안으로는 두려움"(2코린 7,5)에 속합니다.

• 암브로시우스 『시편 제118편 해설』 5,39.

여러분이 가지고 있는 두려움들을 구별하십시오

우리가 받은 경외함의 영은 베드로가 그리스도를 부인할 때에 가졌던 두려움과는 다릅니다. 그리스도께서는 이 경외함에 관하여 "영혼과 육신을 모두 죽여 지옥에 던지는 힘을 가지신 분을 두려워하여라. 그렇다, 내가 너희에게 말한다. 바로 그분을 두려워하여라"(루카 12,5) 하고 말씀하십니다. … 우리가 받은 영은 '그때 베드로가 가졌던' 두려움이 아니라 힘과 사랑과 견실한 마음의 영입니다.

• 아우구스티누스 『은총과 자유의지』 39.

경험, 체험

믿음이 그대를 이끌어 주고, 경험이 그대를 가르칠 것입니다.
• 알렉산드리아의 클레멘스 『권고』 9.

경험은 불경의 폐해를 보여 주며 우리를 인도합니다.
• 키루스의 테오도레투스 『열왕기와 역대기에 관한 질문』 1.

하느님은 당신을 맛본 이들에게만 다정하시다는 것을 깨달아야 합니다.
• 카시오도루스 『시편 해설』 31,20.

일과 믿음과 시련과 경험은 우리가 약속된 것을 얻으리라는 확신을 심어 줍니다.
• 포티우스 『히브리서 단편』 10,35.

인간은 경험해 본 것을 더 믿을 만하다고 여깁니다.
• 요한 크리소스토무스 『히브리서 강해』 11,2.

스스로의 경험으로 자기 행위를 판단하도록 두십시오.
• 아우구스티누스 『시편 상해』 51,10.

사람들은 우연히 깨달음에 이르는 것이 아니라
깊은 생각과 충분한 실제적인 경험을 통하여 배움에 이르게 됩니다.
• 타르수스의 디오도루스 『시편 주해』 49.

본성의 경계를 넘지 않다

경험은 우리에게 사람의 문제들을 생각하도록 가르치며, 우리 정신이 본성의 경계를 넘어 생각하지 않도록 가르치기도 합니다. … 경험은 그들에게 인간의 문제들에 대해 옳게 생각하도록 가르칩니다. 운세가 바뀌는 것과 행복은 불안정하고 일시적인 것임을 보면, 그들은 자신이 누구인지 깨닫게 되고 그러면 사람의 마음을 얻습니다.
• 키루스의 테오도레투스 『다니엘서 주해』 7,4

그분을 안다는 의미

성경에서 '안다'는 말은 단순히 어떤 것을 의식

하는 것이 아니라 그것을 개인적으로 체험함을 의미할 때가 많습니다. 예수님께서 죄를 알지 못하셨다는 것은 죄가 무엇인지를 그분께서 모르셨다는 뜻이 아니라 죄를 저지르신 적이 한 번도 없다는 뜻입니다. 그분은 다른 모든 면에서는 우리와 같지만 죄는 결코 지으신 적이 없기 때문입니다(히브 4,15 참조). '안다'는 말의 이러한 뜻을 생각할 때, 하느님을 안다고 말하는 사람은 그분의 계명들도 지켜야 하는 것이 확실합니다.

• 맹인 디디무스 『가톨릭 서간에 관한 짧은 상해』(요한 1서).

경험으로 배우게 하다

'하느님께서는 임금님(네부카드네자르)에게서 인간의 이성마저 빼앗으시어 임금님이 짐승처럼 되게 하실 것입니다. 인간의 일이 무엇이고 하느님의 일이 무엇이며, 무엇이 인간의 행운이고 하느님께서 임금이심이 무슨 뜻인지, 하느님께서 바라시지 않는 한 [인간은] 그 무엇도 이룰 수 없다는 사실을 임금님께서 경험으로 배우게 하시려는 것입니다.'

• 키루스의 테오도레투스 『다니엘서 주해』 4,25.

인간 지식의 한계

"자네는 전능하신 분께서 마지막에 무엇을 하실지 알고 있는가?" 다른 상황에서 우리는 분명하고 명백한 것들을 체험한다고 저는 확신합니다. 그러나 하느님의 신비는 단지 하늘의 고결함과 모든 거룩한 것들만 우리에게 드러냅니다.

• 시리아인 에프렘 『욥기 주해』 11,7.

하느님의 다정하심에 대한 계시

하느님의 다정하심은 다양한 보상으로 드러납니다. 우리를 바로잡고, 지켜 주실 때 하느님은 다정하십니다. 믿는 이들에게 영원한 보상을 약속하실 때 그분은 다정하십니다. 하지만 하느님은 당신을 맛본 이들에게만 다정하시다는 것을 깨달아야 합니다. 그 다정함은 그분을 맛볼 자격이 없는 이들에게는 미치지 않습니다.

• 카시오도루스 『시편 해설』 31,20.

가르치는 사람은 경험한 사람이어야

가난한 사람이 재물을 나쁘게 말하면, 아무도 그의 말에 귀를 기울이지 않습니다. 그에 대해 가르치는 사람은 이 모든 인간적인 것들을 경험한 사람이어야 합니다. 가르치는 사람이 자신이 거부하는 것을 잘 알고 있어야 그의 가르침은 목표를 달성하고 성공을 거둘 수 있습니다. 자신이 그것들을 적절한 방식으로 다룰 수 있음을 보여 주기 때문입니다.

• 맹인 디디무스 『코헬렛 주해』 45,4.

경험하지 않고 배우다

"나는 나를 위하여 은과 금을 모아들였다"(코헬 2,8). 그렇습니다. 사람을 지혜롭게 교육하는 코헬렛이 자신의 고백록 안에 이런 말을 담은 이유는 이미 경험을 통해 올바른 판단력에 이르게 된 이로부터 다음을 배울 수 있게 하려는 것입니다. 곧, 이렇게 하는 것은 잘못되었다고 판명 난 것들 가운데 하나임을 알고, 그것을 경험하지 않고도 악의 공격에 맞서 스스로 경계할 수 있게 하려는 것입니다.

• 니사의 그레고리우스 『코헬렛 강해』 4.

인간 지식을 넘어서다

자연 사물에 관한 인간 지식과 관련하여, 비신자들은 이미 인간 경험으로 알고 있는 것을 넘어서는 일은, 하느님의 능력을 통해서라도, 아무것도 자연에 일어날 수 없다는 그들의 가정으로 그

문제를 흐려 버릴 권리가 없습니다. 또한 지극히 평범한 사물의 본성에도 엄청난 사물에 못지않은 경이로운 속성과 힘이 있음을 잊지 마십시오.

• 아우구스티누스『신국론』21,8,3.

세상은 놀라운 일로 가득하다

우리 눈길은 가까이 있는 것에는 더 빨리 가닿고 멀리 있는 것에는 늦게 가닿지 않습니다. 멀거나 가깝거나 똑같은 시간에 가닿습니다. 마찬가지로, 바오로 사도가 죽은 이들의 부활이 눈 깜박할 사이에 이루어진다고 했듯이, 하느님의 전능하심과 경외감을 불러일으키는 그분의 권위는 최근에 죽은 이들이나 오래전에 죽어 썩어 버린 이들이나 똑같이 쉽게 되살립니다. 이런 일을 경험해 본 적이 없기에 어떤 이들은 이것을 받아들이기 힘들어하지만, 사실 세상은 놀라운 일로 가득합니다.

• 아우구스티누스『편지』(데오그라티아스에게) 102.

하느님은 눈과 정신으로 체험할 수 없다

사람들이 그분께서 원하실 때 그분이 원하신 모습으로 본 대로가 아니라, 또 그분께서 보이셨을 때조차도 그분 안에 숨겨져 있는 그분의 본성 안에서가 아니라 있는 그대로 뵙게 될 것입니다. 이것이 그분과 마주 보고 이야기하는 모세가 "저에게 당신을 보여 주십시오"라고 말하며 간청한 것입니다. 그러나 그 누구도 육체의 눈으로든 정신으로든 하느님을 결코 온전하게 체험할 수 없습니다.

• 아우구스티누스『편지』1 47,8-9.

우리의 영혼은 오직 천상의 것에 고정되어 있다

만일 그들이 만물을 지으신 하느님을 겸손의 영 안에서 찾는다면, 그들은 눈에 보이는 사물보다 보이지 않는 무언가를 더 좋아하는 체험을 하게 될 것입니다. … 천상의 것에 대한 사랑만이 높은 곳에 오르며 열망하는 동안에 이미 영혼은 천상의 것들에 참여합니다. 영혼은 열망하는 바로 그것을 놀라운 방식으로 맛봅니다.

• 대 그레고리우스『욥기의 도덕적 해설』15,52.

체험이 우리에게 세상 너머를 보도록 가르치다

체험으로 이것을 체득하지 못한 사람은 이 말을 깨닫고 믿을 수 없습니다. 다시 말해서, 주님께서 먼저 마음의 눈을 현세의 모든 것에서 돌려놓아 주시면 우리는 그것을 곧 사라져 버릴 것으로 보는 정도가 아니라 이미 지나간 일처럼 여기고 희미한 연기처럼 무無로 사라지는 것을 보게 됩니다. … 그러므로 우리가 진정한 완덕을 얻고자 한다면, 육체적으로 부모와 고향과 세상의 부와 쾌락을 하찮게 여겼듯이 마음으로도 그 모든 것을 멀리하여 한 번 떠난 것으로 욕망 때문에 되돌아가는 일이 없도록 상당히 주의해야 합니다.

• 요한 카시아누스『담화집』3,7

천사의 본성에 닿기 위해서는 창조된 모든 존재를 지나쳐야 한다

나는 내가 사랑하는 창조되지 않으신 분, 나의 은인을 찾기 위해 피조물을 지나치자마자 천사의 본성에 도달했습니다. 만물의 근원이신 분은 만물 위에 계시며 그 본성상 자연계 존재의 눈에는 보이지 않으며 본질에서 우월하기에 감각으로도 지성으로도 찾을 수 없다는 사실을 경험으로 깨닫고 만물을 지나치자 믿음만으로 그분을 만나게 되었습니다.

• 키루스의 테오도레투스『아가 주해』3.

꾸짖음과 권고

"여러분의 그 많은 체험이 헛일이라는 말입니까?"(갈라 3,4)는 그들을 꾸짖는 말입니다. 그렇지만 "여러분의 그 많은 체험"이라는 말은 그들이 믿음을 받아들였을 때 불굴의 정신으로 많은 것을 견뎌 낸 사실을 생각하라는 권고입니다.

• 마리우스 빅토리누스
『바오로 서간 주해』(갈라티아서) 1,3,4.

우리에게 확신을 심어 주는 것

"여러분의 그 확신을 버리지 마십시오"(히브 10,35). 여러분이 한 일을 토대로, 여러분의 믿음을 토대로, 시련의 세월을 토대로, 참고 견디어 낸 경험을 토대로 여러분은 당당히 용감하게 맞서 왔습니다. 이렇듯 일과 믿음과 시련과 경험은 우리가 약속된 것을 얻으리라는 확신을 심어 줍니다.

• 포티우스『히브리서 단편』10,35.

믿음을 통한 은총으로 구원받다

죽음 이후에 구원이 있을 것임을 내다본 시편 저자는 자신이 은총으로 구원을 받을 것이며 사랑을 받게 되리라는 것을 믿었습니다. 그는 구원자의 부활에 대한 믿음이 그에게 올 것임을 확신하며, 주님의 부활이 어서 일어나 그것을 통하여 결과적으로 그도 구원을 체험할 수 있기를 기원합니다.

• 카이사리아의 에우세비우스『시편 주해』3,8.

하느님 체험을 잊지 마라

항구를 떠난 항해사가 사방으로 헤매고, 빛을 잃은 사람이 여기저기에 부딪치는 것과 마찬가지로 하느님 잊음을 경험하는 이들은 늘 걱정과 근심, 슬픔에 사로잡히게 됩니다.

• 요한 크리소스토무스『시편 해설』13,1.

계명

하느님의 법은 십계명 안에 담겨 있습니다.

• 존자 베다 『토빗기 우의적 해설』 1,9.

복음의 계명들을 통해 모든 것이 완전함에 이릅니다.

• 오리게네스 『원리론』 4,3,12.

계명을 지키는 것은 하느님께 대한 우리 사랑의 형태요 실체입니다.

• 안드레아스 『성경 주해 선집』.

계명을 지키는 이는 생명을 얻을 것입니다.

• 루스페의 풀겐티우스 『죄의 용서에 관해 에우테미우스에게』 7,2.

두려움이 있는 곳에 계명 준수가 있고, 계명 준수가 있는 곳에 육의 정화가 있습니다.

• 나지안주스의 그레고리우스 『거룩한 빛』(연설 39) 8.

하느님의 계명을 실천에 옮기려는 모든 사람에게 힘을 주는 것은 사랑입니다.

• 아를의 힐라리우스 『일곱 가톨릭 서간 해설』(요한 1서).

계명의 완성은 십자가입니다.

• 노 요한 『편지』 5,2.

계명의 의미와 이해

모든 계명은 하나이신 하느님을 드러낸다

모든 자연발생적인 계명은 그리스도교와 유대교에 공통되는 가르침이므로 사실 계명의 시작과 근원은 유대인이었습니다. 그러나 [그 계명들이] 자라 완성에 이르게 한 것은 우리였습니다. 하느님의 뜻을 곧이듣고, 그분의 '말씀'을 따르고, 누구보다 그분을 사랑하며 이웃을(이제 사람들은 서로에게 이웃이므로) 자신처럼 사랑하는 것, 모든 악행을 멀리하는 것을 비롯하여, 양쪽 [계약]에 공통되는 이와 비슷한 모든 계명은 하나이신 하느님을 드러내 줍니다.

• 리옹의 이레네우스 『이단 반박』 4,13,4.

큰 계명

예수님은 '바리사이들아! 너희가 향료와 푼돈은 십일조를 내면서, 그 죄가 더 큰 계명들은 소홀히 하는구나'(마태 23,23 참조)라고 하십니다. 큰 계명들이란 무엇입니까? 정의, 곧 정직하고 공정하게 판단하는 것입니다. 하느님을 향한 충심, 곧 자비입니다. 하느님을 향한 정의와 자비와 믿음이 십일조나 만물보다 나은 것이기 때문입니다.

• 알렉산드리아의 키릴루스 『마태오 복음 단편』 258.

가장 큰 계명은 무엇인가?

율법 교사의 질문은 이랬습니다. "율법에서 가장 큰 계명은 무엇입니까?"(마태 22,36). 이 물음은 우리로 하여금 계명들의 차이에 대해 설명할 기회를 주는 매우 가치 있는 물음입니다. 어떤 계명들은 각별히 중요한 반면 어떤 계명들은 부차적이기 때문입니다. 그러므로 우리는 이 계명들 가운데서 가장 덜 중요한 것까지 하나하나 따져 봐야만 합니다. 바리사이들이 던진 미끼와 "율법에서 가장 큰 계명은 무엇입니까?"라는 그들의 질문에 그리스도께서 대꾸하지 않으셨더라면, 우리는 다른 계명보다 특별히 더 중요한 계명은 없다고 생각했을 것입니다.

• 오리게네스 『마태오 복음 주해』 2.

온전하게 하느님을 사랑하기

완벽한 상태에서 의인은 어떠한 죄와도 무관하게 살 수 있습니다. 왜냐하면 그의 지체 안에는 그의 정신의 법과 대결하는 다른 법이 없기 때문입니다(로마 7,23 참조). 그러나 그는 그의 온 마음과 온 영혼 그리고 온 정신으로 온전하게 하느님을 사랑해야 합니다(마태 22,37 참조). 그것이 첫째가는, 가장 중요한 계명입니다.

• 아우구스티누스 『인간 의로움의 완성』 8,19.

절대적 사랑은 하느님께만 바쳐야 한다

"네 마음을 다하고 네 목숨을 다하고 네 힘을 다하여" 사람을 사랑하지 마십시오. "네 마음을 다하고 네 목숨을 다하고 네 힘을 다하여" 천사를 사랑하지 마십시오. 구원자의 말씀을 따라 하느님에 대해서만 이 계명을 지키도록 하십시오. 그분께서는 "네 마음을 다하고 네 목숨을 다하고 네 힘을 다하여 주 너의 하느님을 사랑해야 한다"(루카 10,27)라고 말씀하시기 때문입니다.

• 오리게네스 『루카 복음 강해』 25,6.

서로 사랑하라

요한은 자신이 지금 말하는 "계명"은 우리가 서로 사랑해야 한다는 것이라고 구체적으로 일러 주기까지 합니다. 이 계명이 처음부터 주어진 이유는, 우리가 순수하게 영적인 일들에서는 하느님을 공경하면서도 현실적인 일들에서는 그분께 반항하며 그분을 부인하기까지 하는 일이 없게 하기 위해서였습니다.

• 오이쿠메니우스 『사도행전과 가톨릭 서간, 바오로 서간 주해』(요한 2서).

사랑을 소홀히 하다

하나를 어기면 모든 것을 어기는 것이라는 말은 무슨 뜻입니까? 사랑의 계명을 어김으로써 다른 모든 계명을 어겼다는 뜻 아니겠습니까? 사랑이 없다면 우리의 덕들은 아무것도 아닙니다.

• 아를의 카이사리우스 『설교』 100A,12.

계명의 목적

계명의 목적이 "깨끗한 마음과 바른 양심과 진실한 믿음에서 나오는 사랑"(1티모 1,5)이라는 것을 알고 성경의 모든 말씀을 이 세 가지와 연관시켜 이해하는 사람은 안전한 방식으로 성경에 접근하는 사람입니다. 왜냐하면 이런 사람은 "사랑"이라는 말을 들으면 "깨끗한 마음에서 나오는"이라는 말씀이 떠오르므로, 사랑받아야 할 것 외에 다른 것을 사랑하는 일은 없을 터이기 때문입니다. 또한 그는 희망 때문에 이 말과 더불어 "바른 양심"이라는 말도 떠올릴 것입니다. 양심에 조금이라도 거리끼는 것이 있는 사람은 자신이 믿고 사랑하는 것을 얻지 못하리라 생각하여 절망할 테기 때문입니다. 셋째로, 그는 "진실한 믿음"이라는 말씀도 떠올릴 것입니다. 우리의 믿음에 거짓이 들어 있지 않다면, 우리는 사랑받지 않아야 할 것은 사랑하지 않으며 의롭게 살면서 결코 우리의 소망을 배반하지 않을 것을 소망할 테기 때문입니다.

• 아우구스티누스『그리스도교 교양』1,40,44.

품성에 도움이 되는 계명들

바오로 사도는 신자들의 품성을 기르는데 도움이 될 율법의 계명들이라면 거리낌 없이 받아들이고 채택하여 지키라고 합니다. "불경함과 속된 욕망을 버리고 현세에서 신중하고 의롭고 경건하게 살도록"(티토 2,12) 해 주는 계명들과 바오로 사도가 가장 칭찬할 만한 율법 조항으로 꼽은 "탐내서는 안 된다" 같은 것이 여기에 속합니다. 비유나 상징으로가 아니라 직설적으로 표현된 하느님과 이웃 사랑의 계명도 여기에 속합니다.

• 아우구스티누스『편지』196,2,8.

계명을 지키다

믿는 이들은 계명을 지킴으로써 자신을 이 세상의 것과 구분합니다. 이렇게 계명은 그들의 마음을 정화합니다. 순수한 마음을 가진 이들만이 하느님을 볼 수 있습니다. "행복하여라, 마음이 깨끗한 사람들! 그들은 하느님을 볼 것이다"(마태 5,8). 예언 말씀도 이렇게 노래합니다. "순수한 마음으로 그분을 찾아라"(지혜 1,1).

• 아우구스티누스『여든세 가지 다양한 질문』68,3.

네 마음이 주님 앞에서 깨끗해진다면

나는 그(회개의 천사)에게 말했습니다. "선생님, 당신이 저와 함께 계시기 때문에 저는 이제 주님의 모든 규정으로 강해졌습니다. 그리고 당신께서 마귀의 모든 능력을 없애시고, 우리가 마귀를 다스리고 그의 모든 행위를 지배하리라는 것을 저는 알고 있습니다. 선생님, 주님께서 저에게 계명들을 지킬 수 있는 능력을 주셨으니, 당신께서 명하신 이 계명들을 제가 지킬 수 있기를 바랍니다." 그가 말했다. "네 마음이 주님 앞에서 깨끗해진다면 너는 계명들을 지킬 수 있을 것이다. 그리고 이 세상의 헛된 욕망에서 마음을 깨끗이 하는 사람은 모두 계명들을 지킬 것이며 그들은 하느님을 위하여 살 수 있을 것이다."

• 헤르마스『목자』(계명) 12,6,4-6

슬기롭고 신중하게 계명을 지키다

남자에게는 자기 아내를 껴안을 때가 있고 기도하기 위해 포옹을 삼가해야 할 때가 있습니다 그러므로 두 개의 계명이 있는 것입니다. 정해진 때에 따라 두 계명을 지키지 않으면 죄를 짓는 것입니다. 다른 계명들의 경우도 마찬가지입니다. 그러므로 하느님 안에서 슬기롭고 신중하게 계명의 순서와 모든 일의 법칙을 이해하여 주님의 사랑을 받으시기를 바랍니다.

• 익명『열두 성조의 유언』8,8.

신자들의 발전 단계는 다양하다

어떤 이들은 하느님의 보편 계명들을 지키는 것에 만족합니다. 살인하지 않고, 간음하지 않고,

도둑질하지 않으며, 거짓 증언하지 않고, 아버지와 어머니를 공경하며, 이웃을 자신처럼 사랑하는 것입니다(마태 19,17-19 참조). 다른 이들은 더 좁은 틀 안에서 완덕의 삶에 이르고자 노력합니다. 그러나 이들 모두 저마다 자기 나름의 성소에 따라 창조주의 은총을 찬미하고 고백합니다. 이들은 그분의 오른손에 있는 영원한 나라의 자손들로서, "두 사람이 들에 있으면, 하나는 데려가고 하나는 버려둘 것이고, 두 여자가 맷돌질을 하고 있으면, 하나는 데려가고 하나는 버려둘"(마태 24,40-41) 그 판가름의 순간이 오면 그분께서 이들을 생명으로 데려가실 것입니다.

• 존자 베다 『에즈라기와 느헤미야기 우의적 해설』 3,31.

의지의 자유로운 판단

"율법은 의인 때문에 있는 것이 아니다"(1티모 1,9)라고 쓰여 있습니다. 의인은 의지의 자유로운 판단에 의해 이미 계명의 규범을 완수하기 때문입니다. 참된 사랑은 사도들의 권위와 도덕적 요건을 이미 그 안에 지니고 있습니다.

• 아를의 카이사리우스 『설교』 230,2.

덕은 자의自意적인 선택을 통해서만 얻어집니다. 율법은 처음부터 자기가 선택권을 줍니다. 그러므로 계명들이란 이미 의로운 사람들을 위해 세워진 것이 아닙니다.

• 알렉산드리아의 클레멘스 『양탄자』 2,2.

우리를 비추는 하느님의 법

솔로몬은 "율법의 계명은 등불이고 빛이다"라고 합니다. 세상에서 느낄 수 있는 이 빛은 우리 몸의 눈과 만나면 어둠을 몰아냅니다. 마찬가지로 하느님의 법도 사람들의 정신과 마음속으로 들어오면, 이를 완전히 밝게 비추어 무지에 걸려 넘

어지거나 죄의 덤불에 붙잡히지 않게 해 줍니다.

• 알렉산드리아의 키릴루스 『루카 복음 주해』 55.

올바로 살아가도록 이끌어 주다

여러분은 하느님의 계명으로 여러분의 삶과 행위를 바로잡아야 합니다. 하느님께 받은 계명은 우리가 올바로 살아가도록 이끌어 줍니다. 올바로 살아가기 위해서는 종교적 경외부터 시작해야 합니다.

• 아우구스티누스 『편지』 171A.

백성을 그릇된 길로 이끄는 자들

가장 빠른 말들도 고삐로 잘 제어하여 어디든 자기가 원하는 방향으로 가게 할 수 있는 능숙한 마부가 있는데 그가 마차 바퀴가 바위에 부딪히도록 마차를 몬다면, 잘못은 말에 있는 것이 아니라 마부에게 있습니다. 이와 마찬가지입니다. 백성에게서 존경과 섬김을 받으며 두려움의 대상이기도 한 유대인 지도자들이 백성을 하느님의 계명과 반대되는 행동을 하도록 이끈다면, 모든 이의 파멸에 대한 책임은 그들에게 있습니다.

• 알렉산드리아의 키릴루스 『요한 복음 주해』 4,5.

주어진 선물에 맞갖은 행동

자신을 결백하게 지키는 자제력은 우리에게 부과된 계명입니다. 이 계명이 성경 어디에서 언급됩니까? "자신을 결백하게 지켜 가십시오"(1티모 5,22). 이것은 우리가 귀담아듣고 실천해야 할 계명입니다. 하지만 하느님께서 도와주지 않으시면 우리 힘만으로는 할 수 없습니다. … 우리가 할 수 있는 일에 감사드리고, 할 수 없는 것에 대해서는 기도해야 합니다.

• 아우구스티누스 『설교』 30,14.

복음의 계명들

복음의 계명들은 바로 하느님의 가르침입니다. 이 계명들은 그 위에 희망을 세울 수 있는 기초인 동시에 신앙을 굳게 받쳐 주는 주춧돌이며, 마음을 키워 주는 자양분이면서 우리의 갈 길을 바로 잡아 주는 길잡이고, 또한 구원에 이를 수 있는 보증이기도 합니다. 실제로 그 계명들은 이 지상에 있는 신도들의 지성이 명철하게 되도록 가르쳐 주고 그들을 천국에로 인도합니다. 하느님께서는 당신의 종들인 예언자들을 통해 많은 말씀을 우리들에게 들려주고자 하셨습니다. 그런데 성자께서 직접 말씀하신다면 그 가르침이 얼마나 더 가치가 있겠습니까?(히브 1,1-2 참조).

• 키프리아누스『주님의 기도』1.

작은 잘못이란 없다

우리는 율법서에서 거룩한 계명들에 대해 가볍게 행동한 이들이 몹시 심한 벌을 받은 이야기를 읽습니다(탈출 31,12-18 참조). 그것은 하느님과 관계된 것은 그 무엇도 가볍게 생각해서는 안 된다는 것을 우리에게 알려 주려는 것입니다. 아주 작은 잘못처럼 보이는 일도 하느님께 대한 모욕이 되면 아주 큰 죄가 되기 때문입니다.

• 마르세유의 살비아누스『하느님의 다스림』6,10.

하느님의 말씀의 길

"길에서"(시편 17,5)란 곧 "당신의 계명 안에서"라는 의미입니다. 이것이야말로 참으로 올바른 길입니다. 우리가 성실하게 이 길을 따라간다면 하늘 나라에서 보상을 받게 될 것입니다.

• 카시오도루스『시편 해설』17,5.

보상에 비하면 고통은 아무것도 아니다

하느님의 계명을 지키면 큰 상급이 주어집니다. "장차 우리에게 계시될 영광에 견주면, 지금 이 시대에 우리가 겪는 고난은 아무것도 아닙니다"(로마 8,18).

• 소 아르노비우스『시편 주해』19.

인간은 자기가 할 수 있는 한 하느님을 닮아야 한다

계명이 엄격하다 해도, 올바른 행실을 한 이를 기다리는 보상을 생각한다면, 실제로 매우 엄격한 계명일지라도 아무것도 아닌 것처럼 느껴질 것입니다. 어째서 그렇습니까? 성경은 말합니다. "그래야 너희가 하늘에 계신 너희 아버지의 자녀가 될 수 있다"(마태 5,45). 그리고 이 말의 요점을 더욱 명확히 하고자 이렇게 덧붙입니다. "그분께서는 악인에게나 선인에게나 당신의 해가 떠오르게 하시고, 의로운 이에게나 불의한 이에게나 비를 내려 주신다"(마태 5,45). 이것이 이야기하려는 것은 인간은 자기가 할 수 있는 한 하느님을 닮아야 한다는 것입니다.

• 요한 크리소스토무스『창세기 강해』4,17.

십계명

10은 완전한 수이며 십계명을 의미합니다.

• 히에로니무스『에제키엘서 주해』12,40,5-13.

완전함의 수인 '십'

이스라엘인들은 완전함의 수인 '십'을 높이 여깁니다. 율법의 열 가지 말씀을 받았고, 그것을 받아 십계명의 힘으로 단결된 채 이 세상에 알려지지 않은 거룩한 신비들 안으로 들어갔기 때문입니다. 신약성경에서도 '십'은, 열 가지 덕에서 솟튼다고 설명되는 성령의 열매(갈라 5,22 참조)를 가리키는 수로 숭상받으며, 성실한 종은 주인의 돈 한 미나로 열 미나를 벌어 들여 열 고을을 다스리는 권한을 받습니다(루카 19,16-17 참조).

• 오리게네스 『창세기 강해』 16,6.

열 가지 덕

[시편 제15편은] 심오함으로 둘러싸인 몇몇 시편과는 다릅니다. 예언자가 던진 질문에 주님께서 십계명의 양식에 따라 답변을 주십니다. 사람은 열 가지 덕을 통해 하느님 축복의 전당에 이르게 된다고 말씀하십니다. … 이것은 하느님의 위대한 십계명이며, 열 개의 줄로 된 영적 현악기입니다. 십(10)은 성부와 더불어 세상의 죄를 없애 주신 분만이 채울 수 있는 으뜸가는 수입니다. 그러니 우리에게 부과되긴 하였으나 우리 힘만으로는 행할 수 없는 이 덕행들을 하느님의 은사로 부요해짐으로써 행할 수 있도록 하느님의 전능하심에 지속적으로 의탁하며 기도합시다.

• 카시오도루스 『시편 해설』 15,1.5.

십계명과 조목 수가 같다

바오로 사도가 훌륭한 태도를 열 가지 이상 꼽지 않은 것은 성령의 열매에 대해 이야기하고 있기 때문입니다. 이 열매들은 하느님께서 내리신 계약 판의 모든 조목을 포괄합니다. 그 계약 판은 열 가지가 넘지 않는 계명이 간명하게 적힌 채로 전해졌습니다.

• 암브로시아스테르
『바오로의 열세 서간 주해』(갈라티아서) 5,24,2.

활동적인 삶과 관상적인 삶이 다 들어 있는 십계명

10이라는 수는 완전함을 의미하는 수로 받아들여져 왔습니다. 법의 보호 감독이 십계명 안에 담겨 있기 때문입니다. 십계명의 계명들 안에는 활동적인 삶과 관상적인 삶이 결합되어 있습니

다. 하느님 사랑과 이웃 사랑의 실천이 그 안에 다 들어 있기 때문입니다.

• 대 그레고리우스 『에제키엘서 강해』 2,6,5.

십계명과 자연법

태초부터, 하느님께서는 인간의 마음속에 자연법의 법규들이 뿌리내리게 하셨습니다. 그것이 바로 십계명이었습니다. 이를 행하지 않으면 구원은 없습니다. 그리고 그 이상을 기대하지 않으셨습니다.

• 리옹의 이레네우스 『이단 반박』 4,15,1.

십계명과 복음서

열이 넷이면 마흔이 되는데, 우리의 모든 행동 규범을 율법에 규정해 놓은 것이 십계명이고, 주님 육화의 계획을 통하여 천상 본향으로 들어갈 수 있는 길이 우리에게 열린 복음서가 네 권으로 되어 있기 때문입니다.

• 존자 베다 『솔로몬의 성전』 2,20,12.

열과 일곱

구약성경에서는 십계명이 모든 행위를 규정하지만, 신약성경에서는 성령의 일곱 가지 은총이 수가 늘어난 신앙인들에게 같은 행위를 할 수 있는 힘을 줍니다. 이사야 예언자는 "지혜와 슬기의 영, 경륜과 능력의 영, 지식과 신심의 영이며, 주님께서는 그를 주님을 경외하는 영으로 가득 채우리라"(이사 11,2 참조)는 말로 이 사실을 예고합니다. … 제가 이미 말한 것처럼 신약성경에서는 일곱 계명이 주어졌고 구약성경에서는 열 계명이 주어졌으므로, 우리의 모든 능력과 일은 열과 일곱에 완전히 들어 있다고 할 수 있습니다.

• 대 그레고리우스 『복음서 강해』(40편) 24.

십계명과 두 개의 돌 판

주님께서 말씀하셨듯이 율법과 예언서 전체를 요약하는 사랑의 두 계명처럼 …, 십계명 자체도 두 개의 돌 판에 담겨서 주어졌습니다. 말하자면 세 계명이 한 판에 쓰였고, 일곱 계명은 다른 판에 쓰인 것입니다.

• 아우구스티누스 『설교』 33,2.

율법이 기록된 두 개의 돌 판[1]

우리는 율법의 십계명이 하느님 사랑과 이웃 사랑이라는 복음의 두 계명에 의해서도 이루어진다는 것을 알아야 합니다. 첫째 돌 판에 기록된 세 계명은 하느님 사랑과 관계되고, 둘째 돌 판에는 일곱 계명이 새겨져 있는데 그 중 하나가 "아버지와 어머니를 공경하여라"(탈출 20,12)이기 때문입니다. 명확히 드러나 있듯이, 둘째 돌 판의 계명들은 모두 이웃 사랑과 관계되어 있습니다.

• 아를의 카이사리우스 『설교』 100A,12.

하느님 사랑과 이웃 사랑

주님께서는 하느님께 대한 사랑을 명령하시고 이웃에 대한 정의를 가르치시어, 인간이 의롭지 못하여 하느님과 어울리지 않는 일이 없도록 하셨습니다. 이와 같이, 십계명으로써 하느님께서는 인간이 당신과 벗이 되고 이웃과는 화목하게 살도록 하셨습니다. … 십계명의 말씀은 우리 그리스도인들에게도 그대로 살아 있습니다. 주님께서 육화하셨다는 사실로 이 계명들이 폐지되기는커녕, 그것들이 의미하는 바가 더욱 충만하게 드러났고 또한 깊어졌습니다.

• 리옹의 이레네우스 『이단 반박』 4,16,3-4.

둘째 돌 판의 요약

하느님께서 "살인해서는 안 된다. 간음해서는 안 된다. 도둑질해서는 안 된다. 거짓 증언을 해서는 안 된다"(탈출 20,13-16) 하고 명령하신 것은 내가 내 자신에게 하고 싶지 않은 일을 다른 사람에게 하지 않도록 가르치신 것입니다. 그러므로 복음서에 있는 계명은 이미 구약 시대에 이해하기 쉬운 말로 당신의 가르침을 작성하신 그분에게서 나온 것입니다. 이러한 사실은 또 다른 구절에서 주님, 곧 그리스도께서 '세상에서 간결한 말씀을 하실 것'(이사 10,23 칠십인역 참조)[2]이라는 말로 예고되었습니다.

• 테르툴리아누스 『마르키온 반박』 4,16.

그리스도인들이 지켜야 할 계명들

십계명 자체를 봅시다. 분명 모세는 이스라엘 백성을 다스릴 율법을 하느님께서 당신 손으로 쓰신 증언판을 산에서 받았습니다. 거기엔 열 가지 계명이 적혀 있었는데, 그리스도인이 더 이상 행하거나 바치지 않는 할례나 짐승을 바치는 희생 제사에 관한 계명은 없습니다. 저는 이 열 계명 중, 안식일 준수 외에 그리스도인이 지키지 않아도 되는 것이 무엇인지 묻고 싶습니다. 한 분이신 참하느님 외에 우상이나 다른 신을 만들거나 숭배해서는 안 된다. 하느님의 이름을 부당하게 불러서는 안 된다. 부모를 공경하라, 음행과 살인과 도둑질, 거짓 증언, 간음 그리고 다른 사람의 소유물을 탐내서는 안 된다는 계명들 가운데, 그리스도인의 의무가 아닌 것이 무엇입니까?

• 아우구스티누스 『영과 문자』 14,23.

---

1   "구원자께서는 율법의 두 계명을 요약하고 설명하셨습니다. 하나는 탈출기의 십계명 가운데 하나이고 다른 하나는 오경 가운데 한 책, 레위기에 나오는 계명입니다"(오리게네스 『마태오 복음 주해』 11,10).

2   테르툴리아누스는 황금률이 십계명을 요약한 것이라고 강조한다.

두 개의 돌 판에 새겨진 십계명

무엇이든 남이 잃어버린 소유물을 발견하면 원임자에게 돌려주어야 한다고 기록된 것이 우리와 상관없다고 말할 수 있습니까? 사람들이 경건하고 올바르게 사는 것을 배우는, 이와 비슷한 많은 말씀들은 또 어떻습니까? 특히 두 돌 판에 새겨진 십계명은 안식일의 육적인 준수를 제외하면 [우리와 큰 상관이] 있지 않습니까? 사실 안식일도 영적인 성화와 안식을 의미합니다.

• 아우구스티누스 『펠라기우스파 두 서간 반박』 3,10.

십계명의 첫 계명

죄에 대한 벌로, 인간은 자유의 낙원에서 이 세상의 종살이로 옮겨 왔습니다. 이러한 이유로 십계명의 첫 마디, 곧 하느님의 열 마디 말씀의 첫 조목은 자유에 관한 것입니다. "너의 하느님은 나 주님이다. 바로 내가 너를 이집트 땅 종살이하던 집에서 이끌어 낸 하느님이다."

• 오리게네스 『탈출기 강해』 8,1.

성부와 성자가 함께 첫째 계명을 말씀하셨다

십계명의 첫째 계명에서 한 분이신 주 하느님에 대한 경배와 예배가 명확하게 명령되고 있는 것처럼, 피조물에 대한 찬미와 숭배는 믿는 이들에게 지극히 엄격하게 금지됩니다. 이렇게 말하고 있기 때문입니다. "나는 너를 이집트 땅, 종살이하던 집에서 이끌어 낸 주 너의 하느님이다. 너에게는 나 말고 다른 신이 있어서는 안 된다"(탈출 20,2-3).

• 루스페의 풀겐티우스 『편지』 8,4,9.

두 번째 계명 – 주님의 이름은 진리다

두 번째 계명은 이렇습니다. "너의 주 하느님의 이름을 부당하게 불러서는 안 된다"(탈출 20,7).

주 하느님의 이름을 부당하게 부르는 자는 정화되지 못할 것입니다. 우리의 주 하느님 예수 그리스도의 이름은 진리입니다. 그분 자신이 "나는 진리"(요한 14,6)라고 말씀하셨습니다. 진리는 정화하고, 쓸모없는 것은 더럽힙니다. 누구든지 진리를 말하는 사람은 하느님의 것을 말하고, '거짓을 말하는 사람은 누구나 자기 본성에서 말하기'(요한 8,44 참조) 때문에, 진리를 말하는 것은 이성적으로 말하는 것인 반면, 쓸모없는 것을 말하는 것은 말이 아니라 소음입니다. 두 번째 계명은 진리에 대한 사랑을 뜻하므로, 그 반대는 쓸모없는 것을 사랑하는 것임이 맞습니다.

• 아우구스티누스 『설교』 8,5.

세 번째 계명 – 안식일은 평화로운 정신을 뜻한다

세 번째 계명은 "안식일을 기억하여 거룩하게 지켜라"(탈출 20,8)입니다. 이 세 번째 계명은 규칙적인 정기 휴일, 곧 잔잔한 마음, 정신의 고요함, 깨끗한 양심을 지닐 것을 요구합니다. 이는 곧, 성화입니다. 이는 하느님의 영이 있어야 가능한 일이기 때문입니다.

• 아우구스티누스 『설교』 8,6.

영적 안식일을 지켜라

이 세 번째 계명에는 자유, 깨끗한 양심의 결과인 마음의 휴식이나 평온함이 암시되어 있습니다. 실로 안식일에는 성화가 있습니다. 하느님의 영이 거기에 머무르기 때문입니다. 자유나 휴식을 보십시오. 우리 주님께서는 말씀하십니다. "나의 안식처가 어디 있느냐? 겸손하고 평온하며 내 말을 떨리는 마음으로 받아들이는 이다"(이사 66,2 칠십인역). 그러므로 평온하지 못한 영혼은 성령에게서 돌아섭니다. 분쟁을 사랑하는 자, 중상하는 자, 박애보다 싸움에 몰두하는 자는 자기 자신이 편하지 않기 때문에 영적 안식의 휴식을 스스로에게 허락하지 않습니다. 사람들이 지상의 일에 절도 있게 전념하여 언제나는 아니어도 적어도 자주 독서와 기도에 시간을 바칠 수 있기 전에는 영적 안식을 지킬 수 없습니다. 사도가 말하듯이, 성경 봉독과 가르침에 부지런하십시오(1티모 4,13 참조). 그리고 "끊임없이 기도하십시오"(1테살 5,17). 이렇게 하는 사람은 영적인 방식으로 안식일을 지키는 것입니다.

• 아를의 카이사리우스『설교』100,4.

정당한 살인

십계명 가운데 "살인해서는 안 된다"(탈출 20,13)는 금지에 관해서 말인데요, 살인이 모든 면에서 악이라면, 율법에 순종하여 의인이 많은 사람을 죽였을 때 그가 어떻게 이 죄를 면제받을 수 있습니까? 그 대답은 이렇습니다. 그분은 공정한 명령을 수행하는 이는 죽이지 않으신다는 것입니다.

• 아우구스티누스『거짓말』13,23.

계명의 더 깊은 의미

"간음해서는 안 된다"고 율법에 쓰여 있습니다. 이 계명은 아직 육의 부정한 욕망에 매여 있는 사람의 경우에는 단순하게 문자적으로 지키는 것이 유익합니다. 그러나 이미 더러운 행동과 부정한 처신에서 벗어난 사람은 영적인 방식으로 이를 지켜야 합니다. 따라서 그는 모든 우상 숭배적인 의식만 아니라 다른 민족들의 모든 미신과 점과 예언, 모든 날과 시간의 징조들을 따르는 것도 거부해야 합니다. 그리고 그는 우리 신앙의 순수함을 손상시키는 특정한 말이나 이름을 점술로 푸는 짓을 결단코 해서는 안 됩니다.

• 요한 카시아누스『담화집』14,11.

모든 거짓이 금지되다

"거짓 증언을 해서는 안 된다"(탈출 20,16)라고 십계명에 쓰여 있습니다. 여기에는 모든 거짓말이 해당합니다. 모든 진술은 자기 마음에 대한 증언이기 때문입니다. 어떤 사람이, 거짓말이라고 해서 모두 거짓 증언은 아니라고 주장한다면, 그는 이 성경 말씀에 무엇이라고 말할 수 있을까요? "거짓을 말하는 입은 영혼을 죽인다"(지혜 1,11). 어떤 사람이 이 구절을 두고 어떤 거짓말은 예외로 해야 한다고 생각한다면, 그는 다음과 같은 성경 구절을 읽어야 할 것입니다. "[당신께서는] 거짓을 말하는 자들을 멸망시키십니다"(시편 5,7).

• 아우구스티누스『거짓말』5,6.

이것이 [둘째 돌 판의] 네 번째 계명입니다. 진실한 맹세는 죄가 아니며 맹세가 없이는 율법의 계명이 설 수 없다고 자신만만하게 우기는 이들은 이 계명을 가장 작은 계명이라고 여깁니다.

•『마태오 복음 미완성 작품』강해 12.

재산을 탐내는 것을 피하라

여러 계명 가운데 '이웃의 소유를 탐내서는 안 된다'(탈출 20,17 참조)라는 계명이 있습니다. 탐내지 마십시오. 다른 사람의 소유인 시골 저택 앞에서 오르락내리락하지도, 그 집의 아름다움에 탄식하지도 마십시오. 이웃의 재산을 탐내지 마십시오. "주님 것이라네, 세상과 그 안에 가득 찬 것들"(시편 24,1). 여러분에겐 하느님이 계신데, 여러분이 못 가진 것이 무엇입니까? 그러니 이웃의 재산을 탐내지 마십시오.

• 아우구스티누스『설교』252A,6.

계명이 우리를 은총으로 이끌다

"탐내서는 안 된다"는 율법은, 우리 자신이 이런

병적인 상태에 놓여 있음을 발견하면 은총의 약을 구하게 하려는 것입니다. 그 계명으로 인하여 [우리는] 현재의 유한한 상태에서 앞으로 나아갈 때 어떠한 방향으로 우리의 노력을 경주해야 하는지, 또 불멸하는 미래에 얼마나 높이 도달할 수 있을지 알 수 있습니다. 언젠가 완전함을 얻을 수 있지 않다면, 이 계명이 우리에게 주어졌을 리가 없기 때문입니다.

• 아우구스티누스 『혼인과 정욕』 1,32.

십계명의 온유함으로 돌아오라

그분께서는 십계명의 온유함으로 돌아오라고 말씀하십니다. 말하자면, 십계명에는 젖이 가득하다는 것입니다. 어린 아기가 영적 마음의 힘을 키우는 데 젖이 적격이듯이, 십계명은 거룩한 군대의 위대하고 뛰어난 모든 장군에게 힘과 위로를 줄 수 있습니다.

• 존자 베다 『사무엘기 상권 우의적 해설』 3,17.

열흘은 현세 삶의 행로를 나타낸다

"보라, 이제 악마가 너희 가운데 몇 사람을 감옥에 던져, 너희가 시험을 받게 될 것이다. 너희는 열흘 동안 환난을 겪을 것이다"(묵시 2,10). 이 말씀은 악마가 운명적으로 늘 적의를 품고 싸움을 걸어오는 보편 교회에 너무나도 들어맞는 말입니다. 그런 만큼 현세 삶의 행로를 열흘로 나타낸 것으로 볼 수도 있는데, 십계명 안에 짧게 요약한 형태의 율법이 들어 있는 것과 같습니다. 십계명에는 극기를 요구하는 거룩한 계명이 들어 있으며, 그래서 주님께서는 "너를 고소한 자와 함께 법정으로 가는 도중에 그와 타협하라"(마태 5,25)고 말씀하셨습니다. '너를 고소한 자'란 율법을 말합니다. 이런 식으로 그분께서는 우리가 율법의 가르침을 받는 동안엔 언제나 욕망의 다양한 유혹으로 인해 갈등이 있을 것이며, 그래서 하느님의 은총을 통해 오감五感을 억제할 때 승리를 얻을 수 있음을 암시하십니다.

• 프리마시우스 『묵시록 주해』 2,10.

돌 판 위에 쓰였다

율법은 십계명입니다. 십계명은 판 위에 쓰였는데 그 판은 유대인의 고집 때문에 돌 판 위에 쓰였습니다. 성령께서 오신 이후에 바오로 사도가 뭐라고 했습니까? "우리의 추천서는 여러분 자신입니다. 그것은 먹물이 아니라 살아 계신 하느님의 영으로 새겨지고, 돌 판이 아니라 살로 된 마음이라는 판에 새겨졌습니다"(2코린 3,2-3).

• 아우구스티누스 『설교』 229M,2.

십계명은 복음 아래에서도 자발적으로 지키는 것이 좋다

그분께서는 십계명을 폐지하지 않으셨습니다. … 영원한 생명을 얻는 길을 알고 싶어 하는 이에게 그리스도 주님께서 친히 이를 권하신 것을 보면 그렇습니다(루카 18,18-25 참조). 그러나 그분께서 여기서 말씀하시는 '가르침'은 복음 가르침을 뜻합니다. 완전한 성숙은 감응하는[3] 의지의 선택에 있기 때문입니다. … 그러나 이 복음 가르침은 율법으로 정해지지는 않았습니다. 그것은 자유로이 선택하는 것입니다. 그분께서 법으로 정하신 것은 태초에 창조하실 때 본성에 새겨 놓으신 것입니다.

• 키루스의 테오도레투스
『바오로의 열두 서간 주해』(에페소서) 2,14-15.

그리스도께서 주신 참된 음식

하느님의 말씀이 여러분의 풀밭이고, 그분의 계

---

3   은총에 감응하는.

명이 바로 여러분이 풀을 뜯어야 하는 맛있는 초원입니다. 이런 풀밭을 맛본 이들은 하느님께 이렇게 노래하였습니다. "당신의 말씀이 제 혀에 얼마나 감미롭습니까! 그 말씀 제 입에 꿀보다도 답니다"(시편 119,103). 같은 시인이 주님의 양 떼들에게 그 풀밭에 대해 이렇게 말합니다. "너희는 맛보고 눈여겨보아라, 주님께서 얼마나 좋으신지!"(시편 34,9). 그러니 구약성경의 십계명에 담긴 법들을 읽어 보십시오. 주님께서 우리에게 "살인해서는 안 된다. 도둑질해서는 안 된다. 거짓 증언을 해서는 안 된다"(탈출 20,13-16)라고 말씀하십니다. 그리고 나머지 계명들도 읽어 보십시오. 신약성경에서 이 계명들을 찬미하는 말씀도 읽어 보십시오. "행복하여라, 영이 가난한 사람들! 하늘 나라가 그들의 것이다. 행복하여라, 온유한 사람들! 그들은 땅을 차지할 것이다"(마태 5,3-4). 그 뒤에 이어지는 말씀들과 예언자들과 사도들이 전해 준 다른 많은 말씀들도 읽어 보십시오. 목자께서 양 떼를 향하여 돌아서서 "썩어 없어질 양식을 얻으려 힘쓰지 말라"(요한 6,27)라고 말씀하셨는데, 이는 바로 이 풀밭을 두고 말씀하신 것입니다.

• 아우구스티누스『설교』366,3.

십계명을 나타내는 열 줄 수금

"하느님, 제가 당신께 새로운 노래를 부르오리다. 열 줄 수금으로 당신께 찬미 노래 부르오리다"(시편 144,9)라고 쓰여 있듯이, 우리는 "열 줄 수금"을 율법의 십계명으로 이해합니다. … 늙은 사람 안에 체현된 종의 두려움이 실로 열 줄 수금을 지닐 수 있는 것은 사실입니다. 십계명은 육에 따른 유대인들에게도 주어졌기 때문이지요. 그러나 그것은 그 연주에 맞추어 새로운 노래를 부르지는 못합니다. 그것은 율법 아래 있으며 율법을 완수할 수 없습니다. … 그러나 율법 아래가 아니라 은총 아래 있는 이는 누구나 율법을 완수하는 이들입니다. 그들에게는 그것이 어깨에 멘 무거운 짐이 아니라 어깨에 메어 영광스러운 것이기 때문입니다. 그것은 그들이 두려움을 느끼게 만들려는 고문대가 아니라 그들의 사랑을 위한 틀입니다. 사랑의 영으로 불타오르는 그들은 이미 열 줄 수금으로 새로운 노래를 부르고 있습니다.

• 아우구스티누스『설교』33,1.

율법의 계명과 복음의 계명

율법과 계명은 똑같은 말이다

여기서[로마 7,14-16 참조] '율법'과 '계명'은 똑같은 말입니다. 계명이 '거룩하다'고 하는 것은 계명이 우리를 죄에서 해방시켜 악에게서 멀어지게 하기 때문입니다. 계명이 '의롭다'고 하는 것은 그것에 순종하는 이에게는 영광을 주고 어기는 이에게는 벌을 주기 때문입니다. 계명이 '선하다'고 하는 것은 계명이 우리를 선으로 이끌기 때문인데, 이것은 하느님께서 주신 선함 때문입니다. 율법은 악을 보여 준다는 이유만으로 죄가 되지 않으며 오히려 그 반대입니다.

• 콘스탄티노플의 겐나디우스『로마서 주해 단편』

내 안에 선이 자리 잡고 있지 않다

인간은 율법의 계명이 선하다는 것에 동의할 수 있습니다. 율법이 본질적으로 기쁨을 주며 자신은 율법을 지키고 싶다고 말할 수 있습니다. 그럼에도 불구하고, 인간은 자신의 바람을 수행할 힘이 부족합니다. 죄의 힘에 너무나 짓눌려 가고 싶은 곳으로 갈 수도 없고 죄의 뜻에 반대하

221

는 결정을 내릴 수도 없습니다. 다른 힘이 그를 지배하고 있는 것입니다. 인간은 죄짓는 습관에 괴로워하지만, 선을 가르친다고 알고 있는 율법보다 죄에 더 기꺼이 순종합니다. 그래서 선행을 하고 싶어도 적의 지원을 받는 습관 때문에 그렇게 하지 못합니다.

• 암브로시아스테르 『바오로의 열세 서간 주해』.

선을 식별할 수 있는 힘

계명, 곧 선을 식별할 수 있는 힘이 들어오자, 마음은 더욱 천한 생각을 이기지 못하고 이성이 욕정에 지배당하도록 두었습니다. 그러자 죄가 살아나고 이성은 죄를 지어 죽게 되었습니다.

• 대 바실리우스 『시편 강해』 10,5(제1편).

금지된 것을 더욱 열망하다

왜인지는 모르겠으나 금지된 것은 더욱더 하고 싶어집니다. 그러므로 계명은 악을 금하기에 거룩하며 의롭고 선한 게 분명하지만, 탐욕을 금함으로써 더욱더 탐욕을 일으키고 부추깁니다. 그 결과 선한 것이 우리 안에 죽음을 가져왔습니다.

• 오리게네스 『로마서 주해』.

계명을 받고 죄가 무엇인지 알다

죄가 ‘살아난다’면 이전의 어느 시점에 살아 있다 죽었음이 확실합니다. 그게 언제입니까? 바로 계명을 받고 죄가 무엇인지 알았던 아담을 악마가 속여 이긴 때입니다(참조: 창세 2,16-17; 3,1-24). 아우를 죽이지 말라고 명령 받은 카인도 자신이 죄를 짓고 있다는 것을 알았습니다(창세 4,1-16 참조). 계명과 율법이 생겨난 것은 그 후이고, 그래서 모르고 죄를 짓는 사람들의 무지 때문에 죄가 죽어 있었습니다.

• 타르수스의 디오도루스 『로마서 주해』.

율법이 없었다면 죄를 몰랐다

바오로는 율법의 약점이 그것을 지키려는 데 있는 것이 아니라 인간의 본성에 있음을 보여 주고자 합니다. “율법이 없었다면 나는 죄를 몰랐을 것입니다”(로마 7,7)라는 말로 바오로는 미성숙하여 율법을 지킬 의무가 없지만 자라서 계명에 대해 배우게 되면 율법 아래 있게 되는 어린아이의 처지를 대변하고 있습니다.

• 위-콘스탄티우스 『로마서 단편』.

율법에 대한 지식은 우리를 죄 있는 사람으로 만든다

영의 새로움이 없는 문자의 낡음은 우리를 죄에서 해방시켜 주기보다 오히려 죄에 대한 지식 때문에 죄 있는 사람으로 만드는 것이 분명합니다. [그리하여] 성경의 다른 곳에는 “지식을 늘리면 근심도 는다”(코헬 1,18)라고 쓰여 있습니다. 이는 율법 자체가 악해서가 아닙니다. 계명은 본디 영을 돕기 위한 것이 아니라 문자로 드러내는 것이 목적이기 때문입니다. 만약 의로움을 사랑해서가 아니라 벌을 받지 않을까 하는 두려움에서 이 계명을 지킨다면, 그것은 자유롭게 계명을 지키는 게 아니라 노예처럼 계명을 지키는 것이고, 따라서 그것은 결코 계명을 지키는 게 아닙니다. 사랑의 뿌리에서 자라지 않는 열매는 결코 좋은 열매가 아니기 때문입니다.

• 아우구스티누스 『영과 문자』 26.

죄를 분명하게 드러내 주는 율법

잘못은 본디 선한 것인 계명을 잘못 사용하는 데 있습니다. “율법은 율법답게 사용하면 좋은 것입니다”(1티모 1,8). 그러나 은총의 도움으로 율법을 완수할 수 있도록 겸손하고 경건하게 하느님께 순종하지 않는 이는 율법을 나쁘게 사용하는 자입니다. 율법을 율법답게 사용하지 않는 이는 율법을 받아 결국 죄만 짓습니다. 율법의 금지가 있기 전에는 잠재되어 있던 죄가 율법을 어김으로써 명백하게 드러나는 것입니다.

• 아우구스티누스
『심플리키아누스에게 보낸 여러 질문에 관한 답변』1,1,6.

죄가 죄로 드러나다

죄를 고발하는 바로 그 방법으로 바오로는 율법이 얼마나 뛰어난지 보여 주고 있습니다. … 죄가 얼마나 악한지 보여 준 것은 바로 계명이었습니다. 동시에 바오로는 또한 은총이 율법보다 얼마나 더 위대한지 보여 줍니다. 은총은 율법과 반대되지 않으며 더 위대합니다(갈라 3,21-25 참조).

• 요한 크리소스토무스 『로마서 강해』12.

계명 때문에 불의가 늘어나다

인간에게 자신의 병이 얼마나 불결한지 보여 줄 필요가 있었습니다. 거룩하고 선한 계명조차 인간의 불의에는 당해 낼 수 없었습니다. 계명 때문에 불의가 줄어들기보다 오히려 늘어났습니다.

• 아우구스티누스 『영과 문자』9,6.

율법의 많은 계명은 인간이 가지고 태어난 양심으로도 안다

율법의 필수 계명들은 자연도 가르쳐 줍니다. '간음하지 마라, 살인하지 마라, 도둑질하지 마라, 이웃을 거슬러 거짓 증언 하지 마라, 부모를 공경하라' 같은 것들 말입니다. 그러나 안식일과 할례, 나병 환자, 월경, 희생 제사에 관한 계명들은 [유대교] 율법에만 있는 특수한 것들입니다. 자연은 이런 일들에 관해서는 아무것도 가르쳐 주지 않았기 때문입니다. 이런 것들이 지금 바오로가 말하는 "율법에 따른 행위"(갈라 2,16)입니다. 이런 계명들을 지키지 않으면 죄입니다. 그러

나 단순히 이것들을 지키기만 하는 것은 완전한 의로움을 유지하는 방법이 아닙니다. 이런 일들은 다른 것들을 나타내는 상징들이었습니다. 하지만 어느 특정 시기의 유대인들에게는 적절한 [계명]이었습니다.

• 키루스의 테오도레투스
『바오로의 열두 서간 주해』(갈라티아서) 2,15-16.

율법의 계명에서 멀어지다

여기서[로마 8,3 참조] 바오로는 은총을 받기 전 율법을 받은 사람들이 세속적인 물질에서 행복을 얻으려 거기에 넘어갔기 때문에 율법의 계명을 지키지 못했다고 분명히 가르치고 있습니다. 그들은 또한 역경이 닥쳐 세속적 재화가 위태로워질 때만 두려움을 느꼈으며, 그럴 때마다 쉽사리 율법의 계명에서 멀어졌습니다. 그리하여 사람들이 계명을 마음에 두지 않음에 따라 율법은 차츰 약해졌습니다. 이것은 율법의 결함이 아니라 육을 통해 생겨난 현상이었습니다. 세속적 재화를 추구하던 사람들은 율법의 의로움을 사랑하지 않고 덧없는 이익을 우선시하였습니다.

• 아우구스티누스 『로마서 명제 해설』48.

실천이 따라야 한다

네가 율법을 애써서 읽고 그 규정을 입에 올리며, 읽은 바에 주의 깊게 귀를 기울인다고 해서 그것이 다는 아니라고 시편 저자는 말하고 있습니다. '너는 율법을 알고 있으며, 그 계명들에 귀를 기울이고, 그것들을 네 입으로 말한다. 하지만 실제로는 그와 정반대되는 것을 추구하고, 네가 읽은 것이 아무런 소용이 없는 것이 되도록 만들고 있으니 나는 더욱더 너에게 반감을 품을 수밖에 없다. 내가 율법을 말하고 계명을 줄 때는 귀를 기울이면서 실천에 있어서는 나를 철저히 무

시하는 것이 나에게는 더더욱 모욕이 된다.'

• 몹수에스티아의 테오도루스 『시편 해설』 50,16.

율법에 집착하다

지금 여기서[마태 15,2 참조] 문제가 되고 있는 일이 그 한 예입니다. 곧, 그들은 손을 씻지 않고 음식을 먹는 것을 율법에 어긋나는 일로 보았습니다. 그들은 청동으로 만들어진 물건들이나 잔을 씻는 외적인 의식과 몸을 씻는 것과 관련한 규정들에 지나치게 집착했습니다. 그때쯤이면 그들은 필요 없는 계율들을 넘어서 있어야 했습니다. 하느님께서는 그들이 그 정도로 진전해 있기를 기대하셨습니다. 그러나 그들은 오히려 훨씬 더 많은 규정으로 사람들을 묶어 놓았습니다. 왜 그들은 이렇게 거꾸로 나갔던 것일까요? 권력을 빼앗길까 두려웠기 때문입니다. 그들은 사람들이 그들을 두려워하기를 바랐습니다. 그들은 조상들의 전통을 어기는 것을 너무나 큰 문제로 삼아, 하느님의 계명은 모독을 당하는 한이 있어도 자신들이 만든 계명은 지켜져야 한다고 내세우기에 이르렀습니다. 과도하게 전권을 휘두르고 나섬으로써 결국 이 문제는 법적 고발의 형태가 되고 말았습니다.

• 요한 크리소스토무스 『마태오 복음 강해』 51,1.

율법 학자들의 고발

그 고발은 하느님의 계명을 어긴 데 대한 것이 아니라 유대인 조상들의 관습 한 가지를 어긴 일에 관한 것이었습니다. 이 트집쟁이들이 내세운 죄목 자체가 예수님 제자들의 신심을 나타내 준다고 할 수 있습니다. 바리사이들과 율법 학자들의 고발은 예수님 제자들이 하느님의 계명을 어겼다는 증거를 제시하지 못하기 때문입니다.

• 오리게네스 『마태오 복음 주해』 11,8.

새 포도주는 새 가죽 부대에 담아라

주님의 말씀은 이런 뜻이었습니다. '사람이 옛 인간을 버리고 다시 태어나 나의 수난으로 새 인간을 입기 전에는, 올바른 단식과 절제의 계명을 지킬 수 없다. 그런데도 억지로 계명을 따르게 하면, 지나친 금욕으로 말미암아, 그나마 가졌던 믿음마저 잃을지 모른다.' 그리스도께서는 예를 두 가지 드셨습니다. 옷과 헌 부대와 낡은 부대가 그것입니다. 헌 옷과 헌 부대는 율법 학자와 바리사이들을 나타냅니다. 새 천 조각과 새 포도주는 유대인들이 지킬 수 없는, 또는 지키려 하다가는 그들을 더 심하게 찢어 놓을 복음의 계명들을 상징합니다.

• 히에로니무스 『마태오 복음 주해』 1,9,17.

모세의 산과 산상 설교

산이 무엇을 나타내느냐고 물을 때, 산은 복음의 더 높은 의로움을 가리킨다고 이해하면 맞습니다. 히브리인들에게 주어진 계명들은 낮은 수준의 의로움이었습니다. 하느님께서는 두려움으로 묶어 마땅한 사람들에게는 당신의 거룩한 예언자와 종들을 통하여 그리고 지극히 질서 있게 배정한 상황에 따라, 낮은 수준의 계명들을 주셨습니다. 그러나 사랑으로 풀려나 마땅한 사람들에게는 같은 하느님께서 당신의 아드님을 통해서 높은 수준의 계명들을 주셨습니다.[4]

• 아우구스티누스 『주님의 산상 설교』 1,1,2.

율법은 완전함을 가져다주지 못했다

바오로 사도는 율법이 효력을 잃어버린 대신 "더

---

4 예수님께서는 모세와 마찬가지로 산에서 새로운 법을 전하셨다. 두 법은 다 같은 입법자께서 내리신 법이며, 첫 번째 법은 두려움으로 묶기 위한 것이고, 두 번째 법은 사랑으로 풀어 주기 위한 것이다.

나은 희망"(히브 7,19)이 주어졌다고 합니다. 율법이 효력을 잃은 것은 악법이었기 때문이 아니라(이는 이단자들이 지껄이는 소리일 뿐입니다), 다만 무력하고 무능하여 "아무것도 완전하게 하지 못하였기"(히브 7,19) 때문입니다. 물론 "무력하고 무익"(히브 7,18)하다는 사도의 말은 폐지된 예전의 법규, 곧 할례나 안식일 준수 같은 법 규정들을 가리킨다는 것을 알아야 하겠습니다. 신약성경 또한 '살인하지 마라, 간음하지 마라'며 이와 같은 계명을 반드시 지킬 것을 권고합니다. 그러니까 우리는 예전의 율법 대신 장차 올 좋은 일들에 대한 희망을 받은 것입니다. 이 희망이 우리를 하느님과 이어 줍니다.

• 키루스의 테오도레투스
『바오로의 열두 서간 주해』(히브리서) 7.

죽음과 생명의 원천

왜 율법의 규정과 법규(탈출 15,25 참조), 계명이 주어졌는지를 설명하는 것이 좋을 것 같습니다. 성경 본문은 "주님께서는 그들이 당신의 소리를 잘 듣고 당신의 계명들을 지키는지를 시험하기 위하여"(탈출 15,26)라고 말합니다. … 주님께서 에제키엘 예언자의 입을 통하여 다음과 같이 말씀하신 것도 바로 이런 이유에서였습니다. "나는 그들에게 좋지 않은 규정들과 지켜도 살지 못하는 법규들을 주었다"(에제 20,25). 그들이 주님의 규정으로 시험을 받았을 때 얼마나 충실하지 못하였는지를 살펴보십시오. "그래서 생명으로 이끌어야 하는 계명이 그들에게 죽음으로 이끄는 것으로 드러났습니다"(로마 7,10). … 그러나 그리스도의 십자가 나무가 이 계명들과 섞이자 이 계명들은 달게 변하였습니다(탈출 15,25 참조). 그리고 이 계명들을 영으로 이해하고 지키게 되었습니다. 그러자 똑같은 계명이 이제는 생명의 계명

으로 불리게 되었습니다.

• 오리게네스『탈출기 강해』7,2.

생명으로 이끄는 계명들

영원한 생명을 얻으려면 무슨 일을 해야 하느냐고 부자가 선하신 스승님께 물었습니다(참조: 마태 19,16; 마르 10,17; 루카 18,18). … 그에게 말씀하십니다. "생명으로 나아가고 싶거든 계명들을 지켜라. 고약한 악의와 사악함을 버려라. 살인하지 마라. 간음하지 마라. 도둑질하지 마라. 거짓 증언을 하지 마라. 그리하여 '마른 땅'(느헤 9,11; 시편 66,6; 히브 11,29)이 드러나 어머니와 아버지를 공경하는 일과 이웃을 사랑하는 일"(참조: 마태 19,17-19; 마르 10,19; 루카 18,20)이 싹을 틔우게 하여라.

• 아우구스티누스『고백록』13,19,24.

신약의 보다 높은 계명들

구약성경에서는 죄의 무게가 덜 했습니다. 그 까닭은 구약성경에는 진리 자체가 아니라 진리의 그림자만이 들어 있었기 때문입니다. 신약성경의 보다 높은 계명들은 진리의 그림자가 백성을 묶고 있던 것을 버려야 함을 우리에게 가르쳐 줍니다. 예를 들어, 이전에는 미혼자들 사이의 간음, 상해에 대한 복수가 허용되어 처벌을 받지 않았습니다. 하지만 신약성경에서는 그러한 것이 모두 중벌을 받아야 하는 죄입니다.

• 세비야의 이시도루스『명제』1,20,2.

신약의 계명들이 구약의 계명들보다 엄하다

어떤 사람들은 구약의 계명들이 신약의 계명들보다 엄격하다고 생각합니다. 그러나 그것은 근시안적인 해석에 속아 넘어간 것입니다. 구약성경에서는 인색함이 아니라 도둑질이 벌 받지만,

신약성경에서는 부당하게 이득을 챙긴 사람은 그것의 네 배를 배상하라는 벌을 받습니다(루카 19,8 참조). 여기에서 부자는 남의 것을 빼앗아서가 아니라, 자신의 것을 다른 사람들에게 충분히 나누어 주지 않았다는 이유로 책망을 받습니다(마르 10,17-23 참조).

• 대 그레고리우스 『복음서 강해』(40편) 40.

더 큰 계명들과 덜 큰 계명들

더 큰 계명들을 따르고자 하신다면, 먼저 덜 큰 계명들을 행하십시오. 더 큰 계명들이 여러분께 너무 큰 짐이 된다면, 덜 큰 계명들의 짐을 지십시오. 왜 여러분은 이 둘 다에 소극적입니까? 왜 여러분은 이 두 가지 다에 반대합니까? 더 큰 계명들이란 "너의 재산을 팔아 가난한 이들에게 주어라. 그리고 와서 나를 따라라"(마태 19,21)입니다. 덜 큰 계명들이란 "살인해서는 안 된다. 간음해서는 안 된다. 도둑질해서는 안 된다. 거짓 증언을 해서는 안 된다. 아버지와 어머니를 공경하여라.' 그리고 '네 이웃을 너 자신처럼 사랑하여라.'"(마태 19,18-19) 같은 것입니다. 그러니 이런 것들을 행하십시오.

• 아우구스티누스 『설교』 85,1.

복음의 계명을 지키면 악마의 수중에 떨어지는 일은 없다

만일 우리 가운데 음란하고 추잡하고 음담패설을 즐기고 불순하고 혐오스러운 죄에 기꺼이 몸담그는 자가 있다면, 하느님께서는 그가 악마의 수중에 떨어지도록 두시어 지하로 떨어져 저주받게 하실 것입니다. 그리스도를 사랑하는 사람들이 마귀의 손에 떨어지는 일은 결코 일어날 수 없습니다. 우리가 그분의 발자취를 따라 걷고, 옳은 일을 행하는 데 게으르지 않으며, 영예로운 일을 갈망하고, 복음의 계명을 지켜 그리스도께서 우리에게 가르쳐 주신 덕스럽고 칭찬할 만한 삶의 방식을 따른다면, 우리에게는 결코 그런 일이 일어나지 않을 것입니다.

• 알렉산드리아의 키릴루스 『루카 복음 주해』 44.

칼은 심판의 표상이다

"입에서는 날카로운 쌍날칼이 나왔습니다"(묵시 1,16). 거룩한 다윗은 주님께 이렇게 말했습니다. "오, 용사시여, 허벅다리에 칼을 차소서"(시편 45,4). 왜냐하면 그분께서 그때는 우리에게, 어기면 곧 파멸인 복음의 계명들을 아직 내리시지 않았기 때문입니다. 이렇게, 칼이 있는 위치는 벌이 연기되었음을 말해 줍니다. 아직 학살의 때가 되지 않았기 때문입니다. 그러나 지금은 칼이 입에서 나왔습니다. 이는 복음의 계명을 지키지 않는 이들은 이 칼에 의해 둘로 잘릴 것이라는, 주님께서 복음서에서 실제로 말씀하신 바 있는 경고가 그들의 영혼에 던져졌음을 보여 줍니다.

• 오이쿠메니우스 『묵시록 주해』 1,12-16.

진리에 다가갈 수 있는 원칙

율법의 행실은 버리고 그리스도의 계명을 따르는 데 전념합시다. 복음의 원칙들에 온 마음으로 헌신하며 그분의 법들을 완수하는 데 모든 성의를 기울입시다. 이처럼 그분께서는 지극히 적절하게 당신을 양들의 문이라고 표현하셨습니다. 무엇보다 먼저 우리 주님을 믿지 않고는, 그분의 계명들을 통해 진리의 입구로 다가가지 않고는, 우리가 아버지 하느님 가까이 다가감으로써 소유하게 되는 좋은 것들에서 기쁨을 찾지 않고는 진리를 찾을 다른 길이 없기 때문입니다.

• 몹수에스티아의 테오도루스 『요한 복음 주해』 4,10,7.

새 계명

새로운 계명은 없다

모세가 가르친 것을 아브라함은 지켰습니다. 아브라함이 지킨 것을 노아와 에녹이 받아들여 깨끗한 것과 더러운 것을 구별하였고 하느님 마음에 들었습니다. 아담에게서 배워 알았으므로 아벨도 그런 식으로 증언하였습니다. 마지막 시대에 죄를 없애기 위해 오신 주님께 직접 배운 이 사람은 이렇게 말합니다. "내가 여러분에게 써 보내는 것은 새 계명이 아니라, 여러분이 처음부터 지녀 온 옛 계명입니다"(1요한 2,7).

• 아타나시우스 『니케아 공의회 교령』 2,5.

새 계명이 아니다

지금 요한은 사랑에 대해 이야기하고 있습니다. 이 계명은 새로운 것이 아닙니다. 오래전에 예언자들이 선포했던 바니까요.

• 알렉산드리아의 키릴루스 『성경 주해 선집』.

요한이 말하는 "계명"은 섭리의 계시를 뜻합니다. 이것은 하느님과 관련해서는 '새것'이라 할 수 없으나 인간의 견지에서는 처음부터 창조주 안에 감추어져 있은 신비였습니다.

• 메르브의 이쇼다드 『주해집』.

[요한] 복음사가의 가르침이 새것이라며 반대하는 사람들이 있었던 것이 분명합니다. 그래서 그(복음사가)는 그것이 새것이 아니라고 강조해야 했습니다.

• 맹인 디디무스 『가톨릭 서간에 관한 짧은 상해』(요한 1서).

처음부터 있어 온 계명

이 서간[요한 1서 참조]의 수신인들은 (편지 맨 끝에 '우상을 조심하라'는 말이 나오는 것을 보건대) 유대인들이 아닌데, 그들이 어떻게 처음부터 그 계명을 알았을 수가 있느냐고 묻는 이들도 있을 것입니다. 그런데 그것이 세상 모든 곳의 사람들이 다 들은, 처음부터 있어 왔던 오래된 계명이 아닙니까? 누구나, 집에서 기르는 짐승조차도, 자기와 가까운 존재를 당연히 사랑하니 말입니다.

• 안드레아스 『성경 주해 선집』.

옛것이며 새것

사랑하라는 하느님의 계명은 시대가 시작되었을 때부터 있어 왔기에 옛 계명이고, 어둠이 치워지자 새 빛에 대한 갈망이 우리 마음에 쏟아져 들어왔기에 또한 새 계명이기도 합니다.

• 존자 베다 『가톨릭 서간 해설』(요한 1서).

새 인간

옛 인간은 어둠 속에 살았고 빛은 새 인간에게 속한다는 점에서 이 계명은 "새 계명"입니다. 바오로 사도도 같은 것을 가르치며 이렇게 말합니다. "옛 인간을 벗어 버리고, 여러분의 영과 마음이 새로워져, 진리의 의로움과 거룩함 속에서 하느님의 모습에 따라 창조된 새 인간을 입어야 한다는 것입니다"(에페 4,22-23).

• 존자 베다 『가톨릭 서간 해설』(요한 1서).

주님의 피로 깨끗해지다

그리스도께서 피를 쏟으시고 나서야 우리의 본성은 새로워지고 거룩하게 되어 주님의 새롭고 완전한 계명을 받을 수 있게 되었습니다. 우리가 이 새 계명을 주님께서 피 흘리시기 전에 받았다면, 곧 우리의 본성이 새로워지고 거룩하게 되기 전에 받았다면, 아마 새 계명도 옛 계명처럼 영혼에서 악덕을 잘라 내기만 할 뿐, 악의 뿌리까지 완전히 뽑아 내지는 못했을 것입니다. 그러나 이제는 다릅니다.

• 마부그의 필록세누스
『카이사리아의 시메온 사부에게 보낸 편지』.

새로운 것이 세워지다

"이것이 내가 주는 새로운 계명이다. 서로 사랑하여라"(요한 15,12 참조). 그럴 때 온 세상이 새로운 노래를 부릅니다. 거기에 하느님의 집이 세워집니다. 온 세상이 하느님의 집입니다. 온 세상이 하느님의 집이라면, 온 세상에 붙어 있지 않은 사람은 집이 아니라 폐허입니다. 옛 성전은 그 낡은 폐허의 그림자를 상징합니다. 낡은 것이 파괴되는 곳에 새로운 것이 세워질 수 있습니다.

• 아우구스티누스 『시편 상해』 96,2.

사랑의 계명

그분께서는 우리를 지극히 사랑하시어 우리를 위해 죽으셨기에, 이 계명은 그분께 참된 사실입니다. 그리고 우리가 서로 사랑한다면, 이 계명은 우리에게도 참된 사실이 될 것입니다.

• 아를의 힐라리우스 『일곱 가톨릭 서간 해설』(요한 1서).

옛 시대의 모든 사랑을 넘어서는 그리스도의 사랑

예수님께서는 "내가 너희를 사랑한 것처럼 너희도 서로 사랑하여라"(요한 13,34) 하고 덧붙이심으로써 당신의 계명이 새로운 것임을 (그리고 당신께서 명령하시는 사랑은 율법이 가르치는 상호 사랑의 개념을 능가하는 것임을) 분명하게 나타내십니다. … 실로 그것은 그 정도로 새로운 사랑이었습니다!

• 알렉산드리아의 키릴루스 『요한 복음 주해』 9.

네 자신보다 남을 더 사랑하라

서로 사랑하라는 이 계명이 어째서 새 계명일까요? "내가 너희를 사랑한 것처럼 너희도 서로 사랑하여라"(요한 13,34)가 답입니다. 다름 아닌 사랑하는 방식이 새로운 것입니다. 율법은 "네 이웃을 너 자신처럼 사랑해야 한다"(레위 19,18)라고 지시했습니다. 그러나 주님은 우리가 믿음의 동료들을 우리 자신보다 더 사랑하기를 바라십니다. 그래서 우리에 대한 당신의 사랑을 본받으라고 명하십니다. 이어지는 말씀에서는 당신의 뜻을 더 정확히 밝히십니다. 실로, 이 계명의 중요성을 강조하고자 주님은 이렇게 말씀하십니다. "너희가 서로 사랑하면, 모든 사람이 그것을 보고 너희가 내 제자라는 것을 알게 될 것이다"(요한 13,35). 이 계명을 실천하면 그 결과가 너무나 분명히 드러나서, 그것만으로도 나의 제자인 표시가 될 것이다.

• 몹수에스티아의 테오도루스 『요한 복음 주해』 6,13,34-35.

이 계명 안에 모든 계명이 다 들어 있다

바오로 사도의 또 다른 말을 숙고해 봅시다. "사랑은 율법의 완성입니다"(로마 13,10). 그러니 사랑이 있는 곳에 모자라는 것이 무엇이 있겠습니까? 그리고 사랑이 없는 곳에, 유익한 것이 무엇이 있을 수 있겠습니까? … 또한 이웃에 대한 사랑이 있는 곳에는 하느님에 대한 사랑도 있기 마련입니다. 사실, 하느님을 사랑하지 않는 이가 어떻게 이웃을 자기 자신처럼 사랑할 수 있겠습니까? 그런 이는 자기 자신도 사랑하지 않는 자이니 말입니다. … 그러니 우리는 서로 사랑하라는 주님의 이 계명을 철저히 지킵시다. 그러면 다른 모든 계명도 지키게 될 것입니다. 이 계명 안에 모든 계명이 다 들어 있으니까요.

• 아우구스티누스 『요한 복음 강해』 83,3.

완전한 사랑

한 조목을 어긴다는 것은 완전한 사랑이 결핍되어 있다는 뜻입니다. 사랑이야말로 모든 선한 행실의 근원이기 때문입니다. 머리에 무엇인가가 잘못되면 그 결과 몸의 나머지 부분이 고통을 겪습니다. 하느님의 근본 목적과 계획은 [사람들을] 완전한 사랑으로 이끄는 것입니다. 이것이 바로 "간음해서는 안 된다"(야고 2,10)나 "살인해서는 안 된다" 같은 계명들의 뜻입니다.

• 안드레아스 『성경 주해 선집』.

원수 사랑

이 계명[1요한 2,7 참조]은 더 이상 모세의 율법 아래서처럼 유대인들에게만 국한되지 않는다는 점에서 "새 계명"입니다. 예수님께서 증언하셨듯이(마태 5,43 참조), 율법 아래에서는 친지는 사랑하고 원수는 미워하는 것이 일반적이었습니다. 그런데 그분께서는 우리가 원수를 사랑해야 하며 우리를 미워하는 이들에게 잘해 주어야 한다고 하시며 그것을 반대로 바꾸어 놓으셨습니다. 그들도 우리와 같은 사람이라는 사실을 마음에 새기며 그들이 우리에 대해 어떻게 느낄지 걱정하지 말라고 [하셨습니다].

• 오이쿠메니우스
『사도행전과 가톨릭 서간, 바오로 서간 주해』(요한 1서).

미움을 버려라

이 말씀[마태 5,22 참조]은 주님께서 형제들 사이의 사랑을 얼마나 중요하게 생각하시는지를 알려 줍니다. 하느님께 예물을 바치려는 이가 자기 형제를 미워하는 마음을 품고 그와 화해하지 않는다면, 하느님께서 그의 예물을 받지 않으신다고 잘라 말씀하시기 때문입니다.

우리는 카인이 바친 예물을 하느님께서 받지 않으셨다는 것을 압니다. 카인은 형제를 사랑하지 않고 마음속으로 미워했습니다. 그래서 주님께서는 복음서 여러 곳에서 형제간의 사랑을 가장 중요한 덕목으로 가르치셨습니다. "내가 너희에게 새 계명을 준다. 서로 사랑하여라"(요한 13,34)라고 하신 데는 이유가 없지 않습니다.

• 아퀼레이아의 크로마티우스 『마태오 복음 강해』 21,3,1-2.

서로 짐을 져 줄 때 사랑이 완성된다

이 말[갈라 6,2 참조]은 '네게는 단 하나가 부족하다. 네 이웃의 경우는 정반대다. 그에게는 다른 것이 부족하지만, 그것은 네게 있는 것이 아니다. 너는 그의 짐을, 그는 너의 짐을 짊어져 주어야 한다. 사랑의 율법은 그렇게 완성되기 때문이다'라는 뜻입니다. 바오로 사도는 사랑을 "그리스도의 율법"(갈라 6,2)이라고 표현합니다. 그분께서 이렇게 말씀하셨기 때문입니다. "내가 너희에게 새 계명을 준다. 서로 사랑하여라"(요한 13,34).

• 키루스의 테오도레투스
『바오로의 열두 서간 주해』(갈라티아서) 6,2.

사랑은 다른 계명들을 포함한다

"이것이 나의 계명이다"(요한 15,12). 그러면 이것이 유일한 계명입니까? 이것이면 충분합니다. 그만큼 유일무이하고 위대한 계명입니다. 그런데 그분은 "살인해서는 안 된다"(마태 19,18)라고 하셨습니다. 이는, 사랑하는 사람은 살인하지 않기 때문입니다. 그분은 "도둑질해서는 안 된다"(마태 19,18)라고도 하셨습니다. 사랑하는 이는 그 이상을 하기 때문입니다. 그는 도둑질은커녕 저 것을 줍니다. 그분은 "거짓 증언을 해서는 안 된다"(마태 19,18)라고도 하셨습니다. 사랑하는 이는 거짓을 거슬러 진실을 말하기 때문입니다. 예수님께서는 "내가 너희에게 새 계명을 준다"(요한 13,34)라고 하셨습니다. "이것이 나의 계명이다"라는 말이 무슨 뜻인지 이해하지 못한 사람은 바오로 사도를 해석자로 모셔 그의 말을 들으십시오. "그러한 지시의 목적은 깨끗한 마음과 바른 양심과 진실한 믿음에서 나오는 사랑입니다"(1티모 1,5). 그런 사랑을 하게 하는 힘은 무엇입니까? [주님께서] 이렇게 원칙을 말씀하셨습니다. "그러므로 남이 너희에게 해 주기를 바라는 그대로 너희도 남에게 해 주어라"(마태 7,12). 이 원칙에 따르면 이렇습니다. "내가 너희를 사랑하였듯이 너희도 서로 사랑하여라"(요한 15,12).

> • 시리아인 에프렘
> 『타티아누스의 네 복음서 발췌 합본 주해』 19,13.

사랑의 행위는 종말의 순간까지 실천해야 하는 것이다

"너는 처음에 지녔던 사랑을 저버렸다"(묵시 2,4)라고 그분은 말씀하십니다. "네가 어디에서 추락했는지 생각해 내어라"(묵시 2,5). 추락한다는 것은 높은 데서 떨어지는 것입니다. 그래서 그분은 '어디에서' 추락했는지 생각해 내라고 하십니다. 사랑의 행위는 종말의 순간까지 실천해야 하는 것이기 때문입니다. 그것이야말로 가장 중요한 계명이니까요.

> • 페타우의 빅토리누스 『묵시록 주해』 2,1.

자애 안에 당신을 드러내시는 하느님

불화로는 하늘 나라를 얻을 수 없습니다. 믿음 없는 분쟁으로 그리스도의 사랑에 폭력을 행사한 자는 "이것이 나의 계명이다. 너희도 서로 사랑하여라"(요한 15,12)라고 하신 그리스도께서 주시는 상을 받을 수 없습니다. 자애가 없는 사람은 하느님을 모시고 있지 않습니다.

> • 키프리아누스 『가톨릭 교회의 일치』 14.

그리스도 안에서 하느님을 사랑하라

바오로는 그리스도 안에서 하느님을 사랑했습니다. 그리스도를 사랑한다는 것은 그분의 계명을 지키는 것을 뜻합니다(요한 14,5 참조). 그리스도께서는 형제애가 당신의 사랑과 닮은 것이라고 가르치시며 이렇게 말씀하셨습니다. "너희가 서로 사랑하면, 모든 사람이 그것을 보고 너희가 내 제자라는 것을 알게 될 것이다"(요한 13,35). 요한도 다음과 같이 말하였습니다. "눈에 보이는 자기 형제를 사랑하지 않는 사람이 보이지 않는 하느님을 사랑할 수는 없습니다"(1요한 4,20).

> • 펠라기우스 『로마서 주해 단편』.

계명을 지키지 않다

거짓말쟁이

하느님을 사랑한다면 그분의 계명을 지킬 일입니다(요한 14,15 참조). 하느님을 사랑한다면 그분을 알게 될 것입니다. 그분을 안다면서 그분 계명을 지키지 않는 자는 거짓말쟁이입니다(1요한 2,4 참조). 진리가 하느님이거늘, 진리를 사랑하지 않는 사람이 어떻게 하느님을 사랑할 수 있겠습니까?(1요한 4,6-7 참조).

> • 암브로시우스 『루카 복음 해설』 2,94.

계명을 지키지 않는 사람은 주님을 사랑하지 않는 자입니다.

> • 맹인 디디무스 『코린토 1서 주해 단편』.

하느님의 계명을 지키지 않는 사람은 그분을 조금도 알지 못하는 것이 확실합니다.

> • 안드레아스 『성경 주해 선집』.

하느님께서는 당신의 계명을 지키지 않는 이 안에는, 그가 입으로 얼마나 열심히 하느님을 고백하든, 머무르시지 않습니다.

• 맹인 디디무스 『가톨릭 서간에 관한 짧은 상해』(요한 1서).

예수는 주님이시라고 말하지만 그분의 계명들을 지키지 않는 이들은 성령을 지니지 않은 이들입니다. 그들은 입으로는 그분을 드높이지만 마음은 그분에게서 멀리 있습니다.

• 맹인 디디무스 『가톨릭 서간에 관한 짧은 상해』(요한 1서).

지옥에 떨어지다

형제에게 바보라고 하는 사람을 생각해 봅시다. 그 사람은 단 한 가지 계명, 어쩌면 가장 작은 계명이라고 할 수 있는 것을 어기지만 지옥에 떨어집니다. 모든 계명을 어기며 다른 사람들에게도 그렇게 하도록 부추기는 사람과 이 사람을 비교해 보십시오. 두 사람은 하늘 나라와 관련해 같은 운명입니까? 예수님의 말씀은 이런 뜻이 아닙니다. 그보다는, 계명들 가운데 단 하나라도 어기는 사람은 마지막 날에 가장 작은 자(내처진 자)요 말째가 되어 지옥에 떨어지리라는 뜻입니다.

• 아퀼레이아의 크로마티우스 『마태오 복음 강해』 16.

계명 한 가지만 어겨도 율법을 어기는 것이다

계명 한 가지를 어기면 율법을 어기는 것입니다. 계명 하나만 어겨도 율법을 지키지 않는 사람임을 증명하는 셈입니다. 그러니 특별히 더 중요한 계명을 어기는 사람은 그에 합당한 벌을 무슨 수로 벗어날 수 있겠습니까?

• 알렉산드리아의 키릴루스 『루카 복음 주해』 84.

아가톤 압바가 또 말했다. "인간이 하느님의 계명들을 지키지 않는다면 단 하나의 덕에서도 진보할 수 없습니다."

• 『사막 사부들의 금언』(아가톤) 3.

하느님의 뜻을 잘못 이해한 사람들

율법 학자들의 관심은 온통 다른 것에 가 있었습니다. 그러나 주님께서는 덕을 충실히 키우는 일이 먼저고 몸을 보살피는 것은 그다음이라고 가르치셨습니다. 예수님의 제자들이 씻는 일에 관심이 없는 것을 알아챈 바리사이들은, 씻지 않으면 먹지 말아야 한다는, 무엇보다 중요한 일을 제자들에게 철저히 가르치지 않는다고 예수님을 비난했습니다. 그러자 주님께서 뭐라고 대답하십니까? "너희는 너희의 전통으로 하느님의 계명을 폐기하는 것이다"(마태 15,6)라고 하십니다. 그들이 따지듯이 한 말을 이처럼 더욱 엄중한 말로 되받으십니다. 그들은 하느님의 명령을 어겼을 뿐 아니라 잘못된 목적을 위해 그릇되이 사용하기도 했습니다. 중점을 다른 데에 둔 것입니다.

• 몹수에스티아의 테오도루스 『마태오 복음 단편』 79

사람들의 계명

인간의 전통을 하느님의 계획보다 우선시하며 인간의 전통이 하느님의 계명을 파괴하고 무시할 때마다 하느님께서 마음이 상하고 분노하심을 알아차리지 못한다는 것은 얼마나 완고하고 주제넘은 짓입니까? 그분께서는 이사야 예언자를 통하여 "이 백성이 입술로는 나를 공경하지만 그 마음은 내게서 멀리 떨어져 있다. 게다가 그들은 사람들의 계명과 학설을 가르쳐 헛되이 나를 공경한다"(참조: 마태 15,8-9; 마르 7,6-7; 이사 29,13) 하고 외치십니다.

• 키프리아누스 『편지』 74,3.

예비신자가 심판하다

이 교훈[로마 2,26 참조]을 우리 교회가 처한 상황에도 적용할 수 있습니다. 예를 들어, 예비신자들, 곧 다른 민족들은 아직 할례를 받지 않았고 신자들은 세례의 은총으로 할례를 받았다고 칩시다. 아직 세례의 은총으로 할례 받지 않은 예비신자가 그리스도의 법을 지킨다면 그는 율법의 규정과 계명을 실천하는 셈입니다. 이 구절을 여기에 대입시켜 보자면, 신자라고 내세우지만 계명들을 지키지 않고 그리스도의 법과 그분의 명령들을 업신여기는 사람을 이 예비신자가 심판하지 않겠습니까?

• 오리게네스 『로마서 주해』.

조언자의 말씀

사람은 하느님을 마주 보고 조언을 받았습니다. 곧, 의롭게 살라고 창조되었으며 올바르게 살라고 계명들을 받았습니다. 사람이 이 계명들을 무시하면, 결국 자기 창조주의 면전에서 돌아서는 것과 마찬가지입니다. 그러나 그분께서는 여전히 우리 뒤를 따라오시며 우리가 당신을 무시했음을 지적하시면서도 변함없이 우리를 부르십니다. 우리가 그분의 계명을 짓밟으면, 결국 그분의 얼굴을 보고 등을 돌리는 것입니다. 곧, 그분의 말씀을 배척하는 것입니다. 그러나 우리가 당신을 배척하는 것을 보시면서도 그분께서는 여전히 당신 계명들로 우리를 부르시며 인내심을 가지고 우리를 기다리십니다. 우리 뒤에 서 계시면서 우리가 잘못된 길에 들어서면 우리를 불러서 되돌아오게 하십니다.

• 대 그레고리우스 『복음서 강해』(40편) 34,17.

친구는 복종하고 원수는 거역한다

죄인들은 하느님의 원수로 불립니다. 계명을 지키는 이들은 친구가 되고, 지키지 않는 이들은 계명들의 원수가 되는 것입니다. 친구라는 이름을 받는 것은 친교 때문입니다. 원수라는 이름은 멀어진 관계에 기인하며 자유로운 선택에 의한 것입니다. 적의와 죄가 없다면 원수와 죄인도 없기 때문입니다.

• 알렉산드리아의 클레멘스 『양탄자』 4,13.

쾌락을 더 좋아하다

계명을 지키는 삶보다 쾌락의 삶을 더 좋아한다면, 어떻게 은총을 받고, 성도들과 친교하며, 그리스도 면전에 있는 천사들이 기뻐하기를 바라겠습니까? 진실로 그런 기대는 어리석은 자의 환상입니다.

• 대 바실리우스 『대 수덕집』(긴 규칙서) 서론.

계명을 엄격히 준수하지 않는 사람들

계명을 업신여기고 어기는 데 거리낌이 없어 계명을 엄격히 준수하지 않는 사람들 가운데서 사는 것은 위험합니다. 솔로몬의 다음 말이 이를 잘 보여 줍니다. "화를 잘 내는 자와 사귀지 말고 성을 잘 내는 사람과 다니지 마라. 네가 그의 길을 배워 너 스스로 올가미를 써서는 안 된다"(잠언 22,24-25).

• 대 바실리우스 『대 수덕집』(긴 규칙서) 5.

진노를 쌓다

하느님을 떠나 그분의 계명을 업신여기는 사람들, 자신들을 창조하고 길러 주신 분의 이름을 생각과 행동으로 욕되게 하는 이들은 자신들에게 떨어질 더없이 의로운 진노를 쌓고 있습니다.

• 리옹의 이레네우스 『이단 반박』 4,33,15.

계명을 지키다

하느님의 아들이 되다

하느님께서 계명을 지키지 않는 이의 아버지이신 때가 있습니까? 어떤 이가 하늘에 계신 아버지의 아들이 아니었는데, 아버지께서 그를 이끄시어 다시 새로 나게 하시고 '아버지'라 불리실 때, 그가 그분의 아들이 된 것은 이 계명들 때문입니다.

• 오리게네스 『요한 복음 주해』 20,140.

계명을 지켜라

계명을 지키지 않고도 영원한 생명에 들어갈 수 있는 것이라면, 왜 주님께서 "네가 [영원한] 생명에 들어가려면 계명들을 지켜라"(마태 19,17)라고 하신 다음 선한 행실과 관련된 계명들에 대해 이야기하셨겠습니까?

• 아우구스티누스 『신앙과 실천』 15,25.

하느님의 계명들은 누구나 지킬 수 있다

하느님의 뜻은 우리가 옳다 그르다 말할 것이 아니라 기꺼이 받아들여야 하는 것입니다. … 그러므로 하느님의 계명들은 우리가 지킬 수 있는 것들입니다. 우리는 다윗이 그것을 지켰다는 것을 알고 있습니다. 하지만 거룩한 사람들도 늘 공정을 지키는 일에 때로는 지치기도 하는 것을 우리는 봅니다.

• 히에로니무스 『펠라기우스파 반박 대화』 2,20.

계명들은 지키기 어렵지 않다

계명을 지키는 것은 하느님께 대한 우리 사랑의 형태요 실체입니다. 계명들을 지키는 이들은 그 계명들에 의해 하느님 가까이 가게 됩니다. 틀린 방향에서 그것들을 바라보며 계명들을 지키기 어렵다고 말하는 사람은 자기 자신의 나약함을 드러낼 뿐입니다.

• 안드레아스 『성경 주해 선집』.

계명과 양심의 관계

인간은 자신의 행동을 아무도 보지 않더라도 부끄러움을 느끼며 자신이 한 짓을 인정하는 것을 두려워합니다. 이는 자신을 고발하는 양심이 있기 때문입니다. 어떤 법도 없이 산다면 어떻게 이런 일이 있을 수 있습니까? 이는 하느님께서 인간에게 계명을 주시어 그들이 자신의 이성적 본성을 깨닫고 법을 주신 분을 두려워하게 하셨기 때문입니다. 그러나 인간은 법을 주신 분이 자비로우시다는 것과 법을 지키는 것이 어렵지 않다는 것을 알고 있었습니다.

• 키루스의 테오도레투스 『바오로의 열두 서간 주해』(로마서).

우리의 노력으로 승리하는 것이 아니다

하느님의 계명은 지키기 힘들지 않습니다. 이 세상의 역경에도 불구하고 참된 마음으로 그것들을 지켜야 할 의무가 있는 모든 이는 [세상의] 유혹들을 무심히 바라보며 오히려 죽음을 고대하기까지 합니다. 그것이 하늘 나라로 들어가는 문인 까닭입니다. 우리가 이 모든 일을 우리 자신의 노력으로 이룰 수 있다고 생각하는 사람이 없도록, 요한은 우리 승리의 실체는 우리의 행실이 아니라 믿음이라고 덧붙입니다.

• 존자 베다 『가톨릭 서간 해설』(요한 1서).

믿는 이는 참으로 "하느님에게서 난 이"다

"하느님에게서 난 이는 하느님의 말씀을 듣는다"(요한 8,47). 예수님께서는 믿는 이들은 "하느님에게서 난" 이들이라고 하십니다. 이들은 그훈의 계명을 지킵니다. 그분에게서 신심의 본을 보고 덕을 지니게 되었기에 그들은 하느님의 자녀로 불립니다. … 예수님께서 말씀하시는 "하느님의 말씀을 듣는 이"는 단지 귀로 말소리를 듣는 이가 아니라 그분께서 하시는 말씀을 따르는 이를 뜻합니다.

• 헤라클레아의 테오도루스 『요한 복음 단편』 66.

믿는 이는 계명을 지킨다

"내 계명을 받아 지키는 이야말로 나를 사랑하는 사람이다"(요한 14,21)라는 말씀에 '내 계명을 받아 지키지 않는 이는 나를 사랑하는 이가 아니다'라는 뜻을 담고 있으며, 믿는 이는 그런 일을 하게 될 것이라면, 그런 일을 하지 않는 사람은 믿지 않는 이가 틀림없습니다.

• 아우구스티누스 『요한 복음 강해』 72,2.

하느님을 아는 것

하느님을 진정으로 아는 사람은 그분의 계명들을 지킴으로써 자신이 그분의 사랑 안에서 산다는 것을 입증하는 사람입니다. 사랑은 우리가 하느님을 안다는 확실한 표시입니다.

• 존자 베다 『가톨릭 서간 해설』(요한 1서).

여기서[1요한 2,3 참조] 요한은 참된 앎은 그리스도의 계명들을 지킴으로써 자신이 그분께 충실하다는 것을 보이는 것임을 알려 줍니다.

• 안드레아스 『성경 주해 선집』.

새 계약을 통하여 오는 은총 덕분에, 모든 신실한 사람들은 한 분 하느님께서는 삼위일체이심을 압니다. 그렇게 그분을 앎으로써 그들은 십계명의 덕을 이루었습니다.

• 대 그레고리우스 『에제키엘서 강해』 2,4,11.

계명들을 철저히 지키다

여기서[마태 7,24 참조] '바위'는 예수님 가르침의 확실성을 나타냅니다. 그분의 계명들은 어떤 바위보다 확고하기 때문입니다. 그분의 계명들은 사람을 인생의 모든 파도 저 너머에 올려놓습니다. 이 계명들을 철저히 지키는 사람은 악의로 대하는 인간들을 넘어설 뿐 아니라 계략을 꾸미는 마귀들도 넘어섭니다.

• 요한 크리소스토무스 『마태오 복음 강해』 24,2.

그리스도의 빛이 없으면 걸려 넘어진다

빛은 그리스도라고 한 제 말을 잘 생각해 보십시오. 그분의 계명을 지키며 사는 이는 악의 손아귀에 들지 않을 것입니다. … 악마의 뜻에 따라 사는 이는 걸려 넘어집니다. 그 안에 그리스도의 빛이 없기 때문입니다.

• 아타나시우스 『라자로의 부활에 관한 설교』.

가장 작은 계명까지도 지켜야 한다

계명들 가운데 가장 작은 것을 폐지하는 것도 죄라면, 크고 중요한 계명들을 폐지하는 것은 얼마나 더 큰 죄겠습니까. 그래서 성령께서는 솔로몬을 통하여 "작은 것을 무시하는 자는 조금씩 망하리라"(집회 19,1) 하고 분명하게 말씀하십니다.

그러므로 거룩한 계명들은 어느 것 하나 폐지해서도 고쳐서도 안 됩니다. 모든 것을 그대로 보존하며 열심히 성실하게 가르쳐 하늘 나라의 영광을 잃어버리는 일이 없도록 해야 합니다. 실제로, 믿지 않는 이들이나 속된 사람들이 작고 중요하지 않다고 여기는 것들을 하느님께서는 하찮은 것이 아니라 필요하게 여기십니다. 주님께서는 계명들을 가르치시고 또 지키셨기 때문입니다(마태 5,19 참조).

• 아퀼레이아의 크로마티우스 『마태오 복음 강해』 20,2,1-2.

사랑이 모든 행위의 바탕이 되어야 한다

계명을 지키는 것이 사랑의 가장 중요한 표시라면, 사랑이 없을 경우, 영광스러운 은총의 선물들 — 더없이 숭고한 권능들과 사람을 완전하게 만드는 믿음 자체와 계명들 — 의 가장 효과적인 작용도 도움이 되지 못하리라는 것을 알고 우리는 몹시 두려워해야 합니다. … 사랑이 없다면 (법규들을 지키고 의로운 행위를 하더라도, 주님의 계명을 지키고 은총의 놀라운 표징을 행하더라도) 그 일들은 부정한 행위로 여겨질 것입니다. … 그것을 행한 이들의 목적이 자신의 뜻을 만족시키는 것이기 때문입니다.

• 대 바실리우스 『세례론』 1,2.

영이 두 번 내렸는가?

여기에서 또 다른 문제가 제기됩니다. 분명히 행해진 주님의 성령 하사가 왜 두 번이었나 하는 것입니다. 성령 하사가 두 번이었던 것은 아마도 사랑의 계명이 이웃 사랑과 하느님 사랑, 이렇게 두 가지임을 나타낸 것이 아닐까 합니다. 사랑이 성령에게 속함을 보여 주기 위해서 말입니다. … 성령께서 계시지 않으면 우리는 그리스도를 사랑하고 그분의 계명을 지킬 수 없는 것입니다. 우리는 성령을 적게 받으면 주님의 계명을 그만큼만 지키고 또 그만큼만 지킬 수 있을 뿐이지만, 성령을 많이 받으면 주님의 계명을 더욱더 잘 지키게 됩니다.

• 아우구스티누스 『요한 복음 강해』 74,2,2.

사랑의 초상화를 그리다

거룩한 계명을 지키는 것은 하느님에 대한 우리의 사랑을 생생하게 표현하는 최고의 길입니다. 그것은 모든 덕과 진리 안에서 산 삶의 그림입니다. 그것은 혀에서 흘러나오는 소리들만으로 대략 윤곽만 그려진 삶이 아닙니다. 그 삶은 선행의 초상화를 그려 낸 찬란하고 아름다운 온갖 색채로 빛납니다.

• 알렉산드리아의 키릴루스 『요한 복음 주해』 9,1.

우리가 하느님께 가져야 할 사랑의 실체이자 바탕은 그분의 계명들을 준수하는 것입니다.

• 맹인 디디무스 『가톨릭 서간에 관한 짧은 상해』(요한 1서).

우리는 하느님의 계명들을 지킬 때에만 그분을 사랑한다는 말을 들을 수 있습니다.

• 대 그레고리우스 『복음서 강해』(40편) 30,1.

사랑하는 이는 자기 뜻을 고집하지 않는다

사랑의 증거는 행실입니다. 요한이 서간에서 "누가 '나는 하느님을 사랑한다.' 하면서 자기 형제를 미워하면, 그는 거짓말쟁이입니다"(1요한 4,20)라고 한 것은 이런 까닭입니다. 우리의 사랑이 참될 때는 우리가 자기 뜻을 죽이고 그분의 계명을 따를 때입니다. 그릇된 욕망으로 말미암아 여전히 여기저기 헤매는 사람은 참으로 하느님을 사랑하는 이가 아닙니다. 자기 뜻을 따름으로써 그분을 거스르기 때문입니다.

• 대 그레고리우스 『복음서 강해』(40편) 30,1.

사랑하는 것은 그리스도께 순종하는 것이다

그리스도께서는 "너희가 나를 사랑하면 내 계명을 지킬 것이다"(요한 14,15)라고 하셨습니다. … '나는 너희에게 서로 사랑하고, 내가 너희에게 해 준 것처럼 서로 해 주라고 명령하였다. 나를 사랑하는 것은 이 명령들을 지키고 너희가 사랑하는 나에게 순종하는 것이다'라는 뜻입니다.

• 요한 크리소스토무스 『요한 복음 강해』 75,…

주님을 사랑하는 이

주님께 여쭈어 봅시다. "누가 당신을 사랑하는 자입니까?" 그러면 주님은 복음 말씀을 통하여 이렇게 대답하실 것입니다. "내 계명을 받아 지키는 이야말로 나를 사랑하는 사람이다"(요한 14,21).

• 소 아르노비우스 『시편 주해』 18.

하느님에게서 온 계명

누가 그대에게 해 달라고 부탁하는 일을 싫어한다면, 그 사람을 어떻게 사랑할 수 있겠습니까? 황제를 사랑하지만 그의 법을 지킬 수 없다고 말하는 사람이 누가 있겠습니까? 시편 제119편이 명쾌하게 보여 주듯, 하느님을 진정으로 사랑하는 사람은 그분의 계명도 사랑하는 사람입니다.

• 존자 베다 『가톨릭 서간 해설』(요한 1서).

하느님의 계명을 완수하다

하느님을 사랑하는 사람은 그분의 계명들을 지키며, 형제를 사랑하는 것은 그 계명들을 완수하는 것입니다. 형제를 사랑하지 않는 사람은 계명들을 지키지 않은 것이고, 그것들을 지키지 않았으니 하느님을 사랑하지 않은 것입니다. 자기는 사랑한다고 말하면서 그렇게 하지 않는 사람은 거짓말쟁이입니다.

• 안드레아스 『성경 주해 선집』.

다른 아무것도 요구하지 않는다

그리스도께서는 당신을 온 마음으로 사랑하고 당신 계명을 지키는 것 말고는 아무것도 그대에게 바라지 않으신다고 성경은 말합니다. 마땅히 사랑해야 하는 방식대로 그분을 사랑하는 사람은 분명 그분의 계명을 완수할 준비도 되어 있다는 뜻입니다. 어떤 사람에게 호감을 느끼는 이는 상대방의 사랑을 얻고자 할 수 있는 모든 일을 다 합니다. 우리도 진정으로 주님을 사랑한다면 어떻게 해서든 그분의 계명을 수행하고, 사랑하는 이가 언짢아할 수 있는 어떠한 일도 하지 않을 것입니다. 이것이 바로 하느님 나라이며 선의 기쁨입니다. 이것이야말로 헤아릴 수 없는 축복입니다. 그분을 진심으로 합당하게 사랑할 수 있기 때문입니다.

• 요한 크리소스토무스 『창세기 강해』 55,3.

주님은 계명을 지키는 이의 마음 안에 사신다

주님께서는 진실로 하느님을 사랑하고 그분의 계명을 지키는 이의 마음속에 들어오시며 그 안에 사십니다. 그는 그분 신성에 대한 사랑으로 마음이 꿰뚫려 유혹의 때에도 그 사랑에서 돌아서지 않기 때문입니다. 사악한 쾌락에 마음이 넘어가지 않는 사람이 진정 사랑하는 사람입니다.

• 대 그레고리우스 『복음서 강해』(40편) 30,2.

탑의 기초 위에 덕행을 쌓는다

사람이 탑의 기초만 놓은 채 마치지 못하면 비웃음을 당하리라고 복음서는 말합니다. 우리는 이 비유에서 무엇을 배웁니까? 큰 뜻을 품었으면 결실을 보고, 하느님의 계명을 끝까지 지켜 그분의 일을 완수하려 노력해야 한다는 것을 배우지요. 돌 하나로는 탑을 완성할 수 없습니다. 마찬가지로, 계명 하나 지켜서는 영혼의 온전한 성숙을 이룰 수 없습니다. 기초를 놓고, 바오로 사도의 말대로, "그 기초 위에 금이나 은이나 보석으로 집"(1코린 3,12)을 지어야 합니다. 계명을 지키며 사는 것은 금이나 은보다 소중합니다. 그래서 시인은 말하지요. "저는 당신 계명을 금보다 순금보다 더 사랑합니다"(시편 119,127)라고.

• 니사의 그레고리우스 『동정』 18.

하느님께서 약속하시는 것은 우리가 아무런 수고를 하지 않아도 이루어지는 것이 아닙니다. 그분께서는 당신의 계명들을 지키는 이들에게 당신의 약속을 이루어 주십니다.

• 히에로니무스 『다니엘서 주해』 9,4.

계명들을 어긴다면

매우 구체적으로 기도를 드리는 다니엘은 그분께서 누구에게나 그렇게 하신다고 하지 않고 "당신을 사랑하고 당신의 계명을 지키는 이들에게"(다니 9,4) 그렇게 하신다고 이야기합니다. 누가 그분의 계명들을 어긴다면, 그는 자신을 그분의 약속을 이루어 받을 자격이 없는 자로 만드는 것입니다.

• 키루스의 테오도레투스 『다니엘서 주해』 9,4.

내 계명 안에서 즐거워하라

주님께서 말씀하십니다: 나는 사전에 너에게 약속하였다. 만약 네가 더 이상 이 약속들과 씨름하지 않는다면, 전쟁의 공포가 너를 전혀 건드리지 못할 것이다. 그러므로 내 계명 안에서 즐거워하여라. 네가 계명을 실천한다면 이런 종류의 두려움이 네게 어떤 영향도 미치지 못하리라. 그렇지 않으면, 이 계명들을 지킬 수 없을 뿐만 아니라 인간의 질책에 대한 두려움에 빠지고 말 것이다.

• 카이사리아의 에우세비우스 『이사야서 주해』 2,43.

착한 종의 특징

하느님께서는 여러분이 당신의 행위를 판단하는 심판자가 아니라 당신의 계명을 지키는 종이 되기 바라셨습니다. 종에게 유익한 모든 것을 내다보는 것이 착한 주인의 특징입니다. 그런가 하면, 착한 종의 특징은 주인의 행동에 대해 군소리 없이 충성을 다하는 것입니다.

• 『마태오 복음 미완성 작품』 강해 28.

형벌에 대한 공포 때문에 계명을 지키는 이

요한 사도는 "완전한 사랑은 두려움을 쫓아냅니다. … 두려워하는 이는 아직 자기의 사랑을 완성하지 못한 사람입니다"(1요한 4,18)라고 합니다. 그러므로 "자기의 사랑을 완성"한 사람은 아브라함에게서 난 이며 "자유의 몸인 부인에게서 난 아들"(갈라 4,23)입니다. 그러나 사랑을 완성해서가 아니라 미래의 고통에 대한 두려움과 형벌에 대한 공포 때문에 계명을 지키는 이도 실로 아브라함의 자손입니다. 그도 선물, 곧 행실에 대한 보상을 받습니다. … 그러나 그는 종의 두려움이 아니라 자유로운 사랑을 완성한 사람보다는 못합니다.

• 오리게네스 『창세기 강해』 7,4.

행실에서 삶의 진실성이 드러나다

가이오스의 삶의 진실성은 그의 완전한 행실에서 볼 수 있었습니다. 그는 생각과 말과 행동에서 거짓이라고는 없는 사람이었습니다. 거짓이 있기는커녕, 능력이 닿는 한 온 힘을 다해 하느님의 계명들을 지키는 사람이었습니다.

• 아를의 힐라리우스 『일곱 가톨릭 서간 해설』(요한 3서).

남보다 뛰어나다 할 수 없다

"정녕 하느님께서는 인간을 불멸의 존재로 창조하시고"(지혜 21,23) 그들에게 자유의지를 주셨습니다. 만약 어떤 사람이 자유로운 의지가 아니라 어쩔 수 없이 하느님의 계명을 지킨다면 그는 남보다 뛰어나다 할 수 없습니다.

• 아우구스티누스 『그리스도인의 투쟁』 10,12.

거룩한 순명 아래서 분투하기 위해 마음과 몸을 준비해야 한다

우리는 계명들에 대한 거룩한 순명 아래서 분투하기 위해 우리의 마음과 몸을 준비해야 할 것입니다. 그리고 우리 안에 있는 본성은 이것을 할 수 있기에는 너무도 부족하니, 주님께서 당신 은총으로 우리를 도와주시기를 간구합시다.

• 베네딕도『수도 규칙』(서론) 40-41.

하느님의 도움 없이 이루어지는 일은 없다

하느님의 도움이 없다면, 아무리 애를 쓴들 그분의 계명을 어찌 완수하겠습니까? "주님께서 집을 지어 주지 않으시면 그 짓는 이들의 수고가 헛되리라"(시편 127,1)고 쓰여 있지 않습니까!

• 아우구스티누스『편지』
(알리피우스와 아우구스티누스가 파울리누스에게 보낸 편지) 186.

그분의 계명을 지켜야 그분께 바라는 것을 받는다

우리가 하느님께 바라는 것을 얻으려면 그분의 명령에 복종해야 한다는 것을 알아야 합니다. 이 두 가지는 결코 따로 떼어 놓을 수 없습니다.

• 대 그레고리우스『욥기의 도덕적 해석』28,9.

하느님의 계명을 지킨다면, 우리의 순종은 열매를 맺을 것입니다. 청하는 것은 다 받게 될 것이기 때문입니다.

• 테오필락투스『요한 1서 주해』.

생명을 찾을 수 있다

인간은 생명을 창조하지 않았다는 것도 기억하십시오. 인간은 하느님의 계명을 지키고 실천함으로써 생명을 찾을 수 있습니다. 이것이 바오로 사도가 "여러분의 생명은 그리스도와 함께 하느님 안에 숨겨져 있다"고 한 생명입니다. 그러므

로 비유적으로 표현하면, 인간은 생명의 그림자 속에 있었거나(지상에서 우리 생명은 그림자일 뿐이니까요) 하느님과의 서약 안에 있었다고(하느님께서 인간에게 숨을 불어 넣어 주셨으니까요) 할 수 있습니다.

• 암브로시우스『낙원』29.

영원한 생명을 얻을 것이다

그리스도께서는 유대인들과 논쟁하실 때, '나를 보내신 분의 뜻은, 당신께서 보내신 이를 너희가 믿는 것이다'(요한 6,39 참조)라고 하셨습니다. 그분의 계명들을 지키는 이는 영원한 생명을 얻을 것입니다.

• 안드레아스『성경 주해 선집』.

계명을 지키는 이는 생명을 얻을 것이다

계명을 지키는 이는 생명을 얻을 것입니다. 그런데 계명을 지키는 이는 누구입니까? 현세의 삶이 끝나기 전에 하느님께로 돌아서고 예전의 죄를 떠난 사람입니다. 그래서 복된 베드로는[5] 우리에게 "주님의 이름을 받들어 부르는 사람은 모두 불의를 멀리해야 한다"(2티모 2,19)라고 경고합니다.

• 루스페의 풀겐티우스
『죄의 용서에 관해 에우테미우스에게』7,2.

본보기인 어린이

열두째 흰 산에는 다음과 같은 신자들이 속합니다. 그들은 어린이와 같이 어떤 악도 마음에 일어나지 않고 악이 무엇인지 모르며 늘 순진무구합니다. 따라서 이러한 사람들은 어떤 경우에도

---

5 풀겐티우스가 바오로 사도의 글을 베드로 사도의 글로 착각했다.

하느님의 계명들을 더럽히지 않았고, 그의 일생 동안 순진무구한 생각을 계속 지녔기 때문에 확실히 하느님 나라에서 살 수 있을 것입니다.

• 헤르마스 『목자』(비유) 9,29,1.

의인에게만 구원이 주어진다

악인이 기대하지도 않았던 뜻밖의 구원은 악인이 아니라 의인에게 주어질 것이 틀림없습니다. 구원을 바라지도 않고 악하게 산 이들이 아니라 구원을 희망하며 육적 욕망을 자제하고 복된 베드로가 제시한 구원의 계명을 지킨 이들에게 구원은 주어집니다.

• 루스페의 풀겐티우스
『죄의 용서에 관해 에우티미우스에게』 2,3,3.

아들의 모습은 계명을 지키는 이들만 볼 수 있다

'나를 사랑하고 나의 계명을 지키는 이는 누구든지 나와 아버지의 사랑을 받을 것이며 그에 더하여 내가 진실로 누군지 보게 될 것이다. 그들에게는 육신 안에 있는 나를 보지 못했다는 사실이 조금도 불리하게 작용하지 않을 것이다. 실로 그들은 때가 되어 내가 하늘에서 내려오는 것을 볼 때에 나의 모습도 보게 될 것이다.'

• 몹수에스티아의 테오도루스 『요한 복음 주해』 6,14,21.

주님의 계명을 지키자

사랑하는 형제자매 여러분, 우리는 박해를 당하거나 고통을 겪을 때 주님의 수난을 생각합시다. 그분의 재림을 기다리며 완전한 순명을 보여 드립시다. 주님 앞에서 자신을 변호하느라 불경스럽고 뻔뻔스럽게 허둥대는 일이 없도록 합시다. 꾸준히 노력하고 온 마음으로 깨어 마지막 떠나는 날까지 꿋꿋합시다. 분노와 응징의 날이 올 때(참조: 에제 7,19; 스바 1,14-18; 묵시 6,17) 불경한

이들과 죄인들과 함께 벌 받지 않고, 의인들과 하느님을 두려워하는 이들과 더불어 영광스럽게 될 수 있도록 주님의 계명을 지킵시다.

• 키프리아누스 『인내의 유익』 24.

계명의 완성

세상을 떠나다

주님께서는 당신의 친구들은 세상에 속하지 않으며 세상은 그들을 미워한다고 말씀하셨습니다. 그분 계명의 완성(요한 14,15.23 참조)은 십자가입니다. 다시 말해, 바오로가 그랬듯이, 세상에 대한 모든 욕망을 잊고 지워 버리며 사랑의 불꽃 안에서 그곳을 떠나기를 뜨겁게 소망하는 것입니다. 내 하느님께 말씀드릴 때와 같은 솔직함과 확신을 지니고 진심으로 말씀드립니다. 마음은 세상을 벗어 버리는 순간 그리스도를 입습니다. 마음은 세상일에 대한 생각을 떠나는 순간 하느님을 만납니다.

• 노 요한 『편지』 5,2.

읽고 들은 것을 행하는 것이 완성이다

묵시록 저자는 읽는 것만으로는 계명을 온전히 실천하는 것이 아니며, 듣기만 하는 것 또한 온전한 행위가 아님을 분명히 알리고 싶어 합니다. 자신이 읽고 들은 것을 이해하고 행할 때, 오직 그것만을 완성이라 할 수 있습니다.

• 베자의 아프링기우스 『묵시록 주해』 1,3.

율법을 완성하시다

때는 열시(오후 네시)였습니다. 이 숫자는 율법을 상징합니다. 율법이 십계명으로 주어졌기 때문입니다. 그러나 율법이 사랑으로 완성되어야

할 때가 왔습니다. 유대인들에 의해 두려움을 통해서 완성될 수는 없었기 때문입니다. 주님께서 '나는 율법을 폐지하러 온 것이 아니라 오히려 완성하러 왔다'(마태 5,17 참조) 하고 말씀하시는 것은 이런 까닭입니다.

• 아우구스티누스 『요한 복음 강해』 7,10.

사랑으로 모든 율법이 완성되다

율법에 따른 모든 행위는 이 한 가지 계명으로 완성됩니다. 사랑. 남을 사랑하는 사람은 살인을 하지 않으며 간음도 하지 않고 도둑질도 하지 않기 때문입니다. … 바오로는 여기서 [성경] 본문을 인용합니다. "네 이웃을 너 자신처럼 사랑해야 한다"(레위 19,18). 그러나 우리는 여기서 말하는 "이웃"을 모든 인간으로 이해해야 하며, 우리 이웃을 늘 그리스도로 보아야 합니다.

• 마리우스 빅토리누스
『바오로 서간 주해』(갈라티아서) 2,5,14.

우리 마음에 부어진 계명

바오로는 "'간음해서는 안 된다. 살인해서는 안 된다. 탐내서는 안 된다'는 계명과 그 밖의 다른 계명이 있을지라도(이런 것이 돌 판에 새겨진 계명들이었습니다) 그것들은 모두 이 한마디 곧 '네 이웃을 너 자신처럼 사랑해야 한다'는 말로 요약됩니다. 사랑은 이웃에게 악을 저지르지 않습니다. 그러므로 사랑은 율법의 완성입니다"(로마 13,9-10)라고 이야기합니다. 이 계명은 돌 판에 쓰이지 않고 "우리가 받은 성령을 통하여 우리 마음에 부어졌습니다"(로마 5,5).

• 아우구스티누스 『영과 문자』 17,29.

모세 율법의 완성

바오로는 우리가 모든 이와 평화로이 지내며 형제를 사랑하기 바랍니다. 그러면 우리는 아무에게도 빚지지 않게 될 것입니다. 이웃을 사랑하는 사람은 모세의 율법을 완성한 것입니다. 새로운 법의 계명은 원수도 사랑해야 한다는 것입니다(참조: 마태 5,44; 루카 6,27.35).

• 암브로시아스테르 『바오로의 열세 서간 주해』.

사랑으로 힘을 받아 완수하다

이 모든 계명들은 하느님에게서 나왔습니다. 그것들은 모두 하느님의 선물로서 우리에게 주어졌고, 하늘에서 큰 소리로 선포되었습니다. 그러므로 여러분의 수금을 집어 들고 법을 지키십시오. 여러분의 하느님이신 주님은 그것을 폐지하러 오신 것이 아니라 오히려 완성하러 오셨기 때문입니다(마태 5,17 참조). … 주님께서 사랑을 내려 주시면 땅은 열매를 맺습니다. 그러므로 여러분의 동기가 두려움이었을 때는 어렵다고 생각되던 것을 여러분은 사랑으로 완수하게 될 것입니다.

• 아우구스티누스 『시편 상해』 33,6.

믿음은 사랑도 지킨다

이 신앙[갈라 5,6 참조]을 통하여 구원에 어울리는 행실이 옵니다. 이것은 그리스도와 하느님에 대한, 그리고 그에 따른 모든 이에 대한 우리의 사랑을 통하여 옵니다. 삶을 곧바르게 하며 율법 전체의 뜻을 이행하는 것은 다름 아닌 이 두 가지 관계이기 때문입니다. 이 둘은 십계명이 명하는 모든 뜻을 담고 있습니다. 이 둘이 그리스도의 법이 명하는 모든 계명을 완성하는 것이라면, 믿음을 지키는 이는 사랑도 지킨다는 것이 필연적 결론입니다.

• 마리우스 빅토리누스
『바오로 서간 주해』(갈라티아서) 2,5,6.

두 계명을 완수하는 이들

그들은 "온 율법과 예언서의 정신이 이 두 계명에 달려 있다"(마태 22,40)라고 하는 바로 그 두 계명을 완수하는 이들입니다. '온 마음을 다하고 목숨을 다하고 온 정신을 다하여 하느님을 사랑하고 이웃을 자기 자신처럼 사랑'(마르 12,30-31 참조)하는 것이 그것입니다.

• 아우구스티누스 『시편 상해』 3,7.

두 계명은 모든 계명을 실천하는 것이다

첫째 계명은 하느님을 공경하는 것과 관련한 모든 것을 가르쳐 줍니다. 마음을 다하여 하느님을 사랑하는 것이 모든 선의 바탕이기 때문입니다. 둘째 계명은 우리가 다른 사람들에게 행하는 의로운 행위에 관한 것입니다. 첫째 계명은 둘째 계명을 수행하는 길을 준비해 주며 한편으로는 둘째 계명에 의해 확립됩니다. 하느님께 대한 사랑 안에 굳건히 서 있는 사람은 분명 모든 일에서 이웃을 사랑하기도 하기 때문입니다. 이 두 계명을 완수하는 사람은 모든 계명을 실천하는 셈입니다.

• 알렉산드리아의 키릴루스 『마태오 복음 단편』 251.

계명을 실행하지 않는 사람은 죄를 짓고 있는 것이다

신비의 세례를 받고서도 아직 계명을 완전하게 실행하지 않는 사람은 누구나 그가 잘못하는 것만큼 비례해 죄를 짓고 있는 것입니다. 아담의 죄 말고 게으른 자의 죄 말입니다.

• 은수자 마르쿠스 『세례론』 5.

계명들 가운데 가장 작은 것 하나라도 제쳐 놓으면

하느님께서는 "계명들 가운데 가장 작은 것 하나"(마태 5,19)라도 옆으로 제쳐 놓는 이는 누구나, 당신의 원수요 당신께 반대되는 법을 만드는

자로 여겨 옆으로 제쳐 놓으십니다. 그러면 이제 그는 복음의 법에 따라, 옛 율법은 이야기한 바가 없는 응징을 받습니다. … 거기에서 빠졌던 것이 여기에서는 완전하게 채워졌기 때문입니다.

• 알렉산드리아의 키릴루스 『마태오 복음 단편』 48.

율법의 더 깊은 뜻

주님께서는 "율법을 폐지하러 온 것이 아니라 오히려 완성하러 왔다"(마태 5,17)라고 하셨습니다. 이는 가장 작은 계명이라 여겨지던 것의 중요성을 알리기 위해서, 곧 율법의 계명들을 더 나은 방향으로 바로잡기 위해서 오셨다는 뜻입니다. 그래서 거룩한 사도는 "그렇다면 우리가 믿음으로 율법을 무효가 되게 하는 것입니까? 결코 그렇지 않습니다. 오히려 율법을 굳게 세우자는 것입니다"(로마 3,31)라고 합니다.

• 아퀼레이아의 크로마티우스 『마태오 복음 강해』 21,1,1-2.

계명의 참뜻을 따를 때 율법은 완성된다

영혼에 좀처럼 관심을 기울이지 않는 이들은 자기 마음을 깊이 들여다보지 않습니다. 그들은 이유 없이 이웃에게 성내는 것을 죄로 여기지 않으며, 다른 사람의 아내를 음욕을 품고 바라보는 것도 욕정을 행동으로 옮기지만 않는다면 죄가 아니라고 생각합니다. 그러나 하느님을 두려워하며 자기 마음을 존중하는 이들은 그것을 큰 죄로 여깁니다. 그것은 사람의 행동뿐 아니라 마음도 보시는 하느님 앞에서 큰 죄입니다. 이 계명의 참뜻을 따를 때 율법은 폐지되는 것이 아니라 완성되며, 주님의 계명은 그 위에 서 있습니다.

• 『마태오 복음 미완성 작품』 강해 12.

모세의 계명들은 그리스도의 계명들로 완성된다

율법 학자들과 바리사이들의 의로움은 모세의

계명들을 지키는 데 있지만, 이 계명들은 그리스도의 계명들로 완성됩니다. 그래서 예수님께서는 율법의 계명들은 물론, 사람들이 중요하지 않다고 여길지 모를, 내가 내린 계명들을 지키지 않는 이는 하늘 나라에 들어가지 못한다고 말씀하십니다. 율법의 계명들을 모두 지키면 율법을 어기는 자들에게 부과된 벌을 받지는 않겠지만 그것만으로는 하늘 나라에 들어가지 못합니다. 그것과 더불어 예수님의 계명도 지킨다면, 벌을 벗어날 뿐 아니라 하늘 나라에 들게 됩니다. 예수님께서는 율법의 폐지와 율법의 계명들 가운데 가장 작은 것 하나라도 지키지 않는 것에 대해 말씀하시며, 율법을 어기는 자들에게 "이 계명들 가운데서 가장 작은 것 하나라도 어기는 자는 하늘 나라에서 가장 작은 자라고 불릴 것이다"라고 하십니다.

• 『마태오 복음 미완성 작품』 강해 11.

기쁨과 즐거움 속에서 계명들이 완수된다

거룩하게 된 이들은 하느님의 은사에 따라 하느님의 율법을 완성하는 이들입니다. 율법은 명령할 수 있습니다. 그러나 돕지는 못합니다. 성령이 조력자로 더해지면, 하느님의 계명들이 기쁨과 즐거움 속에서 완수됩니다.

• 아우구스티누스 『설교』(부활 시기) 251,7.

은총으로 완성되는 율법

주님께서는 육신을 받아들이심으로써 율법의 희생 제사들과 당신 안에서 예시된 모든 본보기를 완수하셨을 때에 … 율법을 완성하셨습니다. 주님께서는 당신께서 내리신 율법의 계명들을 복음적 은총으로 확인해 주셨을 때에 분명 율법을 완성하셨습니다. 그리고는 "하늘과 땅이 없어지기 전에는, 모든 것이 이루어질 때까지 율법에서 한 자 한 획도 없어지지 않을 것이다"(마태 5,18)라는 말씀으로, 당신께서 율법을 완성하러 오셨다는 것을 보여 주십니다. 따라서 우리는 율법의 가르침이 얼마나 참되며 거룩한지를 그리스도의 가르침을 통해 압니다. 주님께서는 율법에서 한 자 한 획도 없어지지 않으리라고 밝히십니다.

• 아퀼레이아의 크로마티우스 『마태오 복음 강해』 20,1,3-4.

그리스도께서 율법을 담고 계시다

율법에는 그리스도의 계명이 담겨 있지 않지만, 그리스도의 계명에는 율법이 담겨 있습니다. 그러므로 그리스도의 계명을 지키는 이는 누구나 자기도 모르는 사이에 율법의 계명을 완수합니다.

• 『마태오 복음 미완성 작품』 강해 11.

계시

계시 자체가 하느님의 이끄심입니다.
• 아우구스티누스 『요한 복음 강해』 26,5.

계시는 실로 성령의 고유한 직능입니다.
• 대 바실리우스 『성령론』 16,38.

완전한 계시는 우리를 위해 남겨진 것입니다.
• 쿠오드불트데우스 『하느님의 약속과 예언』 1,28,40.

계시는 장차 올 시대에 증명될 것입니다.
• 요한 크리소스토무스 『에페소서 강해』 2,7.

계시보다 더 신뢰할 만하고 더 찬미받아 마땅한 일은 없습니다.
• 요한 크리소스토무스 『에페소서 강해』 2,7.

절대선絶對善은 스스로를 있는 그대로 정의하고 계시합니다.
• 위-디오니시우스 『신명론』 2,1.

말씀은 속에 있는 생각을 계시합니다.
• 니사의 그레고리우스 『에우노미우스 반박』 11,3.

계시의 의미와 이해

계시는 우리가 알 수 없는 것을 드러내 보여 준다

계시는 감추어져 있어 지각할 수 없는 비밀을 드러내 주는 것으로, [그리스도께서] 그 뜻을 밝혀 주시지 않는 한 [계시를] 받는 이는 자신이 보는 것을 이해할 수 없습니다.
• 베자의 아프링기우스 『묵시록 주해』 1,1.

하느님만이 하느님을 드러내실 수 있다

하느님께서는 믿는 이들에게 당신의 영을 통해 이것들을 계시해 주셨습니다. 인간은 하느님의 성령 없이는 하느님의 일들을 이해할 수 없기 때문입니다. 성령은 하느님이시기에 하느님에 관한 모든 것을 아십니다.
• 암브로시아스테르 『바오로의 열세 서간 주해』(코린토 1서).

인간의 탐구는 하느님에 관한 정확한 지식을 얻지 못한다

하느님의 깊은 비밀을 아시는 성령께서 그것들을 우리에게 계시해 주지 않으셨다면 우리는 결코 그것들에 대해 알 수 없었을 것입니다. 여기서 "통찰"이라는 말은 성령께서 알지 못했다가 알게 되었다는 뜻이 아니라 정확하고 상세한 지식을 가리킵니다. 바오로가 하느님에 관해 이야기할 때 '하느님께서는 마음속까지 살펴보신다'(로마 8,27 참조)고 한 것과 같은 의미입니다.

• 요한 크리소스토무스 『코린토 1서 강해』 7,7.

여러분이 통찰력과 계시로 알게 되도록

우리는 두 가지 길을 통하여 하느님의 완전한 신비에 도달한다는 것을 압시다. 우리는 이성적 통찰로 거룩한 일들에 관한 지식의 일부를 이해하고 식별하게 될 수 있습니다. 그러나 하느님께서 몸소 당신의 신성을 우리에게 계시하시는 어떤 신적인 자기표현이 있습니다. 어떤 이는 이 계시를 통해 놀랍고 장엄하며 진리에 가까운 어떤 것을 즉각적으로 인식하기도 합니다. … 그러나 우리가 지혜를 받으면, 우리는 거룩한 것을 우리 자신의 이성적 통찰력을 통해서도 또 하느님의 성령을 통해서도 파악하게 됩니다. 우리가 진실한 것을 이 본문이 의도하는 방식으로 '알게' 된다면, '앎'의 이 두 가지 길이 다 통한 것입니다.

• 마리우스 빅토리누스
『바오로 서간 주해』(에페소서) 1,1,17-18.

성령의 계시를 받은 사람은 누구나 성령의 이해력도 받았습니다.

• 키루스의 테오도레투스
『바오로의 열두 서간 주해』(코린토 1서) 177.

종말까지 보류되다

"봉인해 두라"(묵시 10,4)라는 말은 지금 계시된 것이 체험과 사건들을 통해 설명되도록 예정되어 있음을 보여 줍니다. 그리고 복음사가는 하늘에서 울려오는 소리를 듣고, 그 소리들이 마음에 새겨질 것이나 그에 대한 궁극적 이해와 명확한 해석은 종말까지 보류되어 있다는 것을 깨닫습니다.

• 카이사리아의 안드레아스 『묵시록 주해』 10,4.

예언자들은 계시를 부분적으로 이해하였다

["과거의 모든 세대에서는 알려지지 않았다"]는 바오로 사도의 말은 그리스도에 대한 기대가 모든 사람에게 계시되지는 않았다는 뜻입니다. 그 신비는 "과거의 모든 세대에서는 사람들에게 알려지지 않았지만, 지금은 성령을 통하여 그분의 거룩한 사도들과 예언자들에게 계시되었습니다"(에페 3,5). 베드로 사도가 성령의 인도를 받지 않았더라면 이민족들에게 가는 일은 결코 없었을 것입니다(사도 11,17 참조). … 그러니까 예언자들은 [신탁을] 전하기는 했지만 그 당시엔 완전한 지식을 갖고 있지 않았습니다. 그들은 복음을 들은 뒤에도 완전한 지식을 얻지는 못했습니다. 복음은 인간의 이성과 평범한 기대를 훨씬 넘어서는 것입니다.

• 요한 크리소스토무스 『에페소서 강해』 6,3,5-6.

모든 지혜가 계시되었지만 우리의 능력으로는 부분적으로만 알 수 있다

주의 깊은 독자는 이렇게 반문할지도 모르겠습니다. "바오로 사도가 부분적으로 알고 부분적으로 예언하며 지금은 거울에 비친 모습처럼 어렴풋이 본다(1코린 13,9.12 참조)고 했는데, 어떻게 하느님께서 당신의 신비를 그에게나 에페소 사람들에게 '지혜와 통찰력을 다하시어'(에페 1,8) 당신 뜻의 신비를 알려 주셨다고 하는가?" 하고 말입니다. … 이 구절은, 그들이 그들 힘으로 모든 지혜와 통찰력을 끌어내 이 신비를 깨달았다는 말이 아니라, 하느님께서 지혜와 통찰력을 다하시어, 우리가 파악할 수 있는 한에서 그 신비를 우리에게 계시해 주셨다는 뜻입니다.

• 히에로니무스『바오로 서간 주해』(에페소서) 1,1,9.

계시 없이는 그리스도의 신비를 파악하지 못한다

인간이 세상의 지혜로 아버지 하느님과 주 예수 그리스도의 신비를 파악하지 못한다는 것이 사실 뭐 그리 놀라운 일입니까? "지혜와 지식의 모든 보물"(콜로 2,3)이 그분 안에 숨겨져 있고, 그 신비에 관한 지식은 계시 없이는 천사들도 얻지 못하지 않습니까?

• 암브로시우스『신앙론』4,1,2.

계시를 통해 그분을 알게 되리라

히브리어 본문에서 말하고 있는 것, 곧 "전에는 나에 대해 묻지도 않은 자들이 나를 찾을 것이다"라는 말씀은 한때 하느님에 관해 알지 못했던 이들이 나중에 주님을 찾고 계시를 통해 그분을 알게 되리라는 뜻입니다.

• 히에로니무스『이사야서 주해』18,2.

계시만이 사람의 아들에 관한 지식을 알려 준다

"그에게 흰 돌도 주겠다"(묵시 2,17). 이는 세례로 희어진 몸을 말합니다. "그 돌에는 새 이름이 새겨져 있다." 이는 사람의 아들에 관한 지식을 말합니다. "그것을 받는 사람 말고는 아무도 모른다"(묵시 2,17). 이는 계시를 통하지 않고서는 아무도 알 수 없다는 뜻입니다.

• 아를의 카이사리우스『묵시록 해설』2,17.

표징들의 의미

예언자에게 보인 모든 것이 실재의 상징인 것은 매우 확실합니다. 요셉이 본 곡식 단과 해, 달, 별이 각기 앞으로 일어날 사건들의 실마리였고, 파라오는 이삭들과 더러는 살찌고 더러는 마른 암소들을 보는데(참조: 창세 37,7.9; 41,17-24), 이것들은 여러 사건을 나타내는 환시였습니다. 예언자도 정확히 같은 방식으로 하느님의 계시에 의해 이러한 사건들을 보며, 그가 본 것들은 저마다 실재에 관한 표징이나 암시였습니다.

• 몹수에스티아의 테오도루스『즈카르야서 주해』1,7.

환시는 신적 계시를 뜻한다

성경은 예언자들이 미래에 대한 계시를 받는 영적 은혜와 관련한 하느님의 활동을 '주님의 말씀'이라고 부릅니다. 마찬가지로, "환시"는 알려지지 않은 것에 대한 지식을 얻게 하는 신적 계시를 뜻합니다.

• 몹수에스티아의 테오도루스『오바드야서 주해』1.

천사 아닌 존재가 나타난 환시

"바오로가 그 환시를 보고 난 뒤, 우리는 곧 마케도니아로 떠날 방도를 찾았다. 하느님께서 우리를 부르셨다고 확신하였기 때문이다"(사도 16,10) 보십시오, 필리포스(사도 8,26)나 코르넬리우스(사도 10,3)의 경우와 달리 이번에는 천사를 통해서가 아니었습니다. 그러면 어떻게 해서였던가요? 환시를 통해서였습니다. 이것은 신적인 방식이라기보다는 인간적인 방식이었습니다. 대상자가 쉽게 순종하는 경우에는 계시가 보다 인간적인 방식으로 주어집니다. 더 강력한 것이 필요할 때는 더 강력한, 신적인 방식으로 주어집니다. 그래서 말씀을 선포하라는 지시만 들어도 충분할 때는 환시가 꿈으로 주어지고, 말씀을 선포하지 않을 수 없도록 만드실 때는 성령께서 나타나셔서 지시하십니다. 베드로가 "일어나 가거라"(사도 10,20)라는 말을 들은 것은 그런 까닭입니다. 성령께서는 쉬운 방법으로 일하시지 않습니다.

• 요한 크리소스토무스『사도행전 강해』34.

후대인들을 위해 보존하려고 기록한 환시

지금 우리 앞에 놓인 단락[다니 7,1-8 참조]에는 어떤 특별한 계기에 목격된 갖가지 환시에 관한 기록이 담겨 있습니다. 이 환시에 대해서는 이 예언자만이 의식하고 있었고 따라서 야만족들과 관련해서는 표징도 계시도 아닙니다. 이것을 기록으로 남긴 이유는 후대인들이 이에 대해 알도록 보존하려는 것이었습니다.

• 히에로니무스『다니엘서 주해』7,1.

수수께끼란?

"주님께서 … 미래를 전하라고 나를 너에게 보내셨다. 너는 이 말씀에 세심한 주의를 기울이거라. 내가 말할 내용('환시의 뜻')은 인간에게는 너무나 심오하기 때문이다. 그것은 수수께끼들을 통해 설명될 터이니 이해하기 위해 너는 세심한 주의를 기울여야 한다." 수수께끼란 신적 실재에 대해 말하거나 글로 쓸 때 사용되며, 그 목적은 거룩한 이들에게 계시되는 것이 아무에게나 명백하게 드러나지 않게 하려는 것입니다. 친숙하다 보면 업신여기게 되기 때문입니다.

• 키루스의 테오도레투스『다니엘서 주해』9,22-23.

그림판에 그려진 그림처럼

묵시록이 하는 말을 잘 들으십시오. "나는 또 한 천사가 하늘에서 내려오는 것을 보았습니다. 그는 지하의 열쇠와 큰 사슬을 손에 들고 있었습니다"(묵시 20,1). 그리고 그는 악마를 붙잡아 결박

하여 지하로 던졌습니다. 주님께서 영적으로 이루신 일이 복음사가에게 그림판에 그려진 그림처럼 보이고 있습니다. 요한은 인간이라 영적인 실재를 볼 수 없기 때문에, 그때에 일어난 일이 현실의 광경처럼 계시되고 있는 것입니다.

• 오이쿠메니우스『묵시록 주해』20,2.

더없는 기쁨

"그들은 그 별을 보고 더없이 기뻐하였다"(마태 2,10)라고 합니다. 그들의 희망이 허황된 것이 아니었으며, 그들이 그토록 힘든 여행에 나설 만한 이유가 있었다는 것이 확실히 증명되었기 때문입니다. 그때 그들은 별의 표징을 보고, 거룩한 권위가 임금님의 탄생을 자신들에게 계시하신 사실을 깨달았습니다. 별의 신비를 통하여 그들은 지금 태어나신 임금님은 지상의 어떤 임금도 따라갈 수 없는 존귀하신 분임을 알게 되었습니다. 그들은 충실히 그분께 경의를 표하는 별보다 이 임금님께서 훨씬 영광스러운 분이라고 생각하지 않을 수 없었습니다.

•『마태오 복음 미완성 작품』강해 2.

다양한 표징들

"바로 그때 크고 강한 바람이 산을 할퀴고 주님 앞에 있는 바위를 부수었다. 그러나 주님께서는 바람 가운데에 계시지 않았다"(1열왕 19,11). 바람이 지나간 뒤에는 지진이 일어났고, 지진 다음에는 불이 일어났습니다. [엘리야는] 주님께서 지진 가운데에도, 불 속에도 계시지 않음을 알아차렸습니다. 그러한 계시의 목적은 이러합니다. 주님께서는 다양한 표징을 통해 당신 예언자를 가르치고자 하셨습니다. 그의 지나친 열정을 바로잡고, 은총의 풍성한 자비를 통해 정의의 심판을 돌보시는 지극히 높으신 분의 섭리를 그가 의로

움으로 본받을 수 있도록 이끌기 위해서입니다.

• 시리아인 에프렘 『열왕기 상권 주해』 19,11.

계시의 목적

이스라엘이 자신들이 처한 현 상황에 충격을 받아 풀이 죽은 것이 사실이라 하더라도, 우리는 그러한 이유로 계시의 의도가 비유에 그치는 것이라고 추측해서는 안 됩니다. 계시의 목적은 부활을 증거하여 이스라엘 백성이 영원한 구원과 필연적인 재건에 대한 희망을 가지며, 현재 일어나고 있는 일에 너무 신경 쓰지 않게 하려는 데 있었습니다. 실제로 이것이 다른 예언자들의 목적이기도 했습니다.

• 테르툴리아누스 『죽은 이들의 부활』 31.

계시가 필요한 까닭

요셉의 마음은 오락가락했습니다. 마리아와 관계를 그대로 이어 가기도 두려웠고, 마리아를 내칠 엄두도 나지 않았습니다. 이것이 요셉에게도 계시가 필요했던 까닭입니다. 마리아는 천사를 보았고, 그에게서 자신과 엘리사벳의 잉태에 대해 들었습니다. 마리아는 엘리사벳을 보러 산악 지방으로 갔고, 엘리사벳을 만나고서 확신을 갖게 되었습니다. 마리아에게도 이런 계시가 필요했는데, 마리아의 잉태에 대해 들은 요셉에게는 계시가 얼마나 더 필요했겠습니까?

• 『마태오 복음 미완성 작품』 강해 1.

꿈을 식별하다

꿈의 기원이 무엇인지 식별하기 어려우면 어려울수록 더욱더 그것에 믿음을 두지 말아야 합니다. 그런데 성인들은 그들이 가진 특별한 지력으로 환상과 계시를 구별할 수 있고, 환시로 본 이미지와 말씀의 의미를 꿰뚫을 수 있습니다. 그래서 그들은 그들이 가진 것이 좋은 영에서 온 것인지 아니면 그들이 어떤 환상에 사로잡혔는지 압니다. 그러나 어떤 영혼이 만약 꿈에 관하여 신중하지 않다면 속이는 영의 활동으로 허영의 숲에서 길을 잃고 말 것입니다. 속이는 영은 때로는 많은 진실된 것들을 예측하는 재주를 보여 주는데, 이는 단 한 번의 거짓말의 덫으로 영혼을 사로잡기 위해서입니다.

• 대 그레고리우스 『대화』 4,50,5-6.

다니엘만이 풀이할 수 있게 하시다

모든 이의 비밀을 아시며 마음속 생각을 꿰뚫어 보시는 분께서 장차 일어날 일들을 표상으로 다니엘에게 계시하셨습니다. 그러나 하느님의 계획을 바빌론의 현자들이 아니라 복된 다니엘이 풀이하도록 그 임금에게 환시의 뜻은 감추셨습니다. 하느님의 예언자인 그에 의해 모든 것이 명백히 드러나도록 아무도 그 의미를 헤아릴 수 없게 하신 것입니다.

• 히폴리투스 『다니엘서 주해』 2,29.

다니엘은 큰 예언자다

어떤 일의 표상들이 나타내는 것만을 영 안에서 본 사람은 시시한 예언자라 할 수 있고, 표상들을 이해하는 능력만을 받은 사람은 그보다는 나은 예언자입니다. 그러나 이 두 가지 능력을 다 받은 사람, 곧 유형의 것들로 표현된 상징들을 영 안에서 보며 또한 정신의 활력으로 그것들을 이해하는 능력 또한 지닌 사람은 큰 예언자입니다. 다니엘이 그런 이였습니다. 그는 임금이 어떤 꿈을 꾸었는지 말해 주고 그 의미까지 설명함으로써 그 시험에서 [자질의] 탁월함을 입증하였습니다. 유형적인 것들의 표상은 그가 영 안에 떠올린 것이었고 그 의미는 그의 정신에 계시된 것이었습니다.

• 아우구스티누스 『창세기 문자적 해설』 12,9,20.

계시되는 것은 본디 그 안에 있던 것이다

어떤 사람에게 무엇이 계시될 경우, 그 사람 안에 없던 것이 그에게 계시되는 것이지만, 무엇이 그 사람 '안에' 계시될 경우, 계시되는 것은 본디 그 안에 있던 것입니다. … 이 말에서 볼 때, 분명 모든 사람 안에는 하느님에 관한 타고 난 지식이 있는 것으로 보입니다.

• 히에로니무스 『바오로 서간 주해』(갈라티아서) 1,1,15.

신비가 계시된 사람

여러분은 하늘이 열린 것은 궁창이 갈라져서가 아니라 믿는 이의 신앙 때문이었다는 사실을 알아들어야 합니다. 이 일들이 거룩한 일임을 아는 이는 신비가 계시된 사람이기 때문입니다.

• 히에로니무스 『에제키엘서 주해』 1,1,1.

성실한 이들에게만 계시되다

앎은 무엇입니까? 하느님 안에 숨겨져 있는 비밀스러운 것들에 대한 이해입니다. 그것은 누구에게나 드러나는 것이 아니라, 앞에서 말한 실천을 늘 성실히 수행하는 이들에게만 계시됩니다.

• 테오필락투스 『베드로 2서 주해』.

은총의 직무

여기서[에페 3,2 참조] 바오로가 말하는 "은총"이란 그에게 주어진 계시를 뜻합니다. 그렇게 볼 때 그의 말은 '나는 그것을 인간에게서 배운 것이 아닙니다. 나는 그저 한 개인에 지나지 않지만, 하느님께서 여러분을 위하여 그것을 나에게 계시하시기로 선택하셨습니다'라는 뜻입니다.

• 요한 크리소스토무스 『에페소서 강해』 6,3,2.

지혜를 주시다

하느님께서 심오한 계시를 내리시어, "그분은 지혜를 주시고 지식을 주시는 분이시다"(다니 2,21)라고 말할 수 있는 이는 성령께서 그의 안에 계시기에 하느님의 심오한 일들을 들여다보며 자기 영혼 깊은 곳에서 깊디깊은 우물을 파는 이입니다.

• 히에로니무스 『다니엘서 주해』 2,22.

그분의 뜻을 거스르는 일이 없도록 하다

성경에 따르면 신실한 이들은 당신께서 뜻하시는 것을 모두 드러내는 그분의 얼굴에서 눈을 떼지 않습니다. 계시를 통하여 알게 된 그분의 뜻을 거스르게 되는 일이 없도록 하려는 것입니다. 그렇게 할 때 그분의 말씀은 그들의 귀를 그저 스쳐 지나가지 않고 그들의 마음에 박힙니다.

• 대 그레고리우스 『욥기의 도덕적 해설』 16,43.

자신에게 계시된 것에 대해 말하는 이는 어리석은 이가 아닙니다. 하지만 그에 대해 아무 말 하지 않는 이는 더 지혜로운 사람입니다.

• 암브로시아스테르 『바오로의 열세 서간 주해』(코린토 2서).

성경이 우리에게 계시해 준 징조들을 통해 이 시대의 본질을 알게 된 우리는 그에 걸맞게 처신해야 할 것입니다.

• 대 바실리우스 『도덕 규칙서』 17.

장차 일어날 회복

에제키엘은 계시의 작용에 의해 초자연적으로 이동해 예루살렘에 왔습니다. 그는 장차 일어날 회복을 거룩한 계시를 통해 보았습니다. 그 [회복]은 영혼의 순수함과 동일합니다. 어떤 이들은 계명을 지키고 살면서 많은 수고를 하며 잘 다

져진 율법의 길을 감으로써, 피와 땀으로 영혼의 순수함에 도달합니다. 그런가 하면 은총의 선물로 영혼의 순수함을 받는 이들도 있습니다. 우리가 은총으로 우리에게 주어지는 순수함을 기도로 청할 때에, 수고와 많은 활동을 동반하는 삶의 양식을 거부하는 것이 허락되지 않는 것은 참 놀라운 일입니다.

• 니네베의 이사악
『카이사리아의 시메온 수도원장에게 보낸 편지』.

더 보탤 것도 더 받을 것도 없다

그리스도의 훌륭하심과 권능에 관한 이 모든 진술의 목적은 계시를 완성하기 위해 더 받을 것도 없고, 다른 어떤 생각이 더 필요하지도 않다는 것을 입증하는 것입니다. 그러니까 에페소 신자들이 다른 무엇을 더 보태거나 유대인들에게서 또는 세상의 가르침에서 무엇을 도입한다면, 그들은 잘못하는 것입니다.

• 마리우스 빅토리누스
『바오로 서간 주해』(에페소서) 1,1,20-23.

진리가 완전히 드러나다

이제 땅의 모든 사람에게 그들의 소리가 퍼져 나갔고 온 땅이 하느님을 앎으로 가득 차게 되었습니다(시편 76,2 참조). … 지난날 계시된 것은 예형에 불과하며 이제는 진리가 완전히 드러났습니다.

• 아타나시우스 『아리우스파 반박 연설』 1,13,8.

앞으로 올 시대에 분명히 드러날 것이다

의심하지 마십시오. 여러분에게는 머리[1]가 보여 주신, 그리고 당신 선의를 보여 주시려는 그분의 뜻에서 비롯된 과거의 사건들이라는 증거가 있습니다. 이런 일이 아니면 다른 무슨 방법으로

우리에게 계시가 주어질 수 있었겠습니까? 이 계시는 장차 올 시대에 증명될 것입니다. 믿지 않는 이들에게 지금은 터무니없는 일로 보이는 것들이 그때에는 모든 이에게 쉽게 이해될 것입니다. 우리는 그분과 함께 앉을 것입니다. 이 계시보다 더 신뢰할 만하고 더 찬미받아 마땅한 일은 없습니다.

• 요한 크리소스토무스 『에페소서 강해』 2,7.

진노와 계시의 날에 드러날 것이다

성경의 많은 구절이 명백하게 보여 주듯, 진노의 날은 응보와 심판의 날이 될 것입니다. 그런데 그날은 모든 것이 드러나는(마태 10,26 참조) 계시의 날이기도 하다는 점에 주목하십시오. … 많은 이가 이 세상에 선이나 악의 씨앗을 남겨 두고 죽는데, 그것은 나중에 싹이 터서 이 세상에 남은 사람들을 구원이나 멸망에 이르게 하는 계기가 됩니다. … 그러므로 마지막 결과가 드러날 때에야 비로소 하느님의 심판은 의로운 것이 됩니다. "어떤 사람들의 죄는 명백하여 재판 전에 드러나고, 어떤 이들의 죄는 재판 때에야 드러납니다"(1티모 5,24)라는 바오로의 말이 의미하는 바가 바로 이것입니다. … 한편, 마찬가지로 육체를 떠난 죄인들도 타락한 천사들처럼 그들 마음의 성향대로 아마 어떤 일을 하고 있을 것입니다. … 이러한 것들도 하느님께서 숨겨 두신 비밀 가운데 하나여서 제대로 기록될 수 없었습니다. 그러나 진노와 계시의 날에 그것들은 드러날 것입니다.

• 오리게네스 『로마서 주해』.

---

1 우주의 창조주이신 주님, 주인, 스승님.

계시의 근원

예언자들이 계시로 본 삼위

계시로 드러난 하느님에 관한 사실은 이렇습니다. 성부는 이 모든 일을 통하여 빛나시며, 성령께서는 구체적으로 그 일을 수행하시고, 아들은 그 모든 일을 관장하십니다. 성부께서 허락하셨기에 인간 구원이 완성되었습니다. 그분은 호세아 예언자를 통해서도 선언하십니다. "나는 환시를 많이 보여 주고 예언자들을 통하여 비유로 말하리라"(호세 12,11). … 모든 것 안에서 모든 일을 하시는 분은 하느님이십니다. 본성과 당신의 위대함으로 말미암아 그분은 비가시적이며, 그분께서 창조하신 모든 피조물이 표현할 수 없는 존재이십니다. 그러나 그분이 전혀 알려지지 않은 것은 아닙니다. 모든 것을 품고 계시며 모든 것을 존재하게 하시는 아버지 하느님은 한 분이시라는 것을 말씀을 통해 만물이 알기 때문입니다.

• 리옹의 이레네우스 『이단 반박』 4,20,6.

존재가 하느님의 가장 큰 특성이다

존재보다 하느님의 특성을 더 잘 나타내는 것이 없음은 잘 알려져 있습니다. 존재란 어느 날 끝나는 것이나 시작이 있었던 것에 속하지 않기 때문입니다. … 하느님의 영원성은 어떤 면에서도 그 자체로 진실이 아닐 수 없는 까닭에, 그분께서는 당신의 영원성을 증언하시기 위하여 우리에게 적합한 방법으로 이 사실, 곧 당신은 존재하시는 분이라는 사실만을 계시하셨습니다.

• 푸아티에의 힐라리우스 『삼위일체론』 1,5.

하느님의 본질을 보여 준 것이 아니다

이사야가 하느님 아버지의 존재를 보여 주었지만 그분의 본질을 보여 준 것은 아닙니다(이 본질은 볼 수 있는 것이 아닙니다). 다른 곳에서도 하느님께서는 당신 자신을 계시하셨지만, 그때에도 그분의 본질을 본 사람은 하나도 없습니다. … 왜냐하면 하느님은 육체가 없으시고 나뉠 수 없으며, 단순하고 뵐 수 없으며, 다가갈 수 없는 분이시기 때문입니다.

• 키루스의 테오도레투스 『이사야서 주해』 6,1.

부분이 아닌 온전한 실재

성경에서 칭송하는 것은 하느님의 온전한 실재이며, 절대선絶對善은 스스로를 있는 그대로 정의하고 계시합니다. 그분께서 당신의 신성을 선포하실 때 당신 자신에 관하여 "어찌하여 나를 선하다고 하느냐? 하느님 한 분 외에는 아무도 선하지 않다"(마르 10,18; 루카 18,19)고 말씀하셨다면, 어찌 우리가 하느님의 거룩한 말씀을 달리 이해할 수 있겠습니까?[2]

• 위-디오니시우스 『신명론』 2,1.

계시를 주시는 분은 만물의 주님이시다

그(요셉)는 말합니다. '제가 저 스스로 말하거나 인간의 지혜로 그 꿈을 풀이한다고 의심하지 마십시오. 사실 높은 데에서 오는 계시 없이는 그것을 알 수 있는 방법이 없습니다. 그러니까 하느님 없이는 제가 임금님께 대답할 수 없다는 것을 아십시오.' 본문[창세 41,16 참조]을 보면, 하느님이 아니시면 파라오는 올바른 대답을 듣지 못할 것이라고 되어 있습니다. '그러므로 임금님께서는 이 계시를 주시는 분이 만물의 주님이심을 알게 되었으니, 하느님만이 밝게 드러낼 힘이 있으신 것을 인간들에게서 기대하지 마십시오'라

---

2 하느님께서 지니고 계신 총체적인 선은 피조물 속에 있는 부분적인 선 덕분이 아니다.

는 뜻입니다.

• 요한 크리소스토무스 『창세기 강해』 63,14.

하느님의 섭리

요셉이 이 일들을 분명히 아는 것은 높은 데에서 내린 계시 덕분임을 파라오마저 알지 않습니까? 은총에 감화되어 하느님의 영을 지니게 된 그가 이렇게 말하지 않습니까? "파라오는 요셉에게 말하였다. '하느님께서 그대에게 이 모든 것을 알려 주셨으니, 그대처럼 슬기롭고 지혜로운 사람이 또 있을 수 없소.'"(창세 41,39). 이 일에서 유념해 보실 것은, 기략이 풍부하신 하느님께서 당신의 결정들을 실행에 옮기고자 하실 때는, 그사이에 일어나는 일들에 아무런 어려움이 생기지 않는다는 사실입니다.

• 요한 크리소스토무스 『창세기 강해』 63,16.

하느님의 영광을 찬양하다

그들[사도들]은 [자신들의] 영광을 업신여기고 방금 일어난 일이 인간에 의한 것이 아니라 하느님께서 일으키신 일임을 보여 줌으로써 더욱 영광스럽게 되었습니다. 그들은 보는 이들에게서 감탄을 들으려 하지 않고 그들과 함께 감탄하였습니다. … 고대의 조상들도 그렇게 하였습니다. 다니엘은 '이 신비가 저에게 계시된 것은 살아 있는 모든 이보다 내가 더 많은 지혜를 가져서가 아니다'(다니 2,30 참조)라고 하였고, … 요셉도 "꿈 풀이는 하느님만이 하실 수 있는 일이 아닙니까?"(창세 40,8)라고 하였습니다.

• 요한 크리소스토무스 『사도행전 강해』 30.

모든 시대 이전에 계시하시다

그분께서는 당신의 존재를 모든 시대 이전에 계시하셨습니다. "나의 백성 이스라엘을 다스릴 이

가 나오리라"(미카 5,1)라는 말씀은 육을 취하여 태어나실 그리스도의 탄생을 선포한 것이었습니다.

• 요한 크리소스토무스
『그리스도의 신성에 관해 유대인과 이교인 반박』 3,3.

오늘 아기가 태어났으며 그 이름은 '놀라운 분'이십니다! 하느님께서 당신 자신을 아기로 계시하셨다는 사실은 참으로 놀라운 일이 아닐 수 없습니다.

• 시리아인 에프렘 『탄생 찬가』 1.

위에서부터 오는 증언

하늘에서 나는 크게 울리는 듯한 소리는 아버지께서 아들을 드러내 주시는 것이 분명합니다. 아버지께서는 그것을 통해 모든 이에게 위에서부터 오는 증언을 계시하십니다. 그런데 하느님의 목소리가 인간의 귀에 들리는 종류의 소리라고 생각해서는 안 됩니다. 형체가 없는 존재는 지각으로 느낄 수도 없습니다.

• 라오디케아의 아폴리나리스 『마태오 복음 단편』 85.

계시 자체가 하느님의 이끄심이다

아버지께서 이끌어 주신 이는 "[당신은] 살아 계신 하느님의 아드님 그리스도이십니다"(마태 16,16) 하고 말합니다. … 그리고 "시몬 바르요나야, 너는 행복하다! 살과 피가 아니라 하늘에 계신 내 아버지께서 그것을 너에게 알려 주셨기 때문이다"(마태 16,17)라는 말씀을 듣습니다. 이 계시 자체가 하느님의 이끄심입니다. … 우리 앞에 놓인 지상의 물체가 우리를 이끈다면, 하느님께서 계시하실 때 그리스도께서는 우리를 얼마나 더 확실히 이끄시겠습니까?

• 아우구스티누스 『요한 복음 강해』 26,5-6.

그 바위는 그리스도였다

하느님께서 모세에게 하신 이 말씀도 비슷한 말씀입니다. '내가 너를 이 바위 굴에 넣을 터이니, 너는 내 등을 볼 수 있을 것이다'(탈출 33,22-23 참조). 그러니까 그리스도인 그 바위는 완전히 닫혀 있은 것이 아니라 틈새가 있었습니다. 그 바위 틈새는 그리스도께서 인간에게 하느님을 계시하며 그들에게 그분을 알려 주시는 것입니다. "아들 외에는 아무도 아버지를 알지 못한다"(마태 11,27)라고 하기 때문입니다. 그러므로 그 바위의 틈새 안에 있지 않는 한 아무도 하느님의 등, 말하자면 나중에 올 일들을 보지 못했습니다. 곧, 그리스도의 계시로 가르침을 받지 않는 한 그럴 수 없다는 것입니다.

• 오리게네스 『아가 주해』 3,15.

성자께서 아버지를 계시하시다

하느님의 아들은 당신께서 행하신 많은 가르침 때문에, 특히 사람들에게 아버지를 계시하셨기 때문에 위대한 경륜의 천사라 불립니다.

• 요한 크리소스토무스 『요한 복음 강해』 81.

그리스도께서 아버지의 뜻을 계시하시다

앞서 그리스도를 "말씀"(요한 1,1)이라고 불렀던 탁월한 요한 사도는 더 나아가 말씀이 하느님이셨다고 소개합니다. 여기서 "말씀"이라는 말이 먼저 나옴으로써 우리의 생각이 곧바로 하느님께 향하지 않게 합니다. 하느님이라는 말이 먼저 나왔더라면 우리는 하느님을 먼저 생각했을 것입니다. 그래서 위대한 모세 역시 처음에는 그분을 '천사'라고 불렀다가, 곧이어 나오는 말에서 그분은 바로 스스로 계시는 분이시며, 여기서 그리스도에 관한 신비가 예시되었다고 가르쳐 줍니다. … '천사'('사자')는 다른 존재에게서 정보를 받아 전해 주지만, '말씀'은 속에 있는 생각을 계시하십니다.

• 니사의 그레고리우스 『에우노미우스 반박』 11,3.

더 이상은 용납되지 않는다

하느님을 알지 못하는 것은 그리스도를 알지 못하는 것입니다. 하느님은 그리스도를 통하여 알려지시기 때문입니다. 그런데 지금은 나를 가르치시고 당신을 통하여 하느님을 ─ 하느님이신 당신 자신과 당신을 통하여 아버지를 ─ 계시해 주신 그리스도께서 이미 오셨으므로 더 이상은 하느님을 모르는 것이 용납되지 않습니다.

• 마리우스 빅토리누스 『바오로 서간 주해』(갈라티아서) 2,4,8.

당신 아버지의 성전

예수님은 분명히 솔로몬이 지은 성전에 계셨습니다. 그런데 그분은 그곳을 당신 아버지의 성전이라고 하십니다. 예수님께서는 그분을 우리에게 계시해 주셨고 당신께서 그분의 아들이라고 하셨습니다.

• 오리게네스 『루카 복음 강해』 18,5.

그리스도께서는 우리에게 진리를 계시하셨다

우리의 눈은, 그리고 그분을 사랑하는 모든 이의 눈은 행복한 눈입니다. 우리는 그분의 놀라운 가르침을 들었습니다. 그분은 우리에게 아버지 하느님에 관해 알려 주셨고, 당신 본성 안에서 우리에게 그분을 보여 주셨습니다. 모세가 우리에게 준 것들은 예형이요 상징일 따름이었습니다. 그러나 그리스도께서는 우리에게 진리를 계시하셨습니다. 영이시며 불멸하시고 모든 이해를 뛰어넘는 그분께 불과 연기가 아니라 영적 제물을 바침으로써 흠숭을 바쳐야 한다고 우리를 가르치셨습니다.

• 알렉산드리아의 키릴루스『루카 복음 주해』67.[3]

하느님께서 예수 그리스도의 계시를 그에게 주셨다

'하느님께서 예수 그리스도의 계시를 그에게 주셨다'(묵시 1,1 참조)는 말은 '이 계시를 아버지께서 아들에게 주셨고, 아들이 그것을 당신 종들인 우리에게 주셨다'는 뜻입니다. 성도들을 그리스도의 '종'이라고 한 것은 그분의 신성에 걸맞은 표현입니다. 조물주요 인류의 창조주이신 그분께 아니면 인간이 누구에게 속한 존재이겠습니까? 인류와 만물을 창조하신 분이 누구입니까? 바로 말씀이요 하느님의 아들이신 독생자가 아닙니까!

• 오이쿠메니우스『묵시록 주해』1,1.

바오로가 유대아에 짧게 머문 사실이 그의 사도직에 의미하는 바

바오로는 자신이 유대아에 머문 기간이 너무 짧아 신자들이 자신의 얼굴도 몰랐다는 사실을 확실히 밝힌 다음, 처음에 제기했던 주된 주제로 신중하게 돌아갑니다. 그래서 자신에게는 베드로든 야고보든 요한이든 다른 스승이 없고, 당신 복음을 계시해 주신 그리스도만이 자신의 스승임을 보여 줍니다.

• 히에로니무스『바오로 서간 주해』(갈라티아서) 1,1,22.

마음의 눈이 밝아지다

당신 아드님을 믿는 이들에게 지혜와 계시의 성령을 주시어 그들이 지혜롭게 되고 너울 벗은 얼굴로 주님의 영광을 바라볼 수 있게 하시는(2코린 3,18 참조), 영광과 지혜와 진리의 아버지이신 분은 바로 육화한 인간의 이 하느님이십니다. 이

지혜와 계시가 그들을 지혜롭게 만들어 감추어져 있던 신비들을 그들에게 열어 주자, 단숨에 그들의 '마음의 눈이 밝아졌습니다'.

• 히에로니무스『바오로 서간 주해』(에페소서) 1,1,15 SEQ.

갑작스럽게 닥칠 종말

주님께서는 진리의 사자를 시켜서 "머지않아 반드시 일어날 일들을 당신 종들에게"(묵시 22,6) 생생하게 계시해 주십니다. 그리고 종말의 오심을 의심하는 이가 없도록, 그분께서는 일어나게 되어 있는 일들이 곧 일어날 것이며, 예언자들의 말을 지키는 사람은 행복하다고 하십니다.

• 베자의 아프링기우스『묵시록 주해』22,6-7.

그리스도와 성령의 관계

하바쿡의 찬가에 "두 동물(또는 생물) 가운데서 당신은 알려질 것입니다"(하바 3,2 칠십인역 참조)라고 기록되어 있는데, 우리는 이를 그리스도와 성령에 관한 말씀으로 알아들어야 합니다. 아버지에 관한 모든 지식은 성령 안에서 아들의 계시를 통해서 얻어지기 때문입니다. … 홀로 아버지를 알고 계시는 아드님께서 당신께서 원하시는 이에게 아버지를 계시하시는 것처럼, 홀로 하느님의 깊은 비밀까지도 살피시는 성령께서 당신께서 원하시는 이에게 하느님을 계시하십니다. 사실 "바람은 불고 싶은 데로 불기 때문입니다"(요한 3,8). 그러므로 아들의 계시를 통하여 비로소 영을 알게 된다고 여겨서는 안 됩니다. 성령이 아들의 계시를 통하여 아버지를 알게 된다고 한다면, 성령은 무지에서 인식으로 나아가는 셈이기 때문입니다.

• 오리게네스『원리론』1,3,4.

---

3   *CGSL* 286**.

인간 구원의 신비

성령의 여러 가지 은총으로 주님께서 계시하신 바는 이러합니다. 보잘것없고 하찮아 보이는 것들이 풍성한 열매를 맺으며, 주님께서는 이 열매를 사도들과 그 후계자의 활동을 통하여 모든 민족에게 전해 주신다는 것입니다. 그래서 복음사가들은 주님께서 어떻게 빵과 물고기를 제자들에게 주셨고 또 제자들은 그것을 어떻게 군중에게 나누어 주었는지 적절히 들려주고 있습니다(참조: 마태 14,19; 마르 6,41; 루카 9,16). 인간 구원의 신비는 주님의 선언으로 시작되었지만, 그분의 말씀을 들은 사람들을 통하여 우리 안에 확증되었습니다. 주님께서는 모세의 율법서와 예언서와 시편에 당신에 관하여 기록된 모든 것을 제자들이 이해할 수 있도록 그 의미를 밝혀 주실 때, 빵 다섯 개를 쪼개시고 물고기 두 마리를 갈라서 당신 제자들에게 나누어 주셨습니다.

• 존자 베다 『복음서 강해』 2,2.

영적인 것은 영으로만 알 수 있다

"현세적 인간은 하느님의 영에게서 오는 것을 이해하지 못합니다"(1코린 2,14). 그러므로 우리는 하느님의 성령을 받지 못한 자들은 신적인 것을 이해할 수 없다는 사실에 놀라지 말아야 합니다. 지혜서에 이런 말씀이 있습니다. "당신께서 지혜를 주지 않으시고 그 높은 곳에서 당신의 거룩한 영을 보내지 않으시면 누가 당신의 뜻을 깨달을 수 있겠습니까?"(지혜 9,17) 그래서 거룩한 사도는 하느님의 일은 성령을 통해서만 계시된다고 말합니다. "그러나 하느님께서는 성령을 통하여 그것들을 우리에게 계시해 주셨습니다"(1코린 2,10). 조금 뒤에 그는 이어서 이렇게 말합니다. "우리는 세상의 영이 아니라, 하느님에게서

오시는 영을 받았습니다. 그래서 하느님께서 우리에게 주신 선물을 알아보게 되었습니다"(1코린 2,12).

• 루스페의 풀겐티우스
『아리우스파 파스티디오수스의 설교 반박』 18,3.

계시는 성령을 통해 온다

실로 나는 가브리엘도 성령의 예지를 받지 않았다면 미래의 일들을 예고하지 못한다고 생각합니다(루카 1,19 참조). 성령께서 베푸시는 은혜 중 하나가 예언이기 때문입니다. 소망하는 사람에게 그 환시의 신비를 알려 주라는 명령을 받은 이가 그 지혜를 성령께 말고 어디에서 얻어 감추어진 것들에 대해 가르칠 수 있었겠습니까? "하느님께서 성령을 통하여 그것들을 우리에게 계시해 주셨습니다"(1코린 2,10)라고 쓰여 있듯이, 신비들에 대한 계시는 실로 성령의 고유한 직능입니다.

• 대 바실리우스 『성령론』 16,38.

유대인들의 성경에서 구원이 온다

예수님께서 말씀하시는 '너희'는 문자적으로는 사마리아인들을 가리키지만 영적으로 풀이하면 성경을 이단적으로 해석하는 모든 이를 가리킵니다. '우리'도 문자적으로는 유대인을 가리키지만 비유적으로는 '말씀인 나와 나로 인하여 변화하는 모든 이'를 가리키며, 이들이 유대인의 성경에서 구원을 얻는다는 뜻입니다. 지금 계시된 신비는 성경의 예언 말씀과 우리 주 예수 그리스도의 출현을 통해 계시되었기 때문입니다.

• 오리게네스 『요한 복음 주해』 13,101.

우리의 구원을 위하여

주님께서는 "율법을 폐지하러 온 것이 아니라 오

히려 완성하러 왔다"(마태 5,17)라고 하셨습니다. 주님께서는 우리의 구원을 위하여 일하셨고 성경 말씀과 신비에 싸인 뜻은 모두 우리의 구원을 위하여 계시되었기 때문입니다.

• 다마스쿠스의 요한『신앙 해설』4,17.

예수님의 모습을 계시 진리가 대신하게 되었다

예수님께서는 한동안 육신의 모습을 거두셨습니다. 교회의 자녀들의 수가 다 차는, 거룩한 뜻으로 정해진 시간까지 아버지 오른쪽에 계시게 되어 있기 때문입니다. 그때에 그분께서는 산 이와 죽은 이들을 심판하기 위하여, 하늘에 오르실 때의 그 몸으로 다시 오실 것입니다. 따라서 그리스도 안에서 보였던 것들이 이제는 신비 속에 가려 있습니다. 믿음이 더욱 굳건하고 완전해지도록 계시 진리가 예수님의 모습을 대신하게 되었습니다. 위에서 오는 빛의 비추임을 받은 믿는 이들의 마음이 이제 그 권위를 따르게 되었습니다.

• 대 레오『설교』74,2,2.

구원 역사에서 계시

계시의 역사에서 밤의 사경(새벽)의 의미

제자들은 바람과 파도에 시달리고 있습니다(마태 14,24 참조). 그들은 세상의 온갖 혼란 속에서 더러운 영들과의 싸움으로 이리저리 흔들리고 있습니다. 그러나 사경四更(새벽)에 주님께서 오십니다. 주님께서는 표류하고 난파한 교회에 네 번째 시간에 돌아오실 것이기 때문입니다. 밤의 사경 때는 그분의 관심이 그만큼 큽니다. 일경은 율법의 시기였고 이경은 예언자들의 시기였으며, 삼경은 주님께서 육신으로 오신 때이고 사경

은 그분께서 광휘 속에 오시는 때입니다.

• 푸아티에의 힐라리우스『마태오 복음 주해』14,14.

유대인들이 손에 율법을 받았다

"맡기셨다"(로마 3,2)는 것이 무슨 뜻입니까? 유대인들이 율법을 받았다는 뜻입니다. 하느님께서 그들을 높이 평가하시어 하늘에서 내리는 계시를 그들에게 맡기셨기 때문입니다. 어떤 사람들은 "맡기셨다"라는 말을 유대인과 연관 짓지 않고 계시와 연관 짓기도 합니다. 말하자면, '율법이 믿음을 얻었다'라는 뜻으로 보는 것이지요.

• 요한 크리소스토무스『로마서 강해』6.

율법은 계시의 그림자

화가는 그림을 그릴 때 우선 대강의 윤곽을 긋는 밑그림을 그립니다. 이 밑그림은 완성된 그림의 '그림자'와도 같은 것입니다. 하지만 여기에다 뚜렷한 색을 칠하여 작품을 완성하면 이는 진짜 '상'像, 곧 그림이 됩니다. 율법을 "그림자"(히브 10,1)라고 일컫는 이유도 대략 이와 같습니다.

• 요한 크리소스토무스『히브리서 강해』17,5

주인은 종에게 신비를 먼저 계시하신다

"우리는 주님께 말씀을 들었고"(오바 1,1). 곧, 세상 모든 권력의 주인이신 분께서는 당신 종 예언자들에게 당신의 신비를 먼저 계시하지 않고서는 아무것도 하지 않으십니다.

• 시리아인 에프렘『오바드야서 주해』.

하느님께서는 당신을 드러내신다

하느님께서는 우리를 완전한 무지 속에 버려두지 않으셨습니다. 사실 하느님에 관한 지식은 모든 사람 안에 존재하고, 하느님께서 그것을 자연적으로 우리 안에 심어 주셨습니다. 창조 사건

그 자체와 피조물이 존속하고 지탱되고 있다는 사실 자체가 신적인 본성의 위대함을 선포합니다. 또한 하느님께서는 먼저 율법과 예언서를 통하여, 그다음에는 우리 주 하느님이시며 구원자이신 당신의 외아드님 예수 그리스도를 통하여 우리가 당신에 관한 지식을 얻을 수 있게끔 당신을 계시해 주셨습니다.

• 다마스쿠스의 요한 『신앙 해설』 1,1.

그림자처럼 어렴풋이 가르쳐 주는 복음서

율법서가 진리에 따라 선포된 율법을 통하여 계시된 "장차 일어날 좋은 것들의 그림자"(히브 10,1)를 지니고 있듯이, 읽는 이는 누구나 이해할 수 있다고 여겨지는 복음서도 그리스도의 신비에 관하여 그림자처럼 어렴풋이 가르쳐 준다는 사실을 우리는 알아야 합니다.

• 오리게네스 『요한 복음 주해』 1,39.

계시된 신비

임마누엘은 하느님의 아들이며 다윗의 주님이십니다. 어째서 그런지 이해하고자 하는 사람은 누구든지 그분의 신비에 대한 꼼꼼하고 올바른 탐색을 시작해야 합니다. 이 신비는 세상이 창조되었을 때부터 감추어져 있었지만 세상 종말이 다가오자 계시되었습니다(로마 16,25 참조).

• 알렉산드리아의 키릴루스 『루카 복음 주해』 137.

너울 아래 감추어진 신비가 계시되다

주님께서 거룩한 산에서 모세와 엘리야 사이에 영광스러운 모습으로 나타나셨을 때, 하늘에서 들려오는 성부의 목소리는 제자들에게 이 예언을 일깨웠습니다. "이는 내가 사랑하는 아들, 내 마음에 드는 아들이니 너희는 그의 말을 들어라"(마태 17,5). 그러니 하느님 활동의 오묘한 조

화로, 신약의 은총은 처음에는 구약의 너울 아래 감추어져 있었으나 이제는 구약의 신비들이 신약에 비추어 계시됩니다.

• 존자 베다 『솔로몬의 성전』 2,18,8.

완전하게 계시되셨다

그리스도께서는 전에도, 세상 창조 이전에도 존재하셨습니다. 적절한 때가 올 때까지 섭리에 의해 감추어져 계셨습니다. 베드로가 앞에서 말했듯이, 그분은 이 문제들을 탐구하기 위해 최선을 다한 예언자들에게 드러나셨고, 이제는 더욱 분명하게 드러나셨습니다. 충만하고 완전하게 계시되셨기 때문입니다. 더 나아가 베드로 사도는 그분께서 "우리를 위하여 나타나셨다"(1베드 1,20)라고 덧붙입니다.

• 오이쿠메니우스 『사도행전과 가톨릭 서간, 바오로 서간 주해』(베드로 1서).

그리스도의 포도주

그리스도의 가슴, 곧 주님 계시의 근원이 율법의 포도주보다 달콤하다면 그리스도의 포도주, 곧 완전한 복음 가르침은 모든 율법 예식보다 얼마나 더 뛰어난 것이겠습니까?

• 존자 베다 『아가 우의적 해설』 1,1,1.

미래의 일에 대한 계시

새 계약은 옛 시대에 줄곧 그리스도 안에 감추어져 있으면서 오직 예언자들과 하느님께 충실한 몇몇 사람에게만, 당대의 일이 아니라 미래의 일에 대한 계시로 알려졌습니다.

• 아우구스티누스 『시편 상해』 72,1.

예언자보다 더 큰 사람

요한은 이전의 모든 예언자보다 그리스도와 가

까운 분이었습니다. 과거의 모든 의인과 예언자는 성령의 계시를 통하여 예언이 완성되기를 고대하고 있었기 때문에, 주님 몸소 이렇게 말씀하십니다. "많은 예언자와 의인이 너희가 보는 것을 보고자 갈망하였지만 보지 못하였고, 너희가 듣는 것을 듣고자 갈망하였지만 듣지 못하였다"(마태 13,17). … 요한 이전의 의인들은 그리스도께서 오실 것을 예언했을 뿐이지만, 요한은 그리스도께서 계시지 않을 때에는 그분을 예고하였고 그분이 계실 때에는 그분을 뵈었습니다. 이처럼 다른 이들이 고대했던 일이 요한에게는 실제로 드러난 것입니다.

• 아우구스티누스『페틸리아누스 서간 반박』2,37,87.

사람이 되어 오신 이유

이 말씀들[코헬 1,13-18 참조]은 진실한 코헬렛이 구원의 위대한 신비, 하느님께서 육신 안에 계시되신 이유를 알려 주는 것들이라고 저는 믿습니다. 그는 "나는 하늘 아래에서 벌어지는 모든 것을 지혜로 살펴 깨치려고 내 마음을 쏟았다"(코헬 1,13)라고 합니다. 이것이 바로 주님께서 사람이 되어 오신 이유입니다. 그분은 사람들 가운데 머무르시기 위하여, 하늘 아래 일어나는 일을 당신의 지혜로 조사하고 살피시는 일에 전념하시기 위해 사람이 되어 오셨습니다. 하늘 위에 있는 것은 살필 필요가 없었습니다. 병들지 않은 이들에게는 의사가 필요 없는 것과 같습니다(루카 5,31 참조).

• 니사의 그레고리우스『코헬렛 강해』2.

마지막 시대

예언자들에게 계시된 많은 것 가운데에, 그것이 이루어지기를 그들이 갈망하였지만 그들 시대가 아니라 여러분 시대에야 이루어진 일이 있었습니다. [그것이 여러분 시대에 이루어진 것은] 여러분이 마지막 시대에 태어났기 때문입니다.

• 존자 베다『가톨릭 서간 해설』(베드로 1서).

미래의 신비들이 계시되다

바빌론의 강가에 있던 에제키엘에게도 다니엘에게도 미래의 성사들이 계시되었습니다. 강은 가장 순수한 물을 가리키며, 이는 세례의 힘을 보여 주려는 것이었습니다.

• 히에로니무스『에제키엘서 주해』1,1,3.

진정한 파스카의 빛이 다가왔다

"그리고 [예수님께서] 그들에게 이르셨다. '내가 고난을 겪기 전에 너희와 함께 이 파스카 음식을 먹기를 간절히 바랐다'"(루카 22,15). 그분께서는 그 무엇보다도 먼저 당신 제자들과 함께 전통적인 파스카 음식을 잡수시고자 하셨으며 그로써 당신 수난의 신비를 세상에 계시하고자 하셨습니다. 예전의 율법에 따른 파스카의 심판자께서 나타나시어 더 이상 육적인 가르침을 이행하는 형태를 지닌 축제를 지내지 못하게 하시고, 그 대신 이제 어둠을 지나 진정한 파스카의 빛이 다가왔다는 사실을 드러내고자 하신 것입니다.

• 존자 베다『루카 복음 해설』6,22.

제물 봉헌을 통하여 계시되는 신비

"너는 멜키체덱과 같이 영원한 사제다"(히브 7,17)라는 성경 말씀은 우리 교회의 신비를 '멜키체덱과 같은'이란 구절을 통하여 미리 보여 준 것입니다. 그것은 아론 계통의 제관들처럼 짐승의 번제물로 바치는 희생 제사가 아니라, 우리 주 예수님의 몸과 피, 곧 빵과 포도주를 올리는 제물 봉헌을 통하여 계시되는 신비입니다.

• 히에로니무스『창세기의 히브리어에 관한 질문』14,19.

큰 그림이 다 계시되지 않았다

베드로에게는 전체적인 큰 그림이 아직 다 계시되지 않았습니다. 그는 혼란스럽고 당황했습니다. 베드로는 그리스도께서 하느님의 아드님이시라는 사실을 배웠지만 십자가와 부활의 신비에 대해서는 배우지 못했습니다. 그 신비는 아직까지 그에게 계시되지 않았습니다. 아직 숨겨진 채였습니다. 예수님께서 제자들에게 당신의 정체를 사람들에게 알리지 말라고 분부하신 것이 얼마나 옳은 처사였는지 아시겠지요? 그 사실을 알게 된 제자들이 이 정도로 혼란에 빠졌다면, 그것을 알게 된 보통 사람들은 어떤 반응을 보였겠습니까?

• 요한 크리소스토무스『마태오 복음 강해』54,6.

영적으로만 실현되다

믿는 사람에게는 이미 하느님의 자녀가 되는 자격이 보장되어 있으나 육체적으로가 아닌 영적으로만 실현되었을 뿐입니다. 과오로부터 하느님께로 돌아선 영은 믿음의 화해를 통해 이미 변화했지만 육체는 아직 거룩하게 변하지 않았습니다. 그래서 믿는 이들도 육체의 부활 때에 나타날 계시를 여전히 기다리고 있습니다. 이것이 악한 타락이나 괴로운 고통이 전혀 없이 만물이 영원한 안식처에서 완전한 평화를 누리게 되는 네 번째 상태입니다(히브 4,1-13 참조).

• 아우구스티누스『로마서 명제 해설』53.

계시의 전달

바오로가 받은 유일무이한 계시

정통 방식의 훈육에 의해 그리고 구원자의 계명들을 통하여 사람은 성령과 물로 새로 나고 그리하여 인간으로부터 그리고 인간을 통하여 중개되는 가르침의 과정 안에서 그리스도의 영을 받습니다. 그러나 바오로에게 일어난 일은 하느님의 은총에 의해 계시를 통하여 그에게 왔습니다. 제가 판단할 때, 그는 이런 특별한 계시를 받은 유일한 사람이지만, 하느님께서는 다른 이들에게도 이런 형식이나 또 다른 방식으로 당신을 계시하실 수 있습니다.

• 마리우스 빅토리누스『바오로 서간 주해』(에페소서) 1,3,2.

하느님에 의해 인간에게 전달되다

예언자들은 단지 그들이 말한 것 때문에 예언자가 아닙니다. 그들은 존재 전체로 자신의 소명을 선포했습니다. 그들은 자신에게 온 말씀을 기꺼이 그리고 그것을 충분히 의식하고서 전했습니다. 그런 말씀은 인간의 의지에서 나올 수 있는 것이 아니었습니다. 그것은 하느님에 의해 인간에게 전달된 것이며, 인간은 그것을 받아 전했습니다. 발라암은 원하지 않으면 아무것도 말하지 않을 힘이 있었지만, 그조차도 자신이 받은 것을 명령을 받고서 말했습니다. 요나도 이런 현상의 본보기입니다.

• 안드레아스『성경 주해 선집』.

예언자들 덕분에 우리는 하느님을 믿게 되었다

지혜는 침묵 가운데 자신의 활동을 그들에게 알려 줍니다. 이런 거룩한 영혼들뿐만 아니라 아버지의 얼굴을 늘 보고 있는 하느님의 천사들도 우리에게 말을 건네며(마태 18,10 참조) 성부의 뜻을 전해 주어야 할 이들에게 그 뜻을 전달해 줍니다. 이런 이들 가운데 하나가 바로 "한처음에 하느님께서 하늘과 땅을 창조하셨다"(창세 1,1)라고 말하고 기록한 예언자입니다. 이것은 하느님께 대한 우리의 신앙을 키우는 데 도움이 되는 믿을 만한 본문입니다. 예언자는 성령을 통하여 이런 계시된 사실들을 알게 되었고, 같은 성령 덕분에 이미 오래전에 우리가 믿게 될 것임을 예언하였습니다.

• 아우구스티누스 『신국론』 11,4,1.

다니엘이 계시를 통해 알게 된 예고들

역사를 기록하는 사람의 방식으로 이 일들에 대해 상세히 서술한 다니엘은 이제 자신이 계시를 통해 알게 된 예고들에 대해 서술하기 시작합니다. 먼저 그는 네 짐승에 관한 계시에 대해 기술합니다. 네부카드네자르가 꾼 꿈과 매우 비슷한 환시이지요. 하지만 다니엘은 네 가지 내용이 단 하나의 표상 안에 드러나는 환시를 본 반면, 네부카드네자르는 네 짐승이 바다에서 올라오는 것을 보았습니다. 그러니 우리가 똑같은 이야기를 하게 생겼다고 생각하는 사람이 없도록, 이 예언의 개별적인 요소들을 하나하나 풀이해 봅시다. 그러면 이 진실이 환히 드러날 것입니다.

• 키루스의 테오도레투스 『다니엘서 주해』 7,1.

부활의 모든 과정을 계시해 주셨다

재가 다시 모여 육체가 되고 영혼들이 자기 그릇 안으로 회복될 수 있다는 사실이 믿어지지 않는다면, 에제키엘이 증인이 되어 줄 것입니다. 오래전 주님께서 부활의 모든 과정을 그에게 계시해 주셨기 때문입니다.

• 놀라의 파울리누스 『시가』 31,311.

이것도 역시 관상의 영이 작용한 것입니다. 에제키엘이 본 이 육체들은 육체의 눈으로 본 것이 아니라, 그분께서 성령을 시켜 그에게 계시하여 주신 것입니다.

• 키루스의 테오도레투스 『에제키엘서 주해』 15,37.

신비로운 계시를 받은 천사

하느님으로부터 크나큰 능력을 부여받은 천상의 거룩한 존재들은 땅 위의 존재들과는 비교할 수 없이 높은 품계에 있는 이들입니다. … 이들은 하느님의 거룩한 활동에 제일 먼저 그리고 매우 다양하게 참여하였기에, 감춰진 신성을 계시하는 일에서도 제일 먼저 그리고 더없이 다양한 방식으로 활동합니다. 그러므로 이들은 천사 또는 사자使者라는 칭호로 불리기에 조금도 손색이 없는 존재입니다. 천사들은 신비로운 계시를 받은 이입니다. 우리 인간의 한계를 훨씬 초월하는 이 계시된 진리를 우리에게 전해 주는 이들이기 때문입니다.

• 위-디오니시우스 『천상 위계』 4,2.

이슬처럼 해를 입지 않았다

하느님께서는 모든 이에게 알려지기를 뜻하셨고, 불길 속에 던져졌으나 뜨거움을 느끼지 않던 [불가마 속의] 세 젊은이도 그렇게 믿었습니다(다니 3,17 참조). 그 불은 믿지 않는 이들을 태워 죽여 버렸지만(다니 3,22 참조), 믿는 이들에게는 이슬처럼 아무런 해를 입히지 않았습니다. … 하느님께서 찬양받으셨습니다. 하느님의 천사 안에서는 하느님 아버지가 계시되었고, 젊은이들 안에서는 거룩한 영적 은총이 보였습니다(다니 3,25 참조).

• 암브로시우스 『신앙론』 1,4,33.

가브리엘이 그리스도 오심의 신비를 예고하다

저는 인류를 향한 예수님 사랑의 신비가 먼저 천사들에게 계시되었고 천사들이 그것을 우리에게 전해 주었다는 사실을 중요하게 생각합니다 하느님의 은총 덕분에 아무도 기대 못했던 아들을 낳게 되는 신비 속으로 즈카르야 사제를 안나

한 이는 가브리엘 대천사였습니다. 가브리엘은 그의 아들이 장차 세상을 구원하실 예수님의 신적이며 인간적인 사업을 예고할 예언자가 되리라고 했습니다. 또한 가브리엘은 마리아에게 형언할 길 없는 하느님 모습의 거룩한 신비가 그의 태에서 이루어지리라고 알려 주었습니다.

• 위-디오니시우스 『천상 위계』 4,4.

각자에게 내려 주실 것이다

성인들이 머리 속 직관을 통하여 신비적 계시를 받을 때면 언제나 천사들도 그 일에 관여합니다. 하느님께서 허락하시면, 품계가 높은 천사들로부터 낮은 천사들에게로 신비가 계시되어 내려와 가장 낮은 천사에게까지 전해집니다. 이와 마찬가지로 인간 본성에까지 신비의 계시가 내려오는 것을 하느님께서 허락하시면, 이는 그 일을 맡아 할 자격 있는 천사들에 의해 전해집니다. 그들의 중개로 성인들은 신비적 직관의 빛을 받아, 가르칠 수 없는 신비이시며 영원하신 영광의 존재에게로까지 나아가게 됩니다. … 그러나 다가올 시대에는 이러한 질서가 사라질 것입니다. 그때에는 하느님 영광의 계시를 다른 이로부터 자기 영혼의 기쁨과 즐거움으로 받는 것이 아니라, 주님께서 각자의 장점과 가치를 헤아리시어 개별적으로 내려 주실 것입니다. … 주시는 분은 중개자 없이 받는 이들에게 주고, 즐거움을 누리는 이들은 주님에게서 직접 받을 것입니다. 왜냐하면 그때는 지성이나 지력으로 생각을 통해 주님을 인식하지 않고, 주님 곁에서 직접적인 계시를 통하여 주님을 인식하기 때문입니다.

• 니네베의 이사악 『종교적 완성』 28.

좋은 의미의 '어둠'

우리가 알지 못하는 신적인 모든 것은 불멸의 빛을 띠고 있지만, 우리에게는 어둠일 뿐입니다. 다시 말해, 깊고 모호할 따름입니다. 주님의 '가리개'는 그분의 엄위하심을 감춥니다. 주님은 당신의 영광을 마주 보도록 허락받은 의인들에게만 이를 계시하십니다.

• 카시오도루스 『시편 해설』 17,12.

지혜를 주시고자 계시하시다

아무도 지혜를 알 수 없었습니다. "아버지 외에는 아무도 아들을 알지 못한다. 또 아들 외에는, 그리고 그가 아버지를 드러내 보여 주려는 사람 외에는 아무도 아버지를 알지 못한다"(마태 11,27)라고 쓰여 있기 때문입니다. 그래서 그분께서는 요한에게 지혜를 주시고자 당신을 요한에게 계시하셨습니다. 그리하여 요한은 자신의 생각이 아니라 지혜가 그에게 부어 준 것을 말했습니다. "한처음에 말씀이 계셨다. 말씀은 하느님과 함께 계셨다"(요한 1,1).

• 암브로시우스 『욥과 다윗의 탄원』 1,9,31.

계시를 통해 하느님의 약속을 받았다

바오로 사도는 우리는 장차 올 좋은 것들에 관한 하느님의 약속을 계시를 통해 받았다고 말합니다. 하지만 그것들이 구체적으로 무엇인지 안다고 주장하지는 않지요. 이처럼 그는, 자기는 자기 자신을 성찰하며, 자신이 이해하는 바에 따라 더 높은 부르심을 추구한다고 분명하게 밝힙니다(필리 3,14 참조).

• 고백자 막시무스 『성경 주해 선집』.

바오로가 받은 계시와 사도들이 받은 계시는 일치한다

바오로 사도는 자신이 받은 계시와 사도들이 받은 계시는 완벽하게 일치 — 완전하게 하나이며 동일하다 — 한다고 가르칩니다. 그가 이렇게 말하는 것은 살아 계신 그리스도께서 다른 사도들에게 주시지 않은 것을 자신이 계시를 통해 받은 것처럼 보이는 일이 없게 하여 불화를 피하려는 것입니다.

• 마리우스 빅토리누스『바오로 서간 주해』(에페소서) 1,3-5.

힘을 얻을 수 있는 두 가지 길

바오로는 복음을 믿는 이들이 힘을 얻을 수 있는 두 가지 길이 있음을 보여 주고자 합니다. 첫째는, 그리스도의 가르침인 그의 가르침을 통해서. 둘째는, 오랜 세월 감추어져 있다가 이제 그리스도 안에서 계시된 … 확실한 증인들이 뒷받침해 주는 신비에 의해서입니다.

• 오리게네스『로마서 주해』.

바오로의 진실성을 입증해 준 동료 바르나바와 티토

그는 이 두 사람을 증인으로 삼아, 그가 가르치는 복음을 계시를 통해 받았다는 사실을 입증했습니다. 그는 "바르나바와 함께 티토도 데리고"(갈라 2,1) 올라갔다고 하는데, 이들의 믿음과 복음은 모든 이가 인정했습니다.

• 마리우스 빅토리누스
『바오로 서간 주해』(갈라티아서) 1,2,1.

믿지 않는 이들에게는 성경을 전해 주지 마라

성경의 이 가르침들을 믿지 않는 불경한 자들에게는 전해 주지 말아야 한다는 것[만]은 알아 두십시오. 그것은 반드시 피해야 할 위험한 일입니다. 그러나 두려움을 지니고서 거룩하고 의롭게 살고자 하는 신심 깊고 성실한 이들에게는 전해 주십시오. … 복된 바오로 사도는 이 권고들이 믿음 없는 자들에게 쉽게 알려지면 왜곡될 수 있다는 것을 알았기에(2테살 3,2 참조) 매우 경건하고 조심스럽게 전해 주었습니다. 우리가 생각 없

이 성급하게 하느님의 계시를 자격 없는 속된 이들에게 맡긴다면 얼마나 더 위험하겠습니까?

• 히폴리투스『그리스도의 적』1.

하느님의 의로움이 계시되다

복음 안에서 하느님의 의로움이 계시됩니다. 이것은 전에 율법의 너울에 가려져 있던 것입니다. 이제 구약의 믿음에서 새로운 복음의 믿음으로 옮아 가는 사람들에게 하느님의 의로움이 계시됩니다.

• 오리게네스『로마서 주해』.

믿음에서 믿음으로 계시되다

유대인이든 그리스인이든 변방 민족이든 어느 누구도 구원에서 제외되지 않는다는 점에서 복음에는 하느님의 의로움이 계시되어 있습니다. 구원자께서는 모든 이에게 똑같이 말씀하십니다. "고생하며 무거운 짐을 진 너희는 모두 나에게 오너라. 내가 너희에게 안식을 주겠다"(마태 11,28). "믿음에서 믿음으로"(로마 1,17)라는 구절에 관해서는 첫 민족이 믿음을 가지고 있었다고 이미 언급했습니다. 그들이 하느님과 그분의 종 모세를 믿었기 때문인데, 그들은 이제 그 믿음에서 복음의 믿음으로 옮겨 갔습니다.

• 오리게네스『로마서 주해』.

설교하는 이들의 믿음에서 듣는 이들의 믿음으로 계시가 전해진다

원로 가운데 하나인 이 사람은 예언자 무리 전체 또는 교회를 나타냅니다. 이는 다른 구성원들에게 일꾼들이 기대할 수 있는 미래의 보상에 대해 알려 주는 지도자들을 묘사하는 것으로서, 사도(바오로)가 복음에 관해 "복음 안에서 하느님의 의로움이 믿음에서 믿음으로 계시됩니다"(로마

1,17)라고 말한 것과 마찬가지입니다. 곧, 설교하는 이들의 믿음에서 듣는 이들의 믿음으로 계시가 전해진다는 뜻입니다.

• 프리마시우스 『묵시록 주해』 7,13-14.

계시는 기도 가운데 주어진다

대사제가 성막 안쪽으로 들어가 얼굴을 땅에 대고 있는 동안, 무섭고 형용할 수 없는 계시의 수단인 하느님의 말씀이 계약 궤 위에 있는 속죄판으로부터 들려왔습니다. 그렇게 일어난 그 신비는 얼마나 두려운 것이었을까요? 성인들에게 일어났던 모든 계시와 환시가 그와 같았습니다. 그러한 일은 모두 기도 중에 일어났습니다.

• 니네베의 이사악 『수덕 생활』 22.

계시를 부정하다

무신론자

하느님께서 몸소 계시하신 것을 받아들이지 않는 사람을 어떻게 하느님을 섬기는 사람으로 볼 수 있습니까? 그는 섬기는 사람이기는커녕 무신론자입니다. 그런데 이는 그 자신의 잘못이라는 점을 아는 것이 중요합니다. 그가 그런 상태에 떨어진 것은 모든 피조물에게 다 알려진 하느님에 관한 지식을 스스로 멀리했기 때문입니다.

• 오이쿠메니우스
『사도행전과 가톨릭 서간, 바오로 서간 주해』(요한 2서).

무신론적 태도

무신론자들의 논리는 악순환의 과정을 따릅니다. 그들은 붙잡을 곳도 머무를 터전도 없이 끝없는 망설임의 지루한 쳇바퀴를 돌고 있습니다. 이들의 무신론적 태도는 하느님의 계시에 근거

해 하느님을 바라보는 것이 아니라 그들이 선택한 기준으로 하느님을 바라보는 데서 나옵니다.

• 푸아티에의 힐라리우스 『시편 제1-91편 강해』 1,8.

하느님을 부정하다

하느님의 존재에 대한 지식은 자연을 통해 우리에게 계시되었기 때문에 대다수의 그리스인들도 하느님의 존재에 대해 의심하지 않습니다. 그런데 악의 사악함이 인간의 본성보다 훨씬 더 우세해졌기 때문에 일부 사람들은 말할 수 없을 정도로 지독히 사악한 타락의 심연으로 끌려 들어갔고, 마침내 하느님이 없다고 부정하기까지 하였습니다.

• 다마스쿠스의 요한 『신앙 해설』 1,3.

믿음도 불신도 우연이 아니다

예수님께서는 여기서[요한 6,37 참조], 당신에 대한 믿음은 대수롭지 않은 일도 인간의 이성에서 비롯된 일도 아니며 높은 곳으로부터의 계시가 있어야 하는 일임을 암시하십니다. … "아버지께서 나에게 주시는 사람"(요한 6,37)이라는 표현은 사람이 믿고 안 믿고는 우연하게 정해지는 일이 아님을 알려 줍니다. 믿음은 인간의 이성이 정하는 일이 아니라 높은 곳으로부터의 계시와 그 계시를 받아들이는 경건한 마음이 있어야 한다는 것입니다.

• 요한 크리소스토무스 『요한 복음 강해』 45,2-3.

불신 때문이다

주님께서는 '너희는 이해하지 못했다'라고 하시지 않고 '너희는 믿지 않았다'(요한 3,12 참조)라고 하셨습니다. 이해력이 어떤 진리를 납득하지 못하는 경우는, 우리가 본디 가지고 있던 부족함이나 무지 때문입니다. 그러나 어떤 사람이 이성이

아니라 오로지 믿음으로만 파악할 수 있는 것들을 받아들이지 않는다면, 그것은 이해력의 부족 때문이 아니라 불신 때문입니다. … 하지만 이 진리들이 계시된 목적은 후손들이 믿어서 득을 보게 하려는 데 있습니다. 비록 그 당시 사람들은 그러하지 않았어도 말입니다.

• 요한 크리소스토무스 『요한 복음 강해』 27,1.

믿음 없이는 이해도 없다

이 구절[이사 7,9 참조]을 읽는 사람은, 이 구절이 뜻하는 바가 이해 없이는 믿음도 없고, 믿음 없이는 이해도 없다는 사실이라는 점을 주목해야 합니다. 하느님이 그리스도임을 믿지 않는, 할례 받은 자들은 비록 이 말씀을 듣고 있다 하더라도, 마음으로 경청하는 것이 아니기 때문에 이 예언의 속뜻을 이해하지 못합니다. 이 예언이 분명히 믿음과 이해에 관하여 계시하는데도 그들이 이해하지 못하는 이유는 그들의 믿음이 부족하기 때문입니다.

• 카이사리아의 에우세비우스 『복음의 논증』 7,1.

보면서도 보지 않고 들으면서도 듣지 않다

보는 사람들이 자기가 본 것을 아는 것은 듣는 사람들이 자기가 들은 것을 이해하기보다 쉽습니다. 하느님의 놀라운 계시에 대해 들은 사람들이 어떻게 그것을 보고도 모르는 일이 일어났을까요? 유대인은 보면서도 보지 않고 들으면서도 듣지 않는 데 이골이 났기 때문입니다.

• 『마태오 복음 미완성 작품』 강해 31.

보지도 않은 계시에 대해 쓰는 자들은 그만 집어치울 일입니다!

• 오이쿠메니우스 『로마서 주해 단편』.

불의한 행동

바오로 사도는 또한 진리에 대한 지식에서 이 세상의 지혜로운 자들에게 온 것들은 하느님의 계시에 의한 것이었음을 보여 줍니다. 그러나 그들이 헛된 영광을 좇거나 고대의 잘못된 생각 덕분에 칭찬을 받고, 또는 통치자들에 대한 두려움 때문에 침묵하면 그들은 스스로 저주에 떨어지게 하는 심판관이 됩니다. 거룩한 계시 덕분에 그들이 배운 진리는 그들이 자유를 잃음으로써 그들 눈에 보이지 않게 숨겨지거나 불의한 행동으로 인하여 부정됩니다.

• 오리게네스 『로마서 주해』.

거룩한 전통을 벗어나지 말자

그분은 우리가 마땅히 알아야 할 것을 우리에게 계시하셨고 우리가 감당할 수 없는 것은 알려 주지 않으셨습니다. 이것들로 만족하고 살아갑시다. 옛 경계선을 넘어가거나 거룩한 전통을 벗어나지 맙시다.

• 다마스쿠스의 요한 『신앙 해설』 1,1.

계약

구약은 두려움의 계약이고 신약은 사랑의 계약입니다.

• 아우구스티누스 『로마서 명제 해설』 52.

하느님과의 계약에는 책임이 따릅니다.

• 오리게네스 『에제키엘서 강해』 7,9.

그리스도께서는 새 계약의 중개자이십니다.

• 요한 크리소스토무스 『히브리서 강해』 16,1.

새 계약은 곧 하늘 나라입니다.

• 아우구스티누스 『시편 상해』 33,8.

새 계약은 죄가 씻겨 새로 태어난 사람만이 받을 것입니다.

• 펠라기우스 『로마서 주해 단편』.

"하느님의 영"은 새 계약의 영적인 은사를 일컫습니다.

• 가발라의 세베리아누스 『로마서 주해 단편』.

그리스도와 교회는 사랑과 평화의 계약을 맺었습니다.

• 존자 베다 『사무엘기 상권 우의적 해설』 3,18.

계약의 의미와 이해

거룩한 계약 안에서 이루어진 새로운 일치

초막절 이후에 어떻게 온갖 사람들이 커다란 감사와 신심으로 새로운 회중을 구성하게 되었는지 더 분명히 드러납니다. 그들은 자신들 안에 번져 있던 잘못들을 새로운 다짐을 통해 몰아낸 다음, 거룩한 계약과 정신적으로 결합하고 그 계약 조건들을 말과 글로 확정하고자 했습니다.

• 존자 베다 『에즈라기와 느헤미야기 우의적 해설』 3,29.

유언의 의미

히브리어 성경과 [그리스어 번역인] 칠십인역 성경을 꼼꼼히 대조해 보는 사람은 '유언'이라는 단어가 사용된 곳에서 그 의미는 '유언'이 아니라 '계약'임을 발견하게 될 것입니다. … 이처럼 바오로 사도는 자기가 약속한 대로 깊은 의미가 아니라 일상적 의미, 평범한 의미를 사용해 말한 것이 분명합니다. 하지만 지적인 이들은 이것이 못마땅했을지도 모르겠습니다.

• 히에로니무스『바오로 서간 주해』(갈라티아서) 2,3,15 SEQ.

아브라함의 후손

아브라함에게 주어진 약속은 고대의 성경에서 '계약'[1]이라고 불렸으며, 따라서 그것은 무엇을 추가할 수도 뺄 수도 없고, 아브라함 시대로부터 한참 뒤에 모세 율법이 주어졌다고 해서 무효가 될 수도 없습니다. 그 약속의 내용은 만유의 하느님께서 아브라함의 후손을 통하여 민족들에게 복을 내리시겠다는 것이었습니다. 이 후손은 그리스도 주님이십니다.

• 키루스의 테오도레투스
『바오로의 열두 서간 주해』(갈라티아서) 3,16.

믿음으로 자녀가 된 이는 약속의 상속자

아브라함이 받은 약속의 상속자들은 아브라함이 축복받고 의로움을 인정받게 한 믿음을 받아들임으로써 그의 후계자가 된 이들입니다. 아브라함이 받은 약속에 관한 증언은 그가 죽은 뒤에 믿음을 통해 아브라함의 자손들이 되어 그 약속을 이어받을 상속자들이 나오리라는 것을 [나타내도록] '계약'으로 불립니다.

• 암브로시아스테르
『바오로의 열세 서간 주해』(갈라티아서) 3,18,3.

계약을 통해 상속자로 만들다

이스마엘의 탄생 역시 약속에 따른 것이라고 하느님께서 몸소 쓰신 책에 분명하게 나와 있습니다(창세 17,18-27 참조). 그러나 요점은, 약속은 계약이 주어지는 데서 진실로 성취된다는 것입니다. 이스마엘에 관하여 쓰여 있는 것처럼 축복하고 늘어나게 하고 수가 많아지게 하는 것과 계약을 통해 상속자로 만드는 것은 다릅니다.

• 히에로니무스『바오로 서간 주해』(갈라티아서) 2,4,22-23.

계약과 율법의 차이

"계약"과 "율법"은 거의 같은 것처럼 보입니다만 제 생각에는 차이가 있습니다. 율법은 모세에 의해서 한 번 주어졌지만 계약은 빈번히 주어진다(참조: 창세 9,8-17; 15,18; 2사무 23,5; 2열왕 23,3)는 것입니다. 사람들은 죄를 짓고 내처질 때마다 상속권을 빼앗겼습니다. 그리고 하느님께서는 그들과 화해하시고 다시 상속권을 주실 때마다 새로이 계약을 맺으시며 그들이 상속자임을 다시 선언하셨습니다.

• 오리게네스『로마서 주해』.

옛 계약이 율법으로 표현되다

한때는 성경에 들어 있는 옛 계약에 관한 모든 말씀이 율법이라는 이름으로 표현되었습니다 바오로 사도는 "내가 이 백성에게 다른 나라 말과 다른 말씨로 말하리라"(이사 28,11 참조) 하는 이사야 예언자의 증언을 인용하면서, "율법에 이렇게 기록되어 있습니다"(1코린 14,21)라는 말을 먼저 합니다.

• 아우구스티누스『삼위일체론』15,17,30.

율법과 옛 계약

그(바오로)는 두 계약, 곧 옛 계약과 새 계약을 구별하며 새 계약은 선조들에게 주어진 옛 계약과

---

1 임의로 내용을 변경할 수 없는 법적 유언과 비슷하다.

다를 것이라고 합니다. 옛 계약은 유대인들이 조상들의 종교에서 떨어져 나가 이집트인들의 삶의 방식을 받아들이고 다신교의 오류와 우상을 숭배하는 다른 민족들의 미신으로 떨어졌을 때 율법으로 주어졌습니다. 율법은 타락한 이들을 일으켜 세우고 땅에 엎어져 있던 이들이 적절한 가르침을 통해 제 발을 딛고 서게 하기 위한 것이었습니다.

• 요한 크리소스토무스
『세례 받을 이들을 위한 마지막 교리교육』 3,21.

다가올 것들의 그림자

할례를 비롯한 이런 규정들은 하느님께서 옛 시대 사람들에게 우리가 '옛' 계약이라고 부르는 것을 통해, 그리스도 안에서 완성될 미래의 일들에 대한 예형으로 일러 주신 것이라고 말하겠습니다. 그 일들이 이루어진 뒤로는 이 규정들은, 마치 사람들이 이런 일들이 예시한 신앙의 계시를 아직도 기다리는 것처럼 반드시 지켜야 할 일로서가 아니라, 옛날의 예언이 어떤 것이었는지 그리스도인들이 알 수 있는 참고용으로 읽도록 남아 있습니다.

• 아우구스티누스 『편지』 82.

옛 계약의 참된 의미

옛 계약의 참된 의미는 예언자들의 증언을 통하여 어렴풋이 드러났을 뿐, 오랜 세월 상징의 그림자에 가려 있었습니다. 하지만 이렇듯 가려졌던 내용이 우리 주님의 수난의 신비를 통하여 뚜렷이 밝혀진 지금 우리는 마냥 기뻐합니다.

• 대 레오 『설교』 69,2.

"왼팔"은 율법을 "오른팔"은 복음을 나타낸다

여기서 두 팔은 옛 율법과 복음이라는 두 계약을 나타냅니다. '왼팔'은 옛 계약을 뜻하고 '오른팔'은 복음 선포를 뜻합니다. 옛 계약은 교회의 머리이신 그리스도 아래 놓였기에 아랫자리에 있습니다. 반면 '오른팔'은 교회를 껴안고 있습니다. 옛 죄들이 복음의 성사들로 덮였다는 뜻입니다. 믿음 안에 나아가며 성심으로 그리스도를 섬기는 사람은 누구나 옛 인간을 버리고 그리스도의 몸인 교회를 껴안습니다.

• 엘비라의 그레고리우스 『아가 해설』 3,29.

시작과 끝은 하나다

'눈에는 눈.' 이것은 정의의 완성입니다. "네 뺨을 때리는 자에게 다른 뺨을 내밀고"(루카 6,29). 이것은 자비의 극치입니다. 두 명령 모두 근거로 삼을 기준이 있지만, 주님께서는 우리 앞에 두 개의 연속되는 계약을 통해서 이 둘을 제시하십니다. 첫 번째 계약은, 정의는 다른 사람 대신해서 누가 죽임 당하는 것을 허용하지 않기 때문에, 보속을 위해서 짐승을 잡으라고 합니다. 두 번째 계약은 모든 사람을 위하여 자기 목숨을 내준 한 사람의 피(히브 9,11-14 참조)로 세워진 것입니다. 하나는 시작이었고 다른 하나는 끝인 셈이지요. 처음이자 끝인 그분은 완전한 분이십니다. 잘 모르는 사람에게는 시작과 끝이 서로 별개인 듯 보이겠지만, 깊이 연구하면 둘이 하나임을 알 수 있습니다.

• 시리아인 에프렘
『타티아누스의 네 복음서 발췌 합본 주해』 6,11B-12.

새 계약과 옛 계약

열두 초석(묵시 21,14 참조)은 열두 가지 보석입니다. 이 가운데 여덟 가지는 고대에 대사제의 가슴받이에 사용되던 것이며, 네 가지는 새 [계약]과 옛 [계약]이 한뜻이라는 사실과 그로써 드러난 새 계약의 우월함을 보여 주기 위해 더해진 것입니다.

• 카이사리아의 안드레아스 『묵시록 주해』 21,19.

점진적 변화를 거쳐 복음으로

세상 역사에서 인간의 생활 방식에 두 번의 주목할 만한 전환이 있었습니다. 그것은 두 '계약'이라 하는데, 매우 유명한 것으로서 두 번의 "땅의 흔들림"(마태 27,51 참조)과 관련되어 있습니다. 첫 번째는 우상 숭배에서 율법으로의 전환이고(탈출 20,3-5 참조), 두 번째는 율법에서 복음으로 전환입니다(참조: 갈라 2,14; 히브 9,3-15). 복음서는 세 번째 흔들림에 대해 말합니다. 그것은 만물이 지금 상태에서 움직이지도 흔들리지도 않는 상태(히브 12,28 참조)로 넘어가는 것입니다. 동일한 특징이 두 계약 안에 보입니다. 무슨 의미입니까? 두 계약 모두 각기 전환의 첫 움직임을 보일 때 갑작스럽지 않았다는 점입니다. …

첫 번째 계약은 우상은 끊고 희생 제물은 남겨 두었습니다. 둘째 계약은 희생 제물은 파기했지만 할례는 금지하지 않았습니다. 그런데 사람들이 줄어든 율법을 받아들이고 나자 그들에게 양보해 남겨졌던 것들도 따라 없어지게 되었습니다. 처음의 경우에는 희생 제물이 그랬고, 두 번째 경우에는 할례가 그랬습니다. 그리고 점진적인 변화를 통해 복음에 매혹됨으로써 다른 민족들이 유대인이 되고, 유대인들은 그리스도인이 되었습니다.

• 나지안주스의 그레고리우스 『성령』(연설 31) 25.

부분적 경신

앞서 한 계약과 다르며 더 나은 점이 있을 때 "새 계약"이라고 할 수 있습니다. 계약 가운데 어떤 항목은 그대로 유지되고 어떤 항목은 폐지되었

다면 이 또한 분명히 새로워진 계약, 다시 말해 경신된 계약이라 할 수 있습니다. … 우리의 이 계약은 "새 하늘, 새 땅"(이사 65,17)과 같은 의미로 '새 계약'(신약)이라고 해야 마땅하다는 것입니다. … 바오로 사도도 이를 '새 계약'이라고 일컬으며 "하느님께서는 첫째 계약을 낡은 것으로 만드셨습니다. 낡고 오래된 것은 곧 사라집니다"(히브 8,13)라고 하였습니다. … 그러므로 낡고 오래된 옛 계약은 사라져 버렸기에 이제 더 이상 존재하지 않습니다. … 이렇듯 사도는 옛 계약이 나쁜 것이 아니라 다만 부족하고 결함이 있을 뿐이라고 합니다.

• 요한 크리소스토무스 『히브리서 강해』 14,6-7.

우리의 희망을 확증해 주는 주님의 부활

신약, 곧 새 계약은 우리에게 죽은 이들 가운데서의 부활과 하늘 나라, 영원한 생명을 약속합니다. 그 가운데 아무것도 아직 눈앞에 다가오지는 않았으나 바오로 사도는 예수님을 가리켜 우리에게 이 세 가지 약속을 "보증해 주시는 분"(히브 7,22)이라고 합니다. 예수님께서는 당신의 부활로 우리에게 부활의 희망을 확증해 주신 한편 사도들로 하여금 기적을 이루게 하심으로써 당신의 부활을 계속해서 이루고 계십니다.

• 키루스의 테오도레투스
『바오로의 열두 서간 주해』(히브리서) 7.

옛 계약과 새 계약

두 계약

바오로 사도는 "아브라함에게 두 아들이 있었는데 하나는 여종에게서 났고 하나는 자유의 몸인 부인에게서 났다"(갈라 4,22)라는 성경 말씀을 디

야기하고는, 곧 이어서 "이 여자들은 두 계약을 가리킵니다"(갈라 4,24) 하고 설명했습니다.

• 존자 베다 『사도행전 해설』 20,8.

두 여자

여기서(갈라 4,22-24) 첩인 하가르는 구약의 표상입니다. 다른 여자는 완전한 비둘기요 어머니, 순결한 동정녀요 여왕으로서 그리스도의 복음을 통해 신랑이신 임금과 하나 되는 교회입니다.

• 아퀼레이아의 루피누스 『(열두) 성조의 축복』 2,5.

젖가슴과 모태의 복

야곱이 말하는 "젖가슴"은 두 계약을 나타냅니다. 이 두 계약은, 하나는 그분을 예고하고, 다른 하나는 그분을 드러내 줍니다. 야곱이 "젖가슴"이라는 표현을 사용한 것은 적절한데, '아들'께서는 우리를 먹여 기르시는 한편, 우리를 영적 젖으로 기른 백성으로서 아버지께 바치시기 때문입니다. 또는 "젖가슴"은 마리아의 가슴을 가리키는 말일 수도 있습니다. 그것은 거룩하신 마리아께서 주님의 백성들에게 마시라고 주는 젖이 담긴 가슴이기에 참으로 복됩니다.

• 암브로시우스 『성조』 11,51.

두 계약은 그리스도인이 영원한 생명을 얻게 하는 자양분이다

'두 가슴'을 두 계약으로 이해하십시오. 이 계약들은 영원한 샘에서 받듯 우리 주님이요 구원자이신 분의 가슴으로부터 받은 것이며, 그것으로부터 그리스도인을 키워 영원한 생명을 얻도록 합니다. '금 띠'는 성도들의 무리입니다. 가슴이 띠로 묶여 있듯 성도들의 무리는 그리스도에게 묶여 있으며, 두 계약이 두 가슴을 둘러싸고 있을 때 그것들은 거룩한 죽처럼 그들을 키우는 자

양분이 되기 때문입니다.

• 아를의 카이사리우스 『묵시록 해설』 1,13.

옛 계약 안에 예시된 새 계약

구약 안에 신약이 예시되어 있기 때문에, 그때에 이를 그들의 시대에 맞게 이해한 하느님의 사람들은 옛 계약의 심부름꾼이요 수행자이면서 새 계약의 상속자들임이 입증되었습니다.

• 아우구스티누스 『펠라기우스파 두 서간 반박』 3,6.

희생 제물을 통하여 예표된 유언자의 죽음

바오로 사도는 히브리인들에게 보낸 서간에서 "유언은 유언한 사람이 죽었을 때에야 유효한 것"(히브 9,17)이라고 합니다. 이는 그리스도께서 우리를 위하여 돌아가심으로써 새 계약이 유효하게 되었다는 뜻입니다. 옛 계약은 새 계약의 모상이며 유언자의 죽음이 희생 제물을 통하여 예표되었던 것입니다. … 그러므로 우리는 그리스도의 상속자입니다. 그리스도께서는 거룩한 교회에 평화를 남겨 주고 가셨습니다.

• 아우구스티누스 『여든세 가지 다양한 질문』 75,1.

예언자들과 사도들

예언자들은 씨를 뿌렸으나 거두지는 못했습니다. '수확'한 것은 사도들입니다. … 예수께서는 이런 논리로, 예언자들이 바라는 것은 모든 사람이 당신께 오는 것임을 입증하고자 하십니다. 율법서도 이 일에 이용되었고 예언자들도 같은 이유로 율법을 씨 뿌렸습니다. 그 씨들이 열매를 맺도록 한 것입니다. 예수께서는 더 나아가, 예언자들을 보내신 분은 당신이며 새 계약과 옛 계약은 매우 긴밀한 관계에 있다는 사실도 알려 주십니다. 하나의 비유에 이 모든 것을 담으셨습니다.

• 요한 크리소스토무스 『요한 복음 강해』 34,2.

옛 계약이 새 계약에 길을 내어 주다

옛것들은 사라지고 그리스도 안에서 새롭게 되었습니다. [옛] 제단은 [새] 제단에, 칼은 칼에게, 불은 불에게, 빵은 빵에게, 제물은 '제물'에게, 피는 '피'에게 길을 내주었습니다.

• 아우구스티누스『편지』36.

성경의 우유를 눌러 짠 버터와 같다

"우유를 누르면 버터가 나온다"(잠언 30,33). 그리스도의 두 계약을 충실하게 눌러 짜십시오. 그러면 우유와 같은 계명들을 발견할 것입니다. 당신이 그것들을 먹으면, 당신은 완전하고 충실한 빵으로 변모할 것입니다.

• 요한 크리소스토무스『잠언 (주해) 단편』30,33.

믿음이 확인하게 하라

옛 계약에 제대 빵이라는 것이 있었습니다. 그러나 그것은 옛 계약에 속한 것이기에 종말을 맞았습니다. 새 계약에는 육체와 영혼을 성화하는 하늘의 빵과 구원의 잔이 있습니다. 빵은 육체와 짝을 이루고 말씀은 영혼과 짝을 이룹니다. … 주님께서 선언하신 대로, 이는 살과 피입니다. 우리의 감각이 그와 달리 느낀다면, 믿음이 그대에게 확인시켜 주도록 하십시오.

• 예루살렘의 키릴루스『신비 교리교육』4,4-6.

한 분이신 참하느님

이단적 견해를 지닌 이들 가운데서 많은 이가 조물주와 그리스도의 아버지가 서로 다른 존재라며 하느님을 나눕니다. 더 나아가 성경을 나누고, 옛 계약은 조물주의 것이고 새 계약은 그리스도의 아버지의 것이라고 이야기합니다. … 누가 뭐래도, 구원자의 아버지와 조물주는 같은 하느님이시며, 두 계약이 다 그분에 의해 주어진 것임이 확실합니다.

• 맹인 디디무스『성경 주해 선집』(사도행전) 4,25.

한 분이신 주님에게서 온 두 계약

새 계약이 옛 법령들과 낯선 것이라면, 바오로가 율법을 이용할 필요가 뭐가 있겠습니까? 그는 두 계약이 다 한 분이신 주님에게서 온 것임을 보여 주고자 합니다. 이 둘은 같은 의도를 지니고 있다고 전제할 때 가장 잘 파악됩니다. 율법의 완성은 이웃 사랑을 통해서 이루어집니다. 완전한 선을 이루는 것이 사랑이기 때문입니다. 그래서 그는 사랑이 율법의 완성이라고 합니다.

• 살라미스의 에피파니우스『약상자』42,12,3(마르키온 다섯째 반박).

같은 성령

이집트에서 탈출하여 자유인이 된 히브리인들에게, 유월절의 양을 바친 뒤 오십 일 되는 날 시나이 산에서 율법이 주어졌습니다. 이와 마찬가지로, 그리스도의 수난으로 하느님의 참된 어린양께서 죽임을 당하시고 부활하신 뒤 정확히 오십 일 뒤에 사도들과 모든 신자에게 성령께서 내리셨습니다. 신실한 그리스도인은 이 일에서, 옛 계약의 시작이 복음의 시작에 이바지했다는 것과 첫 번째 계약을 세운 바로 그 성령께서 두 번째 계약도 세우셨다는 것을 쉽게 알아볼 수 있을 것입니다.

• 대 레오『설교』75.

구약과 신약의 조화

바오로는 우리에게, 거룩한 지혜가 넘치고 위협에 처한 우리에게 힘을 주기에 꼭 알맞은 시편 구절(시편 115,1 칠십인역)을 떠올려 줍니다. … 비슷한 상황에 처한 바오로는 우리도 같은 성령들 모셨으니 그와 비슷하게 위로받을 것이라고 말합니다. 이처럼 그는 구약과 신약이 진정 조화를 이루고 있음을 보여 줍니다. 같은 성령께서 두 계약에 다 작용하고 계시는 것입니다. 옛 시대 사람들도 우리처럼 위험에 처했습니다. 그들처럼 우리도 믿음과 희망에서 답을 찾아야 합니다.

• 요한 크리소스토무스 『코린토 2서 강해』 9,2.

옛 계약과 새 계약의 조화

새 계약과 옛 계약의 양식이 조화를 이루고 있음을 우리는 봅니다. 한 계약에선 우물가와 샘가로와 신부를 발견하고, 한 계약에서는 교회가 물에 흠뻑 젖음으로써 그리스도와 결합합니다.

• 오리게네스 『창세기 강해』 10,5.

두 계약을 결합시키는 성령

두 계약 — 구원자께서 육으로 오시기 전의 계약과 새 계약 — 의 조화에 관한 사실을 이해하고 제시해 보이려 노력하는 것도 즐거운 일입니다. 두 계약이 조화를 이루어 둘 사이에 불화가 없는 점은 기도에서도 알 수 있습니다. 무엇이건 그들이 청하는 바를 하늘에 계신 아버지께서 이루어 주신다는 점에서 그렇습니다. 이 두 계약을 결합시키는 세 번째 요소가 무엇인지도 알고 싶다면, 망설이지 말고 그것은 성령이라고 말하십시오.

• 오리게네스 『마태오 복음 주해』 14,4.

두 담을 이은 모퉁잇돌

집 짓는 자들은 유대인들이었습니다. 다른 민족들은 모두 우상들로 가득 찬 황무지에 남아 있었습니다. 유대인들만 백성이라는 집을 짓기 위해 나날이 율법서와 예언서를 읽었습니다. 그들이 집을 지으며 두 담을 잇는 모퉁잇돌을 놓을 때가 왔습니다. 그들은 당신 안에서 두 백성을 하나로 만드실 그리스도께서 육신의 모습으로 오시리라는 예언서의 말씀들에서 모퉁잇돌을 발견했습니다. 그런데 그들은 하나의 담만 가지기를, 곧 자기들만 구원받기를 선택했기 때문에 양쪽을 다 잇게 되어 있는 그 돌을 버렸습니다. 그러나 그들이 달가워하지 않았는데도, 하느님께서는 두 계약과 두 백성이 그곳에서 같은 신앙의 한 건물로 서도록 손수 이 [돌]을 모퉁이의 가장 중요한 위치에 놓으셨습니다.

• 존자 베다 『사도행전 해설』 4,11.

하느님의 한 가족은 두 계약 위에 세워졌다

이 말[에페 2,20 참조]은 하느님의 가족은 옛 계약과 새 계약 위에 세워졌다는 뜻입니다. 사도들이 선포한 것은 예언자들에 의해 예고된 것들이기 때문입니다. [바오로 사도가] 코린토 신자들에게 "하느님께서 교회 안에 세우신 이들은, 첫째가 사도들이고 둘째가 예언자들"(1코린 12,28)이라고 했을 때 그의 관심사는 교회 제도에 있었습니다. 그러나 지금 여기서는 옛 시대의 예언자들이라는 [교회의] 기초에 대해 이야기하고 있습니다.

• 암브로시아스테르
『바오로의 열세 서간 주해』(에페소서) 2,20.

비난에 대해 답변

전에 유대교를 믿던 신자 일부가 옛날의 관습으로 되돌아가 바오로 사도를 배교자요 율법을 어기는 자라 부르며 그를 비난하기 시작했습니다. 그들은 율법을 따르는 관습을 부활시키고 싶어 했고 코린토 신자 일부도 그들과 뜻을 같이했습니다. 그래서 바오로 사도는 마케도니아에 도착한 뒤, 코린토에 갈 수 없는 이유에 대해 설명하며 둘째 편지를 썼습니다. 그는 약속을 어긴 것이 아니라 마케도니아에 먼저 와야 했고 그들에 게는 나중에 갈 참이라고 합니다. 그런 다음 그 는 옛 계약과 새 계약을 비교합니다. 이는 옛 계 약을 나쁘게 이야기하려는 것이 아니라 옛 계약 의 참된 영광을 드러내려는 것입니다.

• 키루스의 테오도레투스
『바오로의 열두 서간 주해』(코린토 2서) 287.

그림자를 담고 있는 율법

그들(사도들)이 새 계약의 계명들에 정통했으며 그에 관한 지식이 풍부했음도 알려 줍니다. 이는 새 계약이 훨씬 명확했고, 그에 관한 지식이 옛 계약에 관한 지식보다 훨씬 고귀했기 때문인데, 율법 안에는 말하자면 그림자가 들어 있은 반면 새 계약은 실재였기 때문입니다. 사도들을 나타 내는 도성의 초석들을 옛 계약의 보석들과 새 계 약의 보석들이 함께 꾸미고 있었다는 것은 이를 상징합니다.

• 오이쿠메니우스『묵시록 주해』21,19-22.

두 계약을 대조 설명하다

우리가 받은 새 계약은 옛날 그때처럼 무시무시 한 광경을 배경으로 주어진 것이 아닙니다. 우리 는 단순히 하느님의 말씀을 통해 새 계약을 받았 습니다. 그런데 보십시오, 사도는 두 계약을 대조 설명하면서, 옛 계약을 먼저 이야기하고 새 계약 의 요점들은 나중으로 미루어 결과적으로 더욱 돋보이게 합니다. 지금까지 이런저런 긴 말로 신 자들을 설득하고, 옛 계약과 새 계약의 차이를 뚜렷이 보여 주며 옛 계약은 이미 낡은 것으로 폐지되어 버렸음을 지적한 만큼, 이제 수월하게 새 계약의 요점에 대하여 거론하는 것입니다.

• 요한 크리소스토무스『히브리서 강해』32,1.

두 계약이 대조되다

확실히 신약이라는 집의 영광은 구약이라는 집 의 영광보다 더 큽니다. 더 좋은 재료, 이른바 믿 음과 은총으로 새로워진 인간 존재들인 살아 있 는 돌들로 지어졌기 때문입니다. 하지만 분명히 말하건대 솔로몬의 성전은 개축, 곧 새로 만들어 졌기 때문에 신약이라 불리는 두 번째 계약의 예 언적 상징입니다. … 그러나 신약이라는 집이 마 지막으로 축성될 때에 비로소 구약이라는 집과 의 관계에서 더 위대한 영광임이 명백히 드러날 것입니다.

• 아우구스티누스『신국론』18,48.

성전, 성소라 불리는 성막

[히브리서의 저자는] 율법의 시대에는 상징들 이, 은총의 시대에는 예형들이 있었다는 것과 옛 계약 시대의 제도 문물을 통해서 미리 암시된 새 계약의 제도 문물을 이제 어떻게 환히 꿰뚫어 볼 수 있는가에 대해 설명하기 시작합니다. 그리고 새 계약의 제도는 옛 계약의 제도와는 비교할 수 없을 만큼 탁월한 것임을 비교를 통해 보여 줍니 다. … 또 성막을 가리켜 "성소"(히브 9,2)라고 하 기도 하는데, 성전을 짓기 전에는 성막에서 제례 를 올렸기 때문입니다. 마찬가지로 그는 성막을 "성전"이라고도 합니다.

• 몹수에스티아의 테오도루스『히브리서 단편』9,1-2.

옛 계약 전체와 새 계약을 비교한 것이다

바오로 사도는 구약 시대의 성막을 새 계약과 비 교한 것이 아니라, 옛 계약 전체를 새 계약과 비 교함으로써 새 계약이 옛 계약보다 더 나은 계 약임을 뚜렷이 보여 준 것입니다. "보라, 그날이 온다. 그때에 나는 이스라엘 집안과 유다 집안 과 새 계약을 맺으리라. 그것은 내가 그들의 조상들과 맺었던 계약과는 다르다"(히브 8,8-9; 예레 31,31-32). 그런 다음 "하느님께서는 '새 계약'이라는 말씀을 하심으로써 첫째 계약을 낡은 것으로 만드셨습니다"(히브 8,13)라는 말에 이어 "첫 번째 것에도"(히브 9,1) 예배 법규가 있었다는 설명을 덧붙입니다. 계속 계약을 주제로 이야기하고 있음이 분명히 드러납니다. 그런데 새 계약과 비교하다 보니 옛 계약은 낡고 오래되어 곧 사라질 것이라고 말하긴 했지만, 그렇다면 옛 계약은 가치 없는 것이라 철폐되어 버렸다고 성급하게 생각하는 자들이 있을 것을 미리 내다보고서, 첫째 계약에도 하느님을 섬기는 데에 합당한 "예배 법규"(히브 9,1)와 율법, 위계질서가 있었다고 한 것입니다.

• 포티우스 『히브리서 단편』 9,1-2.

영원히 새로운 계약

율법은 영원하지 못한 인간성에 맞추어서 만들어진 것임에 반해, 새로운 계약, 곧 신약은 우리에게 영원한 생명을 보장합니다. 그러므로 낡고 오래된 옛 계약이 사라지는 것은 마땅합니다. 그러나 새 계약은 영원히 늙지 않는 시대에 관한 계약이기에 세세에 영원히 새로울 것입니다.

• 키루스의 테오도레투스
『바오로의 열두 서간 주해』(히브리서) 8.

아벨의 피보다 더 훌륭한 것을 말하는 피

옛 계약이 이루어졌던 곳은 두려움을 자아냈지만 지금 여러분이 나아간 곳에서는 축제와 모임이 이루어지고 있다고 바오로 사도는 말합니다. 옛 계약은 땅에서 맺어졌지만 새 계약은 하늘에서 맺어졌습니다. … 옛날 그곳에는 옛 계약(구약)이 있었지만 지금은 새 계약(신약)이 있습니다. … 옛날 그곳에는 짐승의 피만 있었지만 여기엔 이성을 지닌 어린양의 피가 있습니다. "아벨의 피보다 더 훌륭한 것을 말하는 그분"(히브 12,24)이라는 구절은 당신의 행위를 통해 하늘 나라를 전해 주고 당신 활동의 뜻을 드러내 보여 주신 분을 뜻합니다. 아벨의 피는 기림받을 뿐이지만, 주님의 피는 인류의 구원을 가져왔습니다.

• 키루스의 테오도레투스
『바오로의 열두 서간 주해』(히브리서) 12.

더 나은 약속

바오로 사도는 새 약속이 훨씬 낫다는 것을 간결하게 설명합니다. 옛 계약은 육체에 관한 온갖 것들, 곧 젖과 꿀이 흐르고 올리브 나무와 포도밭과 대가족 등 물질적 풍요를 약속했습니다. 반면 새 계약은 영원한 하늘 나라를 약속합니다.

• 키루스의 테오도레투스
『바오로의 열두 서간 주해』(히브리서) 8.

"땅에서"와 "하늘에서"

"땅에서 지시한다"(히브 12,25)라는 말을 모세를 통하여 받은 율법에 조목조목 명시되어 있는 육체의 정화에 관한 지시사항으로 이해할 수도 있습니다. 그러나 그리스도를 통하여 주어진 율법은 우리 영혼을 씻어 주고 밝혀 주는 것입니다. 흙으로 만들어진 육체에 관한 저급한 계율은 '땅에서' 선포되었습니다. 그러나 새로운 계약에 관한 것은 '하늘에서'(히브 12,25) 선포되었습니다. 그 계율들은 지극히 거룩하고 숭고하며 참으로 거룩한 방식으로 영혼을 씻어 주고 하늘 나라로 데려다 줍니다.

• 포티우스 『히브리서 단편』 12,25.

새 계약

영광스러운 다른 계약

하느님께서 그들의 조상(아브라함과 노아)과는 같은 계약을 맺지 않으셨다는 모세의 말은 이 [모세의] 계약을 분명하게 암시하고 있다는 사실을 아십시오. 만일 모세가 하느님께서 그들의 조상과 아무런 계약도 맺지 않으셨다고 말했다면, 그것은 거짓말일 것입니다. 성경은 아브라함과 노아 둘 다 [하느님과] 어떤 계약을 맺었다고 증언하고 있으니 말입니다. 그래서 모세는 그들 조상이 맺은 계약은 하느님께서 자기 백성과 맺으신 것이 '아닌' 다른 계약이라고 말합니다. 이것은 그 계약에 의해 백성 모두가 하느님의 친구가 된 놀랍고도 영광스러운 계약을 가리킵니다.

• 카이사리아의 에우세비우스『복음의 논증』1,6.

새 계약이 예고되다

시편 저자는 새 계약을 예고하고 있습니다. 새 계약 아래에서는 과거의 모든 희생 제사가 중단됩니다. 과거의 희생 제사는 앞으로 있게 될 특별한 희생 제사를 미리 보여 주는 역할을 하였습니다. 우리는 이 특별한 희생 제사의 피로 정화되었습니다.

• 아우구스티누스『시편 상해』50,16.

새 계약에 따른 공로를 예고한 환시

그때는 "지극히 높으신 분의 거룩한 백성이 그 나라를 이어받아 영원히 차지할 것이다"(다니 7,18)라고 말하는 예언자 다니엘이 아직 출현하지 않은 때였습니다. 이 말은 옛 계약이 아니라 새 계약에 따른 공로를 예고하는 말입니다. 마찬가지로, 이 예언자들은 당신 피로 새 계약을 거룩하게 하실 그리스도께서 몸소 오시리라는 것

도 예고하였습니다.

• 아우구스티누스『펠라기우스 행적』14.

새 계약의 법

사막에 있는 시나이산에서 모세가 제정한 법과 달리, 시온에서 나오는 이 법이 시온에서 나와 모든 민족에게 전파된 우리 구원자 예수 그리스도의 복음 말씀이 아니라면 도대체 무엇이란 말입니까? 우리 구원자이신 주님께서 살고 가르치셨던 곳은 분명히 예루살렘과 시온산이었습니다. 이곳에서 새 계약의 법이 나와 모든 백성에게 전해졌습니다.

• 카이사리아의 에우세비우스『복음의 논증』1,4.

바오로가 말하는 "우리가 선포하는 믿음의 말씀"(로마 10,8)은 새 계약입니다.

• 펠라기우스『로마서 주해 단편』.

계약을 실현하기 위하여

인류를 구원하고 우리 조상들과 맺으신 계약을 실현하려는 목적으로 그리스도는 "하늘을 기울여 내려오셨습니다"(시편 18,10). … 하느님께서는 말씀이 육을 취하는 것, 곧 말씀이 거룩한 처녀인 여인을 통하여 온전한 인간이 되는 것이 적절하다고 생각하셨습니다. 그리하여 그는 인간이 되었습니다. 이는 우리의 빚을 청산하고, 할례 의식을 통하여 아브라함과 맺은 계약의 규정들과 그와 연결된 그 밖의 다른 모든 법적인 약속들을 당신 안에서 완성하시기 위함이었습니다.

• 기적가 그레고리우스『동정 마리아에게 전한 탄생 예고』2.

성전 재건

그분께서 성전 재건을 지시하신 것은 그들 모두를 아끼고 그들의 구원에 관심을 갖고 계시기 때

문입니다. 그들이 성전 안에서 율법을 준수하고, 거룩한 사도가 말했듯이, 하느님의 상속자가 오시기 전까지 실행된 율법에 따라 하느님께 경배함으로써 유익을 얻기 바라셨기 때문입니다. 우리 구원자의 육화로 새 계약이 제시된 이후 옛것은 끝났습니다. 그리고 큰 지혜의 스승을 어렴풋이 보여 준 교사와 같은 율법은 영광의 자리를 내어 놓았습니다.

• 키루스의 테오도레투스 『하까이서 주해』 1,9-13.

말씀의 오심

하느님의 말씀이 모든 민족에게 전해진 뒤에 실질적으로 어떤 예배는 중단되었습니다. 그날부터 지금까지 세상에 있는 모든 사람과 동서방의 모든 나라가 초대를 받았습니다. 이전의 예배는 중단되고 폐지되었으며, 모든 민족은 모세의 율법에 따른 예배가 아니라 복음이 선포하는 새로운 계약에 따라 예배하도록 부름 받았습니다. 우리는 이 예언의 말씀들을 우리 구원자의 영광스러운 두 번째 오심에도 적용할 수 있을 것입니다.

• 카이사리아의 에우세비우스 『복음의 논증』 6,3,262.

요한의 선포와 예수님의 선포가 다른 점

회개를 촉구한 요한의 선포와 예수님의 선포는 똑같지 않았습니다. 그러나 구원자께서는 요한과 비슷한 방식으로 선포하십니다. 이 둘을 보내신 분은 한 분 하느님이시기 때문입니다. … 요한이 옛 계약을 완성했을 때, 새 계약의 시작이신 예수님께서 새 계약을 '선포하기 시작'하셨습니다. 그래서 요한에 관한 기사에는 '시작했다'는 말이 없습니다. 그는 끝이었기 때문입니다. 뿐만 아니라, 한 사람은 광야에서 선포하고, 한 사람은 사람들 가운데서 선포합니다.

• 오리게네스 『마태오 복음 주해 단편』 74.

요한에게 세례 받으신 예수님

율법과 예언자들의 시대는 요한까지입니다. 메시아께서 오심으로써 새 계약(신약)이 시작되었습니다. 주님은 온전한 기름부음을 받아 그것을 제자들에게 물려주시고자, 세례를 받으심으로써 구약의 정의를 완성하셨습니다. 그렇게 요한의 세례와 율법을 동시에 마감하신 것이지요. 그분은 죄가 없으셨으니 의로움으로 세례를 받으신 것입니다. 그러나 다른 모든 사람은 죄인들이니, 당신께서는 은총으로 세례를 베푸셨지요. 당신의 정의로는 율법을 이행하셨고 당신의 세례로는 [요한의] 세례를 마감하셨습니다.

• 시리아인 에프렘
『타티아누스의 네 복음서 발췌 합본 주해』 4,2.

우리 구원의 날

사랑하는 여러분, 우리 구원의 날에 기뻐합시다. 우리는 새로운 계약을 통해 들어 올림을 받았습니다. 이는 예언자를 통하여 성부께서 말씀하신 바로 그분과 함께하기 위함입니다. "너는 내 아들, 내가 오늘 너를 낳았노라. 나에게 청하여라. 내가 민족들을 너의 재산으로, 땅 끝까지 너의 소유로 주리라"(시편 2,7-8). 그러므로 우리를 자녀로 삼아 주시는 분의 자비 안에서 기뻐합시다.

• 대 레오 『설교』 29,3.

영원한 계약

물로 씻음으로써 우리를 거룩하게 해 주는 이 새로운 계약은 예전의 낡은 규율처럼 사라져 버리지 않습니다. 영원히 남아 있습니다. 예수님께서는 옛날의 율법을 버리고 새로운 계약을 이루셨습니다.

• 시리아인 에프렘 『히브리서 주해』.

세례에 물이 필요한 이유

우리가 하느님과 맺은 계약의 약속, 곧 매장과 죽음 그리고 부활과 생명이 세례 안에서 실현됩니다. 이 모든 일이 한꺼번에 이루어집니다. 우리의 머리가 물에 잠김으로써 옛사람은 사라지고 마치 저 아래 무덤 속에 있는 것처럼 묻혀 완전히 그리고 영원히 가라앉습니다. 그런 다음 우리가 다시 머리를 들어 올리면 새사람이 옛사람의 자리를 차지하게 됩니다.

• 요한 크리소스토무스 『요한 복음 강해』 25,2.

세례를 받은 뒤 죄를 지으면

주님께서는 여러분에게 가나안 땅을 넘겨주며 말씀하셨습니다. "너희가 들어가는 땅의 주민들과 계약을 맺지 않도록 조심하여라. 그것이 너희에게 [곧바로] 올가미가 될 것이다"(탈출 34,12). 이제 우리는 세례의 은총으로 모든 죄와 잘못이 우리에게서 사라졌다고 믿습니다. 우리가 나중에 같은 죄나 악행과 계약을 맺는다면, 이 계약은 틀림없이 우리에게 올가미가 될 것입니다.

• 아를의 카이사리우스 『설교』 81,4.

우리 대신 빚을 짊어지시다

그리스도께서 팔려 넘겨지신 것은 우리의 죄 자체 때문이 아니라 그분께서 우리의 조건을 취하셨기 때문입니다. 그분은 죗값 때문에 붙잡히신 것이 아닙니다. 그분은 죄를 지으신 적이 없으니까요(2코린 5,21 참조). 그러니 그분은 당신 자신을 위한 돈 때문이 아니라 우리의 빚 때문에 계약을 맺으신 것입니다. 그분은 채무자의 계약서를 없애 버리고 빚쟁이를 물리치신 다음 빚진 이를 해방시켜 주셨습니다. 모든 이가 진 빚을 그분 혼자 갚으셨습니다.

• 암브로시우스 『요셉』 4,19.

빚 문서의 흔적조차 남지 않게 되었다

다시 옛 계약의 채무자가 되지 않도록 주의하십시오. 그리스도께서 오셨습니다. 그분은 아담이 쓰고 서명한 우리 조상의 빚 문서를 보셨습니다. 그 빚 계약을 맺은 것은 아담이었습니다. 그 뒤 우리도 계속하여 죄를 지음으로써 빚이 늘어났습니다. 그 계약서에는 저주와 죄와 죽음과 율법의 저주가 쓰여 있습니다. 그리스도께서 이 모든 것을 지워 버리시고 그들을 용서해 주셨습니다.

• 요한 크리소스토무스
『세례 받을 이들을 위한 마지막 교리교육』 3,21.

왜 어찌하여 유언계약²인가?

그리스도는 죽었다는 사실을 내세우며 그분께서 약속하신 바를 믿지 않는, 이해력이 부족한 이들이 많았던 것 같습니다. … 유언 계약은 유언을 한 이가 살아 있지 않고 죽었을 때에야 효력을 발생하기 때문입니다. "그러므로 그리스도께서는 새 계약의 중개자이십니다"(히브 9,15). 유언은 마지막 때, 곧 죽음에 즈음하여 이루어집니다. … 유언이란 유언하는 자와 유산 수령자 양쪽 모두와 관련된 계약입니다. 유산 수령자들이 무엇인가를 상속받음과 동시에 무엇인가를 지켜 이행하도록 한 계약입니다. 그리스도께서는 헤아릴 수 없이 많은 약속을 하신 다음 "내가 너희에게 새 계명을 준다"(요한 13,34)라고 하시며 제자들, 곧 상속받는 쪽에서 해야 할 일을 명하셨습니다. 또 유언계약에는 증인이 있어야 합니다. 그리스도의 말씀에 다시 귀 기울여 보십시오. "내가 나에 관하여 증언하고 또 나를 보내신 아버지께서도 나에 관하여 증언하신다"(요한

2　『성경』이 (또한 『표준개역성경』도) '유언' 또는 '계약'이라고 옮긴 그리스어 낱말의 본디의 뜻을 따라 편의상 제목을 '유언계약'이라고 했다.

8,18). 또한 성령에 관하여 말씀하시며 "그분께서 나를 증언하실 것이다"(요한 15,26)라고 하셨습니다. 그리고 열두 제자를 세상에 보내시며 "너희도 하느님 앞에 증인이 되라"고 하셨습니다.

• 요한 크리소스토무스 『히브리서 강해』 16,1.

우리를 위하여 돌아가신 분

주님께서는 어떻게 우리의 중개자가 되셨습니까? 하느님의 말씀을 우리에게 가져다주심으로써 [우리의 중개자가 되셨습니다]. 아버지로부터 받은 말씀을 가져다주시고 게다가 죽기까지 하셨습니다. 죄를 범했기에 죽어 마땅한 우리 대신 돌아가심으로써 우리를 하느님과의 계약에 합당한 이들로 만들어 주신 것입니다. 그리하여 계약이 보장되었으며, 이후부터 자격 없는 자들은 계약에 들지 못합니다.

• 요한 크리소스토무스 『히브리서 강해』 16,2.

은총의 새로운 조건

우리 주 예수 그리스도께서는 새로운 계약의 새로운 제자들에게 새로운 형식의 기도를 제정해 주셨습니다. 새 포도주는 새 부대에 담고 새 옷에는 새 천 조각을 대고 기워야 하기 때문입니다 (참조: 마태 9,16-17; 마르 2,21-22; 루카 5,36-38). 지난날에 있었던 할례는 바뀌었고, 율법은 보완되었으며, 예언은 실현되었고, 신앙 자체는 완성되었습니다. 옛것을 없애 버리는 복음을 통하여 하느님의 새로운 은총은 육적인 모든 것을 영적으로 변화시켰습니다.

• 테르툴리아누스 『기도론』 1,1.

새 계약 안에서 실현되었다

주님께서는 새 계약 안에서 계명들을 완성하셨습니다. 그분은 옛 신비들을 제거하신 후에 계시

된 진리에 관한 다른 신비들을 제정하셨습니다. 따라서 옛 계약 안에서 하느님께서 약속하셨던 것이 새 계약 안에서 실현되었습니다. 옛 계약의 신비 안에 먼저 있었던 약속이 진실하다는 것을 인정할 때에만 새 계약의 신비에 관한 지식이 유익하고 즐거운 것이 될 수 있기 때문에 성경은 "옛 친구를 버리지 마라. 새로 사귄 친구는 옛 친구만 못하기 때문이다"(집회 9,10)라고 말한 즉시 다음 말씀을 덧붙입니다. "새 친구는 새 술과 같은 법. 오래되어야 제맛이 난다"(집회 9,10). "오래되어야 한다"는 말은 신약성경의 예형[3]이 구약성경에 나타난다는 뜻이 아니고 무엇이겠습니까?

• 루스페의 풀겐티우스 『편지』 14,46.

새 계약의 새 술

사실 그 술은 새 술이었습니다. 새 계약의 은총이었지요. 이 새 술은 영적 포도나무에서 난 것입니다. 예언자들 안에서 자주 열매를 맺었던 이 나무가 새 계약 안에서 싹이 났습니다. … 사실 그분의 은총은 과거에 성조들에게도 주어진 바 있습니다. 그러나 지금은 흘러넘치게 주어졌습니다. 성조들은 성령을 조금만 받았지만, 지금은 사람들이 완전히 그 안에 잠기게 받았습니다.

• 예루살렘의 키릴루스 『예비신자 교리교육』 17,18.

그리스도의 율법은 사랑의 법

"그리스도의 율법"(갈라 6,2)은 사랑의 법을 뜻합니다. … 바오로 사도는 다른 글에서 율법의 모든 계명은 사랑이라는 말로 요약된다고 말합니다(로마 13,10 참조). 그렇다면, 계약의 백성에게

---

3 '예형'이란 구약성경이 신약성경의 이미지를 어떤 식으로든 미리 보여 준다는 것을 가리키는 전문 용어다.

주어진 성경 역시 그리스도의 율법임이 명백합니다. 두려움으로는 그 법이 완수될 수 없자, 사랑으로 완수하시기 위해 그분께서 오셨습니다. 그래서 같은 성경, 같은 율법이 세속적 선을 좇아 종살이하는 이들을 내리누를 때에는 옛 계약으로 불리지만, 그것이 영원한 선을 열렬히 추구하는 이들을 자유로 들어 올릴 때에는 새 계약으로 불립니다.

• 아우구스티누스 『갈라티아서 해설』 58 (1B,6,2).

새로워짐을 상징하는 흰색

그리스도께서는 우리에게 새 계명을 주셨습니다. 당신께서 우리를 사랑하셨듯이 우리 서로 사랑하라는 것입니다. 이 사랑은 우리가 새로워지고 새 계약의 상속자, 새 노래를 부르는 이들이 되도록 우리를 새롭게 해 줍니다. 이 사랑은 옛 시대의 의인들까지도 새롭게 해 줍니다. 성조들과 예언자들도 뒷시대의 사도들처럼 새로워지는 것입니다. … "온통 흰 옷을 입고[4] 올라오는 저 여인은 누구인가?"(아가 8,5 칠십인역). 그가 흰 옷을 입고 있는 것은 새로워졌기 때문입니다. 무엇에 의해 새로워졌겠습니까? 당연히 새 계명에 의해서입니다.

• 아우구스티누스 『요한 복음 강해』 65,1,2.

오래 참고 견딜수록 더욱 강해진다

새로운 계약 아래 사는 우리가 옛 계약 아래 살던 이들 정도에도 못 미친다면 무슨 말로 변명할 수 있겠습니까? "너희의 의로움이 율법 학자들과 바리사이들의 의로움을 능가하지 않으면, 너희는 결코 하늘 나라에 들어가지 못할 것이다"(마태 5,20)라고 하였는데, 율법 아래 살던 이들보다도 의롭지 못하면 우리가 어찌 하늘 나라에 들어갈 수 있겠습니까? … 그러니 원수를 사랑하

십시오. 그리하면 원수에게 득이 되는 것이 아니라 바로 그대 자신에게 득이 됩니다. 그대가 하느님처럼 되기 때문입니다. … 우리도 오래오래 참고 견딜수록 더욱더 강해질 것입니다.

• 요한 크리소스토무스 『히브리서 강해』 19,4-5.

율법 학자들의 의로움을 능가해야 한다

여러분께서 새 계약 아래 은총이 얼마나 충만한지 잘 보시기 바랍니다. 예수님께서는 당신의 제자가 될 이들이 옛 계약의 교사들보다 훌륭한 사람으로 여겨지기 바라십니다. … 예수님께서는 옛 율법의 결점을 꼬집는 것이 아니라 사실상 그것을 더욱 철저히 지킬 것을 요구하십니다. 옛 율법이 나쁜 것이었다면, 예수님께서 그것을 강조하시는 대신 오히려 폐기하셨을 것입니다. … 그리스도께서 오신 뒤, 우리는 율법보다 더 위대한 힘을 지닌 것을 받았습니다. 자녀가 된 이들은 더욱 위대한 것을 추구해야 합니다.

• 요한 크리소스토무스 『마태오 복음 강해』 16,4.

여부스가 예루살렘으로

여부스는 적대 세력에 짓밟히다가 바뀌어서 예루살렘, 곧 평화의 이상이 된 영혼입니다. 여러분이 여부스에서 바뀌어 예루살렘이 되고서도 죄를 짓는다면, 하느님의 아들을 짓밟고, 자기를 거룩하게 해 준 새 계약의 피를 더러운 것으로 여기고 모독한다면(히브 10,29 참조), 그리고 결국 우중한 죄를 짓고 만다면, 여러분을 두고도 이렇게 말할 것입니다. "예루살렘아, 누가 너를 구해 주랴?" 여러분이 예수님을 배반하는 자가 되고 만다면 누가 여러분을 안타깝게 생각하겠습니까? 우리 각자가 죄를 지을 때, 더욱이 중대한 죄를

---

4 갓 세례 받은 이들은 흰 옷을 입었다.

지을 때, 예수님을 거슬러 죄를 짓는 것입니다.

• 오리게네스 『예레미야서 강해』 13,2.

쓸모없는 옛 시대가 끝나다

새 계약에 속한 우리가 지키지 않아도 되는 구약의 계명들이 있습니다. 그렇다면 유대인들은 새 약속을 믿는 우리가 옛것을 지키지 않는다고 비난하는 대신 자신들이 쓸모없는 낡은 것 안에 붙박인 채 머물러 있다는 것을 깨달아야 하는 것 아닐까요?

• 아우구스티누스 『유대인 반박』 6,8.

쓰일 데 없는 율법 규정

마땅히 거부되고 단죄 받은 육적인 유대교에 낯선 자가 되고자 하는 이는, 쓰일 데 없다는 것이 분명한 고대의 규정들은 자신과 상관없는 것으로 여기는 일을 가장 먼저 행해야 합니다. 새 계약이 계시되었고 지금까지 예시된 일들이 일어났기 때문입니다. 사람은 "먹거나 마시는 일로, 또는 축제나 초하룻날이나 안식일 문제로"(콜로 2,16) 심판받아서는 안 됩니다. "그런 것들은 앞으로 올 것들의 그림자일 뿐"(콜로 2,17)입니다.

• 아우구스티누스 『편지』 196,2,8.

물질적인 사람들

그리스도인 백성들 가운데 장자권, 곧 맏아들 권리를 가진 이는 야곱에게 속하는 이들입니다. 그러나 삶에서 물질주의적이고 믿음에서도 물질주의적이며, 희망에서도 물질주의적이고 사랑에서도 물질주의적인 사람들은 아직도 새 계약에 속하지 못하고 옛 계약에 속해 있습니다. 그들은 아직도 야곱의 축복 안에 들지 못한 채 에사우의 몫을 나누고 있습니다.

• 아우구스티누스 『설교』 4,12.

새 창조에 참여하지 못하는 자들

첫 번째 계약은 많이 낡았고 허물이 큽니다. 그러므로 낡은 계명을 고집하는 자들은 그리스도의 새 질서에 동참할 수가 없습니다. 그분 안에서 모든 것이 새로워졌는데(2코린 5,17 참조), 그들의 마음은 문드러져서 새 계약의 일꾼들과 화합하지도 합의를 이루지도 못하는 것입니다.

• 알렉산드리아의 키릴루스 『루카 복음 주해』 22.

새 계약의 백성이 새로운 노래를 하리라

여러분의 낡음을 벗어 버리십시오. 여러분은 새로운 노래를 알고 있습니다. 새사람, 새 계약, 새로운 노래. 옛 생활을 고수하는 이들은 이 새로운 노래와 아무 연관이 없습니다. 새사람만이 그것을 배울 수 있고, 은총으로 새로워져 낡은 것을 벗어 던진 이들만이 새 계약에 참여합니다. 새 계약은 곧 하늘 나라입니다. 우리의 모든 사랑이 하늘 나라를 열망하고, 그 나라에 대한 열망으로 우리의 사랑은 새로운 노래를 부릅니다. 혀가 아니라 우리 삶으로 새로운 노래를 부릅시다.

• 아우구스티누스 『시편 상해』 33,8.

하느님의 계약

하느님께서 인간과 모든 생물과 계약을 세우시다

하느님께서 노아와, 그와 함께 방주에서 나온 것들과 계약을 맺으며 말씀하셨습니다. "모든 살덩어리는 다시는 홍수 물로 죽지 않으리라. 나는 내 무지개를 구름 사이에 둘 것이니, 이것이 하느님과 땅 위에 있는 모든 살덩어리 사이에 세우는 영원한 계약의 표징이 될 것이다"(창세 9,11.13).

• 시리아인 에프렘 『창세기 주해』 6,15,3.

하느님께서 사랑으로 노아와 계약을 맺으시다

하느님의 목적은 노아의 생각에서 온갖 걱정을 없애는 데 있으며, 다시는 홍수가 일어나지 않으리라는 점을 노아에게 전적으로 확신시키는 데 있었습니다. 그분께서 "나는 그들이 사악한 짓을 하지 못하도록, 더 극한 상황으로 내몰려 더 나쁜 짓으로 치닫지 못하도록 사랑하는 마음에서 대홍수를 일으켰다. 이 경우도 내가 다시는 홍수를 일으키지 않겠다고 약속한 사랑에서 계약을 맺은 것이다"라고 말씀하셨습니다. … 인간사에서도 누군가와 약속을 할 때 계약을 맺고 확실한 담보물을 줍니다. 마찬가지로 선하신 주님께서도 "이제 나는 내 계약을 맺는다"고 말씀하셨습니다. 하느님께서는 이 같은 엄청난 재앙이 죄를 지은 이들에게 다시는 일어나지 않으리라고 말씀하십니다. 오히려 그분께서는 "이제 나는 너희와 너희 뒤에 오는 자손들과 계약을 맺는다"(창세 9,9)라고 말씀하셨습니다. 주님의 애정 어린 호의를 보십시오. 나는 너희 세대와 내 계약을 맺을 뿐 아니라 너희 뒤에 오는 모든 이에게 확실한 이 담보물을 준다고 그분은 말씀하십니다.

• 요한 크리소스토무스 『창세기 강해』 28,4.

계약을 지키시는 분

[다니엘은 하느님을] "위대하시고 경외로우신 분"(다니 9,4)이라고 부릅니다. 그분은 위대하고 경외로운 일들을 하실 수 있는 분이기 때문입니다. 신심 깊은 이들은 하느님께서 주신 은혜들에 근거한 이름으로 그분을 부르는 데 익숙합니다. [다니엘은] 그분께서 아브라함과 이사악과 야곱에게 하신 약속들을 떠올리며 그분을 "당신을 사랑하고 계명을 지키는 이들에게 계약과 자애를 지키시는 분"(다니 9,4)이라고 부릅니다.

• 키루스의 테오도레투스 『다니엘서 주해』 9,4.

계약이 맺어질 것이다

"그날에 나는 그들을 위하여 들짐승과 하늘의 새와 땅바닥을 기어 다니는 것들과 계약을 맺고 전쟁을 이 땅에서 없애 버려 그들이 희망을 가지고 살게 하리라"(호세 2,20). 그분께서는 주님께 대한 믿음을 고백하는 백성이 더 이상 거짓 종교에 관하여 말하지 않고, 그들이 당신을 '바알'('나의 우상')이라 부르지 않고 '내 남편'(호세 2,18)이라 부르면, 당신께서 그들을 위하여 들짐승과 하늘의 새와 땅바닥을 기어 다니는 것들과 계약과 협정을 맺으리라고 말씀하신 것입니다.

• 히에로니무스 『호세아서 주해』 1,2,18

하느님께서는 우리를 축복하시며 계약을 맺으시지만, 네부카드네자르는 우리를 학대하며 계약을 맺는 자입니다.

• 오리게네스 『에제키엘서 강해』 12,3.

하느님의 계약

하느님의 계약은, "속된 방식으로 싸우지 않으며"(2코린 10,3 참조) "언제나 예수님의 죽음을 돌에 짊어지고"(2코린 4,10) 다니는 사람의 '몸에' [새겨져] 있습니다.

• 알렉산드리아의 키릴루스
『성경 주해 선집』(창세기) 3,1027.

하느님과의 계약에는 책임이 따른다

하느님께서 우리와 계약을 맺으시고 우리가 그 조건에 동의한다면, 우리는 행복합니다. 그러나 우리가 악령들에게 우리 자신을 팔아넘긴다면 우리는 하느님과의 계약을 가나안 땅으로 바꾸어 놓는 것이며 가나안과 협정을 맺는 것입니다.

• 오리게네스 『에제키엘서 강해』 7,3.

내 죄의 값을 받고 다시 세워져 [하느님께서] 나
와 계약을 맺어 주신 뒤, 그때서야 나는 나의 악
행을 깨닫고 당황하며 속으로 자신을 벌합니다.

• 오리게네스 『에제키엘서 강해』 10,5.

죄를 용서받을 때 실현되다

하느님의 계약은 그들이 할례를 받거나 다른 율
법 조항들을 행할 때가 아니라, 죄를 용서받을
때 실현됩니다. 이것이 약속되었으나 아직 그들
에게 일어나지 않았고, 세례로 죄가 사해지는 기
쁨을 누리지도 못했다 하더라도 언젠가는 반드
시 실현될 것입니다.

• 요한 크리소스토무스 『로마서 강해』 19.

희생 제물을 값있게 하는 태도

나(주님)는 희생 제물이 필요 없지만 그것을 받
아들인다. 너희의 사고방식에 한계가 있음을 알
기 때문이다. 그러나 내가 요구하는 것은 이 두
가지다. 나에 대한 올바른 태도와 이웃에 대한
호의이다. … 그런데 내가 이 계명을 내렸음에도
그들은 자기가 맺은 계약을 깨뜨리는 자들을 닮
아 갔다. 뿐만 아니라 나의 인내를 업신여기고
자기들이 받은 율법을 짓밟아 버렸다.

• 키루스의 테오도레투스 『호세아서 주해』 6,6-7.

주님을 거슬러 죄를 짓지 마라

사람들 사이에 맺은 계약도 그것을 파기하는 자
는 휴전을 맺을 수도 없고 안전을 기대할 수 없
는데, 하느님을 거부함으로써 그분과 맺은 계약
을 무효로 만들어 파기하고 또 세례 때에 끊어
버린 사탄에게 도로 달려가는 자들에 대해서야
무슨 말을 더 하겠습니까? 그러한 자는 엘리가
자기 아들들에게 한 말을 들어야만 합니다. "사
람이 사람에게 죄를 지으면 사람들이 그를 위해

빌어 주지만, 사람이 주님께 죄를 지으면 누가
그를 위해 빌어 주겠느냐?"(1사무 2,25).

• 오리게네스 『순교 권면』 17.

유익한 훈육

주님의 훈육은 매우 유익합니다. 주님께서는 다
윗을 통해서도 이 백성을 부르셨으나, "고집 부
리고 반항하는 … 그들은 하느님의 계약을 지키
지 않고 그분의 가르침에 따라 걷기를 마다하였
다"(시편 78,8.10)라고 쓰여 있습니다. 그래서 하
느님께서는 분노하셨고, 삶에서 선을 실천하지
않는 이들에게 심판을 내리시고자 재판관으로
오실 것입니다. 그분께서 그들을 엄격하게 다루
시는 것은, 그들이 죽음을 향해 달려가는 것을
막을 수 있기를 바라시기 때문입니다.

• 알렉산드리아의 클레멘스 『교육자』 85-86.

하느님과의 계약을 깨뜨리지 마라

여러분은 다른 사람들과 맺은 계약을 지키려는
원의 때문에, 많은 증인 앞에서 고백한 하느님과
의 계약을 깨뜨리지 않도록 조심하십시오(1티모
6,12 참조).

• 대 바실리우스 『편지』 44.

온유함으로 바로잡다

우리가 감히 그분의 계약을 무시한다면, 지극히
온유하신 예수 그리스도께서 우리에게 오셔서
우리를 바로잡고 개선해 주십니다. 저자는 '바로
잡다'라는 말을 하기에 앞서 "온유함"이라는 말
을 먼저 제시합니다. 신실한 이들 안에서 하느님
께서 제시하신 모든 변화는 하느님의 헌신적인
사랑에서 비롯되었음을 우리가 깨닫게 하려는
것 같습니다.

• 카시오도루스 『시편 해설』 89.11.

고난

영혼이 당하는 고난은 모두가 일종의 시험입니다.

• 대 바실리우스 『편지』 260.

고난은 우리를 주님께 더욱 가까이 가게 합니다.

• 요한 크리소스토무스 『히브리서 강해』 33,8.

마음의 준비가 단단히 되어 있는 사람에게는 고난과 시련이 오히려 득이 됩니다.

• 대 바실리우스 『시편 강해』 16,1 (제33편).

고난을 당할 때는 그것을 우리와 함께 나눌 누군가가 가까이 있다는 것이
큰 위로가 되는 법입니다.

• 암브로시아스테르 『바오로의 열세 서간 주해』 (코린토 2서).

하느님의 힘은 박해와 고난 안에서 완전히 드러납니다.

• 가발라의 세베리아누스 『바오로 서간 주해 단편』 (로마서).

교회가 함께 고난을 겪을 때엔 함께하는 기도가 필요합니다.

• 안티오키아의 세베루스 『성경 주해 선집』 (사도행전) 12,5.

앞으로 올 삶을 선포하는 사람들은 현세의 고난을 통해 성장합니다.

• 파테리우스 『구약성경과 신약성경 해설』 (민수기) 6.

덕을 위한 모든 고난의 결과는 하느님과 함께 있게 되는 것입니다.

• 고백자 막시무스 『(성자의) 하느님성과 구원경륜에 관한 토막글』 1,44.

고난의 의미와 이해

고난은 참된 보증이요 더 위대한 사랑으로 이끄는 격려이며 영적 완전함과 깊은 신심의 토대입니다.

• 요한 크리소스토무스 『성경 주해 선집』.

은총과 고난에 동참한 사람들

바오로 사도는 그들(필리피 신자들)을 "나와 함께 은총에 동참한 사람들"(필리 1,7)이라고 합니다. 그런데 여기서 그가 말하는 "은총"은 그의 고난을 가리킵니다. 이는 그가 이제부터 가르치고자 하는 내용에서 분명하게 드러납니다. 이렇게 말하고 있기 때문이지요. "여러분은 그리스도를 위하는 특권을, 곧 그리스도를 믿을 뿐만 아니라 그분을 위하여 고난까지 겪는 특권을 받았습니다"(필리 1,29).

• 키루스의 테오도레투스
『바오로의 열두 서간 주해』(필리피서) 1,7.

낙원을 상징하는 정원

그곳은 옛 낙원을 상징하는 정원이었습니다. 이 장소는 말하자면 모든 장소를 상징하는 곳이며, 우리가 인류의 본디 상태로 돌아가는 일이 그 안에서 완성됩니다. 인간의 고난은 낙원에서 시작되었고, 과거에 우리에게 일어난 모든 악에서 우리를 구원한 그리스도의 수난이 [이] 정원에서 시작되었기 때문입니다.

• 알렉산드리아의 키릴루스『요한 복음 주해』11,12.

삶은 고난으로 이루어져 있다

여러분이 당하는 고통은 인간의 본성을 넘어서는 것이 아닙니다. 왜냐하면 우리의 삶은 고난으로 이루어져 있기 때문입니다. 출산하는 사람들은 수많은 것을 견뎌 내야만 하므로 우리의 태어남에서조차 고난과 고통이 존재합니다. … 생명이 없는 존재들과 동물들은 응징이라는 것을 당하지 않지만, 인간은 자기가 지은 죄의 열매를 거둡니다.

• 맹인 디디무스『욥기 주해』5,6-7.

형들을 바로잡는 것이 요셉의 목적이다

요셉이 형들에게 한 일은 … 그들이 자신들의 죄를 고백하고 회개하여 치유받게 하려고 자극한 것이라 믿어야 합니다. 마지막으로, 그들은 크게 슬퍼하며 자신들이 이런 고난을 겪는 것은 아우의 '고통을 보면서도 들어 주지 않은' 죄를 지었기 때문에 당연히 받는 죗값이라고 말했습니다. 복된 요셉은 자신의 형제들이 많은 참회를 하지 않고는 죄를 용서받을 수 없다는 것을 알았기 때문에 영적인 불로 한 번, 두 번, 세 번, 유익한 시련을 가함으로써 그들을 괴롭혔습니다. 그의 목적은 원한을 갚는 것이 아니라 그들을 바로잡아 그처럼 위중한 죄에서 구해 주는 것이었습니다.

• 아를의 카이사리우스『설교』91,6.

고통에 비례하다

신심 깊은 사람이 극심한 고난을 겪는 것은 다른 사람을 바로잡는 계기가 되도록 하려는 것이라고 생각하는 사람이 있다면, 이승의 삶은 덕을 놓고 겨루는 경기요 싸움터라는 사실을 곰곰이 생각해 보기 바랍니다. 승리자가 받는 월계관의 화려함은 그것을 얻기 위해 바친 고통에 정확히 비례합니다. 바오로 사도가 무수한 환난을 겪도록 허락된 것도 이런 까닭입니다. 그가 차지할 승리의 화관이 더욱 멋진 것이 되게 하시려는 뜻이었습니다.

• 에메사의 네메시우스『인간의 본성』44,69.

왕궁을 거부한 모세

바오로 사도는 "하느님의 백성과 함께 학대받는 고난의 길을 선택하였습니다"(히브 11,25)라고 합니다. 여러분은 어디까지나 자기 자신 때문에 고난을 겪습니다. 하지만 모세는 남들을 위하여 고난당하기를 스스로 택하였고, "죄의 일시적인 향락을 누리기보다"(히브 11,25) 온갖 위험 속으로 뛰어들었던 것입니다. 향락도 누리고 경건하게 살 수도 있는 권한이 있었는데도 말입니다. 백성과 함께 학대받기를 마다하는 것은 곧 "죄"라고 생각했기 때문입니다. 사도도 모세가 이를 '죄'로 판단하였다고 설명합니다. 백성과 함께 '학대받는 길'로 나설 채비가 되어 있지 않은 것이 '죄'를 짓는 것이라면, 반대로 학대당하고 고난을 겪는 것은 분명히 엄청나게 좋은 일을 한다는 뜻이 됩니다. 그래서 모세는 왕궁을 거부하고 고난의 길로 뛰어들었던 것입니다.

• 요한 크리소스토무스 『히브리서 강해』 26,4.

성령께서 주시는 기쁨

자기 죄 때문에 고난을 당하는 이는 기쁨을 느끼지 못할 수 있습니다. 그렇지만 그리스도를 위해 매 맞고 고난을 당할 때는 기쁨을 느낍니다. 그런 것이 성령께서 주시는 기쁨입니다. 괴로운 것으로 보이는 일에 대한 보상으로 성령께서 즐거움을 가져다주십니다. 그들은 여러분을 환난에 처하게 하고 박해했지만, 성령께서는 그런 상황에서도 여러분을 버리지 않으셨다고 바오로 사도는 말합니다.

• 요한 크리소스토무스 『테살로니카 1서 강해』 1.

하느님의 섭리

주님께서는 아버지의 뜻에 따라 고난을 겪으신 것이 아닙니다. 박해받는 이들은 아버지의 뜻에 따라 박해받는 것이 아닙니다. 사실 다음 두 가지 중 하나, 곧 하느님의 뜻에 따르느라 받는 박해가 좋은 것이거나, 고난을 명령하고 가하는 이들이 죄가 없다는 것이 진실일 것입니다. 하지만 만물의 주님이신 분의 뜻에 따르지 않은 일은 하나도 없습니다. 그렇다면 그런 일이 일어나는 것은 하느님께서 막지 않으시기 때문이라고밖에 할 수 없습니다. 고통을 이렇게 이해할 때에만 하느님의 섭리와 선성이 지켜집니다. 그러므로 우리는 그분께서 스스로 나서서 환난을 일으키신다고 생각해서는 안 됩니다.

• 알렉산드리아의 클레멘스 『양탄자』 4,12.

아무도 그가 견뎌 낼 수 없는 유혹을 받지는 않는다

베드로 사도가 "하느님의 뜻에 따라" 고난을 겪는 것이라고 한 것은, 우리의 고난이 하느님 섭리의 한 부분이며 시련의 한 가지 형태로 우리에게 온 것이기 때문이거나, 우리가 하느님의 뜻에 따라 고난을 겪지만 그 결과는 그분께 달렸기 때문입니다. 그분은 성실하시고 믿을 만한 분이시며, 우리가 견뎌 내지 못할 정도로는 시험받지 않으리라는 그분의 약속은 거짓말이 아닙니다.

• 오이쿠메니우스
『사도행전과 가톨릭 서간, 바오로 서간 주해』(베드로 1서).

그리스도께서는 불가능한 일을 지시하시지 않는다

스테파노가 수난 당할 때, 자기에게 돌을 던지는 이들을 위해 무릎을 꿇고 기도하며 이를 보여 주었듯이(사도 7,60 참조), 그리스도께서는 불가능한 일을 법으로 제정하지 않으십니다. 유대인들에게 많은 고난을 당했던 바오로도 스테파노처럼 그들을 위해 기도합니다(1코린 4,12 참조). 이런 흔치 않은 사례는 이 일이 불가능한 일은 아님을 알려 줍니다.

• 헤라클레아의 테오도루스 『마태오 복음 단편』 4C.

고난과 함께 주시는 힘과 배려

당신은 "저의 길을 모두 지켜보십니다"(욥 13,27). 당신께서 "지켜보신다"는 말은 하느님의 배려를 의미합니다. 우리도 우리가 배려하는 것에 눈을 두기 때문입니다. 그리고 "제 발"(욥 13,27)은 확고함을 뜻하는데 발은 버팀목과도 같기 때문입니다. 그러나 이 말들은 식물 뿌리를 빗댄 말 같기도 합니다. 말하자면, 당신은 고난을 저에게 보내셨고 힘과 배려도 같이 주셨다는 것입니다.

• 메르브의 이쇼다드 『욥기 주해』 13,27.

우리는 주님께 대한 희망을 포기하지 않는다

거룩하신 하느님께서 당신께 희망을 두는 이들에게 모든 고난에서 벗어나는 방편을 약속하셨으므로, 우리는 재앙의 바다 한가운데에 떨어져 악한 영들이 우리를 거슬러 불러일으킨 세찬 파도의 공격을 받더라도 우리에게 힘을 주시는 그리스도 안에서 참고 견디며, 교회에 대한 열정의 크기가 조금도 줄어들지 않을뿐더러 파도가 높게 몰아칠 때에도 파멸이 온다고 생각하지 않습니다. … 우리의 고난은 인간이 거주하는 세계의 한계에 도달한 것처럼 느껴질 정도입니다. 한 지체가 고통을 겪으면 모든 지체가 함께 고통을 겪는다면(1코린 12,26 참조), 여러분도 자비심을 발휘하여 오랫동안 고난을 겪어 온 우리를 동정하는 것이 지당할 것입니다.

• 대 바실리우스 『편지』 242.

모두가 지금 고난을 겪지는 않는다

의인들은 영광의 관을 쓰게 되려고 고난을 겪습니다만, 죄인들은 자기들 죄에 대한 심판을 받게 되려고 고난을 겪습니다. 그러나 모든 죄인이 이승에서 자기 죗값을 치르는 것은 아니고, 그것은 부활 때에 이루어집니다. 그리고 모든 의인이 지금 고난을 겪지는 않습니다. 이는 여러분이 악을 찬양할 만한 것으로 생각하고 선을 미워하게 되는 일이 없게 하려는 것입니다.

• 요한 크리소스토무스 『성경 주해 선집』.

화형당하도록 자기 몸을 넘겨주라는 말은 자살을 허용하는 것이 아니라, 고난을 당하지 않을 경우 나쁜 짓을 해야 한다면 고난에 저항하지 말라는 명령입니다.

• 아우구스티누스 『편지』(도나투스에게) 173.

고난과 그리스도

그리스도를 사랑하는 이들에게 특별한 선물

바오로 사도는 많은 기회에 그리스도의 은총을 찬양했지만 이 구절에서는 필리피 신자들에게 특별한 영예를 부여합니다. 그는 '하느님께서 여러분에게 그리스도를 위해 고난을 겪도록 허락하셨습니다'라고 합니다. … 이 말은 아버지 하느님께서 당신 아드님을 사랑하는 이들에게 이 특별한 선물을 주신다는 뜻입니다. 어째서 그렇습니까? 그들이 받는 축복은 그들이 그리스도를 위한 고난에 참여하는 정도에 비례하여 커지기 때문입니다. 바오로 사도는 이미 이 선물을 받은 사람으로서 말하고 있습니다.

• 암브로시아스테르
『바오로의 열세 서간 주해』(필리피서) 1,30.

본보기를 남겨 주셨다

"잘못을 저질러 매를 맞을 때에는, 견디어 낸다고 한들 그것이 무슨 명예가 되겠습니까? 그러나 선을 행하는데도 겪게 되는 고난을 견디어 내면, 그것은 하느님에게서 받는 은총입니다. 바로 이렇게 하라고 여러분은 부르심을 받았습니다. 그리스도께서도 여러분을 위하여 고난을 겪으시면서, 당신의 발자취를 따르라고 여러분에게 본보기를 남겨 주셨습니다"(1베드 2,20-21).

• 암브로시우스 『욥과 다윗의 탄원』 3,2,3.

몸소 고난을 겪으시다

그리스도께서는 우리에게 고난을 겪으라고 가르치셨습니다. 당신께서 몸소 고난을 겪으심으로써 우리를 가르치셨습니다. 본보기 없이 말만으로는 부족합니다. 그런데 형제자매 여러분, 그분께서는 구체적으로 어떻게 우리를 가르치셨습니까? 십자가에 매달리심으로써입니다. 유대인들이 격노한 가운데 … 그분께서 거기에 매달려 계셨습니다. 그러나 그때 그분은 그들을 치유하고 계셨습니다.

• 아우구스티누스 『설교』 284,6.

그리스도와 함께 고난을 겪다

바오로가 말하는 요점은 이것입니다. '그리스도께서 십자가에서 겪으신 모든 것 — 못 자국, 옆구리의 창 구멍을 비롯한 십자가 처형의 흔적 — 을 나는 내 몸에 지니고 있다. 나 역시 고난을 겪었다. 그러니 여러분도 많은 — 아니, 모든 — 역경을 견뎌 내야 한다. 그리스도와 함께 고난을 겪고 역경을 맞아 여러분이 몸소 그리스도께서 겪으신 일을 겪기 시작한다면 여러분은 그리스도와 함께 있게 될 것이기 때문이다.' 바오로 사도는 이 말로, 자신이 어떤 괴로움을 겪고 있으며 얼마나 많은 것을 그리스도와 나누고 있는지, 그리고 우리 또한 그리스도 안에서 살기 원한다면 무엇을 겪어야 하는지 알려 줍니다.

• 마리우스 빅토리누스
『바오로 서간 주해』(갈라티아서) 2,6,17.

상속 관계가 이루어진다

자녀가 될 자격이 있는 이는 아버지의 상속자요 참된 아드님의 공동 상속자 자격이 있습니다. 아드님께서 우리를 위해 고난을 받으셨듯이 그분을 위해 우리가 고난을 받을 준비가 되어 있을 때 이러한 상속 관계가 이루어집니다.

• 펠라기우스 『로마서 주해 단편』.

고난을 달가워하지 않는다면

주인이 먼저 고난을 당했는데, 종인 그리스도인이 고난을 달가워하지 않는다면 그 죄가 얼마나 큽니까! 죄 없으신 분이 우리를 위해 고난을 겪으셨는데, 죄인인 우리가 자신의 죄로 인한 고난 겪기를 마다한다면 그 죄가 얼마나 중합니까! 하느님의 아들께서 우리를 하느님의 아들들(자녀)로 만드시고자 고난을 겪으셨습니다. 그런데 인간의 아들들인 우리는 하느님의 아들들로 계속 남아 있게 해 줄 고난을 받으려 하지 않습니다. 우리가 세상의 미움 때문에 고난을 겪는다 하지만, 그리스도께서 먼저 세상의 미움을 견디셨습니다. … 그리스도의 적이 오고 있습니다. 그러나 그자 머리 위로 그리스도께서도 오십니다. 원수가 날뛰며 돌아다니겠지만, 주님께서 바로 뒤따라 오시어 우리의 고난과 상처에 대해 앙갚음해 주실 것입니다. 적수가 격노하고 위협할지라도, 그자의 손에서 우리를 구해 주실 분이 계십니다.

• 키프리아누스 『편지』 55,6-7.

고난을 당하셨다

주 우리 하느님께서도 우리에게 공감하시고 우리와 함께 고난받으셨기 때문입니다. … 그분께서는 우리를 위해 고난을 당하셨습니다. 우리는 그분을 위해 고난을 받읍시다. 그분께서는 우리를 위하여 돌아가셨습니다. 그분과 함께 영원히 살 수 있도록 우리는 그분을 위하여 죽읍시다.

• 아우구스티누스 『설교』 313D,3

희망 안에서 인내하라

의로움의 보증이며 희망이신 예수 그리스도를

끊임없이 힘껏 붙잡읍시다. … 그분의 인내를 본받는 사람이 됩시다. 우리가 그분의 이름을 위하여 고난을 받아야 한다면, 그분께 영광을 돌립시다. 그분께서 몸소 이러한 본보기를 보이셨으며 우리가 이를 믿기 때문입니다.

• 폴리카르푸스『필리피 신자들에게 보낸 편지』8.

그리스도인은 그들의 머리가 겪으신 고통을 겪는다

교회는 재앙을 당할 때면 언제나 그리스도를 드러내는 까닭에 성령께서는 언제나 사람의 아들의 오심을 그와 비슷한 고통스러운 현실 안에서 약속하십니다. 하늘의 악마는 천상의 것들을 통해 태어나고 있는 이들과 하느님께로 태어나 그분의 어좌로 들어 올려지는 이들을 집어삼킬 기회를 호시탐탐 노리고 있습니다. 실로 모든 그리스도인은 사흘 만에 영광 속에 들어 올려지도록 예정되어 계셨던 그들의 머리가 겪으신 고통을 겪습니다.

• 티코니우스『묵시록 주해』12,4.

베드로는 하느님을 영광스럽게 할 것이다

그리스도께서는 베드로에게 그가 '죽을 것이다'가 아니라 "하느님을 영광스럽게 할 것"(요한 21,19)이라고 하셨습니다. 여기에서 우리는, 그리스도를 위해 고난을 겪는 것은 고난당하는 이에게 영예이자 영광임을 알게 됩니다. "이렇게 이르신 다음에 예수님께서는 베드로에게 '나를 따라라' 하고 말씀하셨다"(요한 21,19)라고 합니다.

• 요한 크리소스토무스『요한 복음 강해』88,1.

그분의 고난을 따르다

순교와 관련하여 "나를 따라라"는 말씀은 '나를 위해 고난을 겪어라, 내가 겪은 일을 겪으라'는 뜻입니다. 그리스도께서 십자가에 못 박히셨기

에 베드로도 십자가에 못 박혔습니다.

• 아우구스티누스『설교』253,5.

그리스도를 위해 고난을 겪다

베드로 사도가 이 편지를 쓰는 이들[1베드 5,9 참조]은 그리스도를 위하여 갖가지 고난을 겪고 있는 중이었던 것으로 보입니다. 그래서 그는 그들의 고난이 그리스도의 이름을 고백하는 모든 이와 함께 겪는 것이며 그들 모두가 함께 영광스럽게 될 것이라는 말로 그들을 위로합니다.

• 오이쿠메니우스
『사도행전과 가톨릭 서간, 바오로 서간 주해』(베드로 1서).

그리스도에 대한 깊은 사랑에서 나온 말

콜로새 사람들을 그분과 화해시키기를 소망하는 그(바오로)는 그 고난을 자신의 고난이 아니라 그분의 고난으로 여깁니다. '내가 겪는 고난은 그분을 위하여 겪는 것'이라고 그는 말합니다. '그러니 나에게 고마워하지 말고 그리스도께 감사하십시오. 고난을 겪는 것은 그분이기 때문입니다'라고 합니다.

• 요한 크리소스토무스『콜로새서 강해』4.

이성에 의해 패배를 당한 자들이 하는 짓

이것[시편 35,16 참조]은 이성에 의해 패배를 당하였을 때 야만인들이 하는 짓입니다. 문제의 진실을 이야기함으로써 말로 그들을 굴복시키면 그들은 인내심을 잃고 이를 갈며 소리 없는 협박으로 그들의 원의를 드러냅니다. 이 모든 것이 인간의 대단한 자만심을 지키려는 것입니다. 그래서 그의 지체들은 그들의 머리이신 분이 고통을 겪고 있음을 알면서도 그 고통을 괴로운 것으로 여기지 않습니다.

• 카시오도루스『시편 해설』35,16.

그리스도인이 그리스도 안에서 부활하듯, 그리스도께서는 그리스도인 안에서 고난을 겪으십니다. 머리의 영광이 지체에 미치듯, 지체의 고통은 머리의 고통이며 상처입니다.

• 페트루스 크리솔로구스 『설교』 173,5.

고난을 견디다

두 단계로 준비시키다

바오로 사도는 자신의 경험을 예로 들며 위로하고 격려합니다. 그는 편지를 읽는 이들의 마음을 두 단계로 준비시킵니다. 먼저, 역경을 견뎌 낼 준비가 되어 있어야 한다고 이릅니다. 그다음엔, 고난을 겪음으로써 얻는 유익한 점이 있다고 합니다.

• 요한 크리소스토무스 『티모테오 2서 강해』 4.

고난당할 준비가 되어 있어라

바오로의 이 말은 그가 겸손하다면 그들도 겸손해야 하고, 그가 고난당할 준비가 되어 있다면 그들도 고난당할 준비가 되어 있어야 한다는 뜻입니다. 그들은 자신이 받은 축복이 아니라 자신들이 당하는 역경을 자랑해야 한다는 것입니다.

• 키루스의 테오도레투스
『바오로의 열두 서간 주해』(코린토 1서) 190.

그분을 위하여 고난을 겪을 준비가 되어 있다

당신을 신뢰하게 하는 은사를 우리에게 주신 것도 그분의 목적 가운데 하나였습니다. 이것은 무엇과도 비교할 수 없는 선물입니다. 우리가 그처럼 큰 보상으로 축복받는 것은 오직 그분에 대한 믿음을 통해서입니다. 우리는 그분을 위해 기꺼이 고난을 겪을 준비가 되어 있을 정도의 믿음을

지녀야 합니다.

• 마리우스 빅토리누스 『바오로 서간 주해』(필리피서) 1,29.

제 십자가를 지는 사람은, 필요하다면 하느님을 위해서 어떤 위험도 견딜 준비가 되어 있으며, 그리스도를 버리느니 죽음을 택합니다. 그는 언제든지 고난을 겪을 준비가 되어 있습니다. 이는 그의 삶의 방식 때문입니다.

• 『마태오 복음 미완성 작품』 강해 26.

고난을 기쁘게 맞는 사람들

사도들과 제자들은 선교 활동이 시작되었을 때부터 선포의 힘과 그들도 그런 일을 겪어야 한다는 것을 가르쳤습니다. 믿는 이들이 가만히 앉아서 기적이 일어나기만을 고대하지 않고 시련을 맞을 태세를 갖추고서 씩씩하게 버틸 수 있어야 했기 때문입니다. … 참되고 순수한 기쁨은 그리스도를 위하여 어떤 고난이라도 겪는 것입니다.

• 요한 크리소스토무스 『사도행전 강해』 31.

놀라지 마라

많은 그리스도인들이 환난을 견뎌 내기 힘들다고 생각했습니다. 하느님을 섬기는 사람들에게는 안전하고 부유한 삶이 약속되어 있다고 율법서에서 읽었기 때문입니다. 그래서 베드로 사도는 그들이 몹시 사랑받고 있다는 말로 시작하며 그 주제에 접근합니다. 그런 다음 그들에게 고난은 하느님의 시험으로 그들에게 오는 것이니 놀라지 말라고 경고합니다.

• 테오필락투스 『베드로 1서 주해』.

그리스도의 고난을 함께 하려는 이유

주님께서 마지막 때에 이런 일들이 일어날 것이라고 예고하신 바 있으니, 우리가 왜 끊임없이

박해당하고 갈수록 심한 고난을 겪는지 아무도 이상하게 여겨서는 안 됩니다. … 우리는 우리보다 앞서 죽음과 고난으로 하느님의 사랑과 결합한 의인들의 본보기에 의지해야 합니다. 베드로는 서간에서 이렇게 썼습니다. "사랑하는 여러분, 시련의 불길이 여러분 가운데에 일어나더라도 무슨 이상한 일이나 생긴 것처럼 놀라지 마십시오. 오히려 그리스도의 고난에 동참하는 것이니 기뻐하십시오. 그러면 그분의 영광이 나타날 때에도 여러분은 기뻐하며 즐거워하게 될 것입니다"(1베드 4,12-13).

• 키프리아누스 『편지』 55,2.

그분의 고난에 동참하다

믿음은 우리가 그분의 고난에 동참하게 합니다. 어째서 그런가요? 우리가 그분을 믿지 않았다면 그분과 함께 고난을 겪고 있지 않을 것입니다. 우리가 그분과 함께 살면서 함께 다스리게 되리라는 것을 믿지 않았다면, 이 고난을 견뎌 내지 않았을 것입니다.

• 요한 크리소스토무스 『필리피서 강해』 12,3,10-11.

고난을 통해 입증하다

바오로 사도도 그렇게 말합니다. 파선을 당하고, 매질을 당하고, 육과 몸의 말할 수 없는 고통을 숱하게 겪고도 그는 자신은 역경으로 괴로움을 당한 것이 아니라 더 바른 사람이 되었다고 합니다. 더 심한 환난을 통해 더 확실하게 정화되려는 것이었다고 합니다. 그는 자신에게 몸에 가시가 주어졌는데, 그것은 사탄의 하수인으로 그를 줄곧 찔러 대어 자만하지 못하게 하시려는 것이었다고 말합니다. … 이것이 하느님을 모르는 이들과 우리의 궁극적인 차이입니다. 그들은 역경을 만나면 투덜거리며 불평하지만, 우리는 역경을 만나도 덕과 믿음의 진리에서 돌아서지 않으며 우리가 어떤 이인지 고난을 통해 입증합니다.

• 키프리아누스 『죽음』 13.

그리스도와 함께 고난을 겪는 것

그리스도와 함께 고난을 받는 것은 미래의 보상에 대한 희망으로 박해를 견뎌 내는 것이며 육의 악과 욕망을 육과 함께 십자가에 못 박는 것, 곧 이 세상의 쾌락과 허식을 거부하는 것입니다.

• 암브로시아스테르 『바오로의 열세 서간 주해』(로마서).

지당한 자랑

사랑하는 사람들은 자신이 사랑하는 이에게서 은혜를 입는 것보다 자신이 그를 위하여 겪는 고난을 자랑스러워하는 법입니다. 바오로 사도는 임금이 자신의 왕관을 자랑스러워하는 것보다 더 자신의 사슬을 자랑스러워했습니다.

• 요한 크리소스토무스 『(입상에 관해) 안티오키아 신자들에게 행한 설교』 16,3.

고난 안에서 그리스도의 영광이 드러나다

그대가 그리스도인으로서 고난을 겪는다면 조금도 부끄러워할 필요가 없습니다. 제베대오의 아들 야고보나 스테파노를 생각해 보십시오. 아무리 끔찍한 시련을 겪고 있다 해도 그 때문에 당황하지 말고 그것을 자랑스러워하는 법을 배우십시오. 교회가 고난을 겪을 때 그 안에서 그리스도의 영광이 드러납니다.

• 아를의 힐라리우스 『일곱 가톨릭 서간 해설』(베드로 1서).

사도들은 자신들이 예수 그리스도의 이름 때문에 고난당할 자격이 있다고 여겨진 사실을 자랑스러워했습니다.

• 히에로니무스 『필레몬서 주해』.

화관을 얻게 하는 고난을 견디다

그리스도를 위해 고난을 받는 것만이 아니라 고결하고 기쁘게 고난을 견디는 것도 필요합니다. 경기자가 받는 화관의 본질이 바로 이런 것입니다. 우리가 그렇게 하지 않는다면, 재앙을 못마땅하게 여기는 이들에게는 징벌이 떨어질 것입니다. 사도들이 매 맞으며 즐거워하고 바오로가 고난을 자랑한 것은 그런 까닭입니다.

• 요한 크리소스토무스 『코린토 1서 강해』 23,4.

그대가 불의한 고난을 겪는다면, 하느님께서 알아 주실 것입니다. 그분께서도 바로 그런 일을 겪으셨음을 그대는 압니다.

• 아를의 힐라리우스 『일곱 가톨릭 서간 해설』(베드로 1서).

그리스도께서도 매 맞으셨다

종의 처지에도 영광이 있음을 알아보는 베드로 사도의 말을 귀담아들으십시오. 그는, 바르게 행동하여 흠잡을 데 없지만, 정직하지 못하고 잔인한 주인들에게 얻어맞는 사람들은 우리를 위하여 불의한 고난을 겪으신 그리스도의 발자취를 따르는 것이라고 합니다. 그러니 기뻐할 일입니다!

• 존자 베다 『가톨릭 서간 해설』(베드로 1서).

불의한 고난도 의미 있다

베드로 사도는 또다시 우리에게, 불의한 고난이 우리를 위한 하느님의 뜻이라면 그것 때문에 슬퍼하지 말라고 격려합니다. 그는 우리가 고난을 받는 데는 특정한 목적이 있으며, 그것은 하느님의 자비에 따라 우리가 되도록 예정되어 있는 존재가 되는 훈련이라고 가르칩니다.

• 안드레아스 『성경 주해 선집』.

불의한 고난이 가져다주는 두 가지 이득

불의한 고난이 가져다주는 두 가지 이득이 있습니다. 첫째로, 고난받는 의로운 사람은 그의 인내의 결과 의로움이 더 커집니다. 둘째로, 그 때문에 벌 받지 않고 넘어가는 죄인이 자기 대신 다른 이가 고난을 당하는 것을 보고 회개할 수도 있습니다.

• 오이쿠메니우스
『사도행전과 가톨릭 서간, 바오로 서간 주해』(베드로 1서).

그분께서 보여 주신 본보기를 잘 보라

종들에게 그들이 참으로 삼키기 힘든 쓴 약인 불의한 고난을 견뎌 내라고 이른 베드로 사도는 이제 그리스도의 인고에 대해 이야기하며 그들을 위로합니다. 이것은 이렇게 말한 것과 진배없습니다. '나는 그냥 논증으로 여러분에게 불의를 견뎌 내라고 설득하는 것이 아닙니다. 뒤로 물러나 그리스도 안의 자유인으로서 여러분의 주인을 바라보십시오. 그러면 위로를 얻을 것입니다.'

• 안드레아스 『성경 주해 선집』.

강한 믿음 굳은 확신

여러분의 믿음이 강할수록, 여러분이 악마의 간계를 이길 수 있다는 확신이 커질 것입니다. 또한 여러분이 하고자 하는 일이 세상 모든 그리스도인이 하고자 하는 일이라는 것을 알 때 여러분은 힘을 얻을 것입니다. 시간이 시작된 이래 고난은 의인들의 몫이었습니다. 그러니 여러분만 고난을 견뎌 낼 수 없는 이들이 된다면 얼마나 부끄러운 일이겠습니까.

• 존자 베다 『가톨릭 서간 해설』(베드로 1서)

준비가 잘된 사람

준비가 잘된 사람에게는 고난이, 경기에 참가하

는 운동선수가 영광을 얻을 수 있도록 도와주는 특정 음식이나 훈련과 같습니다. 욕을 들으면 축복해 주고, 헐뜯는 자에게는 좋은 말로 다독이며, 푸대접하는 이에게는 감사하고, 괴롭힘을 당하면 고통을 자랑스럽게 여깁시다.

• 대 바실리우스 『설교』 16.

기쁘게 견디다

영혼을 온통 차지하고서 자신이 머무르는 그곳을 기쁨과 힘으로 채우며, 주님을 위한 고난을 영혼이 달콤하게 느끼게 만들고, 장차 올 것들에 대한 희망 때문에 현재의 고통을 잊게 만드는 것이 성령의 은총입니다. 그러니 성령과 협력하여 가장 높은 힘과 영광으로 올라갈 참인 여러분은 자신을 이와 같이 다스리십시오. 성령의 거처가 될 자격과 그리스도의 상속 재산을 받을 자격이 있는 이로 드러나려는 뜻을 품고 모든 고난과 시련을 기쁘게 견디십시오. 절대 자만해서도, 무관심에 빠져 스스로 넘어지거나 다른 사람을 죄짓게 해서도 안 됩니다.

• 니사의 그레고리우스 『그리스도인의 생활 방식』.

화내지 않고 고난을 견디다

바오로는 자신과 동료 사도들이 고난을 겪는 것은 중요한 일이 아니라고 합니다. 그것은 모든 이가 겪는 일이기 때문이지요. 그들의 특별난 점은 절망도 분노도 느끼지 않으며 고난을 겪는다는 것입니다. 오히려 그들은 크게 기뻐하며, 자신들이 당한 악을 선으로 갚으면서 자신들의 기쁨을 입증합니다.

• 요한 크리소스토무스 『코린토 1서 강해』 13,2.

우리가 겪은 것은 그리 대단한 고난이 아니다

바오로 사도는 여기서 이 두 가지 위로의 말을

합니다. 하나는, 어떤 사람에게 그가 많은 고난을 겪었다고 말하는 것입니다. 사람은 자기가 고난을 겪은 것을 많은 사람이 알아줄 때 위로를 받고 힘을 얻습니다. 사도가 조금 앞에서 "예전에 여러분이 빛을 받은 뒤에 많은 고난의 싸움을 견디어 낸 때를 기억해 보십시오"(히브 10,32)라고 한 것이 바로 이런 위로입니다.

또 하나는 그가 겪은 고난이 그리 대단한 것이 아니라고 말해 주는 것입니다. 앞의 말은 고통에 지친 영혼을 북돋아 주고 사기를 되돌리기 위한 것입니다. 뒤의 말은 무기력하게 나자빠진 영혼을 다시 흔들어 일으키고 교만해진 마음을 끌어내리기 위한 것입니다. 그리하여 다시는 교만으로 우쭐해하지 않게끔 사도는 "여러분은 죄에 맞서 싸우면서 아직 피를 흘리며 죽는 데까지 이르지는 않았습니다"(히브 12,4)라고 합니다. … 사도는 코린토 신자들에게도 이렇게 말합니다. "여러분에게 닥친 시련은 인간으로서 이겨 내지 못할 시련이 아닙니다"(1코린 10,13). 이는 그들이 겪는 시련이 크지 않다는 뜻입니다. 이런 말은 우리 영혼이 시련에 맞서 힘차게 일어나지 못했음을 자각하며 이미 닥친 고난으로 무기력해진 영혼을 일으켜 세울 힘을 얻게 하는 위로의 말입니다.

• 요한 크리소스토무스 『히브리서 강해』 29,1.

살인자나 도둑이 되어서는 안 된다

우리의 고난은 십자가에 매달린 강도의 고난 같은 것이 되어서는 안 됩니다. 그는 비록 그리스도께서 아무런 잘못도 하지 않으셨다고 고백했지만, 살인자이기에 고난을 겪는 것이기 때문입니다. 또한 우리는 하느님의 것을 도둑질하려 한 하나니아스와 사피라처럼 되어서도 안 됩니다. 네로 황제에게 사도들을 고발하고 금과 은으로 그들에게서 은사를 사려 한 마술사 시몬을 본받아서는 더더욱 안 됩니다.

• 아를의 힐라리우스 『일곱 가톨릭 서간 해설』(베드로 1서).

두려워하는 마음

사도(바오로)는 신자들이 배은망덕한 사람이 되지 않기를, 고난과 역경 속에서도 불평하지 않는 사람이 되기를 바랍니다. 그들이 크게 성을 내시는 하느님을 만나게 되는 일만은 일어나지 않기를 바랍니다. 그래서 두려워하는 마음으로 하느님을 경배하라고 권고하는 한편, 격려의 말도 아끼지 않습니다. 그러므로 사도의 말은 '고난을 겪게 해 주신 하느님께 감사드려야 합니다. 하느님은 당신께 대항하는 이들을 파멸시킬 권능을 지니신 분이십니다'라는 말과 다름없습니다.

• 오이쿠메니우스 『히브리서 주해 단편』 12,29.

욥의 본보기

욥은 엄청난 고난을 겪을 때, 하느님께 감사드리며 이렇게 말했습니다. "주님께서 주셨다가 주님께서 가져가시니 주님의 이름은 찬미받으소서"(욥 1,21). 아무도 그가 자신에게 일어난 일에 대해 슬퍼하지 않았다거나 뼛속 깊이 느끼지 않았다고 말하지 마십시오. 의로움에서 나온 이 위대한 찬미를 가볍게 보지 마십시오. … 악마가 우리를 해치는 것은 단지 우리의 소유를 다 빼앗아 우리에게 아무것도 남지 않게 하려는 것이 아닙니다. 그런 일이 일어났을 때 우리가 그 일 때문에 하느님을 저주하게 만들려는 것입니다.

• 요한 크리소스토무스 『성경 주해 선집』.

싸움이 끝나지 않다

그대가 고난을 겪는 동안 다른 사람들이 잘 살고 있다고 해서 슬퍼하지 마십시오. 세상이 본디 그

렇습니다. 제(바오로) 경우를 보고, 사악한 자들과 전쟁을 하고 있는 사람은 환난을 겪지 않을 수 없다는 것을 아십시오. 전투를 치르고 있는 사람이 사치스럽게 살 수는 없는 법입니다.

• 요한 크리소스토무스 『티모테오 2서 강해』 8.

우리는 똑같은 투쟁을 벌이고 있다

승리의 화관과 종려나무 가지로 인도하는 것은, 모든 것을 그분을 위해 하고, 그분을 위하여 모든 고난을 겪으며 달아나지 않는 것입니다. 여러분은 "전에 나에게서 보았고 지금도 나에 대하여 듣는 것과 똑같은 투쟁을 벌이고"(필리 1,30) 있다고 바오로는 말합니다. 그것은 사슬과 감옥, 그리고 바오로가 겪은 갖은 치명적인 위험을 내포하는 투쟁입니다. 그는 '그러므로 나의 고난은 두 가지를 통해, 곧 여러분이 듣는 것과 보는 것을 통해 여러분에게서 확증됩니다'라고 말하고 있습니다.

• 마리우스 빅토리누스 『바오로 서간 주해』(필리피서) 1,30.

하느님 마음에 드는 이들

밖에서 고난과 시련이 여러분을 덮치더라도 사도의 말을 명심하며 "환난 중에 인내하고 기도에 전념"(로마 12,12)하는 이들, 율법을 명상하며 자신에게 일어난 일들에 맞서는 이들은 하느님 마음에 드는 이들입니다. 그런 이들은 성경에 쓰여 있는 것처럼 "곤경과 역경이 제게 닥쳤어도 당신 계명이 제 기쁨입니다"(시편 119,143) 하고 말합니다.

• 아타나시우스 『축일 서간』 11,6.

생명에 보탬이 되는 고난

바오로 사도는 자신이 고난을 겪으며 기뻐한다고 고백합니다. 신자들의 믿음이 커 가는 것을

보기 때문입니다. 그런즉 그의 고난은 무의미한 일이 아닙니다. 그가 겪는 고난이 그의 생명에 보탬이 되니까요. 그는 이 고난이 그들에게 가르침을 주신 그리스도의 고난과 결합되어 있다고 단언합니다.

• 암브로시아스테르 『바오로의 열세 서간 주해』(콜로새서).

믿는 사람은 고난을 이겨 냄으로써 자격을 인정받는다

의인의 삶은 고난의 연속입니다(욥 7,1 참조). … 하느님께서는 거룩한 이들을 환난에서 구해 주시지만, 그들이 시련을 겪게 하지 않는 방법으로가 아니라 그들에게 인내라는 축복을 내리심으로써 그들을 구하십니다. … 경쟁 상대 없이는 아무도 승리의 관을 받을 수 없듯이, 고난을 겪지 않고서 자격을 인정받을 수는 없습니다. 주님께서는 내가 고난을 겪는 것을 허락하시지 않으심으로써가 아니라 견디어 낼 수 있도록 고난을 이겨 내는 시련을 거치게 하심으로써(1코린 10,13 참조) "온갖 환난에서 나를 구하십니다".

• 대 바실리우스 『시편 강해』 33,4.

굳건히 이겨 내라

베드로 사도는, 우리가 그리스도를 위해 당하는 것보다 그리스도께서 우리를 위해 더 많은 고난을 당하셨으니, 고난을 겪게 되더라도 놀라지 말라고 믿는 이들을 위로합니다. 그러므로 우리는 언젠가 그분 앞에서 즐거워할 수 있도록 그런 시련을 당할 때 굳건히 이겨 내야 할 것입니다.

• 카시오도루스 『사도들의 서간과 사도행전, 요한 묵시록 요약』(베드로 1서).

얼마 동안은 고난을 겪는다

베드로 사도는 우리가 현세의 슬픔과 시련을 통해서만 영원한 기쁨에 도달할 수 있으므로 얼마

동안은 고난을 겪어야 한다고 합니다. 그는 이 고난이 "얼마 동안"이라는 사실을 강조합니다. 일단 우리가 영원한 보상을 받게 되면, 여기 아래에서 고난을 겪었던 세월이 아주 잠시였던 것처럼 보일 테기 때문입니다.

• 존자 베다 『가톨릭 서간 해설』(베드로 1서).

하느님 면전에서 살다

"내 아버지의 집에는 거처할 곳이 많다"(요한 14,2). … 이는 그들이 고난을 겪을 때, 이 모든 시련이 끝나면 그리스도와 함께 하느님 면전에서 살게 되리라는 확신을 가지고 대담하게 앞으로 나아갈 수 있도록 보증해 주는 말씀입니다.

• 아우구스티누스 『요한 복음 강해』 67,2.

하느님 안에 그리스도와 함께 감추어져 있다

현세가 이렇습니다. 가혹한 고통과 슬픔을 담고 있으며 고난과 수고를 피할 수 없습니다. 그러나 이런 일은 무의미하지도 무익한 일도 아닙니다. 그 안에 열매가 감추어져 있기 때문입니다. 그래서 복된 바오로 사도도 이렇게 말합니다. "여러분의 생명은 그리스도와 함께 하느님 안에 숨겨져 있기 때문입니다. 여러분의 생명이신 그리스도께서 나타나실 때, 여러분도 그분과 함께 영광 속에 나타날 것입니다"(콜로 3,3-4).

• 키루스의 테오도레투스 『아가 주해』 6.

종말에 밝게 드러나다

바오로 사도는 죽음과 거의 다를 바 없는 함께하는 고난을 지금도 여전히 견디고 있기에 "어떻게든 죽은 이들 가운데에서 살아나는 부활에 이를 수 있기를 바랍니다"(필리 3,11)라고 말합니다. 그가 부활에 이르리라는 것은 의심의 여지가 없습니다. 그런데 죽은 이들 가운데에서 살아나는

부활에 이른다는 것은 무엇입니까? 모든 방법을 끌어내 그리스도의 고난에 함께함으로써 이루어지는, 각 개인의 완전하고 충만한 생명입니다. 그 생명이 어떤 것인지는 죽은 이들의 부활이 일어나는, 곧 죽은 이들이 생명으로 돌아오는 종말에 밝게 드러날 것입니다.

• 마리우스 빅토리누스 『바오로 서간 주해』(필리피서) 3,11.

고난을 통하여 부활에 이르다

그리스도를 믿는 우리는 그분과 함께 고난을, 십자가와 죽음에 이르기까지 실로 모든 고난을 견딥니다. 이 모든 것에 관한 지식에서 그리고 함께하는 고난에서 부활이 옵니다. 그리하여 그분의 죽음과 짐을 함께 나누는 이들로서 우리는 그분의 부활도 함께 나눌 수 있게 됩니다.

• 마리우스 빅토리누스 『바오로 서간 주해』(필리피서) 3,10-11.

고난에 대한 위로와 보상

그리스도께서 당신을 위하여 고난을 받는 우리와 함께하시며 우리를 위로하시고 당신의 거룩한 개입으로 우리를 환난에서 구해 주신다는 것은 확실합니다.

• 암브로시아스테르 『바오로의 열세 서간 주해』(코린토 2서).

넘치는 위로

그리스도의 고난이 우리에게 넘치듯이, 그리스도를 통하여 내리는 위로도 우리에게 넘치니, 슬퍼하는 모든 이를 위로해 주는 그 넘치는 위로를 우리가 진정 갈망한다면 그리스도의 고난이 주는 위대한 격려를 기꺼이 받아들여 그것이 우리에게 넘치게 합시다. 그러나 모든 이가 똑같은 위로를 받는 것은 아닙니다. 만약 누구나 똑같은 위로를 받는다면, "그리스도의 고난이 우리에게 넘치듯이, 그리스도를 통하여 내리는 위로도 우리에게 넘칩니다"라고 쓰여 있지 않을 것입니다. 고난을 함께하는 이들은 그들이 그리스도와 함께 고난을 당하는 만큼과 비례해 위로를 받을 것입니다. 흔들림 없는 확신으로 이렇게 말한 사람에게서 우리는 이러한 사실을 배웁니다. "여러분이 우리와 고난을 함께 받듯이 위로도 함께 받는다는 것을 알기 때문입니다"(2코린 1,7).

• 오리게네스 『순교 권면』 42.

고난을 당하는 것은 선하다는 증거

그리스도께서는 당신의 고난이 제자들에게 충분한 위로가 되지 못한다는 듯이, 세상이 그들을 미워하는 것은 그들이 선하다는 증거라고 말씀하시며 그들을 거듭 위로하십니다. … 세상이 그들을 사랑한다면 그들은 울어야 마땅합니다. 그것은 그들이 사악하다는 증거일 테니까요.

• 요한 크리소스토무스 『요한 복음 강해』 77,2.

위로를 받을 것이다

바오로가 자신이 겪은 고난을 이야기하는 것은 코린토 신자들이 그와 비교해 자신들이 지금 겪는 일은 아무것도 아님을 깨닫게 하려는 것입니다. 자신이 입은 상처로 슬퍼하는 제자는 자기 스승이 훨씬 심한 고난을 겪는 것을 보면 위로를 받을 것입니다.

• 펠라기우스 『바오로의 열세 서간 해설』(코린토 2서) 1.

고난에 대해 위로받다

나를 거슬러 또 나를 걸고넘어져 사도들의 믿음에 흠집을 내려는 많은 책략이 비밀리에 꾸며졌습니다. 그러나 저는 성도들과 예언자들과 사도들, 순교자들 그리고 은총의 말씀 안에서, 교회에서 이름 높은 사람들의 고난과 또 우리 하느님이시며 구원자이신 분의 약속에 위로를 받습니다. 그분께서는 우리에게 현세 삶에서 즐겁고 기쁜 일 대신 고난과 노고, 위험, 원수의 공격이 있으리라 예고하셨습니다.

• 키루스의 테오도레투스 『편지』 109.

사랑 안에서의 위로

우리가 세상에서 재난을 당하여 고난을 겪으며 수고하고 있을 때, 우리에게 서로에 대한 사랑이 있으면 하느님께서 우리에게 "사랑 안에서 위로"(필리 2,1)가 되어 주실 것입니다. 바오로 사도는 '내가 여러분을 사랑하고 여러분이 고난 속에 있는 나를 위로해 주고 나의 기쁨을 완전하게 해 주기 때문에 사랑 안에는 이런 위로가 있습니다'라고 말합니다.

• 마리우스 빅토리누스 『바오로 서간 주해』(필리피서) 2,1.

큰 위로를 받았다

바오로는 자신이 당한 고난을 과장해서 제자들이 용기를 잃게 하고 싶지 않았습니다. 그래서 자신이 얼마나 큰 위로를 받았는지 이야기함으로써 그들이 그리스도를 떠올리게 합니다.

• 요한 크리소스토무스 『코린토 2서 강해』 1,4.

그대도 나처럼 하시오

사도가 많은 어려움을 겪고 어떤 혹독한 고난에도 약해지지 않았다는 사실은 신자들에게 위로가 됩니다. … '나, 바오로가 이런 일을 견뎌 낸다면, 그대는 더욱 잘 견뎌 내야 합니다. 스승이 많은 것을 견뎠다면 제자는 더욱 그래야 합니다.'

• 요한 크리소스토무스 『티모테오 2서 강해』 4.

고난을 받는 이는 행복하다

우리는 고난을 통해 하느님 나라에 들어가기 때문에 바오로는 고난을 자랑스럽게 여겨야 한다고 가르칩니다. 희망에 환난이 더해지면 우리의 보상은 더 커집니다. 환난은 우리가 지니고 있는 희망이 얼마나 큰지 잴 수 있는 척도이며 우리가 왕관을 상속받을 자격이 있음을 증언해 줍니다. … 고난을 당해 더욱 강인해지는 자신을 하느님께서 더욱 기꺼이 받아 주실 것이라 믿으며 환난을 자랑으로 여겨야 할 것입니다.

• 암브로시아스테르 『바오로의 열세 서간 주해』(로마서).

역경은 미래의 보상을 위한 것

여러분도 무엇이든 하느님께 대한 의무를 수행하려 할 때면 많은 위험과 학대와 죽음을 예상하십시오. 그런 일이 일어나더라도 놀라거나 혼란스러워하지 마십시오. … 여러분이 선한 일을 했는데 나쁜 일이 일어난다면 … 그것은 고난이 더 고귀한 보상의 근원이기 때문입니다.

• 요한 크리소스토무스 『(입상에 관해) 안티오키아 신자들에게 행한 설교』 1,30.

역경이 필요한 이유

우리가 올바른 방식으로 기도할 줄 모른다고 바오로가 말하는 이유는 … 현세의 고난과 고통이 부풀어 오르는 자만심을 치유하는 데, 또 인내심을 시험하고 증명하는 데 도움이 되기 때문이라고 우리는 생각합니다. 그리고 이런 시험과 증명을 통해 더 영광스럽고 소중한 보상을 받게 됩니다. 또 다른 이유는 역경이 이롭다는 것을 모르는 우리는 모든 고통에서 해방되기를 바라지만 [바오로가 말하는] 어떤 죄들은 현세의 역경을 통해 응징받고 말끔히 지워지기 때문입니다.

• 아우구스티누스 『편지』 130.

고난에 합당한 상

주님께서는 사도들을 세상에 파견하시기 전에 그들이 받을 박해를 미리 일러 주셨습니다. … 고난을 당하며 굳게 견디는 이들은 그에 합당한 상을 받을 것이라고 주님께서는 말씀하십니다. 그것은 최상의 행복에 대한 보장이요 약속입니다. 게다가 주님께서는, 그들이 이런 고난을 당할 때에도 그들에게 아무런 이상한 일이 일어나지 않으리라고 하십니다.

• 알렉산드리아의 키릴루스 『루카 복음 주해』 27.

환난의 보상을 생각할 때

우리는 영광에 대한 희망을 자랑스러워할 뿐 아니라, 더없이 유익한 환난도 큰 보상을 생각할 때 자랑스러워합니다(야고 1,2 참조). 우리는 환난이 끝날 때 영원한 보상을 받을 수 있도록 주님의 이름을 위해 고난을 당하기를 바라야 합니다. 받을 보상을 생각하면, 그것을 받기 위해 기꺼이 노력을 아끼지 않을 것입니다.

• 펠라기우스 『로마서 주해 단편』.

희망을 잃지 마라

이 모든 일 안에 슬픔이 있다면, 저는 그것이 여러분에게 필요하여 주님께서 주셨음을 믿습니다. 그러니 시련이 많을수록, 마지막 심판 때 더 완전한 상을 받을 것이라 여기십시오. 현재의 고난을 아픔으로 받아들이지 말고 희망을 잃지 마십시오. 조금만 있으면 여러분을 도울 분이 오실 것이고 그분은 지체하지 않으실 것입니다.

• 대 바실리우스 『편지』 238.

현세에서 후한 보상을 받았다

고난보다 보상이 얼마나 큰지, 그 몇 배나 된다는 것을 보십니까? 그(요셉)는 십삼 년 동안 유혹과 종살이와 억울한 누명과 감옥에서의 비참한 대우를 견뎠습니다. 감사하는 마음과 고결한 태도로 모든 것을 참고 견딘 결과 그는 이미 현세에서 후한 보상을 받았습니다.

• 요한 크리소스토무스 『창세기 강해』 67,22.

견해를 밝힌 것이 아니라 단언이다

바오로 사도가 여기서 "정녕"(2테살 1,6)이라고 한 것은 자신의 말이 한 치의 어긋남도 없는 진실이라는 단언입니다. 우리도 이런 식으로 말합니다. '정녕 이는 진실이다'라고 하면 '이는 조금도 의심할 바 없는 진실로 받아들여야 한다'는 뜻입니다. 하느님은 의로우시다고 하며 그분께서 법의 집행자로 오실 터이니 믿음 때문에 고난받은 우리에게는 보상이, 우리를 박해한 불경한 자들에게는 벌이 있을 것입니다.

• 키루스의 테오도레투스
『바오로의 열두 서간 주해』(테살로니카 2서).

바오로는 고난을 당하며 기뻐합니다. 그러한 고난이 코린토 신자들 같은 사람들이 생겨나는 놀라운 결과를 가져오기 때문입니다.

• 요한 크리소스토무스 『코린토 1서 강해』 40,3.

고생 끝에 오는 안식

하늘에서 울려오는 목소리는 죽은 이들 모두에게 축복을 내리는 것이 아니라, 주님 안에서 죽은 이들, 곧 세상에 대해 죽었기에 몸 안에 예수의 죽음을 지니고서 그리스도와 함께 고난받는 이들만을 축복합니다. 이런 사람들에게 몸을 떠나는 것은 진정 고생 끝에 오는 안식입니다. 뿐만 아니라, 그들이 몸으로 보여 준 순명은 그들에게 광채가 바래지 않는 왕관과 영광스러운 상을 가져다줍니다. 그 상은 우리 하느님 그리스도 안에서 상을 다투는 경쟁자들이 보이지 않는 권세들과의 싸움에서 끝까지 견디어 내고 이긴 이들에게 한껏 주어지는 상입니다.

• 카이사리아의 안드레아스 『묵시록 주해』 14,13.

고난과 구원

많은 이의 구원을 위하여 고난의 길을 피하지 않는 것은 순교 못지않은 일입니다. 그것보다 하느님을 기쁘게 하는 일은 없습니다.

• 요한 크리소스토무스 『사도행전 강해』 20.

지금은 선포를 위해 고난을 겪어야 합니다만, 수고하는 이들에게 구원이 머지않았습니다.

• 안드레아스 『성경 주해 선집』.

구원은 고난 중에 온다

지금이 주님을 위해 행동할 때입니다. 우리의 구원은 고통 속에 있을 때에 이루어지기 때문입니다. "하느님의 구원을 사랑하는 이들은"(시편 40,17; 70,5) 그분의 발자국을 알 수 있으며(시편 77,19 참조) "'하느님께서는 위대하시다'(시편 40,17; 70,5)라고 언제나 말한다"면, 그리고 그들이 '나의 희망은 언제나 당신께 있다'고 말할 수 있다면, 그런 이들이 기쁠 때에만 주님을 믿고 고난의 때에는 믿지 않겠습니까? … 그대가 "당신은 언제나 저의 희망이십니다"(시편 70,1 칠십인역)라고 말한다면, 그대는 고난의 때에 확신을 잃지 않을 것이며, 구원은 그때에 옵니다.

• 파코미우스 『편지』 3,11.

영원한 영광

선행은 고난 없이 이루어지는 경우가 드뭅니다.

그러나 성도들의 고난은 위대한 희망에서 자양분을 얻습니다. 현세적인 것이 결코 아닌 영원한 영광이 약속되기 때문입니다.

• 알렉산드리아의 키릴루스 『로마서 단편』.

미래의 영광

우리가 현재의 고난을 좀 더 쉽게 견딜 수 있도록 바오로 사도는 미래의 영광을 알려 주고 싶어 합니다. 실로, 하늘의 영광이 현세의 삶과 견줄 만한 것이라 하더라도 그 영광과 맞먹는 만큼의 고난을 견뎌 낼 수 있는 인간은 없을 것입니다. 인간이 죽을 때 겪는 고통이 어떤 것이든 간에, 죄로 인해 그가 받아 마땅한 고통보다 크지 않습니다.

• 펠라기우스 『로마서 주해 단편』.

은총으로 구원받는다

현세의 고난은 장차 우리에게 계시될 미래의 영광에 견주면 아무것도 아닙니다(로마 8,18 참조). 그렇다면 우리는 행실이 아니라 은총으로 구원받는 것입니다. 하느님께서 우리에게 주신 것에 대한 보답으로 우리는 그분께 아무것도 드릴 수 없기 때문입니다.

• 히에로니무스 『바오로 서간 주해』(에페소서) 1,2,1.

현세의 고통은 미래의 축복에 비하면 아무것도 아니다

성도들은 매우 지난한 역경을 거치고서야 미래의 삶을 얻는데 왜 그분은 당신께서 그것을 '거저' 주신다고 하는 걸까요? 그분께서 이렇게 말씀하시는 것은 아무도, 아무리 수고한 사람이라도, [미래에] 주어질 축복을 제 권리처럼 당연히 얻는 것은 아님을 말해 줍니다. 바오로 사도도 같은 뜻에서 이렇게 말합니다. "장차 우리에게 계시될 영광에 견주면, 지금 이 시대에 우리가 겪는 고난은 아무것도 아니라고 생각합니다"
(로마 8,18).

• 오이쿠메니우스 『묵시록 주해』 21,7-8.

자리가 마련되어 있다

주님의 고난에 참여한 그들(필리피 신자들)에게는
주님 곁에 그들의 자리가 (마련되어) 있다는 것
도 알아야 합니다. 그들이 현세를 사랑하지 않
고, 우리를 위하여 죽으시고 우리를 위하여 하느
님께서 일으키신 분을 사랑하였기 때문입니다.

• 폴리카르푸스 『필리피 신자들에게 보낸 편지』 9.

고난에 대한 보상

바오로는 자신이 코린토 신자들을 얼마나 많이
사랑하는지 보여 주었습니다. 그는 냄새 나는 감
옥도, 채찍질의 아픔도, 그의 발을 묶은 밧줄에도
전혀 아랑곳하지 않았습니다. 그러나 코린토 신
자들이 잘못된 태도를 바로잡았다는 소식을 듣
자 자신의 고통을 잊어버리고 크게 기뻐하며, 그
들이 구원받은 데 대해 하느님께 감사를 드렸습
니다. 그는 그것을 자신의 고난에 대한 보상이라
여겼습니다.

• 암브로시아스테르 『바오로의 열세 서간 주해』(코린토 2서).

그리스도와 함께 고난을 겪은 이들은 다스리는 일도 그분과 함께할 것이다

일시적인 고통을 통해 영원한 안식의 열매를 받
은 이들, 그리스도와 함께 고난을 겪음으로써 그
분과 함께 다스리고 끝없이 그분을 섬기게 된 이
들은 복됩니다. … 성령께서 그들 가운데 계시며
함께 걸으시겠다고 약속하셨기 때문입니다.

• 카이사리아의 안드레아스 『묵시록 주해』 7,14.

생명의 책에 이름이 기록되다

누구나 자기 행실에 합당한 보상을 받을 것입니
다. 기꺼이 자기 이웃을 해치려는 자는 악마에게
사로잡혀 사탄의 칼에 의해 영혼이 죽임을 당할
것입니다. … 그러나 순수한 신앙과 시련에 흔들
리지 않는 인내를 지닌 이들은 생명의 책에 영원
히 이름이 기록되어 있습니다. 지극히 자비로우
신 하느님, 저희를 이런 이들과, "장차 우리에게
계시될 영광에 견주면, 지금 이 시대에 우리가
겪는 고난은 아무것도 아니라고"(로마 8,18) 생각
하는 이들과 또 좁은 길을 용감하게 걸어 그 길
끝에서 다가올 시대의 영광과 휴식과 낙원을 발
견하는 이들의 동참자로 보아 주시어, 그리스도
와 함께 다스리게 해 주십시오.

• 카이사리아의 안드레아스 『묵시록 주해』 13,9-10.

고독

고독이 무엇입니까? 안에 있다, 자각 상태에 있다는 뜻입니다.

• 아우구스티누스 『설교』 47,23.

영혼에 필요한 것은 고독입니다.

• 아우구스티누스 『요한 복음 강해』 17,11.

정신의 고독은 세속적인 욕망에서 벗어나게 합니다.

• 존자 베다 『복음서 강해』 1,1.

사랑 안에서의 고독은 마음을 정화하고, 미움 중의 고독은 마음을 동요시킵니다.

• 폰투스의 에바그리우스 『수도승에게』 8.

가난과 고생, 엄격, 단식 등은 고독한 삶의 도구들입니다.

• 『사막 사부들의 금언』(포이멘) 60.

고독의 장소는 우리가 세상에서 체류하는 이곳입니다.

• 프리마시우스 『묵시록 주해』 12,14.

광야의 고독

"광야에서"(에제 34,25)가 무슨 뜻입니까? 고독 속에 있는다는 뜻이지요. 고독이 무엇입니까? 안에 있다, 자각 상태에 있다는 뜻입니다. 고독 속에는 다른 인간 존재가 왔다 갔다 하지 않을뿐더러 다른 이들은 그것을 보지도 못합니다. 실상 우리는 아직 거기 있지 않으므로 희망 속에서 그 안에 거합시다. 사실, 우리 바깥에 있는 모든 것은 세상의 폭풍우와 시련에 따라 급격히 왔다 가고 변화합니다. 광야는 안에 있습니다.

• 아우구스티누스 『설교』 47,23.

그리스도께서 우리 안에 머무르시게 하려면

그리스도인의 몸이 음식으로 차 있거나 음료로 활기에 차 있는 대신 단식으로 몸을 돌보지 않아 메마르고 황량한 상태일 때 어떤 의미에서 광야라고 할 수 있습니다. 육이 금욕으로 수척해지고 목마름으로 창백해지며 물질을 경멸하여 외양을 꾸미지 않아 지저분해질 때 우리 몸은 광야라고 나는 말하겠습니다. 그러면 그리스도 주님께서는 우리의 땅이 배고픔으로 황량하고 목마름으로 갈라진 것을 발견하시고 우리 몸이라는 광야에 오셔서 머무르십니다. … 그러면 우리는 고독 속에 있듯 우리 자신 안에서 하늘과 땅을 보게 됩니다. 말하자면, 우리는 하늘 나라의 주님이시며 이 세상 부활의 영도자이신 분 말고는 다른 어떤 것에 대해서도 생각하지 않게 됩니다.

• 토리노의 막시무스『설교』50A,4.

고독한 삶의 도구

포이멘 압바가 또 말했다. "가난과 고생, 엄격, 단식 등은 고독한 삶의 도구들입니다. 노아와 욥, 다니엘, 이 세 사람이 함께 있을 때 나도 그곳에 있다고 주님께서 하신 말씀이 기록되어 있습니다(에제 14,14 참조). 노아는 가난을, 욥은 고통을, 다니엘은 식별을 상징합니다. 그래서 이 세 활동이 한 사람에게서 발견된다면, 주님은 그 사람 안에 거주하십니다."

•『사막 사부들의 금언』(포이멘) 60.

고독을 누림

이 한가로움을 다른 이들의 한가로움과 비교해 봅시다. 다른 이들은 쉬려는 의도로 일상 활동에서 영혼을 불러내곤 합니다. 사람들의 모임과 만남에서 벗어나 시골의 호젓함을 찾아 들판의 고독을 누리거나, 아니면 도시 안에서 마음을 비우고 고요함과 조용함에 자신을 내어 주곤 합니다.

• 암브로시우스『성직자의 의무』3,1,6.

세상의 번잡함 속에서 필요한 내적 고독

무리 안에서 그리스도를 알아보기란 쉬운 일이 아닙니다. 영혼에 필요한 것은 고독입니다. 고독 속에서 우리 영혼이 촉각을 곤두세울 때 주님은 우리에게 당신을 내보이십니다. 하느님에 대한 관상은 침묵 안에서만 가능합니다.

• 아우구스티누스『요한 복음 강해』17,11.

사랑의 마음으로 고독을 구하다

두 성경에 의지하고 있는 교회는 세상의 유해한 소동을 피하며, 민첩하고 온화한 영을 지니기 위해 나날이 사랑의 마음으로 고독을 구합니다. 그래서 교회는 "정녕 멀리 달아나 고독 속에 머문다네"(시편 55,8) 하고 기쁨 속에 노래합니다.

• 존자 베다『묵시록 해설』12,14.

고독의 장소란?

고독의 장소는 우리가 세상에서 체류하는 이곳입니다. "우리가 이 몸 안에 사는 동안에는 주님에게서 떠나 살고 있음"(2코린 5,6)이기 때문입니다. 그리고 이는 예언자가 "정녕 멀리 달아나 고독 속에 머물런마는. 나를 구해 줄 그분을 기다리런마는"(시편 55,8-9) 하고 말했듯이, 장소 때문이 아니라 애착 때문에 세상에서 떠나지 못하는 마음에 더더욱 맞는 말입니다.

• 프리마시우스『묵시록 주해』12,14.

정신의 고독은 세속적인 욕망에서 벗어나게 한다

하느님께서 더없이 어여삐 여기시는 이 마음의 고독은 예언자가 성령의 은총에 힘 입어 도달할 수 있기를 바란 곳이었습니다. 그는 그 마음을 이렇게 표현했습니다. "아, 내가 비둘기처럼 날개를 지녔다면 날아가 쉬런마는"(시편 55,7) 그리고 주님의 도움으로 이 [고독을] 얻자마자 감사를 드립니다. … "보라, 나 멀리 달아나 고독 속에 머물게 되었네"(시편 54,8 칠십인역).

• 존자 베다『복음서 강해』1,1.

그리스도의 고독으로 만들다

그(이사야)의 입술이 깨끗하게 되자, 주님께서는 곧바로 그를 당신의 대변자로 임명하십니다. 입술이 더러운 사람은 예언을 할 수 없고, 주님의 말씀에 순종하며 그분을 섬길 수도 없는 일입니다. "사막의 타는 숲으로" 말입니다. 이러한 고독이 우리에게 허용되었더라면 얼마나 좋겠습니까? 이 고독이 우리의 혀에서 모든 나쁜 것을 없애도록, 가시가 있는 곳에, 덤불이 있는 곳에, 쐐기가 있는 곳에 주님의 불이 오시어 그곳을 모두 태워 없애 버리시고, 그곳을 황폐한 곳, 그리스도의 고독으로 만들었으면 좋겠습니다.

• 히에로니무스 『시편 강해 59편』 41 (제119편).

참으로 선한 삶 안에서 위로를 구하라

여러분은 이 세상에서 어떤 행복을 누리고 있든지 이 참된 생명에 대한 사랑으로 스스로를 고독한 존재로 여겨야 합니다. 우리가 사랑하는 이 세상 삶이 제아무리 즐겁고 오래 지속될지라도 저 참된 생명과 비교한다면 생명이라 부를 수도 없습니다. 이 참된 생명이야말로 하느님께서 예언자의 말을 통해 약속하신 진정한 위로입니다. … 어디에 참된 생명이 있는지 발견해야 합니다. 사람의 행복은 그의 선이 나오는 것과 같은 원천에서 반드시 나옵니다.

• 아우구스티누스 『편지』 130.

더 높은 사제직의 선구자

요한은 율법에 따라 대사제가 될 수도 있었으나,[1] 진리의 변함없는 원칙에 따라 내적 교육을 받은 그는 옛 사제의 계승자와 후계자가 되기보다는 새로운 사제의 사자使者가 되기를 더 바랐습니다. 영으로 가르침을 받은 요한은 자신에게 몰려드는 사람들을 위한답시고 성전 윗자리에 앉아 옛 사제직의 영광스런 직무를 누리기보다, 광야에서 불러 모은 백성에게 신약성경의 신비를 선포하기를 더 원하였습니다. 끊임없이 희생 제물을 바쳐 올리기보다 기나긴 고독과 함께하는 배고픔과 목마름을 더 바랐으며, 황금으로 수놓은 제의보다는 가죽 띠 하나와 낙타 털 옷 한 벌을 더 원했습니다 (참조: 히브 3,1; 4,14; 5,10; 6,20).

• 존자 베다 『복음서 강해』 2,19.

좁은 문을 지나 허물을 벗다

가난 속에 살며 고독을 사랑했던 요한은 인간의 운명을 원망하지 않았습니다. 자기 영혼에 날개를 달기 위하여 메뚜기를 먹었고, 꿀보다도 더 달콤하고 유익한 말씀을 선포하기 위하여 꿀로 배를 채웠으며, 거룩한 수덕 이념을 몸소 보여 주기 위해 낙타 털 옷을 입었습니다. … 지금까지 여러분은 독사의 자손처럼 처신하였지만, 마치 모든 뱀이 좁은 문을 지나는 고통을 겪으며 허물을 벗어 버리고 젊어지듯, 이제는 이전의 죄스런 삶으로 누벼 놓은 누더기를 벗어 버리십시오. 성경에 쓰여 있듯이, 여러분도 좁디좁은 문으로 들어가십시오 (참조: 마태 7,13-14; 루카 13,24). 단식으로 자신을 추스르고, 멸망에 이르게 하는 모든 것을 끊어 버리며, 옛 인간의 겉옷과 행실을 벗어 버리십시오 (참조: 에페 4,22; 콜로 3,9).

• 예루살렘의 키릴루스 『예비신자 교리교육』 3,6-7.

고독한 삶과 구원

아르세니우스 압바는 황궁에서 살던 시절에 하느님께 이렇게 기도했다. "주님, 저를 구원의 길로 이끄소서." 그러자 한 소리가 그에게 들려왔다. "아르세니우스, 사람들을 피해라. 그러면 구원될 것이다."

• 『사막 사부들의 금언』 (아르세니우스) 1.

---

1 요한의 아버지 즈카르야가 대사제였으므로 가문의 권리로 대사제직을 받을 수 있었다는 말이다.

고리대금, 돈놀이

고리대금이란 무엇인가? 그것은 사람을 죽이는 것입니다.

• 암브로시우스 『토빗 이야기』 14,46.

고리대금은 영혼을 망칩니다.

• 대 레오 『설교』 17,3-4.

준 것보다 더 많이 받기를 바란다면 돈놀이꾼입니다.

• 아우구스티누스 『시편 상해』 36,6.

채권자도 채무자도 둘 다 죄인입니다.

• 암브로시우스 『토빗 이야기』 16,54.

우리는 채무자를 꾸짖습니다. 분별없이 처신했기 때문입니다.

• 암브로시우스 『토빗 이야기』 6,23.

살아갈 방도가 없는 이를 돕는 것은 인간다운 행동입니다.

• 암브로시우스 『성직자의 의무』 3,3,20.

일시적인 부를 주고 영원한 이자를 요구하십시오. 땅을 주고 하늘을 얻으십시오.

• 아우구스티누스 『시편 상해』 37,6.

고리대금의 의미와 이해

고리대금의 의미

그대가 빌린 이 돈이 끝이 보이지 않는 더 많은 악을 계속해서 만들어 내고 있습니다. 무섭게 늘어나는 경향 때문에, 이런 종류의 탐욕엔 그에 걸맞은 이름[1]이 붙었습니다. 내가 보기에는 고리대금은 악을 엄청나게 만들어 내기 때문에, '낳다'라는 말에서 '이자'라는 단어가 유래한 것 같습니다. 달리 어떻게 설명하겠습니까? 혹시 돈을 빌린 사람들의 영혼에 자연스럽게 고뇌와 고통

---

1 그리스어로 토코스(τόκος), '낳다'(τίκτειν)라는 동사에서 유래한 이 단어는 '새끼' 또는 '이자'라는 뜻이다.

을 낳기 때문에 '이자'가 '낳다'라는 말에서 왔는지도 모르지요. 출산하는 사람이 출산의 고통을 벗어날 수 없는 것처럼, 채무자는 약속한 상환 날짜를 마음에서 떨쳐 버릴 수 없습니다. 이자에 이자가 더해집니다. 사악한 부모에게서 사악한 자식이 태어납니다. 이자의 새끼를 '살모사의 새끼'라고도 합니다. 살모사가 어미를 갉아먹고 어미 태 밖으로 나오는 것처럼, 고리대금은 빚진 사람의 집을 먹어치우며 이자를 낳습니다.

• 대 바실리우스『고리대금업자 반박』3.

돈을 빌려 주고 이자를 받는 것

돈을 빌려 주고 이자를 받는 것도 친절을 가장한 비열하고 잔인하며 불의한 행위입니다. 돈을 빌려 주고 받는 이자보다 더 비열하고 더 잔인한 것은 아무것도 없습니다. 빌려주는 사람은 다른 사람의 불행을 이용하고 다른 사람의 비통함에서 이익을 얻으며, 자비롭게 보이는 것을 두려워하는 것처럼 친절의 대가로 돈을 요구합니다. 그는 친절을 가장하여 가난한 이들의 구덩이를 더 깊게 팝니다. 친절의 가면을 쓰고 가난한 이들의 무덤을 더 깊게 파는 것입니다.

• 요한 크리소스토무스『마태오 복음 강해』5,9.

이자를 받는 것은 잔혹한 행위다

그대가 이자를 받는다면, 그것은 최고로 잔혹한 행위입니다. 그것은 불행에서 이익을 취하고, 눈물에서 돈을 모으며, 벌거벗은 이의 목을 조르고, 굶주린 이들에게 폭행을 가하는 것입니다. 자비는 어디에도 없고, 고통받는 이와의 관계는 안중에도 없습니다. 그런데도 그대는 이렇게 얻은 이익을 자애라고 부릅니까! 불행하여라, 쓴 것을 달다고 말하고, 단 것을 쓰다고 말하는 그대!

불행하여라, 잔혹함을 자애라고 여기는 그대! … 돈을 빌려 주는 것은 주는 이에게도 받는 이에게도 모두 악합니다. 한편은 돈을 잃고, 다른 편은 영혼을 잃습니다.

• 대 바실리우스『시편 강해』12,5(제15편).

사악한 행위

고리대금은 주는 사람이나 받는 사람 모두에게 사악한 행위입니다. 받는 사람은 재산을 망치고, 주는 사람은 영혼을 망치기 때문입니다. 곡식을 수확한 농부는 땅에 뿌려져 뿌리를 내린 씨앗을 더 이상 찾지 않습니다. 하지만 여러분은 수확을 하고 나서도 계속해서 원금을 포기하지 않습니다. 여러분은 땅도 없는데도 재배를 하고, 씨앗도 뿌리지 않았는데 수확을 합니다.

• 대 바실리우스『고리대금업자 반박』5.

비인간적인 행위

기본적인 생필품조차 없는 사람들이 목숨을 겨우 이어 가기 위해 돈을 꾸는데, 원금을 돌려받는 것에 만족하지 않고, 가난한 이들의 불행을 이용하여 이익을 얻고 풍성한 수확을 거두려 하는 것은 더없이 비인간적인 행위라 할 수 있습니다.

• 대 바실리우스『고리대금업자 반박』1.

고리대금 때문에 망하다

아무것도 없는 이에게 돈을 빌려 주고 그것의 두 배를 요구하는 것보다 더 잔인한 일이 무엇입니까? 그가 원금도 갚을 수 없다면 어떻게 두 배를 갚을 수 있겠습니까? … 민족들은 종종 고리대금 때문에 망하였습니다. 그것이 공적인 재앙의 원인이 되어 왔습니다.

• 암브로시우스『편지』19.

고리대금업은 강도질이나 살인 행위와 다를 바 없다

남의 집에 몰래 침입해서 다른 사람의 재산을 탈취하거나 길가는 행인을 살인해서 그의 재산을 차지하는 것과, 이자를 뜯어냄으로써 자기 것이 아닌 것을 차지하는 것 사이에 무슨 차이가 있습니까?

• 니사의 그레고리우스『코헬렛 강해』4.

사랑이 배제된 이익

고리대금의 악은 멀리 해야만 하며, 모든 인간적인 친절이 배제된 이익은 피해야 합니다. 부당하고 사악한 이득을 얻는 수단이 늘어나면 영혼의 본질은 닳아 없어집니다. 고리대금은 영혼을 망치기 때문입니다. … 그들은 하느님께서 주신 응답으로 가르침을 받은 이들입니다. 그들은 거룩한 삶을 위한 여러 가지 규칙들 가운데 "이자를 받으려고 돈을 놓지 않는다"(시편 15,5)라는 규칙을 실천한다면 영원한 안식에 참여할 수 있다는 것을 아는 이들입니다. 만약 그들이 고리대금으로 돈을 빌려 주고 속임수로 이익을 얻었다면, 그들은 하느님의 "천막"에서 낯선 이로, 그분의 "거룩한 산"에서 이방인 취급을 받게 될 것입니다. 만약 그들이 다른 사람의 손해를 통해서 부자가 되고 싶어 한다면 그들은 영원한 빈곤의 벌을 받아 마땅합니다.

• 대 레오『설교』17,3-4.

매점매석

그대는 그대의 수확물이 팔리는 것에 기뻐하고, 모든 이의 비참을 대가로 부를 축적합니다. 이것이 그대가 일컫는 노력이고, 이것이 그대가 말하는 성실입니다. 이것은 비열한 교활함이며 사기 수법입니다. 그런데도 그대는 사악한 계략을 구제책이라고 부릅니다. 이것을 날강도짓이나 이자놀이로 불러야 하지 않겠습니까? 강도짓을 위한 제철을 만난 듯, 그대는 사람들의 오장육부 안에서 가혹한 암살자처럼 숨어 노리고 있습니다. 이자가 붙어 가격이 올라가는 만큼 생명의 위험도 치솟습니다. 저장된 곡식의 이자가 그대에게 몇 곱절로 불어납니다. 그대는 마치 고리대금업자처럼 곡식을 숨겨두었다가 마치 장사꾼처럼 경매에 붙입니다. 그대는 어찌하여 기근이 더 심해지고 곡식은 거의 남지 않으며 더 심한 흉년이 이어질 것이라고 모든 이에게 고약하게 저주합니까? 그대의 수익은 공공의 손실입니다.

• 암브로시우스『성직자의 의무』3,6,41.

고리대금에 대한 반론

만약 어떤 것이 그것을 추구하는 사람들에게 아름다움에서건 신체적 안녕에서건 또는 고통을 덜어 주는 데서건 아무런 이익을 주지 않는다면 뭣하러 그것을 추구합니까? 그리고 그것을 소유하게 된 것을 알게 되었을 때, 그 물질에 마음을 쏟은 사람들은 어떤 감정을 느낍니까? 무엇인가를 얻었기 때문에 자축합니까? 만약 누군가가 그들에게 그들의 본성이 그것으로, 곧 그들이 몹시 좋아하고 소중히 여기는 그것으로 바뀐다면 기꺼이 받아들이겠냐고 묻는다면, 그들은 그 변화를 택할까요? 그들이 인간에서 금으로 바뀌어 더 이상 이성적이지도 지성적이지도 않으며 더 이상 살아가기 위해 감각 기관을 사용하지도 못하고 금처럼 그저 노랗고 무거우며 말도 못하고 생명도 감각도 없는 것이 되기를 선택하겠습니까? 금에 목을 매는 사람이라도 이를 선택하지 않을 것이라고 나는 생각합니다.

그러므로 올바른 사고를 가진 사람들이 생명이 없는 재화를 얻는 것을 일종의 저주라고 생각한다면, 덧없는 목표를 가진 것들을 얻으려고 두 분별하게 열광하며, 이런 이유 때문에 부자가 되고 싶어 미치광이가 된 이들이 살인과 약탈을 저지르는 것은 대체 무엇입니까? 이런 것들뿐 아니라, 또 다른 종류의 약탈 또는 살해라고 할 수 있는 이자에 대한 유해한 생각도 진리에서 멀다고 아니할 수 없습니다. …

누가 다른 사람의 돈을 강제로 빼앗거나 몰래 훔치면, 그는 난폭한 범죄자나 도둑놈, 또는 그런 종류의 사람이라고 불립니다. 그런데 금전 계약서로 자신의 중죄를 광고하는 사람, 자신의 잔인성에 대한 증거를 제시하는 사람, 그리고 계약으로 범죄를 실행하는 사람은 자선가와 은인과 구원자 등 가장 훌륭한 명칭으로 불립니다. 또한 절도로 얻은 이득은 장물이라 불리지만, 이와 같은 종류의 강제력으로 자신의 채무자를 홀딱 벗기는 사람은 자신의 가혹한 행위를 '자선'이라는 허울 좋은 단어로 표현합니다. 이것이 바로 그들이 고통받는 사람들에게 끼친 피해를 묘사하는 말입니다.

• 니사의 그레고리우스 『코헬렛 강해』 4.

둥오리처럼, 인간 몸뚱이를 지닌 사냥매를 견디느니 차라리 낭떠러지에 몸을 던지거나 심연에 빠져 버리기를 더 바랍니다. 그대는 날마다 무엇을 피해 다닙니까? 고리대금업자가 들이닥치지 않더라도, 가난이 훌륭한 달음질 선수처럼 그대에게 마주 옵니다(잠언 24,34 참조). 주님께서는 둘 다를 보십니다. 돈놀이꾼과 채무자를 보고 계십니다. 서로 마주치는 동안 둘 다를 바라보시고, 한 사람의 죄악과 다른 사람의 불법의 증인이 되십니다. 저 사람의 탐욕과 이 사람의 어리석음을 단죄하십니다. 저 사람은 채무자의 발걸음을 하나하나 헤아리며 허물을 엿보고, 이 사람은 끊임없이 기둥들 뒤에 머리를 숨깁니다. 채무자는 아무 권리도 없습니다. 두 사람 모두 손가락을 꼽아 더 자주 이자 계산을 되풀이합니다. 관심거리는 같지만 기분은 다릅니다. 한 사람은 이자가 늘어나서 기뻐하지만, 다른 사람은 빚이 쌓여서 슬퍼합니다. 저 사람은 이득을, 이 사람은 손실을 계산합니다.

• 암브로시우스 『토빗 이야기』 7,25.

돈놀이꾼과 채무자

탐욕스러운 고리대금업자와 어리석은 채무자가 뒤엉켜 살아가는 현실

"고리대금업자와 채무자가 서로 마주칠 때 주님께서는 둘 다에게 눈길을 주신다"(잠언 29,13). 한 사람은 마치 '개'처럼 사냥감을 찾아다니고, 다른 사람은 먹잇감처럼 맹수를 피해 다닙니다. 저 사람은 사자처럼 누구를 먹어치울지 찾아다니고, 이 사람은 송아지처럼 약탈자의 공격을 두려워합니다. 저 사람은 사냥매처럼 발톱으로 백조를 공격하러 찾아다니고, 이 사람은 마치 거위나 검

타인의 불행을 돈벌이 기회로 삼는 돈놀이꾼들의 탐욕

그대는 가난한 사람에게서 돈과 수익을 찾습니까? 그러나 그 사람이 그대를 더 부유하게 만들 수 있었다면 왜 그대의 문 앞에서 구걸하고 있었겠습니까? 그는 도움을 찾았건만 원수를 만났습니다. 약을 찾았지만 독毒에 빠졌습니다. 사람의 가난을 구제하는 것이 그대의 의무였건만, 그대는 거덜 난 사람의 힘마저 빼앗으려 하면서 그의 가난을 키웠습니다. 마치 환자들에게 건강을 되돌려 주어야 할 의사가 오히려 그들을 방문하여 남은 힘마저 빼앗아 버리듯, 그대도 비참한 사람들의 불행을 수익의 기회로 삼습니다.

• 대 바실리우스 『시편 제15편에 관한 둘째 강해』 1.

치료제를 구하지만 독을 받다

생활에 꼭 필요한 것을 지니지 못한 사람이 생존하기 위해 돈을 빌려 주기를 청했을 경우, 대부자가 원금에 만족하지 않고 가난한 이의 어려운 상황을 이용해 부를 축적하려 애쓴다면, 참으로 이보다 비인간적인 것은 없습니다. … 당신이 가난한 이들에게서 돈과 이익을 얻으려 했는지 말해 보십시오. 당신이 더 부유해질수록 그(가난한 이)는 당신의 문 앞에서 구걸해야 하지 않습니까? 그는 도움을 구하지만 적을 만납니다. 그는 치료제를 구하지만 독을 받습니다. 사람들의 가난을 덜어 주는 것이 의무인데도 당신은 어려운 상황을 더 나빠지게 하고 가난한 이를 철저하게 착취하려고 애씁니다.

• 대 바실리우스 『시편 강해』 14,5,1.

고리대금업자의 욕심

마치 농부가 곡식을 많이 수확하기 위해서 비를 간절히 바라는 것처럼, 그대는 그대의 돈이 더 많은 돈을 벌어오게끔 하기 위해서 가난과 궁핍에 찌든 사람들을 열심히 찾고 있습니다. 그대의 고리대금은 거기서 얻는 이자수익보다도 훨씬 더 많은 죄를 거두는 것임을 모르겠습니까?

• 대 바실리우스 『고리대금업자 반박』 1.

가장 악랄한 인간 유형인 돈놀이꾼

다른 사람들의 손실을 자신들의 벌이로 여기고, 다른 사람들이 소유한 것은 무엇이든 자신들의 상실이라 여기는 돈놀이꾼들보다 더 사악한 것은 아무것도 없습니다.

• 암브로시우스 『토빗 이야기』 6,23.

돈놀이꾼의 냉혹함

주님께서는 이런 말씀으로 우리에게 분명하게 명령하셨습니다. "너한테 꾸려는 자를 물리치지 마라"(마태 5,42 참조). 그러나 돈을 사랑하는 사람은, 생계가 위험에 처한 사람이 그의 발 앞에 납작 엎드려 비굴할 정도로 간청하면서 뭐라고 말해도, 전혀 자비심을 보이지 않습니다. 그는 인간 본성을 무시하고, 그토록 간청하는데도 꼼짝도 하지 않고, 눈물로 호소해도 전혀 동요하지 않은 채 단호하게 거절합니다. 그는 자신도 돈이 전혀 없어서 돈 꾸어 줄 사람을 찾아야 할 판이라며 맹세까지 함으로써 스스로 저주를 불러오기까지 합니다. 그는 거짓말을 해 놓고는 그것이 진실이라고 맹세합니다. 그리하여 그는 비인간성이라는 사악한 죄에다 덤으로 위증죄까지 범합니다. 그러나 어떤 사람이 담보물을 맡기면서 이자를 줄 테니 돈을 빌려달라고 하면, 그는 눈을 찡긋하고 미소를 지으면서 갑자기 옛날에 알던 사람이 떠오르기도 했는지 그를 "친구", "이웃"이라고 부릅니다. 그는 이렇게 말합니다. "가만있자, 어디 나한테 돈이 있는지 한번 봅시다. 아, 사업하는 친구가 맡겨 놓은 돈이 여기 있군요. 그런데 그 사람이 이자율을 높게 책정해 놓았답니다. 하지만 내가 당신한테 이자율을 조금 낮춰서 낮은 금리로 빌려드리겠습니다." 이 같은 속임수와 그럴듯한 말로 유혹하여 가련한 사람의 환심을 산 뒤, 계약서로 그 사람을 단단히 옭아매 놓고 떠나면서, 이미 가난에 찌든 그 사람에게서 그나마 있던 자유까지 빼앗아 버립니다. 도저히 갚을 수 없는 이자율을 떠안은 그 사람은 결국 살기 위해서 스스로 노예가 될 수밖에 없었습니다.

내게 말해 보십시오, 그대는 진심으로 그 극빈자에게서 부와 재정적 이득을 얻고 싶습니까? 그대를 더 부자로 만들어 줄 수 있는 재물을 그 사람이 갖고 있었다면, 그대의 집으로 찾아와 구걸을 했겠습니까? 그는 자신을 도와줄 동맹군을 찾아왔는데, 원수를 만나고 말았습니다. 그는 치료제를 찾으러 왔는데, 독약을 얻고 말았습니다. 그대는 이런 사람의 가난을 치료해 줄 의무가 있는데도 불구하고, 오히려 사막에서 추수를 하려듦으로써 그를 더 가난하게 만듭니다. 그것은 마치 의사가 환자를 찾아가서 건강을 되찾게 해 주기는커녕, 오히려 그에게 남은 마지막 기력마저 약탈해 가는 것과 같습니다. 이렇듯 그대는 비참한 사람들의 불행을 그대의 이익 창출을 위한 기회로 삼고 있습니다.

• 대 바실리우스『고리대금업자 반박』1.

돈놀이꾼의 잔인함

개에게 먹이를 주면 개는 순종하지만, 채권자에게 돈을 되돌려 주면 채권자는 오히려 화를 냅니다. 그는 폭언을 멈추지 않고 오히려 더 많은 것을 요구합니다. 돈을 갚겠다고 맹세를 해도, 그는 여러분의 말을 믿지 않습니다. 그대의 개인사를 꼬치꼬치 캐면서, 그대의 매매 거래를 간섭합니다. 그대가 집에서 나오면, 그대를 어디론가 끌고 갑니다. 그대가 집에 숨어 있으면, 집 앞에 서서 문을 마구 두드립니다. 그대의 아내 앞에서 수치를 주고, 친구들 앞에서 그대를 모욕하고, 공공장소에서 그대의 목을 부여잡습니다. 심지어 축제에서 우연히 만나는 것조차도 재앙입니다. 한마디로 그는 그대를 못살게 합니다.

• 대 바실리우스『고리대금업자 반박』2.

채무자와 채권자

돈을 꾸려고 하는 사람은 곤경에 처해 있습니다. 그는 자신의 가난한 처지를 생각하면서, 갚을 능력이 없어 절망합니다. 그러나 현재의 다급한 상황을 생각하며 그래도 돈을 꾸어야겠다고 마음

먹습니다. 그리하여 결국, 돈을 빌리는 사람은 빈곤에 굴복하고 머리 숙여 항복하고, 돈을 빌려 주는 사람은 계약서와 담보물로 채권자로서의 자신의 권리를 보장받고 승리자가 되어 떠납니다.

• 대 바실리우스『고리대금업자 반박』1.

가난한 사람들이 겪는 빚의 유혹

궁지에 몰려 돈을 빌리려는 사람이 자신의 가난을 보면 갚을 길이 없어 절망하지만, 현재의 필요를 생각하면 어쩔 수 없이 돈을 빌리게 됩니다.

• 대 바실리우스『시편 제15편에 관한 둘째 강해』1.

난파를 자초하다

바람 부는 바다는 종종 잦아들기도 하지만, 이자의 파도는 언제나 휘몰아칩니다. 난파당한 사람들을 가라앉히고, 벌거벗은 사람들을 토해 내며, 옷을 빼앗고, 묻히지 못한 시체들을 내버려 둡니다. 그러므로 돈을 꾸어 달라고 부탁하는 것은 난파를 자초하는 일입니다. 전설이 전해 주듯, 여기서는 카리브디스가 괴성을 지르며 공격하고, 저기서는 쾌락의 자태와 달콤한 노랫가락으로 무장한 바다 마녀들이 캄캄한 바다에 끌려들어간 이들에게서 고향집으로 돌아가야 할 희망과 열망을 빼앗아 버렸습니다.

• 암브로시우스『토빗 이야기』5,16.

돈을 빌리려는 사람들

우리가 살펴본 바, 특이할 사실은 돈을 빌리려고 오는 사람들이 참으로 가난한 사람들은 아니라는 점입니다. 왜냐하면 채권자들은 가난한 사람들의 돈 갚을 능력을 신뢰하지 않기 때문입니다. 돈을 빌리는 사람들은 대부분 무절제한 낭비와 쓸데없는 사치에 빠져든 사람들이고, 여자들의 사치를 만족시켜 주기 위해 노예가 된 사람들

입니다. 그는 "나는 금으로 장식된 옷을 입겠어요. 내 아이들도 아름다운 의상을 입어야 해요. 종들도 밝은 색깔에 화사한 옷차림을 해야 하고, 식탁에는 음식이 풍부해야 해요"라고 말합니다. 이런 식으로 여자의 욕망을 만족시키는 사람은 돈을 빌리러 갑니다. 빌린 돈이 떨어지기 전에 채권자를 계속 바꿔가면서 한 독재자를 또 다른 독재자와 맞바꿉니다. 가난하다는 비난을 피하려고 그런 식으로 악을 키워 갑니다. 부종으로 고통받는 사람들이 뚱뚱하게 보이는 것처럼, 그런 사람도 재산을 갖고 있는 것처럼 보일 뿐입니다. 계속 빌리고 계속 갚고, 나중에 빌린 돈으로 전에 빌린 돈을 갚고, 또 장차 빌리기 위해서 계속 악을 저지르며 좋은 신용 등급을 유지합니다. 콜레라에 걸린 사람들은 먹은 음식을 계속 토해 냅니다. 내장이 깨끗히 비워지기 전에 그들은 또다시 음식을 배불리 먹고서는 엄청나게 괴로운 고통을 겪으면서 토해 냅니다. 첫 번째 빚을 갚기 전에 두 번째 대출을 받아 이자를 내는 사람들도 그와 같습니다. 그들은 자기 것이 아닌 남의 재산으로 잠시 우쭐거리다가, 결국 자신의 재산을 잃고 슬퍼합니다. 다른 사람의 재산 때문에 파멸당한 사람이 얼마나 많습니까? 망상 속에서 부자가 되었다가 현실에서 철저하게 파산당한 사람이 얼마나 많습니까? "하지만 돈을 빌려 부자가 된 사람도 많다"고 말하는 사람들도 있을 것입니다. 그러나 내가 보기에는, 자기 자신한테 스스로 올가미를 씌움으로써 파산한 사람이 훨씬 더 많습니다. 여러분은 왜 부자가 된 사람만 보고, 자살한 사람이 얼마나 많은지는 세어 보지 않습니까! 채권자 앞에서 공개적으로 수치를 당하는 것을 견디지 못해서, 불명예스러운 삶에 매달리기보다는 죽음을 택한 사람들 말입니다.

• 대 바실리우스 『고리대금업자 반박』 4.

노예가 되다

돈을 빌리는 것은 거짓의 근원이고, 배은망덕과 불친절과 위증의 원천입니다. 돈을 빌리려 할 때 하는 말과 돈을 갚아야 할 때 하는 말이 서로 다릅니다. "당신을 만나지 말았어야 했는데! 지금쯤 내 문제를 해결할 다른 방법을 찾을 수 있었는데 …. 내가 원하지도 않았는데 당신이 내 손에 돈을 쥐어 주지 않았소? 당신이 준 금은 구리가 섞인 가짜 금이었고, 주화도 가짜 주화였소." 돈을 빌려 준 사람이 친구라면, 우정을 망치지 마십시오. 돈을 빌려 준 사람이 적이라면, 적의 수중에 들어가지 않도록 조심하십시오. 그대가 다른 사람의 재산으로 잠시는 즐겁겠지만, 나중에는 상속 재산을 몽땅 잃게 될 것입니다. 지금 그대는 가난하지만, 자유인입니다. 그런데 돈을 빌리면, 그대는 부자가 되는 것이 아니라 자유를 넘기는 것입니다. 채무자는 채권자에게는 하나의 노예입니다, 다른 사람의 이익을 위해 원치도 않는 봉사를 해야만 하는 노예입니다.

• 대 바실리우스 『고리대금업자 반박』 2.

돈을 빌린 사람들의 뒤늦은 후회

그제야 스스로 반성하고, 그제야 성경을 기억하고, 그제야 말합니다. "'네 그릇과 네 우물의 샘에서 물을 마셔라'(잠언 5,15)는 말씀은 나를 위해 쓰인 것이 아니던가? 물마저 가두어 버린 돈놀이꾼의 우물과 내가 무슨 상관이 있단 말인가? 다른 사람이 걱정스레 마련한 음식보다 마음 편하게 먹던 푸성귀가 더 맛깔스러웠다. 다른 사람의 것을 찾아 헤맬 필요가 없었다. 빚더미에 빠진 다음에는 나의 샘에서 해독제를 찾아야 했다. 집에는 더 작은 그릇들도 있었다. 음식이 없는 것보다 종들이 없는 편이 더 나았다. 자유를 경매에 부치기보다, 팔릴 만한 옷을 내놓는 편이 더 나았다. 내 가난을 드러내기를 부끄러워한들 무슨 유익이 있었는가? 보라, 다른 사람이 내 가난을 까발렸다. 나는 몸종들을 팔려 하지 않았다. 그러나 보라, 다른 사람이 그들을 압류했다."

• 암브로시우스 『토빗 이야기』 5,21.

빚의 악순환에서 벗어나다

첫 상처가 파고들었을 때 고쳤어야 했습니다. 지금 다른 사람의 부를 누리다가 나중에 제 것마저 빼앗기기보다는, 처음부터 소비를 줄이고 가산家産을 아껴서 필요한 빚을 덜어 내는 편이 더 나았습니다.

• 암브로시우스 『토빗 이야기』 5,22.

빚을 갚을 능력이 없는 사람들

다른 한편으로, 그대가 갚을 능력이 없는데 돈을 빌린다면, 그것은 악을 악으로 치료하는 꼴이 됩니다. 고리대금업자의 포로가 되지 않도록 하십시오. 쫓기다가 사냥당하는 먹잇감이 되지 않도록 하십시오.

• 대 바실리우스 『고리대금업자 반박』 2.

빈곤의 고통을 견뎌 내다

빈곤의 고통을 내일로 미루지 말고 오늘 견뎌 냅시다. 돈을 빌리지 않으면, 그대는 내일도 오늘처럼 가난할 것입니다. 그러나 돈을 빌리면, 이자 때문에 가난이 더 심해져 그대의 처지는 더욱 나빠질 것입니다. 사실, 아무도 그대가 가난하다고 비난하지 않습니다. 그대의 의지와는 상관없이 이런 불행이 그대를 덮쳤기 때문입니다. 그러나 그대가 이자를 주고 돈을 빌린다면, 어리석은 판단이라고 모든 사람이 그대를 비난할 것입니다.

• 대 바실리우스 『고리대금업자 반박』 2.

고리대금으로 빈곤을 해결할 수는 없다

가난은 부끄러운 일이 아닙니다. 그런데 왜 우리는 우리 자신에게 부채의 치욕을 덮어씌웁니까? 아무도 더 큰 상처로 작은 상처를 치유할 수 없고, 더 큰 악으로 작은 악을 없앨 수 없으며, 고리대금으로 빈곤을 해결할 수는 없습니다. 부자입니까? 그럼 돈 빌릴 일이 없겠군요. 가난합니까? 그럼 돈을 빌리지 마십시오. 잘살고 있다면, 돈을 빌릴 필요가 없습니다. 가진 것이 없다면, 빌린 돈을 갚을 수 없을 것입니다. 돈을 빌리기 전을 행복했던 시절이라 여기는 일이 없도록, 그대의 인생을 쓰라린 후회에 넘겨 주지 마십시오.

• 대 바실리우스 『고리대금업자 반박』 3.

이자에 매달리지 마라

그대는 부자입니까? 이자로 돈을 받지 마십시오. 그대는 가난합니까? 이자로 돈을 꾸지 마십시오. 그대가 부유하다면 그대에게는 이자가 필요 없고, 그대가 아무것도 가지고 있지 않다면 이자에 매달리지 마십시오.

• 대 바실리우스 『시편 강해』 14,3.

고리대금 금지

고리대금을 단죄하다

성경은 많은 구절에서 고리대금을 단죄합니다. 에제키엘(참조: 에제 22,12; 18,8; 18,13)은 이자를 받는 것이나, 빌려준 것보다 더 많이 돌려받는 것을 가장 큰 죄에 속한다고 설명하며, 율법은 이런 관습을 엄하게 금지합니다. "너희는 네 친척과 이웃에게 이자를 받고 꾸어 주어서는 안 된다"(신명 23,20-21 참조).

• 대 바실리우스 『고리대금업자 반박』 1.

돈놀이를 금지하다

돈을 빌리는 이에게 이자를 놓지 마십시오. 빌려 달라는 부탁은 흔쾌한 자비를 청하는 것임을 그대는 알지 못합니까? 우리를 자비로 이끌어 주는 율법서는 돈놀이를 금지합니다. "네가 네 형제에게 돈을 꾸어 준다면, 그에게 채권자처럼 행세해서는 안 된다"(탈출 22,24).

• 니사의 그레고리우스 『고리대금업자 반박』 7.

동족이나 그리스도인끼리 돈놀이를 해서는 안 된다

형제에게 이자를 붙여 꾸어 주는 것을 율법이 금하고 있습니다. 형제란 같은 부모에게서 태어난 사람뿐 아니라, 같은 민족, 같은 공동체에 속한 사람들과 같은 로고스(말씀) 안에서 한마음인 사람들을 가리킵니다.

• 알렉산드리아의 클레멘스 『양탄자』 2,19.

평신도와 고위성직자들의 고리대금으로 막대한 이윤을 챙기던 관행

모든 이가 제 재산을 늘리려고만 했습니다. 신자들이 사도 시대에 해 오던 일, 언제나 마땅히 하던 일을 잊은 채, 채울 수 없는 탐욕으로 자기 재산 불리는 데만 골몰했습니다. 그들은 욕심과 끝 모를 광기에 사로잡혀 있었습니다. 사제들의 경건한 신심은 간데없고, 성직자의 충실한 모습도, 실천적 연대와 삶의 규율도 자취를 감추었습니다. … 타인에게 표양과 격려가 되어야 할 수많은 주교들은 자기 직무를 수행하지 않고 거룩한 임무를 소홀히 한 채 더러운 이윤의 노예가 되었습니다. 그들은 주교좌도 버리고 자기 백성도 버렸으며, 다른 지방들을 돌아다니며 이윤이 남을 장사나 하고 있었습니다. 교회에서는 형제들이 고통스레 굶주리고 있는데 주교들은 돈을 무진장 긁어모으려 했고, 사기로 기금을 훔치고, 아무

런 가책 없이 고리대금으로 이윤을 늘렸습니다.

• 키프리아누스 『배교자』 5-6.

성직자들의 고리대금업

많은 성직자들이 재물욕과 추한 탐욕을 좇느라 "이자를 받으려고 돈을 꾸어 주지 않았다"(시편 14,5)라는 성경 말씀을 잊고서 이자를 요구하고 있으므로, 위대하고 거룩한 공의회는 마땅히 다음과 같이 결정하였다. 이 법규가 반포된 다음에도 원금의 한 배 반을 요구하거나 부정한 돈벌이를 위한 다른 수작을 부려 타인의 재물을 착취하거나 여타의 방식으로 이자를 받는 것이 적발되면, 그는 성직에서 배제될 것이며 그의 이름은 성직자 목록에서 제명될 것이다.

• 니케아 공의회(325년) 『법규』 17.

평신도들과 성직자들의 돈놀이 금령

우리는 부정한 이득을 얻으려는 탐욕에 사로잡힌 많은 이들이 이자를 받으면서 돈벌이하고, 고리대금으로 부자가 되려고 하는 것도 허투루 여겨서는 안 된다고 생각하였습니다. 또한 말하고 싶지도 않지만 이것은 성직에 있는 이들과 그리스도인으로 불리기를 바라는 평신도에게도 해당된다는 사실을 매우 유감스럽게 생각합니다. 우리는, 죄를 지을 모든 기회를 멀리하기 위해, [돈놀이로 죄를 지은 사실이] 확인된 이들은 더 엄하게 대처하기로 결정하였습니다.

우리는 성직자들 가운데 아무도 자신의 이름으로도 다른 사람의 이름으로도 고리대금으로 돈벌이해서는 안 된다는 점을 상기시켜야 한다고 생각하였습니다. 곧, 다른 사람의 이득을 얻기 위해 스스로 죄를 짓는 것은 합당치 않습니다. 그러나 우리가 바라고 실천해야 할 이자가 하나 있으니, 우리가 자비롭게 나누어 줌으로써 풍성히

고 영원한 방식으로 갚아 주실 주님께 되돌려 받을 이자입니다.

• 대 레오 『편지』 4,3-4
(캄파니아, 피케눔, 투스키아의 주교들에게 보낸 편지).

돈놀이에 대한 복음적 대안

돈의 두 가지 의미

성경에서 돈은 두 가지 의미로 이해됩니다. 하나는 금속으로 만든 돈으로, 이 돈으로 고리대금을 하는 것이 엄격하게 금지되어 있습니다. 내가 빌려준 것이 아니라고 알고 있는 것을 남에게 요구하는 것은 탐욕이라는 악덕을 추구하는 것이기 때문입니다. 주 그리스도께서는 이 돈을 가지고 계셨는데, 이 돈을 유다에게 주어 가난한 이들에게 주게 하셨습니다. 이것은 고리대금을 위해 준 것이 아니라 큰 관대함으로 가난한 이들에게 주신 것입니다. 이는 우리를 가르치시기 위함이었습니다. 또 다른 종류의 돈은 지극히 거룩한 설교와 신적인 가르침입니다. 복음의 가르침은 우리에게 그것을 주고 이자를 받아 오라고 권유하고 있습니다.

• 카시오도루스 『시편 해설』 15,5.

하느님 말씀의 이자

하느님 말씀의 이자는 하느님 말씀이 삶과 행실 안에 자리 잡는 것입니다. 여러분이 하느님 말씀을 듣고 그 말씀대로 산다면 주님께 이익을 남겨 드리는 것입니다. 여러분 누구나 다섯 탈렌트로 열 탈렌트를 만들 수 있습니다. 그러면 주님께 이런 말씀을 들을 것입니다. "잘 하였다, 착한 종아! 네가 아주 작은 일에 성실하였으니 열 고을을 다스리는 권한을 가져라"(루카 19,17). 여러분

은 주인한테 받은 돈을 '수건에 싸서' 보관해 두거나 '땅에' 숨겨 두는 일이 없도록 각별히 유의하십시오. 주님께서 오시면 그런 자들이 어떤 처분을 받게 되는지 여러분은 알고 있습니다.

• 오리게네스 『탈출기 강해』 13,1.

참된 이자는 무엇인가?

나눔과 교환에 관해서는 많은 말이 있지만, 율법은 형제에게 이자를 받고 돈을 꾸어 주는 것을 금한다고 말하는 것만으로 충분합니다(레위 25,36-37 참조). 여기에서 말하는 형제란 같은 부모에게서 태어난 이만이 아니라, 같은 부족이나 같은 믿음을 지닌, 곧 같은 말씀을 공유하는 사람을 뜻합니다. 율법은 자본으로 이자를 거두는 행위를 올바르다고 인정하지 않으며, 손과 마음을 벌려 궁핍한 이들에게 거저 주라고 가르칩니다. 하느님은 이 공짜 선물의 창조주이십니다. 인간이 지닌 가장 값진 것들, 곧 친절함과 선함과 고결한 마음씨, 명성 그리고 영광 같은 유일하게 온당한 이자를 요구하시며 당신의 좋은 것들을 나누어 주시는 분이 바로 하느님이십니다.

• 알렉산드리아의 클레멘스 『양탄자』 2,84.

원금만 돌려받아야 한다

[성경은] 돈은 이자 없이 돌려받아야 한다고 선언합니다(참조: 탈출 22,24; 신명 23,20-21). 살아갈 방도가 없는 이를 돕는 것은 인간다운 행동입니다. 그러나 그대가 준 것보다 많은 것을 갈취하는 것은 몰인정한 행동입니다. 어떤 사람이 스스로 빚을 갚을 능력이 없어서 그대의 도움이 필요했다면, 더 적은 것조차 갚을 돈도 지니고 있지 않은 그에게 그대가 인간애의 가면을 쓰고 더 많은 돈을 요구하는 것은 사악한 짓이 아닙니까?

• 암브로시우스 『성직자의 의무』 3,3,20.

이자를 물리지 말고 빌려주어라

우리는 가난한 이들에게 … 돈을 빌려 이자를 갚느라고 고생하지 말고 삶이 비참하더라도 인내하라고 조언합니다. 그런데 [부유한] 그대가 주님께 순종한다면, 이런 말을 할 일이 뭐가 있습니까? 주님의 조언은 무엇입니까? "되돌려 받을 희망이 없는 이에게 꾸어 주어라"(루카 6,35 참조). 누군가는 물을 것입니다. "되돌려 받을 희망이 없는데 빌려 주는 것이 무슨 대여입니까?" 주님의 말씀에 담긴 힘을 생각해 보십시오. 그러면 율법 제정자의 사랑에 감탄하게 될 것입니다. 주님을 위하여 가난한 사람에게 무엇인가를 줄 마음을 가질 때마다 선물과 대여는 동일한 것이 됩니다. 그것이 선물이 되는 것은 되갚기를 기대하지 않기 때문이고, 대여가 되는 이유는 주님께서 그를 대신하여 위대한 선물로 갚아 주시기 때문입니다. … "가난한 이에게 자비를 베푸는 사람은 주님께 꾸어 드리는 이"(잠언 19,17). 우주의 주님께서 그대에게 대신 갚아 주시기를 바라지 않으렵니까? … 아무것도 하지 않은 채 그저 보관되어 있는 돈을 내주십시오. 이자를 물리지 말고 내주십시오. 그것이 돈을 주는 이에게도, 받는 이에게도 모두 좋습니다. 돈을 받는 이가 그 돈을 지키고 있으니 그대의 돈은 안전합니다. 또 돈을 받는 이는 그것을 활용하여 도움을 얻습니다. 그대가 추가의 지불을 원한다면 주님께서 주시는 것으로 만족하십시오. 주님께서 직접 가난한 이를 위하여 이자를 갚으실 것입니다. 참으로 친절하신 그분께서 베푸실 친절을 기대하십시오.

• 대 바실리우스 『시편 강해』 12,5(제15편).

선한 대출자로서 하느님을 영원한 채무자로 만드시오

그대들이 어떻게 선한 대출자가 되고, 어떻게 착한 이자를 추구할 수 있는지 가르쳐 드리겠습니다. 솔로몬이 이렇게 말합니다. "가난한 이에게 자비를 베푸는 사람은 주님께 꾸어 드리는 이. 그가 준 것에 따라 그에게 갚아 주시리라"(잠언 19,17 참조). 보십시오, 악한 대출에서 선한 대출이 되었습니다. 보십시오, 흠잡을 데 없는 대출자, 칭송받을 만한 이자입니다. 내가 여러분의 수익을 시샘한다고 여기지는 마십시오. 내가 그대들에게서 빚쟁이 인간을 몰래 빼돌린다고 생각하십니까? 나는 하느님을 예견하고 그리스도를 대변하고 있습니다. 여러분을 속이실 수 없는 분을 나는 보여 드리고 있습니다. 그러므로 여러분의 돈을 주님께 꾸어 드리되, 가난한 사람의 손에 주십시오. 그분께서 묶여 계시고 그분께서 붙들려 계십니다. 그분께서는 가난한 사람이 받은 것은 무엇이든 적어 두십니다. 복음은 그분의 채무증서입니다. 그분께서는 가난한 모든 이들을 위해 약속하시고 보증을 서 주십니다.

• 암브로시우스 『토빗 이야기』 16,55.

다른 사람에게 유익이 되게 하라

이자 대출의 악이 크면 클수록, 이를 피하는 사람은 더 칭송받을 만합니다. 돈을 가지고 있다면 주십시오. 그대에게 쓸모없는 것이 다른 사람에게 유익이 되게 하십시오. 다시 받지 못할 듯이 주십시오. 혹시라도 되돌려 받게 된다면 이윤으로 치십시오. 돈을 돌려주지 않는 이는 은총을 되돌려줍니다. 그대가 돈을 떼인다면 의로움을 얻게 될 것입니다.

• 암브로시우스 『토빗 이야기』 2,8.

복음적 원리

되돌려 받을 가망이 없는 이들에게 꾸어 주십시오. 여기에는 어떠한 손실도 없고, 이득이 있을 따름입니다. 최소한의 것을 주면, 많은 것을 받게 될 것입니다. 지상에서 주면, 천상에서 그것을 여러분에게 갚아 주실 것입니다. 이자를 포기하면, 큰 상급을 받을 것입니다. 이자놀이를 그만두면, 지극히 높으신 분의 자녀가 될 것입니다. 여러분은 영원하신 아버지의 상속자들임을 증명할 수 있는 자비로운 사람이 될 것입니다.

• 암브로시우스 『토빗 이야기』 16,54.

빌려줄 때는 받을 생각을 하지 마라

'달라고 하면 누구에게나 주고, 네 것을 가져가는 이에게서 되찾으려고 하지 마라.' 사람들은 '돌려받지도 못할 것을 어떻게 주라는 것입니까?' 하고 말합니다. 그러나 주님 말씀에 담겨 있는 힘을 잘 생각해 보면, 법을 만드신 분의 선의에 고개가 숙여질 것입니다. 그대가 주님을 위하여 가난한 이들에게 무엇을 주면, 그것은 선물이면서 대출입니다. 돌려받을 생각 없이 주니까 선물이요, 가난한 자가 우리에게 받은 얼마 안 되는 것을 주님께서 그들 대신 크게 되갚아 주시므로 대출입니다.

• 대 바실리우스 『시편 강해』 12,5.

땅을 주고 하늘을 받다

돈을 빌려 주는 이의 수법을 연구해 보십시오. 그는 적당히 주고 이윤을 붙여 돌려받기를 원합니다. 여러분도 그렇게 하십시오. 조금 주고, 많이 받으십시오. 여러분의 이자가 어떻게 늘어나는지 보십시오! 일시적인 부를 주고 영원한 이자를 요구하십시오. 땅을 주고 하늘을 얻으십시오.

• 아우구스티누스 『시편 상해』 37,6.

좋은 열매를 맺는 돈

어떤 돈이 선한 돈놀이꾼의 것인지 그대들은 들었습니다. 어떤 돈이 착한 이자를 얻고, 어떤 돈이 채권자를 불명예스럽게 하지 않고 채무자를 억누르지 않으며, 어떤 돈이 녹슬고 좀먹을 수 없고, 어떤 돈이 지상의 보화가 아닌 영원한 보화에서 비롯하며, 어떤 돈이 받는 사람을 부자로 만들어 주고, 꾸어 주는 이에게는 아무것도 줄어들지 않게 하는지 그대들은 들었습니다. 이 돈은 이자를 지니고 있습니다. 그대가 준 것의 백분의 일이 아니라, 백 배의 열매를 맺습니다.

• 암브로시우스 『토빗 이야기』 19,65.

하느님 앞에서 부유한 사람이 되려면

사람의 생명이 자신에게 달려 있지 않으며 재물이 생명을 보장해 주는 것도 아님은 분명한 사실입니다. 하느님 앞에서 부유한 사람이야말로 복된 사람이요 영광스런 희망을 지닌 사람입니다. 누가 그런 사람일까요? 재물이 아니라 덕을 사랑하는 사람, 그래서 적은 것으로 만족할 줄 아는 사람(루카 10,42 참조)이지요. 그의 손으로 가난한 이들의 궁핍을 채워 주고, 모든 수단을 강구하여 없는 이들의 슬픔을 달래 주는 사람 말입니다. 그는 위에 있는 곳간에 재물을 모으고 하늘 창고에 보화를 쌓습니다. 그런 사람은 자기 덕행의 이자와 바르고 흠 없는 삶에 대한 보상을 받을 것입니다.

• 알렉산드리아의 키릴루스 『루카 복음 주해』 89.

고백

고백의 뿌리는 마음의 믿음이며, 고백은 믿음의 열매입니다.
•『마태오 복음 미완성 작품』 강해 25.

인간이 믿음을 고백할 때 하느님의 진실과 의로움이 드러납니다.
• 암브로시아스테르『바오로의 열세 서간 주해』(코린토 2서).

입으로 하는 고백은 마음의 증언입니다.
• 펠라기우스『로마서 주해 단편』.

마음속으로 하는 모든 말은 주님께 고백하는 것입니다.
• 시미에의 발레리아누스『설교』5,7.

진심에서 우러나온 고백은 하느님의 감추어진 지혜를 이미 식별한 이의 표지입니다.
• 아우구스티누스『시편 상해』9,2.

고백은 슬퍼하며 잘못을 선언하는 것입니다.
• 오이쿠메니우스『묵시록 주해』9,21.

고백은 결점을 고칠 수 있는 가장 효과 있는 방법입니다.
• 요한 크리소스토무스『창세기 강해』20,7.

죄의 고백이야말로 건강에 이르는 회복의 시작입니다.
• 아를의 카이사리우스『설교』59,5.

죄의 고백이 없다면 자비를 얻으려는 의지도 없는 것이 분명합니다.
• 아우구스티누스『시편 상해』68,1,19.

사람은 자기 의로움을 고백하기보다 죄를 고백하기가 더 어려운 법입니다.
• 시리아인 에프렘『타티아누스의 네 복음서 발췌 합본 주해』15,24.

> 하느님께서는 죄인의 죽음보다 고백을 바라십니다.
>
> • 테르툴리아누스 『기도론』 7,1.

> 하느님의 자비를 기억하는 이는 누구나 하느님을 고백합니다.
>
> • 폰투스의 에바그리우스 『시편 발췌 주해』 29 [30], 5.

> 그리스도를 고백하는 것은 생명이고 그분을 부인하는 것은 죽음입니다.
>
> • 아우구스티누스 『요한 복음 강해』 66,2.

> 고백은 많은 이의 하나 된 목소리가 무엇인가를 선포하는 것입니다.
>
> • 카시오도루스 『시편 해설』 74,2.

고백의 의미와 이해

두 명의 유다

유다라는 이름은 '고백자'를 의미합니다. 루카 복음사가는 열두 사도에 "야고보의 아들 유다와 유다 이스카리옷"(루카 6,16)의 이름을 다 올려놓고 있습니다. … 저는 이 두 유다가 그리스도 신앙을 고백한 사람들의 두 유형을 나타낸다고 확신합니다. 이 유형들은 뚜렷이 구별됩니다. 야고보의 아들 유다가 상징하는 첫째 유형은 그리스도께 충실하게 남아 있는 사람들입니다. 그렇지만 둘째 유형은, 한때는 그리스도를 믿고 신앙을 고백했지만 탐욕으로 말미암아 그분을 버리는 사람들입니다. … 이 유형의 그리스도인을 나타내는 것이 "수석 사제들에게 가서"(마태 26,14) 그리스도를 넘기는 값을 흥정한 유다 이스카리옷입니다.

• 오리게네스 『마태오 복음 주해』 78.

유다 지파와 르우벤 지파

"유다 지파에서 만 이천 명이 인장을 받았습니다"(묵시 7,5). '유다'는 '고백'으로 풀이되며, 이는 유다 지파 출신이신 그리스도를 고백함으로써 구원받는 이들을 나타냅니다. "르우벤 지파에서 만 이천 명이 인장을 받았습니다." '르우벤'은 '환시의 아들'로 풀이되며, 마음이 깨끗하여 영적인 눈을 갖게 된 이들을 뜻합니다(마태 5,8 참조).

• 카이사리아의 안드레아스 『묵시록 주해』 7,5.

이름의 뜻

요한이 유다 지파 이야기부터 하는 것은 적절합니다. … 그의 의도는 세상 세대의 순서를 말하는 것이 아니라 이름의 뜻을 통해 교회의 덕을 설명하려는 것이고, [교회는] 현재의 고백과 예배를 통해 영원한 생명의 오른손으로 어서 가고자 하기 때문입니다. 이것이 바로 가장 먼저 언급된 '유다'라는 이름과 가장 나중에 언급되는 '벤야민'이라는 이름의 뜻입니다. 그래서 '고백'

또는 '찬미'의 뜻으로 해석되는 유다가 제일 먼저 나온 것입니다. 고백이 먼저 있기 전에는 아무도 선행의 정점에 이르지 못하며, 우리가 고백을 통해 악행을 끊지 않는 한, 우리는 의로운 행실들에서 배우지 못하기 때문입니다. 둘째 이름은 '아들을 보다'라는 뜻으로 해석되는 '르우벤'입니다. … '아들들'은 행실을 뜻하고 '아들들의 아들들'은 행실의 열매, 곧 영원한 보상을 의미합니다. 그래서 르우벤이 유다 다음에 나온 것입니다. 거룩한 고백이 있은 뒤에는 행업의 완성이 따르기 때문입니다.

• 존자 베다 『묵시록 해설』 7,5.

죄의 고백과 찬미의 고백

여러분이 통상적으로 알고 있는 고백은 죄의 고백에 대한 것입니다. 따라서 이런 의미의 고백에 대해서는 더 이상 말씀드릴 필요가 없습니다. 오히려 하느님을 찬미하는 고백과 그것의 실례에 대해 조사할 필요가 있습니다. 사람들은 습관적으로 죄의 고백을 '고백'이라고 합니다. 그래서 독서자가 "자신을 고백하십시오"라는 말씀을 읽으면 그 말을 들을 때마다 사람들은 자기들의 가슴을 칩니다. 그리고 자신들의 의무에 대해 돌이켜 보고 양심의 가책을 느낍니다. 사실 양심의 가책을 느끼는 일은 거의 늘 일어나지만 사람들이 늘 죄를 고백하지는 않습니다. 어떤 이들은 때때로 찬미의 고백을 하기도 합니다. 다음 성경 구절이 보여 주듯이 말입니다. "주님께 고백하여라. 그리고 고백할 때 이렇게 말하여라. '주님께서 이루신 모든 위업은 너무나 훌륭하나이다'(집회 39,16)". 이 말씀을 들으면 이것이 죄에 대한 고백이 아니라 하느님께 찬미를 드리는 고백이라는 것이 분명히 드러납니다. 이 경우에 여러분은 하느님의 모든 업적이 훌륭하다고 고백하는 것

이지, 여러분의 행위가 나쁘다고 고백하는 것이 아닙니다. … 따라서 고백하는 이는 스스로를 고발하거나 하느님을 찬미하기 때문에 각각의 고백의 형태가 지닌 유익함이 무엇인지 성찰해 보아야 합니다.

• 아우구스티누스 『설교』 8,2.

예수님을 찬미하는 고백

아들께서는 아버지께 고백의 말을 하심으로써, 우리가 하느님께 고백해야 하는 이유는 단지 우리의 죄 때문만이 아님을 가르쳐 주십니다. 성경에 자주 나오는 "너희는 주님께 고백하여라"는 말을 듣고, 많은 사람이 가슴을 치며 뉘우칩니다. 그들은 고백이란, 회개하며 죄를 고백하고, 그들이 벌을 받기에 마땅해서가 아니라 하느님께서 자비롭게 행동하는 것을 당연히 여기시므로, 그에 합당한 벌을 기다리는 습관적인 예식이 아니라는 사실을 잊고 있습니다. 고백이 찬미 행위의 일부가 아니라면, 예수님께서 아버지께 고백의 말을 하지 않으셨을 것입니다. 그분께는 고백해야 할 죄가 없었으니까요. 성경의 다른 책은 이렇게 말합니다. "너희는 주님께 고백하여라." 너희는 "고백하며 주님께서 하신 모든 일 참으로 옳도다" 하고 말하라고 합니다. 이것은 확실히 찬미의 고백이지 죄의 고백이 아닙니다.

• 아우구스티누스 『설교』 68,2

주님은 좋으신 분이니 주님께 고백하여라

우리는 주님께 고백하라는 훈계를 들으며, 그렇게 하라고 실로 하느님의 성령께서 명령하십니다. 그리고 우리가 주님께 고백해야 하는 이유도 듣습니다. 그분은 "좋으신 분"이기 때문이라는 것이지요. … "[그분은] 좋으신 분이시다"(시편 118,1). 여러분이 무엇을 청한다면, '좋은' 것보

다 더 나은 것을 바랄 수 있겠습니까? '좋은 것'의 힘은 이렇습니다. '좋은 것'은 악한 자들도 갈구하는 것입니다.

• 아우구스티누스 『설교』 29,1.

영원한 증언

주 저의 하느님, 제가 가진 것 중에 저에게서 비롯한 것은 아무것도 없으며, 모든 좋은 것은 모든 것 안에서 모든 것(1코린 15,28 참조)이신 하느님 당신에게서 왔다고 영원토록 고백하는 것이 저의 영광입니다.

• 아우구스티누스 『시편 상해』 30,12.

만물이 주님께 고백하다

제 혀로 바치는(잠언 18,21 참조) 제 고백의 제물을 받으십시오(시편 51,21 참조). 당신 손수 빚으셨고 당신의 이름에 고백을 바치라고 재촉하신 혀입니다(시편 54,8 참조). 그리고 제 모든 뼈를 낫게 해 주시어(시편 6,3 참조) "주님, 누가 당신과 같습니까?"(시편 35,10)라고 말씀드리게 해 주십시오. 당신께 고백을 드린다고 해서 제 속에 무엇을 이루어 주셔야 할지 당신께 가르침을 드린다는 뜻은 아닙니다. … 하지만 제 영혼으로 하여금 당신을 찬미함으로써(참조: 시편 119,175; 146,2) 당신을 사랑하게 만드시고, 당신의 자비를 두고 당신께 고백을 드려(참조: 시편 107,8.15.21.31) 당신을 찬미하게 해 주십시오.

• 아우구스티누스 『고백록』 5,1,1.

저승에서는 찬양을 드리지 못한다

"저승에서 누가 당신께 고백할 수 있겠습니까?"(시편 6,6)라고 기록된 대로, 저승과 죽음은 당신께 고백할 수도 없고 당신께 찬양을 드릴 수도 없습니다. 이 본문에서 고백은 참회의 행위라기

보다는 "하늘과 땅의 아버지이신 주님, 저는 당신께 찬양을 드립니다"(마태 11,25)라는 복음서의 말씀처럼 영광과 찬양을 드리는 것으로 이해해야 합니다.

• 히에로니무스 『이사야서 주해』 11,38.

고백과 찬미 노래

"주님께 고백함이 좋기도 합니다. 지극히 높으신 분이시여, 당신 이름에 찬미 노래 부름이 좋기도 합니다"(시편 92,2). 시편 저자는 노래를 부른 다음 고백하는 것이 좋다고 말하지 않았습니다. 순서를 잘 보십시오. '고백함이 좋다, 찬미 노래 부름이 좋다'고 하였습니다. '먼저 회개하고 눈물로 죄를 씻어 내라. 그런 다음 주님께 노래 불러라'하였습니다. "주님께 고백함이 좋기도 합니다." 사람들에게가 아니라 하느님께 고백하는 것입니다. 너를 치유해 주실 수 있는 분께 너의 죄를 고백하라는 말입니다. "지극히 높으신 분이시여, 당신 이름에 찬미 노래 부름이 좋기도 합니다."

• 히에로니무스 『시편 강해 59편』 21.

기쁨과 고백

기쁨은 시편을 노래하게 하고 고백은 죄를 슬퍼합니다. 이 두 가지가 함께할 때 완전한 그리스도인이 이루어집니다. … 하느님을 찬미하고 자신의 죄를 뉘우치는 것보다 더 아름답고 온전한 것이 무엇이 있겠습니까?

• 카시오도루스 『시편 해설』 42,5.

기뻐하십시오

자기가 저지른 나쁜 짓 때문에 슬퍼하며 그것을 고백하는 이는 기쁩니다. 그러니까 자기의 죄를 슬퍼하면서도 그리스도 안에서 기뻐할 수 있습니다. … 그래서 바오로 사도가 "주님 안에서 기

뻐하십시오"(필리 4,4)라고 하는 것입니다. 기뻐할 만한 생명을 받았다면 이런 슬픔은 아무것도 아니기 때문입니다.

• 요한 크리소스토무스 『필리피서 강해』 15,4,4-7.

형제들이여, 주님께서는 아무것도 필요로 하지 않으십니다. 그분은 어느 누구에게도, 그 무엇도 바라지 않으십니다. 다만 당신께 신앙을 고백하는 것만은 바라십니다.

• 로마의 클레멘스 『코린토 신자들에게 보낸 첫째 편지』 52.

숭배하는 마음으로 고백하다

하느님에 관해서는 복잡한 말이 필요 없습니다. 그분은, 우리가 이해하고 신심으로 숭배하는 마음으로 고백해야 하는 분입니다. 우리가 지각으로 추구할 분이 아니라 섬겨야 할 분입니다. 제한되고 나약한 본성의 상상력과 짐작으로는 무한하고 전능한 본성의 신비를 파악할 수 없기 때문입니다.

• 푸아티에의 힐라리우스 『삼위일체론』 9,72.

진심에서 우러나온 고백

특정한 것에 대한 하느님의 섭리를 의심하는 자는 하느님께 진심 어린 고백을 드리지 않습니다. 진심에서 우러나온 고백은 하느님의 감추어진 지혜를 이미 식별한 이의 표지입니다.

• 아우구스티누스 『시편 상해』 9,2.

교회의 공통적인 미덕

주님께서 교회의 일반적인 권한과 특별한 권한을 모두 베드로에게 주신 것은 그의 고백 때문이었습니다. 앞으로 모든 신자의 공통되는 속성이 될 '바위'라는 이름을 베드로에게 주신 것은 바로 이 고백 때문이었습니다. 또 예수님께서 교회

의 특징적인 면이 원래부터 베드로에게 있었던 것처럼 말씀하신 것도 그의 고백 때문이었습니다. 이렇게 하심으로써 결과적으로 예수님께서는 이것이 교회의 공통적인 미덕임을 보여 주십니다. 고백이라는 공통적인 요소를 베드로가 가장 중요시할 것이기 때문입니다.

• 몹수에스티아의 테오도루스 『마태오 복음 단편』 92.

하느님께 고백한다는 것이 거만하게 자신의 공로를 내세우지 않고 하느님 앞에서 겸손한 자세를 취하는 것 아니고 무엇이겠습니까?

아우구스티누스 『설교』 23A,1.

그대의 고백을 기다리신다

"아버지, 제가 하늘과 아버지께 죄를 지었습니다"(루카 15,21). 이것이 자연의 창조주, 자비로운 후견인, 죄과를 판결하시는 재판관 앞에 내어 놓는 첫 번째 고백입니다. 하느님은 모든 것을 아시지만(참조: 에스 4,37 칠십인역; 요한 21,17) 그대의 고백을 기다리십니다. … 고백하십시오. 그리하여 아버지 앞에서 우리를 변호해 주시는 그리스도께서(1요한 2,1 참조) 그대를 위해 중재하시게 하십시오. 고백이 받아들여지지 않을까 걱정하지 마십시오. 변호자께서 용서를 약속하십니다. 후견인께서 은혜를 베푸십니다.

• 암브로시우스 『루카 복음 해설』 7,224-25.

고백으로 마음을 깨끗하게 하다

그분께서는 우리에게 겸손의 길을 주셨습니다 우리가 그 길을 잘 따라간다면, 우리는 주님께 고백하게 될 것이며 응당 이렇게 찬송할 것입니다. "저희가 당신께 고백합니다, 하느님, 저희가 당신께 고백하며 당신 이름을 부릅니다." 그분께 고백하지 않고서 그분을 부르는 것은 사실 염

치없는 짓입니다. 여러분이 부르는 분의 거처를 준비하려면, 그러니까 그분을 불러 모시려면 먼저 고백하십시오. 사실 여러분의 마음은 사악함으로 가득 차 있습니다. 그러나 고백은 여러분의 안을 잔뜩 어질러 놓은 더러움을 쓸어 내 버리고, 여러분이 부르는 분이 들어오시도록 집 안을 깨끗하게 합니다. 고백하기도 전에 그분을 부르는 이는 그분을 청함으로써 의도적으로 그분을 모욕하는 것입니다. 어떤 거룩한 사람을 집에 초대할 때면 여러분은 그의 눈에 거슬리는 것이 없도록 먼저 집을 깨끗이 청소합니다. 그런데 고백으로 내면의 죄악을 모두 쓸어 내 버리지도 않고 어찌 감히 하느님의 이름을 사악함으로 가득한 여러분의 마음 안으로 불러들인단 말입니까?

• 아우구스티누스 『설교』 23A,4.

먼저 고백하고 그다음에 기도하라

고백은 많은 이의 하나 된 목소리가 무엇인가를 선포하는 것입니다. 한 사람이 고백을 했다고 하더라도, 그는 믿음 안에서 그보다 먼저 고백한 이들과 또 그보다 나중에 고백하는 이들과 결합된다고 여겨집니다. "당신께 고백합니다"라는 구절이 반복됩니다. 이 반복은 약속의 변치 않는 본성을 증언합니다. 반복법은 아무 때나 사용되는 것이 아니라 확고한 결정을 암시하는 경우에만 사용되기 때문입니다. …

["고백합니다"]라는 말에 "당신께"라는 말이 덧붙여진 것은 다른 존재들에 대한 숭배를 배제하는 것입니다. 참된 신심은 지극히 당연하게 창조주를 숭배하는 것입니다. 또, 우리가 한 번이라도 지상의 재판관에게 범죄를 고백한다면 죽음이 따를 경우가 많지만, 하느님께 자주 고백할 경우 죽음의 위험이 아니라 구원이 온다는 점에 대해서도 깊이 생각해 보십시오. [이 시편은] 표

현의 흐름도 참 훌륭합니다. 화자는 먼저, 자신이 고백하고 있다고, 곧 자기 죄를 두고 탄식한다고 말합니다. 그리고 나서는 자신이 주님의 이름을 부르고 있다고 합니다. 우리도 먼저 고백함으로써 그분의 선물로 우리 마음을 깨끗이 한 다음 주님의 이름을 부르며 도움을 청하는 것이 옳습니다.

• 카시오도루스 『시편 해설』 74,2.

하느님께 맡기다

기도와 겸손한 죄의 고백은 자발적인 행위입니다. … 죄를 고백한 후에 우리가 무엇을 얻을 것인지, 또 우리가 어떻게 될 것인지는 우리가 판단할 바가 아닙니다.

• 알렉산드리아의 클레멘스
『테오도투스의 작품에서 발췌』 11,3.

고백과 믿음

마음으로 믿고 입으로 고백하다

예수님을 안다고 사람들 앞에서 증언하지 않는다면, 마음으로 그리스도를 믿어도 아무 소용 없습니다. 입으로는 모른다고 부인하면서 마음으로 믿는 일은 있을 수 없습니다. 고백의 뿌리는 마음의 믿음이기 때문입니다. 그러므로 고백은 믿음의 열매입니다. … 마음의 믿음이 건강하면, 입으로 늘 고백의 씨앗을 뿌리게 되어 있습니다. 그러나 만일 입의 증언이 없다면, 틀림없이 마음의 믿음이 이미 시들어 버린 것입니다. 그래서 사도는 "마음으로 믿어 의로움을 얻고, 입으로 고백하여 구원을 얻습니다"(로마 10,10)라고 합니다. 그런즉 마음의 믿음이 없다면 입으로 하는 고백은 아무런 가치가 없고, 마음의 믿음도 입으

로 하는 고백이 없으면 아무런 가치가 없습니다. 여러분이 사람들 앞에서 고백하지 않고 마음으로만 믿어도 은혜를 입는다면, 마음으로 믿지 않고 거짓으로 그리스도를 고백하는 이교도도 은혜를 입지 않겠습니까? 믿지 않는 자가 우리와 같은 식으로 고백해도 아무런 은혜를 입지 못한다면, 고백 없이 믿기만 하는 여러분도 아무런 은혜를 입지 못합니다.

• 『마태오 복음 미완성 작품』 강해 25.

믿음에는 경건한 고백이 따라야 한다

하느님께 대한 믿음에는 경건한 고백이 따라야 한다고 생각합니다. 이렇게 하는 이는 그리스도 안에 머무르며, 그분의 말씀을 간직한 이로 평가될 것입니다. 시편은 그것을 이렇게 표현합니다. "당신께 죄짓지 않으려고 마음속에 당신 말씀을 간직합니다"(시편 119,11).

• 알렉산드리아의 키릴루스 『요한 복음 주해』 10,2.

그 말씀은 너희에게 가까이 있다

하느님의 말씀이신 그리스도께서는 우리와 모든 이 가까이에 계시는 것이 가능합니다. 그러나 이것은 그리스도께서 주님이시라고 입으로 고백하고, 하느님께서 그리스도를 죽은 이들 가운데에서 일으켜 세우셨다고 마음으로 믿을 때에만 현실화됩니다(로마 10,9 참조).

• 오리게네스 『로마서 주해』.

우리 안에 계신 그리스도

바오로가 이런 말[2코린 13,5-6 참조]을 하는 것은, 우리가 서로를 시험할 줄 모른다면 그리스도께서 우리 안에 계신지 계시지 않은지 알지 못하기 때문입니다. 시험을 통과하지 못한다는 것은 우리의 신앙고백에 믿음이 내재되어 있는지 알

지 못하는 것입니다. 마음속에 믿음에 대한 의식이 있는 사람은 자기 안에 그리스도께서 계시다는 것을 압니다.

• 암브로시아스테르 『바오로의 열세 서간 주해』(코린토 2서).

믿음을 굳게 해 주시고자 나타나신 그리스도

우리가 그분 이름으로 모일 때면 언제나 그분께서 우리 가운데에 계십니다. … 우리가 그분께서 사랑하신 것들에 관하여 이야기할 때 그분께서 우리 가운데 계심을 의심하는 것은 용납할 수 없는 일입니다. 그분께서 더 확실히 함께 계실수록, 우리가 입으로 고백하는 신앙을 더욱 완전하게 우리 마음에 담게 됩니다.

• 존자 베다 『복음서 강해』 11,9.

믿음과 고백

"믿는 이는 누구나"(로마 10,11)라는 말은 믿음을, "받들어 부르는 모든 이"(로마 10,12)라는 말은 고백을 가리킵니다.

• 요한 크리소스토무스 『로마서 강해』 17.

이해는 경건한 믿음에 뿌리를 두어야 하며, 혀는 이성의 확고한 믿음을 고백으로 선포해야 합니다.

• 요한 크리소스토무스 『예비신자 교리교육』 1,19.

믿음을 고백하다

다른 민족들은 자연법을 지킨다 해도 그리스도에 대한 믿음을 받아들지 않는다면 멸망할 것입니다. 하느님은 한 분이시므로 한 분이신 주님에 대한 믿음을 고백하는 것이 하느님과 사람들에게 죄를 짓지 않는 것보다 더 위대한 일입니다.

• 암브로시아스테르 『바오로의 열세 서간 주해』.

하느님의 아들이라고 고백하는 것

왜 요한은 "하느님의 아드님"(요한 20,31)이라는 말을 덧붙이는 걸까요? 그리스도는 단지 그리스도이기만 한 것이 아니라 하느님의 아들이라고 고백하는 것이 참된 믿음이기 때문입니다. … 우리에게 구원을 가져다주는 것은 피조물에 관한 고백이 아니라 아들에 대한 고백입니다.

• 푸아티에의 힐라리우스 『삼위일체론』 6,41-42.

이 믿음의 고백(로마 10,10 참조)은 우리가 생각으로 되새겨 두고두고 기억할 교의입니다.

• 아우구스티누스 『예비신자를 위한 신경 해설』 1.

고백하기를 두려워하다

그리스도인들은 마음에 믿음을 간직하고 있습니다. 하지만 일단 그리스도인이라는 이유로 괴롭힘을 당하기 시작하면 그들은 마음속에 간직한 믿음을 입술로 고백하기를 두려워하고, 그들이 알고 마음에 품고 있는 것을 드러내기를 삼갑니다. 주님께서는 이런 이들을 꾸짖으십니다.

• 아우구스티누스 『시편 상해』 40,16.

결코 부끄러움을 당하지 않으리라

이는 우리가 정의에 대하여 마음으로 믿고, 구원에 대하여 입으로 고백하는 것입니다. 그러나 여러분은 사람들이 여러분의 고백을 비웃을까 봐 겁을 냅니다. 하지만 아직 믿음을 가지지 않은 사람들도 마음속으로는 믿기 때문에 여러분을 비웃지는 않습니다. 그러나 고백하기를 부끄러워하는 이들이 여러분을 비웃을 경우에는 곧이어 나오는 말씀을 들어 보십시오. 성경은 '누구든지 그를 믿는 이는 부끄러움을 당하지 않으리라' 하고 말합니다.

• 아우구스티누스 『설교』 279,9.

믿음의 고백을 이끌어 내시는 그리스도

눈멀었던 남자가 치유받고 나서 회당에서 쫓겨났을 때, 주님께서는 그에게 "너는 사람의 아들을 믿느냐?"(요한 9,35) 하고 물으셨습니다. 이는 회당에서 쫓겨남으로써 모든 것을 잃었다는 생각에서 그를 구원하기 위해서였습니다. 그것은 참된 믿음의 고백이 그를 불멸로 회복시켜 주었다는 확신을 주었습니다. … 주님께서 치유를 간청한 다른 사람들에게 그러셨듯이 이 남자에게 치유의 대가로 믿음 고백을 요구하십니까? 절대 아니지요! 눈멀었던 남자는 이 말씀을 들었을 때 이미 볼 수 있게 된 상태였습니다. 주님께서는 "주님, 저는 믿습니다"(요한 9,38)라는 대답을 듣고자 그렇게 물으셨습니다. 이렇게 대답한 믿음은 시력이 아니라 생명을 받을 것이었습니다.

• 푸아티에의 힐라리우스 『삼위일체론』 6,48.

시력을 되찾았다

한 가지 우의적 해석에 따르면, 눈먼 이 두 사람은 갈라진 (솔로몬이 죽은 뒤 르하브암과 예로보암 사이에) 유대인들의 두 나라를 상징합니다. … 이 눈먼 두 사람은 하느님의 아드님에 대한 믿음을 고백하자마자 시력을 되찾았습니다. 이 일은 이 두 백성에 속한 사람이면 누구나, 하느님의 아드님께서 인류를 구원하기 위해 오셨다는 것을 믿으면, 오류라는 눈멂이 사라지고 곧바로 참된 빛에 관한 지식을 얻는다는 것을 가르쳐 줍니다.

• 아퀼레이아의 크로마티우스 『마태오 복음 강해』 48,2.

공개적인 믿음 고백

그분의 입에서 치유가 나왔고, 주님께서는 [하혈하는] 그 여자(마르 5,25-34 참조)가 입으로 믿음을 고백할 것을 대가로 제시하셨습니다. 분명한 치유를 주시고 분명한 대가를 요구하신 것입니다. 그분 입술에서 나온 치유가 누구에게나 들리는 소리로 이루어졌기에, 그 대가도 공개적인 믿음 고백이어야 했습니다.

• 시리아인 에프렘
『타티아누스의 네 복음서 발췌 합본 주해』7,26.

강도의 회심과 고백

표징이 일어나고 땅이 흔들리고 바위가 갈라지고 해가 어두워지자(참조: 마태 27,45.51; 마르 15,33; 루카 23,44) 둘 가운데 하나는 회심하고 온유해져서, 십자가에 못 박히신 분을 알아뵙고 그분의 나라를 고백하였습니다.

• 요한 크리소스토무스『중풍 병자에 관한 설교』3.

처음에는 두 강도가 다 주님을 모독했습니다. 그러나 해가 사라지고 땅이 흔들리고 바위가 갈라지고 어둠이 내리자, 한 죄수는 예수님을 믿고 처음의 태도를 버리고 신앙을 고백했습니다. 처음에는 다른 민족 사람들과 유대인들도 다 두 강도와 함께 주님을 비아냥거렸습니다.

• 히에로니무스『마태오 복음 주해』4,27,44.

"이분은 아무런 잘못도 하지 않으셨다"(루카 23,41)고 그가 말합니다. 얼마나 아름다운 고백입니까! 그 생각이 얼마나 지혜롭고 훌륭합니까! 그는 구원자의 영광을 고백하는 자가 되었고 그분을 십자가에 못 박은 자들의 교만을 책망하는 자가 되었습니다. … 더없이 아름다운 그의 신앙고백을 함께 들어 봅시다. 그는 말합니다. "예수님, 선생님의 나라에 들어가실 때 저를 기억해 주십시오"(루카 23,42). 그는 십자가에 못 박히신 분을 보며 그분을 임금님으로 대합니다. 조롱받고 고난당하시는 분을 보면서 그분께서 하느

님의 영광 속에 오시리라고 생각합니다. 그분은 지금 성난 유대인 군중과 사악한 바리사이 무리, 빌라도의 군사들에게 둘러싸여 계시고, 모두가 그분을 조롱하고 아무도 주님을 고백하지 않았는데도 그랬습니다.

• 알렉산드리아의 키릴루스『루카 복음 주해』강해 153.

세 개의 십자가

그리스도께서 고난을 당하실 때, 그곳에는 세 개의 십자가가 있었습니다. 그리스도께서 가운데 계셨고, 그분 양옆에 강도가 한 명씩 있었습니다. 벌을 놓고 보면 세 십자가가 비슷합니다. 그렇지만 두 강도 가운데 한 명은 십자가 위에서 낙원을 발견했습니다. … 올바른 판결을 내릴 줄 아시는 재판관께서는 믿음을 고백한 강도에게 "내가 진실로 너에게 말한다. 너는 오늘 나와 함께 낙원에 있을 것이다"(루카 23,43)라고 하십니다. 그 강도가 자신을 낮추었기 때문입니다.

• 아우구스티누스『설교』53A.13.

참회하는 죄수와 유다 이스카리옷

참회하는 죄수는 … 십자가 형틀에서, 이스카리옷이 팔아넘긴 예수님께 신앙을 고백합니다. 그러므로 주님께서 그에게 낙원을 약속하신 것은 당연한 일이라 하겠습니다. 제자가 부인한 분을 죄수가 고백합니다! 참으로 놀라운 일입니다. 죄수는 고난받으시는 분을 영예롭게 해 드리고, 제자 유다는 자기에게 입 맞춘 분을 배신했습니다! 한 사람은 거짓으로 평화의 인사를 나불거렸고, 한 사람은 십자가의 상처를 세상에 선포했지요.

• 토리노의 막시무스『설교』74,2.

죄수의 믿음 고백과 낙원

주님께서는 십자가에 달린 한 도둑이 당신께 믿

음을 고백하였을 때 다음 말씀으로 보상하셨습니다. "너는 오늘 나와 함께 낙원에 있을 것이다"(루카 23,43). "주님께서는" 당신을 믿는 이들에게 "오셔서 그들을 주님의 구원을 받은 이들이라고 부르실 것입니다". 우리를 구원하신 분은 원로나 천사가 아니라 바로 주님이셨습니다.

• 가자의 프로코피우스 『이사야서 주해 선집』 62,1-12.

"너는 오늘 나와 함께 낙원에 있을 것이다"(루카 23,43). 예수님께서는 이 말씀으로, 당신을 믿고 고백하는 모든 사람이 아담의 범죄로 인해 닫힌 곳으로 들어갈 수 있게 하셨습니다. 그분 말고 누가 생명 나무와 낙원의 문을 지키는 불 칼을 치울 수 있겠습니까? "하늘과 땅의 모든 권한"(마태 28,18)을 받으신 그분 말고 누가 밤낮으로 낙원을 지키는 커룹들의 눈길을 돌려놓을 수 있겠습니까? 그분 말고는 아무도 그런 일을 할 수 없습니다.

• 오리게네스 『레위기 강해』 9,5.

믿음 고백과 구원

구원을 받기 위한 의로움과 고백에 필요한 것이 믿음이라면, 믿음 있는 유대인과 믿음 있는 다른 민족은 차이가 없습니다.

• 펠라기우스 『로마서 주해 단편』.

우리가 하느님의 자비로 단지 믿음만 고백함으로써 구원을 얻을 수 있도록 유대인들을 억눌렀던 수많은 제례들이 없어졌습니다.

• 아우구스티누스 『로마서 명제 해설』 67.

고백과 영적 전투

고백만 필요한 것이 아니라 그 고백에 끝까지 충실하기 위한 인내도 필요합니다. 쓰러지지 않기 위해선 맹렬한 투쟁과 헤아릴 수 없이 많은 수고도 필요합니다.

• 요한 크리소스토무스 『티모테오 1서 강해』 17.

구원에 이르는 고백과 행동

영원한 의로움 속에서 다스리기를 기대하는 우리는 이웃의 구원을 위해 마음속에 있는 믿음을 입으로 고백하고, 경건하고 조심스럽게 행동하여 우리 안에 있는 이 믿음이 교활한 이단자들의 올가미에 걸려 한순간이라도 금이 가지 않도록 할 때에만 비로소 이 악한 세상에서 구원을 받을 수 있게 됩니다.

• 아우구스티누스 『신앙과 신경』 1.

장차 믿을 모든 사람을 구원하시다

지하 세계에 있는 이들은 그분께서 나타나시자 그분을 고백했고 그리하여 그들도 그분의 오심으로 은혜를 입었습니다. 그분께서는 영으로 가시어 저승에 있는 이들에게 선포하셨습니다. 영혼으로서 영혼들에게 나타나신 것입니다. … 그분께서는 장차 당신을 믿게 될 모든 이를 구원하기 위하여, 저승에 있는 이들에게도 말씀을 선포하셨습니다. 그분께서 육화하여 계신 동안에 지상에 살던 이들과 저승에 있던 이들은 그분을 고백할 기회를 누렸습니다. 새 계약의 더 큰 부분은 자연계와 전통 너머에 있습니다. 그래서 그리스도께서 나타나셨을 때 살아 있던 이들과 그분을 믿은 모든 이가 구원받았듯이, 그분께서는 저승에 내려가심으로써 그곳에서 당신을 믿고 고백한 이들도 그곳에서 풀어 주실 수 있었습니다.

• 알렉산드리아의 키릴루스 『성경 주해 선집』.

사람에게서 받는 영광을 바라다

복음사가는 "지도자들 가운데서도 많은 사람

이 예수님을 믿었지만, 바리사이들 때문에"(요한 12,42) 자신들의 특권을 빼앗길까 두려워 그들이 "그것을 고백하지 못하였다. 하느님에게서 받는 영광보다 사람에게서 받는 영광을 더 사랑하였기 때문이다"(요한 12,43)라고 합니다. 주님께서는 뭐라고 하셨습니까? 어떤 이들은 믿었고, 어떤 이들은 기적이 일어난 것을 보고도 믿지 않았으며, 또 더러는 기적을 보고서야 진리를 깨달았지만 사람에게서 받는 영광을 사랑했기에 바리사이들이 두려워 그것을 고백하지 못했습니다.

• 몹수에스티아의 테오도루스 『요한 복음 주해』 5,12,44.

칭찬에 예속된 노예

칭찬을 사랑한 탓에 믿음에 들지 못하는 이 사람들을 잘 보십시오. 복음서는 "지도자들 가운데서도 많은 사람이 예수님을 믿었지만, 바리사이들 때문에 회당에서 내쫓길까 두려워 그것을 고백하지 못하였다"(요한 12,42)라고 합니다. … 그렇다면 사실 이들은 지도자이기는커녕 [인간의 칭찬]에 완전히 예속된 노예였습니다.

• 요한 크리소스토무스 『요한 복음 강해』 69,1.

주님을 고백하지 않은 자는 누구나

사는 동안 우리 주 예수 그리스도를 믿지 않고 입을 열어 그분을 고백하지 않은 자는 누구나 죽음과 저승과 함께 파멸할 것입니다. 생명을 받는 데 그가 실패했기 때문입니다. 그러나 우리는 이들 모두가 죽는다거나 벌을 받는다고 이야기하지는 않습니다. … 그들이 보게 되는 것이 무엇이겠습니까? 다른 이들은 영광스럽게 되는데 자기들은 고통을 받는 것 아니겠습니까?

• 베자의 아프링기우스 『묵시록 주해』 20,15.

믿음 고백과 행실

믿는다는 사실을 먼저 고백하다

여러분이 우선 해야 할 올바른 일은 여러분이 믿는다는 사실을 고백하는 것입니다. … 먼저 믿으려는 준비가 되어 있지 않는 한, 어떠한 행동도 실천에 옮길 수 없습니다. 그렇다면 우리가 하느님께 나아가면서 먼저 우리가 믿는다는 사실을 고백하지 않는다는 것은 이상한 일이 아닙니까? 믿음 없이는 일상생활도 제대로 할 수 없는데 말입니다.

• 아퀼레이아의 루피누스 『사도신경 해설』 3.

믿음을 고백하는 것만으로는 충분하지 않다

예수님께서 하느님의 아드님이심을 믿는 사람은 그 믿음에 합당한 행실을 더해 세상을 이깁니다. 그분의 신성을 믿으며 그 믿음을 고백하기만 하면 충분하다고 생각한다면, 더 읽어 보십시오!

• 존자 베다 『가톨릭 서간 해설』(요한 1서).

요한은 이단을 "죄"로, 미움을 "어둠"으로 부릅니다. 그러므로 믿음을 확증해 주는 선한 행실이라는 표시 없이 단지 믿음을 고백하는 것만으로는 구원에 충분하지 않습니다. 그러나 순박한 믿음과 사랑으로 행한 것이 아니라면 선한 행실 또한 아무런 가치가 없습니다. 어떤 식으로든 어둠에 둘러싸여 있는 사람은 누구든지, 사악함의 기미조차 없으신 그분과 친교를 누리는 것이 절대 불가능합니다.

• 존자 베다 『가톨릭 서간 해설』(요한 1서).

말로만 믿는 이

야고보는 마귀들을 예로 들며, 입으로만 믿음을 고백하는 사람은 그들과 다를 바 없다고 합니다.

마귀들도 그리스도께서 하느님의 아드님이시며 하느님의 거룩하신 분이시고 자신들 위에 계신 분임을 믿기 때문입니다.

• 안드레아스 『성경 주해 선집』.

마귀의 고백

다른 민족들이 믿고 있던 마귀들조차 그리스도께서 주님이심을 고백했다는 사실에 주목하십시오. 마귀들은 사도들이 하느님의 종이며, 그들의 설교는 구원의 가르침이고, 예수님은 인간에 지나지 않는 존재가 아니라 하느님이시라는 사실도 증언하고 고백했습니다.

• 암모니우스 『성경 주해 선집』(사도행전) 16,17.

마귀 떼가 예수님은 주님이시라고 고백했는가?

'군대'라는 마귀가 들렸던 사람이 예수님께서 주님이라고 말했을 때, 그는 믿는 이의 마음으로 그 사실을 말한 것이 아니라 그리스도께서 주님이시며 만물을 다스리신다는 것을 자신이 안다는 사실을 고백한 것일 뿐입니다(마르 5,1-9 참조).

• 가발라의 세베리아누스
『바오로 서간 주해 단편』(코린토 1서).

예수님을 안다는 것

말로만 하느님을 고백하는 그자는 행동으로는 하느님을 부인합니다. 이는 단순히 생각으로만 '예수님을 아는 것'입니다. 그러므로 악령이 유대인 구마자들에게 "나는 예수도 알고"라고 한 것은 모순이 아니며, 다른 마귀들도 소리를 지르며 예수님께 "저는 당신이 누구신지 압니다. 당신은 하느님의 거룩하신 분이십니다"(마르 1,24) 같은 말을 하곤 했습니다. "마귀들도 그렇게 믿고 무서워 떱니다"(야고 2,19)라는 말씀도 이런 종류의 말로 볼 수 있을 것입니다. 그러나 이런 말은 악령들이 의로운 믿음을 지녔다는 증거는 결코 되지 못합니다.

• 맹인 디디무스 『성경 주해 선집』(사도행전) 19,13.

그들이 하는 일로 그분을 부인한다

"그들은 하느님을 안다고 주장하지만 행동으로는 그분을 부정합니다. 저주받고 순종하지 않으며 어떠한 선행에도 혐오감을 주는 자들입니다"(티토 1,16). 이는 정신과 양심이 더러워졌으면서 하느님을 안다고 주장하지만 행동으로는 그분을 부정하는 자들을 두고 하는 말입니다. 이사야서에는 "이 백성이 입술로는 나를 공경하지만 그 마음은 내게서 멀리 떠나 있다"(이사 29,13)라고 기록되어 있습니다. 그들이 어떻게 입술로는 하느님을 공경하면서 마음으로는 그분에게서 도망치고, 말로는 하느님을 믿는다고 고백하면서도 일로써는 그분을 부인하는지 살펴보십시오.

• 히에로니무스 『티토서 주해』 1,16.

마음과 말과 행동으로 하는 고백

요한은 마음이 담긴 믿음 고백, 또한 말만 아니라 행동으로 보이는 고백을 찾고 있습니다. 요한이 하는 말은 바오로 사도의 이 글과 같은 내용입니다. "성령에 힘입지 않고서는 아무도 '예수님은 주님이시다.' 할 수 없습니다"(1코린 12,3). 곧, 우리는 성령께서 그렇게 할 힘을 주시지 않는 한 완전한 믿음과 행동으로 그리스도를 섬길 수 없다는 뜻입니다.

• 존자 베다 『가톨릭 서간 해설』(요한 1서).

행동으로 믿음 고백을 보여라

자신이 하느님을 믿는다는 것을 행동으로 보이지 않는 사람의 믿음 고백은 아무런 가치가 없습니다. 자신이 주님의 것이라고 말만 하는 사람이 아니라, 주님을 사랑하여 그분에 대한 믿음 때문에 죽음의 위험까지도 받아들일 준비가 된 사람이 믿는 이입니다.

• 안드레아스 『성경 주해 선집』.

여기서 "고백"이라는 낱말은 정통 교의를 믿는다고 고백하는 것만이 아니라, 믿음에 동반해야 하는 선행을 실천한다는 뜻도 담고 있습니다. 예수 그리스도께서 육으로 오셨다고 고백하지만 자신의 행동으로 그 고백을 부인하는 이단자들과 많은 분파들, 많은 사이비 정통 교파들이 있습니다. 이는 그들에게 사랑이 없기 때문입니다. 하느님의 아드님께서 육으로 오시게 된 것은 우리에 대한 하느님의 사랑 때문이었습니다. 하느님께서는 말이 아니라 행동으로, 입을 열어서가 아니라 사랑하심으로써, 우리에 대한 사랑을 보여 주셨습니다.

• 존자 베다 『가톨릭 서간 해설』(요한 1서).

고백과 사랑

우리는 이 세상에서 죄 없이 살 수 없는 까닭에, 우리의 구원에 있어서 첫 번째 희망은 고백이며, 어느 누구도 교만하게 자신은 하느님 앞에서 의롭다고 자랑해서는 안 됩니다. 다음 단계는 요한이 이 서간에서 우리에게 여러 차례 권고하는 사랑입니다. 사랑은 많은 죄를 덮어 주기 때문입니다(1베드 4,8 참조).

• 존자 베다 『가톨릭 서간 해설』(요한 1서).

사랑은 모든 것을 믿는다

"사랑은 모든 것을 믿으며"(1코린 13,7) 더구나 서로가 하나 된 사이에는 더욱 그러하기에, 주님, 저도 이같이 사람들이 듣도록 당신께 고백합니다. 저 비록 저의 고백이 진실임을 그들에게 입

증할 수는 없지만 사랑이 귀를 열어 주는 이들은 제 말을 믿을 것입니다.

• 아우구스티누스 『고백록』 10,3.

행동을 통한 고백

형제 여러분, 행동으로 그분을 고백합시다. 서로 사랑하고(참조: 요한 13,35; 15,12; 1요한 3,11), 간음하지 않으며(참조: 탈출 20,14; 갈라 5,19), 서로 험담하지 않고(잠언 10,18 참조), 질투하지 않으며(잠언 6,34 참조), 점잖고 자비롭고 친절하게 살아감으로써(참조: 에페 4,32; 1베드 3,8) 그분을 고백합시다. 우리는 서로서로 참아 주어야 하며 탐욕을 부려서도 안 됩니다. 우리는 이러한 행동으로 그분을 고백하고, 그 반대로 고백하지는 맙시다.

• 위-로마의 클레멘스
『코린토 신자들에게 보낸 둘째 편지』 4,3.

악마의 고백과 베드로의 고백의 차이

베드로가 어떤 이유로 칭찬을 받고 복되다고 불렸는지 생각해 봅시다. "스승님은 살아 계신 하느님의 아드님 그리스도이십니다"(마태 16,16)라고 말했기 때문입니까? 베드로를 복되다 일컬으신 분께서는 베드로의 말이 아니라 그 마음 안에 있는 사랑을 알아보신 것입니다. 여러분은 베드로의 복됨이 그의 말에서 비롯된 것이 아니라는 것을 알고 싶습니까? 사실 그와 같은 말은 악마도 하였습니다. '저는 당신이 누구신지 압니다. 당신은 하느님의 아드님이십니다'(참조: 마태 8,29; 마르 1,24; 루카 8,28). 베드로도 예수님을 하느님의 아드님이라 고백했고, 악마도 예수님을 하느님의 아드님이라고 고백했습니다. '구별하주십시오! 주님, 구별해 주십시오!' 제가 그 차이점을 분명히 밝혀 드리겠습니다. 베드로는 사랑으로 말했지만 악마는 두려움으로 말하였습니

다. … 믿음을 지니되, 사랑과 함께 지니십시오.

• 아우구스티누스『설교』90,8.

사랑 없는 고백

믿음은 위대합니다. 그러나 사랑이 없으면 아무 소용 없습니다. 악마들도 그리스도를 고백합니다. 악마들은 사랑하지 않으면서 믿었기에 "당신께서 저희와 무슨 상관이 있습니까?"(마르 1,24)라고 말했습니다. 악마들도 믿음은 지니고 있었지만 사랑이 없었습니다. 아직도 악마들과 어울리는 그대는 믿음을 자랑하지 마십시오.

• 아우구스티누스『요한 복음 강해』6,21.

주저하지 말고 하느님을 사랑하자

다른 모든 신들과 주인들을 포기하고 세례의 은총을 받게 될 때 우리는 한 분이신 하느님, 곧 성부와 성자, 성령께 대한 믿음을 고백합니다. 이것을 고백하면서 만약 우리가 "마음을 다하고 목숨을 다하여 우리 주 하느님을 사랑하고" "힘을 다하여" 주님께 결합되지 않는다면(참조: 마르 12,30; 신명 6,5), 우리는 주님의 몫이 될 수 없습니다(신명 32,9 참조).

• 오리게네스『탈출기 강해』8,4.

하느님에게 속한 사람

주님께서 오셨다는 고백은 말이 아니라 행동으로 이루어집니다. … 그러므로 예수님께서 그 안에서 일하시고 계시는 이는 누구나 세상에 대해 죽은 이며, 세상을 위해서가 아니라 그리스도를 위해 사는 이며, 자신의 몸에 그분을 짊어지고 다니는 이입니다. 이런 사람은 하느님에게 속한 사람입니다.

• 오이쿠메니우스
『사도행전과 가톨릭 서간, 바오로 서간 주해』(요한 1서).

고백과 삶이 일치해야 한다

우리는 깨어 있어 우리 삶이 우리가 입술로 하는 고백과 일치하고 조화를 이루도록 해야 합니다. 우리가 하는 일들이 진실한 양심과 정직한 삶으로 하느님께 부르짖으면, 주님께서 그 부르짖음을 들으시고 당신 자비의 눈길을 우리에게 돌리실 것입니다.

• 갈리아의 에우세비우스『설교』7,1.

믿음과 행실을 결합시키다

행실로 드러나는 열정이 믿음의 고백과 결합되도록 합시다. 그 열정이 하느님에 관한 교의들과 우리 행실을 결합시키도록 합시다. 그러면 우리는 그리스도와 함께 있게 될 것이며 그분에게서 잘려 나가는 데서 오는 위험을 피하고 그분과의 친교에서 오는 안전함과 든든함을 실감할 것입니다.

• 알렉산드리아의 키릴루스『요한 복음 주해』10,2.

거짓으로 고백하는 자

그분 안에 영원한 생명에 대한 우리의 희망이 있고, 그분 안에 우리 인내의 본보기가 있습니다. "우리가 견디어 내면 그분과 함께 다스릴 것"입니다. 사도가 말했듯이, "그분 안에 머무른다고 말하는 사람은 자기도 그리스도께서 살아가신 것처럼 그렇게 살아가야"(1요한 2,6) 합니다. 그렇게 하지 않는다면, 우리는 그분의 이름은 자랑하면서 명령은 따르지 않는, 거짓으로 고백하는 자와 다를 바가 없을 것입니다.

• 대 레오『설교』90,2.

악마의 일을 행하는 것은 옳지 않다

말과 행동이 달라, 하느님의 종이라 말하면서도 행실은 죄의 종으로 드러나서는 안 된다고 바오로는 우리에게 경고합니다. 우리는 그 뜻을 행하는 사람의 종이며, 하느님께서 주님이시라 고백하면서 악마의 일을 행하는 것은 옳지 않다고 그는 힘주어 말합니다. [우리가 만약 그렇게 한다면] 하느님께서는 이를 알아차리시고 책망하실 것입니다.

• 암브로시아스테르 『바오로의 열세 서간 주해』.

성령을 모독하는 것이다

그리스도를 믿는 이는 성령을 받습니다. 새로 남의 씻음에 의해 성령께서 그의 안에 머무르시고 그리하여 그 사람은 영적이 됩니다. 그런데 그런 사람이 다시 돌아서서 속된 욕정에 빠지면, 그 점에서 그는 육적입니다. 믿음을 고백하여 영적인 사람이 되었는데도 불구하고 여전히 육적인 사람처럼 산다면 그의 안에 계시는 성령을 모독하는 것이라고 바오로는 말합니다.

• 몹수에스티아의 테오도루스 『로마서 주해 단편』.

우리는 하느님의 심판을 피할 수 없다

불경한 예물로 자기 손을 더럽히지는 않았을지라도 증서[1]로 자기 양심을 더럽힌 이들이 자기는 참회를 하지 않아도 된다고 생각하도록 두지 마십시오. 그 고백은 부인하는 이의 고백이며, 그 증언은 과거의 자신을 버린 그리스도인의 증언입니다. … 그분은 사람들 각자의 마음과 속을 보십니다. 그리고 우리의 행위에 대해서만 아니라 우리의 말과 생각들에 심판을 내리시려 할 때 아직 닫혀 있는 마음 깊숙한 구석에서 잉태된 생각과 의지들도 들여다보십니다.

• 키프리아누스 『배교자』 27.

죄의 고백과 용서

죄의 고백을 부끄러워하다

우리의 본성은 행위를 통해 의로움을 얻기에는 너무 약합니다. 왜냐하면 인간의 마음은 어려서부터 악에 기울어지기 쉽기 때문입니다. … 여러분의 죄를 고백하는 것을 부끄럽게 여기지 마십시오. 바리사이는 그렇게 하지 않았기 때문에 단죄를 받았습니다. 그러나 세리는 그렇게 하여 의로움을 인정받았습니다(루카 18,10-14 참조).

• 가자의 프로코피우스 『이사야서 주해 선집』 43,14-28.

나는 당신들을 부끄러운 줄 모르는데다가 소심하기까지 한 사람들, 죄를 짓고 나서는 수줍어하는 사람들이라고 말하겠습니다! 당신들은 죄를 지을 때는 부끄러움을 모르면서 고백하는 것은 부끄러워합니다! 당신들은 악한 양심으로 하느님의 거룩한 것들을 건드리고 주님의 제단을 두려워하지 않는 사람들입니다!

• 바르셀로나의 파키아누스 『참회자』 6,2

죄의 치명적인 본성

죄는 독을 품은 송곳니로 죄인을 물어 죽이며, 전혀 친구로 삼을 만한 종류의 것이 아닙니다. 그런데 만약 어쩌다가 그것이 여러분이 나약할 때 여러분을 감고 똬리를 튼다거나 여러분이 한눈을 팔 때 슬그머니 다가서거나 길을 잃은 여러분을 움켜잡거나 여러분이 또 길을 잃도록 술수를 쓴다면, 여러분은 그것이 여러분을 지치게 하여, 여러분이 변명거리를 찾는 대신 스스로 자신

1　데키우스 황제의 박해 시기(250~251)에 그리스도인들이 로마의 정부 관리들에게서 받은 증서 '리벨리'libelli를 말한다. 그것을 지닌 이는 자신의 그리스도 신앙을 철회했음을 증명한다.

을 나무라고 고백하지 못하게 만들도록 두어서
는 안 됩니다.

• 아우구스티누스 『설교』 20,2.

변명을 하다

죄의 고백 또한 똑같이 유익하다는 것 역시 참입
니다. … 어떤 잘못에 대한 비판을 들으면 곧바
로 뭐라도 변명을 주워대는 사람이 몹시 많습니
다. 그런데 변명을 한다는 것은 죄가 여러분에게
속하는 것으로 보이지 말아야 하는 이유나 구실
을 찾는 것입니다. … 자기 탓을 하는 사람은 아
무도 없습니다.

• 아우구스티누스 『설교』 29,3.

변명거리를 찾다

죄를 짓고 나서 엎드려 참회하며 고백하는 대신
변명거리를 주워섬기는 것이 인간의 잘못 가운
데서도 가장 큰 잘못입니다. 그런 사악함은 가장
질 나쁜 죄로 헤아려질 것이 분명합니다. 죄인이
회개로 가는 것을 더디게 하는 것도 바로 이 사
악함과 같은 근원에서 나옵니다.

• 카시오도루스 『시편 해설』 140,4.

우리 잘못을 인정하자

자신의 죄를 하느님께 고백하면, 그 구렁은 입
을 다물어 그를 삼키지 않을 것입니다. … 죄인
이 자신의 잘못을 고백하기를 거부하면 그는 참
으로 죽은 것입니다. 그렇게 되면 다음 성경 말
씀이 그에게 그대로 이루어집니다. "죽은 자에게
서 나오는 고백은 존재하지 않는 자의 고백과 같
다."[2] 형제자매들이여, 우리는 이와 같은 재앙을
진정 두려워해야 합니다. 누군가 죄를 짓는 것을
보면 그 사람이 구렁에 빠졌다고 생각하십시오.
하지만 여러분이 그 사람의 죄를 지적하고, 그

가 여러분에게, "저는 죄를 지었습니다. 저는 진
심으로 죄를 고백합니다"라고 말한다면 그를 삼
키려던 구렁은 입을 다물지 않을 것입니다. 대신
그 사람이 "내가 한 일이 그렇게 나쁩니까?"라
고 말하며 자기 죄를 변명하려 들면 구렁은 입을
다물어 버립니다. 그렇게 되면 그는 그 구렁에서
빠져나올 길이 없습니다.

• 아우구스티누스 『시편 상해』 68,1,19.

고백은 악마의 고발을 막는다

악마는 우리가 죄를 짓도록 부추기고, 우리가 죄
를 지으면 우리를 고발합니다. 그러므로 우리가
이 세상에서 주님을 고대하며 스스로 자신을 고
발하는 자가 된다면 우리는 우리의 원수요 고발
자인 악마의 사악함을 피할 수 있습니다. … 여
러분이 여러분을 고발할 준비가 되어 있는 분을
고대해야 한다는 것을 보여 주기 위하여 이사야
예언자는 "너희가 먼저 말해 보아라" 하고 말하
였습니다. 예언자는 지금 우리가 다루고 있는 신
비, 곧 먼저 죄를 고백함이 갖는 신비를 분명하
게 보여 주고 있지 않습니까?

• 오리게네스 『레위기 강해』 3,4,5.

죄를 고백하라고 요구하다

모든 진리는 정의롭습니다. 사실을 고백하는 데
에 정의가 있습니다. 주님께서는 잘못이 있음에
도 불구하고 스스로 의롭다고 말하는 죄인들은
의롭게 될 수 없다는 진리를 말씀하십니다. 이처
럼 자신의 죄를 고백할 때 그는 의롭다고 불릴
수 있습니다. 그래서 주님께서는 죄인들에게 당
신께 죄를 털어놓으라고 요구하시지만 하느님

---

2   아우구스티누스는 옛라틴어 역본Vetus Latina을 인용하
고 있다. 옛라틴어 역본은 칠십인역을 자구적으로 번역한
것이다.

께는 자비를 간청하십니다. … 누가 죄가 없다고 할 수 있겠습니까? (하느님을 경외하는 사람이라 하더라도 마찬가지입니다.) 온갖 잘못들이 우리 생각 속에 섞여 들어오고, 또 우리는 온갖 방식으로 무의식적으로 죄를 짓기 때문입니다.

• 암브로시아스테르 『구약성경과 신약성경에 관한 질문』 30.

용서를 청하는 기도

우리 주님께서는 죄 없는 이는 당신뿐이라는 것을 알고 계셨습니다(요한 8,49 참조). 그래서 그분께서는 우리에게, 기도할 때 "저희의 죄를 용서하시고"(루카 11,4)라고 말하라 가르치셨습니다. 용서를 청하는 기도는 죄를 지었음을 인정하는 것입니다. 용서를 청하는 사람은 자신에게 잘못이 있음을 고백하기 때문입니다. 그러므로 고백은 하느님께 기꺼운 것임이 드러납니다. 하느님께서는 죄인의 죽음보다 고백을 바라십니다.

• 테르툴리아누스 『기도론』 7,1.

뉘우치는 마음은 하느님께 바치는 제물

만유의 주님께는 필요한 것이 아무것도 없습니다. 주님께서는 누구에게든 당신을 고백하는 것말고는 그 어떤 것도 요구하지 않으십니다. 그분의 마음에 들었던 다윗이 이렇게 말하기 때문입니다. '나는 주님께 고백하리라. 이것이 주님께는 더 좋다네, 뿔 달리고 굽 갈라진 어린 수소보다. 가난한 이들이 이를 보고 기뻐하리라'(시편 69,31-33 참조). … "하느님께 맞갖은 제물은 뉘우치는 영"(시편 51,19)이기 때문입니다.

• 로마의 클레멘스
『코린토 신자들에게 보낸 첫째 편지』 52,1-3.

진실한 제사는 마음으로 바친다

비통하게 슬퍼하며 죄의 고백을 제물로 바치십

시오. 뉘우치는 마음을 제물로 바치십시오. [왜냐하면 주님께서 "네가 의롭게 될 수 있도록 네 잘못을 먼저 고백하여라" 하고 말씀하시기 때문입니다(이사 43,26 칠십인역).] 이런 희생 제물들은 재로 변하거나 연기나 공기로 사라지지 않습니다. 이런 제물들은 나무와 불을 필요로 하지 않고, 깊은 양심의 가책만을 필요로 합니다.

• 요한 크리소스토무스 『코린토 2서 강해』 5,4.

가장 먼저 죄를 고백하다

"너는 가장 먼저 죄를 고백하는 사람이 되어라. 그러면 너는 의롭게 될 것이다." 나는 너를 이기고 싶지 않다. 오히려 그 반대를 원한다. 네가 이기는 것이 어떻게 가능한지 배워라. 그것은 네가 먼저 잘못을 고백하는 것이다. 그러면 내가 너를 용서해 주리라. 네가 나에게 무엇인가를 숨기려든다면 나는 너를 심판하리라. 그러나 네가 고백하면 나는 용서하리라.

• 키루스의 테오도레투스 『이사야서 주해』 13,43,26.

요한은 하느님은 의로우신 분이시라고도 합니다. 하느님은 진심으로 자기 죄를 고백하는 이는 누구든 기꺼이 용서해 주시기 때문입니다.

• 존자 베다 『가톨릭 서간 해설』(요한 1서)

죄를 용서받는 유일한 길

신앙고백만이 어떤 변론도 변호할 수 없는 사람의 무죄 판결을 받아낼 수 있습니다. 이런 과정은 참으로 뉘우치는 사람, 용서를 구하며 자신의 행동을 책망하려 애쓰는 이들에게만 허락됩니다.

• 카시오도루스 『시편 해설』 6,2.

시간이 용서를 가져다주는 것은 아니다

하느님께서는 참회한 뒤 시간이 많이 지나도록

기다리지 않으십니다. 여러분이 자기 죄를 말씀 드렸으면, 이미 의롭게 되었습니다. 여러분이 뉘우쳤으면, 이미 자비를 입었습니다. 시간이 용서하는 것이 아닙니다. 뉘우치는 사람의 태도가 죄를 없애는 것입니다. 어떤 이는 오랜 시간 기다려서도 구원을 얻지 못할 수도 있고, 또 다른 이는 진실하게 고백한 뒤 짧은 시간 안에 죄를 벗을 수도 있습니다.

> • 요한 크리소스토무스 『참회에 관한 설교』 7,4,12.

담보의 의미

성경에서 "담보"(약속)라는 용어는 성령의 선물이거나 죄의 고백을 의미합니다. … 율법에 "만일 너의 형제가 너에게 빚을 졌다면, 그에게서 담보를 해지하고 해가 지기 전에 담보를 돌려주어야 한다"고 쓰여 있듯이, "담보"의 이름으로 죄의 고백을 꾀합니다. 어떤 동료 인간이 우리를 거슬러 잘못을 저지른 게 입증된다면, 우리의 형제는 우리에게 채무자가 됩니다. …

우리는 채무자로부터 "담보를 받습니다". 우리를 거슬러 죄를 지은 이가 드러났을 때 우리는 그에게서 죄의 고백을 받습니다. 우리는 그로써 우리를 거슬러 저지른 죄를 용서해 달라는 요청을 받는 것입니다. 말하자면, 누구든 자신이 지은 죄를 고백하고 용서를 구하는 사람은 자기 빚에 대해 이미 "담보"를 잡힌 것입니다. 우리는 이 담보를 "해가 지기 전에 돌려주어야 한다"는 명을 받았습니다.

> • 대 그레고리우스 『욥기의 도덕적 해설』 16,5-6.

교회가 풀어 주다

이렇게 말하는 사람들이 있습니다. '우리가 고백을 하고 주님의 목소리에 생명으로 돌아와 곧바로 밖으로 나올 수 있다면, 교회가 있을 필요가 뭐가 있소?' 여러분이 고백을 할 때 교회가 무슨 도움이 되느냐? 그 교회에게 주님께서 이렇게 말씀하셨습니다. "너희가 무엇이든지 땅에서 매면 하늘에서도 매일 것이고, 너희가 무엇이든지 땅에서 풀면 하늘에서도 풀릴 것이다"(마태 18,18). 라자로의 경우를 보십시오. 그는 밖으로 나왔습니다. 온통 묶인 채로. 그는 고백으로 이미 살아 있었습니다. 그러나 수의에 감겨 있어 아직 자유롭게 걸어 다닐 수 없었습니다. 그래서 교회가 무슨 일을 합니까? 들은 말씀대로 합니다. "너희가 무엇이든지 땅에서 풀면 하늘에서도 풀릴 것이다." 교회는 주님께서 곧이어 제자들에게 하신 말씀을 행합니다. "그를 풀어 주어 걸어가게 하여라"(요한 11,44).

> • 아우구스티누스 『설교』 67,3.

정화의 때

닥쳐올 고통에 넘겨지는 것보다 지금 이승에서 벌을 받고 정화되는 편이 더 낫습니다. 왜냐하면 미래는 징벌의 때이지 정화의 때가 아니기 때문입니다. 이 세상에서 하느님을 기억하는 자가 (다윗이 가장 뛰어나게 노래한 것처럼) 죽음을 정복한 자라면, 죽은 자는 중대한 범죄에 대한 고백을 할 수도 없고, 회복될 수도 없습니다. 왜냐하면 하느님께서는 생명과 활동을 이 세상에 국한시키셨고, 미래에는 이미 행해진 것에 대한 정밀한 심사가 이루어질 것이기 때문입니다.

> • 나지안주스의 그레고리우스 『침묵하시는 성부』(연설 16) 7.

제 죄를 뉘우칠 수 있도록 잠시만 시간을 내십시오. 지옥에서는 아무도 자기 죄를 고백할 수 없기 때문입니다.

> • 히에로니무스 『시편 강해 59편』 103(104).

살아 있는 동안 고백하고 회개하라

죄지은 이가 아직 이 세상에 살아 있어서 그의 고백이 받아들여질 수 있고, 사제에 의한 죄사함과 용서가 주님께 기쁨이 될 수 있는 동안, 각자 자신의 죄를 고백합시다. 마음을 다하여 주님께 돌아섭시다. 진심으로 슬퍼하며 죄를 참회하고 하느님의 자비를 구합시다. … 온 마음을 다해 주님께 돌아갑시다. 그분께서 권고하신 것처럼 단식과 눈물, 탄식으로 그분의 노여움과 불쾌함을 달래 드립시다.

• 키프리아누스 『배교자』 29.

믿고 고백한 이들은 용서받았다

저승에 있던 모든 이가 용서받은 것이 아니라 그리스도를 믿고 고백한 이들만 용서받았습니다. 그들은 살아 있는 동안에 그분을 알아보고 선행을 함으로써 스스로 악을 씻은 이들이었습니다. 그분께서 지하 세계에 나타나시기 전까지는 의로움의 교육을 받은 이들을 포함하여 모든 이가 죽음의 사슬에 묶인 채 그분께서 오시기를 기다리고 있었습니다. 아담의 죄 때문에 낙원으로 가는 문이 닫혔기 때문입니다.

• 안티오키아의 세베루스 『성경 주해 선집』.

주님께 죄를 고백하기를 거부한 이들과 스스로가 지배자가 되기를 원한 이들은 그들에게 많은 벌이 내릴 것임을 알게 됩니다.

• 아우구스티누스 『시편 상해』 32,10.

삼위에 대한 고백

☞ 신경, 신앙고백

고통

하느님께서는 우리가 견딜 수 없는 고통을 결코 허락하시지 않습니다.
• 몹수에스티아의 테오도루스 『시편 해설』 36,7B.

고통과 시련을 받는 이유를 깨달을 때마다 우리의 정신은 더욱 활짝 열립니다.
• 폰투스의 에바그리우스 『시편 발췌 주해』 4,2.

고통은 결코 그치지 않으며 끝이 없습니다. 이것은 경험에서 나오는 진리입니다.
• 요한 크리소스토무스 『창세기 강해』 1,10.

고통 중에 친구들이 없다는 것은 작은 아픔이 아닙니다.
• 맹인 디디무스 『욥기 주해』 6,15.

어떠한 고통도 성숙한 그리스도인의 사랑을 이길 수 없습니다.
• 암브로시아스테르 『바오로의 열세 서간 주해』.

고통의 의미와 이해

영혼과 육체의 질병

마태오가 말하는 '질병'은 육체의 병을 뜻하고, '고통'은 영혼의 영적 질병을 뜻합니다. 영혼의 병이 육체의 병보다 드물지 않습니다. 마태오가 "갖가지 질병과 고통에 시달리는 환자들"(마태 4,24)이라고 했지만, 우리는 이 둘 다를 육체적 병과 관계된 말로, 질병은 보다 심각한 병이고 고통에 시달리는 것은 질병만큼은 심각하지 않은 심신의 이상 상태로 이해할 수도 있습니다. … '갖가지 질병'도 육체나 영혼의 병을, 그리고 '고통에 시달리는 것'도 육체나 영혼의 병을 가리키며, 따라서 영혼의 병은 어떤 이상 상태나 쇠약함, 불신앙으로 이해할 수 있습니다. 탐욕이나 육욕, 헛된 야망에 매인 사람들은 영혼의 병을 앓고 있기 때문입니다. … 예수님께서는 육체의 병은 신성의 권능으로, 영적 병은 자비의 말씀으로 낫게 해 주셨습니다. 약은 병든 몸에 이로움을 가져다주고, 말씀은 병든 영혼에 이로움을 가져다줍니다.

• 『마태오 복음 미완성 작품』 강해 8.

'파멸'의 의미

'파멸'(*phthora*, 프토라)이라는 말에는 두 가지 의미가 있습니다. [첫째,] 굶주림과 목마름, 권태, 못에 찔림, 영혼이 육체에서 분리되는 죽음과 같은 인간의 고통을 의미합니다. 이런 의미에서 주님의 육체는 파멸될 수 있는 것이었다고 말할 수 있습니다. 왜냐하면 주님은 이 모든 고통들을 거리낌 없이 견디어 내셨기 때문입니다. 그런데 파멸은 또한 육체가 완전히 분해되어 그것을 구성하던 요소들로 돌아가는 것을 의미하기도 합니다. 많은 이들은 이러한 파멸을 좀 더 일반적으로 '부패'(*diaphthora*, 디아프토라)라고 표현합니다. 다윗 예언자가 [이 시편에서] 말한 것처럼 주님의 육체는 부패를 경험하지는 않았습니다. … 나아가 '부패'라는 말의 두 번째 의미로, 주님의 육체는 파멸될 수 없는 것, 곧 부패할 수 없는 것이었다고 우리는 고백합니다. 이는 성령의 영감을 받은 교부들이 우리에게 전해 준 것입니다.

• 다마스쿠스의 요한 『신앙 해설』 3,28.

고통의 의미

세상에 사는 우리는 때때로 시련을 겪고 유혹을 느끼며 장애를 만나기도 합니다. 하지만 이런 고통은 우리의 하위 부분에 해당될 따름입니다. 이 고통은 우리의 죽을 운명에 기인한 것이며, 우리의 원초적 조건에서 나오는 시련의 빛입니다. 나아가 우리에게 고통을 주는 것들은 우리 위에 있지 않습니다. 이런 경우에 우리는 '비파'를 연주하는 것입니다. 비파의 아름다운 소리는 아랫부분에서 나옵니다. 시편을 노래할 때(시편 43,4 참조) 우리는 고통을 겪습니다. 말하자면, 노래하며 비파를 연주합니다. … 참고 견디어 내는 모든 인내는 하느님의 귀에 아름다운 가락으로 들립니다. 하지만 우리가 이런 시련에 굴복하고 만다면 그것은 우리의 비파를 부수는 것입니다.

• 아우구스티누스 『시편 상해』 43,5.

제물로 바쳐지다

사도들이 겪은 고통은 하느님께 바치는 희생 제물이었습니다. 유대인들에게 치른 죗값이 아니라, 자신들의 관을 바친 것이었습니다. 그러나 유대인들은 사도들의 고난이 사도들의 멸망이라고 생각했습니다.

• 『마태오 복음 미완성 작품』 강해 24.

고통으로 가득 찬 현세의 삶

성경에 나오는 "땀"(창세 3,19)이라는 단어는 일반적으로 고통을 지칭합니다. 아무도 이 고통에서 면제되지 않습니다. 어떤 사람들은 힘든 일 때문에 고통을 겪고 어떤 사람들은 몹시 고통스러운 치료법 때문에 고통을 겪기도 합니다. 배움을 희망하는 사람들의 공부도 이런 고통에 참여하는 것입니다.

• 아우구스티누스 『율리아누스 반박 미완성 작품』 6,29.

인간의 삶

어떤 사람도 불행을 전혀 겪지 않고 남아 있기란 명백히 불가능하다는 것은 일반적으로 맞는 말입니다. 그래서 '온 세상은 악의 지배 아래 놓여 있다'(1요한 5,19 참조)고 하고, '인간의 삶은 대부분 고생과 고통'(시편 90,10 참조)이라고 합니다.

• 알렉산드리아의 디오니시우스 『단편집』 2.

삶의 고초를 겪게 하다

그 남자[음행하는 자: 1코린 5,1-5 참조]를 사탄에게 넘겨야 한다는 바오로의 말은 그를 사악한 자의 힘에 넘겨 주어야 한다는 뜻이 아닙니다. 이승에서 일어나는 모든 나쁜 일, 예를 들어 질병이나 슬픔, 고통 같은 일들은 사탄이 꾸미는 짓으로 여겨지며, 바오로는 그런 의미로 이 말을 한 것입니다. 곧, 이 남자는 삶의 고초를 겪어 봐야 한다는 뜻입니다.

• 가발라의 세베리아누스
『바오로 서간 주해 단편』(코린토 1서).

인생에는 쓰라린 아픔들이 있다

인생에는 쓰라린 아픔들이 있고, 영혼의 힘이 이 고통을 숨기지 못한다는 사실을 인정해야 합니다. 해변의 물이 얕다고 해서 깊은 바다를 부정해서는 안 되고, 때때로 구름에 가린다고 해서 맑은 하늘을 부정할 수 없으며, 군데군데 불모의 땅이 있다고 해서 비옥한 대지를 부정할 수 없고, 야생 귀리가 뒤섞여 있다고 해서 풍성한 수확을 부정할 수는 없습니다. 이와 마찬가지로, 행복한 양심이 거두어들이는 수확물은 고통의 불행에 방해받기도 한다는 사실을 생각하십시오. 우연히 역경과 곤경을 맞닥뜨리게 된다면, 이는 행복한 삶 전체의 곡식 단에 야생 귀리가 숨어 있거나 달콤한 알곡들 사이에 씁쓸한 가라지가 감추어져 있는 것과 같지 않습니까?

• 암브로시우스 『성직자의 의무』 2,5,21.

쾌락은 짧고 덧없습니다. 반면 고통은 결코 그치지 않으며 끝이 없습니다. 이것은 경험에서 나오는 진리입니다.

• 요한 크리소스토무스 『창세기 강해』 1,10.

고통스럽게 할 생각은 없다

수술받는 아들을 지켜보는 아버지처럼 바오로는 기뻐합니다. 아들이 겪는 고통 때문이 아니라 아들의 병이 낫게 된다는 최종 결과 때문입니다. 아무 뜻 없이 아들을 고통스럽게 할 생각 같은 것은 없습니다.

• 요한 크리소스토무스 『코린토 2서 강해』 15,1.

의술에 뛰어난 사람이 말하듯이, 몸을 낫게 하려면 칼로 베이는 고통을 겪어야 하기도 하고 불로 지져지는 고통을 겪어야 하기도 합니다.

• 오리게네스 『에제키엘서 강해』 5,1.

고통을 초래하는 이를 은인으로 여겨라

몸이 아픈 이들은 의사가 그들의 몸을 절개하거나 불로 지지거나 쓴 약으로 고통스럽게 해도 그들을 은인처럼 떠받드는데, 힘든 훈육으로 우리의 구원을 위해 애쓰는 영혼의 의사들에게 우리가 그 같은 태도를 보이지 않는 것은 부끄러운 일입니다. … 그러므로 종말을 고대하는 이라면, 우리에게 하느님의 뜻에 따른 고통을 초래하는 이를 은인으로 여겨야 할 것입니다.

• 대 바실리우스 『대 수덕집』(긴 규칙서) 52.

생명을 연장하기 위한 관심과 수고

죽음이 저만치서 고개를 내밀면 인간이 어떤 고통을 겪고 어떠한 어려움을 견뎌 냅니까! 달아나고 숨고 자기가 가진 모든 것을 내놓아 몸값으로 지불하고 온갖 고통과 불행을 견디며 의사를 부르고 별짓을 다 합니다. 인간은 조금 더 살기 위해 이루 말 못할 고통을 겪고 전 재산을 다 쓰면서도, 영원히 사는 문제에 있어서는 아무것도 하지 않습니다.

• 아우구스티누스 『설교』 127,2.

임신의 영적 의미

임신에는 당연히 고통이 따르며, 탄생의 과정을 통해 온몸이 충격을 받지 않고 세상에 태어나는 이는 없습니다. 이와 비슷한 처지에 있는 영혼들도 이 같은 고통과 괴로움을 겪을 것입니다.

• 푸아티에의 힐라리우스 『마태오 복음 주해』 25,6.

지식이 늘면 근심도 는다

"진실로 지식을 늘리면 근심도 는다"(코헬 1,18)라고도 합니다. 우리가 발견한 것에서 오는 즐거움이 우리가 잃은 것에서 오는 고통보다 클 수 없습니다. 그 고통은 목이 마른데도 물가에서 멀리 끌려가는 사람들이나 자신이 가지고 있다고 생각한 것을 보존할 수 없게 된 사람들, 또는 번개로 인해 갑자기 어둠 속에 남게 된 사람들이 느끼는 것과 같은 고통입니다.

> • 나지안주스의 그레고리우스『도피 변론』(연설 2) 75.

고통은 끝없이 지속된다

기쁨을 주는 것은 곧 지나가지만 고통은 끝없이 지속된다는 이러한 상황은 참으로 한탄스럽고 비참합니다. 정욕으로 얻는 것은 순식간에 사라지지만, 불행한 영혼의 수치는 계속 남아 있습니다.

> • 아를의 카이사리우스『설교』41,3.

고통은 또 다른 고통을 낳는다

저는 상처로 꿰찔리고 지극한 슬픔으로 고문당했으며 쓰라린 고통에 말을 하지 못했습니다. 말하기보다 흐느껴 우는 것이 더 쉬웠습니다. 아, 고통은 또 다른 고통을 낳고 통회는 또 다른 통회를 낳습니다.

> • 사라고사의 브라울리오『편지』18.

한나의 모범

눈물이 있는 곳에는 언제나 고통도 있습니다. 고통이 있는 곳에는 큰 지혜와 주의 깊은 마음이 있습니다. 그 여인은 계속하여 이렇게 기도합니다. "주님께서 참으로 이 여종의 고통을 눈여겨보신다면, 그리하여 당신 여종에게 아들 하나만 허락해 주신다면, 그 아이를 한평생 주님께 바치겠습니다"(1사무 1,11). … 그 여인은 하느님의 요구가 있기 전에 먼저 봉헌합니다.

> • 요한 크리소스토무스『에페소서 강해』24.

악한 자가 유혹을 심도록 허락하지 마라

세상이 주는 난관에 봉착했을 때, 육체적 고통을 겪거나 자녀를 잃었을 때, 또는 다른 고통을 당할 때, 악마의 말에 귀 기울이지 맙시다. "주 너의 하느님이 어디 계시느냐?"(미카 7,10; 말라 2,17)라는 말에 귀 기울이지 맙시다. 우리가 심한 아픔을 겪을 때 악마의 유혹을 의식해야 합니다.

> • 암브로시우스『편지』45.

고통을 피하는 사람은 불행하다

내가 만일 고통을 피해 버린다면, '행복하여라, 내 이름 때문에 고통을 겪는 사람들!'(마태 5,10-11 참조)이라고 고백하기를 부끄러워하는 셈입니다. 주님의 계명에 따르는 고통을 피하여 거부하는 사람은 불행합니다.

> • 테르툴리아누스『박해에서 도피』7,1.

지혜가 있다면

이러이러해서 내 남편이, 아들이 아쉽고, 이러이러해서 나는 부활을 믿지 못하고 나와 모든 것을 함께하던 보호자, 반려, 위로자 없이 홀로 남겨졌기 때문에 울며 탄식한다고 … 내가 괴로워하는 것은 이 때문이라고, 내가 우는 것은 이 때문이라고 합니다. … 그러나 우리가 기꺼이 지혜를 기르고자 한다면 이런 일은 결코 우리에게 고통스러운 일이 못 됩니다.

> • 요한 크리소스토무스『테살로니카 1서 강해』6.

영혼의 파멸

여러분은, 예수님께서 '영혼의 파멸'이라고 말씀하신 것은 영혼의 사라짐을 뜻하는 말이 아니라 두 번째 죽음인 지옥에서 영혼이 겪게 될 고통을 의미함을 알 수 있을 것입니다.

• 『마태오 복음 미완성 작품』 강해 25.

모든 고통이 다 그 안에 죽음을 품고 있는 것은 아닙니다. 고난은 당했지만 죽임을 당하지 않은 사람도 많습니다.

• 『마태오 복음 미완성 작품』 강해 35.

지금 겪고 있는 고난과 장차 누릴 행복

그분께서는 "너희는 열흘 동안 환난을 겪을 것이다"(묵시 2,10)라고 하십니다. 이는 지금 우리가 겪고 있는 악을 장차 영원히 누릴 행복과 비교해 생각해 본다면, 틀림없이 지금의 고통은 작고 마치 열흘이라는 기간처럼 곧 지나 버릴 것으로 여기게 되리라는 뜻입니다.

• 베자의 아프링기우스 『묵시록 주해』 2,10.

징벌과 은혜에도 정도의 차이가 있다

모든 이가 죽은 이들 가운데에서 되살아날 것이라고 해서 모두가 똑같은 은혜를 누리리라고 생각하지 마십시오. 징벌에 대해서만 생각해 보아도, 사람들이 당할 고통의 정도는 큰 차이가 있습니다. 그러니 죄인들의 운명과 의인들의 운명은 얼마나 큰 차이가 있겠습니까?

• 요한 크리소스토무스 『코린토 1서 강해』 39,5.

불평할 여지가 없다

저마다 자기 행실 때문에 고통받는다면 불평할 여지가 어디 있겠습니까? … 우리는 절대로 행실에 비례하여 고통받지 않으며, 하느님께서는 우리가 당신을 대하는 것보다 훨씬 더 관대하게 우리를 대하십니다.

• 마르세유의 살비아누스 『하느님의 다스림』 3,9.

성인들은 하느님과 함께 있다

성인들은 어디에 있든지 하느님과 함께 있습니다. "의인들의 영혼은 하느님의 손안에 있어 어떠한 고통도 겪지 않을 것입니다"(지혜 3,1). 그들은 어떤 고통도 미치지 않는 곳에 도달하기 위하여 고통을 겪었습니다. 그들은 어렵게 좁은 문을 빠져나가 자유의 장소에 이르렀습니다. 그러므로 이러한 본향을 향해 가는 사람들은 그 길이 험난하다고 놀라서는 안 됩니다.

• 아우구스티누스 『설교』 298,3,3.

인간의 고통과 하느님

하느님께서는 고통을 겪는 것을 허락하신다

스테파노는 하느님께서 그들이 심한 고통을 겪는 것을 허락하셨으며 그럼에도 아브라함은 그에 대해 불평하지 않았다는 것을 보여 줍니다. … 땅을 약속하시고 그것을 주신 분께서는 먼저 고통을 허락하십니다. 그와 마찬가지로 지금도, 그분께서는 나라를 약속하셨지만 우리가 시련을 통해 순종을 배우는 것을 허락하십니다.

• 요한 크리소스토무스 『사도행전 강해』 16.

우리의 선익을 위하여

당신의 모든 벌은 사람을 바로잡고 향상시키기 위해 주어진다는 것을 저는 깨달았습니다. 당신께서는 인간에게 무심하셔서 그들이 고통을 겪도록 허락하시는 것이 아니라 그들의 영혼이 향상되기를 바라셔서 그렇게 하십니다.

• 타르수스의 디오도루스 『시편 주해』 39.

고통을 겪게 되더라도

하느님께서 우리에게 일어나는 모든 일을 아시

고 우리를 구원하실 수 있으시며 또 기꺼이 그렇게 하시고자 한다면, 우리가 어떤 고통을 겪게 되더라도 하느님께서 우리를 고통 속에 버리셨다고 생각해서는 안 될 것입니다.

• 요한 크리소스토무스 『마태오 복음 강해』 34,2-3.

모든 것은 신적 섭리에 따라 일어난다

사랑하는 여러분, 섭리를 벗어나는 일은 없습니다. 진정 여러분은 사람들이 겪는 일이, 하느님께서 주무시고 계셔서 그들이 고통을 겪는다고 생각하십니까? 우리는 이런 일들이 우리 주위에서 언제나 일어나고 있는 것을 봅니다. 구름이 모이고 비가 양동이로 붓듯 쏟아지고, 우박이 떨어지고, 천둥으로 땅이 흔들리고, 번개가 쳐서 까무러칠 듯 두렵고, 사방에서 이런 것들을 보며 이런 일들은 하느님의 섭리와 아무 관계없이 일어난다고 여깁니다. … 자기 자신의 사악한 욕망 때문에 바깥세상에서 훔치는 자들은 하느님의 심판에 의해 내적으로 우박을 맞습니다.

• 아우구스티누스 『설교』 8,10.

하느님의 허락과 도움

저는 이 일[시편 39,10 참조]이 당신의 허락으로 제게 일어났다는 것을 깨달았습니다. 그래서 저는 저의 고통을 허락하신 같은 곳에서 도움도 받게 되리라는 것을 알고 더 오래 기다렸습니다.

• 타르수스의 디오도루스 『시편 주해』 39.

우리를 도와주시는 하느님께 희망을 두다

여러분은 고통을 견디게 하는 도움이라는 선물을 지니고 있습니다. 그래서 그는 "그분에게서 나의 인내가 오느니!"라고 합니다. 그러니 모든 회중은 그분께 희망을 두십시오. 여러분의 힘을 믿지 말고 그분께 희망을 두십시오. 여러분의 나

쁜 것들을 그분께 고백하십시오. 그분에게서 여러분의 좋은 것들이 오기를 희망하십시오.

• 아우구스티누스 『설교』 283,3.

도움이 되어 주시다

그대가 하느님을 그대의 도움이라 믿으면, 그대가 고통을 당할 때 그분께서 도움이 되어 주십니다. … 그대의 고통의 때에 모든 것이 그대에게 되돌려질 것입니다. 모든 일에서 겸손하기만 하십시오. 그대가 속속들이 아는 일일지라도 말을 삼가십시오. 남들 모르게 욕하는 습관을 들이지 마십시오. 오히려 그와 반대로 모든 시련을 기쁘게 견디십시오. 시련의 결과 영예가 주어진다는 것을 안다면, 여러분은 시련에서 벗어나게 해 달라고 기도하지 않을 것입니다.

• 파코미우스 『교리교육』 16.

하느님의 힘

바오로가 말하는 "모든 것"(로마 8,28)은 고통으로 보이는 것조차 포함하는 말입니다. 만약 환난과 가난, 투옥, 굶주림, 죽음 등이 닥쳐도 하느님께서는 그것을 정반대의 것으로 바꾸실 수 있습니다. 이것은 말로 다할 수 없는 하느님의 힘을 보여 주는 한 예이며 그분께서는 고통도 우리에게 빛으로 보이게 하시며 우리에게 도움이 되는 것으로 바꾸실 수 있습니다.

• 요한 크리소스토무스 『로마서 강해』 15

고통이 응당한 것임을 이해하다

주님께서는 역경을 금하실 수 있지만 그것이 죄인들에게 끼치는 장점 때문에 아무런 도움을 주시지 않을 수 있습니다. … 그러니 여러분의 죄와 위법 행위들을 헤아려 보십시오. 여러분의 양심에 난 상처들을 살펴보십시오. 자신이 받고 있

는 고통이 응당한 것임을 이해한다면, 각 사람은 하느님과 우리에 대한 불평을 멈추십시오.

• 키프리아누스 『데메트리아누스에게』 11.

고통은 자비를 가르친다

하느님께서는 먼저 그들이 외국 땅에서 온갖 종류의 고통과 환란, 괴로움을 겪기를 원하셨습니다. 이렇게 함으로써 그들은 같은 일을 겪는 이들에게 좀 더 쉽게 자비를 보일 수 있게 되었고, 또 하느님의 계명을 존중하게 되었습니다. … 하느님께서 당신 백성에게 고통을 주신 이유가 바로 이것임이 더욱 분명하게 드러나도록 마침내 하느님께서는 당신 계명 안에서 이렇게 말씀하셨습니다. "너희는 이방인을 억압하거나 학대해서는 안 된다. 너희도 이집트 땅에서 이방인이었기 때문이다"(탈출 22,20). … 이스라엘이 자신에게 일어난 일을 통하여 다른 이들을 자비롭게 대하는 법을 배우게 하시려는 것이었습니다.

• 펠라기우스(위-아우구스티누스를 통하여)
『그리스도인의 삶』 8.

고통의 교훈

당신께서는 늘 제 곁에서 자비와 노기를 동시에 보이시며, 무법한 저의 온갖 쾌락에다 쓰디쓴 고통을 뿌리심으로써 제가 고통이 따르지 않는 다른 쾌락들을 찾아 나서게 이끄셨습니다. 주님, 당신은 제가 그것들을 다른 그 어디도 아닌 당신에게서 찾아내기 바라셨습니다. 당신께서는 고통을 주심으로써 우리를 가르치시고, 우리를 고쳐 주시려고 우리를 치시며(신명 32,39 참조), 우리가 당신 없이 죽는 일이 없게 하시려고 우리를 죽이시는 것입니다.

• 아우구스티누스 『고백록』 2,2.

하느님의 지략

하느님의 권능은 낙담한 정신을 위로해 줄 여지가 있을 때에 고통받는 이를 더욱 체념하게 만듭니다. 그러면 그의 고통은 줄어들지 않습니다. 하느님은 느슨해진 정신을 다룰 때처럼 그를 긴장하게 만들고, 그에게서 평정심을 앗아 가 버리십니다.

• 요한 크리소스토무스 『시편 해설』 4,3.

기준의 문제

만약 영혼이 하느님을 향했다면 고통스럽지 않았을 것입니다. 그렇지요? 제 영혼이 저를 향할 때 고통스러웠습니다. 변하지 않는 분을 향할 때에는 새로운 힘을 얻었지만 변하기 쉬운 것을 향해 돌아섰을 때에는 혼란스러웠습니다. … 아무것도 자신에게 돌리지 마십시오. 그러면 하느님께서 영혼에 도움이 되는 것을 베풀어 주실 것입니다.

• 아우구스티누스 『시편 상해』 42,12.

하느님께서 롯을 구해 주시다

주님께서는 롯을 구해 주심으로써, 당신은 당신께 희망을 두는 이들을 버리시지 않는다는 것과 당신에게서 돌아서는 이들은 형벌과 고통에 넘기신다는 것을 분명하게 보여 주셨습니다.

• 로마의 클레멘스 『코린토 신자들에게 보낸 첫째 편지』 11,1.

여행 중인 예언자를 받아들이다

"예언자를 예언자라서 받아들이는 이는 예언자가 받는 상을 받을 것이고, 의인을 의인이라서 받아들이는 이는 의인이 받는 상을 받을 것이다"(마태 10,41)라는 말은 무슨 뜻이겠습니까? 이 말씀은, 그 여행자가 받을 상이 무엇이든, 하느님 때문에 그를 받아들이는 사람은 그 여행자가 받는 상을 똑같이 받는다는 뜻입니다. 그런즉 하느님 때문에 고통받는 사람과 하느님 때문에 고통받는 이에게 위로를 베푸는 사람이 동등한 취급을 받습니다.

• 『마태오 복음 미완성 작품』 강해 26.

나의 피신처는 하느님

다른 이들은 다른 신들이나 그들의 마귀들에게 피신하라고 하십시오. 자기들 힘을 믿거나 자기 죄를 변호하는 곳으로 피하라고 하십시오. 제게는 저를 괴롭히는 고통으로부터 피할 곳이 당신밖에 없습니다.

• 아우구스티누스 『시편 상해』 32,19.

하느님 안에 사는 삶은 영원하고 행복하다

두려움이 있다면 고통이 있을 것입니다. 그런데 그 고통은 육신의 고통이 아니라 영혼의 고통이기에 더 끔찍합니다. 고통이 있는 곳에 무슨 행복이 있겠습니까? 따라서 우리는 그 생명의 끝을 보지 못한다 하더라도 그 생명 안에 영원히 머물리라는 확신을 가질 수 있습니다. 우리는 하느님의 나라에 머물 것이기 때문입니다.

• 아우구스티누스 『설교』 306,8-9,7.

우리는 하늘에 계신 하느님과 함께 있을 때 진정 안전하게 된다

우리는 이 세상에서 어떤 고통과 어려움도 견뎌 내곤 하므로 끝이 있는 모든 것은 사실 아무것도 아닙니다. 끝이 없는 좋은 것들이 오고 있습니다. 우리가 그것들에 이르는 것은 고생과 수고를 통해서입니다. 그러나 우리가 거기에 이르면 그 누구도 우리를 그것에서 떼어 놓지 못합니다.

• 아우구스티누스 『설교』 130,5.

고통받는 인간의 대명사인 욥

욥 찬양

하느님의 입증을 받고, 천사들의 칭송을 받으며, 악마조차 감탄한 그 사람(욥)은 복됩니다. 그는 가장 끔찍한 고통과 가장 깊은 슬픔에 직면하고도 굴복하지 않았기 때문입니다. 그는 "악을 멀리하는 이"(욥 1,1)였습니다.

• 저자 미상의 비유사파 『욥기 주해』 1,9.

고통이 드러나기를 열망하다

"나는 부정한 행위도 하지 않았는데 이 고통을 당하였다네." 이런 고통을 받아야 할 이유가 없으므로 분개할 만한 충분한 이유가 있습니다. "나는 이 고통을 당했다." 욥은 자신의 공로에 반하는 고통을 받고 있다는 것을 알고 있습니다. 그래서 그는 고통을 겪는다는 사실이 숨겨지길 원하지 않으며 자신이 받는 고통이 드러나기를 열망합니다. 욥은 자기 삶의 무죄를 확신하고 있기 때문에, 자기가 당한 고난의 기억이 망각 속에 묻혀 버리지 않고 모든 사람에게 알려지기 바랍니다.

• 에클라눔의 율리아누스 『욥기 해설』 16,18-19.

권위 있던 옛날과 비참한 현재

"그러나 이제는 나를 비웃네, 나보다 나이 어린 자들이"(욥 30,1). 이 말은 욥이 주장했던 것처럼, 지난 시절 그에게 있었던 권위와 힘과 품위를 증명합니다. 과거에 누렸던 행복이 클수록 불행해진 뒤 느끼는 고통은 더욱 쓰라립니다.

• 에클라눔의 율리아누스 『욥기 해설』 30,1.

절망할 이유가 없다

거룩한 욥은 자기 희망과는 반대로 자신에게 드

친 불운 때문에 낙심합니다. 그러자 엘리파즈는 재난을 당한 욥에게 자비로우신 하느님에 대하여 절망해서는 안된다고 말합니다. 사실 채찍질을 통하여 방탕한 죄를 억제하는 것은 신성한 사랑의 증거입니다. … 한 인간이 잘못을 바로잡고 죄를 시인하도록 고통과 채찍을 통하여 인도받을 때, 자신을 불행한 사람이라고 보지 말아야 한다고 엘리파즈는 말합니다.

• 에클라눔의 율리아누스 『욥기 해설』 5,17.

엘리파즈의 견해

성경은 욥이 하느님을 거스르는 어떤 어리석음도 저지르지 않았다고 증언하는 반면, 엘리파즈는 욥에게 부과된 재난의 이유를 잘못 이해하고 있습니다. 엘리파즈는 욥이 죄 때문에 고통을 받고 있다고 믿으며, 욥의 말은 용납하기 어려운 그의 행동으로 말미암은 것이라고 생각합니다. … 엘리파즈는 욥의 길이 "사악한 길"이라고 합니다. 그는 이 거룩한 사람이 고통을 받는 것은 죄 때문이라고 계속 생각합니다. 엘리파즈가 욥에게 어리석다고 하는 이유도 바로 여기에 있습니다.

• 맹인 디디무스 『욥기 주해』 4,6.

하느님께서 숨겨 주시면 구원받는다

하느님에 의해 숨겨지면 구원을 받습니다. 그러나 아담처럼 스스로 숨는 것은 파멸적입니다. 욥은 죄가 없었기 때문에 이것은 욥에게는 해당하지 않습니다. 욥은 자기가 죄 때문에 고통당하는 게 아니라는 것을 친구들이 알 수 있도록 "저에게서 당신의 손을 멀리 치우소서"(욥 13,21)라고 말하고 있습니다. 친구들은 욥이 죄 때문에 고통을 받는다고만 믿었기 때문입니다.

• 맹인 디디무스 『욥기 주해』 13,20-21.

죄 때문에 고통을 당하는 것이 아니다

욥의 친구들인 세 임금[1]이 욥을 죄인이라고 선언했다는 사실을 생각해 보면 이런 질문은 쓸데없는 것이 아닙니다. 욥이 부자였다가 가난뱅이가 되었고, 자녀 많은 아버지였다가 자식들을 잃었으며, 부스럼이 돋아나고 머리에서 발까지 상처투성이가 된 것을 그들이 보았기 때문입니다. 거룩한 욥은 그들에게 이렇게 항변했습니다. 내가 내 죄 때문에 이런 고통을 당하고 있다면, "어째서 악인들이 살아 있는가? 그들은 늙더라도 그 후손들이 바라는 대로 부를 누리고, 자녀들은 그들 눈앞에 있고, 그들의 집은 번성하여 두려움이 없고, 주님의 회초리는 그들에게 내리지도 않아"(욥 21,7-9 참조).

• 암브로시우스 『성직자의 의무』 1,12,41.

하느님의 방문

욥은 조금 망설이며 친구들에게 말합니다. 만일 고통이 전적으로 죄에서 온다면, 세상에서 일어나는 모든 일을 보시는 그분께서는 어째서 그분의 방문을 받지 않은 채 [세상을] 떠나는 이들이 있도록 두셨는가? "그들은 알아채지 못했네." 곧, 악인들은 자기들이 방문을 받지 않았다는 사실을 알아채지 못했다는 것입니다. 실제로 하느님의 방문에 대해서 우리는 "아버지가 아끼는 아들을 꾸짖듯 주님께서는 사랑하시는 이를 꾸짖으신다"(잠언 3,12)고 믿고 그렇게 가르칩니다.

• 올림피오도루스 『욥기 주해』 24,12-13.

다른 이유 때문에 고통을 당할 수 있다

욥의 친구들은 사악하기보다는 앎이 부족해서 "자네는 죄 때문에 고통을 받는 것이네"라고 말

---

1 욥의 세 친구 엘리파즈와 빌닷과 초바르를 일컫는다.

합니다. 그들은 딴에는 위로의 말을 한다고 생각합니다. 그들은 참된 이유를 발견하지 못했으므로 돌팔이 의사들이었습니다. … 그래서 그들이 올바른 시간에 대한 지식을 미리 알고, 말하기에 적절한 시간을 미리 알았기를 욥은 바랐습니다. 그랬다면 그것이 그들에게는 지혜의 시작이었을 것입니다. 인간은 다른 이유 때문에 고통을 당할 수 있다는 것, 곧 타고난 덕을 가시적으로 보여 주기 위해서 고통을 당할 수 있다는 것을 그들이 안다면 욥의 친구들은 지혜를 소유할 수 있을 것입니다.

• 맹인 디디무스『욥기 주해』13,4-5.

하느님만이 우리에게 덕을 가르칠 수 있다

그들(욥의 세 친구)의 발언에서 잘못은 하나라는 것을 아십시오. 그들은 욥을 비난할 때마다 욥이 죄를 지었기 때문에 불운으로 고통당하고 있다고 믿었습니다. 그들은 사람들에게 불운이 닥치는 이유가 여러 가지라는 것을 보지 않습니다. 그것들을 좋게 부르든 나쁘게 부르든 그런 일이 일어난다는 것은 확증되어 있습니다. … 하느님은 당신 제자의 영혼을 비추시고 당신의 빛과 진리의 말씀으로 그의 정신을 밝히심으로써 진리 안에서 가르치십니다. 이러한 이유로 가르침의 은총을 받은 의인들은 우리를 가르칩니다.

• 오리게네스『욥기 단편』16,4.

욥의 말을 오해한 엘리후

만일 욥이 하느님보다 자신이 더 의로우며 [그분을 거스르는 행위를 할 권리가 있다고] 믿은 것이 사실이라면 욥은 극단적으로 불경한 행동을 한 것입니다. 실상은 어땠습니까? 욥의 생각은 전혀 그렇지 않았습니다. 그렇게 믿은 것은 바로 엘리후였습니다. 욥은 자기가 하느님보다 더 의

롭다는 생각으로 말한 것이 아니라, 자신의 고통이 하느님에게서 온다는 뜻으로 말했던 것입니다. 그러니까 욥은 전혀 하느님을 불의하다고 비난하지 않았습니다. 엘리후가 그렇게 이해한 것입니다.

• 요한 크리소스토무스『욥기 주해』32,2-3.

참된 친구가 없다

욥을 시험하기 위해 이런 일도 벌어졌습니다. 고통 중에 친구들이 없다는 것은 작은 아픔이 아닙니다. 거룩한 다윗도 비슷한 고통을 겪을 때에 "오른쪽을 살피소서. 그리고 보소서. 저를 돌보아 주는 이 아무도 없습니다"(시편 142,5)라고 노래했습니다.

• 맹인 디디무스『욥기 주해』6,15

공허함을 절감하는 욥

"자네들의 대답에는 공허함밖에 남아 있지 않네"(욥 21,34 참조, 페쉬타). 욥은 이렇게 말하고 있습니다. 자네들은 나를 위로하는 대신에 고통과 괴로움을 주었네. 길게 말한 결과 내가 얻은 것은 공허함뿐이네. 자네들의 대답은 나에게 공허할 뿐이네.

• 메르브의 이쇼다드『욥기 주해』21,34.

세상의 고통과 영원한 생명

엘리후는 쓸쓸한 고통을 이야기한 후 위로의 기쁨에 대해 말했기 때문에, 고통받고 구원된 이 사람에 대해 옳게 덧붙입니다. "하느님께서는 모든 인간 안에서 이 모든 일을 세 번 하시니," 곧 회심과 시험과 죽음을 통해 이 일을 하신다는 것입니다. 사람은 이 세 조건 속에서 우선 극심한 슬픔의 고통을 겪고 그다음에 크나큰 보호의 기쁨으로 위로받기 때문입니다. 그러나 선택받은

이들 각자의 마음은 이 각 세 단계에서 고통(회심의 고통, 시험의 고통, 소멸의 공포)을 받고 정화되며 바로 이 고통에서 해방되기에, "썩음에서 영혼들을 구원하고 생명의 빛으로 그들을 비추시기 위함입니다"라고 적절하게 덧붙인 것입니다.

• 대 그레고리우스 『욥기의 도덕적 해설』 24,34-35.

하느님께서 회개의 기회를 주시다

하느님은 당신께서 욥에게 부여하신 어려운 시간 내내 욥과 함께 계시기 때문에, 욥은 '당신의 분노를 끝내시라'는 의미로 "눈을 돌리십시오"(욥 14,6)라고 말합니다. 하느님은 참여를 허락하시고 분노를 통해서 다양한 방식으로 접근하십니다. 친구들은 욥이 죄를 지어서 고통받고 있다고 결론내립니다. 이에 욥은 신랄하게 답변합니다. "인간의 삶은 짧고 시든 꽃과 그림자 같다네." 그리고 "하느님은 인간을 바라보시지." 욥은 여기서 자신이 죄 때문에 고통을 받는 것이 아님을 친구들에게 보여 주고 있습니다. 욥은 말합니다. "눈을 돌리십시오!" 만일 하느님이 누군가를 그러한 재난의 홍수에 넘기신다면, 인간은 회개를 위해 고요히 있을 수가 없습니다. … 욥이 친구들에게 이런 말을 하는 이유는 회개의 마음을 일으킬 수 있도록 하느님께서 기회를 주신다는 것을 분명히 하기 위해서입니다.

• 맹인 디디무스 『욥기 주해』 14,6.

인간 한계의 인식

자신의 한계를 이해하지 못하는 마음은, 먼저 주제넘게도 천상의 것을 파고듭니다. 자신의 나약함을 발견하고 나면 마음은 자기가 알지 못하는 것에 대한 경외감을 느끼기 시작합니다. 그러나 마음은 첫 번째 죄의 대가를 치르면서 몹시 괴로움을 당하기 때문에 이러한 변화 안에는 고통이

있습니다. 마음은 자기에게 와 닿는 것들을 이해하지 못합니다. … 그러므로 우리의 아주 훌륭한 행위들 자체는 불안한 두려움의 보호를 받지 않는 한, 숨어 있는 칼의 위협으로부터 벗어나지 못합니다. 이러한 때 거룩한 사람(욥)은 "저는 제가 했던 모든 일을 두려워했습니다"라고 정직하게 말합니다.

• 대 그레고리우스 『욥기의 도덕적 해설』 9,51-53.

하느님의 은총과 소리를 통한 회심

사람은 자신이 살아온 것 때문에 고통을 느낍니다. 이제 그(욥)는 자기가 행하지 않은 선을 보기 시작하므로 자신이 살아온 것 때문에 자신을 증오하며, 마땅히 그렇게 살았어야 했지만 그렇게 하지 못했던 일들을 사랑합니다. … "그분은 당신의 장엄한 소리로 천둥을 울리실 것입니다"(욥 37,4 참조). 하느님은 눈물 때문에 이제 호의를 지닌 우리에게 제안하실 때 당신의 장엄한 소리로 천둥을 울리십니다.

• 대 그레고리우스 『욥기의 도덕적 해설』 27,39-41.

시험으로 오는 고통

"아 슬프구나! 자네들은 나에게 거드름을 피우며 나를 모욕하고 있지만, 나를 어렵게 만들고 나를 거슬러 성채를 쌓으신 분은 바로 주님이시라는 것을 알아 두게나." 이 말의 의미가 무엇일까요? 존중심과 두려움을 가져야 한다는 말일까요? 제 생각에는, 욥이 이 구절을 통해서 자신이 큰 고통을 받고 있다는 것을 나타내려는 듯합니다. 실제로 욥의 고통은 그가 잘못했기 때문이 아닙니다. 하느님께서 누군가를 치실 때 그 사람은 항상 자기 잘못 때문에 고통을 당하는 것일까요? 욥의 경우 그렇지 않았고 다른 많은 사람도 마찬가지입니다. 그들의 고통은 시험받기 위한

것이고 더욱 큰 승리를 얻기 위한 것입니다.

• 요한 크리소스토무스 『욥기 주해』 19,3B-6A.

욥이 인내를 시험받다

욥은 말합니다. '그분은 나를 찢어 버리셨고 마치 나무처럼 뿌리에서부터 나의 모든 희망을 잘라 버리셨네. 분노에 휩싸인 원수처럼 그분은 나의 모든 번영을 파괴하셨네.' 하느님은 분노나 적개심으로 고통을 주시지는 않으므로 욥이 "원수처럼"(욥 19,11)이라고 말한 것은 옳습니다. 욥이 이런 말을 하는 이유는 자신의 형벌이 인간적 범죄의 한계를 넘어서는 것임을 친구들과 자기 자신에게 설득하기 위함입니다. 사실 이 의인은 자신이 저지른 범죄 때문이 아니라 인내를 시험받기 위해서 고통을 당하고 있었습니다.

• 올림피오도루스 『욥기 주해』 19,10-11.

역경을 견디는 인내가 우리를 정화한다

그(엘리파즈)는 여기에서[욥 22,21-25 참조] 올바른 교리를 선포하고 있습니다. 사실 그는 욥이 죄 때문에 고통을 겪고 있지만, 재난을 인내함으로써 정화될 것이라고 생각하고 있습니다. 일단 정화되면 욥은 모든 외부의 영향에서 벗어날 것이며 어떤 부정에 연루되는 것에서도 자유로울 것입니다. 욥은 용광로에서 정련되는 황금처럼 시험받는 이로 나타날 것입니다. '자네가 자네에게 벌어진 일을 인내한다면, 하느님께서 자네를 불로 정화한 은처럼 순수하게 만드실 것'이라고 엘리파즈는 말하고 있습니다.

• 오리게네스 『욥기 단편』 16,69.

하느님의 뜻을 이루기 위한 길

거룩한 욥은 자신을 금처럼 불로 시련을 겪는 사람에 비유합니다. 교만에서 나온 말이 아닙니다.

그는 고통을 당하기 전에 하느님께서 의롭다고 하신 사람이었고, 교만 때문에 악덕을 없애고 미덕을 높이기 위해 시험을 받는 것이 아닙니다. 금은 불로 정화됩니다. 욥에게는 정화될 것이 아무것도 없지만 그는 시련의 고통을 당하는 동안 자신이 정화되는 중이라고 믿었습니다.

• 대 그레고리우스 『욥기의 도덕적 해설』 16,41.

죽음 이외의 개인적인 상처로 시험을 받다

첫 번째 유혹이 거룩한 사람의 착실함을 무너뜨리지 못한 것을 본 사탄은 다시 하느님 앞에 와서 유혹이 강하지 않았다고 주장하면서 욥이 이제 정말로 시험을 받아야 한다고 우겼습니다. 이 시험은 욥의 외부적인 환경보다는 욥 자신을 겨냥할 것입니다. 실제로 사탄은, 욥이 자기 재산의 잃음을 다른 모든 사람이 그러하듯이 받아들이는 척한 것이라고 여겼습니다. 그러나 욥은, 그에게 구원을 제공해 주실 하느님을 거슬러 악의 있는 말을 하지 않기 위해 고통을 받아들였습니다. 인간은 작은 고통을 당함으로써 가장 큰 상실을 쫓아냅니다. 우리는 종종 작은 위험을 견뎌 냄으로써 치명적인 위험을 피합니다.

• 에클라눔의 율리아누스 『욥기 해설』 2,4

욥의 말은 죄스러운 말이 아니다

엘리파즈가 뭐라고 합니까? "자네는 고통 중에 종종 말하지 않았는가?" 시편에 "그 혓바닥 밑에는 재앙과 환난이 도사리고 있습니다"(시편 10,7)라고 나와 있듯이, 여기의 "고통"은 성경에서 말하는 "죄"를 의미할 수도 있습니다. … 욥은 죽기를 바랐고 현재 삶에서 구원받기를 원했습니다. '정의로운 일을 하고 선행을 베풀었음에도 나는 이러한 재난으로 고통을 받는 것인가?'라고 욥이 말했습니까? 아닙니다. 욥은 이렇게 말했습니다.

'나는 경건하지 않은 자들과 나의 종들과 사산아들과 함께 사라지기를 원했다. 나는 경건하지 않은 자들과 똑같은 운명에 놓이기를 원했다.' 욥은 '나는 그러한 자질과 그러한 중요성을 가지고 있다'고 말하지 않았습니다.

• 요한 크리소스토무스『욥기 주해』4,2.

모든 사람에게 본보기인 욥

욥은 "제가 돌아오지 못하는 곳으로, 어둠과 암흑의 땅으로 가기 전에"(욥 10,21)라고 합니다. 이는 이렇게 말하는 것과 같습니다. '만일 제가 이곳으로 돌아오고 여기서 제 노고의 보상을 받는다면, 나는 기진맥진하지 않을 것이고 고통 중에서 죽을 때까지 싸움을 포기하지 않을 것입니다. 나의 의로움을 아는 이곳 사람들은 제가 여기로 돌아옴으로써 보상받는다는 것을 볼 것입니다. 그러나 내가 고통 중에 죽는 것을 그들이 본다면 그들은 욥이 사악하거나 의로움에서 오는 유용한 어떤 것도 믿지 않았다고 생각할 것입니다.'

• 예루살렘의 헤시키우스『욥기 강해』13,10,20B-22.

신앙의 영원한 빛

세상이라는 이 밤에 신앙의 등불은 어떤 유혹의 바람에도 꺼지지 않으며 천상의 영원한 빛의 영광을 준비합니다. 이와 달리 죄인의 빛은 짧은 인간의 삶 안에서 꺼지고 마는데, 죄인은 그림자처럼 일시적이기 때문입니다. 죄인의 빛은 오래가지 않을 것이고, 욥이 말하듯, 많은 고통 속에서 홍수가 불경한 자들을 덮칠 것입니다. 그리고 [하느님께서는] 그들 각자에게 당신 진노의 고통을 내리십니다. 하느님께서 고통을 내리시는 것은 죄인이 받아 마땅한 벌을 각자에게 주시기 때문이라고 욥은 말하고 있습니다.

• 사제 필리푸스『욥기 주해』12.

하느님의 자비에 대한 표현

"그들의 행실에서 벗어나게 하시고"(욥 33,17 참조, 페쉬타)라는 말씀의 뜻은 이렇습니다. 하느님은 [꿈과 환시라는] 방법으로 부끄러운 행동에서 사람들을 보호하십니다. "그분께서 사람의 몸을 보호하신다"라는 말씀은, 때로 그분은 의인에게 질병과 고통을 주시지만 그것은 멸망의 형벌에서 인간을 보호하기 위한 것이라는 뜻입니다.

• 메르브의 이쇼다드『욥기 주해』33,17.

욥의 기도

욥은 기도의 형태로 이를 표현하고 있습니다. 그가 진 짐은 가볍지 않았고 그는 고통을 느끼면서 감내했습니다. 고통을 느끼지 않았다면 용감한 일이 아니었을 것입니다. 그러나 욥은 감사하는 마음으로 기도함으로써 하느님의 도움으로 자신이 고통을 감내했다는 것을 가르쳐 줍니다. … 욥은 돌아올 수 없는 곳으로 가기 전에 안도감을 찾고 싶어 합니다. 그는 자기 자신을 위해 기도하는 것이 아니라, 어려움으로 고통을 받는 사람들은 악하지만 곤경에 처하지 않은 사람들은 의롭다고 여기는 친구들을 가르치고 있습니다. … 용감한 사람은 고통 중에 있었지만 다가올 시대에 대해 이야기했습니다. 그래서 욥은 부활을 부인하지 않고 "돌아오지 못하는 곳으로 가기 전에"(욥 10,21)라고 말하고 있습니다.

• 맹인 디디무스『욥기 주해』10,20-22.

기꺼이 임무를 완수하려는 욥

상처받기를 요청하는 그는, 기도를 들어달라고 기진맥진해서 기도를 하는 것이 아니라, 자신의 임무를 완수하기 위해서 기도하는 것입니다. 이 임무는 올바른 행동을 완수하는 것, 친구들에게 그들의 이익을 위해서, 자기가 어려움을 당하는 이유를, 곧 어려움들은 하나의 시험이라는 것을 보여 주는 것입니다. … 욥은 두 가지 이유 때문에 기도합니다. 한편으로 그는 경기에서 화관을 받을 수 있기를 기도합니다. 다른 한편 욥은, 어려움 속에서 지내는 자신의 인내를 자기 친구들이 의미 없는 것으로 여기지 않기를 기도합니다. … 그리고 자기가 당한 고통이 하느님의 승낙 없이 일어난 일이 아니라는 생각을 합니다. "하느님께서 결심하시어 나를 으스러뜨리시면 기쁠 것"(욥 6,9)이나 "나를 완전히 사라지게는 하지 마시고" 대신에 "하느님께서 당신 손을 내뻗으시어 나를 자르시기를"(욥 6,9) 기원합니다.

• 맹인 디디무스 『욥기 주해』 6,8-9.

고통의 원인과 이유

고통의 원인은 무엇인가?

고통에 선행하는 죄나 잘못이 없다면, 고통의 원인이 무엇이라고 해야겠습니까? 진실로 말하건대, 우리는 초월적 세계의 일들을 완전히 파악할 수 없습니다. 그러니 그런 일들을 속속들이 이해하기를 바라는 마음을 버리라고, 분별 있는 이들에게, 무엇보다 나 자신에게 충고하는 바입니다.

• 알렉산드리아의 키릴루스 『요한 복음 주해』 6,1.

그리스도의 친구들도 고통을 겪는다

하느님께서 어여삐 여기시는 이들이 끔찍한 고통을 겪는 것을 보고 불쾌해하는 이가 많습니다. 병이 들거나 빈곤해진 사람들, 또는 다른 비극적인 일을 겪는 사람들이 있습니다. 이런 일에 불쾌해하는 사람들은, 그리스도의 친구이지만 병들었던 라자로의 예에서 보듯, 하느님께서 특별히 아끼시는 이들도 그런 일을 자기 몫으로 겪기

도 한다는 것을 모르는 이들입니다.

• 요한 크리소스토무스 『요한 복음 강해』 62,1.

누구든 고통을 받을 수 있다

"그분은 당신의 화살통을 열어 나를 괴롭히셨다"(욥 30,11 불가타). 하느님의 "화살통"은 다름 아닌 비밀스런 권고를 의미하는 게 아니겠습니까? … 누구든 고통을 받을 수 있으나 고통의 원인은 불확실합니다. 응징 이후에 삶의 개선이 따르고 권고의 진짜 힘도 저절로 드러납니다. 그러므로 '닫힌 화살통'은 숨겨진 권고입니다. 그러나 응징 후에 따라오는 열린 화살통이 우리를 응징합니다. 우리는 어떤 권고가 우리를 내리쳤는지 알고 있습니다.

• 대 그레고리우스 『욥기의 도덕적 해설』 20,46.

하느님께서 의로운 이가 고통을 당하도록 두시는 데는 뜻이 있다

당신께 닥친 육체의 고통을 죄 때문이라고 생각하지 마십시오. … 의사가 환자를 보살피기를 그만둔다는 것은 치료를 포기했다는 표시입니다. 그대는 이렇게 말하십시오. "살아 있는 동안에 라자로가 나쁜 것들을 받았듯이(루카 16,25), 이제 나는 나를 위해 미래의 영광이 마련되도록 기꺼이 고통을 겪겠노라." '괴로움은 두 번 다시 일어나지 않을 것'(나훔 1,9 참조)이기 때문입니다 그의 세대에서 거룩하고 흠 없으며 의로운 사람이던 욥도 참으로 지독한 고난을 겪었습니다. 왜 그런 일을 당했어야 하는지, 그의 이름이 붙은 책이 설명해 줍니다.

• 히에로니무스 『편지』 68,1.

기근을 자랑으로 여기다

바오로 사도가 이와 비슷한 고통, 곧 "굶주림과

목마름, 추위와 헐벗음"(2코린 11,27)에 시달리면서도 기뻐하고 즐거워했듯이, 의인들은 기근을 자랑으로 여깁니다. 그러니까 의인들에게는 덕을 단련하는 기회가 되는 것이 불의한 이들에게는 죄에 대한 벌인 것입니다. … "이 세상 것만 생각"(필리 3,19)하는 사람들과 땅은 기근으로 고통받는다는 것이 사실입니다. 그러나 "하늘에 계신 아버지의 뜻을 실행하는"(마태 7,21) 것을 양식으로 삼는 이들과 "하늘에서 내려온 빵"(요한 6,51.58)으로 영혼을 살지게 하는 이들은 기근의 배고픔에 결코 무너지지 않습니다.

• 오리게네스『창세기 강해』16,3.

재앙을 주신 이유

재앙은 '주인'께서 이루신 은혜로운 일을 보고도 '주인'을 알아보지 못한 이들이 고통을 통해 하느님을 알아보도록 하기 위한 것임이 분명합니다.

• 오이쿠메니우스『묵시록 주해』16,11.

바오로는 자신이 겪는 고통은 육체의 본연적 특성이 아니라 하느님께서 더 큰 목적을 위해 내리신 일이라는 것을 분명하게 알리고자 합니다.

• 키루스의 테오도레투스
『바오로의 열두 서간 주해』(코린토 2서) 350.

고통은 우리를 위해서 주어지는 것이다

만약 여러분이 죄인이라면 여러분이 겪는 고통은 여러분을 바로잡기 위해 주어진 것임을 알아차리십시오. 또는 적어도 여러분을 정화하기 위해 주어진 것임을 아십시오. … 만약 여러분이 의롭다면 (그리고 스스로를 의인으로 여기는 것이 아니라면) 여러분의 고통은 이 시련으로부터 영광을 받기 위해 주어진 것임을 이해할 것입니다. … 그러므로 우리는 이 세상에서 여러 가지 고통을 겪습니다. 이는 의인을 시험하고, 죄인을 바로잡으며, 불경한 자를 벌하기 위함입니다. 이런 고통이 누군가에게는 죽음을 가져오고 누군가에게는 구원을 가져다줍니다.

• 브레시아의 가우덴티우스『베네볼루스에게』42-43.

역경은 종종 우리에게 영적인 도움을 준다

선택된 이들의 길은, 그들이 이 세상에서 갈망하는 것들 때문에 뼈에 사무치는 고통과 마주칠 때, 가시로 둘러싸입니다. 주님께서는 그들의 갈망이 실현되지 못하도록 벽으로 막듯 그들의 길을 둘러막으십니다. … 인간 정신은 자기가 사랑한 세상의 역경에 시달릴 때면, 예전 남편이 얼마나 좋았는지를 확실히 깨닫기 때문입니다. 역경은 종종 악으로 타락한 이들을 바로잡습니다.

• 대 그레고리우스『욥기의 도덕적 해석』6,34,3.

고대인들의 생각

고대인들에게는 재앙은 죄 때문에 온다는 일종의 철학이 있었습니다. 그들은 어떠한 악도 하느님의 탓이 아니라고 확신했기 때문입니다. 사람들이 마침내 하느님의 권능을 인식하게끔 훈련처럼 고통을 겪는다는 개념은 잘 알려져 있지 않았습니다. 영원한 생명을 위하여 오래 고통을 받기보다는 하느님께서 의로운 이들에게 그때그때 보상을 내려 주시는 편을 사람들은 더 좋아하기 때문입니다.

• 라오디케아의 아폴리나리스『요한 복음 단편』49.

매를 아끼지 말아야 하는 이유

"매를 아끼는 이는 자식을 미워하는 자"(잠언 13,24)입니다. 주님과 사도들도 두려움과 일 속에서 살았습니다. 올바르게 사는 사람에게 고통이 주어진다면, 그것은 이전에 범한 죄 때문에 꾸짖는 것이거나 미래를 위해 그를 돌보기 위하여 주님께서 주시는 것입니다. 또는 외부로부터 오는 공격을 당신 권능으로 막지 않으시는 것입니다. 이는 그와 주위 사람들에게 본보기로 세우려는 좋은 목적에 따른 것입니다.

• 『테오도투스 작품에서 발췌』 9.

행실과 생각에 대한 벌

행실을 '길'이라고 표현하며 예언자는 "나는 그들이 걸어온 길에 따라 벌하고 그들의 행실에 따라 갚으리라"(호세 4,9)라고 합니다. '그들'은 백성입니다. 우리는 행실뿐 아니라 도리에 어긋난 생각 때문에도 징벌의 고통을 당할 것입니다.

• 테오필락투스 『호세아서 주해』 4.

옳지 않은 생각

정신은 모든 것을 주의 깊게 둘러보아야 하며, 의미 있는 관심사를 붙잡고 놓지 않아야 합니다. 또한 우리는 비록 적법한 것일지라도 세속적인 일들에 관여하고 있기 때문에 때때로 충동적으로 옳지 않은 생각을 함으로써 고통받는다는 것을 알아야 합니다. 어떤 세속적인 행위가 얼마간이라도 욕망에 의해 물들여지면, 옛 원수의 힘이 우리에 맞서 커지고 우리의 정신은 작지 않은 유혹의 압력을 받아 타락하게 됩니다.

• 파테리우스 『구약성경과 신약성경 해설』 (레위기) 1.

하느님께서는 우리를 완전히 깨끗하게 하신다

거룩한 사람들이라고 할지라도 그 육이 사탄에게 넘겨지기도 하고, 아주 작은 잘못 때문에 큰 고통을 겪기도 한다는 것을 우리는 압니다. 심판의 날에 그들 안에서 발견될 티끌만 한 흠이나 티(에페 5,27 참조)로 신적인 자비가 손상되어서는 안 되기 때문입니다. 하느님께서는 그들이 세상에 있는 동안에 그들의 불순물을 모두 정화시켜 주십니다. 예언자가 말한 대로, 또는 하느님께서 직접 말씀하신 대로, 그들이 정제된 금이나 은처럼 정화를 위한 어떠한 벌도 필요로 하지 않고 영원으로 들어갈 수 있게 하시려는 것입니다.

• 요한 카시아누스 『담화집』 7,25.

죄를 짓지 않은 어린이의 고통

나이로 보아 아무 죄도 없는 어린이들이 육체적 고통을 당하는 데 대해서, 더군다나 (어린이에게) 생명을 주는 영혼이 어린이가 사람으로 태어나기 전에도 존재하기 시작한 것이 아니라고 (가정한다면), 굉장한 탄식, 그야말로 동정에 찬 탄식이 나오게 마련입니다. "(저 어린 것이) 도대체 무슨 짓을 저질렀기에 저런 일을 당한다는 말입니까?" 마치 누가 무엇을 해칠 수 있기 전에 지니는 순진무구함에 대해서까지 어떤 대가가 있을 수 있다는 (식의 탄식입니다)! 자기들한테는 귀엽기 그지없는 어린이들이 고통과 죽음에 시달림을 바라보면서, 만일 어른들이 마음을 바로잡는다면 (어린이들의 고통을 가지고) 하느님이 선한 무엇을 이루시는 것이 아닐까요? … 어린이들이야 올바로 행한 것이 별도로 없지만 죄를 짓지도 않은 채로 그런 고통을 당했으니까 말입니다. 저 어린이들, 헤로데가 우리 주 예수 그리스도를 죽이려고 찾다가 죽여 버린 저 어린이들을(마태 2,16 참조) 교회가 순교자의 영예로운 반열에 받아들인 것도 괜히 한 일이 아닙니다.

• 아우구스티누스 『자유의지론』 3,68

하느님의 섭리를 기다리다

우리가 엄청난 불행에 빠지거나 슬픔과 아픔에 고통스럽더라도, 견딜 수 없을 것 같은 곤경에 부딪치더라도, 불안해하거나 당황하지 말고, 하-

느님의 섭리를 기다립시다. 하느님께서는 우리를 짓누르는 것이 언제 사라져야 하는지 잘 알고 계십니다. … 극도의 고통과 오랜 슬픔이 이틀이나 사흘도 아니고, 이십 일이나 백 일도 아니고, 천 일이나 이천 일만큼 오래되었다고 하지도 않습니다. 그저 "해마다"라고 합니다. "해마다", 그러니까 여러 해 동안, 그 여인(한나)은 슬픔과 고통을 겪었습니다. … 그 여인은 끊임없이 기도와 간청을 드리고 있었습니다.

• 요한 크리소스토무스 『한나에 관한 설교』 1.

고통의 원인이 사라져야 한다

영혼과 육체의 고통을 통해 슬픔, 비탄과 한숨과 죽음이 우리를 공격한다고 할 때, 그 원인, 다시 말해 영혼과 육체에 괴로움을 주는 것들이 사라지지 않고서야 어떻게 그 고통이 그치겠습니까?

• 테르툴리아누스 『죽은 이들의 부활』 58.

고통의 치유와 극복

믿음의 두 가지 특성

믿음에는 두 가지 놀라운 특성이 있습니다. 크나큰 일을 이루게 하는 동시에 크나큰 고통을 이겨 내게 해 줍니다. 믿음이 있으면 고통을 아무것도 아니라고 생각하기 때문입니다.

• 요한 크리소스토무스 『히브리서 강해』 27,5.

영혼의 희망

육체는 매질과 박해를 당해 쇠퇴해 가지만 내적 인간은 믿음과 희망, 그러한 난국에 맞서게 하는 적극적인 의지로 새롭게 됩니다. 영혼의 희망은 육체의 고통과 정비례하기 때문입니다.

• 요한 크리소스토무스 『코린토 2서 강해』 9,2.

내 짐은 가볍다

주님의 멍에가 편하고 그 짐이 가볍다면, 왜 주님께서는 '그 길'을 '좁은' 길이라고 하셨을까요? 게으른 이들에게는 좁은 길입니다. 그러나 열성적인 이들에게 주님의 계명은 가볍습니다. 설사 잠시 동안 육체적 고통이 따른다 해도, 지금 희망 안에 양육되고 있는 이는 그 고통을 쉽게 견디어 내는 신심 깊은 사람이기 때문입니다.

• 라오디케아의 아폴리나리스 『마태오 복음 단편』 67.

하느님의 사랑에 의지하다

하느님의 사랑에 의지하는 한 우리는 고통을 느끼지 않습니다. 우리를 가까이 끌어당기시는 하느님의 사랑이 십자가에 못 박힌 몸의 고통을 느끼지 않게 해 주기 때문입니다. 이 모든 것을 우리는 이겨 내고도 남습니다. … 우리의 영혼은 일단 사랑이라는 그리스도의 상처를 입고 나면 그것이 몸을 칼에 넘기더라도 육의 상처에서 오는 고통을 느끼지 않습니다.

• 오리게네스 『로마서 주해』.

하느님의 선물

"잔"이라는 말은 완전한 은총인 사랑이라고 이해해야 합니다. 이 사랑으로 그리스도의 이름을 위하여 고통을 겪을 수 있는 힘이 생깁니다. 그리스도를 위하여 고통을 겪을 기회가 주어지지 않더라도 이 사랑은 마음에 굳건한 힘이 생기게 합니다. 이 힘은 신적 선물입니다.

• 루스페의 풀겐티우스 『편지』 14,42.

바오로는 나라나 명예를 얻기 위해서가 아니라 주님을 깊이 사랑했기에 그리스도를 위하여 모든 고통을 겪었습니다(참조: 사도 20,24; 필리 3,8).

• 요한 크리소스토무스 『로마서 강해』 15.

우리를 사랑하신 분을 통해

우리가 이러한 고통들을 아무것도 아닌 것처럼 여기는 것은 우리를 너무나 사랑하시어 우리를 위해 죽기까지 하신 분 때문입니다. 우리는 그분의 이름을 위해 죽을 때 특별히 승리합니다. 주님께서 먼저 다른 이들을 위해 겪으신 고통을 우리가 겪는 것은 수월한 일이기 때문입니다.

• 펠라기우스 『로마서 주해 단편』.

주님의 솔선수범

그분께서는 여러분을 위로하시고자 먼저 고통을 당하셨습니다. 마치 너희가 고통을 두려워하기 때문에 내가 먼저 너희를 위해 고통을 당한다고 말씀하시는 것 같습니다. 이것이 은총입니다. 큰 은총입니다.

• 아우구스티누스 『요한 복음 강해』 3,13-14.

영혼들의 위대한 의사께서 여러분의 고통을 고쳐 주시려 합니다. 그분은 여러분뿐 아니라 죄의 노예가 된 모든 이를 구하시기 위하여 기다리고 계십니다.

• 대 바실리우스 『편지』 46.

예수님 이름의 능력

그리스도인은 주문呪文 같은 것에서가 아니라 예수님의 이름과 그분께서 하신 일을 기림으로써 힘을 얻습니다. … 예수님의 이름은 마음으로 고통받는 자들을 치유하고, 어둠의 영들을 쫓아내며, 병든 이들에게는 늘 유효한 치료약입니다.

• 오리게네스 『켈수스 반박』 1,6.

고통을 덜어 주는 치료제

주님께서 가까이 계시다는 것을 알면 큰 위로가 됩니다. … 여기 모든 나쁜 상황, 모든 고통을 덜

어 주는 치료제가 있습니다. 그것은 무엇입니까? 모든 일에 감사하고 기도하는 것입니다.

• 요한 크리소스토무스 『필리피서 강해』 15,4,4-5.

영원한 빛이시며 모든 믿는 이들의 지도자시고 불사불멸의 창시자이신 우리 주님께서는 장차 고통을 겪을 제자들을 미리 위로해 주셨습니다.

• 푸아티에의 힐라리우스 『마태오 복음 주해』 10,15.

그들만의 위로

겸손하고 거룩한 하느님의 종들은 현세의 재앙이 닥치면 두 배로 고통을 받습니다. 불의한 이들과 함께 고통을 겪고 또 그들 손에도 고통을 받기 때문입니다. 그러나 그들만의 위로가 있으며 장차 올 세상에 대한 희망이 있습니다.

• 아우구스티누스 『편지』 111.

모두 함께 고통을 당하다

우리가 사랑하는 이들이 당하는 괴롭고 슬픈 일을 듣지 않으려 하는 일이 없도록 합시다. 한 지체가 고통을 당할 때 다른 지체들이 함께 고통을 당하지 않는 것은 있을 수 없습니다.

• 아우구스티누스 『편지』 99.

바오로의 말[2코린 11,29 참조]은, 그가 연민의 마음으로 모든 이와 함께 고통을 겪으며, 그들의 상처에 치료제를 제공하기 위해 그들의 아픔을 함께 나눈다는 뜻입니다.

• 암브로시아스테르 『바오로의 열세 서간 주해』(코린토 2서).

불쌍히 여기다

바오로는 우리가 따뜻한 우애로 충만하기를 바랍니다. 그래서 어려움에 처한 사람을 보면 늘 그 사람을 축복함은 물론 그의 고통과 괴로움에

동정심을 느껴야 한다고 바오로는 말합니다.

• 요한 크리소스토무스『로마서 강해』22.

고통과 믿음을 함께하다

바오로 사도가 전교하던 당시 히브리인들은 완전히 맥이 빠진 사람들이었습니다. 애초에는 믿음으로부터 태어난 민족이었으나, 오래 고난과 고통의 세월을 겪어 오는 동안 결국 마음이 약해지고 기운도 떨어져 예전의 위상을 유지하기조차 힘든 형편이었습니다. … 한 영혼이 자기와 마찬가지 고통으로 괴로워하는 또 한 영혼을 만나면 기력을 회복하고 활기를 띠게 됩니다. 어려운 처지에 있는 사람끼리 동정하고 도와주는 이런 현상은 고통뿐 아니라 믿음에도 해당됩니다.

• 요한 크리소스토무스『히브리서 강해』22,1-2.

천사들의 동정심과 선의

이 구절[묵시 8,13 참조]은 하느님과 마찬가지로, 응징 받는 죄인들, 특히 자신이 받는 고통이 자신의 회개를 위한 것임을 알지 못하는 이들에게 자비로운 거룩한 천사들이 동정심과 선의를 보여 줍니다.

• 카이사리아의 안드레아스『묵시록 주해』8,13.

분투하는 이들에게 연민을 가지고 용기를 주어라

여러분 자신이 모범을 보이며 분투하는 사람들에게 연민을 갖는 법을 배우십시오. 고통 중에 있는 사람들을 겁주어 암담한 절망에 빠지게 하거나 가혹한 말로 상심하게 만들지 마십시오. 오히려 부드럽고 좋은 말로 그들에게 용기를 주고 지혜로운 솔로몬의 훈계에 따라 "죽음에 사로잡힌 이들을 구해 내고 학살에 걸려드는 이들을 빼내십시오"(잠언 24,11).

• 요한 카시아누스『담화집』2,13.

확신이 필요하다

우리는 그런 악행들을 보며 우리가 느끼는 비탄과 고통받는 이들에게 느끼는 연민이 하느님께 더없이 큰 보상을 받게 하며 그분께 받아들여진다는 보증이라는 확신을 가질 필요가 있습니다. [하느님의] 무시무시한 분노에서 일어난 것처럼 보이는 일을 당하여 슬픔에 압도되면 사람들의 정신은 평정을 잃어버리기 때문에 더욱더 그것이 필요합니다.

• 안티오키아의 세베루스『성경 주해 선집』.

고통이 우리를 강하게 한다

만일 죄인인 당신이 이 모든 일을 당한다면 다가올 처벌, 영원히 지속되는 불 그리고 정의로 인한 고통들을 상기해 보십시오. 그리고 지금 여기서 용기를 잃지 마십시오. 하느님께서 당신을 방문하신 것에 기뻐하십시오. … 덕을 실천하면서 큰 소리로 성인이 했던 다음 말을 외치십시오. "저는 가련하고 고통 중에 있습니다"(시편 69,30). 이 고통을 나눔으로써 당신은 완전하게 될 것입니다.

•『사막 사부들의 금언집』(신클레티카) 7.

덕의 힘

매 맞는 것은 물론 기분 좋은 일은 아니었습니다. 고통스럽고 괴로운 일이었지요. 그러나 하느님을 위해 매 맞는다는 사실, 그리고 그들이 매 맞는 땅은 그들에게 기쁨을 불러일으켰습니다. … 그런 심한 고통을 아무렇지 않게 이겨 내게 하는 덕은 이처럼 강력하며 무적입니다.

• 요한 크리소스토무스『사도행전 강해』23,6.

고통을 겪을 때면 주님을 기억하라

사악한 자들에 의해 [우리가 고통을 겪는 것은]

덕행을 위한 것이며 그분을 위해서임을 떠올립시다. 우리가 그 사실을 떠올린다면, 모든 것이 한결 쉽고 견딜 만해질 것입니다. 자신이 사랑하는 이들을 위해 고통을 겪을 때도 마음이 뿌듯해지는 법이거늘, 하느님을 위해 고통을 겪는 사람이라면 그 마음이 어떻겠습니까? … 우리가 고통을 그처럼 업신여길 수 있다면, 부와 탐욕은 얼마나 더 쉽게 업신여길 수 있겠습니까. 그러니 우리는 무엇이든 달갑지 않은 것을 견뎌야 할 때면, 그 수고가 아니라 왕관을 생각해야 할 것입니다.

• 요한 크리소스토무스『요한 복음 강해』77,4.

하느님을 생각한다면

우리도 언제나 마음의 눈으로 하느님을 본다면, 언제나 하느님을 생각한다면, 모든 일을 참고 견뎌 낼 수 있을 것입니다. 어떤 고난이 닥치더라도 어렵지 않게 참아 넘기며 극복할 것입니다. … 참으로 우리를 사랑하겠노라고 약속하신 분, 그분을 늘 생각하며 살아가는 사람이라면, 무엇인들 고통스럽다고 느낄 때가 있겠습니까?

• 요한 크리소스토무스『히브리서 강해』26,6.

그리스도의 피로 하느님과 가까워졌다

바오로 사도는 우리에 대한 하느님의 애정이 얼마나 큰지 보여 주기 위해, 우리가 그리스도의 피로 하느님과 가까워졌다는 사실을 우리에게 되새겨 줍니다. 하느님께서는 아들이 죽는 것을 허락하셨을 정도로 [우리를 사랑하신다는 것입니다]. 그러니 우리도 믿음 안에서 인내하며, 우리에게 가해지는 어떠한 고통 속에서도 그분을 위하여 절대 절망하지 말아야 할 것입니다. 그분을 위해서라면 우리의 원수들이 우리에게 입힐 수 있는 그 모든 일보다 더 힘든 것도 견뎌 내야

마땅함을 알기 때문입니다.

• 암브로시아스테르
『바오로의 열세 서간 주해』(에페소서) 2,13.

고통을 당할 때 기뻐하자

우리는 그리스도께 대한 우리의 믿음을 바칠 뿐 아니라, 고통을 참아 받음으로써 더없이 꺾이고 무너진 것입니다. 그리스도께서 고통을 당하면서도 기뻐하셨듯이, 우리도 고통을 당하면서 기뻐해야 합니다. 주님께서 당신 종들을 위하여 받아들이신 것을 우리는 그분을 위하여 참아야 합니다.

• 암브로시우스『열두 시편 해설』37,32.

부당한 해로움과 굴욕

바오로는 우리가 자랑할 때는 부당한 해로움을 입고 굴욕을 당할 때라고 분명하게 가르칩니다. 그리스도께서는 우리에게, 전에는 고통스럽고 불쾌해 보이던 것을 기쁘게 받아들일 수 있도록 이런 것들을 참고 견디는 힘을 주셨습니다.

• 암브로시아스테르『바오로의 열세 서간 주해』(코린토 2서).

분노를 이긴 주목할 만한 인내의 본보기

성경은 놀라운 용기를 지닌 한 여인의 본보기(2마카 7,1-42 참조)를 제시하고 있습니다. … 그 여인은 하느님을 모독하는 말을 하기보다는 차라리 난폭한 박해자에게 자신의 일곱 아들을 차례로 내어 주는 길을 택하였습니다. 그녀는 권고로 아들들에게 용기를 북돋아 준 뒤 자식들이 고문을 당할 때 자식들과 똑같이 끔찍한 고통을 느끼면서, 자식들에게 인내하라고 가르친 그대로 그녀 자신도 실행하였습니다. … 하느님의 사랑이 영혼 깊숙이 스며들어 갔음을 생각할 때, 이 여인이 난폭한 박해자와 육체적 고통과 여성의 약

함과 인간적 감정들을 이겨 낸 것이 그리 놀라운 일입니까?

• 아우구스티누스
『가톨릭 교회의 관습과 마니교도의 관습』1,23,43.

하느님의 더 큰 호의를 얻다

여러분은 고통받는 영혼들이 욕설과 모욕에 얼마나 민감한지 잘 알 것입니다. 상처가 심하면 손이 살짝만 스쳐도 참을 수가 없고 더 나빠지듯이, 그렇게 상처받고 불안한 영혼들은 모든 일이 편치 않고 그냥 던진 말에도 쓰라린 아픔을 느낍니다. … 우리도 그렇게 모욕을 당하고 숱한 불운을 겪게 된다면 우리를 모욕하는 자들을 점잖게 참아 냅시다. 그러면 우리도 하느님께 더 큰 은혜를 받을 것입니다.

• 요한 크리소스토무스『한나에 관한 설교』2.

인내를 배우다

'카타트'(타핫)는 '용기를 북돋움' 또는 '인내'를 의미합니다. 다른 사람에게 도움이 되기를 바라는 사람은 많은 고통을 당하고 그것들을 모두 참아 내야 하기 때문입니다. 그래서 주님께서는 바오로에 대해 이렇게 말씀하십니다. "나는 그가 내 이름을 위하여 얼마나 많은 고난을 받아야 하는지 그에게 보여 주겠다"(사도 9,16).

• 오리게네스『민수기 강해』27,12.

양심의 가책으로 고통스러워하며 바른 의지로 그 고통을 견뎌 내는 사람은 영원한 고통을 겪는 일이 없도록 자신의 치욕을 짊어집니다.

• 히에로니무스『에제키엘서 주해』5,16,52.

깨어 있으십시오

계속 전쟁이 짓누르고 있는 사람들은 잠도 자지

않습니다. 그래서 거룩한 사도는 그들에게 육체의 고통에 무너지지 말고 불굴의 인내로 그것을 견딜 것이며 깨어 있으면서 늘 기도하라고 이릅니다.

• 키루스의 테오도레투스
『바오로의 열두 서간 주해』(에페소서) 6,18.

고통받는 이를 위한 기도와 단식

이런 장애[마귀 들림, 마태 17,14-20 참조]로 고생하는 사람을 치유해야 할 경우가 언제라도 우리에게 생긴다면, 우리는 마치 그 부정한 영이 듣기라도 하는 듯 그에게 말을 걸지도 질문을 하지도 명령을 하지도 말아야 할 것입니다. 대신 기도와 단식을 열심히 행함[으로써] 그 일을 이룰 수 있을 것입니다. 고통받는 이를 위해 기도하며 또한 단식을 행함으로써 그 사람에게서 더러운 영을 쫓아낼 수 있을 것입니다.

• 오리게네스『마태오 복음 주해』13,7.

내가 울게 내버려다오

깊은 슬픔은 종종 고통당하는 영혼들에게 생기를 불어넣고 괴로워하는 양심을 가볍게 해 줄 수 있습니다. 가장 사랑하는 자식들을 잃은 여인들에게 슬퍼하는 것도, 눈물을 흘리는 것도 금지되어 있다면, 얼마나 그들의 마음이 찢어지고 절망할지 생각해 보십시오. 그러나 슬퍼하는 이들이 당연히 할 수 있는 일을 모두 할 수 있다면, 그들은 슬픔이 줄어들고 위로를 얻게 될 것입니다.

• 요한 크리소스토무스
『(입상에 관해) 안티오키아 신자들에게 행한 설교』18,8.

거룩한 화관

많은 예언자가 죽임을 당했고 많은 순교자가 영광스러운 죽음이라는 영예를 입은 바, 이들 모두는 인내라는 공로 덕분에 거룩한 화관을 얻었습니다. 슬픔과 고통에 대한 화관은 슬픔과 고통 속에 인내하지 않고는 얻을 수 없기 때문입니다.

• 키프리아누스 『인내의 유익』 10.

슬픔과 고통의 구름

우리가 나아갈 길에는 슬픔과 고통이 구름처럼 몰려들고 있습니다. 그러나 그리스도를 믿고 그리스도를 위하여 죽기를 마다하지 않는다면 이는 오히려 영예로운 길이 될 것이니 우리를 에워싸고 있는 "온갖 짐을 벗어 버리고, 우리가 달려야 할 길을 꾸준히 달려갑시다"(히브 12,1). 그 길에는 우리를 박해하는 자들만 아니라 악마도 도사리고 있습니다.

• 시리아인 에프렘 『히브리서 주해』.

하느님께서는 화해하기를 바라신다

하느님께서 벌하신 이들을 짓밟는 것은 옳지 않으며 오히려 그들과 함께 슬퍼해야 합니다. 우리에게 죄를 지은 이들에 대해서는 더욱더 그리해야 합니다. 이것이 바로 사랑의 표지이기 때문입니다. … 사랑을 계속 유지하고자 한다면 우리에게 죄를 지은 이들을 기억하지 않아야 합니다. … 그런데 하느님께서는 "눈은 눈으로," "이는 이로" 되갚는 것을 허락하셨으면서(탈출 21,24 참조) 어떻게 반감을 품는 것이 잘못이라고 하실 수 있으실까요? 하느님께서 이런 것들을 허락하신 것은 우리가 다른 이들에게 그렇게 해야 한다는 뜻으로 하신 말씀이 아니라 우리가 고통에 대한 두려움으로 범죄를 저지르지 않게 하시려는 것이었습니다. 게다가 이런 행동은 잠깐 동안의 분노의 열매이지만 자신이 입은 피해를 기억하는 것은 악을 행하는 영혼에 속한 것입니다. 악 때문에 고통을 겪었다고요? 하지만 그 상처를 기억

함으로써 자신에게 피해를 입히는 것보다 더 큰 피해는 없습니다.

• 요한 크리소스토무스 『마태오 복음 강해』 79,4-5.

성도들은 욥처럼 악마에 의해 고발당하고 비방당했지만, 그리스도를 위해 고통당함으로써 악마와 악마를 따르던 모든 자들을 이겼습니다.

• 카이사리아의 안드레아스 『묵시록 주해』 12,11-12.

도와줄 것이다

여전히 인내할 시간과 자제할 시간, 치유할 시간, 개선할 시간이 있습니다. 여러분이 미끄러져 넘어졌습니까? 일어나십시오. 여러분이 죄를 지었습니까? … 모든 사람이 여러분을 환영하며 여러분이 고통을 당할 때에 여러분을 도와줄 것입니다. 낙담하지 말고 옛날을 기억하십시오. 여전히 구원이 있으며 개심이 가능합니다. 용기를 내어 실망하지 마십시오. 동정 없이 사형 선고를 내리는 법이란 없습니다.

• 대 바실리우스 『편지』 44.

고통에 대한 보상

약속을 고대하다

약속과 상급을 고대합시다. 믿음의 자세를 가질 때에, 우리는 보다 쉽게 우리가 당하는 모든 고통을 이겨 낼 수 있으며 주님께서 걸으신 길을 걸을 수 있습니다. 그분은 상급을 약속하신 분이십니다.

• 호르시에시 『호르시에시의 유언』 18.

하느님께서는 영원한 상을 마련해 놓으셨다

나의 하느님은 어디에나 계시며, 모든 곳에 온존

하게 계시고, 그분께는 어떠한 한계도 없으며, 그분은 모습을 드러내시지 않은 채로 어디든 계실 수 있으며 움직임 없이 어디든 떠나실 수 있습니다. 내가 역경으로 힘들 때, 그것은 그분께서 나의 그릇을 시험하시는 것이거나 나의 잘못을 벌하시는 것입니다. 그리고 그분께서는 현세의 고통을 충실하게 견딘 나를 위해 영원한 상을 마련해 놓으셨습니다.

• 아우구스티누스 『신국론』 1,29.

현세의 고통과 미래의 영광스러운 보상

"그분께서는 모욕을 당하시면서도 모욕으로 갚지 않으시고 고통을 당하시면서도 위협하지 않으셨습니다"(1베드 2,23). 그러므로 의로운 사람은 고문대 위에 있다 하더라도 언제나 의롭습니다. 그는 하느님을 옹호하며, 자신이 당하는 고통은 자신의 죗값에 미치지 못한다고 말하는 그는 늘 지혜롭습니다. 참되고 완전한 지혜는 고문대의 고통으로도 없앨 수 없으며 그 본성을 잃어버리지 않습니다. … 지혜로운 사람은 우리가 이 육신 안에서 받는 고통은 미래의 영광스러운 보상에 비하면 아무것도 아니며 이승의 모든 고통을 다 합해도 장차 받을 보상에 미치지 못한다고 말해야 한다는 것을 압니다(로마 8,18 참조). 수확의 때를 아시는 하느님께서는 그에게 언제나 너그러우십니다.

• 암브로시우스 『욥과 다윗의 탄원』 3,2,3.

후세의 상급을 기대하다

"나의 양심은 편안합니다. 나는 내가 고통을 당하는 것이 내 잘못 때문이 아니라는 사실을 알고 있습니다. 게다가 이 세상에서 겪는 고초는 후세의 상급을 기대할 수 있는 근거가 됩니다."[2] … 그 여인은 시련과 고초를 겪을 때 이사야의 멋진 말에 귀를 기울였습니다. '젖을 떼고 어미 품에서 떨어져 나온 너희는 환난을 찾고 또 찾으며 희망을 찾고 또 찾는다. 하지만 이 모든 일이 잠깐 동안 일어나야 하리니, 입술들의 사악함 때문이며 악으로 가득 찬 혀 때문이다.' 그 여인은 스스로를 위로하기 위하여 이 성경 구절을 이러한 의미로 설명하였습니다. 젖 뗀 사람, 곧 성년에 이른 사람은 시련을 이겨 내고 또 이겨 내야 하며, 그래야만 희망을 얻고 또 얻기에 합당한 사람으로 간주될 수 있습니다.

• 히에로니무스 『편지』 108,18.

성령으로 굳세어지다

사람들은 종종 그리스도 때문에 모욕적인 대접을 받거나 부당한 대우를 받습니다. 순교도 눈앞에 있고, 고문이 도처에서 일어나며, 불과 칼, 사나운 짐승과 심연이 멀리 있지 않습니다. 그러나 성령께서는 부드럽게 속삭이십니다. "주님께 바라라"(시편 27,14). 미래에 주어질 큰 보상에 비하면 현재의 고통은 가벼운 것이기 때문입니다. 잠시만 견디어 내면 여러분은 천사들과 영원히 함께하게 될 것입니다.

• 예루살렘의 키릴루스 『예비신자 교리교육』 16,20.

일시적 고통

짐승은 사납게 굴 테지만, 이 일시적 고통은 영원한 축복으로 보상받을 성도들을 진정으로 괴롭히지는 못할 것입니다. 거만하게 설치다 곧 짐

2　히에로니무스는 로마에서 팔레스티나로 자기를 따라와, 베들레헴에서 수도원을 세웠던 파울라(347~404)라는 신앙이 깊은 여인의 말을 인용하며, 그 여인에 관한 자신의 견해를 말하고 있다.

승과 함께 영원한 벌의 고통을 받는 박해자들을
이들이 보게 될 것이기 때문입니다.

• 존자 베다 『묵시록 해설』 14,12.

그리스도의 은총과 풍요로운 보상

그리스도를 위해 흘린 눈물은 언제나 보상받으
며 그분에 대한 사랑은 오래지 않아 열매를 맺
는다는 것을 잘 보십시오. 오히려 그분의 은총과
풍요로운 보상은 고통의 시간에 곧이어 올 것입
니다.

• 알렉산드리아의 키릴루스 『요한 복음 주해』 12.

성도들의 고통이 끝날 것이다

묵시록은 하느님께서 "그들의 눈에서 모든 눈물
을 닦아 주실 것"(묵시 21,4)이라고 합니다. … 거
룩한 사도의 말처럼 성도들의 축복된 삶에는 "고

통과 슬픔과 탄식이 사라지고"(이사 51,11 칠십인
역) 없을 것인데 어떻게 눈물이 남아 있겠습니
까? "이전 것들이 사라져 버렸기 때문이다"(묵시
21,4)라는 말은 성도들의 고통이 끝났음을 뜻합
니다. 그들의 수고에 대한 보상이 마침내 이루어
진 것입니다.

• 오이쿠메니우스 『묵시록 주해』 21,3-5.

'날'은 영원한 삶을 가리킨다

무죄한 이는 빛나고 죄지은 이는 고통당하는 그
날은 악행과 무가치한 행동을 저지른 이들에게
는 어둠이 될 것이 분명합니다. 뿐만 아니라 성
경은, 영원한 보상을 받는 영원한 날은 낮과 밤
의 변화도 휴지休止도 없는 날임을 알려 줍니다.

• 암브로시우스 『육일 창조』 1,10,37.

공경과 흠숭

우리는 한 분이신 하느님을 흠숭합니다.

• 순교자 유스티누스 『첫째 호교론』 17,3.

그리스도인에게 흠숭의 대상은 한 분이신 하느님이십니다.

• 테르툴리아누스 『호교론』 17,1.

공경도 하나고 섬김도 하나입니다.

• 아타나시우스 『아리우스파 반박 연설』 3,23,6.

우리의 끝에 대한 묵상은 우리가 거룩한 흠숭을 바치도록 이끕니다.

• 『마태오 복음 미완성 작품』 강해 24.

성경에서 말하는 공경이란 인사 잘하고 경의를 표하는 일뿐 아니라,
자선과 선물의 봉헌을 가리킵니다.

• 존자 베다 『마르코 복음 해설』 2,7,10.

만물을 다스리시는 하느님을 믿고 공경하는 사람은 의로움을 상으로 얻습니다.

• 알렉산드리아의 키릴루스 『성경 주해 선집』.

공경과 흠숭의 의미와 이해

흠숭의 개념

성경에서 흠숭은 두 가지 다른 개념을 전달합니다. 하나는 하느님께 대한 행위로서의 공경을 말하고, 다른 것은 존경한다는 의미의 공경입니다. 하느님과 관련하여 공경이라는 말을 사용하면, 그것은 하느님께만 드릴 수 있는 흠숭을 의미합니다. 그런데 공경이라는 단어를 인간과 관련하여 사용하는 경우가 있습니다. 예를 들면, 사라는 아브라함을 공경하였고,[1] 엘리야는 가장 불경한 임금인 아합을 공경하였습니다. 이것은 엘리야가 아합 임금을 신처럼 공경하였다는 뜻이 아닙니다. 엘리야가 아합에게 한 행위는 인사에 더 가깝다고 하겠습니다.

• 히에로니무스 『시편 강해 59편』 26 (제99편).

---

1   여기에서 히에로니무스는 라틴어 adoro를 사용한다. 이 단어의 본래 의미는 영예나 존경의 마음을 품는 것이다.

하느님에 대한 흠숭은 '라트레이아'라고 불린다

거룩한 성경이 최고의 권위를 지니고 있음에 동의하는 사람은 누구나 먼저 이 말에 대해 깊이 생각해야 합니다. "너희는 주 너희 하느님을 흠숭하고 그분만을 섬겨야 한다"(신명 6,13). 그리스어에서 사용된 표현은 인간 주인에 대한 섬김이 아니라 하느님에 대한 흠숭을 뜻하는 '라트레이아'latreia입니다. 따라서 참하느님께 드려야 하는 흠숭(라트레이아)을 우상들에게 바치는 우상 숭배는 마땅히 단죄받습니다.[2] 성경은 '너희는 오로지 주 너희 하느님을 흠숭하라'가 아니라 "너희는 그분만을 섬겨야 한다"라고 말합니다. '섬겨야 한다'에만 '그분만을'이라는 말이 붙었는데, 의심할 바 없이 이것은 '라트레이아'라고 불리는 섬김을 의미합니다. 이 섬김에는 성전, 희생 제사, 사제와 같은 것들이 속합니다.

• 아우구스티누스 『편지』 173A.

표징인 십자 나무

생명을 주는 고귀한 십자고상을 공경하는 우리는 그것이 나무로 만들어진 것임을 알고 있습니다. 우리는 나무를 숭배하는 것이 아니라, 그리스도의 상징으로서 고상을 공경하는 것입니다. 그분께서는 당신 제자들에게 "그때 하늘에 사람의 아들의 표징이 나타날 것이다"(마태 24,30)라고 하셨는데, 이는 십자가를 두고 하신 말씀입니다. 부활을 알리는 천사도 여인들에게 이렇게 말했습니다. '너희는 십자가에 못 박히신 나자렛 사람 예수님을 찾고 있다'(참조: 마태 28,5; 마르 16,6). 바오로 사도도 이렇게 말합니다. "우리는 십자가에 못 박히신 그리스도를 선포합니다"(1코린 1,23). 사실 많은 이들이 '예수'라고 불리고, 많은 이들이 '그리스도'라고 주장하지만, 우리는 십자가에 못 박히신 한 분만을 흠숭합니다. 그분

은 그저 '찔리신 분'이 아니라 '십자가에 못 박히신 분'이십니다. 그러므로 그리스도의 표징을 마땅히 공경해야 합니다. 표징이 있는 곳에 그분도 계실 것입니다. 그러나 설령 금이나 보석이라 할지라도 십자고상을 만든 재료를 공경해서는 안 됩니다.

• 다마스쿠스의 요한 『신앙 해설』 4,11.

'홀로'는 아들이 아니라 거짓 신들과 비교해서 그렇다는 뜻이다

아들을 섬기며 공경하는 이는 아들 안에서 아버지를 섬기며 공경합니다. 신성은 하나이기 때문입니다. 따라서 공경도 하나고 섬김도 하나입니다. 공경도 섬김도 아들 안에서 아들을 통해서 아버지께 바쳐지기 때문입니다. 이런 식으로 섬기는 사람은 하나이신 하느님을 섬깁니다. 하느님은 오직 한 분이시기 때문입니다. … 아버지 홀로 참하느님이라는 말은 "나는 진리다"(요한 14,6)라고 하신 분을 부인하기 위해서가 아니라 본성상 아버지나 그분의 '말씀'처럼 참되지 못한 존재들을 부인하기 위한 말입니다.

• 아타나시우스 『아리우스파 반박 연설』 3,23,6

하느님께 드리는 공경

여호수아도 다니엘도 그들이 본 천사를 하느님으로 경배한 것이 아닙니다. 저도 성화상을 하느님으로 받들지 않습니다. 다만 그리스도와 성모님과 성인들의 성화상을 통하여 하느님께 예배와 공경을 바칩니다. 하느님의 친구들을 존중하는 존경심 때문입니다. 하느님께서는 당신을 천사의 본성이 아니라 인간의 본성과 결합시키셨습니다. 하느님께서는 천사가 되시지 않고 참으

---

2 우상 숭배라는 그리스 단어는 'latreia'를 어간으로 한다.

로 본성으로 사람이 되셨습니다.

• 다마스쿠스의 요한『성화상에 관한 연설』3,26.

우리가 할 일

하느님께서 말씀하신 것을 따를 필요가 있습니다. 하느님께서는 당신께서 하실 일을 잘 알고 계십니다. 그러니 그분께서 만드신 것에 대해 꼬치꼬치 따져 물어서는 안 됩니다. 인간의 정신을 초월하는 일은 무조건적인 신앙으로 공경하는 것이 우리 같은 이들이 해야 할 일입니다.

• 알렉산드리아의 키릴루스『이사야서 주해』4,2,45,10.

하느님을 공경하는 사랑

[하느님께서는] 두려움을 불어넣기 위해 당신께서 사용하신 율법이라는 것을 통해서는 사랑을 주지 않으셨습니다. 하느님을 공경하는 사랑은 율법의 글자가 아니라 우리에게 주어지는 성령을 통하여 우리 마음 안에 채워집니다.

• 아우구스티누스『본성과 은총』67.

하느님의 완전한 뜻

하느님의 완전한 뜻은 성령의 은총으로 아름다움이 활짝 꽃 핀 영혼이 하느님을 흠숭함으로써 변화하는 것입니다. 성령께서는 이러한 변화를 거치는 사람의 고통을 돌보십니다.

• 니사의 그레고리우스『그리스도인의 생활 방식』.

내적 인식은 공경으로 이어진다

하느님의 지혜는 우리에게 도움이 되도록 능력을 드러냅니다. 예수(시라의 아들)의 지혜가 밝히듯이 "모든 지혜는 주님에게서 오고 영원히 주님과 함께 있기"(집회 1,1) 때문입니다. '당신이 한껏 목소리를 높여 실천적 지혜와 인식을 부른다면, 보물을 찾듯 그것을 찾는다면, 열심히 추적한다

면, 하느님을 존경하는 의미를 깨닫고 그분을 아는 인식을 얻을 것'입니다. 예언자는 이를 인식에 이르기 위한 철학적 접근과 구별해야 한다고 말합니다. 그는 우리가 하느님을 공경하는 데 이르는 길을 찾도록 참으로 위엄을 갖추고 장엄하게 가르칩니다. 그래서 그는 하느님 공경에서 얻은 지각을 그것과 대비시키며 이 말씀이 가리키는 계시된 지식을 암시합니다. "하느님 입에서는 인식과 실천적 지혜가 나오며 그분께서는 올곧은 이들에게 주실 도움을 간직하고 계신다"(잠언 2,6-7). 사람들이 철학으로 의롭게 되면, 스스로 도울 힘과 하느님 공경으로 이어지는 내적 인식을 간직하게 됩니다.

• 알렉산드리아의 클레멘스『양탄자』1,27,1-3.

우리를 위하여

우리가 하느님을 예배할 때 하느님께서 거기에서 무슨 이익을 얻으시는 것이 아니라 우리가 얻습니다. 하느님께서 당신을 어떻게 흠숭해야 하는지 가르치시거나 드러내신다면 그것은 우리의 유익을 위한 것이지 당신에게 무엇이 필요해서가 아닙니다.

• 아우구스티누스『편지』102,3.

삼위 공경과 흠숭

신앙고백

주님이시며 생명을 주시는 성령을 믿나이다.
성령께서는 성부[3]에게서 발하시고
성부와 성자와 더불어 영광과 흠숭을 받으시며

---

3 서방 라틴 교회는 나중에 여기에다 '…와 성자'(filioque)를 덧붙였고, 이 때문에 동·서방 교회 사이에 분열이 일어나 오늘날까지 이어진다.

예언자들을 통하여 말씀하셨나이다.

• 『니케아-콘스탄티노폴 신경』.

아버지에게서 나오시고 아들 안에서 쉬시다

우리는 주님이시며 생명을 주시는 하나이신 성령을 믿나이다. 성령께서는 아버지에게서 나오시고 아들 안에서 쉬시며, 아버지와 아들과 한 본질이시며 함께 영원하시므로 똑같은 흠숭과 영광을 받으셔야 하는 분입니다

• 다마스쿠스의 요한 『신앙 해설』 1,8.

창조와 흠숭에서 동등함

만물이 창조될 때 아버지는 성자와 함께, 그분은 아버지와 함께 계셨다는 것도 알아두십시오. 지혜는 "그분께서 하늘을 준비하실 때, 샘들을 만드실 때 나는 그분과 함께 있었다"(잠언 8,27-28 참조)라고 말합니다. 그리고 아버지께서는 구약 성경에서 … 성자가 만물의 창조자로서 당신과 함께 흠숭되어야 함을 보여 주셨습니다. 그리고 만물은 성자 안에서 창조되었고 성자는 그것들의 창조자이신 것처럼, 하느님께서 진리 안에서 흠숭받으셔야 한다고 말할 때, 자주 동일한 방식으로 표현되는 그 말의 올바른 의미에 따라 성자도 흠숭해야 한다는 것을 깨달아야 합니다. 마찬가지로 성령도 흠숭해야 합니다. 하느님께서 성령 안에서 흠숭받으시기 때문입니다. 그러므로 아버지와 성자와 성령을 함께 흠숭해야 합니다. 삼위일체를 흠숭해야 하기 때문입니다.

• 암브로시우스 『성령론』 3,11,85.

삼위를 흠숭하다

하나이며 같은 본성이신 삼위일체를 고백할 때에, 아버지와 아들과 성령을 똑같이 흠숭하고 똑같이 경배하며, 각 위격의 고유함을 구별하되 똑같은 위엄을 지니셨음을 찬양할 때에, 영과의 친밀함 안에서 믿음을 보호하는 것은 사실 교회입니다. 여러분의 신심이 이런 믿음의 고백과 함께하게 하십시오!

• 암브로시우스 『아브라함』 1,5,38.

하느님 공경을 가르치는 교사

여러분, 언제나 "주님의 자애가 땅에 가득하며"(시편 33,5) 만물의 본성 자체가 신자들 각자에게 하느님 공경을 가르치는 교사입니다. 사실 "하늘과 땅과 바다와 그 안에 있는 모든 것"(참조: 시편 69,35; 146,6; 사도 14,15)이 창조주의 선하심과 권능을 드러내고 있으며, 그분을 섬기는 자연계 요소들의 놀라운 아름다움은 이성적인 피조물들[인 우리]에게 마땅히 하느님께 감사를 드리라고 요구합니다(로마 1,20-21 참조).

• 대 레오 『설교』 44,1.

모든 좋은 것은 하느님으로부터 온다

존재하는 모든 것은 하느님께 감사드려야 하고, 그분께 영원한 공경을 바쳐야 합니다. 만물은 그분에게서 나오고(로마 11,36 참조) 그분 안에서 존속하기 때문입니다(콜로 1,17 참조). 하느님께서는 청하지 않았어도 모든 이에게 당신의 선물을 아낌없이 주시고, 모든 사람이 구원받고(1티모 2,4 참조) 당신의 선에 참여하게 되기를 바라십니다.

• 다마스쿠스의 요한 『성화상에 관한 연설』 3,3C.

하느님으로서 흠숭을 받다

오늘 이 날까지 끊임없이 세상 어디에서나 그분을 믿는 이들은 누구나 그분을 흠숭하고 예언자보다 더욱 높이 우러러 받들며 오직 홀로 참되신 대사제로 찬미합니다. 무엇보다도 그리스도는 하느님의 말씀으로서 세상이 생겨나기 전, 한처

음부터 계시며 만백성의 경배를 받을 권한을 아버지에게서 받으셨기에 당신 자신이 바로 하느님으로서 흠숭을 받으십니다.

• 카이사리아의 에우세비우스 『교회사』 1,3.

성부와 그리스도는 한 분 하느님이시다

그들(아리우스파)은 신앙의 진리를 지키고 율법과 복음서의 계명들에 저항하는 이들로 판단되지 않으려거든 아버지와 아들이 두 명의 주 하느님이 아니라 한 분 주 하느님이시다고 말하라고 하십시오. 그렇게 해야 그들은 "너희는 주 너희 하느님을 흠숭하고 그분만 섬겨야 한다"(신명 6,13)라는 본문을 이해하고 그 명령을 실행할 수 있게 될 테기 때문입니다. 또한 아버지를 하느님으로 흠숭하는 이가 아들을 하느님으로 흠숭하지 않는 것도 잘못된 일입니다. 실로 아들에 관해 신명기에 이렇게 쓰여 있기 때문입니다. "오 하늘아, 그분의 백성에게 환호하여라. 너희 모든 신들아, 그분을 흠숭하여라"(신명 32,43 참조).

• 루스페의 풀겐티우스 『편지』 8,3,8.

위에서 오시는 분은 당연히 다른 모든 것 위에 계신다

아드님은 아버지와 같은 본성을 지니셨으며 아버지의 정확한 광채요 모상이시기 때문에 탁월한 분이십니다. 이러한 아드님께서 어떻게 영광에서 당신의 [아버지보다] 못하실 수가 있겠습니까? … 바로 이 때문에, 모든 이가 아버지를 공경하듯이 아드님을 공경해야 한다고 기록되어 있는 것입니다. "아들을 공경하지 않는 자는 아버지도 공경하지 않는 것"(요한 5,23)입니다. 아들은 본성에 따라 하느님 아버지에게서 나오셨기 때문에 아버지와 똑같은 영광과 영예를 받으시는 분이시라면, 당연히 만물의 본질을 능가하시

는 분으로 이해되어야 할 것입니다. "모든 것 위에"(요한 3,31)라는 말은 바로 이것을 의미합니다.

• 알렉산드리아의 키릴루스 『요한 복음 주해』 2,12.

똑같이 영예로운 분임을 나타내는 말

[우리의 적수들은] "[아버지를 공경]하듯이"에서 '듯이'($\kappa\alpha\theta\omega\varsigma$)는 반드시 '똑같이' 공경하라는 의미가 아니며 그와 '비슷하게' 공경하라는 뜻이라고 주장합니다. … 본성이 다른 것들에 대해 '듯이'($\kappa\alpha\theta\omega\varsigma$)라는 말이 사용될 경우엔 '절대적으로 대등하게'라는 뜻이 아니라 '비슷하게'를 의미합니다. 그러나 모든 면에서 같은 존재에 대해 사용될 때는 '모든 것에서 대등하게 똑같이'를 뜻합니다. … "아버지를 공경하듯이 아들도 공경"(요한 5,23)한다는 구절도 마찬가지입니다. 두 분을 똑같이 공경한다는 의미로 풀이하지 않을 까닭이 없습니다.

• 알렉산드리아의 키릴루스 『요한 복음 주해』 2,8.

아드님에 관한 말씀

그분은 일찍이 하느님에게서 임금으로 태어나셨듯이, 성령으로 말미암아 동정녀에게서 태어나심으로써(마태 1,20-23 참조) 육으로는 임금의 자손으로 태어나셨던 것입니다. 그분은 자연의 법칙과 다른 방법으로 태어나신 분이기에 인간 이상의 존재로 공경받으실 것입니다.

• 암브로시아스테르 『바오로의 열세 서간 주해』.

"진실한 예배자"

예수님께서는 영과 진리 안에서 예배드리는 이들이 "진실한 예배자"(요한 4,23)라고 하셨습니다. 영이신 하느님께 영 안에서 예배드리게 될 이들은 한 분은 공경의 방편으로[4] 한 분은 대상으로[5] 모시게 될 것입니다. 두 분은 예배자들과

각기 다른 관계에 있기 때문입니다. … 영이신 하느님께는 영 안에서 예배를 드려야 한다는 그리스도의 가르침은, 성령이 주어진 선물이며 공경의 대상이라는 사실을 분명히 보여 주며, 영이신 하느님께 영 안에서 드리는 이 예배는 지식과 자유, 무한히 다양한 예배 방식을 포괄한다는 사실을 드러내 줍니다.

• 푸아티에의 힐라리우스 『삼위일체론』 2,31.

재판관께서 내려 주시는 영광

예수님께서는 아들을 믿고 공경하는 이들에게 어떤 은혜가 따르는지 알려 주십니다. … 당신의 말을 믿고 따르는 이는 영원한 생명에 참여하게 된다고 하십니다. 그런 사람은 심판, 곧 심판의 응징을 피할 뿐 아니라 영광도 누리게 될 것입니다. 그 영광은 다름 아닌 재판관께서 직접 내려 주시는 영광입니다.

• 몹수에스티아의 테오도루스 『요한 복음 주해』 2,5,24.

입술로만 공경하다

위선자들은 입으로만 축복한다

"이 백성이 입술로는 나를 공경하지만 그 마음은 내게서 멀리 떠나 있다"(이사 29,13; 마르 7,6). 또 "그들은 입으로 축복하지만 속으로는 저주하는구나"(시편 62,5)라는 말씀도 있고, "그들은 입으로는 그분을 사랑한다 하면서, 혀로는 그분께 거짓말하였다. 그들의 마음은 그분께 솔직하지 않았고, 그분 계약에 신실하지 않았다"(시편 78,36-37), 그러니 "의인을 거슬러 파렴치하게 지껄이는 거짓된 입술들 잠잠하게 하소서"(시편 31,19)라고 쓰여 있기도 합니다.

• 로마의 클레멘스 『코린토 신자들에게 보낸 첫째 편지』 15.

멀리 떨어져 있는 마음

'이 백성이 입술로는 나를 공경하지만(육체적으로는 가까이 있다는 말입니다) 그 마음은 내게서 멀리 떠나 있다'(이사 29,13 참조). 같은 백성이 가까이 있으면서 동시에 멀리 떨어져 있다는 말입니다. 곧, 입술로는 가까이, 그러나 마음으로는 멀리 떨어져 있습니다. 겁을 먹은 사도들은 멀리 도망을 쳤습니다. 그러므로 우리는 이 말이 그들에게 해당하는 것으로서, 그들 가운데 더러는 가까이 있었고 더러는 멀찍이 서 있었던 것을 의미한다고 간단하면서도 분명하게 말할 수 있습니다.

• 아우구스티누스 『시편 상해』 37,17.

영혼의 올바른 자세

이 말[이사 29,13 참조]의 의미는 무엇입니까? 진리를 추구하는 영혼의 올바른 자세가 "말할 수 없는 신음을"(로마 8,22) 들어 주시는 하느님 앞에서 예의 바른 말을 하는 것보다 더 값지다는 뜻입니다. 이 말은 반대 뜻으로도 사용할 수 있습니다. 혀는 쉽게 말하는 사람의 의도대로 따르지만, 영혼의 상태는 모든 비밀을 보시는 분께서 살피십니다.

• 니사의 그레고리우스 『에우노미우스 반박』 1,37

마음으로 믿는 사람

하느님의 율법은 의로운 이들의 마음에 있습니다. … "마음으로 믿는 사람은 의로움을 얻는 것입니다"(로마 10,10). 믿는 사람도 말을 하지만 말을 하는 사람이 반드시 믿는 것은 아닙니다.

• 암브로시우스 『열두 시편 해설』 36,69.

---

4 영 '안에서' 예배드리게 된다는 뜻이다.

5 영께서 하느님으로서 예배받으신다는 뜻이다.

마음으로 믿어라

누가 "우리도 그리스도인입니다. 우리는 구세주 주님을 믿습니다"라고 말한다고 합시다. 그러나 말이 아니라 행위로, 혀가 아니라 마음으로 믿어야 합니다. "이 백성이 입술로는 나를 공경하지만 그 마음은 내게서 멀리 떠나 있다"(이사 29,13)는 말이 우리에게는 해당되지 않도록 합시다.

• 토리노의 막시무스 『설교』 102,3.

우리를 구원하시는 분을 증언하다

"누구든지 사람들 앞에서 나를 안다고 증언하면, 사람의 아들도 하느님의 천사들 앞에서 그를 안다고 증언할 것이다"(루카 12,8). 이것이 우리를 구원하시는 분을 증언하면 받는 보상입니다. 우리는 그분을 어떻게 압니까? 그분께서 이르신 대로 행하고, 그분의 명령을 따르고, 입술로만 아니라 온 마음과 정신을 다하여 그분을 흠숭함으로써(마르 12,30 참조) 그분을 증언합니다. 그분께서는 이사야서에서도 말씀하십니다. "이 백성이 입으로는 나에게 다가오고 입술로는 나를 공경하지만 그 마음은 내게서 멀리 떠나 있고"(이사 29,13; 참조: 마태 15,8; 마르 7,6)라고 말씀하십니다.

• 위-로마의 클레멘스
『코린토 신자들에게 보낸 둘째 편지』 3,1-5.

하느님께서는 마음을 파악하신다

입으로는 하느님을 찬양하면서도 마음으로는 그렇지 않았던 백성을 두고 한 말(이사 29,13 참조)이 우리에게도 해당되어서는 안 됩니다. 여러분의 입술로 노래하십시오. 그러나 여러분의 마음으로는 그분께 가까이 가십시오. "마음으로 믿어 의로움을 얻고, 입으로 고백하여 구원을 얻기"(로마 10,10) 때문입니다.

• 아우구스티누스 『시편 상해』 39,15.

그리스도 없는 가르침의 공허함

이사야는 "그들은 거미줄을 친다"고 말하였습니다. 그리고 이제 그는 왜 거미줄이 아무런 소용이 없는지에 대해 설명합니다. 그들은 일하고 가르치지만 그리스도를 위한 옷이나 헐벗은 영혼을 보호할 덮개를 만들지 못합니다. 이사야의 말대로 그들은 헛되이 수고할 따름입니다. "이 백성이 입술로는 나를 공경하지만 그 마음은 내게서 멀리 떠나 있다. 그들은 사람의 규정을 교리로 가르치며 나를 헛되이 섬긴다"(참조: 마태 15,8-9; 마르 7,6-7; 이사 29,13).

• 히에로니무스 『이사야서 주해』 16,27-28.

하느님께서는 그들 안에 사시지 않는다

그(이단자)들은 불경하면서도 하는 일이 번성하고 자녀들을 낳아 자신의 이단으로 자녀들을 속입니다. 그들은 사악함으로 일을 꾸미고 실행하는 바, 이 모든 것의 목적은 끊임없이 사악한 마음으로 자신들의 의도를 실천해 나가면서도, 교회를 약탈하고 자신들을 마치 하느님에 의하여 심어지고 뿌리를 내려 자녀들을 생산하며 열매를 맺는 사람처럼 드러내 보이는 것입니다. 그들이 자주 그리스도의 이름을 입에 올려도 "이 백성이 입술로는 나를 공경하지만 그 마음은 내게서 멀리 떠나 있다"고 이사야가 말한 것처럼, 하느님께서는 그들 안에 사시지 않습니다.

• 히에로니무스 『예레미야서 주해』 3,2.

마음이 다르다

사무엘의 꾸짖음을 듣자 사울도 "제가 죄를 지었습니다"(1사무 15,24) 하고 말했습니다. 그런데 그는 왜 다윗의 경우와는 달리 '주님께서 그의 죄를 용서해 주셨다'는 말을 들을 자격이 없다고 여겨졌을까요? 하느님께서 편애하시는 분이란 말입니까? 천만에요. 인간의 귀에는 두 사람의 말이 똑같이 들릴지라도 하느님의 눈에는 마음의 다름이 보이는 법입니다. 이 일에서 우리가 배울 교훈은 하느님의 나라는 우리 안에 있다는 것(루카 17,21 참조), 그리고 우리는 마음 가장 깊은 곳에서 하느님을 섬겨야 하며, 옛사람들처럼 마음은 그분에게서 떠나 있는 채 입술로만 그분을 공경하지 말고 충만한 마음에서 우러나오는 것을 입이 말하게 해야 한다는 것입니다.

• 아우구스티누스 『마니교도 파우스투스 반박』 22,67.

돌밭에 떨어진 씨앗

돌밭에 떨어진 씨앗은 무엇일까요? 자신의 신앙에 그다지 관심을 기울이지 않는 이들입니다. 그들은 신비[6]의 시금석을 이해하고 싶은 마음이 없습니다. 이런 사람들이 하느님께 바치는 공경은 얄팍하고 뿌리가 없습니다. 그들은 고통스러운 시련의 겨울이라고는 없는, 날씨가 맑고 편할 때만 그리스도 교인으로 행세합니다. 사나운 박해의 시기가 오면, 영혼이 싸울 준비가 되어 있지 못한 그들은 이런 식으로 신앙을 지키지 못할 것입니다.

• 알렉산드리아의 키릴루스 『마태오 복음 단편』 168.

분노에 찬 자들

복음사가는 [열여덟 해 동안이나 병마에 시달리는] 그 여자가 똑바로 일어섰다고 합니다. 그 여자가 한 일이라곤 치유를 받은 것뿐이었습니다. 그대들이 화를 내는 진짜 이유는 안식일 때문이 아니오. 그리스도께서 공경받고 하느님으로 흠숭받으시는 것을 보고는 극도로 흥분하여 분노에 차고 질투에 눈이 멀었던 것이오. 그대들은 속마음은 숨기고 다른 구실을 대고 있소.

• 알렉산드리아의 키릴루스 『루카 복음 주해』 96.

흠숭하고 찬미하기를 거부하다

주님께서는 "아들을 공경하지 않는 자는 아버지도 공경하지 않는다"(요한 5,23)라고 가르치셨습니다. 따라서 만약 어떤 사람이 본성과 영광, 위엄에 있어서 성부와 결합되신 그분을 성부와 함께 흠숭하고 찬미하기를 거부한다면, 그런 사람이 어떻게 자신을 참된 종교를 따르는 자라고 생각할 수 있겠습니까? 모든 피조물이 우주적인 심판을 받게 될 두려운 그날에 그는 어떻게 자신을 변호할 수 있겠습니까?

• 대 바실리우스 『성령론』 6,15.

하느님을 믿는 이는 아들을 믿는다

아드님을 믿어서 그분의 명령을 행하는 이는 누구나 하느님의 증언을 자신 안에 간직하고 있으며, 그런 이는 하느님의 자녀로 헤아려지는 것이 옳습니다. 유대인들과 이단자들은 자기들이 하느님을 믿는다고 우기지만[7] 시간을 낭비할 뿐입니다. 그들은 그리스도를 무시하며 그분을 믿기를 거부하기 때문입니다. 아들을 공경하기를 거부하는 이는 누구든지, 아들을 보내신 아버지를 공경하지 않는 것입니다.

• 존자 베다 『가톨릭 서간 해설』(요한 1서)

참된 공경

진정한 공경

주님을 부르는 이라고 해서 다 주님의 사람은 아니며 그분의 뜻을 행하는 이만이 그분의 사람이듯이, 사도와 예언자와 순교자를 입으로 찬양하

---

6 그리스도와의 친교를 뜻한다.

7 아들은 거부한 채 아버지만 믿는다면.

는 이가 아니라 그들의 행실을 본받고 그들의 신앙을 지키는 이가 그들을 공경하는 것입니다.

• 『마태오 복음 미완성 작품』 강해 45.

요나 예언자를 공경한 예로보암

예로보암의 아버지가 엘리사를 공경하고 그의 유익한 활동에 의지하며 그 예언과 조언에서 힘을 얻어 시리아인[8]들이 차지한 성읍들을 되찾을 수 있었던 것처럼(2열왕 13장 참조), 예로보암은 요나 예언자를 공경하였습니다.

• 시리아인 에프렘 『열왕기 하권 주해』 14,23.

예언자들의 무덤을 만드는 바리사이들과 율법 교사들

그들이 성인들의 무덤을 만들어 세운 것이 어째서 악한 범죄행위일까요? 그들은 오히려 성인들을 명예롭게 해 드린 것 아닙니까? … 유대인의 조상들은 때때로, 그들에게 하느님의 말씀을 전하며 바른길로 인도한 예언자들을 죽였습니다. 그런데 그 후손들은 예언자들이 거룩하고 존경할 만한 이들임을 알았고 그래서 성인에게 걸맞은 영예를 바치고자 무덤을 만들었습니다. 선조들이 죽인 이들을 예언자요 성인으로 받들어 모심으로써 결국 그들을 죽인 자들을 심판한 셈입니다. 죽임을 당한 사람들을 공경하기로 결정함으로써 그들을 죽인 자들을 단죄한 것이지요.

• 알렉산드리아의 키릴루스 『루카 복음 주해』 85.

예언자를 공경하지 않았다

유대인들만 교만으로 걸려 넘어진 것이 아니라 두 오십인대장도 똑같은 약점으로 멸망했습니다. 교만과 오만이 가득하고 겸손이 부족했던 탓에, 두 대장은 엘리야에게 와서 "하느님의 사람이여, 임금님께서 내려오시라고 분부하셨습니다"(2열왕 1,11)라고 말했습니다. 그러나 그들은 엘리야에게 웃어른에게 맞갖은 공경이나 예언자에 대한 존경을 보이지 않았기에, 성령께서 예언자의 입을 통하여 말씀하셨고 그들은 하늘에서 내려오는 공격을 받았습니다. 그러나 세 번째 대장은 온당하게도 아주 겸손하고 뉘우치는 자세로 와서, 눈물겨운 목소리로 호소하였기에 벌을 면했을 뿐만 아니라 엘리야가 임금에게 내려가도록 이끌기까지 하였습니다.

• 아를의 카이사리우스 『설교』 125,2.

모든 것이 성별될 것이다

"주님의 집에 있는 솥들은 제대 앞에 있는 그릇들처럼 성스럽게 될 것입니다. … 예루살렘과 유다에 있는 모든 솥도 만군의 주님께 성별된 것이 되어, 제물을 바치려는 이들이 모두 와서, 그 솥을 가져다가 고기를 삶을 것이다"(즈카 14,20-21). 그러한 존경심 속에, 주님의 집에서 거룩한 예배를 바칠 것입니다. 당신네 유대인들은 주님의 집 안에 있는 제대 앞에서 그릇들에 경의를 표하곤 했지만 이제 평범한 솥들도 모든 이방인의 경배를 받을 것입니다. 그리고 주님의 집과 예루살렘에 있는 솥들만 공경되는 것이 아니라, 모든 성소와 도성, 예루살렘에 있는 솥도 모두 영예로운 것으로 취급될 것입니다. 그리하여 유대인과 이방인이 모두 그것을 주님께 성별된 것으로 공경할 것입니다.

• 시리아인 에프렘 『즈카르야서 주해』.

거짓 신들과 참하느님은 뚜렷이 구별된다

(말도 못하는 벙어리에다 지각도 없는 우상이었음에도) 신으로 공경을 받던 다곤은 그 궤 앞에

---

8 또는 아람인들.

쓰러지게 되었습니다. 필리스티아인들이 거짓 신과 참하느님의 차이를 알아보게 하시려고 하느님께서 구경꾼들에게 구경거리를 마련해 주신 것입니다. … 그들은 그러한 가르침을 배운 다음에야, 술에 취한 것 같은 무지를 털어 버리고 정신을 차리고서는, 그 궤를 돌려보냈습니다. 본래 그 궤를 섬기던 사람들에게 돌려보내, 서원 제물을 바치며 그 궤를 공경하게 한 것입니다. 그들은 자신들이 징벌을 받았음을 고백하고, 궤를 돌려받는 이들에게 그것을 돌려받는 방법에 대해 알려 주었습니다.

• 키루스의 테오도레투스 『섭리에 관한 연설』 10,50-51.

왜 솔로몬은 기브온에서 제사를 드렸는가?

율법은 예루살렘 밖에서 기도하거나 제사드리는 것을 금지했는데(신명 12,1-32 참조), 왜 솔로몬은 기브온 제단에서 번제물을 천 마리씩 바쳤습니까? 역대기가 설명해 주듯이(참조: 1역대 16,39; 21,29), 주님의 성막이 기브온에 있었기 때문입니다. 솔로몬은 예부터 성막이 있었던 자리를 공경하는 마음으로 해마다 기브온에 가서 번제물을 바쳤던 것입니다.

• 메르브의 이쇼다드 『열왕기 상권 해설』 3,4

성지에 대한 사랑

오늘날까지도 모두가 십자가와 부활, 승천의 세 장소를 보려는 열망으로 예루살렘으로 밀려듭니다. 따라서 땅과 바다를 건너 모여든 이 교회에서 임금들은 양식을 제공하는 양아버지요 지배자가 되었습니다. 먼저는 첫 열매를 바치고, 두 번째는 십일조를 바칩니다. … "그들은 얼굴을 땅에 대고 너에게 경배하며 네 발의 먼지를 핥으리라. 그때에 너는 내가 주님임을 알게 되리라." 우리는 이런 일들이 매일 일어나고 있음을 봅니

다. 모든 교회에서 신자들은 머리를 땅에 대고 경배하며, 하느님께 대한 그들의 공경심을 드러내기 위해 교회 문에 입을 맞춥니다.

• 키루스의 테오도레투스 『이사야서 주해』 15,49,22-23.

그분의 안식처

요셉[9]이 [그리스도의] 무덤을 파기 훨씬 전에 이사야는 이미 그분의 영광을 예고하였습니다. "그분의 안식처가 영광스럽게 되리라"(이사 11,10). 이 말의 의미는 주님께서 묻히신 장소가 세상 모든 사람의 공경을 받아야 한다는 것입니다.

• 히에로니무스 『편지』 46,5.

성전보다 금으로 만든 물건들을 더욱 공경했다

예수님께서는 유대인들이 성전의 금, 가령 금으로 만든 천사 상이나 만나가 담긴 금 항아리, 하느님의 영광을 위해 성전에 바쳐진 금으로 만든 물건들을 성전보다 더 공경했다고 말씀하십니다.[10] 그래서 그들은 주님께 단죄를 받았습니다.

• 헤라클레아의 테오도루스 『마태오 복음 단편』 115

세상 것들을 두고 맹세하지 마라

예수님께서는 우리가 이런 것들을 두고 맹세함으로써 피조물에게 신적 존재가 받는 흠숭을 바치거나, 세상의 것들을 두고 맹세하면 거짓 맹세를 한 죄에 해당하지 않는다고 믿는 일이 없도록, 맹세라는 관행과 인간의 잘못된 관습에서 우리를 떼어 놓으려 하셨다고 설명할 수 있습니다.

• 아퀼레이아의 크로마티우스 『마태오 복음 강해』 24,3,2.

---

9 아리마태아의 요셉을 가리킨다.

10 아폴리나리스는 성전의 금을 두고 맹세하는 것에 대한 예수님의 말씀이 성전 예배의 종말을 시사한다고 보기도 한다. 그리스도의 오심과 더불어 그분에 관한 예고를 상징하는 성전 예배의 기능이 끝났다는 것이다.

쓸모없는 제물

"하늘과 땅을, 바다와 그 안의 모든 것을 만드신 분"(시편 146,6), 그분은 우리가 필요로 하는 모든 것을 베푸시는 분이며 그런 것을 바친다고 생각하는 사람에게도 베풀고 계시는 분이기에 그런 재물을 필요로 하시지 않습니다. 내가 보기에 피나 불타는 고기나 번제燔祭를 하느님께 바쳐 경신 행위를 하고 그런 의례로써 하느님을 공경한다고 생각하는 사람들은, 공경을 받는 줄도 모르는 귀먹은 우상에게 같은 짓을 하는 사람들과 하나도 다를 바가 없습니다.

• 『디오그네투스에게 보낸 편지』 3,4-5.

불을 숭배하지 않은 아브라함

히브리어본은, 칼데아인들이 공경하는 불을 아브라함이 숭배하지 않았기 때문에 그가 불에 던져졌으나, 하느님의 도움으로 달아나 우상의 불에서 피신했다는 취지로 이 이야기를 전합니다.

• 히에로니무스 『창세기의 히브리어에 관한 질문』 11,28.

세속 권력의 상징

교만하기 짝이 없는 하만은 하느님의 자비로 받은 은혜를 함부로 휘두르는 세속의 수많은 권력자들을 상징합니다. 그들은 본성상 그들의 동료인 이웃들이 그런 은총들을 공유하게 하는 일을 경멸합니다. 그렇기에 그들은 하느님께만 마땅히 돌아가야 할 공경과 존경을 스스로에게 돌리려 애쓰는 죄가 있습니다.

• 라바누스 마우루스 『에스테르기 해설』 6.

죽음은 모든 이에게 온다

감히 자신은 불멸한다고 생각하며, 죽음을 피할 수 없음을 제 눈으로 직접 목격하면서도 신이라 불리기 원하고 또 그렇게 공경받았던 자들이 있었습니다. 죽음이 모든 사람에게 우리의 본성상 죽고 부패할 수밖에 없음을 계속 가르쳐 주지 않았더라면, 많은 사람이 얼마나 더 오랫동안 불경한 태도를 지녔겠습니까?

• 요한 크리소스토무스
『(입상에 관해) 안티오키아 신자들에게 행한 설교』 11,4.

자기 조상들의 신들을 숭배한 안티오코스

안티오코스가 예루살렘과 유대아 전체를 우상들에게 바쳐진 제단들로 채웠고 하느님의 성전에서 제우스에게 제물을 바쳤으며, 예루살렘 성전은 올림포스의 제우스 신전, 그리짐산의 성전은 제우스 크세니오스 신전으로 불렀다는 것을 우리는 압니다. 그렇다면 이렇게 미신에 빠진 남자, 우상들에게 완전히 매혹된 이 남자가 어떻게 "자기 조상들의 신들을 무시할 것"(다니 11,37)이라는 말을 들을 수 있는 것입니까? 안티오코스는 평생을 '그리스도의 적'이 행하는 행동을 하며 살았습니다. 자기 조상들의 신들은 공경했고 유대인들이 섬기는 하느님은 배척했습니다.

• 키루스의 테오도레투스 『다니엘서 주해』 11,37.

불멸하시는 하느님을 형상으로 바꾸다

그들은 마음이 너무도 우둔하여, 피조물을 통해 알 수 있는, 눈에 보이지 않는 하느님의 위엄을 그나마 인간도 아닌 인간의 형상으로 바꾸어 놓았습니다. 이것은 변명의 여지가 없는 중한 죄로, 그들은 타락하기 쉬운 인간의 형상을 신이라 불렀습니다. 게다가 그들은 살아 있는 사람을 신이라 부르며 공경한 것도 아니고 죽은 이의 형상을 영광스러운 하느님으로 받들어 모셨습니다!

• 암브로시아스테르 『바오로의 열세 서간 주해』.

공동선과 공유물

하느님께서는 창조된 모든 것을 공평하게 나누어 주셨습니다.

• 요한 크리소스토무스『요한 복음 강해』15,3.

세상은 모든 이를 위해 창조되었습니다.

• 암브로시우스『나봇 이야기』3,11.

공동선을 추구하는 것이 그리스도교의 가장 완전한 규범입니다.

• 요한 크리소스토무스『코린토 1서 강해』25,3.

땅은 부유한 사람들의 것이 아니라, 모든 사람의 것입니다.

• 암브로시우스『나봇 이야기』12,53.

공동선의 의미와 이해

공동선을 추구하라

여러분은 마치 이미 의롭게 된 듯이 자신 안에만 머물며 고립되어 있지 말고, 같이 모여서 공동의 유익함을 함께 찾도록 애쓰십시오.

• 『바르나바의 편지』4,10.

사멸하는 것을 공유公有하다

궁핍한 자에게서 돌아서지 말며, 모든 것을 네 형제와 함께 공유하고 네 것들이라고 말하지 마십시오. 너희가 불사하는 것을 공유하고 있으니 하물며 사멸하는 것들을 [공유하는 것쯤이야 쉬울 것입니다].

• 『디다케』4,8.

스토아학파의 가르침

스토아학파는 땅에서 나는 모든 것은 인간이 이용하도록 창조되었고, 인간은 다른 이들에게 서로 도움이 될 수 있도록 인간을 위해 태어났다고 즐겨 말했다고 합니다.

• 암브로시우스『성직자의 의무』1,28,132.

개인의 이익이 공동선을 해쳐서는 안 된다

분명 모든 이가 바라고 지녀야 하는 바는 이러합니다. 개인의 이로움이 모든 이의 이로움과 같으며, 공동에게 도움이 되지 않는 것은 그 무엇도 이롭다고 여기지 말아야 한다는 것입니다. 한 사람에게만 도움이 되는 것이 어찌 이로울 수 있겠습니까? 모든 이에게 이롭지 않은 것은 해를 끼치는 것입니다. 내 생각에, 모두에게 이롭지 않은 사람은 자신에게도 이로울 수 없다는 것이 확실합니다. 모두를 위한 하나의 자연법이 있다면, 그것은 분명 모든 이의 이로움입니다. 우리는 분명 모든 이를 보살펴야 하는 자연법에 매여 있습니다. 본성에 따라 다른 사람을 배려하고 싶어 하는 사람이 자연법을 거슬러 다른 사람에게 해를 끼친다는 것은 그의 몫일 수 없습니다.

• 암브로시우스 『성직자의 의무』 3,4,25.

공동의 이익

자신의 이익을 위해 다른 사람에게 폭력을 저지르는 것만큼 본성을 거스르는 것이 있겠습니까? 타고난 사랑은 모든 이를 위해 깨어 지내고 괴로움을 견뎌 내며 노고를 감수하도록 재촉합니다. 어떤 사람이 모든 이의 평안을 추구하기 위해 개인적인 위험을 무릅쓸 때 누구나 영예로운 일이라고 여깁니다. 개인적 위험을 물리치는 것보다 나라의 파멸을 물리치는 것이 훨씬 더 가치 있다고 판단합니다. 쾌락에 흠뻑 빠져 한가롭게 안락한 삶을 누리기보다 자기 나라를 위해 일하는 것이 더 훌륭하다고 평가합니다.

• 암브로시우스 『성직자의 의무』 3,3,23.

공동선을 추구하는 공평과 정의

공평과 정의보다 더 풍부한 유익을 주는 덕은 없습니다. 공평과 정의는 자신보다 다른 이들에게 더 많은 관심을 기울이게 하고, 자신의 이익을 무시하고 공동선을 더 바랍니다. … 인류에게는 정의와 공평으로 기뻐하는 일보다 더 기뻐할 일은 없기 때문입니다. … 정의가 가장 중요한 덕이니, 정의는 다른 모든 덕과 조화를 이루기 때문입니다. … 정의는 부분으로 나누어질 수 없습니다. 정의는 모든 덕의 어머니이기 때문입니다.

• 암브로시우스 『낙원』 3,18.

공동선을 위한 보편 신앙

교회는 그런 장엄한 식사, 곧 유익한 신앙의 친교에 자기 벗들뿐만 아니라 원수들과 박해자들, 곧 이교인들과 유대인들과 이단자들도 초대합니다. 그들도 오류의 그릇된 길을 버리고 공동선을 위한 보편 신앙이라는 하나의 집에서 기뻐할 수 있게 하기 위해서입니다.

• 라바누스 마우루스 『에스테르기 해설』 8.

공동선을 실행하는 것은 그리스도를 본받는 것이다

이른바 공동선을 추구하는 것이 그리스도교의 가장 완전한 규범이자 가장 정확한 정의定義이며 가장 핵심적인 요점입니다. 바오로 사도는 이와 관련하여 '내가 그리스도를 본받는 것처럼'(1코린 11,1)이라고 말한 바 있습니다. 이웃을 돌보는 것보다 그리스도를 더 잘 본받는 행위는 없습니다. 설령 당신이 단식을 하거나 단단한 땅에서 잠을 자거나 또는 죽음에 이르는 고통을 겪는다 할지라도 당신의 이웃에 대해 생각하지 않는다면, 결코 대단한 일을 한 것이 아닙니다. 그런 것들을 했다고 하더라도 당신은 완전한 그리스도인의 본보기에서 멀리 떨어져 있는 것입니다.

• 요한 크리소스토무스 『코린토 1서 강해』 25,3.

공동체에 유익하게 은사를 나누어 주시다

하느님께서는 공동체에 유익하게 은사를 나누어 주십니다. 교회에 모인 사람들을 보면 알 수 있듯이 어떤 이들은 말씀을 가르치는 은사를 받았나 하면, 한 마디도 할 수 없는 사람들도 있습니다. 하지만 아무도 이를 불공평하다면서 한탄해서는 안 된다고 바오로 사도는 우리에게 이릅니다. "하느님께서 각 사람에게 공동선을 위하여 성령을 드러내 보여"(1코린 12,7) 주시기 때문입니다. 어떤 물건을 누구에게 맡겨야 할지 아는 사람이 집안의 가장이라면, 인간의 마음을 널리 굽어보시는 하느님께서야 얼마나 잘 알아서 하시겠습니까!

• 요한 크리소스토무스 『히브리서 강해』 3,8.

공동선을 위하여

모든 영적 은사를 다 받을 능력이 있는 사람은 없고 성령의 은총은 각 사람의 믿음에 비례해 주어지는 것이므로, 여러 사람이 공동생활을 할 경우에 각 개인이 개별적으로 받는 은총은 다른 이들의 공동 소유가 됩니다. … 이 은사들 가운데 무엇이라도 받는 이는 그것을 자기 자신을 위해서가 아니라 다른 이들을 위하여 소유하는 것입니다.

• 대 바실리우스 『대 수덕집』(긴 규칙서) 7.

공동선을 추구해야 한다

신령한 언어로 말하는 이가 그것을 해석해 주지 못하면 다른 사람들은 그 말을 이해하지 못하겠지만, 그 자신은 성령의 자극을 받아 자신이 한 말을 알 것입니다. 그것을 다른 이들도 이해하게 되면 그 말씀이 열매를 맺는 것입니다. 이 일에서도 다른 일의 경우와 마찬가지로 우리는 교회의 공동선을 추구해야 한다는 것을 배웁니다.

• 오리게네스 『코린토 1서 주해 단편』 4,61-62.

많은 이들을 이롭게 하는 길

모든 이를 기쁘게 하려는 사람은, 모든 일에서 자신에게만 이로운 것이 아니라 많은 이들을 이롭게 하는 길을 찾아야 합니다. 바오로가 그런 길을 추구했듯이 말입니다. 이것이 그리스도와 일치하는 길입니다. 남의 것을 좇지도 않고, 남의 것 그 무엇도 제 것으로 차지하기 위해 빼앗지 않는 것입니다. 주 그리스도께서는 하느님의 형

상으로 계셨으나 인간의 형상을 받아들이시기 위해 당신을 비우셨고, 당신 덕행으로 인간의 형상을 풍요롭게 하셨습니다(필리 2,6-7 참조). 그리스도께서 입혀 주신 사람을 그대가 발가벗기고 빼앗고 있습니다! 그리스도께서 덮어 주신 사람을 그대가 벗기고 있습니다! 다른 사람의 손실로 그대의 이익을 불리려고 할 때, 그대는 이런 짓을 하는 것입니다.

• 암브로시우스 『성직자의 의무』 3,3,15.

삶의 참된 의미

세상에는 자기 자신만을 위해 사는 사람이 아무도 없고, 직공과 군인, 농부, 상인, 모두가 공동선과 이웃의 유익에 이바지합니다. 게다가 우리는 영적인 일에는 더 그리해야 합니다. 바로 이것이, 말하자면 삶의 참다운 의미이기 때문입니다. 자신을 위해서만 살고 다른 사람들은 눈에 들어오지도 않는 사람은 쓸모없습니다. 그는 인간도 아닙니다.

• 요한 크리소스토무스 『마태오 복음 강해』 77,3

가진 것이 없는 자

이런 일들을 아는 우리는 우리가 가진 것(재산, 근면함, 보살핌 같은 것)을 이웃을 이롭게 하는 데 사용합시다. 이 비유에서 탈렌트는 보호나 돈, 가르침 또는 자기가 받은 어떤 것에서건 각 사람이 지닌 능력을 뜻하기 때문입니다. "나에게는 한 탈렌트밖에 없고 나는 그것으로 아무것도 할 수 없어" 하고 말하는 사람은 아무도 없도록 합시다. 여러분은 과부보다 가난하지 않습니다. 여러분은 "무식하고 평범한"(사도 4,13) 베드로나 요한처럼 못 배우지도 않았습니다. 그럼에도 불구하고 그들은 열성을 보이고 모든 것을 사람들의 유익을 위해 했기 때문에 하늘에 받아들여졌습

니다. 공동의 유익을 위하며 사는 것만큼 하느님을 기쁘게 하는 일은 없기 때문입니다.

• 요한 크리소스토무스『마태오 복음 강해』78,3.

공유물인 자연과 세상, 소유물

하느님께서는 모든 것을 모두에게 공평하게 나누어 주셨다

하느님은 우리가 사는 단 한 곳, 곧 이 세상을 우리에게 주셨습니다. 그분께서는 창조된 모든 것을 공평하게 나누어 주셨습니다. 하나의 해로 모든 이를 비추어 주시고, 하나의 지붕, 곧 하늘로 우리 위를 덮어 주셨고, 하나의 식탁, 곧 지구를 차려 주셨습니다. … 하느님께서는 부자에게 더 고귀한 재물을 더 풍족하게 주시지도, 가난한 이들에게 더 질 낮고 하찮은 재물을 주시지도 않으셨으며 모두를 동등하게 부르셨습니다.

• 요한 크리소스토무스『요한 복음 강해』15,3.

자연의 공동 이용

"하느님께서 우리에게 모든 것을 풍성히 주시어 그것을 누리게 해 주십니다"(1티모 6,17)라고 사도가 말하는 의미가 무엇일까요? 하느님께서는 돈보다 훨씬 더 필요한 공기와 물, 불, 태양과 같은 종류의 모든 것을 풍족하게 주십니다. 부자들이 가난한 이들보다 햇살을 더 많이 받거나 공기를 더 많이 마신다고 말할 수 없습니다. 이 모든 것은 모든 사람에게 동등하게 그리고 공동으로 유익한 것입니다. 하느님께서 우리 삶을 유지하는 가장 중요하고 가장 필수적인 것들은 모두가 공동으로 이용하도록 창조하셨습니다.

• 요한 크리소스토무스
『(입상에 관해) 안티오키아 신자들에게 행한 설교』2,6.

세상은 모든 이에게 주어졌다

자연계의 요소들은 모두가 사용할 수 있도록 모든 이에게 주어졌습니다. 세상의 아름다운 장식들은 부자나 가난한 이나 마찬가지로 즐깁니다. 부자들 저택의 금박 입힌 천장이 하늘을 금빛으로 물들이는 반짝이는 별들보다 더 아름답습니까? 부자들의 부동산이 지구 표면보다 더 광활합니까? 집에 집을 더하고 마을에 마을을 더하는 이들에게는 이런 말씀이 선포되었습니다. "너희만 이 땅 위에서 살려 하느냐?"(이사 5,8). 여러분은 비록 가난하지만 더 큰 집을 가지고 있습니다. 이 집에서 여러분이 내는 소리는 모두 하느님께서 들으십니다. 예언자가 말합니다. "이스라엘아, 하느님의 집이 얼마나 크고 그분의 소유지가 얼마나 넓으냐! 크고 끝없고 높아 잴 수가 없다"(바룩 3,24-25). 하느님의 집은 부자와 가난한 이 모두의 것이지만 부자가 하늘 나라에 들어가기는 어렵습니다(마태 19,23 참조).

• 암브로시우스『육일 창조』9,8,52.

자연의 공공성과 재화의 보편적 목적

부자들이여, 그대들의 미친 탐욕을 어디까지 뻗치렵니까? "너희만 이 땅 한가운데서 살려 하는구나!"(이사 5,8). 왜 그대들과 같은 본성을 지닌 사람들을 쫓아냅니까? 왜 자연을 그대들만의 소유라고 내세웁니까? 땅은 부유한 사람 가난한 사람 할 것 없이 모든 이가 함께 사용하도록 창조된 것입니다. 어찌하여 그대 부자들은 그대들만의 권리라고 사칭합니까? 자연은 모든 인간을 가난하게 낳은 까닭에 부자들을 알지 못합니다. 우리는 옷도 걸치지 않고, 금과 은도 지니지 않은 채 태어납니다. 이 땅은 우리를 벌거숭이로 낳으며, 음식과 옷과 마실 것이 필요한 존재로 낳습니다. 땅은 우리를 벌거숭이로 낳았듯이 벌거승이로 맞아들입니다(욥 1,21 참조). 소유한 모든 것을 무덤 안에 채워 넣을 수는 없습니다. 가난한 사람에게나 부유한 사람에게나 한 자락 풀밭으로도 넉넉합니다. 살아 있는 동안 부자의 욕심을 다 채워 주지 못했던 땅은 이제야 부자를 통째로 집어삼킵니다. 자연은 우리가 언제 나고 언제 죽든지 차별할 줄 모릅니다. 우리 모두를 동등하게 창조하고, 우리 모두를 동등하게 무덤의 품속에 가두어 버립니다.

• 암브로시우스 『나봇 이야기』 1,2.

가장 천한 것들은 공유물이 아니다

이른바 돈과 같이 가장 가치 없고 가장 천한 것들이 공유물이 아닌 것은 왜 그렇습니까? … 우리의 삶을 안전하게 지키고 우리에게 덕행의 길을 열어 주기 위해서입니다.

• 요한 크리소스토무스
『(입상에 관해) 안티오키아 신자들에게 행한 설교』 2,6.

자연과 재물의 사유화

부에 대한 인간의 절대적 소유권이란 없다

부는 소유물도 재산도 아니며 단지 사용하기 위해 빌린 것입니다. 당신은 죽을 때, 당신이 가진 모든 재산을 기꺼이 또는 마지못해 다른 이들에게 넘겨야 하고 재산을 받은 이들도 또다시 다른 이들에게 그것을 넘겨 주어야 한다면, 그 재산이 당신의 소유물이라고 어떻게 주장할 수 있습니까? 우리는 잠시 묵어가는 나그네입니다. 집을 빌려 쓰는 사람이 오히려 진짜 주인일 수 있습니다. 주인이 죽더라도 임차인은 계속해서 집에 살기 때문입니다. 임차인이 집세를 지불해야 한다면, 주인도 집을 짓는 데 필요한 비용을 치

러야 하며, 살 만한 곳으로 갖추기 위해 많은 수고를 해야 합니다. 사실상 재산은 말로 소유하는 것에 지나지 않습니다. 우리 모두는 다른 사람의 소유물의 주인인 셈입니다. 이 재산은 우리가 저세상으로 가기 전에 내보내야 하는 우리의 소유물입니다. 여기에 있는 재산은 우리 것이 아닙니다. 우리는 단지 살아 있는 동안에만 재산에 대한 권리를 갖습니다만 재산은 지상에 있을 때조차 우리의 소유가 되지 못합니다.

• 요한 크리소스토무스 『티모테오 1서 강해』 11,2.

자연은 공공재公共財다

세상은 모든 이를 위해 창조되었습니다. 그러나 그대 소수의 부자들은 세상을 그대들만 독점하려고 애씁니다. 지상의 소유뿐 아니라, 하늘과 공기와 바다도 그대 극소수 부자들만 사용해야 한다고 내세웁니다. 그대의 엄청난 재물로써 가두어 버린 이 공기는 얼마나 많은 다른 백성들을 활기차게 할 수 있는 것입니까? 그대가 경계를 긋고 땅을 나누듯이, 천사들도 하늘의 공간을 나누어서 지니고 있습니까?

• 암브로시우스 『나봇 이야기』 3,11.

땅을 사유화한 까닭

생산되는 모든 것은 모든 이를 위한 공동 양식이 되고, 땅은 모두의 공동 소유가 되게 하라고 하느님께서 명하셨습니다. 그러므로 자연은 공동 권리를 낳았지만, 독점이 사적 권리를 만들었습니다.

• 암브로시우스 『시편 제118편 해설』 8,22.

땅 자체가 모든 이의 공동 재산인데 그대는 어찌하여 땅의 소출을 개인의 몫이라고 여깁니까?

• 암브로시우스 『과부』 5.

사유권은 공공재산의 강탈이다

하느님은 음식이 모든 이에게 공동의 것이 되고 땅이 어떤 의미에서 모든 이의 공동 소유가 되게 하라고 명하셨습니다. 그러므로 자연은 공동 권리를 낳았고, 강탈이 사유권을 만들었습니다.

• 암브로시우스 『성직자의 의무』 1,28,132.

토지의 사유화 비판

하느님은 이 땅을 우리 모두에게 평등하게 거저 주셨습니다. 땅은 공동의 것인데 당신은 엄청난 토지를 갖고 있는 반면 당신의 이웃은 그 땅의 몇 분의 일도 갖지 못한 것은 어찌된 일입니까?

• 요한 크리소스토무스 『티모테오 1서 강해』 12,4.

무엇이 그대의 것인가?

무엇이 그대의 것인지 제게 말해 보십시오. 그대가 이 세상에 갖고 온 것이 무엇입니까? 그대는 어디에서 그것을 받았습니까? 극장에서 먼저 자리 잡고 앉아 있는 사람이 나중에 들어오는 사람을 지나가지 못하게 함으로써, 누구나 즐기라고 있는 공간을 마치 자신만의 것처럼 여기듯이, 부자들도 이렇게 행동합니다. 그들은 공동재산을 다른 사람들보다 먼저 움켜쥐고서, 그것을 선취했다는 이유로 공동재산을 자기 소유물이라고 주장합니다.

• 대 바실리우스 『내 곳간들을 헐어 내리라』 7.

공유물을 사유화하는 것은 자연법에 어긋난다

공동의 것, 곧 공적인 것은 공공의 것으로 여기고 사적인 것은 자신을 위해서 지니라는 것입니다. 그러나 이것도 자연에 어긋납니다. 자연은 모든 이에게 모든 것을 공동의 것으로 베풀어 주었기 때문입니다.

• 암브로시우스 『성직자의 의무』 1,28,132.

다른 이들을 배제하려는 마음

"그것을 내 정원으로 삼았으면 하네"(1열왕 21,2). 이는 쓸모없는 풀밭 공간을 찾아 헤매는 완전히 미치고 얼빠진 짓이었습니다. 그대들은 유익한 그 무엇을 소유하려고 열망하는 것이 아니라, 그저 다른 사람들이 소외되기를 바랄 뿐입니다. 그대들은 자신을 풍요롭게 하는 일보다는 가난한 사람들을 벗겨 먹는 데 더 관심을 기울입니다. 부자에게나 어울릴 법한 것을 가난한 사람이 지니고 있으면 그대들은 그것을 모욕으로 여깁니다. 다른 사람들이 지닌 모든 것은 그대들의 손실이라 믿어 버립니다. 자연 재화를 낭비하는 것이 그대들에게 무슨 기쁨을 줍니까?

• 암브로시우스 『나봇 이야기』 3,11.

많은 사람의 것을 자신만을 위해 간직하다

짐승들조차도 땅에서 절로 자라는 식물은 다 같이 이용합니다. 양 떼들은 같은 언덕배기에서 함께 풀을 뜯고, 말들은 같은 들판에서 풀을 뜯어 먹습니다. 모든 피조물들은 서로서로 양보하며 자신들이 필요로 하는 먹이를 먹습니다. 그런데 우리 인간은 공동의 것을 자신만을 위해 저장하고, 다른 많은 사람의 것을 자신만을 위해 간직합니다.

• 대 바실리우스 『기근과 가뭄 때 행한 설교』 8.

주님의 것은 무엇이나 모든 사람의 것이다

그대는 재산을 어떻게 모았는지 말해 보십시오. 조상으로부터 받았습니까? … 그렇다면 그 조상이 재산을 정당하게 모았다는 사실을 증명해 보일 수 있습니까? 불가능합니다. 결코 증명할 수 없습니다. 부富의 시작과 뿌리에는 일종의 불의 不義가 들어 있습니다. 왜 그런지 아십니까? … 하느님께서 모든 사람에게 똑같이 땅을 주셨습니다. 따라서 땅은 공동 소유입니다. 그런데도 그대는 많은 땅을 갖고 있고, 그대의 이웃은 땅이 한 평도 없습니다. 그대는 그 땅을 아버지로부터 물려받은 유산이라고 말하고 싶겠지요. 그렇다면 그대의 아버지는 그 땅을 누구한테서 물려받았습니까? 조상으로부터 물려받았나요? 그렇다면 그대는 계속해서 조상을 거슬러 올라가면서 재산이 어떻게 형성되었는지 추적해 봐야 할 것입니다.

그대가 결코 도둑질을 하지 않고 재산을 정직하게 모았다고 합시다. 그리고 그대의 조상이 갖고 있던 금이 땅속에서 치솟았다고 합시다. 그래서 어쨌단 말입니까? 그대는 부는 선한 것이라고 말하고 싶겠지요. 그렇지 않습니다. 그래도 그대는 부는 악한 것이 아니라고 주장하고 싶겠지요. 그래요. 부는 결코 악한 것이 아닙니다. 부를 쌓아 두지 않고, 필요한 사람에게 나누어 준다면 말입니다. 나누어 주지 않는 부는 결국 악의 올가미가 됩니다. 그래도 그대는 여전히 항변하고 싶겠지요. 선행을 베풀지 않는다고 해서 그것이 악행을 저지른 것도 아니고, 악한 사람이 되는 것도 아니라고 말입니다. 그대의 말이 맞습니다. 그런데 주님의 소유, 공공재산을 그대 혼자 독점하고 있다는 사실 자체가 바로 악한 것 아닙니까? 혹시 그대는 땅과 그 안에 있는 모든 것이 주님의 것이라는 사실을 부인합니까? 우리가 가지고 있는 모든 것이 우리 모두의 한 분이신 주님의 소유라면, 그것은 또한 우리를 포함한 주님의 모든 종들의 것이 아닙니까? 주님의 것은 무엇이나 모든 사람의 것입니다.

• 요한 크리소스토무스 『티모테오 1서 강해』 12,4.

재물을 잘못 쓰는 자들은 불행하다

부유함에는 매력적인 즐거움이 많지만, 덕행을 훼방하는 요소들이 더 많습니다. 덕을 베푸는 데 물질이 꼭 필요한 것도 아니고, 부자들의 자선보다 가난한 이들의 기부가 더욱 칭송할 만한 것이긴 합니다만, 하늘 말씀의 권위를 빌려 말하건대, 주님은 그냥 재물이 많은 사람들을 책망하신 것이 아니라 그것을 제대로 쓸 줄 모르는 사람들을 책망하신 것입니다. 불안하게 다가오는 궁핍의 위협에 사로잡히지 않고, 뜨거운 자비심으로 자기에게 있는 것을 나누는 가난뱅이가 훨씬 더 훌륭한 사람이지요. 그는 자연으로부터 풍족하게 받은 사람은 부족할 것이 없다고 생각합니다. 그러기에 자기가 받은 것에 대하여 하느님께 감사하지 않고 공동선을 위해 쓰라고 주신 것을 사유물로 삼아 숨겨 두는 부자는 더욱 죄가 많은 것입니다(마태 25,18 참조). 따라서 책망받을 것은 부유함 자체가 아니라 사람의 태도입니다.

• 암브로시우스 『루카 복음 해설』 5,69.

가난한 이들과 공유하면 그 재산은 자신의 것이 된다

모든 것은 사실상 하느님의 것입니다. 하느님께서 우리에게서 모든 것을 되찾아 가시려고 부르시고 선택하실 때, 은혜를 모르는 종들처럼 그분에게서 도망가거나 우리 주인의 것을 훔치지 맙시다. 당신의 영혼은 당신의 것이 아닙니다. 당신의 부도 당신의 것이 아닙니다. 그런데 당신은 당신의 것도 아니고 필요하지도 않은 것들을 어떻게 쓸 수 있단 말입니까? 우리가 그것들을 부정하게 사용하면 곧바로 심판을 받으리라는 것을 당신은 알지 못합니까? 그것들은 우리 것이 아니고 우리 주인의 것이므로 우리는 그것을 우리의 동료 종들을 위해 써야 합니다. … '나는 단지 내 것을 쓰고 있으며 내 것으로 방탕한 삶을 산다'라고 말해서는 안 됩니다. 그것은 당신의 것이 아니라 다른 이들의 것입니다. … 하느님께서 당신의 형제들을 위해서 당신에게 맡기기로 뜻하신 것들이 당신의 것입니다. 당신이 그것을 다른 이들을 위해서 쓴다면, 당신의 것이 아닌 이것들은 당신의 것이 됩니다. 당신이 자신을 위해서 그것을 마구 쓴다면, 그것은 더 이상 당신의 것이 아닙니다. 당신은 그것들을 함부로 쓰면서 당신 자신의 것들을 당신의 즐거움만을 위해서 쓰는 것이 정당하다고 말하지만, 나는 그것들이 더 이상 당신의 것이 아니라고 말하겠습니다. … 이처럼 부를 당신 혼자 누리면, 당신은 그것을 잃어버린 것입니다. 당신은 그것에 대한 보상을 받지 못할 것이기 때문입니다. 그러나 당신이 그것을 다른 사람들과 공동으로 소유한다면, 그것은 더 확실히 당신의 것이 되고 그러면 보상도 받게 될 것입니다.

• 요한 크리소스토무스 『코린토 1서 강해』 10,6-7.

공유물이자 공동선을 위한 재화

재화는 공동 소유이며 공동선을 위한 것이다

우리는 하느님께서 창조하신 것을 왜 마음대로 사용하지 말아야 합니까? 내가 내 마음대로 쓸 수 있는 것을 왜 즐기지 말아야 합니까? 이것이 우리를 위하여 창조된 것이 아니라면 도대체 누구를 위하여 창조된 것입니까?

하느님의 뜻을 전혀 알지 못하는 사람들만이 이렇게 말할 수 있습니다. 그분은 먼저 물과 공기와 같이 꼭 필요한 것을 모든 이에게 완전히 열어 놓으셨습니다. 한편 그분은 필요하지 않은 것은 땅과 물 밑에 숨기셨습니다. 이 때문에 개미들은 금을 찾아 파고, 독수리들은 금을 지키며, 바다는 진주를 숨겼습니다. ….

따라서 '내 마음대로 쓸 수 있다. 나는 남아돌만큼 가지고 있는데 마음대로 쓸 수 있는 것을 왜 즐기지 말아야 하느냐?'라는 말은 인간적이지도, 사회적이지도 않습니다. 다음의 말이 사랑에 더 어울립니다. '나는 내 마음대로 쓸 수 있는 것을 필요로 하는 사람들과 왜 나누지 말아야 합니까?' 그러한 사람은 '네 자신보다 네 이웃을 사랑해야 한다'는 계명을 지킨 완전한 사람입니다. 이것이 참된 즐거움이며, 하늘에 보물로 쌓여 있는 재화입니다. 하느님께서는 모든 이를 위하여 모든 것을 창조하셨습니다. …

그러므로 모든 것은 공동 소유이고, 부자들은 다른 사람들보다 자신들을 위하여 더 많이 요구해서는 안 됩니다. … 하느님께서는 우리에게 사물을 사용할 권리를 주셨으나 필요한 범위 안에서 주셨다는 것을 저는 알고 있습니다. 그분의 뜻은 이러한 이용이 모든 사람에게 공유되어야 한다는 것입니다. 한 사람이 호화스럽게 살고 많은 사람이 궁핍에 처해 있는 것은 불합리합니다. 호화롭게 사는 것보다 많은 사람에게 선행을 베푸는 것이 얼마나 더 영광스러운 일입니까? 자신의 재산을 보석이나 금보다 사람에게 사용하는 것이 얼마나 더 현명한 일입니까? 생명이 없는 장식보다 당신의 삶을 꾸며 주는 친구들을 얻는 것이 얼마나 더 유익한 일입니까?

• 알렉산드리아의 클레멘스 『교육자』 2,119,2-120.

우리 삶에서 재화 공유가 물려받는 것보다 더 합당한 형태이고, 그것이 본성에 맞습니다.

• 요한 크리소스토무스 『티모테오 1서 강해』 12,4.

우리의 부는 우리의 것이 아니다

부는 우리의 것이 아니라 우리 주님의 것이기 때문에 우리의 동료 종들을 위해 부를 사용해야 합니다. … 부는 여러분과 여러분 동료 종들이 공유하는 것입니다. 태양과 공기와 땅과 나머지 모든 것이 그런 것처럼 말이지요. … 그래서 부라는 것은 여러분 혼자 독차지하게 되면 반드시 잃어버리고 말 것입니다. 왜냐하면 여러분은 그것을 보상으로 받은 것이 아니기 때문입니다. 하지만 여러분이 그 밖의 사람들과 공동으로 부를 소유한다면 여러분은 더 많은 이익을 보상받게 될 것입니다.

• 요한 크리소스토무스 『코린토 1서 강해』 10,3.

재화의 보편적 목적과 가난한 이의 권리

그대는 그대의 것을 가난한 사람에게 베푸는 것이 아니라, 그 사람의 것을 되돌려주는 것일 따름입니다. 모든 사람이 더불어 사용하라고 주신 것을 그대 홀로 빼앗아 썼기 때문입니다. 땅은 부유한 사람들의 것이 아니라, 모든 사람의 것입니다.

• 암브로시우스 『나봇 이야기』 12,53.

공동 소유

햇빛과 공기, 땅을 비롯한 나머지 모든 것이 공동으로 주어진 것처럼, 모든 것(당신의 소유물)은 당신과 당신의 동료 종들에게 공동으로 주어진 것입니다.

• 요한 크리소스토무스 『코린토 1서 강해』 10,7.

소유물은 공동의 선물이기에 공유물이다

주님의 소유물은 모든 이에게 공동의 것입니다. 당신 홀로 주님의 재산을 가져야겠다는 것, 당신 홀로 공동의 것을 즐기겠다는 것은 악이 아닙니까? 땅은 하느님의 것이 아닙니까? … 우리 소유물들이 공동의 주님이신 한 분께 속한다면 그것들은 우리의 동료 종들에게도 속합니다.

• 요한 크리소스토무스 『티모테오 1서 강해』 12,4.

주님께서 주신 것을 돌려드리다

우리는 공동선을 위하여 현세 재산을 관리하고 사용하는 일을 맡고 있을 뿐, 사유재산의 영원한 소유를 위임받지는 않았습니다. 지상 소유는 일시적이라는 사실을 받아들인다면, 그대는 천국에서 영원한 소유를 얻게 될 것입니다. 가난한 사람을 위하여 자신을 잊어버린 그 과부를 기억하십시오. 심판관 몸소 증언하시는 바와 같이, 그 과부는 다가오는 삶만을 생각하면서 가난한 사람을 위하여 자신을 잊고서 생활비를 모두 봉헌했고 다른 사람들은 흘러넘치는 자기 재산의 일부를 내어 놓았을 뿐입니다. 그러나 동전 두 닢밖에 없었고 많은 가난한 사람보다 더 궁핍했을 법한 그 여인은 영적 재물에서는 온갖 부귀를 뛰어넘었습니다. 여인은 오로지 다가오는 세상만을 생각했고, 천상 보화를 열망한 나머지 지니고 있는 모든 것, 땅에서 왔다가 땅으로 돌아가고 말 것을 송두리째 봉헌했습니다. 주님께서 주신 것을 주님께 돌려드립시다. 그분에게서 오지 않은 것은 아무것도 없기 때문입니다. 우리 존재는 그분께 달려 있습니다. … 주님께서 우리에게 주신 선물을 주님께 되돌려 드립시다. 모든 가난한 사람 안에서 받으시는 분께 내드립시다. 기꺼이 드리자는 말씀입니다. 그러면 그분께서 약속하신 상급을 받게 될 때 큰 기쁨은 우리 돈이 될 것입니다.

• 놀라의 파울리누스 『편지』 34,2-4.

지혜와 권력, 다양한 재능도 공동선을 위한 것이다

충실한 종의 비유(마태 24,45-47)는 돈뿐 아니라 언변, 권력, 재능을 비롯하여 각 사람에게 맡겨진 모든 집사직에도 적용됩니다. 그것은 사회적 지위가 높은 통치자들뿐 아니라 자기가 지니고 있는 것을 전적으로 공동선을 위하여 사용할 의무가 있는 모든 사람에게 해당됩니다. 당신이 갖고 있는 지혜나 권력, 부, 그 외에 무엇이든 그것이 당신의 동료 종들이나 당신 자신의 파멸을 불러오는 데 쓰이지 않게 하십시오.

• 요한 크리소스토무스 『마태오 복음 강해』 77,3.

초기 교회의 아름다운 본보기

사랑하는 형제 여러분, 사도 시대에 믿는 이들의 공동체가 행한 바를 되새겨 봅시다. 그때에는 위대한 덕행들로 말미암아 첫 마음은 생기 가득했고, 신자들의 믿음은 새로운 신앙 열기로 여전히 타오르고 있었습니다. 그때 그들은 집과 땅을 팔아 가난한 이들에게 나누어 주도록 사도들에게 기꺼운 마음으로 너그러이 내어놓았습니다. 지상의 재산을 팔아서 나누어 줌으로써 영원한 재산의 열매를 받을 수 있는 저곳으로 그 땅을 옮겨놓았고 영원히 살게 될 거처를 마련했습니다. 사도행전에서 읽는 바와 같이, 당시에는 사랑 안의 일치만큼이나 선행도 풍성했습니다. "신자들의 공동체는 한마음 한뜻이 되어 일했고, 그들 사이에는 어떤 차별도 없었으며, 자기 소유를 자기 것이라 하지 않고 모든 것을 공동으로 소유하였다"(사도 4,32 참조). 이것이야말로 참으로 영적 탄생을 통해 하느님의 자녀가 되는 길입니다. 이것이 하늘의 법에 따라 아버지 하느님의 공정함을 닮는 길입니다. 하느님의 것은 무엇이든 우리가 공동으로 사용해야 합니다. 그분의 은혜와 선물에서 그 누구도 소외되어서는 안 됩니다. 온 인류가 하느님의 선하심과 너그러우심을 공평하게 누려야 합니다. 낮은 공평하게 빛을 비추고, 태양은 공평하게 햇살을 비추며, 비는 공평하게 적셔 주고, 바람은 공평하게 불며, 잠자는 이들에게 잠은 하나이고, 별빛과 달빛도 공동의 것입니다. 지상에서 재화를 소유하고 있는 사람은 이 평등성의 본보기를 따라 자신의 수확물을 형제들과 나누어야 합니다. 거저 나누어 줌으로써 더불어 소유하는 정의로운 이는 하느님 아버지를 닮은 사람입니다.

• 키프리아누스 『선행과 자선』 25.

과부

과부는 육체적 금욕으로 구별될 뿐 아니라 뛰어난 덕으로도 남다릅니다.

• 암브로시우스 『과부』 2,7.

가난한 과부의 돈이 진짜 자선헌금입니다.

• 요한 크리소스토무스 『히브리서 강해』 28,9.

그녀의 값진 가난은 신앙의 신비 안에서는 풍요로운 부富였습니다.

• 암브로시우스 『평신도들에게 보낸 편지』 84.

여러분이 과부에게 동정을 베푼다면 여러분의 죄는 씻겨 없어집니다.

• 요한 크리소스토무스 『코린토 1서 강해』 23,6.

과부의 금욕 생활은 혼인 생활에서 따라야 했던 계명보다 윗길입니다.

• 테르툴리아누스 『아내에게』 1,7.

교회는 그리스도의 과부라고 불립니다.

• 카시오도루스 『시편 해설』 131,15.

과부의 의미와 이해

과부는 혼인하지 않은 이가 아니다

과부는 혼인하지 않은 이에 속한다고 보아서는 안 됩니다. 그들은 한때 혼인 상태를 유지했기 때문입니다. 과부들은 혼자 살지만 혼자 사는 이가 모두 과부는 아닙니다. 그래서 바오로 사도가 그 둘을 구분하는 것입니다.

• 아우구스티누스 『과부 신분의 유익』 2.

이스라엘에 관한 예언

주님께서는 이스라엘을 "과부"라고 하십니다. 이스라엘은 하느님의 돌보심을 받지도 못한 채 홀로 쓸쓸하게 되었기 때문입니다(참조: 마태 24,15 마르 13,14; 루카 21,20). … 그런데 무엇보다도 "과부"라는 이름으로 불릴 만한 것은 회당입니다. 회당은 자신의 배우자인 그리스도에게 교만하게 행동했기 때문에 버림을 받았습니다.

• 올림피오도루스 『바룩서 주해』 4,12.

진짜 과부

바오로 사도는 자녀가 없는 과부를 "의지할 데 없이 홀로 된 여자"(1티모 5,5)라고 합니다. 그는 남편의 위로는 물론 자녀에게서 얻는 위안도 받을 길 없는 이런 이를 진짜 과부라고 하며, 그러나 모든 것 대신 그녀에게는 하느님이 계시다며 각별히 위로합니다.

• 요한 크리소스토무스 『티모테오 1서 강해』 13.

아무에게도 묶여 있지 않은 과부

이 말[1티모 5,5 참조]은 어떤 이들에 관한 말입니까? 자녀가 없는 이들입니다. 그들은 행실의 훌륭함을 입증받았고, 모든 구속에서 풀려나 하느님 마음에 들 수 있는 더 많은 기회를 얻었기 때문입니다. 그들에게는 묶인 식구도 없고 그들에게 족쇄를 채워 놓고 끌고 다니라고 강요하는 사람도 없습니다. 그들은 남편과는 헤어졌지만 하느님과 결합되었습니다. 친밀한 관계의 동료 종은 없지만 주님이 계십니다.

• 요한 크리소스토무스 『테살로니카 1서 강해』 6.

과부의 특징

여기에서[1티모 5,5 참조] 우리는 과부들은 어느 누구보다 더욱 기도에 전념할 의무가 있다는 사실을 쉽게 알 수 있습니다. … 그런데 이렇게 중요한 습관을 가르치려는 이야기에서 과부의 특징으로 드신 것이 무엇입니까? 가난과 의탁할 데 없다는 점입니다. 그런즉 주님에게서 떠나 사는(2코린 5,6 참조) 이승에서 자신이 가난하고 의지할 데 없음을 아는 모든 영혼은 끊임없는 뜨거운 기도로 과부 신분의 옹호자인 하느님께 자신을 맡깁니다.

• 아우구스티누스 『편지』 130,15,30.

참된 과부

동정녀가 되기 위해서는 성적 결합을 피하는 것만으로는 부족합니다. 흠잡을 데 없고 참을성이 있어야 합니다. 마찬가지로, 남편이 죽었다고 해서 참된 과부가 되지는 않습니다. 모든 남자를 멀리하고 정결을 지키며 참을성이 있어야 합니다.

• 요한 크리소스토무스 『티모테오 1서 강해』 13.

참을성

만족시켜 주어야 할 남편이 없는 과부, 바오로 사도가 "무의탁 과부"(1티모 5,5)라고 한 이들에게 가장 절실히 필요한 것은 참을성입니다. 그녀는 과거의 즐거웠던 일들을 기억하기에 무엇이 쾌락을 가져다주며 자신이 지금 잃은 것이 무엇인지 압니다. 그녀는 철저한 단식과 밤샘 기도로 악마의 불화살을 꺼야 합니다(에페 6,16 참조).

• 히에로니무스 『편지』 54,7.

기도에 전념하라

과부여, 그대를 위해 기도해 줄 사람들을 찾으십시오. "의지할 데 없이 홀로 된"(1티모 5,5) 무의탁 과부로서 하느님께 희망을 걸고 끊임없이 간구하십시오. 기도에 전념하십시오. 그대의 몸을 날마다 죽는 것으로 취급하십시오. 그렇게 죽음으로써 그대는 다시 살게 됩니다. 쾌락을 피하십시오. 그대의 병이 치유될 것입니다.

• 암브로시우스 『과부』 9,56.

자기가 행복하다고 여기는 것들 안에서 산다

바오로 사도는 이 은사[1]가 아무 과부에게나 다 주어졌다고 하지 않았습니다. "무의탁 과부, 곧

---

1 이 편지의 수신인인 부유한 과부 프로바가 기도에 관한 가르침을 얻으려는 생각이 들게 한 욕구와 외로움을 가리킨다.

의지할 데 없이 홀로 된 여자는 하느님께 희망을 걸고 밤낮으로 끊임없이 간구와 기도를 드립니다"(1티모 5,5). 그러나 이어지는 말을 주의 깊게 들으십시오. "그러나 자기 욕심대로 사는 과부는 살아 있어도 죽은 몸입니다"(1티모 5,6). 사람은 자기가 사랑하는 것, 가장 중요하게 여기고 추구하는 것, 그것이 있으면 행복하다고 여기는 것들 안에서 사는 법이기 때문입니다.

• 아우구스티누스『편지』130.

하느님을 잊어버리다

하느님께서 사랑하시듯 자기 형제들을 사랑하는 사람은 죽음에서 생명으로 건너간 이입니다. 그러나 이런 사랑이 없는 사람은 누구든지 죽음 안에 그대로 머물러 있습니다. "자기 욕심대로 사는 과부는 살아 있어도 죽은 몸"(1티모 5,6)인 것과 마찬가지입니다. 그처럼 사는 이는 누구나 하느님을 잊어버린 것이 확실하기 때문입니다.

• 맹인 디디무스『가톨릭 서간에 관한 짧은 상해』(요한 1서).

자기 욕심대로 사는 이

부정한 일에 몰두하고 자만심과 자랑하려는 마음 때문에 값비싼 장신구로 치장하는 이들에게 내리게 되어 있는 선고를 우리가 피할 수 있도록 하느님의 가호가 있기 바랍니다. 그렇게 사는 사람들은 남의 재산을 빼앗으며 온갖 맛난 것을 탐하느라 토할 정도로 배를 채우고 무절제하게 술을 마시면서도 하늘 나라를 위해 자선을 베푸는 데는 돈을 거의 바치지 않거나 아예 바치지 않음으로써 재산을 불립니다. 사도의 이 말은 그런 자들을 두고 한 말입니다. "자기 욕심대로 사는 과부는 살아 있어도 죽은 몸입니다"(1티모 5,6).

• 아를의 카이사리우스『설교』151,8.

멋대로 살면 안 된다

어리석은 욕망을 제어하고 헛된 영광을 탐하는 마음을 없애고 주제넘은 짓을 자제하며 사치를 삼가고 금욕적인 생활을 하는 것은 절대 사소한 일이 아닙니다. 이러한 노력을 하지 않는 이는 절대 구원받지 못합니다. 사치스럽게 사는 이들은 구원받을 수 없다는 증언을 들어 보십시오. 바오로 사도가 과부에 대해 한 말입니다. "자기 욕심대로 사는 과부는 살아 있어도 죽은 몸입니다"(1티모 5,6).

• 요한 크리소스토무스『라자로와 부자』3.

젊은 과부는 재혼해도 된다

바오로 사도는 다른 곳에서는 이렇게 말합니다. "나는 젊은 과부들이 재혼하여 자녀를 낳고 집안을 꾸려 나가, 적대자에게 우리를 헐뜯는 기회를 주지 않기를 바랍니다"(1티모 5,14). … 이 말은 그가 보기에 혼인하는 편이 낫다고 판단한 젊은 과부들에게도 실은 금욕 생활이 혼인보다 바람직하지만, 그들이 돌아서서, 다시 말해, 동정녀나 과부로서 정결을 지키는 훌륭한 삶을 살기로 선택해 놓고서는 예전의 기억을 떠올리며 서약을 깨뜨리고 사탄을 따라 파멸의 길을 가는 것보다는 혼인하는 편이 그들에게 낫다는 것을 알려 주는 말입니다.

• 아우구스티누스『과부 신분의 유익』8,11.

육체가 죽은 이들이 하느님을 찬미하다

바오로 사도는 과부에 대해 "자기 욕심대로 사는 과부는 살아 있어도 죽은 몸"(1티모 5,6)이라고 하였습니다. 바오로 사도가 말하는 죽음은 이런 죽음입니다. 육체가 살아 있는 많은 사람이 실제로는 죽어 지옥에 있어서 하느님을 찬미하지 못합니다. 그리고 육체가 죽은 많은 이는 영 안에서 함께 하느님을 찬미하고 찬양합니다.

• 요한 카시아누스 『담화집』 1,14.

노력하지 않으면 화관도 없습니다! 오늘날 자제력 면에서 과부들을 처녀들 위에 두는 사람들이 있습니다. 과부들은 한때 누렸던 쾌락을 물리쳤다는 이유에서지요.

• 알렉산드리아의 클레멘스 『양탄자』 3,101,4-5.

과부에 대한 존경

과부는 육체적 금욕으로 구별될 뿐 아니라 뛰어난 덕으로도 남다릅니다. 이 지시를 내린 것은 제가 아니라 바오로 사도입니다. 과부들을 존경하는 것은 저만이 아닙니다. 다른 민족들의 교사가 제일 먼저 그렇게 했습니다. 이렇게 말했지요. '무의탁 과부들을 존대하십시오. 어떤 과부에게 자녀나 조카가 있으면 과부는 먼저 자기 집안을 관리하고 부모를 보살피는 것을 배우라고 하십시오.'

• 암브로시우스 『과부』 2,7.

좋은 가르침이 맺는 열매

다른 사람이 수확을 끝낸 밭에서 이삭을 주워 생계를 유지하다 이제 나이가 들어 며느리에 의지해 사는 과부 나오미. 여러분은 그녀가 하찮은 인물 같습니까? 시어머니가 나중에 늙어서 의지해 살기 위해서 며느리들을 잘 가르치는 것은 생계 해결에나 과부 생활에나 큰 이득이 됩니다. 말하자면 가르침의 대가요 훈련의 보상입니다. 며느리를 잘 가르치고 키운 사람에게는 자기 아버지의 집 대신 과부인 시어머니를 선택하고, 자기 남편이 죽어도 시어머니를 떠나지 않고 어려움에 처한 시어머니를 먹여 살리며 슬픔에 젖은 그녀를 위로하고 아무리 가라고 해도 곁을 지키

는 룻 같은 며느리가 반드시 있을 것입니다. 훌륭한 가르침은 열매가 떨어지는 일이 없기 때문입니다.

• 암브로시우스 『과부』 6,33.

바오로 사도의 말은 과부로 살겠다고 맹세만 한 여자들이 아니라 자신의 맹세를 행실로 입증한 여자들을 존대하라는 뜻입니다.

• 몹수에스티아의 테오도루스 『티모테오 1서 주해』.

과부가 된 집안 어른을 보살피는 종교적 의무를 배워야 하는 것은 과부가 아니라 자녀와 손자입니다. 그들은 도움 받을 자격이 있기 때문입니다.

• 몹수에스티아의 테오도루스 『티모테오 1서 주해』.

과부들에 관한 야고보의 말은, 복음 말씀에서도 알 수 있듯이(마르 12,40 참조), 그들의 소유물을 빼앗으려고 애쓰는 자들이 많았다는 사실을 고려해 이해해야 합니다.

• 아를의 힐라리우스 『일곱 가톨릭 서간 해설』(야고보서).

과부의 가산을 등쳐먹는 자

거룩함을 가장하는 자들은 특히 여자들을 잘 등쳐먹습니다. 여자들은 이런 사기꾼들에게 제대로 맞서지를 못합니다. 이런 자들은 여자들이 온순하며 잘 속아 넘어간다는 것을 압니다. … 이런 사기꾼들이 특히 과부들을 가까이하는 데는 두 가지 이유가 있습니다. 첫째로, 남편이 있는 여자들은 남자의 기질을 지니고 있고 자기 쌈지에서 내놓는 것을 꺼려, 속이기가 어렵기 때문입니다. 과부들은 쉽게 속아 넘어가는 위치에 있습니다. 둘째로, 이런 사기꾼들은 다른 사람의 권한 아래 있지 않은 것에 주로 눈독을 들이기 때문입니다. 그렇게 함으로써 그들을 이용하는 것입니

다. 여기서 예수님께서는 사제들을 질타하시고 그리스도교의 지도자들에게 이런 유혹에 대해 경고하십니다. 다른 사람들과도 마찬가지지만, 홀로된 부인들과는 오래 함께 있지 않는 것이 가장 바람직합니다. 설사 나쁜 뜻으로 그들과 함께 있는 것이 아니라 해도, 사람들 눈에는 그렇게 보일 수 있기 때문입니다.

• 『마태오 복음 미완성 작품』 강해 44.

과부의 헌금

선물의 가치를 재는 법

어떤 가난한 과부가 헌금함에 동전 두 닢을 넣었습니다. 그러나 가지고 있던 모든 것을 내놓은 까닭에 그 여인은 다른 어떤 부자보다 더 많은 선물을 하느님께 바쳤다고 일컬어집니다(마르 12,43-44 참조). 이러한 선물은 그 무게로 따지지 않고, 선사한 사람의 선한 의지로 재는 것입니다.

• 히에로니무스 『편지』(율리아누스에게) 118,5.

뜻과 진실한 마음

하느님께서 칭찬하고 인정하시는 것은 제물 자체가 아니라 그것을 바치는 사람의 뜻과 진실한 마음입니다. … 부자들은 가난한 사람들을 위한 헌금함에 큰돈을 넣고 과부는 잔돈 두 닢을 넣은 이야기에서처럼(마르 12,41-44 참조), 일편단심으로 하느님의 그리스도를 따르기 위해 자기가 가진 모든 것을 버린 이들에 대해서도 분명 이같이 이야기할 수 있습니다. 그들은 모든 것을 그분의 말씀에 따라 할 것입니다.

• 오리게네스 『마태오 복음 주해』 15,21.

선행을 선하게 만드는 지향

사람의 마음 안에 있는 보화는 지향입니다. 마음을 살피시는 분께서는 그 지향을 보고 결과를 판단하십니다. 그래서 작은 선행을 하고도 큰 천상 은총의 상급을 받는 일이 매우 자주 벌어지곤 합니다. 이는 가능한 한 더 큰 선을 행하려는 그들 마음속 지향으로 말미암은 것입니다. 더러는 위대한 덕행들을 과시하지만, 미지근한 마음의 무관심으로 말미암아 주님께 작은 상급을 받습니다. 우리 마음 안에 있는 것의 무게를 재시는 분께서는 동전 두 닢을 성전에 봉헌한 과부의 행동을 부자의 엄청난 기부금보다 더 좋아하십니다(참조: 마르 12,42-44; 루카 2,1-4).

• 존자 베다 『복음서 강해』 2,25.

돈으로 살 수 없는 하늘 나라

실망하지 마십시오. 천상의 것은 돈으로 살 수 없습니다. … 돈으로 살 수 있다면 작은 동전 두 닢을 넣은 그 여인은 큰 상급을 받을 수 없었을 것입니다. 그러나 중요한 것은 돈이 아니라 지향이니, 강한 확신을 보여 준 그 여인은 모든 것을 다 받았습니다. … 그대가 이것을 지니고 있다면 작은 동전 두 닢으로도 하늘 나라를 살 수 있을 것입니다. 이런 마음가짐 없이는 동전 두 닢으로 할 수 있는 일을 금화 천 탈렌트를 가지고도 못할 것입니다. 왜 그렇습니까? 그대가 많이 가지고 있으면서 적게 내놓는다면 그때마다 자선을 행하기는 했으나 과부가 행한 것과 똑같은 자선을 베풀지 않았기 때문이며, 여인이 보여 준 것과 똑같은 열성으로 내놓지 않았기 때문입니다.

• 요한 크리소스토무스 『필리피서 강해』 15,3.

자선과 동정은 아무리 작은 것이라도 값지다

사랑하는 여러분, 선행에 낯선 사람이 되지 맙시

다. 나는 가난해서 겨우 먹고살 뿐 남 도울 겨를이 없다고 말하지 맙시다. 적은 가운데 바치는 예물이 크고, 하늘의 저울은 예물의 양이 아니라 영혼의 확고한 뜻을 잽니다. 복음서에서 과부는 헌금함에 렙톤 두 닢을 넣었고, 그것은 부자의 예물 전부를 합친 것보다 많은 예물이었습니다.

• 대 레오 『설교』 20,3,1.

허물과 결함을 벗게 해 주다

겸손한 마음과 순수한 사랑으로 하느님께 바치는 제물은 설령 그 제물이 작다 하더라도 숱한 허물과 결함을 벗게 해 줍니다. 이에 관하여 성경은 이렇게 말합니다. "사랑은 많은 죄를 덮어 줍니다"(1베드 4,8). 또 시편 저자는 이렇게 말합니다. "하느님께 맞갖은 제물은 부서진 영, 부서지고 꺾인 마음을 하느님, 당신께서는 업신여기지 않으십니다"(시편 51,19). 같은 이유로 주님께서는 가난한 과부의 동전 두 닢을 하찮게 여기지 않으시고 기쁘게 받으셨습니다(참조: 마르 12,42-43; 루카 21,2-3).

• 라바누스 마우루스 『집회서 주해』 2,10.

사람의 노래

복음서에 나오는 과부는 가난했지만 이스라엘 온 백성보다 부유했습니다(참조: 마르 12,43; 루카 21,3-4). 여인은 겨자씨 한 알만큼밖에 가진 것이 없었지만 밀가루 반죽 속에 누룩을 넣었습니다. 다시 말해 성령의 은총으로 성부와 성자를 고백하면서 동전 두 닢을 헌금함에 넣었습니다. 자신의 전 재산과 소유물을 믿음의 금고 두 군데에 봉헌한 것입니다. 이는 삼중찬가(이사 6,2-3 참조)로 삼위일체를 찬미하며 교회의 보화들 속에 숨어 있는 두 사람 천사와 같습니다. 그들은 죄인의 입술을 정화하기 위해 활활 타는 숯불을 잡는

부젓가락 한 쌍과도 같습니다(이사 6,6-7 참조).

• 히에로니무스 『편지』 (푸리아에게) 54,17.

가난한 이를 보살피는 것은 하느님께 예물을 바치는 것

과부 한 사람, 가난한 과부 한 사람이 선행을 실천합니다. 봉헌된 모든 것은 고아들과 과부들에게 베풀어지는데, 그 과부는 자신이 받아 마땅한 것을 내어 줍니다. 그리하여 쓸모없는 부자를 기다리고 있는 벌이 무엇인지를 깨우쳐 주고, 가난한 이들도 이 본보기를 따라 선행을 베풀어야 한다는 사실을 깨닫게 해 줍니다. 또한 이 선행은 하느님께 드리는 것이며, 이를 행하는 이는 누구나 하느님을 누리게 되리라는 것을 가르쳐 주시고자 그리스도께서는 그것을 '하느님의 헌금함'이라 부르십니다. 가난한 이에게 자비를 베푸는 이는 하느님께 꾸어 드리는 것(잠언 19,17 참조)임을 더욱더 분명히 하시기 위해 과부가 하느님의 헌금함에 동전 두 닢을 넣었다고 하십니다.

• 키프리아누스 『선행과 자선』 15.

적게 바치는 부자들

아, 부자들이여, 그대들은 많은 재물을 가지고 즐기며 살아갑니다. … 그대들은 교회에 빠뜨리지 않고 예물을 바치기는 하지만, 그대들이 바칠 수 있는 만큼이 아니라 많은 재물 가운데서 조금을 덜어 낸 것뿐입니다. 그런데 가난한 과부는 비록 렙톤 두 닢을 바쳤지만 그것이 그의 전 재산이었습니다. 그녀에게는 남은 것이 없었고, 그래서 빈손으로 헌금함에서 돌아섰지요. 그러나 그 빈손은 자기 재산을 모두 주님께 바친 손이었습니다. 그러니 이 과부야말로 영광의 관을 쓸 자격이 있지 않습니까? 그녀야말로 거룩한 심판자께 최고의 칭찬을 들어 마땅한 사람 아닙니까? 마음으로 기꺼이 바쳤다는 사실 하나만으로도 잘사는

그대들보다 훨씬 낫지 않습니까?

• 알렉산드리아의 키릴루스『루카 복음 주해』138.

진짜 자선 헌금

"생활비를 모두 다"(마르 12,44) 넣은 가난한 과부의 돈이 진짜 자선 헌금입니다. 여러분이 그 과부처럼 헌금할 수 없다면, 적어도 남는 돈은 전부 내놓도록 하십시오. 생활하기에 충분한 돈만 있으면 됩니다. 그 이상은 필요 없습니다. 그런데도 남는 돈조차 헌금하는 사람이 하나도 없는 실정입니다. 많은 하인, 화려한 비단옷, 이런 것은 모두 없어도 되는 여분입니다. 사는 데 없어서는 안 될 것이란 아무것도 없습니다. 그런데도 없어도 되는 것들이 우리 주변에 너무 많습니다.

• 요한 크리소스토무스『히브리서 강해』28,9.

우리는 늘 자비로울 수 있다

아무도 "나는 너무 가난해서 자비를 베풀 길이 없어"라고 말할 수 없습니다. 여러분이 헌금함에 많은 돈을 던져 넣는 부자처럼 줄 수 없다면 가난한 과부처럼 동전 두 닢을 주십시오. 그러면 하느님께서 그 선물을 부자의 봉헌보다 더 크게 여기실 것입니다(참조: 마르 12,41-44; 루카 21,1-4). 여러분은 그만큼도 가지고 있지 않습니까? 그렇다고 하더라도 여러분은 여전히 자비를 베풀 수 있는 힘이 있습니다. 여러분은 그 힘으로 환자들을 위해 봉사하면서 자비를 실천할 수 있습니다. 이것조차도 할 수 없습니까? 그렇다면 여러분은 말로 형제들을 위로할 수 있습니다. 그러니 말로 자비를 베푸십시오. 그러면 "말 한 마디가 좋은 선물을 능가한다"는 말을 그에게서 듣게 될 것입니다.

• 가자의 도로테우스『여러 가르침』14,158.

가난한 이의 대명사인 '과부'

스스로 돌볼 수 없는 이

[바오로] 사도는, 아직 그리스도에 대해 다 배우지 못한 상태에서 온갖 계층 사람들, 특히 자신과 바르나바에게 맡겨진(갈라 2,9-10 참조) 가난한 사람들을 먹여 살려야 하는 교회를 훈육하고 있습니다. 그는 교회가 자기 손으로 일할 수 없는 이들과 또 나이와 행실로 진정한 과부임이 인정된 이들을 부양하려고 노력하기 바랍니다.

• 히에로니무스『편지』79,7.

교회 자금을 관리하는 원칙

주님께도 자금이라는 것이 있었습니다. 신자들이 바친 것을 안전하게 가지고 계시다가 당신 백성 가운데 가난하고 곤궁한 이들에게 나누어 주셨습니다. 교회 자금 관리의 원칙이 그때 세워졌습니다. "내일을 걱정하지 마라"(마태 6,34) 하신 그분의 가르침은 이런 뜻에서 나온 것임을 우리는 알아야 합니다. 곧, 성도들은 돈을 지키지 말아야 하며, 하느님을 돈 때문에 섬겨서는 안 된다는 것, 그리고 곤궁해질까 무서워 의로움을 버려서는 안 된다는 것입니다. 바오로 사도도 미래를 내다보며 이렇게 말한 바 있습니다. "어떤 여신자의 집안에 과부들이 있으면, 그 여자가 그들을 도와주어야 합니다. 교회가 무의탁 과부들을 도울 수 있도록 교회에는 짐을 지우지 말아야 합니다"(1티모 5,16).

• 아우구스티누스『요한 복음 강해』62,5

과부의 명예

하느님께서는 이사야 예언자를 통하여 당신 앞에서 과부들이 누리는 명예를 요약하여 들려주십니다. … 하느님 아버지께서는 사람들의 도움을 받지 못하는 이 두 부류의 사람들(과부와 고아)을 당신의 자비로 보호해 주십니다. 과부의 후원자가 어떻게 과부와 같은 처지에 놓여 있으며, 과부의 옹호자로서 '주님과 상의하게' 될지 주목하십시오.

• 테르툴리아누스 『아내에게』 8.

고아와 과부를 돌보시는 분

당신의 복된 남편이 당신과 함께 있던 동안 당신은 영예와 보살핌과 남들의 시기 어린 부러움을 받았습니다. 실로 당신은 남편에게서 기대할 수 있는 모든 것을 누렸지요. 그러나 하느님께서 그를 데려가신 때부터 [하느님께서] 당신 옆 그의 자리에 계십니다. 이것은 나의 말이 아니라 복된 예언자 다윗의 말입니다. 그는 이렇게 말했지요. "주님께서는 고아와 과부를 돌보신다." 또한 그는 그분을 "고아들의 아버지, 과부들의 보호자"(시편 68,6)라고 부릅니다. 이처럼 많은 구절에서 당신은 그분께서 이러한 사람들을 진심으로 걱정하고 살피신다는 것을 볼 수 있을 것입니다.

• 요한 크리소스토무스 『젊은 과부에게』 1.

하느님은 고아와 과부들의 보호자이시다

고아와 과부들을 두고 너무 많이 슬퍼하지 마십시오. 우리에게는 더 위대하신 보호자가 계십니다. 그분의 법에 따르면 모든 이가 고아들과 과부들을 보살펴야 한다고 되어 있습니다. 그분에 대해 거룩한 다윗은 이렇게 말합니다. "주님께서는 고아와 과부를 돌보신다. 그러나 악인들의 길은 꺾어 버리신다"(시편 146,9). 우리는 우리 삶의 키를 그분 손에 쥐여 드리기만 합시다. 그러면 우리는 결코 실패라고는 없는 섭리를 만나게 될 것입니다. 그분의 보호는 어떤 인간의 보호보다 확실합니다. 이렇게 말씀하시는 분이기 때문

입니다. "여인이 제 젖먹이를 잊을 수 있느냐? 제 몸에서 난 아기를 가엾이 여기지 않을 수 있느냐? 설령 여인들은 잊는다 하더라도 나는 너를 잊지 않는다"(이사 49,15).

• 키루스의 테오도레투스 『편지』 14.

여러분이 어떤 사람을 방문해야 한다면, 명망가들보다는 고아와 과부 그리고 궁핍한 이들을 먼저 방문하십시오.

• 요한 크리소스토무스 『예비신자 교리교육』 6,12.

교회는 무의탁 과부, 곧 의지할 곳 없이 홀로된 신자들의 생계를 도와주어야 합니다.

• 키루스의 테오도레투스
『바오로의 열두 서간 주해』(티모테오 1서).

자비의 덕

자비의 덕행은 얼마나 힘이 있고, 의로운 행위는 얼마나 가치 있습니까! 궁핍한 과부들이 살아갈 수 있도록 도움을 베푼 여인이 과부들의 청원으로 다시 생명으로 부름 받는 복을 누렸습니다(사도 9,36-41 참조).

• 키프리아누스 『선행과 자선』 6.

고아와 과부들

요셉은 [온 땅을] 돌아다니며 양식을 거두어 모든 성읍에 저장했습니다. … 대풍이 끝나고 기근이 시작되었을 때, 요셉은 고아와 과부를 비롯하여 이집트의 모든 가난한 이들을 각별히 보살폈습니다. 덕분에 이집트에는 걱정이 없었습니다.

• 시리아인 에프렘 『창세기 주해』 36,1.

자기 영혼을 세우는 자

누구도 과부를 쫓아내거나, 고아를 속이거나, 이

웃에게 사기를 치지 마십시오. 속임수로 재산을 축적하고 피 위에 도성을, 다시 말해 자기 영혼을 세우는 자는 불행합니다. 영혼은 도성처럼 세워집니다(시편 122,3 참조). 그러나 탐욕은 도성을 세우지 못하고 불구덩이에 몰아넣어 태워 버릴 뿐입니다.

• 암브로시우스 『편지』 15.

예루살렘에서 다스리는 자들

그분께서 나무라시는 짐이란 무엇입니까? 그것은 바로 인간의 학설을 자기네 마음대로 부풀려서 계명인 양 가르친 것을 말합니다. 그것은 사적인 이익을 위하여 집과 집을 붙임으로써 이웃의 집을 빼앗아 버리는 행위입니다. 사람들을 감언으로 속이고 선물 받기를 좋아하며, 보상을 탐내고 가난한 이들의 재판 권리를 빼앗아 과부들을 약탈품으로, 고아들을 전리품으로 여기는 행위입니다. 이들을 두고 이사야는 '불행하여라, 예루살렘의 힘 있는 자들이여!' 하고 말합니다.

• 테르툴리아누스 『마르키온 반박』 4,27.

모든 것을 내주어야 한다

"내가 만일 가난한 사람들의 소망을 물리치고"(욥 31,16). 욥은 하인들을 자비롭게 대함으로써 그가 진짜 관대함을 실천하지 않고 단지 자기 재산만 돌 본 것처럼 보이는 일이 없도록, 자비와 선행의 손길을 낯선 이들에게도 뻗쳤다고 말합니다. 다른 의미로, 궁핍한 이들의 소망을 곧바로 채워 주는 사람은 한 치의 망설임도 없이 기부합니다. "내가 만일 과부의 눈을 흐리게 했다면"(욥 31,16). 자비로운 사람이 배려하는 애정은 모든 것을 제공합니다. 그러한 사람은 자신이 모든 것을 내주어야 한다고 생각하기 때문입니다.

• 에클라눔의 율리아누스 『욥기 해설』 31,16.

추궁을 받을 것이다

제가 인간의 판결에 관하여 무엇을 말할 수 있겠습니까? 하느님께서 심판하실 때에 유대인들은 과부와 어린이의 권리를 침해함으로써 주님을 분노케 한 데 대해 추궁받을 것입니다. 이것이 유대인들이 배척의 벌을 받은 이유라고 예언자들은 외쳤습니다. 유대인들이 자신들의 죄에 대한 하느님의 분노를 누그러뜨릴 수 있는 방법은 과부들을 존중하고 어린이들에게 올바른 판결을 내리는 것입니다. 우리는 여기서 교회의 모습이 예시되어 있음을 봅니다. 그러므로 거룩한 과부 여러분, 하느님 은총의 도우심으로 존중받는 직무를 불순한 의도로 비하해서는 안 됩니다.

• 암브로시우스 『과부』 2,13.

과부 신분

'참된 과부'라는 칭호는 최고의 영예

'참된 과부'라는 칭호는 사나운 팔자를 가리키는 별명이 아니라 영예로운 경칭입니다. … 우리 사이에서만이 아니라 교회 밖 사람들한테도 대단한 칭찬과 찬양을 받는 과부가 있습니다. 이 모든 일에 대해 잘 아는 바오로 사도는 "과부 명단에 오를 수 있는 이는 예순 살 이상"(1티모 5,9)이어야 한다고 말합니다. 그는 나이를 중요한 자격 요건으로 언명했지만 그것만으로는 이 거룩한 집단에 들 수 없다며 몇 가지 다른 요건에 관해 언급합니다. 과부 명단에 들려면 "선행으로 좋은 평판을 받는 여자여야 합니다. 자녀들을 잘 길러 내고 나그네를 후대하고 성도들의 발을 씻어 주며, 어려움을 겪는 이들을 도와주고 온갖 선행에 몸을 바친 사람이어야 합니다"(1티모 5,10).

• 요한 크리소스토무스 『젊은 과부에게』 2.

과부 명단에 오르려면 갖추어야 하는 조건

덕이 지극히 높은 사람이라도 남의 발을 씻어 줄 필요가 있다고 하겠습니다. 교회에서 영예로운 지위인 과부 명단에 오른 이가 갖추어야 하는 조건에 여러 가지 선행과 함께 "성도들의 발을 씻어 주며"(1티모 5,10)라는 조건도 포함되어 있으니 말입니다.

• 오리게네스 『요한 복음 주해』 32,131.

마음의 질

바오로 사도가 친절한 손님 접대와 성도들에 대한 보살핌이 과부 신분의 중요한 자격 요건임을 강조하는 것은 특정한 덕행을 얼마나 많이 하는가가 아니라 마음의 질이 중요함을 강조하는 것입니다.

• 키루스의 테오도레투스
『바오로의 열두 서간 주해』(티모테오 1서).

과부의 덕

나이만 많다고 과부 명단에 들 수 있는 것이 아닙니다. 과부의 덕은 노년의 의무가 되기도 합니다. 남편에게서 느낄 수 있는 다정함과 자식들이 주는 넘치는 기쁨을 갈망하지 않으며 젊음의 열기와 충동적 열정을 억제하는 여자는 덕에 더 쉽게 마음이 이끌릴 것이 분명하기 때문입니다. 나이가 많이 들어 늙고 육체가 기력을 잃어 즐거움도 느끼지 못하고 자손을 볼 희망도 없는 여자보다는 이런 여자의 삶이 더 윗길입니다.

• 암브로시우스 『과부』 2,9.

과부의 금욕 생활

우리는 할 수 있는 한, 금욕을 실천할 기회를 사랑합시다. 기회가 생기는 대로 즉시 그 기회를 받아들이기로 결심합시다. 혼인한 상태에선 실천하기 힘들었을 일도 과부로 사는 지금은 할 수 있습니다. 과부의 금욕 생활은 혼인 생활에서 따라야 했던 계명보다 윗길입니다. 재혼이 믿음에 얼마나 해로우며 성덕에는 또 얼마나 방해가 되는지요! 교회의 규율과 바오로 사도의 명령에 따르면, 재혼한 사람은 교회 지도자가 될 수 없습니다. 과부 명단에 오를 수 있는 여자의 경우도 마찬가지입니다. "한 남편의 아내"(1티모 5,9)였던 사람만 과부 명단에 오를 수 있다고 되어 있습니다.

• 테르툴리아누스 『아내에게』 1,7.

정절을 격려하는 말

한 남편의 충실한 아내였던 사람만 과부 명단에 오를 수 있다는 가르침은 재혼을 금지하는 것이 아니라 혼인한 상태인 사람들이 정절을 지키도록 격려하는 말입니다.

• 키루스의 테오도레투스
『바오로의 열두 서간 주해』(티모테오 1서).

과부 신분은 영적인 구분

과부이지만 과부 명단에 오르지 않을 수도 있습니다. 아직 과부로서 살겠다고 각오하지 않은 여자가 그런 경우입니다. … 바오로 사도는 이런 서약을 하지 않은 여자는 자기가 원할 경우 재혼하는 것을 용인합니다. 그러나 자신의 과부 신분을 영원히 하느님께 바치겠다고 서약하고서 나중에 다시 혼인한 과부에게는 심하게 질책합니다. 하느님께 하는 서약을 가벼이 여겼기 때문입니다.

• 요한 크리소스토무스 『동정』 39,2.

젊은 과부들은 과부 명단에 올리지 말아야 한다

그(바오로)는 젊은 과부들을 과부 명단에 올리지

말아야 한다고 가르치며, 이는 그들의 나이 때문이 아니라 자유분방함에 빠지기 쉽고 덕에서는 미성숙하기 때문이라고 합니다(1티모 5,11 참조). 그러나 정결은 늙은 사람보다 젊은 사람일 경우에 더욱 칭송받을 만합니다.

• 암브로시우스 『요셉』 10,58.

바오로 사도는 수다나 떨고 남의 일에 참견하는 못된 과부들에 대해 이야기하며 이런 악은 게으름에서 나온다고 합니다. "게다가 이 집 저 집 돌아다니며 빈둥거리는 버릇을 익힐 것입니다. 빈둥거릴 뿐만 아니라, 해서는 안 될 말을 하며 수다나 떨고 남의 일에 참견이나 할 것입니다"(1티모 5,13)라고 합니다. 그는 앞에서는 이들에 대해 이렇게 말했습니다. "그러나 젊은 과부는 제외하십시오[과부 명단에 올리지 마십시오]. 정욕에 겨워 그리스도에게서 멀어지면 혼인하고 싶어 하기 때문입니다"(1티모 5,11).

• 아우구스티누스 『거룩한 동정』 33,34.

서약을 지키는 것이 중요하다

왜 젊은 여자들이 기꺼이 과부로 살겠다고 하는데도 바오로 사도는 그렇게 하지 못하게 금했냐고 물으셨습니까? … 잘 들어 보십시오. 계속해서 과부로 살기를 원하는 이들에게 금한 것이 아니라 과부가 된 뒤 재혼하기 바라는 이들에게 금한 것이고 그들을 과부 명단에 올리지 못하게 한 것입니다. 이는 매우 현명한 지시입니다. 혹시 나중에라도 재혼할 생각이 있으면 과부로 살겠다는 서약을 하지 말라는 말이니까요. 약속을 어기는 것은 아예 약속을 하지 않는 것만 못하기 때문입니다.

• 요한 크리소스토무스 『재혼하지 말아야 한다』 3.

빈둥거리며 부끄러움을 모르는 여자들

바오로 사도는 동정녀건 과부건 이 집 저 집의 혼인한 여자들을 찾아다니며 빈둥거리고 남의 일에 참견하는 이들에 대해 말하고 있습니다. 그들은 무대 위의 어릿광대들보다 더 부끄러움을 모르는 뻔뻔한 행실을 보여 줍니다. 전염병을 멀리하듯 이런 이들을 멀리하십시오. "나쁜 교제는 좋은 관습을 망치며"(1코린 15,33) 이런 여자들은 자신의 저급한 욕망밖에 생각하지 않기 때문입니다. 그들은 그대에게 자주 이렇게 말할 것입니다. '자기야, 자기가 가진 것을 누려. 살아 있을 때 잘 살아야지. 자식한테 물려주려고 돈 모으는 짓 같은 건 하지 마.' 술과 음탕한 짓을 좋아하는 그들은 사람들 마음에 온갖 나쁜 짓을 할 마음을 불어넣고 지극히 엄격한 생활을 하는 이들마저 사람의 기운을 빼앗는 쾌락에 탐닉하도록 유혹합니다.

• 히에로니무스 『편지』 22,29.

다른 삶의 양식으로 변화되다

"나를 만드신 주님, 만군의 주님이 그분의 이름이시다"(이사 54,5). 주님께서는 이 말씀을 통하여 어떻게 과부의 수치를 거두어 주실 것인지를 우리에게 분명하게 알려 주십니다. 주님께서는 여러분을 창조하시기보다는 여러분을 만드셔서 다른 종류의 시민이 되게 하시고, 아름다운 삶으로 옮겨 가게 하십니다. 왜냐하면 우리는 그리스도 안에서 거룩하고 복음적인 삶의 새로움으로 변모되어 성령을 통하여 그분의 아름다운 모습으로 향상되고 있기 때문입니다. 그리하여 사람들은 우리를 나머지 사람들과는 다른 이들로 바라봅니다.

• 알렉산드리아의 키릴루스 『이사야서 주해』 5,2,54,4-5.

완전한 행실의 화관을 받았다

우리는 우리가 사랑하는 블라이실라[2]를 축하해 주어야 할 것입니다. 어둠에서 빛으로 건너갔고 (에페 5,8 참조), 신앙의 동틀 녘에 처음으로 날아오를 때 완전한 행실의 화관을 받았으니 말입니다. (설마 그럴 리는 없지만) 그녀의 생각이 세속적 욕망과 한때의 쾌락으로 가득 찬 채 죽었다면 실로 우리는 그녀를 위해 슬퍼해야겠지만, 그녀를 위한 눈물은 한 방울도 너무 많다고 하겠습니다. 그러나 그녀는 그리스도의 자비로 넉 달 전에 과부의 서원을 하며 세례를 갱신하였고, 그 뒤로 죽기 전까지 세상을 경멸하였고 오직 신앙생활만 생각하였습니다.

• 히에로니무스 『편지』 39,3.

과부와 교회

교회의 예형인 과부

엘리야는 시돈의 사렙타로 가서 거기 사는 과부에게 얻어먹으라는 명령을 받았습니다. … 당시 유다에도 과부들이 많이 있지 않았습니까? 유대인 과부 중에는 복된 엘리야에게 먹을 것을 줄 만한 이가 없어서, 그가 먹을 것을 구하도록 이방인 여자에게까지 보내진 것입니까? 엘리야를 보살핀 까마귀들은 이방인들의 예형이고, 예언자를 맞이한 그 과부는 교회의 예형입니다. 그리스도께서 장차 교회에 오실 것처럼, 엘리야가 과부에게 간 것입니다.

• 아우구스티누스(아를의 카이사리우스) 『설교』 124,2.

사랑하는 형제 여러분, 복된 엘리야를 맞을 자격이 있었던 과부와 마찬가지로 이 여자는 교회의 예형입니다. 이 과부, 곧 교회는 물질의 빚이 아니라 죄의 빚을 엄청나게 얻었습니다. 교회는 빚을 얻었고, 온갖 죄로 악마에게 스스로를 얽매이게 한 탓에 가장 잔인한 채권자에게 당해 왔습니다. 그래서 예언자는 이렇게 예언했습니다. "바로 너희 죄 때문에 너희가 팔려 갔고 너희 죄악 때문에 너희 어미가 쫓겨 갔다"(이사 50,1). 이런 까닭에 과부는 그런 무거운 빚의 볼모로 잡혔습니다. 그녀는 구원자께서 아직 오지 않으셨기에 볼모였습니다. 그러나 참된 구원자이신 우리 주 그리스도께서 그녀를 찾아오시어 모든 빚에서 해방시켜 주셨습니다. 이제 과부가 어떻게 해방되었는지 봅시다. 기름이 불어나지 않고서야 그 일이 가능했겠습니까? 우리는 '기름'을 자비로 이해합니다. 형제 여러분, 보십시오. 기름이 떨어지자, 빚이 늘어났습니다. 기름이 늘어나자, 빚이 사라졌습니다. 탐욕이 자라나자 애덕을 잃어버렸습니다. 애덕이 돌아오자 죄악이 사라졌습니다. 참된 엘리사이신 우리 주 그리스도께서 오시자, 과부 곧 교회는 기름이 늘어나, 곧 풍성한 사랑인 자비와 은총의 선물로 말미암아 죄의 빚에서 해방되었습니다.

• 아를의 카이사리우스 『설교』 128,1.

다른 민족들의 교회

주님께서는 엘리야가 사렙타 과부에게만 갔고, 엘리사가 시리아 사람 나아만만 고쳐 주었다고 하십니다. 주님의 이 말씀은, 완고한 이스라엘 대신 장차 당신을 맞아들여 치유받을 다른 민족들의 교회를 가리킵니다.

• 알렉산드리아의 키릴루스 『루카 복음 주해』 12.

---

2 히에로니무스의 영향을 받아 금욕적 삶을 추구하다가 젊은 나이에 죽은 로마의 과부다.

상급의 위대함

"그 여인은 가서 엘리야의 말대로 하였다"(1열왕 17,15). 과부의 믿음과 그 순명과 애덕을 생각해 보십시오. 그리고 그분께서 내리신 상급의 위대함을 묵상해 보십시오. 실제로 이렇게 적혀 있습니다. "주님께서 엘리야를 통하여 하신 말씀대로, 단지에는 밀가루가 떨어지지 않고 병에는 기름이 마르지 않았다"(1열왕 17,16). 과부의 가족도 줄지 않았습니다. 예언자에게 양식을 주었던 덕분에, 죽었던 아들이 살아났기 때문입니다.

• 시리아인 에프렘『열왕기 상권 주해』17,2.

기름의 기적이 지닌 상징적 의미

성경은 엘리사가 과부를 돕기 위해 행한 또 다른 기적을 이야기합니다. 그는 그릇들에 그 남편의 빚을 갚기에 충분한 기름이 흘러들어가게 하고, 자식들까지 키울 수 있도록 기름이 풍성하게 불어나게 하였습니다.

상징적 관점에서 세 가지를 이야기할 수 있습니다. 첫째, 과부는 하느님의 선물로 자기 집에서 콸콸 흘러나온 기름으로 이웃 사람들의 그릇을 채웠다고 하는데, 거룩한 교회는 과부를 닮았기 때문입니다. …

둘째, 과부는 빈 그릇들을 청하고, 자녀들이 자신에게 가져온 크고 작은 그릇들을 기름으로 가득 채웠습니다. 이는 세속의 욕정들을 철저히 거부하고 거룩한 향료의 기름과 행복의 기름으로 가득 찼던 성인들을 나타냅니다. 그 어머니, 곧 하느님의 은총이 큰 이들이든 작은이들이든 그들에게 저마다 기름을 주십니다. 하느님께서는 모든 것이 다 우리 것이 되도록(1코린 3,21-22 참조) 당신 뜻대로 선물을 주시기 때문입니다. …

셋째, 죽은 남편이 과부에게 남긴 나머지 기름은 [그리스도께서] 지상에 살아 계실 때 성인

들에게 보여 주신 자비를 나타냅니다. 솔로몬이 말한 바와 같이, 주님과 협력하는 사람은 가난한 이들에게 자비를 베풀며, [주님께서는] 그의 선행에 따라 그에게 갚아 주실 것입니다(잠언 19,17 참조).

• 시리아인 에프렘『열왕기 하권 주해』4,3.

이웃들은 다른 민족을 상징한다

복된 엘리사가 과부에게 하는 말을 생각해 봅시다. "이웃 사람들과 친지들에게서 많은 그릇을 빌려다가, 문을 잠그고, 그 기름을 이웃들의 그릇에 부으시오"(2열왕 4,3-4). 이 '이웃들'이 다른 민족이 아니고 누구겠습니까? 그 과부는 교회의 예형이지만 어쨌거나 아직 과부이며, 그녀가 그릇을 빌린 이웃 사람들은 다른 민족들의 예형입니다. 그들은 자신들도 자비의 기름을 받을 자격이 되도록 빈 그릇을 빌려 주었습니다. 은총의 선물을 받기 전에 다른 민족들은 모두 신앙과 사랑과 선행이 없는 상태였다고 알려져 있기 때문입니다. 마지막으로, 유익한 세례를 받기 위해 교회에 봉헌된 모든 이는, 더 이상 빈 그릇이 아니라 하느님의 성전으로서 하느님으로 가득 채워질 수 있도록 성유와 축복의 기름을 받습니다.

• 아를의 카이사리우스『설교』128,2.

애덕의 기름

사랑하는 여러분, 보십시오. 과부가 자기 그릇에만 기름을 갖고 있을 때에는 자신에게도 넉넉하지 않았고 빚을 갚을 수도 없었습니다. 형제 여러분, 정말 그러합니다. 어떤 사람이 오로지 자기만 사랑한다면, 그는 자기에게도 충분하지 않고 죄의 빚도 갚을 수 없습니다. 그러나 그가 애덕의 기름을 친구들과 이웃들과 사실 모든 이에게 부어 주기 시작하면, 자신에게 충분해지고 모

든 빚에서도 벗어날 수 있습니다. ⋯ 예컨대 그대가 애덕의 빵 한 덩이를 갖고 있었다고 합시다. 그것을 아무에게도 주지 않으면 그대에게는 그것뿐이지만, 그것을 천 명에게 주면 천 개의 빵을 얻게 될 것입니다. 애덕의 재산은 아주 위대해서, 각 개인에게 온전히 남아 있으면서도 그들 전체를 위해서도 전혀 줄어들지 않을 수 있습니다. 그러니 그대가 다른 이들에게 주더라도 그대는 전혀 잃어버리지 않습니다. 오히려 그대는 아무것도 잃어버리지 않을 뿐 아니라, 앞에서 말한 것처럼, 그대가 다른 이들에게 무엇을 주었든 그것을 백 곱절로 얻습니다. 사랑하는 형제 여러분, 이런 까닭에, 과부는 바로 기름으로 채권자들에게서 해방되었음을 깨달으십시오. 또한 가톨릭 교회는 하느님의 자비라는 기름으로 자신의 잘못에서 자유로워졌다는 사실도 아십시오.

• 아를의 카이사리우스 『설교』 128,3.

그리스도인 백성의 부활

이미 말씀드렸듯이, 그 과부는 교회의 예형이며 그 아들은 이방인들의 예형입니다. 과부의 아들이 죽어 누워 있습니다. 교회의 아들, 곧 이방인들이 온갖 죄와 악행으로 죽었기 때문입니다. 엘리야의 기도에 과부의 아들은 되살아났습니다. 그리스도께서 오심으로써 교회의 아들, 곧 그리스도인 백성이 죽음의 감옥에서 돌아왔습니다. 엘리야가 몸을 굽혀 기도하자 과부의 아들은 되살아났습니다. 그리스도께서 당신 수난으로 가라앉으시자 그리스도교 백성은 다시 살아났습니다.

• 아우구스티누스(아를의 카이사리우스) 『설교』 124,4.

교회는 과부의 아들을 통하여 즉시 믿게 된다

신성한 몸과 피로 거룩한 제단을 가득 채우신

'지혜'께서 말씀하십니다. "너희는 와서 내 빵을 먹고 내가 섞은 술을 마셔라"(잠언 9,5). 앞에서 그리스도께서는 사람들이 보는 앞에서 과부의 아들을 살려 내셨습니다(루카 7,12 참조). 그런데 여기서는 몇 사람만 목격하게 하십니다. 이렇게 하신 이유가 무엇일까요? 제 생각에는 외아들을 잃은 과부 어머니가 너무나 절박한 고통을 받고 있었기에, 그 고통이 지속되는 것을 염려하신 주님께서 지체 없이 자비를 베푸신 것이 아닌가 싶습니다. 교회는 과부의 아들을 통하여 즉시 믿게 되고, 유대인은 비록 소수지만, 회당장의 딸을 통해 믿게 됩니다.

• 암브로시우스 『루카 복음 해설』 6,64.

이스라엘 과부는 교회의 예형

이스라엘 과부는, 정배이신 그리스도께서 죽으시고 부활하시어 승천하신 뒤 지상에 잠시 머무르게 하신, 오늘날의 교회의 예형으로 여겨지고는 합니다. 그러나 이 과부의 아들들이 어떻게 선포자가 되는지 수고스럽게 설명할 필요는 없습니다. 모든 선택된 이는 저마다 자신이 교회의 자녀임을 고백하기 때문입니다.

• 존자 베다 『솔로몬의 성전』 2,18,3.

과부인 교회

교회는 그리스도의 과부라고 불립니다. 세속의 도움을 모두 빼앗긴 채 주님께 모든 희망을 걸기 때문입니다. 과부와 마찬가지로 교회도 못된 남자들의 추잡한 짓거리와 사악한 자들의 잔인한 약탈로 고통을 겪습니다. 남편의 도움을 받지 못하는 여자처럼 교회는 늘 슬퍼하며 지쳐 있지만, 그럼에도 불구하고 더없이 정결한 마음을 변함없이 굳건히 지킵니다. ⋯ 교회가 과부로 불리는 것은 세속의 보호를 받지 못한 채, 그녀의 가무

잡잡함을 아름다움으로, 잘못을 올곧음으로, 비참함을 신심으로, 나약함을 더없는 굳건함으로 바꾸어 놓으신 하늘의 신랑에게 모든 희망을 걸기 때문입니다.

• 카시오도루스 『시편 해설』 131,15.

거룩한 의미가 들어 있는 한나의 나이

신비적 의미로 풀면, 한나는 배필의 죽음으로 과부가 된 교회를 나타냅니다. 그녀의 나이 숫자도 교회가 주님과 멀리 떨어져 지내 온 세월을 가리키지요. 일곱에 열둘을 곱하면 여든넷이 됩니다. 여기서 일곱은 일곱 날로 표현되는 이 세상의 전 과정을 나타내고, 열둘은 사도들 가르침의 완전함을 나타냅니다. 그러니까 삶의 전 과정을 사도들의 가르침대로 살아온 이라면, 보편 교회든 개별 신자든, 여든 네 해 동안 꽉 차게 주님을 섬긴 이로 칭찬받을 만합니다.

• 존자 베다 『루카 복음 해설』 2,38.

관대(함)

관대함 자체는 선의에서 비롯합니다.
• 암브로시우스 『성직자의 의무』 1,32,167.

균형 잡힌 관대함이란, 너무 소심하지도 않고 지나치게 용감하지도 않은 것입니다.
• 브라가의 마르티누스 『진실한 삶의 방식』 7.

여러분이 가난한 이들에게 자비롭고 관대하다면,
하느님의 심판을 겁낼 필요가 하나도 없습니다.
• 아를의 힐라리우스 『일곱 가톨릭 서간 해설』(야고보서).

줄 때는 기쁜 얼굴로 관대하게 주고 요청받은 것보다 더 많이 주십시오.
• 니네베의 이사악 『수덕 생활』 4.

실천적 관대함의 이해

관대함에는 두 가지가 있다

관대함은 이롭지만 모든 이에게 공통적이지는 않습니다. 재산이 얼마 되지 않는 선한 사람들도 많은데, 그들은 자신이 사용할 작은 것에 만족하지만 다른 사람의 가난을 덜어 줄 형편은 아니기 때문입니다. 그러나 그들이 자신들보다 더 열악한 형편에 놓인 사람들을 도울 수 있는 다른 종류의 선행이 있습니다. 관대함은 이중적입니다. 하나는 물질적 보조, 곧 돈을 사용하여 도움을 베푸는 것이고, 다른 하나는 선행 기부로써 이바지하는 것입니다. 이것이 훨씬 더 찬란하고 훨씬 더 빛나는 일이 잦습니다.
• 암브로시우스 『성직자의 의무』 2,15,73.

관대함을 실천하는 여러 방식

관대함에는 여러 종류가 있습니다. 이는 단순히 자기 생계를 유지할 수 있는 나날의 생필품이 아쉬운 가난한 이들에게 양식을 마련해 주고 나누어 주는 문제만이 아니라, 가난한 이들의 몫으로 떼어 둔 공동 식량이 바닥나지 않는 한 자신의 가난을 공공연하게 드러내기를 부끄러워하는 사람들을 보살피고 도와주는 일이기도 합니다. …

또한 최고의 관대함은 포로들을 몸값을 치러 해방하기, 사람들을 적의 손아귀에서 빼내어 죽음에서 구하기, 특히 여성을 추행에서 구하기, 어린이를 부모에게 되돌려 주고 부모를 어린 자녀에게 되돌려 주기, 시민을 조국으로 되돌려 보내기입니다. …

몸값을 치러 포로들을 해방하는 것은 훌륭한

관대함입니다. 특히 몸값으로 탐욕스레 이익을 챙기는 일 말고는 인정스러운 자비에는 전혀 관심이 없는 야만적인 적에게서 해방하는 경우에는 더욱 그러합니다. 빚쟁이가 빚을 갚을 처지가 안 될 때 다른 사람의 빚을 떠안는 것, 법적으로 갚아야 하지만 가난 때문에 체념한 돈을 대 주는 것도 훌륭한 일입니다. 어린아이들을 먹여 살리고 고아들을 보호하는 것도 훌륭합니다.

• 암브로시우스 『성직자의 의무』 2,15,69-71.

관대함의 기준과 절도

무익한 베풂이 되지 않게 하려면 관대함에 절도가 있어야 합니다. 뽐내기 위해서가 아니라 정의를 위해 베풀려면 특히 사제들은 절도를 지녀야 합니다. … 베푸는 데는 절도가 있어야 합니다. … 인간애를 저버리지도 않고 궁핍한 사람을 내버려 두지 않으려면 잣대가 있어야 합니다. …

절도를 지키는 사람은 누구에게도 인색하지 않고, 오히려 모두에게 관대합니다. 간청하는 이들의 목소리를 듣는 귀뿐 아니라 궁핍한 이들을 살펴보는 눈도 내주어야 합니다. … 그대가 바라보아야 할 사람은 그대를 감히 바라보지도 못하는 사람입니다. 그대가 찾아가야 하는 사람은 드러날까 부끄러워하는 사람입니다. 감옥에 갇혀 있는 그 사람도 그대에게 다가와야 하고, 귀로는 들을 수 없는 그 사람의 병고에도 그대 마음이 공명共鳴해야 합니다.

그대가 선행을 베푸는 것을 백성들이 보면 볼수록 그대를 더 사랑할 것입니다. 더 많이 베풀수록 더 풍요롭게 지내는 많은 사제를 나는 알고 있습니다. 선한 일꾼을 보는 누구라도 그에게 무엇이든 주어 임무를 수행하면서 나누어 주게 할 것입니다. 자신의 자비가 가난한 사람에게 미치리라는 사실을 확신하기 때문입니다. 그 누구도

자신의 기부가 가난한 사람이 아닌 다른 이의 수익이 되기를 바라지 않습니다. … 그러므로 관대함에 절도를 지녀야 하듯, 독려하는 데도 그러해야 합니다. 그대가 날마다 할 수 있는 선행을 실천하고, 헤프게 베풀어서 궁핍한 사람의 몫을 빼앗는 일이 없도록 절도를 갖추어야 할 때가 많을 것입니다.

• 암브로시우스 『성직자의 의무』 2,16,76-78.

균형 잡힌 관대함

'관대함'도 지나치면 공포심을 조장하는 사람, 잘난 체하는 사람, 걱정에 짓눌린 사람, 다가서기 어려운 사람, 진실을 무시하는 사람, 말과 행동을 고상하게 꾸미느라 바쁜 사람이 되게 할 것입니다. … 그러므로 균형 잡힌 관대함이란, 너무 소심하지도 않고 지나치게 용감하지도 않은 것입니다.

• 브라가의 마르티누스 『진실한 삶의 방식』 7

유익한 베풂

욕망에서 벗어나 맑은 영혼을 지니는 것이 칭찬할 만한 일이라면, 관대함으로 많은 사람의 사랑을 얻는 것은 얼마나 더 훌륭한 일입니까! 그는 적절치 않은 이들에게 마구 베풀지 않으며 가난한 이들에게 인색하지도 않습니다! … 바오로 사도가 가르쳐 주는 다른 종류의 관대함도 있습니다. "어떤 신자에게 [친척] 과부들이 있으면 그들을 도와주어야 합니다. 교회가 진짜 [무의탁] 과부들을 도울 수 있도록 그들의 생계 문제로 교회에 짐을 지우지 말아야 합니다"(1티모 5,16 참조).

• 암브로시우스 『성직자의 의무』 2,15,68.72-73.

관대함과 낭비는 다르다

성경은 우리에게 낭비하지 말고 관대해야 한다

고 가르칩니다. 베풂에는 두 종류가 있습니다. 하나는 관대함에서 나오는 것이고 다른 하나는 헤픈 낭비에서 오는 것입니다. 나그네를 맞아들이고, 헐벗은 이를 입히고, 사로잡힌 이를 해방하고, 생계 수단을 지니지 못한 이들을 도와주는 것은 관대한 일입니다. 그러나 사치스러운 잔치와 많은 포도주에 돈을 쓰는 것은 낭비입니다. … 선행을 위해서조차 재산을 무절제하게 쓰는 것은 적절히 않기 때문입니다.

• 암브로시우스『성직자의 의무』2,21,108-9.

관대하게 주다

우리는 아무것도 가지지 못한 자에게 의복을 주어야 합니다. 의복을 가지지 못한 이 사람은 누구입니까? 하느님을 전혀 소유하지 못한 자입니다. 그러므로 우리는 우리 것을 벗어서 벌거벗은 자에게 주어야 합니다. … 먹을 것을 가진 이는 아무것도 없는 이에게 주어야 합니다. 의복뿐 아니라 먹을 것도 관대하게 주어야 합니다.

• 오리게네스『루카 복음 강해』23,5.

관대함과 정직

가르치는 사람들은 돈을 다루는 사람들보다 훨씬 더 중요한 재산을 맡았습니다. 교사의 일이 힘든 때가 종종 있습니다. 그런 때 재산을 맡고 있는 사람들이 관대함을 보이지 않는다면, 나중에 어떤 변명을 할 수 있겠습니까? 여러분은 관대함과 정직, 이 두 가지를 다 보여 주어야 합니다. 이 둘은 함께 가는 것이니까요.

• 요한 크리소스토무스『마태오 복음 강해』77,3.

선의와 관대함

이제 선행에 관해 말해 봅시다. 선행 자체는 선의와 관대함으로 나뉩니다. 선행이 완전해지려면 이 두 가지(선의와 관대함)를 갖추어야 합니다. 잘 원하는 것만으로는 충분치 않으며, 잘 행동해야 합니다. 우리 행동이 선한 원천에서, 다시 말해 선한 의지에서 비롯하지 않는다면 잘 행동하는 것 역시 충분치 않습니다.

• 암브로시우스『성직자의 의무』1,30,143.

선행을 갚는 데는 영혼이 재산보다 더 중요하고, 선물을 갚을 가능성보다는 선의가 훨씬 더 중요합니다. … 선의는 재산으로는 아무것도 지니고 있지 않지만, 많은 이에게 베풂니다. 자기 비용을 전혀 들이지 않고도 모든 이의 유익을 실천합니다. 그래서 선의는 관대함 자체보다 앞섭니다. 선의는 윤리적으로 더 풍요롭고, 관대함은 물질적으로 더 풍요롭습니다. 사실 선행이 간절히 필요한 사람들이 풍요를 누리는 이들보다 더욱 많습니다.

그러나 선의는 관대함과 연결되어 있기도 합니다. ― 베푸는 행위는 베풀려는 마음에 딸려 있기 때문에 관대함 자체는 선의에서 비롯합니다. ― 또한 선의는 관대함에서 분리되고 구별되기도 합니다. 관대함이 부족한 곳에도 선의가 남아 있기 때문입니다. …

선의의 관대함도 있습니다. 예컨대, 그대가 빚 문서를 지니고 있다면, 채무자에게 단 한 푼도 되돌려 받지 않고 찢어서 돌려주는 것입니다. 이것은 거룩한 욥이 자신의 본보기로써 우리가 실천하도록 권고하는 일입니다(욥 31,35-36 칠십인역 참조).

• 암브로시우스『성직자의 의무』1,32,166-168.

그릇된 관대함

복음에서도 우리는 의로운 관대함에 관한 많은 가르침을 받습니다. … 조국을 거슬러 반란을 꾀

하는 이에게 베풀어 주거나, 교회를 공격하려는 망할 인간들을 그대의 자금으로 끌어모으고 싶어 하는 이에게 베풀어 준다면, 그것은 다른 사람에게 도움을 주는 것이 아니라 해를 끼치는 일입니다. 과부와 고아를 거슬러 가혹한 법적 다툼을 벌이는 이를 돕거나, 어떤 폭력으로 그들의 재산을 빼앗으려는 자들을 돕는다면, 이것은 용인될 수 있는 관대함이 아닙니다.

남에게 빼앗은 것을 다른 사람에게 베푼다면, 또는 불의하게 차지한 것을 정의롭게 베풀어야 한다고 생각한다면, 이런 관대함은 인정할 수 없습니다. 만일 자캐오(루카 19,1-10 참조)처럼 하지 않는다면 말입니다. 우선 그대는 속여서 빼앗은 것을 네 곱절로 그에게 갚아 준 다음, 신앙의 열성과 신자다운 선행으로 이교의 악습을 갚아야 합니다. 그러니까 그대의 관대함은 먼저 기초를 갖추어야 합니다.

• 암브로시우스『성직자의 의무』1,30,143-145.

관대한 태도

이 또한 인정해야 하는 관대함인데, 그대의 가까운 친지가 궁핍한 처지에 있는 것을 알고 있다면 깔보지 않는 것입니다. 그대의 가족에게는 그대 몸소 도움을 주는 게 낫습니다. 그들이 남들에게 생활비를 요구하거나 필요한 도움을 청하는 것은 부끄러운 일이기 때문입니다. 그러나 그대가 가난한 이들에게 줄 수 있었던 것을 더 부유해지려는 사람들을 위해서 주어서는 안 됩니다. 친분이 아니라 동기動機를 앞세워야 합니다.

• 암브로시우스『성직자의 의무』1,30,150.

관대하지 못한 태도

무엇보다도 그대는 신앙의 가족들을 배려해서 행동해야 합니다. 어느 신자가 궁핍한 처지에 있

다는 사실을 그대가 알고 있다면 큰 잘못입니다. 그러한 궁핍을 몹시 부끄러워하는 그 사람이 생계수단도 없이 굶주림을 참으며 시련을 겪고 있다는 사실을 그대가 알고 있다면 말입니다. … 만일 의로운 사람이 얼마 되지 않는 빚 때문에 옥에 갇혀 형벌과 고문에 시달리며 — 모든 이에게 자비가 베풀어져야 하지만, 의인은 더욱 그러합니다. — 고통을 겪고 있을 때에 그대가 그를 위해 아무것도 하지 않는다면 말입니다. 그가 위험에 빠져 죽음으로 내몰리고 있을 때라면, 그대에게는 그대의 돈이 죽어 가는 사람의 생명보다 더 소중한 셈입니다.

• 암브로시우스『성직자의 의무』1,30,148.

'용기'라고 하는 관대함

'용기'라고도 부를 수 있는 '관대함'을 지닌 사람은 확신과 자유를 누리며 두려움 없이 기쁘게 살 수 있습니다. 걱정하지 않으며 올바른 생활을 하면서 근심과 후회 없이 삶의 마지막 날을 기다릴 수 있다는 것은 참으로 큰 은혜입니다. 관대함을 지니고 있다면 누구에게도 모욕을 당할 일이 없을 것입니다. … 단언컨대 진정으로 위대한 복수는 용서이기 때문입니다. 이렇게 '용기'라고 하는 관대함의 힘을 키우는 것이 복수할 수 있는 능력을 갖추는 것임을 깨닫게 될 것입니다.

• 브라가의 마르티누스『진실한 삶의 방식』3.

종교적 관대함의 이해

하느님과 그리스도의 관대함

주님께서는 당신의 관대함을 보여 주시어 당신의 외아들을 통해 인류를 죄에서 해방시키고자 섭리하셨습니다. 그분은 관대함을 보여 주셨는

데, 성령의 은총으로 당신이 들어가실 동정녀의 태 안을 성전으로 축성하셨기 때문입니다.

• 존자 베다 『복음서 강해』 1,4.

그리스도의 한없는 관대함

"생명 나무"(묵시 22,2)이신 그리스도께서는 마치 관대함에 또 관대함을 쌓으시는 것처럼 성도들을 위해 지속적으로 그침 없이 잘 익은 열매와 선물을 내시어 성도들에게 하느님의 은혜가 결핍되는 일이 없도록 하십니다.

• 오이쿠메니우스 『묵시록 주해』 21,26-22,1-5.

그리스도 관대함의 다양함

교회의 광채는 그리스도입니다. 요한은 그분께서 순수하시며 생명을 주시고 결코 퇴색하지 않는 분이심을 나타내기 위해 그분을 수정처럼 맑은 벽옥 같다고 묘사합니다. 그분은 이외에도 여러 표상으로 묘사됩니다. 우리에 대한 그분의 관대함은 그 면모가 너무나도 다양하며 한 가지 형태만 예로 들어서는 묘사할 수 없기 때문입니다.

• 카이사리아의 안드레아스 『묵시록 주해』 21,11.

하느님보다 위대한 것은 없다

그대가 어떤 사람의 관대함에 감탄하지 않을 수 없다고 생각한다면, 하느님보다 더 관대한 존재는 없음[을 아십시오]. … 그 위대함보다(시편 145,5-6 참조), 관대함보다 더 무서우면서 더 자비로운 것이 없습니다.

• 리옹의 에우케리우스 『세상 경멸』.

하느님의 손가락

이 관대함이 나타내는 것은 무엇입니까? 은총입니다. 저 완고함이 나타내는 것은 무엇입니까? 돌에 쓰인 율법입니다. 이것이 주님께서 지금 땅

에다가 당신 손가락으로 무엇인가 쓰시는 이유입니다(요한 8,6 참조). … 그때도 지금도 쓰는 것은 하느님의 손가락입니다. 율법을 쓴 것도 하느님의 손가락입니다. 그러나 [지금] 이것을 쓰는 하느님의 손가락은 성령입니다.

• 아우구스티누스 『설교』 272B,5.

하느님의 관대하심으로 선사받은 것(곧, 은총)보다 자기 스스로의 노력으로 더 많은 것을 얻을 수 있다고 말할 수 있는 사람은 없습니다.

• 암브로시우스 『낙원』 5,29.

믿음과 관대함

바오로 사도는 믿음 역시 우리 자신의 의지에 기인하는 것이 아니라 하느님의 선물이라고 덧붙였습니다. 인간의 자유 선택을 무시하는 것이 아니라 … 이 자유 선택조차 그 창조자는 하느님이시며, 우리가 선의를 품도록 그분께서 허락하신다는 점을 생각할 때 모든 일은 그분의 관대함에서 비롯한다는 뜻입니다.

• 히에로니무스 『바오로 서간 주해』(에페소서) 1,2,8-9.

자비에서 나오는 관대함

여러분이 더 좋은 무엇을 전혀 가지고 있지 않다 하더라도 적어도 '회개'라는 값을 치른다면, 여러분은 하느님을 두려워하는 덕을 살 수 있습니다. 이것이 가능한 것은 하느님의 자비에서 나오는 관대함 덕분입니다. 이것이 바로 "돈 없이 값없이"(이사 55,1)라는 구절이 의미하는 바입니다.

• 메르브의 이쇼다드 『이사야서 주해』 55,1.

회개에는 상이 따른다

하느님은 모든 이에게 선하시지만, 특히 죄지은 이들에게는 큰 인내를 보여 주십니다. … 하느님

은 의로운 이들에게는 늘 엄격하신 듯 보이지만 죄인들에게는 자비와 관대함을 쉽게 드러내십니다. … 그분은 다른 곳에서도 대단한 관대함으로 회개를 통한 구원 약속을 확인해 주십니다.

• 요한 크리소스토무스 『참회와 자선에 관한 설교』 7,5.

하느님의 섭리적인 계획

사랑하는 형제 여러분, 여러분 안에서 그리스도인의 친절이 흘러넘치게 하십시오. 해마다 계절이 돌아오면 풍성한 결실을 고대하는 것처럼 여러분의 마음도 가난한 이들을 돌보는 일에 관대해지십시오. 틀림없이 하느님께서는 … 가난한 이들에게 필요한 것들을 마련하실 수 있습니다. 모든 것이 그분의 것이기 때문입니다. 하느님께서 직접 그들에게 풍부하게 베풀어 주심으로써 그들이 여러분의 관대함에 의존하지 않게 하실 수 있습니다. 그런데 만약 그들이 그들의 결핍으로 인내의 왕관을 받아 쓰는 일이 없고, 여러분이 여러분의 풍요로 연민의 영예를 얻게 되는 일이 없다면, 그들에게도 여러분에게도 덕이 부족하게 됩니다. 하느님의 섭리는 모든 것을 놀랍게 안배하여 교회 안에서 가난한 이들도, 부유한 선한 이들도 서로의 다양성 덕분에 서로 혜택을 입을 수 있게 하십니다.

• 대 레오 『설교』 89,6,1.

가엾이 여기는 마음

자비는 저주보다 힘이 세고 관대함의 선물은 어떤 의로운 보상도 넘어설 것이기에, 죽을 운명의 존재들이 영위하는 모든 삶과 온갖 종류의 행위는 단 하나의 규칙에 따라 평가될 것입니다. 창조주께서는 가엾이 여기는 마음에서 나온 행위를 보시면 어떠한 죄과도 묻지 않으실 것입니다.

• 대 레오 『설교』 11,1.

가엾은 마음이 든 주인

주인이 얼마나 관대한 사람이었는지 또 한 번 아셨지요? 좋은 기일을 연장해 줄 것만을 청했는데, 주인은 그가 청한 것보다 더 많은 것을 주었습니다. 그를 놓아주고 빚을 모두 탕감해 주었지요. 주인은 처음부터 그럴 생각이었습니다. 그렇지만 자기 쪽에서 주는 것만으로 일을 끝내기 바라지 않았습니다. 그는 종이, 죄가 없다고 착각하지 않도록, 이 일에서 배우고 자비를 청하기를 바랐습니다. …

또 주인은 종이 이 일에서 배워 동료 종들에게 관대해지고 자신의 불행에서 깨달음을 얻도록 하기 위하여, 그가 큰 망신을 당하지 않으면서도 어느 정도 책임을 지게 하고 싶었습니다.

• 요한 크리소스토무스 『마태오 복음 강해』 61,3.

죄를 덮어 주시다

나는 주님의 사랑으로 죄를 용서받은 이들을 복되다고 생각하며 그들을 부러워합니다. 사실 하느님께서는 그들의 죄를 용서하실 뿐만 아니라 그 죄의 어떤 얼룩도 남지 않도록 죄를 덮어 주시는 관대함도 보여 주십니다.

• 키루스의 테오도레투스 『시편 주해』 32,1

하느님은 언제나 자비로우시다

사랑하는 형제 여러분, 우리가 죄짓기를 그치면 하느님의 자비는 우리에게 예정된 벌을 즉시 거두어 주실 것임을 확실히 믿어야 합니다. … 그러므로 치유의 방편이 아직 우리 힘 안에 있을 때[1] 더 나은 삶으로 돌아섭시다. 우리가 죄로 호를 돋운, 친절하시고 자비로우신 주님한테서 우리의 선행을 통해 자비를 얻읍시다. 그러면 그분

---

1 우리가 구원의 길에 들어설 수 있을 때를 뜻한다.

은 늘 하시던 대로, 우리를 온갖 역경에서 보호
해 주시고 당신의 관대함으로 행복한 미래를 보
장해 주실 것입니다.

• 아를의 카이사리우스 『설교』 207,3.

하느님의 관대함은 티끌만큼의 흠도 남겨 두지 않는다

사소한 죄들로 말미암아 육신이 사탄이나 큰 고
통에 넘겨지는 거룩한 이들도 있었음을 우리는
알고 있습니다. 하느님의 관대함은 심판 날에 그
들에게서 아주 작은 흠이나 얼룩이 발견되는 것
도 허락하지 않기 때문입니다.

• 요한 카시아누스 『담화집』 7,25.

(지금은) 마지막 때입니다. 이제 우리는 삼가 조
심하고 하느님의 관대하심이 우리에게는 도리
어 심판이 되지 않을까 두려워합시다(참조: 로마
2,3-4; 1베드 3,20; 2베드 3,9.15).

• 안티오키아의 이그나티우스
『에페소 신자들에게 보낸 편지』 11,1.

관상觀想

관상은 영원한 빛에서 우리를 비추면서
현재 삶의 어둠 속에서 이미 우리를 붙잡고 있습니다.
• 대 그레고리우스『욥기의 도덕적 해설』16,24.

거룩한 관상은 육을 넘어 진로를 바꿉니다.
• 대 그레고리우스『욥기의 도덕적 해설』10,17.

관상은 거짓이 섞이지 않은 진실을 통해 명확해집니다.
• 오리게네스『요한 복음 주해』6,103.

관상은 유형적인 것과 비유형적인 것으로 이루어진 제단입니다.
• 폰투스의 에바그리우스『시편 발췌 주해』25 [26],6.

놀라움의 관상이란 마음이 크고 놀라운 일들에 대한 지식으로
경탄하게 될 때를 의미합니다.
• 오리게네스『민수기 강해』27,12.

관상적인 사랑은 인간에게만 있습니다.
• 아를의 힐라리우스『일곱 가톨릭 서간 해설』(야고보서).

관상의 의미와 이해

눈으로 보는 것과 관상하는 것

눈으로 보는 것과 관상하는 것은 크게 다르다는 것을 아십시오. 눈으로 본 것은 다른 이들에게 말할 수 있지만, 관상 중에 본 것은 전달할 수 없는 경우도 있기 때문입니다. 완전한 관상은 가능한 것이 많지만, 관상은 뭐라 표현할 길 없는 깨달음으로 이루어지기에 말로 나타낼 수가 없습니다.
• 맹인 디디무스『가톨릭 서간에 관한 짧은 상해』(요한 1서).

존재의 심층적 본질은 알 수 없는 신비

바오로 사도는 우리의 생각으로 파악할 수 없는 것을 어떻게 언어로 표현해야 할지 곰곰이 생각하였으나 이해할 수 없는 것을 풀어 설명할 만

한 말이 없기에, 우리가 충분히 알 수 없고 무어라 표현할 수는 없지만 모든 선善을 뒷받침하는 심층적 본질을 가리켜 '영광'이요 '실체'라고 하였습니다. 존재의 심층적 본질은 말로 표현할 수 없는 것이기에 더 이상 캐물으려 하지 않았습니다. 하지만 성부와 성자는 하나이며 서로 나뉘지 않는 단일한 존재라는 점, 그리고 보이지 않으며 우리의 언어로 정의를 내릴 수 없는 성부와 더불어 성자 또한 눈으로 볼 수 없고 무어라 정의할 수 없는, 오직 신비적 관상의 대상으로서 계신다는 점, 이 두 가지 요점에 대한 해석으로 바오로는 그리스도를 "[하느님] 영광의 광채"(히브 1,3)이시며 "[하느님] 본질의 모상"(히브 1,3)이라고 하였습니다. '광채'라는 말로 성부와 성자는 하나임을, '모상'이라는 말로 성부와 성자는 같은 분이심을 가르쳐 준 것입니다.

• 니사의 그레고리우스
『그리스도인의 완덕에 관해 올림피우스 수도승에게』.

믿음이 관상으로 이끈다

이 말씀[에제 40,19 참조]들에서 "대문"을 우리가 주님에 관한 지식 안으로 들어가는 문이라고 이해한다면, "아랫대문"은 믿음을, "안뜰"은 관상을 가리키는 것이 분명합니다.

• 대 그레고리우스 『에제키엘서 강해』 2,6,16.

믿음과 행위

성경으로 물을 댄 영혼은 자라서 제때에 열매를 맺습니다. 그 열매는 정통 신앙이며, 이 열매는 늘 푸른 잎사귀, 곧 하느님을 기쁘시게 하는 행위로 꾸며져 있습니다. 이처럼 우리는 성경에 의해 덕스러운 행위와 흐트러짐 없는 관상에 이끌리게 됩니다.

• 다마스쿠스의 요한 『신앙 해설』 4,17.

믿는 것과 보는 것

지금 우리가 고찰하는 구절[요한 12,44-45 참조]은 구원자에 관한 두 가지 사실을 이야기하고 있습니다. 하나는 그분을 믿는 것에 관한 것이고, 또 하나는 믿는 것보다 위에 있는 것, 곧 말씀을 바라보는(관상하는) 것과 말씀을 바라봄 안에서 아버지를 바라보는 것입니다. 종교를 찾는 많은 무리가 믿음에 이릅니다. 그러나 말씀을 보고 그분 안에서 아버지를 보는 것은 믿는 이면 누구나 할 수 있는 일이 아니라 마음이 깨끗한 이들만 할 수 있습니다. … 예수님을 보고 그분을 봄으로써 아버지를 보기 위해서는 시간과 훈련이 필요하다(요한 14,9 참조)고 저는 생각합니다.

• 오리게네스 『요한 복음 주해 단편』 93.

눈물에서 안식으로

밤낮없이 눈물 흘리는 사람들, … 그런 사람은 2년 정도, 또는 그 이상 신비적 변화 기간을 거치는 동안 눈이 마르지 않는 샘물인양 줄줄 눈물이 흐릅니다. 하지만 그 기간이 지나고 나면 마음이 잠잠해집니다. 그런 평온한 마음 상태에서 다음 단계로, 곧 바오로 사도가 말한 것 같은 안식처에 들어갑니다. 하지만 아직은 부분적이고, 본성이 받아들일 수 있는 정도까지입니다. 그 평화로운 안식 안에서 그대의 지성은 비로소 신비를 관상하기 시작합니다. 그러면 마침내 성령께서 하늘 나라의 신비를 드러내 보여 주십니다. 하느님께서 그대와 함께 사시며 그대 안에 있는 성령의 열매를 높이 들어 올리십니다. 이 순간부터 그대는 세상 만물이 온통 새로워지는 변화를 어렴풋이나마 인식하게 됩니다. 그대가 평온한 마음 상태에 도달하면 그 많던 눈물도 그치고, 이후로는 눈물이 나와도 때와 정도에 맞게 흐릅니다.

• 니네베의 이사악 『종교적 완성』 14.

그리스도를 통하지 않고는 신성에 참여할 수 없다

우리는 두 가지 길로 아버지께 다가갑니다. 인간으로서 가능한 한도까지 거룩해짐으로써 … 또는 믿음과 관상을 통하여 "거울에 비친 모습처럼 어렴풋이"(1코린 13,12) 아버지에 관한 지식에 이름으로써 그분께 다가갑니다. 그러나 모든 일에 그리스도께서 그의 발걸음을 인도해 주지 않으시는 한 충분히 거룩해질 수도, 덕의 규칙에 따라 삶의 진전을 이룰 수도 없습니다. … 그러므로 그리스도를 통하지 않고서는 아무도 아버지께 가지 못합니다. 다시 말해 신성에 참여하는 자가 될 수 없습니다.

• 알렉산드리아의 키릴루스 『요한 복음 주해』 9.

그분이 아니면

"그분께서 얼굴을 감추시면 누가 그분을 보겠습니까? 그러나 그분께서는 민족 위에, 모든 사람 위에 계시니"(욥 34,29). 이 말은, '그분이 아니면 누가 인간에게 당신을 계시하고자 하셨겠는가?'라는 뜻입니다. 과연 누가 자기 힘으로 그분을 바라볼 수 있으며, 자신의 관상을 통해서 존엄하신 그분께 이를 수 있겠습니까?

• 사제 필리푸스 『욥기 주해』 34.

빛의 비추임

육은 영혼을 덮고 있는, 신적 빛을 보지 못하게 만드는 구름입니다. 정화가 있는 곳에는 빛의 비추임이 있습니다. 이 비추임은 가장 위대한 것들 또는 모든 위대함을 능가하는 가장 위대하신 분을 갈망하는 이들의 소망이 충족되는 것입니다.

• 나지안주스의 그레고리우스 『거룩한 빛』(연설 39) 8.

도덕철학과 자연철학, 관상

아브라함은 순종을 통해 도덕 철학을 세웠습니다. … 곧, 도덕철학을 형성하는, "외아들까지 아끼지 않는"(창세 22,16) 순종을 후세에게 보여 준 것입니다. 한편 우물을 파며 사물의 근본을 찾은 이사악은 자연철학의 선구자였습니다. 야곱은 탐구 학문을 실천하였습니다. 그는 하느님의 일들을 관상함으로써 '이스라엘'이라는 이름을 얻었고, 하늘의 진영과 하느님의 집 그리고 땅에서 하늘까지 닿는 층계인 천사의 길을 보았습니다.

• 오리게네스 『아가 주해』 서론 3.

"하느님께 얼굴을 든다"

도덕적 우의는 우리의 가장 깊은 영혼에서부터, 그리고 더욱 심오한 것들에 이르기까지 우리를 새롭게 하며, 관상은 영원한 빛에서 우리를 비추면서 현재 삶의 어둠 속에서 이미 우리를 붙잡고 있습니다. … "하느님께 얼굴을 든다"(욥 22,26)라는 말은 가장 고상한 것을 찾아서 마음을 일으킨다는 뜻입니다. 우리가 얼굴을 통해서 알려지고 사람들에게 분별되듯이, 내면의 모습을 통해서 우리는 하느님께 알려집니다. 그러나 죄에 대한 죄책감 때문에 우리는 땅으로 억눌리며, 하느님께 마음의 얼굴을 들기 두려워합니다. 어떤 선행의 확신을 통해서도 마음이 지지받지 못하면, 마음은 두려움이 너무 커져서 가장 높은 것들을 응시하기 어렵게 됩니다. 그 자신을 아는 양심은 자신을 비난하기 때문입니다. 그러나 회개의 눈물로 죄가 씻기고 비탄이 끝날 때, 하늘로부터 오는 보상의 기쁨을 관상하는 동안 마음속에 커다란 확신이 샘솟습니다. "우리의 마음의 얼굴이 들어 올려지는" 것입니다.

• 대 그레고리우스 『욥기의 도덕적 해설』 16,24-25

황옥의 본성이 지닌 성질

황옥의 본성이 지닌 지극히 아름다운 성질은 관

상적인 삶에 비유하기에 가장 적합합니다. 마음이 하느님의 손안에 있는 성덕 높은 임금들은 선행이라는 부와 온갖 덕이라는 보석들로 이 돌의 본성을 보여 주기 때문입니다. 특히 그 안에서 순수한 마음의 날카로운 눈길과 묵상을 이어나가며 그들의 영혼으로 거룩한 삶의 감미로움을 더욱 열렬히 바라볼수록 그들은 거룩한 은총의 광채를 더욱 자주 받을 것입니다. 그러므로 성덕 높은 사람들은 자기 안의 사랑의 불로 말미암아 황금색을 띠는 한편, 천상의 감미로움을 관상함으로써 하늘과 같은 색도 띱니다. 이런 사람들은 쇠줄로 문지른 황옥처럼 때로는 현세의 격랑으로 인해 하찮은 존재가 됩니다. 영혼은 현세의 힘든 일로 인한 어려움과 근심, 슬픔으로 쉽게 동요할 때면 천상적 삶의 기쁨에서 즐거움을 찾으며 평온한 마음으로 그것을 관상할 수는 없기 때문입니다.

• 존자 베다『묵시록 해설』21,20.

거룩한 관상

지극히 거룩한 관상을 하면 거룩한 변모 때에 제자들이 보았던 것 같은 영광스럽게 빛나시는 하느님의 모습이 우리 눈앞에 펼쳐지며 우리를 에워쌀 것입니다(참조: 마태 17,1-8; 마르 9,2-8). 그때에는 우리 마음이 욕정과 세속에서 벗어나, 그분에게서 나오는 빛을 인지하는 은사를 지니게 됩니다. 그리고 우리가 알지 못하는 방식으로 그분과 하나 되고, 우리의 이해력을 벗어나 행복하게도 그분의 눈부신 빛에 사로잡히게 될 것입니다. 그러면 우리 마음은 신기하게도 하늘 높은 곳에 있는 존재처럼 될 것입니다.

• 위-디오니시우스『신명론』1,4.

정화의 길

죽지 않는 존재가 되었을 것이다

하느님께서는 인간을 창조하시고, 그들이 죽지 않는 상태로 머물기를 바라셨습니다. 그러나 부주의해진 인간은 하느님을 바라보기를 그만두고, 악을 상상하고 만들어 내었습니다. … 인간은 무에서 창조되었기에 본성상 죽을 존재입니다. 그러나 인간이 하느님을 관상함으로써 하느님과 비슷함을 간직했다면 그들은 자연적인 부패에 이르지 않고 지혜서가 말하는 대로 불사의 존재가 되었을 것입니다.

• 아타나시우스『말씀의 육화』4.

혼돈 속에 사는 유배자

예언자가 귀양살이하는 유배자들에게 훈계하도록 파견됩니다. 여기서 유배자란 몸으로 귀양살이하는 사람들만 아니라 정신 상태에서 귀양살이하는 사람들도 같이 이르는 말입니다. 그들은 예루살렘으로부터 바빌론으로 왔기 때문입니다. … 올바른 행실에서 사악한 행실로 떨어지는 사람은 누구나, 예루살렘으로부터 바빌론으로 떨어지는 것입니다. 선한 노력으로부터 악덕으로 내려가는 것이기 때문입니다. 그런 이는 관상하는 삶이라는 선의 정점을 버리고 혼란 속에 사는 유배자입니다.

• 대 그레고리우스『에제키엘서 강해』1,10,21.

마음으로 관상하는 훈련을 한 번도 해 본 적 없이 진흙에 파묻듯 마음을 육욕 안에 깊이 파묻은 육적인 사람은 진리의 영적 빛을 바라볼 힘이 없습니다.

• 대 바실리우스『성령론』22,53.

참빛을 볼 수 있다

그분은 "가난한 이들을 초대하여라"(루카 14,13) 하고 말씀하십니다. 그러면 말씀에서 가난한 이들을 여러분이 부유하게 만들 수 있습니다. 마음에 상처 입은 '장애인들'을 초대하여라. 그러면 여러분이 그들을 고칠 수 있습니다. 판단력이 부족하여 절뚝거리는 '다리저는 이들'을 초대하여라. 그러면 그들은 "바른길"(히브 12,13)을 갈 수 있습니다. 관상하는 능력이 없는 눈먼 이들을 초대하여라. 그러면 그들은 "참빛"(요한 1,9)을 볼 수 있습니다.

• 오리게네스『루카 복음 강해 단편』209.

천국과 지옥은 하나가 되다

육이 집요한 유혹으로 영을 맹렬히 공격하는 동안에도 영이 마음을 드높이는 일은 자주 일어납니다. 영혼이 천국의 일을 관상하는 데 나아가도록 인도받을 때, 영혼은 자기에게 제시된 부적절한 관행 때문에 억제당합니다. 육의 가시는 갑자기 상처를 입히며, 거룩한 관상은 육을 넘어 진로를 바꿉니다. 그러므로 동일한 사람이 고양된 관상으로 조명을 받음과 동시에 유혹의 영향으로 어두워질 때, 천국과 지옥은 함께 닫힙니다. … 빛은 천국에서 오며 지옥은 어둠 속에 붙잡혀 있기 때문입니다. 그러므로 영혼이 땅 위의 빛을 이미 보면서 육의 전투에서 오는 비밀스런 유혹의 어둠을 유지할 때 천국과 지옥은 하나가 됩니다. … 모든 죄악은 덧없지만 덧없는 모든 것이 죄악은 아닙니다. 덧없는 일에 주의를 기울일 때마다 우리는 헛된 일을 하게 됩니다.

• 대 그레고리우스『욥기의 도덕적 해설』10,17-19.

모든 육적인 생각을 씻어 내다

몸의 털은 인간의 타락이 남아 있다는 것을 뜻합니다. 몸의 털은 옛 삶에 대한 생각들로서, 그것을 우리 정신에서 몰아내면 옛 삶을 잃은 것에 대한 괴로움이 없어집니다. '레위인'은 '들어 올려진 사람'을 뜻합니다. 그래서 모든 레위인은 육의 털을 밀어야 합니다. 하느님께 봉사를 하도록 들어 올려진 사람은 모든 육적인 생각을 씻어 내고 하느님 면전에 나와야 하기 때문입니다. … 육에서 털을 밀면 그 뿌리는 남아 있습니다. 그래서 털이 다시 자라면 다시 밀어 내야 합니다. 헛된 생각은 큰 노력으로 잘라 내야 하지만, 그것들은 결코 뿌리째 뽑히지 않습니다. 육은 항상 헛된 것을 낳고, 영은 주의 깊은 관심의 칼로 그것을 베어 냅니다. 우리가 관상의 높은 경지에 이르면, 우리 안에서 이런 일이 일어나는 것을 더욱 자세하게 보게 됩니다.

• 파테리우스『구약성경과 신약성경 해설』(민수기) 3.

천상적인 사고는 육욕에 어떤 여지도 주지 않는다

성인들의 마음에는 비루한 세속적인 사고 대신에 고상한 천상적인 관상이 떠오릅니다. "가시덤불"(이사 55,13)은 불과 같은 성격을 가리키는 반면 "방백나무"(이사 55,13)는 온건한 성격을 가리킵니다. 의인들의 마음이 육욕과 악행의 열기에서 침착하고 절제된 사고로 돌아설 때 쐐기풀 대신 도금양나무가 올라옵니다. 침착하고 절제된 사고는 지상의 것들을 바라지 않고 천상적 열망으로 육체의 불꽃을 꺼 버립니다.

• 대 그레고리우스『욥기의 도덕적 해설』18,20.

썩음과 썩지 않음

바오로가 말하는 "썩지 않는 것"(1코린 15,50)은 다른 세상에 관한 지식을, "썩는 것"(1코린 15,50)과 "살과 피"(1코린 15,50)는 영혼과 육체에 다 있는, 그것들을 타락시키는 정욕을 뜻합니다. 정욕이 움직이는 영역은 "육의 관심사"(로마 8,6) 안입니다. 여기서 "하느님 나라"는 그 영원한 광휘를 보는 복된 직관에 관한 고상하고 이지적인 관상을 뜻합니다. 거룩한 영혼은 썩음과 살과 피 위에 고양된 썩지 않는 직관을 통해서만 그 영원한 광휘 안으로 들어갈 수 있습니다.

• 니네베의 이사악 『수덕 생활』 5.

지속적 관상이라는 자양분

기도 중에 우리 마음에 떠오르지 않기를 바라는 것이 있다면 그것이 무엇이든, 우리가 기도하고 있지 않을 때도 마음에 들어오지 못하게 해야 합니다. 바오로 사도는 "끊임없이 기도하십시오"(1테살 5,17), "성을 내거나 말다툼을 하는 일 없이, 어디에서나 손을 들어 기도하기를 바랍니다"(1티모 2,8)라고 하였습니다. 우리의 마음이 온갖 죄악에서 정화되어 자연스럽게 덕행만을 닦고 전능하신 하느님에 대한 지속적인 관상으로 양육되지 않고는 우리는 위의 명령을 지키지 못할 것입니다.

• 요한 카시아누스 『담화집』 9,3.

신비를 지켜야 한다

그리스도와 성령의 신비를 관상할 수 있는 사람은 인간이 말해서는 안 되는 것(2코린 12,4 참조)을 보거나 들으면, 입을 자제할 필요가 있습니다. 그는 거룩한 신비에 관해 누구에게, 언제, 어떻게 말해야 하는지 알게 될 것이기 때문입니다.

• 오리게네스 『민수기 강해』 27,12.

이성의 제단

우리의 정신은 이성의 제단입니다. 우리는 이 제단 위에서 모든 비이성적인 생각들을 하느님께서 보내신 불로 태워 버립니다. … 영혼이 자신

에 대해 성찰할 때 부패한 모퉁이를 찾는 것이 아니라 하느님의 제단을 에워쌉니다. … 관상은 유형적인 것과 비유형적인 것으로 이루어진 제단입니다. 나의 정신은 이 제단에서 정화됩니다. 이러한 가르침을 받아들이는 이는 하느님의 모든 놀라운 일들을 선포합니다.

• 폰투스의 에바그리우스 『시편 발췌 주해』 25 [26],6.

내적 관상

자기가 하는 일에서 인간의 칭찬을 목표로 삼는 모든 사람은 지상에서 "증인"을 구하는 것입니다. 그러나 자신의 행위로 전능하신 하느님을 기쁘게 해 드리기를 열망하는 사람은 "하늘에 있는 증인"(욥 16,19)을 염두에 둡니다. … 우리는 지금 우리를 엄중하게 바라보시는 그분을 언젠가는 분명하게 볼 것입니다. 우리의 흠이 벗겨질 때, 우리는 바오로가 말하는 내적 관상의 은총을 받을 것입니다.

• 대 그레고리우스 『욥기의 도덕적 해설』 13,28-30.

비추임의 길

안전하게 갈 수 있는 관상거리

선과 악을 알게 하는 나무는 선과 악을 이해하는 습관이 몸에 밴, 곧 성숙한 단계에 이른 사람들만이 안전하게 갈 수 있는 관상거리였습니다. 그것은 아직도 어느 정도 단순하고, 욕심 많은 이들에게는 좋지 않았습니다. 딱딱한 음식이 아직은 미숙해 젖이 필요한 이들에게 좋지 않듯이 말입니다.

• 나지안주스의 그레고리우스 『거룩한 부활절』(연설 45) 8.

선과 악을 알게 하는 나무는 통찰력을 나타낸다

선과 악을 알게 하는 나무는 다차원의 시각으로 통찰하는 능력을 뜻합니다. 자기 자신의 본성을 완전하게 파악하는 일입니다. 그 능력은 창조주의 장엄하심을 있는 그대로 드러냅니다. 이 또한 (영적으로) 성숙하고, 하느님을 관상하며 거니는 이들에게는 좋습니다. 이들에게는 변화에 대한 두려움이 없습니다. 하느님을 관상하는 일이 몸에 밴 동안에는 변화에 대한 두려움을 느끼지 못하기 때문입니다.

• 다마스쿠스의 요한 『신앙 해설』 2,11.

거룩한 이들

하느님의 도움으로 선과 악의 존재를 쉽게 구별할 수 있습니다. 거룩한 이들의 시선은 흔들리지 않습니다. "그는 외치지도 않고 목소리를 높이지도 않으며 그 소리가 거리에서 들리게 하지도 않는다"(이사 42,2; 마태 12,19). 기쁨과 즐거움, 확신이 즉각적으로 영혼 안에서 생겨나는데, 이 일은 아주 조용하고 부드럽게 일어납니다. … 이런 영혼을 가진 이의 생각은 고요하고 흐트러짐이 없습니다. 그래서 비추임을 받은 이 영혼은 보이는 것들을 있는 그대로 관상할 수 있게 됩니다.

• 아타나시우스 『성 안토니우스의 생애』 35.

훌륭한 사람들

주님의 소리는 약하고 무절제한 영혼이 아니라 열렬하고 힘차게 선을 수행하는 이들 안에 머뭅니다. … 훌륭함은 놀랍도록 위대한 덕입니다. 위대한 일을 수행하는 이는 … '훌륭하다'는 평가를 듣게 됩니다. 영혼이 육체의 자만에 사로잡히지 않고, 하느님에게서 받은 자신의 속성을 잘 알고 있는 까닭에 그에 합당한 위대함과 존엄함을 취하게 될 때 이런 영혼 안에는 주님의 소리

가 머뭅니다. 그러므로 하느님에 관한 고귀한 생각들을 즐기고, 창조의 이유를 숭고하게 관상하며, 적어도 하느님 섭리의 선하심을 어느 정도는 이해할 수 있고, 그밖에도 형제들의 필요를 채워 주는데 관대하며 지출을 아끼지 않는 이런 이들이야말로 주님의 소리가 머물고 있는 훌륭한 이들입니다. … 어떤 어려운 조건도 이 훌륭한 이를 슬프게 만들지 못합니다.

• 대 바실리우스 『시편 강해』 13,4(제29편).

천국의 비밀이라는 대양에서 떨어진 말씀 한 방울

우리를 창조하신 그분의 행동 방식은 한 가지였습니다. 그 길을 통해서 그분은 우리를 다시 구원하셨습니다. 그래서 그는 주님의 행동 방식을 언급하는 것들에 대해서, 그리고 최후의 심판과 비교해 가볍게 여기는 것들에 대해 말합니다. "보게, 이것들은 부분적으로 그분의 방식을 대변하는 말이라네." 그는 또한 이것을 "그분의 말씀 한 방울"이라고 부릅니다. 왜냐하면, 천국의 광대한 비밀의 대양에서부터 그 신선함이 마치 천상의 용액 한 방울이 우리에게 흐르는 것처럼, 이 삶 속에서 고상한 것이 무엇이든 끔찍한 것이 무엇이든지 간에, 우리는 하느님을 관상함으로써 이것들을 알기 위해서 불려 왔기 때문입니다.

• 대 그레고리우스 『욥기의 도덕적 해설』 17,54.

창조주를 관상하다

눈먼 이가 세상을 볼 수 있게 될 때 그들은 창조된 것들의 빼어난 아름다움으로부터 그것들이 지닌 아름다움과 위대함에 상응하는 창조주를 관상합니다. "세상이 창조된 때부터, 하느님의 보이지 않는 본성을 조물을 통하여 알아보고 깨달을 수 있게 되었습니다"(로마 1,20). 그들이 조물을 통하여 하느님의 보이지 않는 본성을 볼 수

있게 될 때 그들은 세심하고 명료하게 보고 이해
할 수 있게 됩니다.

• 오리게네스『마태오 복음 주해』11,18.

피조물들은 하느님을 알게 한다

우리가 하느님의 피조물을 관상하면 할수록 하
느님께서는 당신의 위대함을 더 많이 드러내 보
이실 것입니다. 우리 마음을 관상을 통해 들어
올리면 올릴수록 우리가 가진 하느님의 이미지
는 더 숭고한 것이 될 것입니다.

• 예루살렘의 키릴루스『예비신자 교리교육』9,2.

하느님에 관해 무엇이 알려져 있나

보이지 않는 하느님에 관한 것들을 조물을 통하
여 관상할 수 있습니다. 하느님에 관하여 알 수
없는 것들이 그분 본성의 알짜입니다. 내가 생각
하기에 그것은 인류만 아니라 천사들에게도 감
추어져 있습니다. 피조물을 완벽하게 이해하여
하느님의 본질에 관한 순수한 지식에 이를 수 있
을 만큼 완전한 사람이 역사상 과연 있었는가는
오직 하느님만이 아십니다.

• 오리게네스『로마서 주해』.

피조물을 명상할 수 있는 이

명철한 사고로 각 개별 피조물을 명상할 수 있는
이는 하느님의 선하심과 그분의 의로운 심판에
관하여 다른 이들에게 설명할 수 있습니다. 그가
바로 하느님께 영광과 영예를 드리는 자이며, 관
상과 조화를 이루며 삶을 사는 이입니다. 그의
말과 일, 그리고 온갖 종류의 위대한 행위들을
통하여 하늘에 계신 성부께서 영광을 받으십니
다. 그런 까닭에 그런 사람의 빛은 다른 이들 앞
에서 빛납니다.

• 대 바실리우스『시편 강해』13,2(제29편).

일치의 길

의인들이 누릴 천상의 평화

"그 어린 것들은 풀밭으로 떠나가서"(욥 39,4). 우
리의 자양물이 어떤 가뭄으로도 훼손되지 않을
영원한 푸른 곳을 성경은 "풀밭"이라고 부릅니
다. … 그들은 육체를 떠난 후 영원한 푸른 풀밭
을 발견하기에 그리로 갑니다. 그들은 가서 어미
에게 돌아오지 않습니다. 기쁨의 관상 안으로 받
아들여진 후에는 가르치는 사람들의 말을 들을
필요가 없기 때문입니다. 그래서 그들은 떠나서
그들에게 돌아오지 않습니다. 삶의 시련을 벗어
난 후에는 학자들에게서 더 이상 삶의 교리를 받
고자 하지 않기 때문입니다.

• 대 그레고리우스『욥기의 도덕적 해설』30,49.

천상 신비를 볼 줄 아는 이들의 상징

성전의 창문들은 교회의 모든 영성가들과 거룩
한 스승들입니다. 그들은 거룩한 황홀경 속에서
천상의 숨겨진 신비를 볼 수 있도록 다른 이들
보다 더 특별히 허락됩니다. 이들은 사적으로 본
것을 신자들에게 공적으로 계시할 때, 창문이 햇
빛을 안으로 들여오듯이 성전의 모든 안쪽 공간
을 채웁니다. 이 창문들은 안쪽이 더 넓도록 비
스듬하다고 말하는 것이 적절할 것입니다. 천상
관상의 빛을 한 순간이라도 받은 이는 누구나 고
행으로 마음의 품을 훨씬 더 활짝 펼치고 더 큰
것들을 향해 노력하기 위해 다양한 금욕으로 그
것을 준비해야 하기 때문입니다.

• 존자 베다『솔로몬의 성전』1,7,1.

성경과 영적 관상

성경을 읽는 데 들어가는 수고는 우리에게 매우
유익합니다. 그로써 우리가 기도 안에서 밝은 비

추임을 받기에 더욱 그렇습니다. 부지런히 성경을 읽고 영적 관상으로 순수해져 하느님 사랑으로 불타오르는 영혼을 지닌 이는 기도와 시간기도를 바칠 때 맑게 빛나는 상태가 되어 기도하며 한 치의 흐트러짐도 없는 마음으로 시편을 암송합니다. 신적 섭리에 관한 명상에 힘쓴 그의 마음은 기쁨으로 가득 차 있기 때문입니다.

• 사도나/마르티리우스『완덕에 관한 책』50-51.

마음의 기쁨

'마음을 가득 채운 기쁨'(시편 4,8 참조)이 의인들을 굽어보시는 주님의 얼굴 빛 아니고 무엇이겠습니까? 그러므로 그 기쁨을 통하여 우리가 맛보게 되는 것은 하느님을 관상함으로써 그분의 신성에 참여하게 되는 것입니다.

• 오리게네스『시편 발췌 주해』4,7.

아브라함의 마음은 거룩한 것들에 가 있었다

세상적인 것, 육체적 유혹에 빠지기 쉽게 하는 것을 갖지 않는 것은 완전한 정신의 특징입니다. … 그(아브라함)는 세상 위에 있는 것들을 얻기 위하여 이 세상의 쾌락을 거부합니다. 이것이 "주님께 내 손을 들어"(창세 14,22)라는 말의 뜻입니다. 선을 행하는 손은 영혼의 덕입니다. 그는 자신의 손을 세상에 있는 나무의 열매가 아니라, 성경이 "하늘과 땅"(창세 14,22), 곧 지성적이고 가시적인 본질을 "지으신 분"(창세 14,22)이라고 하는 주님께 뻗습니다. 하늘은 보이지 않는 본질(ousia)이고, 땅은 눈에 보이고 감지할 수 있는 본질입니다. 그렇다면 이 구절은 아브라함이 자기 정신의 덕을 천상의 것으로 들어 올렸음을 뜻합니다. 그는 눈에 보이는 것이 아니라 보이지 않는 것을 보며, 세상의 것들, 육체적인 것들, 지금 있는 것들이 아니라 영적이며 영원하고 거룩한

것들을 보며, 그 지성적 본질로부터 관상적 생활의 정점에 가닿을 수 있을 것입니다.

• 암브로시우스『아브라함』2,8,46.

완전한 이들이 느끼는 두려움

하느님의 놀라운 일들에 대해 묵상하던 아브라함을 '공포'가 휩쌌습니다. 그 '공포'는 완전한 이들이 느끼는 두려움입니다. 그리고 무아경이 '해질 무렵' 그를 휩싼 사실에 … 주목하십시오. … 아브라함에게 덮친 무아경은 이성을 잃는 종류의 무아경이 아니라 보이는 것들에서 보이지 않는 것으로 넘어갈 때의 떨림과 놀라움을 동반하는 무아경입니다. … 그때 아브라함이 무아경에 빠졌을 때, "공포와 짙은 암흑"(창세 15,12)이 그를 휩쌌습니다. 이 '암흑'은 어둠 속으로 들어갔다는 말이 아니라 그 뜻이 곧바로 분명하게 드러나지 않는 알듯 말듯 한 세계라는 뜻입니다. '공포', 곧 큰 두려움은 보통의 두려움과 다릅니다. … 관상과 초월적 진리에 대한 깨달음은 위대한 사람들에게서도 때로는 성스러운 어지럼증과 두려움을 자아내며, 그들은 이런 체험을 할 때면 전율을 느낍니다.

• 맹인 디디무스『창세기 주해』230.

아름다움을 나누어 받다

덕의 근거에 대해 고찰해 본 적이 있는 이들은 어떤 덕은 관상에서 솟아 나오고, 어떤 덕은 비관상적이라고 말합니다. … 아름다움과 힘은 관상적인 덕에 따라오는 것이기 때문에 비관상적인 덕입니다. … 영혼 안에 아름다움이 존재하고, 그 아름다움을 실현하기 위한 힘이 존재하려면 하느님의 은총이 있어야 합니다. … 그런데 자신의 정신을 정화한 사람만이 관상할 수 있는 진실하고 가장 사랑스러운 아름다움은 신적이

고 복된 본성에서 나오는 아름다움입니다. 그 아름다움의 빛과 은총을 꾸준하게 응시하는 사람은 그 아름다움의 일부를 받게 됩니다. 그 아름다움에 잠김으로써 그의 얼굴은 마치 눈부신 빛에 물든 것 같아집니다. … 모세도 하느님과 대화할 때 그분의 아름다움을 일부 나누어 받음으로써 얼굴이 빛나게 되었습니다.

• 대 바실리우스 『시편 강해』 14,5(제30편).

관상의 가장 높은 단계

발을 구르면 먼지가 털려 나가듯이, 그(모세)는 기꺼이 이집트 공주의 아들이라는 부귀영화를 떨쳐 냈습니다(히브 11,24-26 참조). 그는 사십 년 동안 인간 사회를 떠나 혼자 살며 흔들리지 않은 채 묵묵히 보이지 않는 것들을 관상하는 데 전념하였습니다(히브 11,27 참조). 그런 다음에 그는 표현할 길 없는 빛을 받고(사도 7,30 참조) 가죽으로 만든 죽은 옷에서 자기 영혼의 낮은 부분을 해방시켰습니다.

• 니사의 그레고리우스 『시편의 제목』 1,7,52.

모세가 더 고귀한 것들을 구하다

모세가 높은 것을 관상하는 영광을 추구할 때 이렇게 말했습니다. "내가 가서 이 놀라운 광경을 보아야겠다"(탈출 3,3). 그가 자기 마음의 발걸음을 이 세상에 대한 사랑에서 돌려놓지 않았더라면, 결코 하늘의 것들을 이해할 수 없었을 것입니다.

• 대 그레고리우스 『욥기의 도덕적 해설』 15,57,68.

모세의 관상

이집트의 막대한 보화 가운데서 그리스도의 치욕을 예견한 모세는 앞으로 다가올 것들을 정당한 보상으로 고대하며, 마치 하느님을 볼 수 있

는 것처럼 보이지 않는 하느님을 자기 영혼으로 관상하였습니다.

• 히에로니무스 『이사야서 주해』 18,2.

모세가 하느님을 있는 그대로 보다

주님께서는 다른 예언자들에게는 환시나 꿈속에서 나타나셨지만, 모세에게는 수수께끼처럼이 아니라 그대로 모습을 드러내셨습니다. 그래서 모세는 '주님의 영광을 보았다'(민수 12,8 참조)라는 말을 듣습니다. 그러면 하느님께서는 모세에게 왜 그런 예외를 적용하셨을까요? 모세를 당신 백성의 지도자이며, 당신 온 집안의 충실한 일꾼이어서 그러한 관상의 자격이 있다고 생각하시지 않았다면 그렇게 하시지 않았을 것입니다. 그리하여 그는 자기가 원하던 대로 하느님을 있는 그대로 보았습니다. 그리고 그것은 하느님의 모든 자녀에게 세상 종말에 약속된 관상입니다(1요한 3,2 참조).

• 아우구스티누스 『편지』 147,32.

주님의 분노의 때는 심판 날입니다. 그때 사람의 아들은 모두가 볼 수 있게 나타나실 것이며, 의로운 이들만이 그분의 신성을 관상함으로써 그분을 바라보게 됩니다.

• 카시오도루스 『시편 해설』 21,10.

에제키엘은 그때에 하늘이 열렸다고 말합니다. 실제로 물리적으로 그렇게 되었다는 뜻이 아니라, 영적 관상을 통해 그렇게 되었다는 뜻입니다.

• 키루스의 테오도레투스 『에제키엘서 주해』 1,1.

관상 생활의 완전함

궤의 완전함과 관상 생활의 완전함을 연관 지어 풀이하면, 관상하는 이들의 명철한 정신은 바로

그 배움의 은총, 곧 그들에게 계시된 천상 광명을 기쁨으로 얻기 때문에, 하느님의 궤가 키르얏여아림에 머무른 것입니다. 선택된 영혼들이 가장 내밀한 고양의 정점에 올랐기에, 하느님의 궤가 20년 동안 그곳에 머물렀습니다. 십(10)은 지식의 완전함을 가리키고 이십(20)은 천상의 것들에서 느끼는 기쁨을 상징합니다. … 관상하는 이들의 선택된 정신이 천상의 생각들을 더욱 풍요롭게 바라볼수록, 그들은 영적인 덕들의 영광으로 더욱 충만하게 꾸며질 수 있습니다. 그런데 온 이스라엘이 '주님을 따라 이십 년 동안 쉬며 지냈다'(1사무 7,2 참조)는 것은 무엇을 의미합니까? 선택된 이들이 지닌 완덕의 드높은 경지는 선행의 힘보다 관상의 덕 안에 있다는 것 아니겠습니까? 주님을 따라 쉰다는 것은 불굴의 사랑을 지니신 우리 구원자를 본받는 데 전념한다는 뜻입니다. 그런데 어떤 사람이 천상 시민이라는 저 표현할 길 없는 기쁨을 관상하면서도 힘차게 사랑할 줄 모른다면 — 흔히 세상 사랑에 마음을 빼앗기기 때문에 그렇습니다 — 그는 결코 주님을 위하여 쉬는 것이 아닙니다. … 관상을 하는 사람은 신적인 일들 속으로 더 높이 들어 올려질수록 인간사에서는 그만큼 멀어집니다. 그들은 인간사를 철저히 제어하고 있어서, 그 무엇도 그들을 이길 수 없습니다.

• 대 그레고리우스『사무엘기 상권 해설』3,141-142.

문자적 · 영적 · 관상적 차원이 얽혀 있는 말씀

"이웃을 사랑하여라"(야고 2,8)라는 말에는 세 가지 의미가 들어 있습니다. 첫째는 육적인 것, 곧 문자적 의미입니다. 둘째는 영적인 것으로서, 비록 우리가 물리적으로는 그들과 떨어져 있더라도 자신에게 가까운 이들을 사랑한다는 뜻입니다. 셋째는 관상적 의미로서, 사랑 그 자체를 바라보는 것입니다. 그런데 우리가 이해해야 할 것은 하나가 다른 하나로 인도한다는 사실입니다. 육적인 것은 우리가 영적인 것으로 향하도록 영감을 불어넣고, 그러면 이제 영적인 것이 우리를 관상적인 것으로 들어 올립니다. 영적인 것은 때로는 육적이기만 한 것으로 되돌아가기도 하지만, 관상적인 것은 결코 우리를 저버리지 않습니다. 육적이며 영적인 사랑의 형태는 인간들에게 흔하고 짐승들에게서도 비슷한 것을 찾아볼 수 있지만, 관상적인 사랑은 인간에게만 있습니다.

• 아를의 힐라리우스『일곱 가톨릭 서간 해설』(야고보서)

관상과 활동

이 구절에서 "대문"(에제 40,8)이 설교자로 해석된다면, 이 대문에서 바깥쪽 문지방은 활동적인 삶이고 안쪽 문지방은 관상적인 삶입니다.

• 대 그레고리우스『에제키엘서 강해』2,3,23.

활동적인 삶과 관상적인 삶

[측량 장대의 길이인] "여섯 암마"(에제 40,5)는 활동적인 삶을, "손바닥 너비"(에제 40,5)는 관상적인 삶을 나타냅니다. 활동적인 삶은 우리가 일로 완성하지만, 그 뒤의 삶에 있어서는 우리가 노력을 하더라도 조금이나마 이루는 것이 힘들기 때문입니다.

• 대 그레고리우스『에제키엘서 강해』2,2,7.

거룩한 설교자들에게는 두 가지 삶이 있습니다. 네, 행동하는 삶과 관상하는 삶입니다. 그러나 시간적으로는 행동하는 삶이 먼저입니다. 관상은 좋은 행동의 결과로 일어나는 것이기 때문이지요. 더 큰 공로가 되는 것은 관상하는 삶입니다.

행동하는 삶은 그 순간 해야 하는 수고를 행하는 데 진력하는 반면, 관상하는 삶은 남몰래 미래의 안식을 미리 맛볼 수 있기 때문입니다.

• 대 그레고리우스 『에제키엘서 강해』 1,3,9.

두 삶의 모습

마르타와 마리아는 두 삶의 모습입니다. 하나는 현재의 삶이요, 다른 하나는 미래의 삶입니다. 전자는 활동이라는 짐을 졌고, 후자는 관상의 평온 속에 있습니다. 전자는 아직 수고하며 고생하지만, 후자는 복됩니다. 전자는 현세적이지만, 후자는 영원합니다.

• 아우구스티누스 『설교』 104,4.

마리아와 마르타와 라자로

마리아는 관상하는 삶, 마르타는 행동하는 삶, 라자로는 믿음에 든 뒤 죄를 지은 사람의 예형입니다. 따라서 마리아와 마르타는 마땅히 라자로를 위해 울며, 오빠 때문에 슬퍼하는 그들에게는 위로가 필요하고, 유대인들은 그들을 위로하고자 합니다. … 그러나 마리아는 그분께서 함께 계신 것을 견뎌 낼 수 있는 이로서 그분을 맞고자 집에 남아 있었고, 마리아와 같은 소양이 모자란 마르타는 예수님께 달려간 것입니다. 마리아는 언니가 "스승님께서 오셨는데 너를 부르신다"(요한 11,28)라고 하지 않았으면 집 밖으로 나가지 않았을 것입니다. 그리고 마리아는 그냥 일어난 것이 아니라 얼른 일어나 나가 예수님 발 앞에 엎드려 말씀을 드렸습니다. 그의 언니는 예수님 발 앞에 엎드리지 않았습니다.

• 오리게네스 『요한 복음 주해 단편』 80.

믿음 안의 삶과 눈에 보이는 삶

하늘로부터 교회에게 계시된 바, 교회가 가르치고 권하는 삶의 두 가지 모습이 있습니다. 하나는 믿음 안의 삶이고, 다른 하나는 눈에 보이는 삶입니다. 하나는 낯선 땅에서 시간 안에 남아 있는 삶이고, 또 하나는 영원한 하늘 거처에서 사는 삶입니다. … 첫 번째 삶을 나타내는 이는 베드로 사도이고 뒤의 삶을 나타내는 이는 요한입니다. … '행실은 내 수난의 본을 보고 완전하게 배웠으니 나를 따라라. 그러나 지금 막 시작된 관상은 내가 왔을 때 완전하게 되도록 내가 올 때까지 계속하거라.' 죽음에 이르기까지 인내하는 충만한 신심은 그리스도를 따르지만, 지식의 충만함은 그리스도께서 오셔야 채워지며 그때서야 완전하게 드러나기 때문입니다.

• 아우구스티누스 『요한 복음 강해』 124,5.

활동 생활의 덕과 관상 생활의 덕

인간의 영혼에 두 가지 형태의 덕이 제시됩니다. 곧, 활동의 덕과 관상의 덕입니다. 첫 번째 것을 통해 길을 걸으며, 두 번째 것을 통해 도달합니다. 첫 번째 덕에서는 마음을 정화하고 마음이 하느님을 보기에 합당하게 되도록 수고하지만 두 번째 덕 안에서 안식을 취하고 하느님을 봅니다. 첫 번째 덕은 일시적인 현재의 삶을 규제하는 계명을 준수하며, 두 번째 덕은 영원한 삶의 현현을 향유합니다. 그러니까 첫 번째는 활동하고, 두 번째는 안식을 취합니다. 첫 번째가 죄로부터의 정화라는 임무를 갖고 있고, 두 번째는 이미 정화된 이의 빛을 향유하기 때문입니다. 또한 현재의 사멸할 삶에 대해 첫 번째는 올바른 행동을 담당하고, 두 번째는 무엇보다 믿음으로 이루어집니다. 아울러 비록 매우 드물지만 불변의 진리에 대한 부분적인 바라봄, 곧 거울에 비친 모습처럼 어렴풋이 보는 것으로 이루어집니다.

• 아우구스티누스 『복음사가들의 일치』 1,5,8.

실행이 수반된 관상

주님의 길은 두 가지 방법으로 닦을 수 있습니다. 하나는 관상이며, 관상은 거짓이 섞이지 않은 진실을 통해 명확해집니다. 또 다른 하나는 행위입니다. 이 행위는 취해야 할 적절한 행위에 관한 건전한 관상에 따라오는 것이며, 해야만 하는 것들에 대한 정확한 인식에 부합되는 것입니다.

• 오리게네스 『요한 복음 주해』 6,103.

관상과 겸손, 선행

"북쪽으로 난 대문"(에제 40,20)은 동쪽으로 난 대문과 모양과 치수가 같다는 묘사에 주목해야 합니다. 관상을 나타내는 창문과 겸손을 나타내는 현관, 선행이 새겨진 문양도 다 같았습니다.

• 대 그레고리우스 『에제키엘서 강해』 2,7,6.

활동과 관상의 균형

세 가지 종류의 생활양식, 곧 관상적 생활, 활동적 생활, 그리고 이 두 가지가 복합된 생활양식에 대해서는, 신앙이 온전히 보존되는 한 각자 어떤 양식으로든지 생활을 영위할 수 있고 영원한 상급에 도달할 수 있습니다. … 관상 생활을 한다고 해서 관상을 하는 중에 이웃에게 베풀 유익한 일을 아무것도 생각하지 않을 정도여서는 안 되며, 활동적이라고 해서 하느님에 대한 관상을 전혀 하지 않을 정도여서는 안 됩니다. … 또한 활동을 주로 하는 사람일지라도 현세 생활의 영예와 권세에 애착해서는 안 됩니다. 태양 아래 모든 것이 헛되기 때문입니다. 활동을 하더라도 그의 영예와 권세를 통해 얻어지는 것이 올바르고 유익하여 그의 아래 있는 사람들이 영원한 구원을 얻는 데 도움이 되어야 합니다.

• 아우구스티누스 『신국론』 19,19.

전능하신 하느님을 지극히 사랑하여 행실에서도 완전하고 관상에도 침잠하는 신자들이 있습니다.

• 대 그레고리우스 『에제키엘서 강해』 2,5,1.

활동도 하고 관상도 한다

이 환시[에제 1,14 참조]에서 그 생물들은 나왔다 들어갔다 합니다. 달려갔다가 돌아오곤 합니다. 거룩한 사람은 정의를 행하려고 택한 행동하는 삶에서 성급하게 빠져나오지 않으며, 관상하는 삶을 지속적으로 유지할 수 없다고 해서 후퇴해 행동하는 삶으로 옮겨 오지도 않기 때문입니다.

• 대 그레고리우스 『에제키엘서 강해』 1,5,12.

만남의 천막을 자주 드나들다

모세가 만남의 천막을 자주 드나드는 것은 무엇을 의미합니까? 정신이 관상 속에서 높이 들어 올려진 이는 약한 이들의 문제를 해결해 주기 위해 밖으로 나와야 한다는 뜻 아니겠습니까? 그는 천막 안에서는 하느님의 신비를 관상합니다. 밖에서는 육적인 사람들의 짐을 짊어집니다. 의심이 가는 문제가 있을 때는 천막에 들어가 계약 궤 앞에서 주님께 상의하곤 했던 모세는 공직자들에게 본보기를 보여 주는 것이 분명합니다. 공적인 삶에서 어떻게 결정해야 할지 확신이 서지 않을 때, 그들은 모세가 만남의 천막에서 했던 것처럼 마음속으로 깊이 생각해야 합니다. … 그들은 관상에서는 가장 높은 것을 바라야 하지만, 동정심을 가지고 약한 이들을 보살펴 주어야 합니다. 이웃의 필요에 깊이 자비롭게 부응할 때, 자애는 놀라운 방식으로 가장 높은 곳까지 올라갑니다. 가장 낮은 사람에게로 친절하게 내려올 때, 그것은 가장 높은 곳으로 힘차게 돌아갑니다.

• 파테리우스 『구약성경과 신약성경 해설』(민수기) 2.

활동적 삶을 사는 사람은 자신의 덕으로 낯선 덕들과 싸움을 벌입니다. 관상적 삶을 따르는 이는 참된 가르침을 활용하여 하느님의 지식에 반대되는 모든 생각을 무찌릅니다.

• 폰투스의 에바그리우스 『시편 발췌 주해』 26[27],3.

관상과 활동 사이에서 갈등한 바오로

그가 이룬 공로에 대해 크나큰 상이 준비되어 있다고 해도, 또 그가 아무리 거룩하고 숭고한 사람이라고 해도, [바오로의] 마음도 때로는 세상 속에서 해야 하는 일들 때문에 거룩한 관상에서 멀어지지 않을 수 없었을 것입니다. … 더 나아가 바오로는 그런 실질적인 열매로 자신이 부유해진다고 여겼고, 한편으로는 마음속으로 관상의 유익함을 생각해 보고 마치 저울에 달듯이 그것을 달았습니다. 천칭의 한쪽 접시에는 이 모든 수고가 가져오는 유익함을 담고 다른 한쪽에는 거룩한 관상의 기쁨을 담았습니다. 오랫동안 그는 마음속에 그 저울을 균형 잡아 왔습니다. … 그러다 마침내 혼란에 빠진 [바오로는] 이렇게 외칩니다. "그래서 어느 쪽을 선택해야 할지 모르겠습니다. 나는 이 둘 사이에 끼여 있습니다.

나의 바람은 이 세상을 떠나 그리스도와 함께 있는 것입니다. 그 편이 훨씬 낫습니다. 그러나 내가 이 육신 속에 머물러 있는 것이 여러분에게는 더 필요합니다"(필리 1,22-24).

• 요한 카시아누스 『담화집』 23,5.

관상 생활을 하는 수도자도 교회의 요구를 따라야 한다

형제들이여, 우리는 여러분들이 수도 생활을 수행하여 이를 끝까지 보존할 것을 주님 안에서 권고합니다. 만약 어머니이신 교회가 여러분의 봉사를 요구한다면, 높은 곳으로 올라간다는 열망 때문에 이를 받아들여서는 안 되며, 매력적인 게으름 때문에 이를 거부해서도 안 됩니다. 오히려 여러분을 인도하시는 분에게 겸손하게 복종하면서 하느님께 양순한 마음으로 순명해야 합니다. … 교회의 필요성보다 여러분의 고요함을 더 앞세워서는 안 됩니다. 선한 이들 중에 그 누구도 새로운 자녀를 탄생시키는 일에 있어 교회를 돕지 않는다면, 여러분 역시 그 안에서 태어나는 방식을 발견하지 못할 것입니다.

• 아우구스티누스 『편지』 48,2.

관습

관습은 서로를 이해하는 데 확실히 큰 도움이 됩니다.
• 요한 크리소스토무스 『욥기 주해』 1,4.

원수를 사랑하는 것은 그리스도인만의 관습입니다.
• 테르툴리아누스 『스카풀라에게』 1.

무가치하고 무의미한 물건은 값없이 내어 주는 것이
우리의 관습임을 기억하십시오.
• 요한 크리소스토무스 『시편 해설』 44,7.

나쁜 일들은 애도하고 좋은 일들은 즐거워하는 것이 예언자들의 관습입니다.
• 가자의 프로코피우스 『이사야서 주해 선집』 62,1.

자기 무리가 하는 일에 반대하지 않고 박수치는 것이 마귀들의 관습입니다.
• 요한 크리소스토무스 『마태오 복음 강해』 32,2.

관습의 의미와 이해

출처 없는 전통은 전통이 아니다

오래전부터 지켜 와 이제는 완전히 우리 사회에 자리 잡은 여러 관습은 그 기원이 성경에 적혀 있는 것이 아니라 다만 오랜 전통에 바탕을 두고 있습니다. 이와 같은 문화적 관습을 예로 들 수 없다면 출처 없는 전통은 당연히 전통이 아니라고 해야 하겠지요.

• 테르툴리아누스 『월계관』 3,3.

편견

우리는 사마리아 여자가 물려받은 전통에 젖어 있는 것을 봅니다. 그는 하느님께 올리는 예배는 사마리아의 산이나 예루살렘의 성전에서 바쳐야 한다고 생각합니다. … 이 두 가지 관습은 다 모든 것을 품어 안으시는 무한하신 하느님을 한 언덕배기나 건물의 천장 아래 가두는 편견입니다. 하느님은 보이지 않고 무한하시며 무엇으로도 잴 수 없는 분이십니다.

• 푸아티에의 힐라리우스 『삼위일체론』 2,31.

잘못된 관습

영 '안에서' 예배를 드린다는 것은 우리의 지성이 빛을 받아 깨우침을 얻었음을 의미합니다. 사마리아 여자가 들은 말씀을 생각해 보십시오. 그 여자는 자기 고장의 잘못된 관습에 젖어 예배는 특정 장소에서 바쳐야만 한다고 믿었습니다. 그러나 주님께서는 여자의 잘못을 바로잡아 주시고자 예배는 영과 진리 안에서 드려야 한다고 말씀하셨습니다.

• 대 바실리우스 『성령론』 26,64.

새 질서의 시대

거룩한 베드로는 여전히 유대인의 관습을 따르고 싶어 했습니다. … "주님, 절대 안 됩니다. 저는 무엇이든 속된 것이나 더러운 것은 한 번도 먹지 않았습니다"(사도 10,14). 그러자 주님의 소리가 들렸습니다. 하느님께서는 그를 꾸짖으시며 이렇게 말씀하십니다. "하느님께서 깨끗하게 만드신 것을 속되다고 하지 마라"(사도 10,15). 그 순간 [베드로는] 그림자가 진리로 변모되어야 하는 순간이 왔음을 깨달았습니다. … 이미 말했듯이, 율법은 "새 질서의 시대가 시작될 때까지"(히브 9,10) 남아 있는 표상이고 그림자입니다.

• 알렉산드리아의 키릴루스
『율리아누스 황제 반박』 9,318-19.

새로운 복음의 그림자

(바오로) 사도는 "형제 여러분, 이 격려의 말을 잘 받아들이기 바랍니다"(히브 13,22)라고 합니다. 이는 '여러분이 자랑해 마지않는 전통과 관습은 그리스도께서 가르쳐 주신 새로운 복음의 그림자일 뿐이라는 것을 내가 이 편지글에서 단언하고 입증하였다'는 뜻입니다.

• 시리아인 에프렘 『히브리서 주해』.

관습의 변화를 위한 시간

예수님은 모든 것을 채우시는 동시에 모든 것을 담으실 수 있는 분이십니다. 그러므로 거룩한 예언자가 말했듯이, 사람들은 "저마다 제고장에서 그분을 경배할 것"(스바 2,11)입니다. 예수님의 말씀에는 당신께서 육체를 지닌 채로 이 세상에 머무르시는 기간은 그런 관습의 변화를 위한 시간이라는 뜻이 담겨 있습니다.

• 알렉산드리아의 키릴루스 『요한 복음 주해』 2,4.

좋은 습관으로 바꾸라

그대에게 모든 일 중에서도 한 가지를 경계하라고 강조하고 싶습니다. 곧, 사악한 관습에 따라 다른 이들에게 쏠려 넘어가지 말고, 하느님께서 그대에게 주신 지혜를 통하여, 과거에 습득했던 나쁜 습관을 좋은 습관으로 바꾸라는 것입니다.

• 대 바실리우스 『편지』 161.

이 세상의 관습은 천박하며 가치 없고 또한 일시적입니다. 고귀함이나 정신의 앙양은 찾아볼 수 없고 전적으로 나쁜 길로 빠져 있을 뿐입니다.

• 요한 크리소스토무스 『로마서 강해』 20.

꾸짖음

바오로는 코린토 신자들이 하느님께 더 가까이 다가가는 것이 아니라 오히려 세상의 관습에 빠져들고 있는 것을 알아보았습니다. 그들이 이전의 상태로 돌아가기 위해서는 그가 꾸짖을 필요가 있었습니다.

• 요한 크리소스토무스 『코린토 1서 강해』 27,2.

사람들이 꾸며 낸 것

"헛된 철학"(콜로 2,8)은 사람들이 꾸며 낸 쓸데없고 해로운 전통을 가리킵니다. 하느님의 법이 아니라 무절제하고 비뚤어진 관습이지요. "이 세상의 정령들을 따르는 것"(콜로 2,8)이란 이교를 숭배하는 자들이 하는 짓을 말합니다.

• 키루스의 테오도레투스
『바오로의 열두 서간 주해 단편』(콜로새서).

(성경의) 관습적 표현

성문서 저자들의 관습

성문서의 저자들은 자신에 관한 이야기를 기록할 때 마치 다른 사람에 대해 이야기하듯 표현하는 관습이 있습니다. 그들은 자신을 선포의 주제로 삼기보다 공적인 사건의 기록자로서 복음 기사의 흐름 안에 한 자리를 차지하곤 합니다.

• 아우구스티누스『요한 복음 강해』61,4.

성경의 관습적인 용어

"그분께서 하늘을 기울여 내려오시니 먹구름이 그분 발밑을 뒤덮었네. 커룹 위에 올라 날아가시고 바람 날개 타고 떠가셨네"(시편 18,10-11). 여기엔 그분께서 땅에서 하늘로 올라가신 승천에 관한 예언이 담겨 있습니다. 그리고 적절한 기회를 잡아서, 말씀이신 하느님의 내려오심과 올라가심을 위치의 변화가 아니라 비유적 의미로 이해해야만 한다는 것, 그것이 성경이 그러한 관습적인 용어들을 사용하며 나타내려는 뜻을 올바로 이해하는 것이라는 점을 여러분께 보여 드리겠습니다.

• 카이사리아의 에우세비우스『복음의 논증』6,9.

죄의 이름과 덕의 이름

남달리 사악한 자에게는 아버지의 이름을 붙여 부르는 대신 그가 지은 죄의 이름을 붙여 부르

고, 훌륭한 이들은 그가 특별히 뛰어난 덕의 이름을 붙여 부르는 것이 성경의 관습입니다.

• 대 바실리우스『시편 강해』7,1.

바오로의 새 이름

전에는 '사울'이라 불린 그가 왜 자신을 '바오로'라고 하는지 이상하다고 생각하십니까? 그는 성인들의 관습을 따른 것이 분명합니다. 성인들은 덕이 쌓이면 다른 이름으로 불렸습니다. 이름에서도 새 사람이 되는 것입니다. 예를 들면, 아브라함과 사라, 케파가 그렇습니다(참조: 창세 17,5; 요한 1,42).

• 펠라기우스[1]『로마서 주해 단편』

예언을 완전한 기억으로 새겨 주는 새로운 이름

사람들에게 새로운 이름을 붙여 주는 것은 성조들의 관습이었습니다. 까닭도 없이 그렇게 한 것이 아니라, 이름을 통하여 하느님의 선하심을 상기시키시려는 것이었습니다. 더 나아가, 그 이름으로 불릴 때마다 이름 안에 담겨 있는 예언을 그 사람 안에 완전한 기억으로 새기려는 것이었습니다.

• 요한 크리소스토무스『요한 복음 강해』19,2.

사건을 이름 대신 사용하는 관습

일어나는 사건을 이름 대신 사용하는 관습은 성경에서는 보통 있는 일입니다. 그러므로 "그들이 그 이름을 임마누엘이라 할 것이다"라는 말은 그

---

1 펠라기우스는 공식적으로는 이단자였지만, 그의 주해는 널리 읽혔고 미래 세대를 위해 다른 이름으로 보존되었다. 그의 주해는 정통 교의에 맞도록 여러 차례 편집되었으며 재사용되었다. 그러므로 우리가 지금 보는 그의 글은 코편적으로 펠라기우스 사상이라 비난받는 것을 제외하면, 대체로 교부들의 사상과 해설이 담긴 것으로 간주할 수 있다.

들이 사람들 가운데 계시는 하느님을 뵙게 되리라는 것을 의미합니다.

• 요한 크리소스토무스 『마태오 복음 강해』 5,2.

"날"의 의미

일어난 일들을 하나의 "날"로 부르는 것은 성경의 관습입니다. 시편 저자는 "불행의 날에 주님께서 그를 구하시리라"(시편 41,2)라고 우리를 가르칩니다. 그러므로 여기에서 "불행의 날"은 어떤 특정한 기간을 의미하는 게 아니라, 그날에 일어난 불행을 의미합니다. 바오로가 말한 "지금은 악한 때"(에페 5,16)라는 말도 같은 뜻입니다.

• 맹인 디디무스 『욥기 주해』 3,1.

히브리인들은 밤을 날의 시작으로 친다

성경은 낮과 밤을 합쳐 '날'이라는 말로 표현할 때가 많습니다. 해가 밤과 낮을 다 돈 뒤 서쪽의 자기 자리로 돌아가야 다음 날이 시작되기 때문입니다. 이는 "저녁이 되고 아침이 되니 첫날이 지났다"(창세 1,5)는 모세의 말로도 확인되며, 그는 둘째 날과 셋째 날 그리고 나머지 날들에 대해서도 똑같이 말합니다. … 요한은 여자들이 관습에 따라 시신에 예를 갖추고자 밤이 시작되었을 때 무덤에 왔다는 것을 나타내고, 그것이 다음 날, 곧 "주간 첫날, 아직도 어두울 때"(요한 20,1)임을 밝히려고 "주간 첫날 이른 아침"(요한 20,1)이라는 표현을 쓴 것입니다.

• 몹수에스티아의 테오도루스 『요한 복음 주해』 7,20,1.

믿는 이들의 시대

예수님께서 '이 세대'(루카 11,29-51 참조)라고 하신 것은 누구를 가리키는 말입니까? 예수님께서는 그때 살고 있던 세대가 아니라 믿는 이들의 시대를 말씀하신 것입니다. "이들이 그분을 찾는

이들의 세대"(시편 24,6)라는 말씀에서 보듯, 예수님께서는 세대를 시간만이 아니라 종교 예식과 관습의 방식에 따라서도 구별하기 때문입니다.

• 요한 크리소스토무스 『마태오 복음 강해』 77,1.

"형제들"은 마리아의 친척들이다

성경이 관습적으로 주님의 형제나 자매라고 부르는 이들은 그분들의 자식이 아니라 친척이었습니다. 아브라함은 롯에게 이런 식으로 말하였습니다. "우리는 한 혈육이 아니냐? 너와 나 사이에, 그리고 내 목자들과 너의 목자들 사이에 싸움이 일어나서는 안 된다"(창세 13,8). 라반은 야곱에게 [이렇게 말하였습니다]. "네가 내 혈육이기는 하지만, 내 일을 거저 해 줄 수야 없지 않으냐?"(창세 29,15). 롯은 아브라함의 동생 하란(창세 11,26.31 참조)의 아들이고 야곱은 라반의 누이 레베카(창세 25,20.26 참조)의 아들이었습니다. 하지만 그들은 친척이기 때문에 한 혈육이라고 불렸던 것입니다. 성경에서 이러한 관습을 자주 볼 수 있으므로, 앞에서 말했듯이, 마리아와 요셉의 친척들이 우리 주님의 '형제들'로 불렸다고 이해해야 할 것입니다.[2]

• 존자 베다 『복음서 강해』 2,1.

관습에 따른 표현을 사용할 필요가 있다

"주님의 이름으로 오시는 분은 복되시어라. 지극히 높은 곳에 호산나!"(마태 21,9). 찬미를 바치는 사람들은 분명, '좋은 분이 오셨군요' 같은, 관습적 표현을 사용할 필요가 있었을 것입니다. 처음 온 사람 같다거나, 옛사람들이 사무엘 예언자를 맞으며 "예언자시여, 좋은 일로 오시는 겁니까?"

---

2   존자 베다는 초기 교회의 일치된 견해를 요약한다. 아우구스티누스는 마리아가 동정녀로 남으셨음을 강하게 주장한다.

(1사무 16,4)라고 한 것처럼요.

• 안티오키아의 세베루스 『대성당 설교』 20.

예수님께서 몰라서 물으신 것이 아니다

라자로의 누이 마리아와 마르타에게 오신 주님은 유대인들이 모여 있는 것을 보시고 "그를 어디에 묻었느냐?"(요한 11,34) 하고 물으십니다. … 주님의 이 물음은 오랜 관습에서 나온 것입니다. 그분은 아담에게도 이와 비슷하게 물으셨습니다. "너 어디 있느냐?"(창세 3,9) 이것은 아담이 어디 있는지 몰라서가 아니라, 아담이 공개적으로 자신의 죄를 고백하도록 기회를 주신 것입니다.

• 아퀼레이아의 크로마티우스 『설교』 27,3.

인간의 언어 관습을 따르시다

예수님께서는 '저는 세상에 있지 않습니다'라고 하지 않고 "저는 더 이상 세상에 있지 않습니다"(요한 17,11)라고 하십니다. 주님께서는 이 말로, 당신께서는 세상에 계셔 왔지만 이제는 더 이상 그렇지 않다는 것을 나타내십니다. … 그분은 흔히 사용되는 인간의 언어 관습을 따르셨습니다. … 그리고 무엇보다 주님 자신이, 마치 나중에 이 말씀을 읽는 이들이 혹시라도 품을지 모를 생각을 내다보신 듯, "저는 아버지께 갑니다"(요한 17,11)라고 덧붙이심으로써, 당신께서 왜 '저는 더 이상 세상에 있지 않다'고 하셨는지를 어느 정도 설명해 주십니다.

• 아우구스티누스 『요한 복음 강해』 107,4.

관습적인 존칭

다니엘이 그(천사)를 "주(인)님"이라고 부른 것은 그를 하느님으로 생각해서가 아니라 관습적인 존칭을 사용한 것입니다. 우리도 높은 지위에 있는 사람들과 대화할 때 흔히 이런 인사로 시작

하며, 복된 아브라함도 사람 모습으로 나타난 천사들을 보고 사람과 대화하듯 그들과 이야기를 나누었을 때 먼저 이렇게 말했습니다. "주(인)님, 제가 나리 눈에 든다면, 부디 이 종을 그냥 지나치지 마십시오"(창세 18,3). 그리고 복된 레베카는 복된 아브라함의 종에게 "드십시오, 주(인)님. 낙타들에게도 제가 물을 먹이겠습니다"(창세 24,46)라고 말했습니다.

• 키루스의 테오도레투스 『다니엘서 주해』 10,16-17.

관습에 따른 행동

"네 손을 내 샅에 넣어라"(창세 24,2). … 아브라함은 왜 이렇게 말했을까요? 이것은 옛사람들이 흔히 쓰던 표현입니다. 그러나 이사악의 탄생이 그곳에서 비롯되었기 때문이기도 합니다.

이 행동이 관습에 따른 것이었다는 사실을 알려면, 아브라함이 종에게 손을 그곳에 넣으라고 한 뒤 곧바로 이렇게 덧붙이는 점에 주목하십시오. "나는 네가 하늘의 하느님이시며 땅의 하느님이신 주님을 두고 맹세하게 하겠다"(창세 24,3).

• 요한 크리소스토무스 『창세기 강해』 48,7-8.

'낙타'는 배에서 쓰는 굵은 밧줄이다

"재물을 많이 가진 자들이 하느님 나라에 들어가기는 참으로 어렵다! 부자가 하느님 나라에 들어가는 것보다 낙타가 바늘귀로 들어가는 것이 더 쉽다"(마르 10,24-25; 루카 18,24-25). '낙타'는 짐승이 아니라 굵은 밧줄을 뜻합니다. 뱃사람들은 굵은 밧줄을 '낙타'라고 부르는 것이 관습입니다.[3]

• 알렉산드리아의 키릴루스 『루카 복음 주해』 123

---

[3] '낙타'kamēlos가 아니라 '밧줄'kamilos이라는 이 해석은 그리스어로 이 두 단어가 동음이의어로 볼 만큼 비슷하다는 데 바탕을 둔 것으로, 현대의 일부 주석가들을 포함하여 꽤 많은 이가 따랐지만, 신빙성 있는 것으로 볼 수 없다.

요셉의 족보인 까닭

족보를 기록할 때, 혈통을 아버지에게서 아들로, 아들에게서 아버지로 따지는 것이 오랜 관습이었습니다. 집안도 언제나 남편의 혈통을 중심으로 따집니다. 마태오는 족보를 아브라함에서 시작해 요셉까지 기록하고, 루카는 요셉에서 시작해 아담에게로, 또 하느님께로 거슬러 올라가며 기록한 것은 이상하게 여길 일이 아닙니다. 요셉의 족보를 꼽은 것도 이상하게 생각하지 마십시오. 그분께서 사람 몸으로 오셨으니 육신의 관례를 따름은 당연한 일이요, 게다가 마리아의 혈통은 요셉의 혈통이기도 하기 때문입니다.

• 암브로시우스 『루카 복음 해설』 3,4.

마리아의 족보

성경이 마리아의 족보를 이야기하지 않는 것은 남자들 가계를 따지고 세는 것이 관습이었기 때문입니다. 만일 성경이 어머니의 혈통을 따라서 족보를 만들어 왔다면, 마리아의 가계를 기록하는 것이 순서겠지요. 하지만, "네 친척 엘리사벳"(루카 1,36)이라는 말 때문에 마리아를 레위 가문 출신으로 생각하지 않도록, 복음사가가 다른 곳에서 요셉과 마리아에 대해 둘 다 '다윗의 집안'이었다(참조: 루카 1,27; 2,4)고 기록했음을 잊지 마십시오.

• 시리아인 에프렘
『타티아누스의 네 복음서 발췌 합본 주해』 1,25.

유대인의 관습

자기 옷을 찢는 관습

유대인들은 하느님을 모독하는 말을 들으면 자기 옷을 찢는 관습이 있습니다. 바오로와 바르나바도 리카오니아 사람들이 그들을 받들며 신으로 섬기자 이런 행동을 했다고 합니다(사도 14, 10-14 참조).

• 히에로니무스 『마태오 복음 주해』 4,26,65.

죄수를 풀어 주는 관습

최근에 자신들의 신민이 된 유대인들을 마음대로 지배하게 된 로마 정부가 파스카 축제 때 유대인들이 즐거워할 일을 해 주는 것이 좋겠다고 생각한 것을 이상하게 생각하지 마십시오. 로마 정부는 유대인들이 [풀어 달라고] 청할 수 있는 자의 조건을 달지 않았습니다. 그들이 원하는 자면, 많은 사람을 살해한 죄가 있어도 상관없었습니다. 이민족들은 정복지에 자신들의 통치가 자리 잡기까지, 정복민들에게 이따금 이런 식으로 호의를 베풀었습니다. 그러나 죄수를 풀어 주는 관습은 옛날 유대인 사회에도 있었습니다.

• 오리게네스 『마태오 복음 주해』 120.

부패한 상태로 전락했다

죄수 한 사람을 자신들에게 내달라고 청하는 유대인들의 관습이 어떤 경위로 생겨났는지 제 마음속으로 곰곰이 생각하고 연구해 보다가 이런 생각이 떠올랐습니다. 그들이 더 이상 율법에 따라 행동하지 않고 오히려 자기들이 만들어 낸 관습을 따르는 까닭에 모세 율법과 전혀 일치하지 않는 부패한 상태로 전락했다는 것입니다.

• 알렉산드리아의 키릴루스 『요한 복음 주해』 12.

지역의 관습을 따르다

예수님께서 "연자매를 목에 달고 바다 깊은 곳에 빠지는 편이 낫다"(마태 18,6; 마르 9,42; 루카 17,2)라고 하신 것은 그 지역의 관습을 빌려 온 말씀으로서 고대의 유대인들이 위중한 범죄를 저지른 사람에게 바위를 매달아 깊은 물속으로 가라앉게 했음을 알려 줍니다. 죄인에게도 이편이 낫습니다. 영원한 고문을 받도록 예정되어 있는 것보다는 짧고 순간적인 벌을 받는 편이 훨씬 낫기 때문입니다.

• 히에로니무스 『마태오 복음 주해』 3,18,6.

잔 속을 깨끗이 하여라

음식을 담는 잔과 접시를 세심히 씻는 것은 고대로부터 전해 내려온 유대인들의 관습입니다. 그들은 정결함을 유지하고 '죄 있는' 사람들과 접촉하지 않기 위해 이런 풍습을 지켰습니다. 그들의 목적은 죄인들과 가까이하지 않는 것이었습니다.

• 라오디케아의 아폴리나리스 『마태오 복음 단편』 117.

불화를 사법적으로 조정하는 것

원로들이 성문에 앉아 인간 사이의 불화를 사법적 절차로 조정하는 것은 오랜 관습입니다. 사람들이 불화한 상태로 성읍 안에 들어오는 것을 막고, 성읍 안에서는 평화롭게 살도록 하기 위해서입니다. 예언자를 통해 주님은 말씀하십니다. "성문에서 공정을 세워라"(아모 5,15).

• 대 그레고리우스 『욥기의 도덕적 해석』 4,21,32.

오래된 관습

원로들이 함께 성문에 앉아 들어오는 사람들을 판단하는 것이 고대의 관습이었습니다. 성 안에 있는 사람들이 더 평화로울 수 있도록 하기 위함입니다. 거룩한 역사를 공경하는 우리는 복된 욥이 공정한 거래를 지키기 위해서 모든 일을 했다는 것을 분명히 알고 있습니다. 우리는 이 우의의 신비를 더 조사하라는 안내를 받았습니다. 그렇다면 "성문"은 무엇을 나타낼까요? 영혼이 천상 왕국의 무리로 들어가게 하는 모든 선한 행위를 나타냅니다. 그래서 예언자는 "저를 죽음의 성문에서 끌어올려 주소서. 그러면 저는 당신의 찬양받을 행적을 낱낱이 이야기하고 딸 시온의 성문에서 당신의 구원으로 환호하오리다"(시편 9,13-14)라고 말합니다. "죽음의 문"은 파멸로 이끄는 악한 행위입니다. 그러나 '시온'은 보여 주기 위한 단어이므로, 우리는 "시온의 성문"을 우리 임금님의 영광을 바라보도록 우리를 천국으로 들어가게 하는 선한 행위로 해석합니다.

• 대 그레고리우스 『욥기의 도덕적 해설』 19,25.

자신 육체의 지체에 할례를 받다

아브라함이 처음에 할례의 계약을 맺었을 때(창세 17,9-27 참조), 그는 자신의 육체의 지체에 할례를 받았습니다. 이러한 행위는 다름이 아니라 더 이상 같은 부모에게서 난 이들 사이에서 자녀를 낳아서는 안 된다는 것을 의미한다고 여겨집니다. 아브라함은 이런 식으로 자신의 누이와, 곧 자신의 육으로 성관계를 피해야 한다는 것을 보여 주었습니다. 따라서 아브라함 때부터 자신의 친누이와 혼인하는 관습은 중단되었습니다.

• 올림푸스의 메토디우스 『열 처녀의 향연』 1,3.

일일 번제

유대인 사이에서는 매일 새벽과 저녁에 하느님께 번제를 바치는 것이 관습이었습니다. 그래서 그들이 일일 번제를 "연속되는 것"이라고 하는 것입니다. 그러나 안티오코스가 와서 그 관례를 완전히 없애 버렸습니다.

• 요한 크리소스토무스 『유대인 반박』 5,8,4.

끔찍한 관습

무엇보다도 "너는 저 부러진 갈대 지팡이에 지

나지 않는 이집트를 믿는구나"(2열왕 18,21)라는 말에서 그들이 믿는 것은 거짓입니다. … 그러나 "네가 나에게 '우리는 주 우리 하느님을 믿소' 하고 대답한다면"(2열왕 18,22)이라는 그의 말은 사실입니다. 그는 이 사실과 거짓을 합쳐서 히즈키야가 하느님의 산당들과 제단들을 치웠다고 말합니다. 히즈키야는 이 일을 하느님을 거슬러 한 것이 아니라 하느님의 명령으로 한 것입니다. 그리하여 그는 우상 숭배와 오래된 죄를 근절하고, 하느님의 성전이 있는 예루살렘에서만 그분께 예배를 드리라고 명령할 수 있었습니다. 이미 제단들이 세워져 있던 산들과 언덕들에서는 하느님께 사람을 제물로 바치는 끔찍한 관습이 있었습니다.

• 히에로니무스『이사야서 주해』11,36,3-6.

왕권은 친족에게로 이어진다

아하즈야가 죽자, 그에게는 나라를 물려받을 아들이 없었으므로 그의 동생 요람이 임금이 되었습니다. 이것은 율법 규정이 아니라 이웃 민족들의 관습이고 이스라엘 자손들은 이미 오래전부터 이를 따라왔습니다. 그러나 하느님께서는 유다 자손의 나라를 위해서는 다른 규정을 주셨습니다. 하느님께서는 그들을 다윗의 집안에 엮으십니다. 이렇게 하여 왕권은 아버지에게서 아들이나 가장 가까운 친족에게로 계속 이어졌습니다.

• 시리아인 에프렘『열왕기 하권 주해』1,15.

유대인의 관습 수용 여부

유대교의 관습을 따르라고 가르치는 교사들

이제 바오로는 거짓 사도들에 대해 이야기하기 시작합니다. 바오로는 여기서는 물론 서간 내내 그들에 대해 경고합니다. 그러나 그들이 어떤 것을 가르치는지에 대해서는 말하지 않고 비판만 할 뿐입니다. 거짓 사도들은 믿는 이들에게 유대교의 관습을 따르라고 강요함으로써 하느님의 은총을 쓸모없이 만들었습니다.

• 암브로시아스테르『바오로의 열세 서간 주해』(로마서).

바오로는 지금 할례에 대해 이야기하고 있습니다. 거짓 사도들은 새로 신자가 된 다른 민족들에게 할례 관습을 따르도록 은밀하게 강요하고 있었습니다.

• 키루스의 테오도레투스
『바오로의 열두 서간 주해』(코린토 2서) 307.

거짓 형제들

지금 이 문제는 사소한 문제가 아닙니다. 여기서 드는 의문은, 사도들이 그때에 할례 관습에 동의했다면, 사도들의 생각을 따라 할례를 강요하는 이들을 바오로가 어째서 "거짓 형제들"(갈라 2,4)이라고 표현했나 하는 것입니다. 첫째로, 어떤 행위를 적극적으로 강요하는 것과 이미 행해진 일을 그저 승인하는 것은 다릅니다. … 둘째로, 사도들은 유대아에서만 그렇게 행동했지만, 거짓 사도들은 온 데를 돌아다니며 그것을 강요했습니다.

• 요한 크리소스토무스『갈라티아서 주해』2,4.

유대교 관습을 따르자는 이들의 옳지 못한 속뜻

[유대교 관습을 따르자고 주장하는 이들은] 할례 받지 않은 이들에게는 율법을 내어 줄 마음이 전혀 없는 유대인이 가하는 박해를 피하고 싶었던 데다가, 또 한편으로는 자신들이 만들어 낸 개종자의 수를 유대인들에게 자랑도 하고 싶었

던 것입니다.

• 아우구스티누스 『갈라티아서 해설』 62(1B,6,11-14).

유대인들도 박해를 가했다

유대인들은 할례를 비롯한 자신들의 전통 관습을 저버린 것으로 보이는 이들을 심하게 박해하였습니다. 바오로 사도가 [박해를] 두려워하지 않았다는 사실은 직접 이런 편지를 쓴 데서 잘 드러납니다. 이런 식으로 그는 이방 민족들에게 할례를 강요하는 자들은 마치 율법 아래 있는 것처럼 두려움에 지배당하고 있다는 것을 보여 줍니다.

• 아우구스티누스 『갈라티아서 해설』 62(1B,6,11-14).

유약한 양심

바오로는 여기서[로마 14,14 참조] 더러운 것이 있다고 말하는 게 아니라 유약한 양심을 가진 사람에게는 더럽게 느껴지는 것이 있다고 말하는 것입니다. 이런 사람은 그리스도를 믿기 시작하고서도 유대인의 관습에 따라 생각합니다.

• 펠라기우스 『로마서 주해 단편』.

베드로의 위선

베드로 사도가 나무람을 들은 것은, 그가 이전에는 다른 민족 신자들과 똑같이 살았으면서, 야고보가 보낸 유대인들이 오자 두려워한 나머지 다른 민족들에게 유대인의 관습을 따라야 한다고 가르치기 시작했기 때문입니다. … 그는 복음의 제자가 되는 것에 의구심을 품게 만들었고, 그것은 범죄입니다. 그는 자신이 지은 것을 부수고 있었습니다. 바오로 사도는 그것을 "위선"이라고 표현한 것입니다.

• 위-아우구스티누스
『구약성경과 신약성경에 관한 질문』 부록 60,2.

베드로의 두려움

베드로가 어떤 죄를 짓고 있었다는 것입니까? 그는 유대인들의 관습에 맞추어 그들처럼 행동하여 — 바오로도 그렇게 했고 그것을 자랑했었지요(1코린 9,20 참조) — 그들을 믿음으로 데려오기 위해 이 전략을 쓴 것이 아닙니다. 베드로의 죄는, 할례 받은 자들이 두려워 태도를 바꾼 데 있습니다.

• 마리우스 빅토리누스
『바오로 서간 주해』(갈라티아서) 1,2,12-13.

베드로의 이중적 태도

베드로는 안티오키아에 왔을 때 바오로의 질책을 들었습니다. 그가 그 자신이 태어나고 자란 유대교의 관습을 지켜서가 아니었습니다. 다른 민족들 사이에서는 그 관습을 지키지 않다가 새삼 그들에게 그것을 지키도록 요구하려 했기 때문입니다. 이 일은 야고보가 보내서 온 몇 사람, 곧 유대아에서 온 사람들을 본 뒤에 일어났습니다. 야고보가 예루살렘 교회의 우두머리였기 때문이었습니다. 그러니까 베드로가 다른 민족들을 멀리하고 그 종살이의 짐을 다른 민족들에게 부과하는 데 동의하는 척한 것은 아직도 구원이 이 규정들을 지키는 데 있다고 생각하는 사람들이 두려웠던 것입니다.

• 아우구스티누스 『갈라티아서 해설』 15(1B,2,11-16).

위선에 빠졌다

바르나바까지도 '그들과 함께 위선에 빠졌다'라는 말을 어떻게 이해해야 할까요? 베드로와 바르나바를 비롯한 일부 유대인들은 사실 유대인들의 관습에 따라 사는 데까지는 나아가지 않았습니다. 그들은 주위 사람들이 두려워 임시방편으로 그것을 따르는 척한 것입니다. 그래서 바오로가 "바르나바까지도 그들과 함께 위선에 빠졌습니다"(갈라 2,13)라고 한 것입니다.

• 마리우스 빅토리누스
『바오로 서간 주해』(갈라티아서) 1,2,12-13.

신자들이 지금 짓고 있는 죄

그들 모두는 동일한 견해와 하나의 복음을 가지고 있었는데 그는 그들에게 무엇을 납득시키려 애쓴 것일까요? 그들이 새로운 것을 무엇 하나라도 더하지 않고 아무것도 더 결합시키지 않아야 한다는 점을 강조한 것입니다. 이것이 갈라티아 신자들이 지금 짓고 있는 죄, 곧 유대교를 따르고 할례와 안식일을 비롯한 여러 가지 규정을 지키는 관습의 원인이었습니다.

• 마리우스 빅토리누스
『바오로 서간 주해』(갈라티아서) 1,2,2.

천사들을 통해 하느님께 가는 것이 아니다

콜로새 교회 신자들 가운데는 천사를 통해서 하느님께 다가가려는 이들이 많았습니다. 유대인이나 그리스인의 잡다한 관습을 따르는 이들이었습니다. 바오로는 이런 관습을 바로잡고 있습니다.

• 요한 크리소스토무스 『콜로새서 강해』 1.

에페소에 남겨 두다

[바오로는] 그들(프리스킬라와 아퀼라)을 에페소에 남겨 두었습니다. 그들이 그곳에서 가르치도록 한 것입니다. 무척 오래 바오로와 함께 지냈던 그들은 많은 것을 배웠습니다. 그렇지만 바오로는 그들을 유대인의 관습에서 완전히 떼어 놓지는 못했습니다.

• 요한 크리소스토무스 『성경 주해 선집』(사도행전) 18,19.

오만한 견해

바오로의 말(갈라 2,5 참조)은 '우리는 그들의 오만한 견해를 한순간도 인정하지 않았습니다. 우리는 복음의 진리를 그 무엇보다 앞세웠습니다'라는 뜻입니다. 그가 말하는 "그들"은 율법에 복종하는 것이 관습이 되어 있는 사람들입니다.

• 키루스의 테오도레투스
『바오로의 열두 서간 주해』(갈라티아서) 2,5.

영적인 예배

바오로가 "내 영으로"(로마 1,9) 섬긴다고 한 것도 적절한 표현입니다. 그의 섬김은 할례나 안식일 엄수, 여러 희생 제례 같은 유대인들의 육적인 예배와 대비되기 때문입니다. 유대인들의 이러한 관습은 영적이지도 진실하지도 않습니다. 바오로의 이 말을 '내 마음과 의지로'를 간단하게 표현한 것이라고 지적하는 사람들도 있습니다.

• 몹수에스티아의 테오도루스 『로마서 단편』.

유대인들의 관습을 거부하다

율법이 이룰 수 없었던 것을 하느님께서 이루셨으므로, 우리에게 주어지지 않았고 다른 민족들의 필요성에 부합하지도 않는 유대인들의 관습을 우리는 거부합니다. 그러나 우리들에 관한 예고가 담겨 있는(사도 15,5-21 참조) 유대인들의 예언서는 기꺼이 받아들입니다.

• 카이사리아의 에우세비우스 『복음의 논증』 1,7.

유대인의 헛된 관습은 더 이상 유효하지 않다

믿음으로 치유받아 새로운 생명으로 태어나고 나면, 율법의 낡은 글자는 효력을 잃으며 그림자들 안에서 이루어지던 형식적인 예배와 유대인의 헛된 관습은 거부당하는 것이 당연합니다.

• 알렉산드리아의 키릴루스 『요한 복음 주해』 2,5.

하느님께서 우리를 인도하신다

우리가 조상들에게서 물려받은 관습과 율법을 버릴 때면 언제나, 우리를 아버지의 집에서 떠나도록 인도하시는 분이 하느님이심을 우리는 압니다. … 그런 사람은 하느님의 인도로 자기 아버지의 집을 떠난 사람입니다.

> • 저자 미상 『성경 주해 선집』(창세기) 3,1194.

다른 민족들의 관습

민족들을 화해시키신 분

의심할 바 없이, 중개자, 곧 조정자는 한쪽이 아니라 양쪽을 다 대변합니다. 두 백성이 교의의 차이 때문에 늘 불화하는 원수로서 서로 대적하고 있을 때 구원자께서 중개자로 오시어, 두 백성이 평화에 이를 수 있도록 각 백성에게서 불화의 원인을 치워 버리셨습니다. 다른 민족들에게서는 여러 신들과 자연계의 요소들을 섬기는 관습을 치워 버리셨고, 유대인들에게서는 초하룻날 의식이나 할례, 안식일, 음식 규정 같은, 다른 민족들이 몹시 싫어하는 율법에 따른 행위들을 치워 버리셨습니다.

> • 암브로시아스테르
> 『바오로의 열세 서간 주해』(갈라티아서) 3,20,1-2.

교회 초창기부터 논쟁이 있어 왔다

사도들이 선포하고 예수님을 목격한 이들이 그분의 계명들에 대해 가르치고 있을 때부터도 교회 안에는 유대교 출신 신자들 사이에 그리스도교로 개종한 다른 민족 출신 신자들에 관한 심각한 논쟁이 있었습니다. 다른 민족들도 유대교의 관습을 지켜야 하는지 아니면 유대인들이 예수를 믿는 다른 민족들에게 짐이 되지 않도록 전통

관습을 버리고 깨끗한 고기와 더러운 고기에 관한 문제를 따지지 말아야 하는지가 쟁점이었습니다. 뿐만 아니라 예수님을 직접 본 이들과 동시대인인 바오로 사도의 서간은 부활과 주님 재림의 날에 관한 논쟁, 곧 부활이 이미 일어났다는 견해와 주님 재림의 날이 이미 왔다 또는 오지 않았다는 둥 이견이 분분했음을 알려 줍니다.[4]

> • 오리게네스 『켈수스 반박』 3,11.

유대인들을 고려한 행동

사도들은 유대계 [그리스도인들]이 믿음에 드는 것을 꺼리는 일이 없도록, 율법의 이 흔적을 그것이 일찍이 주님에 의해 세워진 것처럼 가끔 행했습니다. 그러나 성도들은 다른 민족들의 관습은 하나도 배우지 않았습니다. 그것들은 사탄에게서 온 것이기 때문입니다.

> • 존자 베다 『사도행전 해설』 16,3

지금 다른 민족들의 교회 바깥에 서 있는 유대인들

들에서 돌아온 큰아들, 율법의 백성은 아버지 집에서 춤추며 노래하는 소리가 들리는데도 안으로 들어가려 하지 않습니다. "수확할 것은 많은데 일꾼은 적다"(루카 10,2)라고 했습니다. 우리는 날마다 이 같은 일을 봅니다. 유대인들이 아버지 집인 교회로 와서는 질투 때문에 바깥에 서 있습니다. … 그러면서 두려움을 느끼고는 자기네 낡은 관습에 따라 다른 민족 형제들을 심판하지요. 하지만 그러는 동안 아버지의 선하심과 그분의 기쁨을 저 스스로 마다하고 있는 것입니다.

> • 페트루스 크리솔로구스 『설교』 5.

4　이는 오리게네스가, 그리스도인들 사이에 시간에 관한 서로 다른 견해가 늘 있어 왔으며 그런 차이가 복음의 진실성을 위협하지는 못한다는 논지로 이교인 철학자 켈수스를 반박하는 글이다.

비유대인에 대한 적대감

바오로와 바르나바는 전교의 책무를 베드로 사도의 제자들과 함께 나누어 맡았었는데, 이는 가르치는 교의 내용에 따라 일을 분담한 것이 아니라 바오로와 바르나바는 이방인을, 베드로와 그의 제자들은 유대인을 그리스도 신앙으로 인도하도록 전교 대상에 따라 일을 나누었습니다. 그들 모두에게 목표는 오직 하나였지만 실제로 전교할 때에는 대상에 따라 일을 분담하는 것이 적절한 방편이라고 생각했던 것입니다. 당시는 율법을 내세우며 이방인과 일체 어울리지 못하게 하는 유대인의 관습 때문에 비유대인에 대한 적대감이 아직도 팽팽한 시대였기 때문입니다.

• 몹수에스티아의 테오도루스 『히브리서 단편』.

유대인도 다른 민족들도 서로의 관습을 행하도록 강요받아서는 안 된다

바오로 사도가 이 말을 한 것은 다른 민족들이 할례받지 않도록 금지하거나 또는 유대인들이 조상들의 전통을 지키지 못하게 하고 싶어서가 아닙니다. 오히려 그는 어느 쪽이든 서로의 전통을 행하도록 강요받아서는 안 되며, 각기 자신의 관습을 지킬 의무가 아닌, 권리를 지녀야 한다고 힘주어 말합니다.

• 아우구스티누스 『거짓말 반박』 5,8.

교회의 관습

현세의 악을 피하다

여러분이 가르치는 내용에 걸맞게 행동하십시오. 그러면 현세의 악을 피할 수 있을 것입니다. … 즉시 모든 사람이 교회에 모여, 관습대로 각자 자기 자리에서 시편을 암송했습니다. 남녀노소 할 것 없이, 심지어 말못하는 아이에 이르기까지 눈물로 하느님께 기도를 올렸고, 끊임없이 자선을 행했으며, 하느님의 종이 시킨 대로 당시 긴급하게 요구된 모든 선행을 실천했습니다.

• 에우기피우스 『성 세베리누스의 생애』 12.

교회의 아름다운 모범

"그들은 제자리에 선 채, 낮에 네 번 주 저희 하느님의 율법서를 읽고, 또 밤에 네 번 죄를 고백하고 주 저희 하느님께 경배하였다"(느헤 9,3). 그 많은 사람이 낮에 네 번 신심에 특별한 관심을 쏟았다는 것에 놀라지 않을 사람이 어디 있겠습니까? … 제 생각에, 이러한 본보기에서 교회 안에 가장 아름다운 관습이 자리 잡았습니다. 낮에는 매 시각 시편 기도를 통해 모두 들을 수 있도록 구약성경의 한 구절을 외워 암송하고, 사도들이나 예언자들의 말씀으로 힘을 얻어 무릎을 꿇고 오래도록 기도하며, 선행의 수고를 멈추는 밤에는 거룩한 독서에 다시 기꺼이 귀 기울이는 것입니다.

• 존자 베다 『에즈라기와 느헤미야기 우의적 해설』 3,28.

유대인들의 장례 관습

유대인들은 십자가 위에서 이미 숨지신 분을 창으로 찔렀습니다(요한 19,34 참조). 장례 관습에 따라 그분의 시신을 아마포로 감싸고 동굴 속에 모시고 난 후에는 그들은 그분의 육에 대해 아무것도 할 수 없었습니다.

• 아우구스티누스 『시편 상해』 56,4.

아주 소박한 장례

무덤에서조차 자기 재산 없이는 못 견디는 부자들의 허영심은 주님의 단순하고 소박한 장례로써 단죄받았습니다. 여기서 교회의 전례 관습이

유래하는데, 제단에서 바치는 재물은 비단이나 염색천이 아니라 아마포 위에서 축성해야 합니다. 깨끗하고 고운 아마포로 주님의 시신을 쌌던 것처럼 말입니다(참조: 마태 27,59; 마르 15,46; 루카 23,53; 요한 17,40).

• 존자 베다 『마르코 복음 해설』 4,15,46.

성찬에 사용되는 아마포

주님의 몸을 은실이나 금실로 짠 천이 아니라 깨끗한 아마포 위에서 축성하는 것이 교회의 관습으로 지켜지고 있습니다.

• 존자 베다 『마르코 복음 해설』 4,15.

교회의 세족례 관습

여러분은 세례대에서 왔습니다. 그다음엔 무슨 일이 이어졌습니까? 여러분은 독서를 들었습니다. 수건을 허리에 두른 사제, 곧 대사제가 수건을 두르고 그대의 발을 씻어 주었습니다.[5] … 로마의 교회에는 이런 관습이 없다는 사실을 우리는 알고 있습니다. 이 점을 제외한 모든 면에서 우리[6]가 그 특성과 형식을 따르는 이 교회[7]에는 세족례 관습이 없습니다. 아마도 회중이 너무 많아서 이 예식이 쇠락한 듯합니다. … 제가 이런 말을 하는 이유는 남들을 비난하고자 함이 아니라 우리 교회의 예식을 권하려는 것입니다. 저는 모든 일에서 로마 교회를 따르기를 원하지만, 우리에게도 인간적 감정이 있습니다. 다른 곳에서 더 제대로 보존되는 것을 우리도 제대로 보존하고자 합니다.[8]

• 암브로시우스 『성사론』 3,1,4-5.

발 씻음이 좀처럼 행해지지 않다

믿는 이들은 어떤 지위에 있든, 주교든 교회에서 명망 있는 사제든 세상에서 높은 지위에 있는 이들이든 이 일을 행하지 [않으면 안 됩니다]. 이는 믿는 종의 발을 씻기 위해 주인이 옴을, 아들의 발을 씻어 주러 부모가 옴을 뜻합니다. 지금은 이 관습이 행해지지 않거나, 행해지더라도 매우 단순한 시골 사람들 사이에서 아주 가끔 행해질 뿐입니다.

오리게네스 『요한 복음 주해』 32,133.

할렐루야

오십 일 동안 가장 평화롭고 가장 복된 주님의 행위를 기억하는 이때에 할렐루야를 더 자주 더 기쁘게 부르는 것이 우리의 관습입니다.[9] "할렐루야"는 히브리어입니다. 라틴어로 번역하면 "주님을 찬미하라!"는 뜻입니다. … 온 세상의 모든 성도의 성교회는 원래의 전통을 존중하여 히브리어로 이 찬미의 말씀을 노래하는 관습을 따르고 있습니다. 이는 매우 적절하고 아름다운 일입니다. 이런 일이 이루어진 것은 신심의 일치를 통해 온 교회가 그리스도께 대한 신앙과 고백, 사랑 안에서 하나가 되고, 앞으로도 정신의 불일치나 말의 부조화가 없는 그런 땅을 향해 서둘러 나아가야 한다는 것을 권면하기 위함입니다.

• 존자 베다 『복음서 강해』 2,16.

---

5 4세기 밀라노 교회에서 세족례(pedilavium)는 세례 예식의 일부분이었으며, 암브로시우스가 여기서 옹호하는 것은 이 예식이다. 동방에서는 아르메니아 교회에서 지금도 성목요일에 세족례를 치르지만, 비잔틴 전례에서는 일부 대성당이나 수도원에서만 행해진다.

6 밀라노 교회를 가리킨다.

7 로마 교회를 가리킨다.

8 암브로시우스의 이 발췌문은 로마와 밀라노를 비롯한 여러 교회가 전체 교회에 대한 권한을 놓고 긴장 관계에 있었음을 암시한다.

9 존자 베다는 서방 교회의 전례에 대해 이야기하고 있다. 서방 교회에서는 사순 시기 동안에는 할렐루야를 생략하고, 부활 시기에 할렐루야를 노래한다.

교만, 자만, 오만

교만은 모든 악 가운데서 가장 나쁜 악입니다.
• 맹인 디디무스 『성경 주해 선집』.

모든 죄의 시작은 교만입니다.
• 아우구스티누스 『시편 상해』 74,13.

교만은 시기의 어미입니다.
• 아우구스티누스 『편지』(호노라투스에게) 22.

교만은 진리에서 빗나가는 사람들의 동반자입니다.
• 암브로시우스 『아브라함』 2,6,33.

다른 사람의 치켜세움이 자만을 키우고 자만이 교만을 키웁니다.
• 브라가의 마르티누스 『교만』 3.

오만함과 자만은 우리 마음의 포도밭을 망쳐 놓습니다.
• 대 그레고리우스 『욥기의 도덕적 해석』 2,8,82.

교회 안에는 교만이 없었습니다.
• 요한 크리소스토무스 『사도행전 강해』 33.

교만은 제 뜻을 행하고 겸손은 하느님의 뜻을 행합니다.
• 아우구스티누스 『요한 복음 강해』 25,25,16.

자만은 우리에게 상처를 입히지만, 겸손은 우리를 온전하게 만듭니다.
• 아우구스티누스 『시편 상해』 36,17.

모든 악의 뿌리는 교만이고 모든 선의 뿌리는 겸손입니다.
• 『마태오 복음 미완성 작품』 강해 9.

교만[1]의 의미와 이해

자만과 교만

다른 사람의 칭찬에 우쭐해하는 것은 자만입니다. 찬양받아야 할 대상이 하느님이 아니라 자신이라고 여긴다면 그것은 교만입니다.

• 브라가의 마르티누스『교만』3.

자만과 교만, 이 둘은 같이 생겨나기에 식별하고 알아차리기 쉽지 않습니다. 재앙과 같은 교만은 자만에서 생겨나기 때문입니다. 사람이 하느님이 아닌 자신의 능력을 과시하며, 스스로에게 영광을 돌리기 시작하면 교만은 바로 드러납니다.

• 브라가의 마르티누스『교만』2.

교만의 영은 악한 영입니다. 그보다 더 악한 것은 두려워하는 척하는 것입니다.

• 아우구스티누스『설교』72A,2.

죄가 없다는 생각

죄를 쉽게 피할 수 있다고 생각하는 것은 교만입니다. 복된 사도 요한이 "우리가 죄 없다고 말한다면, 우리 자신을 속이는 것이고 우리 안에 진리가 없는 것입니다"(1요한 1,8)라고 했듯이, 그런 생각 자체가 죄입니다.

• 대 레오『설교』41,1.

지극히 높으신 분과 같이

주 예수께서는 순종으로 인류를 구원하심으로써 정의를 다시 세우셨습니다. 하지만 뱀은 불순종으로 죄를 들여놓았는데, 우리는 이제 그 죄가 교만이라는 것을 알게 되었습니다. 교만의 창시자는 이사야 예언자가 "나는 구름 꼭대기로 올라가서 나의 왕좌를 세우고 지극히 높으신 분과 같

아져야지"(이사 14,14) 하고 말한 바로 그 악마입니다. … 악마는 자신을 높이 들어 올려 지극히 높으신 분과 비슷해지고 같아지려 했습니다.

• 암브로시우스『시편 118장 해설』3,34.

가장 큰 죄

죄 중에 가장 큰 죄는 무엇입니까? 악마가 빠진 바로 그 죄입니다. … 교만은 모든 죄[를 합한 것]보다 더 큰 죄이며, 악마의 가장 큰 죄입니다. … 성직자의 존엄을 지녔음을 망각하게 하는 아주 흔한 이유 중 하나가 바로 교만입니다.

• 오리게네스『에제키엘서 강해』9,2.

생명의 샘

자만은 자신을 신뢰하고, 스스로를 자기 생명의 원천으로 삼는 데서 나오는 잘못입니다. 그 길로 가는 것은 "생명의 샘"(시편 36,11)에서 멀어지는 것입니다.

• 아우구스티누스『영과 문자』11.

하느님의 정의와 상반되는 자만

자만은 하느님의 정의와 상반됩니다. 자만은 자신의 능력을 신뢰하기 때문입니다. 그래서 시편은 말합니다. "거만한 발길이 제게 닿지 않게 하소서"(시편 36,12). 이러한 정의는 신약성경의 은총입니다. 믿는 이들은 의로우며 믿음으로 살기 때문입니다(로마 1,17 참조). 그들은 정의의 완성을 통해 그들이 얼굴과 얼굴을 마주하기까지, 완전한 구원을 통해 육신의 불멸성을 얻을 때까지 믿음으로 살아갑니다.

• 아우구스티누스『편지』140,3C.

---

1 여기에서 "교만"이라는 낱말은 "자만, 오만"을 포함한 개념이다. "교만, 자만, 오만"의 의미가 본문에서 정확하게 구분되지 않았다는 점도 고려해야 한다.

자만과 반대되는 인내

이 세상에서 무시당하는 것을 참지 못하는 사람은 자신이 어떤 장점을 가지고 있는지 드러내 보이려 애씁니다. 조급함에 자만하게 되고 체면 손상을 참지 못하는 그는 떠벌리며 자신을 과시합니다. 그래서 "인내하는 사람이 자만하는 사람보다 낫다"(코헬 7,8)라고 쓰여 있습니다. 사실 인내하는 사람은 자신의 감추어진 좋은 자질들이 과시라는 악을 통해 알려지느니 차라리 어떤 나쁜 말도 참습니다. 반대로, 자만하는 사람은 사소한 나쁜 말도 참으려 하지 않으며 자신의 거짓 장점이라도 드러나는 것을 좋아합니다.

• 대 그레고리우스『사목 규칙』3,9.

허영과 교만은 자매

여러분 곁을 떠나지 않고 여러분이 산을 오를 때도 따라오는 그 두 딸이 여러분을 기다리고 있지 않도록 주의하십시오. 그들은 허영과 허영의 언니인 교만입니다. … 그들이 "딸들"(창세 19,36)로 불리는 것은 그들이 밖에서 우리에게 오는 것이 아니라 우리에게서 나오며, 말하자면 우리 행동이라는 단순한 것에서 나오기 때문입니다.

• 오리게네스『창세기 강해』5,5-6.

그릇된 지혜의 허영

엘리후(욥의 친구)는 그들이 이미 침묵하는데도 많은 말을 합니다. 오만한 사람인 그는 오만한 사람들의 특징을 드러내면서 그저 반대자들의 주장을 반박만 하는 것이 아니라 자신의 지혜를 과시합니다.

• 대 그레고리우스『욥기의 도덕적 해설』23,17.

엘리후는 오만한 사람의 본보기

올바른 말은 부정확하게, 나쁜 말은 정확하게 하는 사람들이 자주 그러듯이, 오만에 빠진 엘리후도 올바른 말을 정확하게 하지 않습니다. 겸손한 말로 하느님을 변호하지만 오만하게 말하고 있기 때문입니다. 그래서 그는 보편교회 안에서 헛된 영광을 추구하는 사람들의 완벽한 본보기입니다.

• 대 그레고리우스『욥기의 도덕적 해설』28,11.

오만과 담대함

그리스도인의 영혼에 오만함만큼 낯선 것은 없습니다. 오만은 담대함도 아니고 용기도 아닙니다. 담대함과 용기는 기분 좋은 것이기 때문입니다. 이런 것과 오만은 다릅니다.

• 요한 크리소스토무스『필리피서 강해』5.

자신을 칭찬하는 증언은 오만이다

내가 당신에게 오만한 사람으로 보인다면, 그 이유는 내가 나 자신에 대해 증언하기 때문입니다. 자신을 칭찬하는 증언을 하고 싶어 하는 사람은 누구나 오만하고 거만하게 보입니다.

• 아우구스티누스『요한 복음 강해』36,3,2.

죄는 거룩한 법을 하찮게 여기는 마음의 표현이기에 모든 죄를 "하느님을 아는 지식을 가로막고 일어서는 모든 오만"(2코린 10,5)이라고 한 것입니다.

• 대 바실리우스『하느님의 심판』.

교만이라는 병

히즈키야가 병이 들어 죽게 되었는데, 그가 주님께 기도하자, 주님께서 그에게 응답하시고 표징을 주셨다. … "그러나 마음이 교만해진 히즈키야는 받은 은혜에 보답하지 않았다. 그래서 주님의 진노가 그와 유다와 예루살렘에 내렸다. 히즈키야는 마음이 교만하였던 것을 뉘우치고 예루살렘 주민들과 함께 자신을 낮추었다. 그래서 히즈키야가 살아 있는 동안에는 주님의 진노가 그들에게 닥치지 않았다"(2역대 25-26). 교만이라는 병은 얼마나 위험하고 얼마나 끔찍합니까! 자연 자체와 온 세상의 법들을 바꾸기에 충분했던 그토록 큰 선, 그토록 많은 덕행들, 신앙과 신심, 이 모든 것이 교만한 행동 하나로 무너졌습니다!

• 요한 카시아누스『규정집』11,10.

교만의 원인

자랑은 교만을 낳는다

우리의 교만을 부추기는 것은 자신이 한 행위 자체가 아니라 남들에게 알리고 싶어 하는 마음입니다. 선행을 한 사람은 남들이 그것을 목격하고 그에 대해 말하지 않으면 자만심이 부풀지 않습니다.

• 요한 크리소스토무스『코린토 2서 강해』26,1.

이는[1코린 1,29 참조] 인간의 교만을 지적하는 말이지요. 아무도 인간이 이룬 일을 자랑해서는 안 된다, 자기를 자랑스러워해서는 안 된다는 것입니다.

• 아우구스티누스『성도들의 예정』5,9.

교만 때문에 넘어진 우찌야

우찌야는 성경이 증언하듯 모든 일에서 칭송을 받았지만, 그의 덕행에 대한 큰 칭송에 이어, 또 신심과 신앙의 공로로 말미암아 그가 이룬 수많은 승리에 이어, 그가 어떻게 헛된 교만으로 넘어졌는지 … 우찌야는 강해지면서 교만해지더니, 마침내 그의 마음이 파멸로 치달아, 주 하느님을 배신하였습니다.

• 요한 카시아누스『규정집』11,11.

자만이 교만을 키우다

다른 사람의 치켜세움이 자만을 키우고 자만이 교만을 키웁니다. 또한 자신이 뛰어나다는 다른 사람의 말에 동의하게 된다면 스스로 인정하는 것이 됩니다. 이 비참한 상태가 더 악화되어서 자신이 우월하다고 확신하게 되면 더 이상 아무 말도 통하지 않습니다. 그는 구제불능 상태가 되어, 모든 사람을 단죄하고 오직 자신만 인정하게 됩니다.

• 브라가의 마르티누스『교만』3.

오만이 모든 죄의 시작이다

"오만이 모든 죄의 시작이다"(집회 10,13)라고 말한 것은 지극히 당연합니다. 왜냐하면 악마는 오만이라는 죄로 말미암아 제 위치에서 내쫓겼기 때문입니다.

• 아우구스티누스『본성과 은총』29,33.

악행이 교만을 낳는다

모든 악행은 우리의 분별력을 둔하게 만들며 교만을 낳습니다. 각자가 자신을 점검하며 하느님의 뜻에 따라 행동해야 함에도 불구하고 많은 사람이 그렇게 하는 대신 남의 일에 참견하기를 더 좋아합니다. 그런 사람은 누가 고통받는 것을 보면, 자신의 나약함은 잊어버리고 그들을 비판하고 중상하기 시작합니다.

• 알렉산드리아의 키릴루스『성경 주해 선집』

다른 사람을 심판하는 교만

우리 자신의 나약함과 한정된 시간을 살 뿐인 우리의 불확실한 처지는 생각하지 않고 다른 사람

을 심판하는 것은 교만한 짓이라고 야고보 사도
는 말합니다.

• 존자 베다『가톨릭 서간 해설』(야고보서).

나쁜 길

자만을 조심하십시오. 자만은 모든 것이 잘되고
번성할 때 그 뿌리를 내리기 때문입니다. 아담은
낙원에서 떨어졌습니다. 그 결과는 훨씬 더 파괴
적이었습니다. 만약 그가 지상에서 떨어졌었더
라면 그 정도는 아니었을 것입니다. 엄청난 높이
에서 떨어지는 것은 절벽에서 추락하는 것이고,
평지에서 넘어지는 것은 단지 발을 헛디디는 경
우입니다. 거만한 자의 발걸음은 나쁜 길로 빠집
니다.

• 암브로시우스『열두 시편 해설』36,26.

권력과 교만

재물은 부주의한 자들을 권력만큼이나 쉽사리
파멸시킵니다. 재물은 탐욕으로 이끌고, 권력은
교만으로 이끕니다.

• 요한 크리소스토무스『요한 복음 강해』66,1.

사울은 처음에는 겸손의 미덕을 지녔었지만, 권
력의 정점에 오르자 교만으로 부풀어 올랐습니
다. 겸손함 때문에 호의를 입었었지만, 교만 때문
에 배척을 당하였습니다. … 이처럼 아랫사람이
많아져 마음이 부풀어 오르면, 대체로 교만이 차
올라 타락하고 맙니다. 바로 권력의 정상이 욕망
에 빠지는 자리가 되는 것입니다.

• 대 그레고리우스『사목 규칙』2,6.

권력의 유혹

잘 관리되는 일시적인 권력은 대단하고 하느님
에게서 특별한 보상을 얻지만, 때로 다른 이들보

다 뛰어나다는 데서 교만한 마음으로 부풀어 오
릅니다. 권력의 바람대로 권력의 명령이 재빠르
게 충족되고, 권력의 신하들이 권력의 선행을 찬
미하는 동안, 권력은 권력을 사용하기 위해 모든
것을 마음대로 합니다. … 권력 아래에 있는 그
러한 것들로 타락한(길 잃은) 마음은 스스로 일으
켜지며 무한한 외부의 찬사를 받으며 내면의 진
리를 잃어버립니다.

• 대 그레고리우스『욥기의 도덕적 해설』26,46-47.

권력으로 오만해진 당신(헌작 시종장)은 귀가 어
두워지고, 술에 취한지라 제정신인 사람이 한 말
을 듣지 못했습니다.

• 암브로시우스『요셉』6,34.

정치적 명예심이 불러온 미친 교만함

인간을 교만에 빠지게 선동하는 것은 재물만이
아닙니다. 사람은 돈으로 살 수 있는 값비싼 음
식과 의복만 자랑하는 것이 아닙니다. 호화로운
식탁과 화려한 의상, 웅장한 저택, 자신을 둘러싼
수많은 하인과 아첨꾼들도 인간을 교만에 빠지
게 만듭니다. 사람들이 그에게 맡긴 정치적 직책
도 지나친 오만에 빠지게 합니다. 사람들이 그에
게 어떤 권위와 직책을 맡기면, 그는 즉시 다른
사람들보다 자신이 더 우월하다고 착각합니다.

• 대 바실리우스『겸손에 관한 설교』1.

이민족들의 임금을 따라하지 마라

높은 자리를 좋아하여 앞에 나서려고 했다가 꾸
중 듣는 일이 없도록 조심합시다. 그리하여 우리
를 위해 자신을 비우신 그리스도처럼 됩시다. 거
만한 마음과 교만은 우리를 이민족들의 임금처
럼 되게 하지요. … 주님께서는 교만한 자는 물
리치시고 뽐내는 자는 적으로 여기시지만, 마음

이 온유하고 겸손한 이들에게는 영예로운 관을 씌워 주십니다.

• 알렉산드리아의 키릴루스 『루카 복음 주해』 143.

교만하지 말고, 헛된 영광을 멀리하십시오. 영광을 얻지 못하는 자는 슬퍼할 것이고, 그것을 얻는 자는 교만해질 것이기 때문입니다.

• 폰투스의 에바그리우스 『수도승에게』 61.

평생 하는 극기가 자기만족을 낳을 수 있다

평생 하는 극기를 서원하는 사람 가운데 이러저러한 사소한 부도덕함이나 행위에 전혀 흠이 없는 사람이 누가 있는지 보십시오. 나는 평생 하는 극기와 관련해 교만을 걱정합니다. 평생 하는 극기를 서원하는 사람들이 그토록 큰 축복을 받은 사실로 인하여 자만하게 될까 두렵습니다.

• 아우구스티누스 『거룩한 동정』 34.

자만에 대한 경고

어떠한 악덕도 지니지 않았고 처신에 어떠한 흠도 없으며 자신은 영구히 금욕하겠다고 큰소리치는 이가 있으면 제게 알려 주십시오. 저는 그가 교만에 빠질까 걱정스럽습니다. 그처럼 큰 축복을 지녔음에 자만할까 두렵습니다. 스스로 흡족히 여기는 것들이 그녀 안에 더 많이 있을수록 저는 더 걱정스럽습니다. 그녀가 스스로에게 만족하여, 교만한 자들을 대적하시고 겸손한 이들에게는 은총을 베푸시는 분을 불쾌하게 만들지나 않을까 해서지요.

• 아우구스티누스 『거룩한 동정』 34.

하느님의 반감을 사다

여러분이 육의 행실을 억제할 때에 자기 자신의 영에만 의존하여 교만으로 파멸하고, 겸손하여 은총을 받는 것이 아니라 교만한 자로서 반감을 사게 되지나 않을까 걱정입니다.

• 아우구스티누스 『설교』 156,10.

힘은 오만을 이끌어낸다

힘센 팔과 빠른 발, 우람한 몸은 그를 교만하게 하여 건강을 해치고 파멸하게 하였습니다. 곧, "모든 인간은 풀이요 그 모든 영화는 들의 꽃과 같다. 풀은 마르고 꽃은 시든다"(이사 40,6-7)는 사실을 알지 못했습니다. 거인들의 힘 때문에 생긴 오만도 그러한 것이었습니다(참조: 창세 6,4; 지혜 14,6). 하느님을 부인하며 분별력 없는 골리앗의 자만도 마찬가지였습니다(1사무 17,4-10 참조)

• 대 바실리우스 『겸손에 관한 설교』 1.

지식은 사랑이 깃들어 있을 때만 유익합니다. 사랑이 없는 지식은 교만합니다. [곧, 그것은 우리를 공허한 자만에 차서 거드름 피우게 합니다.]

• 아우구스티누스 『신국론』 9,20.

교만의 여러 형태

양식이 풍부한 것이 거만의 원인이 될 때가 많습니다. 또한 영적 은사 때문에 교만의 죄가 생겨나기도 합니다. 그래서 잘 구별하는 식별이 필요합니다.

• 오리게네스 『에제키엘서 강해』 9,5.

'부'의 병

그가 두려워한 것은 부가 아니라 부의 병입니다. 부의 병은 심한 오만입니다. 부 속에 있으면서도 이 병에 걸리지 않는 영은 위대한 영입니다. 부를 욕망하는 대신 그것을 경멸함으로써 넘어서는, 부보다 위대한 영입니다.

• 아우구스티누스 『설교』 36,2.

부자들의 병은 오만이다

부와 관련해 참으로 두려워해야 할 것은 오만입니다. … 자신이 부자이기 때문에 위대하다고 생각한다면, 그는 오만하고 곤궁한 사람입니다. … 재산을 없애라는 게 아니라 옮기라는 것입니다. 많은 사람이 이를 거부하였다가 자신이 순종하지 않은 것을 크게 후회했습니다. 그들은 재산을 잃었을 뿐 아니라 재산 때문에 자기 자신마저 잃었습니다.

• 아우구스티누스『설교』36,1-2.

좀벌레와 같은 부

오만은 부의 첫 번째 벌레입니다. 이 벌레는 모든 것을 갉아먹고 가루로 만드는 좀벌레입니다. "현세에서 부자로 사는 이들에게는 오만해지지 말라고 지시하십시오"(1티모 6,17). 잠들 땐 부자였는데 깨어나 보니 거지가 되어 있는 일이 없으려면 "안전하지 못한 재물에 희망을 두지 말라고 지시하십시오"(1티모 6,17).

• 아를의 카이사리우스『설교』153,3.

선한 이들의 판단을 무시하는 것

다른 누군가가, 특히 훌륭한 사람이 자신에 관해 생각하는 바를 하찮게 보아서는 안 됩니다. 이런 방식으로 선한 사람들에게 존경을 표시하는 법을 배우기 때문입니다. 그대가 선한 이들의 판단을 무시하는 것은 오만이나 경솔함이 그 원인입니다. 하나는 교만의 탓이고, 다른 하나는 태만의 탓입니다.

• 암브로시우스『성직자의 의무』1,47,227.

자만심과 시샘

우리 가운데 어떤 이들은 우쭐하고 또 어떤 이들은 시샘합니다. 이들이 시샘하는 이유는 우리가 자만심에 차 그들과 동등한 사람들로 여겨지는 것을 못마땅해하기 때문입니다. 몸이 조화 속에 있는 것은 자만심에 찬 부분이 하나도 없기 때문이며, 자만심에 찬 부분이 하나도 없는 것은 지체들은 필연적으로 서로를 필요로 하기 때문입니다. 머리는 발을 필요로 하고 발은 머리를 필요로 합니다.

• 요한 크리소스토무스『사도행전 강해』37.

모든 악의 원인

[잘난 체 하는 마음은] 모든 악의 원인이며, 시기하는 마음에서 파당과 분쟁을 일으키게 만듭니다. 시기는 자만에서 오고, 자만에서 다른 모든 악이 생겨나기 때문이라고 합니다.

• 요한 크리소스토무스『갈라티아서 주해』5,25.

사랑이 시기하지 않는 이유는 사랑은 자만하지 않기 때문입니다. 자만하면 시기가 따릅니다. 교만은 시기의 어미입니다.

• 아우구스티누스『편지』(호노라투스에게) 22.

교만의 결과

역사는 교만 때문에 낮아진 사람들의 예를 알려 준다

교만과 오만은 많은 이를 타락시켰습니다. 교만 때문에 아담은 동산에서 쫓겨났고, 뱀은 먼지를 먹고 살게 되었습니다. 교만 때문에 카인은 동생을 죽이고 사람들이 두려워 세상을 떠도는 자가 되었습니다. 함은 의기양양해서 자기 아버지를 조롱했기 때문에 저주를 받아 자기 형제들의 가장 천한 종이 되었습니다. 교만 때문에 에사우는 맏아들의 권리를 잃었습니다. 파라오는 마음이 완고한데다 의기양양했기 때문에 그와 그의 군대가 홍해에 잠겼습니다. 사제 엘리의 아들들은 백성을 무시하고 거만해졌기 때문에 거룩하신 분의 사제직에서 쫓겨났습니다. 필리스티아인 골리앗은 다윗에게 오만했기 때문에 싸움에 져 수치를 당하고 교만의 희생물이 되었습니다. 형제들에게 오만하고 형제들을 살해한, 기드온의 아들 아비멜렉에게는 그의 형제 요탐의 저주가 내렸습니다. 의기양양해져서 왕권을 찬탈한 압살롬은 다윗의 종들 앞에서 쓰러져 굴욕을 당했습니다. 나라를 훔쳤던 하낏의 아들 아도니야는 교만으로 인해 훔친 나라를 지키지도 번성시키지도 못했습니다. 사악한 고문 아히토펠의 경우, 그 자신의 손에 그의 교만이 굴욕을 당했습니다. 솔로몬의 신하로서 백성을 분열시킨 느밧의 아들 예로보암은 이스라엘 사람들 사이에 나쁜 인물로 기억됩니다. 오므리의 아들 아합은 이즈르엘 사람의 유산을 손에 넣으려는 탐욕을 이겨 내지 못하여 벌을 받았습니다. 아합에게 오만하였던 에돔 임금에게는 묶거나 풀어 줄 사람이 아무도 없었습니다. 그리고 모르도카이에게 교만했던 하만의 경우, 그와 그의 아들이 사형을 받았습니다. 다니엘을 고발했던 바빌론 사람들은 사자의 밥이 되었습니다. 우리 구원자를 배반한 유다는 자기 목에 연자매를 매단 채 바다에 빠져 죽었습니다. "사람이 교만하면 낮아지고, 마음이 겸손하면 존경을 받는다"(잠언 29,23)라고 쓰여 있듯이 이들은 모두 교만 때문에 낮아졌습니다.

• 아프라하트 『논증』 14,10.

천사의 교만

천사들이 다른 어떤 피조물보다 먼저 창조되었으며, 그들 가운데 가장 높은 이가 교만해져서 자기를 지으신 분에게 반역했다는 것은 확실한 사실입니다. 대천사였던 그자가 태초에 죄를 지어 악마로 변한 것은 교만 때문이었습니다.

• 존자 베다 『가톨릭 서간 해설』(요한 1서).

교만은 주님께서 각별히 싫어하시는 악덕입니다. 천사들이 타락한 것도, 첫 번째 인간이 복된 상태를 잃어버린 것도 교만 때문이었습니다(참조: 창세 3,1-7; 1티모 3,6).

• 카시오도루스 『시편 해설』 73,23.

타락한 천사들이 파멸한 원인

영예에 대한 사랑과 교만, 제 자랑은 하느님과 반대되는 것들입니다. 이런 것들이 바로 타락한 천사들과 첫 번째 인간 부부가 파멸한 원인이었습니다. 그래서 이것들은 오늘날에도 "하느님의 적"(야고 4,4)이라고 불립니다.

• 아를의 힐라리우스 『일곱 가톨릭 서간 해설』(야고보서)

악마는 자신의 오만으로 인하여 스스로에게 해를 입히게 됩니다. 그를 드높이는 교만은 그를 멸망하게 하는 교만이기도 합니다.

• 히에로니무스 『시편 강해 59편』 7.

교만할 것은 아무것도 없습니다. 교만한 상태에 떨어지면 그에 따른 결과가 있기 때문입니다. "파멸에 앞서 마음의 오만이 있고, 영광에 앞서 겸손이 있다"(잠언 18,12)라고 하였습니다.

• 오리게네스 『예레미야서 강해』 12,8,3.

교만함에서 비롯된 병

(교만한) 사람은 자신의 선행에 대한 보상을 받지 못할 뿐 아니라 영원한 형벌을 받을 수 있는 죄의 상태로 자신을 물들게 합니다. 선행은 자비로우신 하느님을 위한 일이어야 하는데, 그는 자신이 칭찬을 받기 위한 일로 변질시키기 때문

입니다. … 우리는 하느님보다 사람을 우선시하고, 하느님의 영광보다는 인간의 영광을 우선시하기 때문입니다. 그래서 이러한 인간의 잘못 때문에 우리는 비난받아 마땅합니다. 이 교만함에서 비롯된 병은 심각합니다. 그것은 모든 면에서 해롭고 예상치 못할 때 상처를 입히기도 합니다. 어떤 사람들은 자신이 선하기 때문에 스스로를 자랑하지만, 어떤 사람들은 자신이 악하기 때문에 자랑하기도 합니다.

• 브라가의 마르티누스 『허영심을 몰아냄』 4.

죄를 거슬러 싸우는 인간에 대한 우의

"장수들의 고함과 군대의 함성"(욥 39,25)은 이렇게 해석할 수 있습니다. 자신들을 지배하는 교만을 대신하여 보이지 않는 경기에서 우리를 거슬러 싸우는 유혹적인 악들 가운데 더러는 장수들처럼 앞서 가고 또 더러는 군사들처럼 뒤따릅니다. 모든 잘못이 동등한 접근 방식으로 마음을 점령하는 것은 아니기 때문입니다. 수는 적지만 더 심각한 잘못들은 태만한 마음을 놀라게 하는 반면, 덜 심각하지만 무수한 잘못들은 온몸 안에서 그 태만한 마음에 쇄도합니다. 죄의 여왕인 교만은 마음을 완전히 정복하고 나면 마치 장수들에게 [땅을] 나누어 주어 황폐케 하려는 것처럼 곧바로 칠죄종에 넘겨 버립니다.

• 대 그레고리우스 『욥기의 도덕적 해설』 31,87.

교만의 착각

독성이 있고 전염성이 강한 자만이라는 병이 우리 내면에 한 번 자리 잡고 나면, 좋은 일이 있을 때 사람들의 찬사에 쉽게 현혹됩니다. 이때 나쁘고 부당한 마음이 자라게 되는데, 이것이 교만입니다. 이 두 가지 죄악이 사람의 마음속 가장 깊은 곳에 자리 잡기에, 이것을 경계하지 않으면

치명적일 수 있습니다. 어떤 사람이 영적인 것을 추구한다지만, 자만이라는 악행 때문에 단식, 유혹을 경계함, 성경읽기, 심사숙고, 인내, 침묵 등을 금방 중단하게 됩니다. 처음부터 이런 상황을 경계하지 못하면 교만이 생겨납니다. 그리고 자만의 친구인 교만이 그들을 거짓으로 현혹해서, 스스로 거룩하고 다른 누구보다 뛰어나다고 생각하게 만듭니다. 그리고 완덕의 상태에 이르렀기에 절대 타락하지 않을 거라고 믿게 만듭니다.

• 브라가의 마르티누스 『교만』 9.

교만은 사람을 어리석게 만들기 때문에 늘 무익합니다. 교만한 사람에게는 하느님께서 함께하시지 않습니다.

• 아를의 힐라리우스 『일곱 가톨릭 서간 해설』(베드로 2서).

교만한 데다가 하느님께서 명하신 길을 따라갈 인내심이 없던 그들(로마 1,22 참조)은 우둔한 생각에 빠져 있었습니다.

• 요한 크리소스토무스 『로마서 강해』 3.

교만이 경멸하는 마음을 낳는다

교만과 자만심에 젖은 우리는 자기보다 지위가 낮은 이들을 경멸하며 "우리와 비슷하게 우리 모습으로 사람을 만들자"(창세 1,26)라는 말씀은 모든 사람에게 해당한다는 사실을 잊고 있습니다.

• 오리게네스 『요한 복음 주해』 13,167.

야고보 사도는 건방짐과 교만은 온순한 이들을 업신여기고 무시하는 마음에서 생겨나며, 그런 교만은 그런 식으로 행동하는 사람들이 온순한 이들을 철저히 멸시하게 만든다는 것을 압니다.

• 오이쿠메니우스
『사도행전과 가톨릭 서간, 바오로 서간 주해』(야고보서).

큰소리를 치는 것은 오만하기 때문입니다. "나는 하늘로 오르리라. 하느님의 별들 위로 나의 왕좌를 세우고"(이사 14,13)라는 말보다 더 교만한 말이 있습니까?

• 오이쿠메니우스 『묵시록 주해』 13,5.

허세를 부리며 자랑하는 것은 교만 때문입니다. 그리고 그것의 궁극적 근원은 악마입니다. 그리스도 안에서 세례 받은 사람들은 사탄에게서 이런 부추김을 받아서는 절대 안 됩니다.

• 오이쿠메니우스 『사도행전과 가톨릭 서간, 바오로 서간 주해』(야고보서).

교만의 허영

바람이 불러일으키는 "흙먼지"(시편 7,6)는, 곧 교만한 자들의 허영과 어리석은 자랑입니다. 그들은 허세를 부리지만 그것은 바람에 날려 가는 한 줌 먼지처럼 아무것도 아닙니다. … 터무니없는 자랑이라는 악은 완전한 이들이 피해야 할 유일한 악, 아니 최대의 악입니다. 나머지 모든 악을 정복한 자가 이 한 가지 악으로 인하여 제일 먼저 떨어질 수 있습니다. '모든 죄의 시작은 교만'(집회 10,13 참조)이고 "인간의 교만은 주님을 저버리는 데서 시작된다"(집회 10,12) 하였습니다.

• 아우구스티누스 『시편 상해』 7,4.

요아스의 교만이 불러온 결과

요아스가 교만 때문에 어떻게 끔찍하고 지독한 수난에 넘겨졌는지 보십시오. 교만으로 가득 차서 스스로 하느님인 양 경배받으려는 사람은 (사도의 말처럼) '수치스러운 욕정과 분별없는 정신에 빠져 부당한 짓들을 하게 내버려집니다'(로마 1,28 참조). … 영의 교만함으로 말미암아 예전에는 자신이 부정해진 것을 알지 못했던 사람이,

명백하게 드러나는 육신의 더러움을 통해 자신의 불결함을 드러내는 꼴입니다.

• 요한 카시아누스 『규정집』 12,21

모든 영광을 빼앗기다

만유의 주님이시며 임금님께서는 네부카드네자르님께서 원하시는 대로 임금님의 아버지에게 나라를 주셨습니다만 [임금님의 아버지께서] 자기가 잘났다는 생각에 푹 빠져 거들먹거리며 오만이라는 병이 들어 거만하게 나라를 다스리는 것을 보시고, 그에게서 나라를 빼앗으시고 모든 이가 찬양하던 영광도 잃게 만드셨습니다.

• 키루스의 테오도레투스 『다니엘서 주해』 5,20.

절망으로 이끄는 교만

확신이 있는 사람이라면, 청하십시오. 그러나 의심하는 사람은 청해서는 안 됩니다. 확신하지 못하는 것은 받지 못할 테기 때문입니다. 그런 사람은 그가 가지고 있지도 않은 믿음에서 곧 뒷걸음쳐서는 다시 죄에 빠져듭니다. 이런 일이 일어나는 것은 교만 때문인데, 자기가 청하는 것이 빨리 이루어지지 않으면 그것을 절대 얻지 못하리라 생각하고는 금방 절망하기 때문입니다.

• 오이쿠메니우스 『사도행전과 가톨릭 서간, 바오로 서간 주해』(야고보서).

이민족을 죄인으로 여기는 자만심

유대인들은 이민족들을 죄인이라고 불렀는데, 그것은 자만심 때문이었고 이미 뿌리 깊은 그들의 병이었습니다. 그것은 자기 자신들은 의롭다고 여기며, 남의 눈 속에 있는 티는 보면서 자기 눈 속에 있는 들보는 보지 못하는 것과 같았습니다(참조: 마태 7,3-5; 루카 6,41-42).

• 아우구스티누스 『갈라티아서 해설』 16(1B,2,15-18).

교만을 경계하다

성경 본문과 본보기들이 분명히 보여 주듯이, 교만이라는 치욕은 전투의 순서에서는 가장 나중이지만, 그 기원에서는 가장 먼저이며 모든 죄와 비행의 원천이고, 다른 악덕들과 달리 이것은 그와 반대되는 덕 ─ 곧, 겸손이지요 ─ 만 없애는 것이 아니라 모든 덕을 한꺼번에 없애 버리는 파괴자입니다. 그리고 그것은 중간 정도 되는 사람들과 작은 이들만 시험하는 것이 아니라 특히 힘의 정점에 서 있는 이들을 시험합니다. 그래서 예언자는 이 영을 두고 "그의 음식은 정선된 것들이다"(하바 1,16 칠십인역)라고 합니다. 그래서 다윗은 축복받은 이면서도 몹시 세심히 자기 마음의 깊숙한 곳들을 경계했습니다. … 그는 교만한 자들에 관한 말씀에 자기가 해당되지 않을까 겁내고 두려워했습니다. [이런 말씀들이지요.] "하느님께서는 교만한 자들을 대적하신다"(야고 4,6), "마음이 교만한 이는 누구든지 하느님께서 보시기에 깨끗하지 않다"(잠언 16,5 칠십인역).

• 요한 카시아누스 『규정집』 12,6,1-2.

교만한 자

교만한 자들

"온순하다"는 말은 교만하거나 자만하는 이들한테는 해당되지 않습니다. … "온순한 이들"은 교만한 자들과 반대됩니다. 교만한 자들은 자신들에게 해악을 가져오는 자유로 부드러운 멍에와 가벼운 짐을 발로 차 버립니다.

• 카시오도루스 『시편 해설』 25,9.

"교만한 자들"(루카 1,51)은 그 두목이 교만으로 추락한 사악한 마귀들을 뜻하는데, 복음 선포를 듣고 어리석다 여겨 받아들이지 않은 그리스 현인들, 하느님의 말씀이신 분을 믿으려 하지 않고 그분에 대해 자기들 마음대로 생각하다가 사방으로 흩어진 유대인들이 바로 그들입니다. "통치자들"(루카 1,52)은 높은 자리에 앉기 좋아한 율법 교사들과 바리사이들을 가리킵니다.

• 알렉산드리아의 키릴루스 『루카 복음 주해』 1.

교만한 사람은 자신이 다른 모든 사람보다 위대하다고 여깁니다. 그러나 하느님 외에는 위대하다고 불릴 수 있는 사람이 하나도 없습니다.

• 카시오도루스 『시편 해설』 85,10.

성경은 오만한 자들을 '분별없는 자', '자기 자신에게 흡족해하는 자'라고 합니다.

• 아우구스티누스 『신국론』 14,13.

그들(통치자들)이 교만한 자라고 불리는 이유는 그들이 통치자라는 이유로 자부하여 터무니없이 스스로를 추켜세우기 때문입니다.

• 존자 베다 『복음서 강해』 1,4.

의심하는 사람은 실상 교만에 빠진 사람입니다. … 의심하는 사람은 자기가 원하지 않더라도 이미 두 마음을 품은 것입니다. 이처럼 지독한 병은 저주해야 합니다.

• 알렉산드리아의 키릴루스 『성경 주해 선집』.

스스로 파멸하다

오만한 자는 자신의 본분을 넘어서려는 사람입니다. 악마가 이와 같아서 스스로 파멸합니다. 다른 이들 위에 군림하려는 사람은 결국 그들 밑에 있게 됩니다.

• 펠라기우스 『로마서 주해 단편』.

자신을 신뢰하는 사람

누군가 의롭게 행동하지만 과시하는 말로 크게 선포한다면, 그의 입은 불경을 저지르고 있는 것입니다. 그는, 진짜로 불경스런 배신자에게나 어울릴 교만에 빠졌기 때문입니다. 무죄하지만 결백함의 원천에 대해 알지 못하고, 그 결과 자기 자신을 신뢰하는 사람은 교만하고 거만하게 되어 비뚤어질 것입니다.

• 예루살렘의 헤시키우스『욥기 강해』12,9,20.

교만한 자들의 형태

교만한 자들의 또 다른 습관 하나는 사람들의 혀가 그들에게 찬사를 보내지 않고 잠잠하면 언제나 스스로 잘난 척을 하고야 만다는 것입니다. 참으로, 다른 모든 이가 침묵을 지킬 때에 교만한 자는 큰소리를 질러 댑니다. 그는 자신이 위대한 가치를 지녔다고 떠들어 대는 자를 가슴 속에 데리고 다니기 때문입니다. … 찬양이 다른 이들에게서 올 때에 그것은 교만한 자들에게도 참된 음식이 분명합니다. 그러나 교만한 자들은 아무도 그들을 찬양하지 않을 때면 양심이 부어올라 아무도 자발적으로는 주지 않는 찬사를 난폭하게 전리품으로 약탈합니다.

• 대 그레고리우스『사무엘기 상권 해설』5,143-144.

교만으로 부풀어 오른 사람

다른 사람과 비교하며 교만으로 부풀어 오른 사람은 "내 믿음은 남다르지", "나의 공정함은" 하며 떠들어 댑니다. … 그자가 부풀어 오른 것은 도덕적으로 훌륭한 삶을 가능하게 한 미덕을 하느님 덕분이 아니라 자기 스스로 이루었다고 생각하기 때문입니다.

• 아우구스티누스『성도들의 예정』1,5,10.

자신의 행실을 자신의 공으로 돌리다

어떤 사람이 율법이 요구하는 대로 행했더라도 은총에 의지하는 믿음이 아직 없다면 그 사람은 자신의 행실을 하느님이 아니라 자신의 공으로 돌리려 하며 그러면 그 사람은 교만으로 인해 더욱더 죄를 짓게 됩니다.

• 아우구스티누스『여든세 가지 다양한 질문』66,5.

어리석은 자기 칭송

오만한 이들의 특징은 말하기도 전에 자기가 지금 어떤 멋진 말을 하려 한다고 믿는 것입니다. 그들은 스스로 칭송하면서 자기들의 말을 예견합니다. 그들은 그다지 똑똑하지 못해서 자신의 오만함이 얼마나 어리석은 것인지 알아차리지 못합니다.

• 대 그레고리우스『욥기의 도덕적 해설』23,29.

위선의 증거

마음을 지배하는 교만이 목소리로 새어 나오지 않게 하는 것은 무척 어렵습니다. 만일 거만한 사람들의 말을 듣는 이들이 잠시 멈추어서 침묵 중에 그들의 말을 숙고한다면, 그 말의 진의는 곧 그들의 마음에 드러날 것입니다. 겉으로만 취한 겸손의 가면은 오래 쓸 수 없습니다. … 오만한 사람들이 말로 덮어 가린 모든 행동은 곧 훤히 드러납니다.

• 대 그레고리우스『욥기의 도덕적 해설』26,3-4.

교만심

모든 오만한 사람들은 자기들이 바르게 인식한다고 여길 경우 자신들의 교만심을 채우기 위해서 작은 일도 왜곡하는 특징이 있습니다. … 교만심이 부풀어 오르면 그들은 자기-높임의 나락으로 떨어지고 자신을 박식한 사람들보다도 더 뛰어나다고 여깁니다. 그들은 장상들에게 자신을 존중하라고 요구하며 권한이라도 있는 듯 더 거룩한 사람들을 가르치려 듭니다.

• 대 그레고리우스 『욥기의 도덕적 해설』 12,40.

오만한 사람은 자신의 오만으로 인해 어리석으며, 자신의 어리석음을 지혜인 양 집착하면 하느님의 지혜를 알 수 없습니다(잠언 26,12 참조).

• 오리게네스 『로마서 주해』.

오만이 수치를 가져오는 많은 이유

"오만이 오면 수치도 온다"(잠언 11,2). 오만한 자들은 경멸로, 또는 교훈을 무시함으로써 수치스럽게 처신하기 때문입니다. 또는 이웃에게 수치를 가져오기 때문이기도 하며 아무튼 "누구든지 자신을 높이는 이는 낮아질 것"(루카 14,11)이기 때문입니다.

• 존자 베다 『솔로몬의 잠언 우의적 해설』 2,11,2.

부끄러워할 일이 없으려면

오직 교만한 자들의 얼굴만 수치로 붉어집니다. 왜 그런가요? 교만한 자들은 높고 강력해지기를 원하기 때문에 모욕이나 창피를 당할 때, 과오를 저지를 때, 또는 고통을 겪을 때 부끄러워합니다. 그러나 여러분은 두려워할 필요가 없습니다. 그저 주님께 가까이 다가가기만 하십시오. 그러면 부끄러워할 일이 없을 것입니다.

• 아우구스티누스 『시편 상해』 34,10.

그리스인들은 자기를 사랑하는 오만한 자들입니다. 성경이 그들을 이렇게 표현한 것은 현인들을 비난하는 것이 아니라 현인인 척하는 자들을 비난하는 것입니다.

• 알렉산드리아의 클레멘스 『양탄자』 1,17,5-7.

거만한 영혼

영혼과 교만의 관계는 몸과 염증의 관계와 같습니다. 염증이 있는 몸을 건강하다고 하지 않는 것처럼 우리는 거만한 영혼도 건강하다고 하지 않습니다. 안다고 생각하지만 아무것도 모를 수 있는 것입니다.

• 요한 크리소스토무스 『티모테오 1서 강해』 17.

사악하고 교만한 사람들은 참된 교회를 어둡게 한다

세상 도처에서 끊임없이 저질러지는 사악하고 교만한 사람들의 죄는 해를 어둡게 하며, 이것은 곧 교회를 어둡게 하는 것이고 때로는 성도들과 의로운 이들에게도 어둠을 가져옵니다.

• 아를의 카이사리우스 『묵시록 해설』 9,2.

피할 길 없는 악마의 저주에 떨어질 것이다

우리는 주님의 계명에 따라 사랑하는 데 실패했나요? 그렇다면 우리는 우리에게 찍혔던 독특한 표시를 잃어 버렸습니다. 공허한 교만과 오만으로 가득 차 터져 버릴 만큼 우리 마음이 부풀어 올랐습니까? 그렇다면 우리는 피할 길 없는 악마의 저주에 떨어질 것입니다.

• 대 바실리우스 『편지』 56.

교만과 하느님

하느님의 적인 교만

교만은 다른 사람이 아닌 오로지 하느님을 적으로 대합니다. … 다른 악한 행동들은 잘못을 저지른 사람에게 그 벌이 돌아가거나 다른 사람들에게 영향을 끼칩니다. 하지만 교만으로 가득 찬 마음만은 하느님을 직접 대적하기에, 하느님께서는 이것을 적으로 간주하십니다. 교만으로 부풀어 오르면 언제나 하느님의 것을 자신의 것인 양 주장하려고 하기 때문입니다.

• 브라가의 마르티누스 『교만』 7.

교만한 자들의 우두머리

모든 죄는 하느님께 적대하는 것이기 때문에 반드시 피해야 하지만, 그 정도에는 차이가 있습니다. … 악마는 교만한 자들의 우두머리입니다. … 오직 교만이야말로 자신의 힘을 넘어서서 스스로를 높이기 때문에 하느님께 적대하는 것입니다. … 영광에 대한 교만하고 무절제한 욕망은 사람을 들어 올리는 동시에 깎아내리기도 합니다. 사람이 이 욕망 때문에 죄를 지어 하느님의 적이 되기 때문입니다.

• 히에로니무스 『시편 둘째 강해집』 제93편.

하느님에 대한 적의

하느님의 가르침을 업신여기는 것과 세상에 대한 과도한 사랑은 교만에서 나오며, 그것이 하느님께 대한 적의의 실체라고 말하더라도 틀리지 않습니다. 하느님께서는 교만한 자들을 대적하십니다. 적은 대적하는 것이 정상이고, 교만한 자들은 적으로 여기는 것이 마땅하기 때문입니다.

• 오이쿠메니우스
『사도행전과 가톨릭 서간, 바오로 서간 주해』(야고보서).

교만의 횡포

교만의 횡포만큼 하느님의 자비에서 멀어지게 하고 지옥 불에 떨어지게 하는 것은 없습니다. 우리 안에 이러한 교만의 폭행이 설친다면, 정결과 순결, 단식과 기도와 자선 또는 어떤 종류의 덕행을 행한다 하더라도 삶 전체가 불순해집니다.

• 요한 크리소스토무스 『요한 복음 강해』 9.

교만의 영

하느님의 선한 영이 사울을 떠나고 악령이 그를 괴롭힌 일을 여러분이 기억한다면, 하느님께서는 교만의 영에 재갈을 물리신다는 것을 확실히 알 것입니다. 성경에 쓰여 있기를, "주님께서 보내신 악령이 그를 괴롭혔다"(1사무 16,14)라고 합니다. 하느님께서 보내신 영이라니, 그렇다면 하느님께 악령도 있다는 것입니까? 천만에요. 하느님께서 떠나신 뒤에 악령은 사울을 괴롭힙니다.

• 히에로니무스 『시편 강해 59편』 9(제76편).

겸손에서 교만으로 옮겨 간 영혼들

'쿠사르사톤'이라는 이름은 '치욕'이라는 뜻입니다. … 지금도 "메소포타미아 임금 쿠사르사톤"이 있습니다. 경멸받는 그리스도인의 겸손에서 교만과 오만으로 옮겨 간 영혼들은 굴욕과 고통을 당하도록 그자에게 넘겨집니다. 하느님께서는 교만이라는 악덕을 몹시 싫어하십니다.

• 오리게네스 『판관기 강해』 3,1.

교만의 꼭대기에서는 하느님을 찾을 수 없습니다. 겸손히 낮출 때만 하느님을 생각할 수 있습니다.

• 카시오도루스 『시편 해설』 42,7.

탑을 세워 하느님께 도전한 이들

홍수가 끝난 뒤, 오만한 사람들이 탑을 세웠습니다. 그들은 하느님을 거슬러 제 자신을 강화하려고 애를 쓰는 듯 보였고, 하느님을 대신하는 높은 것이나 오만을 대신하는 안전한 것이 있는 듯 행동하였습니다. … 하느님께서 그들의 오만을 보시고 그들을 무질서에 빠지게 하셨습니다. 그들은 서로 말하지만 이해하지 못하고, 오만으로 말이 서로 다르게 되었습니다.

• 아우구스티누스 『요한 복음 주해』 6,10,2.

교만에 대한 질책

'인간의 교만 때문에'(욥 35,12 참조), 곧 그들이 이웃 앞에서 보이는 교만과 거만 때문에 그들은 비난을 받습니다. 하느님께서는 교만한 사람들의 헛된 외침을 듣지 않으실 것입니다.

• 시리아인 에프렘 『욥기 주해』 35,12-13.

하느님께서는 교만한 자를 멀리서도 알아보신다

그대는 그대가 산 위에 있으면 하느님과 더 가까이 있다고, 그래서 마치 가까이서 소리치는 것처럼 그대의 말이 더 잘 들릴 거라고 생각합니까? 그분께서는 높은 곳에 계십니다만 "비천한 이를 굽어보십니다"(시편 138,6). "주님께서 가까이 계시다." 누구 가까이 계시다는 말입니까? 아마도 높은 이들에게요? '꺾인 마음을 지닌 이들'(시편 51,19 참조)입니다. 그분께서 높은 곳에 사시면서도 비천한 이들 가까이 오시는 것은 불가사의한 일입니다. 그분은 교만한 이들을 멀리서도 알아보십니다. 그들이 스스로를 더 높이 볼수록, 그분께서는 그만큼 그들 가까이 가지 않으십니다.

• 아우구스티누스 『요한 복음 강해』 15,25,1.

하느님은 교만한 자를 인정하시지 않는다

빛은 밝을 뿐 아니라 눈에 뜨입니다. 모두가 빛이 하는 일을 지켜봅니다. 마찬가지로, 겸손한 사람도 우리에게 올바른 것을 대단히 많이 보여 줍니다. 죄를 깊이 뉘우치는 사람은 큰일에 탁월할 것입니다. 그러나 하느님께서는 교만한 자의 행실은 인정하려 하시지 않습니다.

• 요한 크리소스토무스 『잠언 (주해) 단편』 16,2.

성령께서는 교만한 이들에게서 떠나가신다

여러분이 "겸손하고 평화롭지" 않다면, 여러분이 하느님의 말씀을 두려운 마음으로 받아들이지 않는다면, 성령의 은총은 여러분 안에 머물 수 없습니다. 성령께서는 교만하고 고집이 세며 거짓된 영혼에게서 떠나가시기 때문입니다.

• 오리게네스 『레위기 강해』 6,2,5.

하느님을 떠나게 하는 교만

자만은 우리에게 상처를 입히지만, 겸손은 우리를 온전하게 만듭니다. 우리의 겸손하신 하느님께서는 교만으로 심각한 상처를 입은 인간을 치유하러 오셨습니다. … 시편 저자는 왜 "거만한 발길"(시편 36,12)이라고 말합니까? 인간은 교만해지면 하느님을 저버리고 떠나가 버리기 때문입니다.

• 아우구스티누스 『시편 상해』 36,18.

하느님께서는 교만의 죄를 다른 어떤 죄보다 더 싫어하신다는 것을 보여 주시기 위하여 거만한 자들에게 엄청난 벌을 내리십니다.

• 타르수스의 디오도루스 『시편 주해』 31.

교만으로 눈먼 이들

그들(유대인들)이 하느님의 의로움을 알지 못한 채 자기 뜻대로 의로움을 세우려 할 만큼 마음이 교만했으니, 믿을 수 없었던 것도 놀라운 일이 아닙니다. … 그들이 믿음이 아니라 행실로 우쭐거렸기 때문입니다. 이런 자만심으로 눈먼 그들은 걸림돌에 걸려 넘어졌습니다. … 불경한 이들을 의롭게 하는 하느님의 의로움을 모르는 채 자신의 [의로움]을 세워 교만한 마음을 만족시키려 하는 자는 그리스도를 믿을 수 없습니다. … 그들은 눈멀고 마음이 무뎌 있습니다. 그들은 하느님의 도움을 필요 없다고 거부하므로 도움을 받지 못합니다.

• 아우구스티누스 『요한 복음 강해』 53,9-10.

겸손한 이들의 영혼을 가르치고 교만한 이들의 입을 막는 은총을 한껏 찬미합시다! 하느님의 의로움을 알지 못하고 자신의 의로움을 세우려 하며 하느님의 의로움에 따르지 않는 이들은 할 수 있으면 대답해 보라고 하십시오. 선행을 하는 데 하느님의 도움이 필요 없다고 생각하는 독선적인 자들은 대답해 보라고 하십시오. … 사람이 스스로 의로움을 행한다는 그대의 말은 더할 수 없는 자만심의 표현입니다.

• 아우구스티누스『요한 복음 강해』81,2.

교만한 마음

교만한 마음을 갖지 말고 하느님 면전에서 '나는 강하다'라고 말하지 마십시오. 이는 주님께서 그대 영혼을 저버리지 않으시고, 사악한 악령들이 영혼을 능욕하지 않게 하려는 것입니다.

• 폰투스의 에바그리우스『수도승에게』62.

하느님의 심판은 교만을 꺾어 누르기 위해 내려오는 것입니다.

• 히에로니무스『다니엘서 주해』7,11.

오만은 자만인데, 악마는 그것 때문에 타락하였습니다. … 교만을 떨쳐 버리고 다른 이들의 근심을 자기 것처럼 여기면 하느님께서 어여삐 여겨 주실 것입니다.

• 암브로시아스테르『바오로의 열세 서간 주해』(로마서).

하느님께서는 거만한 자들을 내치신다

의롭고 자비로우신 창조주께서는 지나가는 이 시대 내내 교만한 자들은 기꺼이 내치시고 겸손한 이들에게는 은혜를 내리십니다.

• 존자 베다『복음서 강해』1,4.

하느님께서는 교만한 자들은 낮추시고 겸손한 이들은 높이신다

시편은 "너희 뿔을 높이 쳐들지 마라. 고개를 치켜들고 하느님께 무례하게 말하지 마라"(시편 75,6)라고 한 다음 곧바로 이어서 이렇게 말합니다. "해 뜨는 데서도 해 지는 데서도 아니요 산속 광야에서도 오는 게 아니니. 오직 하느님만이 심판자, 어떤 이는 낮추시고 어떤 이는 높이신다"(시편 75,7-8). 그는 두 백성을 봅니다. 두 종류의 사람들이죠. 어떤 두 종류입니까? 교만으로 가득 찬 사람들이 한 종류요, 고백하는 사람들이 다른 한 종류입니다. 바른 말을 하는 사람들이 한 종류요, 그릇된 말을 하는 이들이 다른 한 종류입니다. 바른 말을 하는 이는 어떤 이입니까? "저는 죄를 지었습니다"라고 말하는 이입니다. 그릇된 말을 하는 이는 어떤 이입니까? "내가 죄를 지은 것이 아니라, 내 운수가 나빴기 때문이오. 내 운명이 죄를 지은 것이오"라고 말하는 이입니다. 이처럼 여러분은 바른말을 하는 사람과 그릇된 말을 하는 사람, 겸손한 사람과 교만한 사람, 이런 두 종류의 사람을 보니, 이 시편의 다음 말씀이 이렇게 이어지는 것에 놀라지 마십시오. "오직 하느님만이 심판자, 어떤 이는 낮추시고 어떤 이는 높이신다"(시편 75,8).

• 아우구스티누스『설교』16B,5.

교만의 위험성과 극복

남을 해치는 교만

교만에는 어떠한 변명도 있을 수 없다는 사실에서 교만이 얼마나 사악한 것인지 깨달으십시오. 다른 악들은 그 악을 저지르는 사람에게만 해를 입힙니다. 그런데 교만은 모두에게 훨씬 큰 해를 입힙니다. 제가 이런 말을 하는 것은 여러분이 교만을 사소한 죄로 여기지 않도록 하려는 것입니다.

• 히에로니무스 『설교』 95.

우리는 모두 약점을 지니고 있다

여러분 개개인은 덕을 쌓도록 노력해야 하지만, 반드시 덕을 갖추었다고 생각하지는 말아야 합니다. 그렇지 않으면 괜히 교만해져서 자신의 훌륭함을 자기 공으로 돌려, 자신에게 있는 좋은 면까지 잃어버릴 수 있습니다. 뿐만 아니라 교만의 죄 때문에 배척을 당할 수도 있습니다.

• 대 그레고리우스 『복음서 강해』 (40편) 4.

교만의 위험

주님의 이름을 고백하는 입술의 온당한 열매인 찬양의 제물을 하느님께 바치는 사람은 누구든지 숨어 있는 사악한 자를 경계해야 합니다. 그대가 감사 찬양을 드리는 바로 그때 그대를 덮치려고 사탄이 몸을 숨기고 있으니까요. … 이번에는 그때 바리사이에게 그랬던 것처럼 행실로 우쭐거리게 하지 않고 다른 종류의 교만으로 그대를 취하게 만들 것입니다. 그대의 아름답고 달콤한 목소리, 꿀보다 더 달콤한 찬미 소리에 취하게 한다는 말입니다. 그러면 결국 그대는 그대와 그대의 목소리가 그대 자신이 아니라 하느님 것임을 깨닫지 못하게 되겠지요.

• 사도나/마르티리우스 『완덕에 관한 책』 78.

교만한 마음의 폐해

교만한 마음은 사람들에게 충동적으로 모든 것을 할 수 있다는 용기를 부추겨서 먼저 행동부터 하게 만듭니다. 그리고 훌륭한 사람뿐 아니라, 약한 사람에게도 그런 마음을 심어 줍니다. … 이

처럼, 허영심은 사람에게 실제로는 아무런 힘을 주지 않지만, 거짓 자극을 통해 사람을 속여서 자신이 강한 것처럼 착각하게 만듭니다. 그리고 교만한 마음은 자신도 모르게 드러나기 때문에, 자신이 하는 모든 일에 주의를 기울이지 않는다면, 그 일은 하느님께도, 이웃에게도, 그 자신에게도 아무런 유익이 되지 못합니다.

• 브라가의 마르티누스 『허영심을 몰아냄』 6.

교만한 생각

오르 압바는 이렇게 권고했다. "거만하고 교만한 생각들을 억누르고 싶을 때마다 양심을 주의 깊게 성찰해 보십시오. 모든 계명을 지켰는지, 원수들을 사랑하고 그들이 불행에 처했을 때 그들에게 친절했는지, 자신을 무익한 종이자 모든 죄인 가운데 최악의 죄인으로 여겼는지를 말입니다. 이 모든 것을 준행했더라도 모든 것을 잘한 것처럼 스스로를 대단하게 생각하지 마십시오. 그런 생각조차 모든 것을 파괴한다는 것을 아십시오."

• 『사막 사부들의 금언』 (오르) 11.

영적 교만에 빠진 사람들의 위험성

많은 사람이 교만의 충동에 현혹되지만 가장 위험한 사람은 영적으로 뛰어나다고 자부하는 사람과 부자, 사회적으로 높은 지위에 있는 이들입니다. 교만한 사람일수록 그 위험성이 더 커지기 때문입니다. 교만이라는 악은 지위가 낮은 사람이나 보통사람들보다는 높은 위치에 있는 사람을 더 강하게 유혹하기 때문에 그 폐악은 더 커집니다. 그래서 성경은 교만에 대해서 이렇게 경고합니다. "교만한 사람들의 식사는 사치스럽다" (하바 1,16). 교만은 선택받은 사람들과 고상한 사람들을 공격합니다. 교만은 자기 자신을 스스로 위대하다고 생각하게 만들기 때문에, 무엇을 행

하고 생각하고 말할 때 자신의 지혜와 분별 외에는 다른 아무것도 필요하지 않다고 착각하게 만듭니다. 하느님의 계획에 의해 일이 잘되면 그들은 바로 자신의 능력과 노력으로 그것을 이루었다고 주장합니다. … 하느님의 영광을 자신에게로 돌려서 모든 사람이 자신의 능력 때문에 놀란 것처럼 착각하게 만들어서 자신을 존경하라고 강요합니다. … 그들은 스스로 지혜롭다고 주장하지만 어리석습니다.

• 브라가의 마르티누스『교만』 8.

높은 지위의 위험

사울이 처음에는 자신의 모자람을 알고 통치의 영예에서 달아났지만, 이제 그 통치권을 받아들이고서는 자만심에 차올랐던 것입니다. 백성 앞에서 영예를 받고 싶어 하고 그들의 비난을 듣기 싫어하는 그의 욕망 때문에, 그는 그를 기름부어 임금으로 만들어 주신 분을 멀리하였습니다.

• 대 그레고리우스『사목 규칙』 1,3.

소홀함에 빠지는 위험을 피하려 애쓰는 다니엘

그(다니엘)는 교만으로 인하여 소홀함에 빠지는 위험을 멀리하였습니다. 교만은 주님을 불쾌하게 하니까요. … 다니엘이 미래에 대한 믿음이 없어서가 아니라, 안심하다가 소홀에 빠지는 위험을 피하려 한 것입니다. 소홀함이 하느님을 노하게 할 수 있기 때문입니다.

• 히에로니무스『다니엘서 주해』 9,2.

자만과 교만의 폐해와 제거

자만과 교만이 동시에 사람의 마음에 자리를 잡으면, 특히 육적인 욕망을 추구하는 사람들에게 이 두 나쁜 마음은 많은 죄를 불러일으킵니다. 자만은 자기 멋대로 생각하게 만들고, 거짓 교리를 선포하고, 거짓 증언과 분개, 격노, 경멸, 중상모략, 불평 등과 같이 여러 가지 나쁜 것들을 불러일으키는데, 이중 가장 나쁜 것은 신성모독입니다. 누구든지 진실로 죄의 악습에서 벗어나고 싶다면 그 뿌리부터 완전히 잘라 내야 합니다. 죄의 모든 산물은 그 씨가 자라나기 전에 제거해야지만 완전히 없어지기 때문입니다.

• 브라가의 마르티누스『교만』 10.

제자들은 사도의 영예 때문에 기뻐해서는 안 된다

제자들이 기적을 행하고 마귀 떼의 머리를 부순 일로만 기뻐한다면, 건방진 마음이 생길 수 있습니다. 이 욕망의 이웃이요 친척은 바로 교만입니다. 만유의 구원자께서는 시의 적절하게, 제자들이 우쭐거리는 태도를 보이자마자 그들을 나무라시며 그들 안에서 움트려는 욕망(명예를 탐하는 수치스러운 사랑)의 뿌리를 재빨리 잘라 버리십니다. 밭에 가시나무가 돋아나는 것을 보면 뿌리를 깊이 뻗기 전에 곡괭이로 캐어 내는 농부처럼 하신 것입니다.

• 알렉산드리아의 키릴루스『루카 복음 주해』 64

헛된 영광을 탐하는 마음을 잘라 버리시는 영혼의 으사 예수님

자만이라는 욕망이 거룩한 사도 몇몇을 공격했습니다. 단순히 누가 가장 큰 사람이냐를 두고 논쟁하는 것처럼 보였지만(루카 9,46 참조), 그 속에는 우두머리가 되려는 마음이 꿈틀거리고 있었지요. 늘 깨어 계시는 그리스도께서는 그들을 어떻게 구해 내야 하는지 잘 아셨습니다. … 그래서 그것들이 자라나 깊이 뿌리내리고 힘이 세져 마음을 점령하기 전에, 악의 뿌리를 뽑아 버리셨지요. … 예수님께서 "어린이 하나를 데려다가 곁에 세우셨다"(루카 9,47)라고 성경에 기록되어 있습니다. 그렇게 함으로써 그 일을 거룩한 사도들과 그들의 후예인 우리에게 유익한 가르침의 기회로 삼으신 것입니다. 자만심이라는 병은 다른 사람들보다 높은 지위에 있는 이들을 공격합니다.

• 알렉산드리아의 키릴루스 『루카 복음 주해』 54.

예수님께서 지위와 권한을 거부하시다

예수님께서 당신을 따르는 이들에게조차 아무런 권한을 행사하지 않으신 — 당신의 나라에 대해 알고 계시면서도 임금으로 불리는 것을 마다하신 — 것은 모든 교만과 지위와 권능의 겉치장에서 단호하게 돌아서는 최고의 본보기를 세워 주신 것입니다.

• 테르툴리아누스 『우상 숭배』 18.

아름다운 비파 가락

사울이 악령에 사로잡힐 때마다 다윗이 비파를 타서 사울의 광기를 가라앉혔다는 사실은 실로 허투루 넘겨서는 안 됩니다. 이 이야기에서 사울이 상징하는 것이 무엇이겠습니까? 힘 있는 자들의 교만 아니겠습니까? 다윗이 상징하는 것은 거룩한 이들의 겸손한 삶 아니겠습니까? 사울이 더러운 영에 사로잡힐 때마다 다윗의 노래가 그의 광기를 잠재운 것은 바로 그런 까닭입니다. 그러므로 권력을 지닌 자들이 교만 때문에 미친 듯 분노하는 태도를 보일 때면 언제나 우리는 부드러운 말, 곧 비파의 아름다운 선율로 그들의 마음을 건전한 상태로 돌려놓아야 할 것입니다.

• 대 그레고리우스 『사목 규칙』 3,2.

교만의 함정을 피하라

우리도 서로의 발을 씻어 주도록 가르치기 위하여 제자들의 발을 씻어 주신 그리스도에 대한 기

억을 우리 마음 가장 깊은 곳에 새깁시다. 그렇게 한다면 교만해지려는 마음이 완전히 제압되고 모든 형태의 세속적 자만심이 우리에게서 떠나갈 것입니다.

• 알렉산드리아의 키릴루스 『요한 복음 주해』 9.

자기 죄를 알면 자만하지 않게 된다

거룩한 사부 파코미우스가 자기 수도원으로 가는 길에 암논이라 불리는 광야 가까이 가게 되었는데, 마귀 떼가 그를 둘러쌌습니다. 오른쪽과 왼쪽에서 튀어나오는가 하면 더러는 그의 뒤를 따르고 더러는 그의 앞에서 뛰어다니며 "하느님의 축복을 받은 이를 보라" 하고 말했습니다. 그에게 자만심의 씨앗을 심으려는 행동이었습니다. 그러나 그는 마귀들의 잔꾀를 알고 있었습니다. 마귀들이 더 큰 소리로 외칠 때마다 그는 더 큰 소리로 자기 죄를 고백하며 하느님께 외쳤습니다. 그렇게 하여 마귀들의 잔꾀가 수포로 돌아가게 하면서 그는 마귀들에게 큰 소리로 말했습니다. "이 사악한 자들아! 너희는 나를 자만으로 끌어들일 수 없다. 나는 나의 잘못을 알고 있으며, 그것들로 인한 영원한 징벌을 두고 끝없이 눈물 흘려야 하기 때문이다."

• 파코미우스 『역대기』 8,14.

어떤 사람들은 자만심으로 우쭐하고 있습니다. 그러나 그들이 하느님을 두려워해서 마음을 숙인다면, 자만심은 정의를 보호하는 자유로운 권위로 변화합니다.

• 대 그레고리우스 『욥기의 도덕적 해설』 3,70.

자신들의 행위를 자랑스럽게 여기는 유대인들이 교만을 지양해야 하는 것처럼 다른 민족들도 하느님께서 유대인들보다 자신들을 편애하셨다

고 자만해서는 안 됩니다.

• 아우구스티누스『로마서 명제 해설』66.

하느님 앞에 모두 평등하다는 상징인 입맞춤

바오로는 로마 신자들이 이런 인사를 함으로써 교만을 떨쳐 버리기 바랍니다. 지위 높은 사람은 비천한 사람을 무시해서는 안 되며, 지위가 낮은 사람은 지위 높은 사람을 시기해서는 안 됩니다. 입맞춤은 교만과 시기를 떨쳐 버리게 하고, 그러면 모든 사람이 평등해집니다.

• 요한 크리소스토무스『로마서 강해』31.

부자라고 더 잘 보아 주지도 밉게 보지도 않으시는 예수님

그분은 왕실 관리의 아들 곁에는 몸소 가지 않으셨지만 백인대장의 종에게는 즉시 달려가려 하셨습니다. 이유가 무엇이겠습니까? 우리의 교만을 억누르시려는 것 아니겠습니까? 우리는 하느님의 모상대로 만들어진 인간의 본성이 아니라 인간의 돈과 명성을 존중합니다.

• 대 그레고리우스『복음서 강해』(40편) 28.

사랑이 없는 지식

바오로는 자신이 남보다 지혜롭다고 여기는 이들을 꾸짖습니다. … 지식은 사랑을 낳는 것이 아니라 경솔한 이들이 우쭐해하며 자만하게 만들어 오히려 사랑을 얻지 못하게 합니다. 오만은 분열을 부추기지만 사랑은 사람들을 한데 끌어모아 참된 지식으로 이끕니다.

• 요한 크리소스토무스『코린토 1서 강해』20,2.

세속 명예를 슬기롭게 관리하라

교만의 유혹은 자주 성경을 묵상함으로써 하느님께 대한 경외심과 사랑을 마음에 심지 않는 한

저항할 길이 없습니다. 그런데 이렇게 하는 사람은 자신에게 바쳐진 영예를 과분한 것으로 돌리며 인내와 겸손의 본보기가 되어야 합니다. 사람들의 찬사를 냉큼 받아들여서도, 아예 물리쳐서도 안 됩니다. 찬사와 영예를 받아들이되 자신을 위해서가 아니라 (그는 모든 것을 하느님께 돌리고 인간적인 것을 하찮게 여겨야 하니까요) 그가 지나친 자기 비하로 영예를 다 버리지 않아야 도와줄 수 있는 사람들을 위해 받아들여야 합니다.

• 아우구스티누스『편지』22,2,7.

사탄의 공격

교만해지려는 우리 마음을 겸손하게 하고 야심을 가라앉히시기 위해 그리스도께서는 가장 커 보이는 사람도 나약하기 짝이 없고 아무것도 아닌 존재임을 보여 주십니다. … 사탄은 남보다 뛰어난 사람을 공격할 때가 많습니다.

• 알렉산드리아의 키릴루스『루카 복음 주해』144.

싸움의 근원

쉽게 이길수록 전투할 필요가 없어집니다. 그런데 자기 자신에게서 아무런 반대가 없다면 누가 내면의 싸움을 하려 하겠습니까? 우리 안에 치유되거나 치료받아야 할 것이 아무것도 없다면 자기 자신으로부터 무슨 반대가 있겠습니까? 그런즉 우리 싸움의 유일한 원인은 자기 안의 나약함입니다. 한편, 나약함은 교만을 조심시킵니다. 진실로, 자만심에 빠질 수 있는 현세의 삶에서 자만하지 않게 하는 힘과 덕은 약한 데에서 완전히 드러납니다.

• 아우구스티누스『율리아누스 반박』4,2,11.

균형 잡힌 영혼

놀라운 내적 집사직에 의해 영혼이 중간점에서

균형을 잡으면, 자신의 선행을 자랑하는 교만에
빠지지도, 사악한 행동에 빠지지도 않습니다.

• 대 그레고리우스 『에제키엘서 강해』 2,2,3.

공평하신 하느님

한 사람에게 모든 것이 주어지지는 않습니다. 사
람이 교만에 부풀어서 타락하지 않게 하려는 것
입니다. 이 사람에게는 여러분이 받지 못한 것이
주어지고 여러분은 그 사람이 받지 못한 것을 받
습니다.

• 대 그레고리우스 『에제키엘서 강해』 1,10,32.

자만하지 못하게 하다

내(바오로)가 자만하지 않도록 하느님께서 내 몸
에 가시를 주셨습니다. 그것은 사탄의 하수인으
로, 나를 줄곧 찔러 대 내가 자만하지 못하게 하
시려는 것이었습니다(2코린 12,7 참조).

• 아우구스티누스 『마니교도 파우스투스 반박』 22,20.

영혼을 파괴하는 교만

벌레가 자기가 태어난 나무를 갉아먹고, 녹이 자
기가 나온 철을 파괴하며 좀이 양털을 못쓰게 만
들듯이, 교만은 그것을 키우는 영혼을 파괴합니
다. 그러므로 우리는 끊임없이 교만에서 벗어나
도록 애써야 합니다.

• 요한 크리소스토무스 『요한 복음 강해』 30,1.

구원자의 은총

구원자의 은총 없이도 자신의 힘으로 율법을 완
수할 수 있다고 우쭐대는 사람은 그 오만으로 오
히려 해를 입어 죄를 짓고자 하는 더 큰 욕구에
사로잡히며, 자신의 죄로 인해 결국 죄인이 됩니
다. 그러므로 자신의 힘으로는 일어설 수 없다는
것을 깨달은 타락한 인간은 구원자께 도와주십

사 외치라고 하십시오.

• 아우구스티누스 『로마서 명제 해설』 13-18.

주님께 네 마음을 들어올려라

오늘 우리는 장엄한 승천 축일을 기념하고 있습
니다. 그러므로 우리가 주님의 승천을 올바르고
거룩하고 성실하고 경건하고 신심 깊게 기념하
고자 한다면, 우리는 우리 마음을 들어 올려 그
분과 함께 하늘로 올라가야 합니다. 그렇게 올라
가는 우리이니, 교만으로 부풀어 오르거나 우리
의 공덕이 마치 우리 것이기나 한 듯이 생각하지
맙시다. 실로 우리는 마음을 들어 올려야 하지
만, 오직 주님께 들어 올려야 합니다. 들어 올려
졌지만 주님께 들어 올려지지 않은 마음을 우리
는 교만이라 부릅니다. 주님께 들어 올려진 마음
은 피난처라 부릅니다. 형제 여러분, 위대한 기적
을 보십시오. 하느님께서는 높은 곳에 계십니다.
여러분이 여러분 자신을 드높입니다. 그러면 그
분께서는 여러분에게서 달아나십니다. 여러분이
자기를 낮추면, 그분께서 여러분에게로 내려오
십니다. 어째서 그렇습니까? "주님께서는 높으
셔도 비천한 이를 굽어보시고 교만한 자를 멀리
서도 알아보시기"(시편 138,6) 때문입니다. 그분
께서 비천한 이를 가까이서 굽어보시는 것은 그
를 들어 올리시기 위해서입니다. 높은 것, 곧 교
만한 것을 그분께서 알아보시는 것은 그를 끌어
내리시기 위해서입니다.

• 아를의 카이사리우스 『설교』 210,2.

네 자신을 낮추는 것이 낫다

여러분이 자신을 낮추면 들어 올려질 것입니다.
여러분이 교만하고 거만하다면 꺾일 것입니다.
하느님께서는 여러분을 꺾어 내리시기 위해 틀
림없이 무거운 짐을 찾아 내실 것이기 때문입니

다. 하느님께서 사용하실 무거운 짐이란 여러분의 죄의 무게입니다. 그것이 여러분의 머리에 묶이면 여러분은 꺾일 것입니다.

• 아우구스티누스 『시편 상해』 38,10.

우리는 높아지기 위해 낮아집시다. 교만은 철저히 끌어내려야 하기 때문입니다.

• 요한 크리소스토무스 『마태오 복음 강해』 65,6.

교만과 겸손

당신께서는 오만한 자들의 교만을 낮추시고 민족들의 계획을 뒤집으시며, 겸손한 이들을 들어 올리시고 거만한 자들을 낮추십니다.

• 로마의 클레멘스 『코린토 신자들에게 보낸 첫째 편지』 59,3.

겸손한 사람과 교만한 사람

겸손한 신앙인이 있고 교만한 신앙인이 있습니다. 교만한 자들은 하느님 나라를 자신해서는 안 될 것입니다. 온전히 바쳐진 순결함이 인도하는 곳은 틀림없이 더 높은 곳이지만, 자기를 높이는 자는 낮아질 것입니다. 스스로 낮아지기만 하면 높이 오를 수 있는데, 어째서 높은 자리를 탐하여 높이 오르려고 합니까? 그대가 그대를 들어 높이면 하느님께서 그대를 끌어내리실 것입니다. 그대가 그대를 끌어내리면 하느님께서 그대를 들어 높이실 것입니다. 사람이 한 마디도 보태거나 뺄 수 없는 주님의 말씀입니다.

• 아우구스티누스 『설교』 354,8.

하늘 나라는 덕을 실천하는 이들에게 어울리는 곳이다

"하늘 나라가 그들의 것이다"라는 말씀이 무슨 뜻입니까? 하늘 나라는 덕을 실천하는 이들에

게 어울린다는 뜻 아닙니까? 지옥으로 가는 길이 온갖 악덕, 특히 교만으로 칠해져 있듯이, 하늘 나라로 가는 길은 모든 덕, 특히 겸손이 인도합니다. 모든 악의 뿌리는 교만이고 모든 선의 뿌리는 겸손이기 때문입니다(루카 14,11 참조). 자기를 높이는 이는 낮아지고, 자기를 낮추는 이는 높아지는 것이 마땅합니다.

• 『마태오 복음 미완성 작품』 강해 9

부유한 자와 굶주리는 이, 바리사이와 세리

굶주리는 이는 누구입니까? 겸손한 이, 가난한 이지요. 부유한 자는 누구를 말합니까? 교만하고 저 잘났다는 사람들이지요. 여러분께 어디 멀리까지 가서 그들을 찾아보라고 하지 않겠습니다. 저는 바로 이 성전에서, 빈손으로 내쳐지는 부유한 자와 좋은 것들로 배부르게 될 굶주린 이를 여러분께 보여 드릴 수 있습니다.

"두 사람이 기도하러 성전에 올라갔다. 한 사람은 바리사이였고 다른 사람은 세리였다"(루카 18,10). … 음식을 소화시키지 못해 트림을 하며 정의가 아니라 교만의 악취를 내뿜는 부자를 보십시오. … 하지만 주님께서는 겸손한 이들에게 다가가십니다. 세리는 하늘을 향하여 눈을 들 엄두도 내지 못했습니다만, 그의 마음은 그가 눈을 두지 못한 바로 그곳에 있었습니다.

• 아우구스티누스 『설교』 290,6.

하느님의 겸손과 대비되는 우리의 교만

하느님께서 자신을 낮추시어 그런 고통과 불명예와 모욕을 기꺼이 받아들이고자 하셨다면 본디 본성이 진흙이요 죽음에 이를 존재인 여러분이 제아무리 자신을 낮춘다 한들 결코 주님을 닮을 수는 없을 것입니다. 하느님께서는 여러분을 위하여 당신을 낮추셨건만 여러분은 여러분 자

신을 위해서도 자신을 낮추지 않습니다. 여러분은 교만하고 자신만만합니다. 하느님께서 오시어 여러분에게 안식을 주시기 위해 여러분의 짐을 받아 지셨지만 여러분은 수고와 노고를 견디고 싶어 하지 않습니다. 여러분의 상처는 여러분의 수고로 낫습니다.

• 이집트의 마카리우스 『첫째 편지』 7.

거만한 자들을 꾸짖다

모든 거만한 자들은 세상이 생겨난 이래로 그들이 줄곧 거만하였고 지금도 여전히 거만함을 깨달아야 하며, 모든 종류의 글을 통해 책망을 받아야 합니다. 그러나 신구약성경에 따르면, 겸손하고 온순한 이들은 축복을 받아 왔고 지금도 받고 있으며, 칭찬을 받아야 합니다. "하느님께서는 교만한 자들을 대적하시고 겸손한 이들에게는 은총을 베푸신다"(야고 4,6)라는 하느님의 말씀은 거짓말이 아니기 때문입니다.

• 아를의 카이사리우스 『설교』 49,2.

교만으로 부풀어 오르다

마음이 겸손하고 자만으로 우쭐해하지 않는 이들은 성령의 은사를 받으면, 자기는 은사를 받을 자격이 없는데 이렇듯 부족함에도 불구하고 넘치게 받았다고 느껴 더욱 진지하고 열성적인 태도를 보입니다. 그러나 자만으로 우쭐해하며 당연히 받을 것을 받았다고 생각하는 사람들은 교만으로 부풀어 오르고 맙니다.

• 요한 크리소스토무스 『히브리서 강해』 3,8.

은총과 형벌

사람은 겸손을 사랑하는 만큼의 은총으로 초대받습니다. 그런가 하면 어떤 사람은 교만의 죄와 같은 크기의 형벌에 넘겨집니다. 그러니 누구든 교만이 부풀어 오른다 느껴지면, 그것과 싸우십시오.

• 시미에의 발레리아누스 『설교』 14,2.

교만과 싸워라

교만은 모든 악 가운데서 가장 나쁜 악입니다. 겸손은 그것(교만)에 대항할 수 있는 만큼 큰 선입니다. 이 두 가지, 곧 선과 악이 다 의식적으로 그리고 의도적으로 작용하고 있을 때, 하느님 앞에서 자신을 낮추고 교만한 자들을 멀리하는 사람은 높여질 것입니다. 그의 겸손이 그를 높은 곳으로 데려다 줄 것입니다.

• 맹인 디디무스 『성경 주해 선집』.

욕심은 교만의 어머니다

욕심보다 더 사랑에 반대되는 것은 없습니다. 욕심은 교만의 어머니입니다. 인간이 되신 하느님, 주 예수 그리스도는 우리의 교만한 마음을 바로잡는 가장 효과적인 치료제요 거룩한 사랑의 표징입니다. 그리스도는 우리 인간들 한가운데 계신 겸손의 모범이십니다. 인간의 교만은 진정 커다란 비참이며, 하느님의 겸손은 비할 길 없는 커다란 자비입니다.

• 아우구스티누스 『입문자 교리교육』 4,8.

하느님의 겸손을 통해 치유된 인간의 교만

죄가 인류를 하느님에게서 멀리 떼어 놓은 뒤에는, 우리를 하느님과 화해시키고 나아가 우리 육체가 영원한 생명으로 부활할 수 있도록 홀로 죄 없이 태어나시고 사시다 죽임을 당할 중개자가 필요했습니다. 이 모든 것은 인간의 교만이 드러나고 하느님의 겸손을 통해 치유받게 하기 위해서였습니다.

• 아우구스티누스 『믿음 희망 사랑』 108,28.

나약함을 고백하자

인간은 힘을 사용하여 죄를 범하였으므로 나약함으로 바로잡아야 합니다. 또한 '교만' 때문에 죄를 범하였으므로 겸손으로 단련을 받아야 합니다. 교만한 자들은 모두 자신을 강한 사람이라고 합니다. … 여러분은 큰 나약함으로 겸손하게 될 것입니다. 이것이 바로 하느님께서 선물로 주시는 첫 은총으로서, 우리로 하여금 자신의 나약함을 고백하게 합니다.

• 아우구스티누스 『시편 상해』 39(38),18.

인간의 나약함

의로운 사람이라도 자신의 나약함을 깨닫지 못하면 멸망의 낭떠러지를 걷게 되어 추락하기 십상이며, 탐욕스러운 사자, 곧 교만의 악마에게 먹히기 십상입니다. 다시 말하지만, 자기 자신 나약함을 모르는 사람은 겸손이 모자라며, 겸손이 부족한 사람은 또한 완덕이 부족하고 완덕이 부족한 사람은 영원히 불안에 사로잡히고 맙니다.

• 니네베의 이사악 『종교적 완성』 8.

창조는 우리를 겸손으로 이끈다

무엇보다 [교만은] 하느님께 대한 신뢰를 우리에게서 몰아내므로, 이 때문에 하느님께서는 창조든, 몸의 됨됨이든, 삶의 과정이든 모든 것을 상반적 관점에서 조직하셨습니다. 우리가 절제하며 행동하고 우리의 약함을 깨닫도록, 모든 것이 우리가 겸손해지도록 존재합니다.

• 요한 크리소스토무스 『욥기 주해』 37,7B.

훈계는 서로 다르게 하라

겸손한 사람들과 교만한 사람들은 각각 다르게 훈계해야 합니다. 겸손한 사람들에게는 그들이 희망하고 있는 탁월함이 얼마나 진실한 것인지 신중하게 말해 주어야 합니다. 교만한 사람들에게는 그들이 가진 일시적인 영광이 얼마나 아무것도 아닌지에 대해 넌지시 알려 주어야 합니다. 그들은 설사 그것을 잠시 끌어안았다 하더라도 그것을 움켜잡지 못합니다. 겸손한 사람들에게는 그들이 갈망하는 것이 얼마나 영원한 것인지, 또 그들이 경멸하는 것이 얼마나 일시적인 것인지를 들려주십시오. 교만한 사람들에게는 그들이 얻으려고 애쓰는 것들이 얼마나 일시적인지, 또 그들이 잃어버린 것들이 얼마나 영원한 것들인지를 들려주십시오.

• 대 그레고리우스 『사목 규칙』 3,17.

부와 겸손

겸손을 잃지 않는 부자를 찬양합시다. 그의 가난함을 찬양합시다. … 그들이 지닌 부는 그들에게 오만해지라고 듣기 좋게 속삭입니다. 그들의 부는 그들이 겸손해지는 것을 더욱 어렵게 합니다.

• 아우구스티누스 『설교』 14,2

이시도루스 압바가 또 말했습니다. "겸손의 절정은 대단하고 교만의 심연도 그러합니다. 그러니 겸손에 힘을 쏟고 교만에 떨어지지 않도록 하십시오."

• 『사막 사부들의 금언』(펠루시움의 이시도루스) 5.

주님은 겸손한 자의 장막 안에 머무르실 것이며, 교만한 자의 집에는 저주가 넘쳐 날 것입니다.

• 폰투스의 에바그리우스 『수도승에게』 19.

누구나 빠지기 쉬운 교만을 피하십시오. 누구나 길러야 하는 겸손을 추구하십시오.

• 아를의 카이사리우스 『설교』 230,2.

상처 입은 주님께서 악마에게 상처를 입히시다

작은 이들이 겸손히 자신을 낮추신 위대하신 분의 본보기를 따라 양육되는 동안, 악마는 그가 지니고 있던 것들을 잃었습니다. 오만한 악마는 오만한 이들만 지배할 수 있기 때문입니다. 그토록 놀라운 겸손의 본보기를 본 사람들은 자신의 교만을 책망하고 하느님의 겸손을 닮기를 배웁니다. 오만한 악마는 자신이 지배하던 이들을 잃고 수모를 당합니다. … 그의 오만함의 근원이 그가 우리와 대적하여 부여잡고 있던 죄 문서가 아니고 무엇이겠습니까? 이 증서, 이 자필 문서를 당신께서 당신 피로 지우셨습니다. 그리하여 당신은 악마에게 상처를 입히시고 이를 통해 그토록 많은 희생자를 구원하셨습니다. 육체의 고통이 아니라 악마의 오만한 마음을 멍들게 함으로써 악마에게 상처를 입히셨습니다.

• 아우구스티누스『시편 해설』89,11.

겸손하라는 초대

의롭게 행동하는 사람조차 자기보다 더 나은 이의 덕을 바라보기를 잊으면 교만의 어둠 때문에 마음의 눈이 빛을 잃어버린다는 것을 우리는 압니다. 하지만 다른 이들의 선한 자질을 유심히 보는 사람은 겸손이라는 강한 광선으로 자신의 행실을 비춥니다. 그가 자신이 한 것과 똑같은 일을 다른 사람들도 한 것을 보면, 자기만 그런 일을 한다고 생각하여 내부에서 터져 나오려고 하는, 부풀어 오르는 교만을 누르기 때문입니다.

• 대 그레고리우스『욥기의 도덕적 해설』31,107.

우리에게 겸손하고 온유하기를 권하시는 예수님

어느 모로 보나 윗자리에 앉을 자격이 있는 온유하고 겸손한 사람은 그 자리에 앉으려 하지 않습니다. 그의 자리여야 마땅한 자리를 남에게 양보하지요. 그래서 아무도 그를 헛된 자만에 차 있다고 보지 않습니다. 그런 사람은 받아 마땅한 명예를 누리게 될 것입니다.

• 알렉산드리아의 키릴루스『루카 복음 주해』101.

그리스도교적 겸손

그대의 태도와 옷차림, 걸음걸이, 앉아 있는 자세, 음식, 잠자리, 집, 가구, 모든 것에서 항상 간소함을 추구하십시오. 말할 때도 허세를 부리지 말고, 노래할 때도 지나치게 상냥하게 하지 말고, 대화할 때도 부담스럽거나 거만스럽게 하지 마시오. 그러면 모든 면에서 교만이 사라집니다. 친구를 도와주고, 가족에게 친절하며, 종에게 관대하고, 말썽부리는 사람에게 인내하며, 비천한 이들을 사랑하고, 곤경 중에 있는 이를 위로하며, 고통받는 사람을 찾아가고, 사람을 멸시하지 마십시오. 다른 사람에게 친절하게 대답하고, 모든 사람에게 공손하며, 가까이 다가가십시오. 스스로 칭찬하지 말며, 다른 사람들이 그대를 칭찬하게끔 유도하지 마십시오. 천박한 말은 듣지 말고, 가능한 한 그대의 뛰어난 자질을 숨기십시오. … 꾸짖는 말을 삼가십시오. 성급하게 다른 사람을 책망하지 마십시오. 이것은 일종의 교만입니다. 자기 자신이 마치 온전한 사람이라도 되는 것처럼, 다른 사람의 사소한 일에 대해 흠잡지 마십시오. …

그대는 겸손을 사랑하는 사람답게 겸손을 실천하십시오. 그대가 겸손의 덕을 사랑하면, 겸손이 그대를 영광스럽게 할 것입니다. 그렇게 한다면 그대는 천사들과 하느님께서 계신 곳에 있는 참된 영광으로 가는 길을 가게 될 것입니다. 그러면 그리스도께서 그대를 천사들 앞에서 당신 제자로 인정하실 것입니다(루카 12,8 참조). 그리고 그대가 그리스도의 겸손을 본받았다면, 그리스도께서 그대를 영광스럽게 하실 것입니다.

• 대 바실리우스 『겸손에 관한 설교』 7.

교만은 내쳐진 자가 되게 하고 겸손은 회복시킨다

영혼이 하느님을 떠난 것은 교만했기 때문입니다. 교만은 우리를 내쳐진 자가 되게 하고 겸손은 우리를 회복시킵니다. … 모든 병의 원인인 교만을 아예 없애기 위하여 하느님의 아드님께서 자신을 낮추셨습니다. 인간이여, 그대는 어찌 교만한 것입니까? 하느님의 아드님께서 그대를 위해 당신을 낮추셨습니다. 겸손한 인간을 본받는 것을 그대가 혹시라도 부끄럽게 여긴다면 적어도 겸손하신 하느님이라도 본받으십시오. … 그분 겸손의 증거가 이 말씀에 담겨 있습니다. '나는 내 뜻이 아니라 나를 보내신 분의 뜻을 실천하려고 하늘에서 내려왔다. 교만은 제 뜻을 행하고 겸손은 하느님의 뜻을 행한다. 그래서 나는 나에게 오는 사람을 물리치지 않을 것이다. 나는 내 뜻이 아니라 나를 보내신 분의 뜻을 실천하려고 하늘에서 내려왔기 때문이다. 나는 나를 낮춤으로써 겸손을 가르치기 위해 왔다. 누구든지 나에게 오는 사람은 나의 지체가 된다. 그런 사람은 자신의 뜻이 아니라 하느님의 뜻을 행하기에 겸손한 사람일 수밖에 없다. 따라서 [이런 사람은] 내쳐지지 않는다. 내쳐진 자는 교만한 자여서 내쳐졌다.' … 그러나 그분께서 우리는 내치지 않으실 것입니다. 우리는 우리에게 겸손을 가르침으로써 우리의 머리가 되고자 하신 분의 지체이기 때문입니다.

• 아우구스티누스 『요한 복음 강해』 25,15-16.18.

유대인들과 야생 올리브 나무 가지

유대인들은 실로 자만심에 가득 차 있었습니다. 선택된 백성이 되어 율법을 받았고, 성조들을 조상으로 모시고 있으며, 그 백성 가운데서 예언자들이 나왔고, 우리가 시편에서 보듯(시편 106 참조) 하느님의 종 모세가 이집트에서 위대한 기적들을 행했다는 이유였지요. 모세는 홍해의 물이 갈라졌을 때 백성을 이끌고 그 땅을 나왔고, 율법을 받아 백성에게 주었습니다. 이런 것들이 유대인들의 자랑이었습니다. 이런 자만심이 그들로 하여금 그리스도를 기꺼이 맞아들이지 못하게 했습니다.

그리스도는 겸손의 창시자이며, 자만심의 억제자요, 당신이 하느님이시기에 인간으로서의 당신을 아시기 위해 인간이 되신 의사이신 하느님이십니다. 얼마나 위대한 치유제입니까! 이 치유제가 교만을 치유하지 못한다면, 무엇이 그것을 치유할 수 있겠습니까? … 그분은 하느님이시지만, 사람이 되셨습니다. 그런데 인간은 자기가 사람이라는 것을, 죽어야 할 운명의 존재라는 것을 깨닫지 못합니다. 자신이 약한 존재이며, 죄인이고, 병들었으며, 병자이므로 의사가 필요하다는 사실을 깨닫지 못합니다! 더 기가 막힌 것은 자기가 건강하다고 생각한다는 사실입니다!

이런 것들 때문에, 곧 교만 때문에, 그 백성은 그분께 다가가지 않았습니다. 그들은 올리브 나무(성조들에게서 난 사람들)의 가지이지만 부러진 가지(유대인으로 태어났으나 교만하여 영적으로 열매를 맺지 못하는 자)입니다. 그 올리브 나무에 야생 올리브 나무 가지가 접붙여졌습니다. 이 야생 올리브 나무 가지는 다른 민족 사람들을 나타냅니다. 사도는 원래의 가지들이 잘려 나가고 야생 올리브 나무 가지가 그 자리에 접붙여졌다고 합니다(로마 11,17-24 참조). 이 가지들이 잘려 나간 것은 교만 때문이었습니다. 야생 올리브 나무 가지가 접붙여진 것은 겸손 덕분입니다.

• 아우구스티누스 『설교』 77,11-12.

악의 원인

만물의 창조주이시며 치유자이신 하느님께서는 교만이 악의 원인이자 원천임을 아시고 한쪽을 그 반대되는 것으로 치유하시려 하셨습니다. 그래서 교만으로 파괴된 것들을 겸손으로 회복시키셨습니다.

• 요한 카시아누스 『규정집』 12,8.

은총으로 변화된 당신으로 계속 남아 있어라

우리가 죄를 지어 만든 우리 자신을 버립시다. 은총으로 변화된 우리 자신으로 계속 남아 있도록 합시다. 당신은 오만했던 사람을 봅니다. 그가 그리스도께로 돌아섰다면, 겸손하게 되었을 것이고 자기 자신을 버렸을 것입니다.

• 대 그레고리우스 『복음서 강해』(40편) 32.

자만에서 그리스도의 겸손으로

바오로 사도는 의기양양해하는 것과 높은 곳을 늘 두려워하며, "마음이 온유하고 겸손"(마태 11,29)하신 그리스도께 배우기 위하여 자신의 영혼이 악의 높은 곳에서 정직한 겸손으로 떨어지는 것을 좋아합니다. 이는 자만을 두려워하는 단계로 진보한 이들의 특징입니다. … 자만에서 그

리스도의 겸손으로 다시 불려온 영혼은 주님의 구원을 기다립니다.

• 아퀼레이아의 루퍼누스 『(열두) 성조의 축복』 2,17.

서둘러 건너다

"백성은 서둘러 강을 건넜다"(여호 4,10)라는 말씀은 … 명령받은 모든 것을 이행한다는 뜻입니다. 그러니 우리 서둘러 건넙시다. 곧, "행복하여라, 마음이 가난한 사람들!"(마태 5,3)이라고 쓰인 말씀을 처음부터 온전히 이행합시다. 그리하여 우리가 온갖 교만을 버리고 그리스도의 겸손을 본받게 되면, 그 복된 약속이 우리에게 이루어질 것입니다.

• 오리게네스 『여호수아기 강해』 5,1.

보상과 저주

미래의 심판이 다가오고 있으므로, 하느님의 계명들과 심판과 약속들에 대해 사람들이 알 필요가 있습니다. 겸손한 이들은 그것들을 지킴으로써 보상을 받고, 오만하고 완고한 자들은 그것들을 소홀히 함으로써 저주를 불러올 것입니다.

• 존자 베다 『묵시록 해설』 22,10.

라틴어 저서명

• 가우덴티우스

『논고』(21편)*Tractatus XXI*

• 겐나디우스 (콘스탄티노플의)

『로마서 주해 단편』*Fragments in epistulam ad Romanos*

• 그레고리우스 (기적가)

『동정 마리아에게 전한 탄생 예고』*Homilia in annuntiationem Virginis Mariae*

『코헬렛 석의』*Metaphrasis in Ecclesiasten*

• 그레고리우스 (나지안주스의)

『거룩한 부활절』(연설 45)*In sanctum pascha (orat. 45)*

『거룩한 빛』(연설 39)*In sancta lumina (orat. 39)*

『누이 고르고니아 추도사』(연설 8)*In laudem sororis Gorgoniae (orat. 8)*

『도피 변론』(연설 2)*Apologetica (orat. 2)*

『부친 추도사』(연설 18)*Funebris oratio in patrem (orat. 18)*

『성령』(연설 31)*De Spiritu Sancto (orat. 31)*

『신학』(연설 28)*De theologia (orat. 28)*

『아타나시우스 찬사』(연설 21)*In laudem Athanaii (orat. 21)*

『침묵하시는 성부』(연설 16)*In patrem tacentem (orat. 16)*

『형제 카이사리우스 추도사』(연설 7)*Funebris in laudem Caesarii fratris (orat. 7)*

• 그레고리우스 (니사의)

『고리대금업자 반박』*Contra usurarios*

『그리스도인의 생활 방식』*De instituto christiano*

『그리스도인의 완덕에 관해 올림피우스 수도승에게』*De perfectione christiana ad Olympium monachum*

『동정』*De virginitate*

『시편의 제목』*In inscriptiones psalmum*

『아가 강해』(15편)*In Canticum canticorum homiliae XV*

『에우노미우스 반박』*Contra Eunomium*

『코헬렛 강해』(8편)*In Ecclesiasten homiliae VIII*

• 그레고리우스 (대)

『대화』*Dialogorum libri IV*

『복음서 강해』(40편)*Homiliae XL in Evangelia*

『사목 규칙』*Regula pastoralis*

『사무엘기 상권 해설』(6권)*In librum primun Regum expositionum libri VI*

『서간집』*Registrum epistularum*

『에제키엘서 강해』*Homiliae in Ezechielem*

『욥기의 도덕적 해설』*Moralia in Job*

• 그레고리우스 (엘비라의)

『아가 해설』*Explanatio in Canticis Canticorum*

• 네메시우스 (에메사의)

『인간의 본성』*De natura hominis*

• 노바티아누스

『유대인의 음식』*De cibis iudaicis*

『정덕의 유익』*De bono pudicitiae*

• 니케아 공의회

『법규』*Canon*

『니케아–콘스탄티노플 신경』*Symbolum Nicaeno-Constatino*

• 니케타스 (레메시아나의)

『성령의 능력』*De Spiritus Sancti potentia*

• 도로테우스 (가자의)

여러 가르침 (1-17편)*Doctrinae diversae I-XVII*

『디다케: 열두 사도들의 가르침』*Didache XII Apostolorum*

• 디디무스 (맹인)

『가톨릭 서간에 관한 짧은 상해』*In epistulas catholicas brevis enarratio*

『성경 주해 선집』*Catena*

『욥기 주해』*Commentarii in Iob*

『창세기 주해』*Commentarius in Genesim*

『코린토 1서 주해 단편』*Fragmenta in Epistulam I ad Corinthios*

『코헬렛 주해』*Commentarii in Ecclesiasten*

『히브리서 주해 단편』*Fragmenta in epistulam ad Hebraeos*

• 디아도쿠스 (포티케의)

『영적 완성에 관한 단상 100편』*Capita centum de perfectione spirituali*

『디오그네투스에게 보낸 편지』*Epistula ad Diognetum*

• 디오니시우스 (알렉산드리아의)

『단편집』*Fragmenta*

• 디오도루스 (타르수스의)

『로마서 주해』*Commentarii in epistulam ad Romanos*

『시편 주해』*Commentarii in Psalmos*

• 라바누스 마우루스

『에스테르기 해설』*Expositio in Librum Esther*

『집회서 주해』*Commentarium in Ecclesiasticum libri decem*

• 레안데르 (세비야의)

『동정녀 교육과 세상 경멸』*De institutione virginum et de contemptu mundi*

• 레오 (대)

『서간집』*Epistulae*
『설교집』(97편)*Sermones XCVII*

• 루피누스 (아퀼레이아의)
『사도신경 해설』*Expositio symboli*
『(열두) 성조의 축복』*De benedictionibus (duodecim)patriarcharum*

• 마르쿠스 (은수자)
『세례론』*De Baptismo*

• 마르티누스 (브라가의)
『겸손 권면』*Exhortatio humilitatis*
『교만』*De superbia*
『베네볼루스에게』
『진실한 삶의 방식』*Formula vitae honestae*
『허영심을 몰아냄』*Pro repellenda jactantia*

• 마리우스 빅토리누스
『바오로 서간 주해』(갈라티아서, 필리피서, 에페소서)*Commentarii in epistulas Pauli ad Galatas, ad Philippenses, ad Ephesios*

• 마카리우스 (이집트의)
『첫째 편지』*Epistula prima*

『마태오 복음 미완성 작품』*Opus imperfectum in Matthaeum*

• 막시무스 (고백자)
『성경 주해 선집』*Catena*

• 막시무스 (토리노의)
『설교집』*Sermones*

• 메토디우스 (올림푸스의)
『열 처녀의 향연』*Convivium decem virginum*

• 미누키우스 펠릭스

『옥타비우스』*Octavius*

『바르나바의 편지』*Epistula Barnabae*

• 바르사누피우스와 요한

『(공주 수도승에게 보낸) 질문과 답변』*Quaestiones et responsiones (ad coenobia)*

• 바실리우스 (대)

『겸손에 관한 설교』(설교 20)*De humilitate, homilia 20*

『고리대금업자 반박』*Contra usurarios*

『그대 자신에게 주의를 기울여라』*Homilia in illud: Attende tibi ipsi*

『기근과 가뭄 때 행한 설교』(설교 8)*Homilia dicta tempore famis et siccitatis*

『내 곳간들을 헐어내리라』(설교 6)*Homilia in illud: Destruam horrea mea*

『대 수덕집』(긴 규칙서)*Asceticon magnum sive quaestiones (regulae fusius tractatae)*

『대 수덕집 (긴 규칙서) 서론』*Prologus 4 (prooemium in asceticum magnum)*

『도덕 규칙서』*Regulae morales / Moralia*

『분노하는 이들 반박』(설교 10)*Homilia adversus eos qui irascuntur*

『서간집』*Epistulae*

『설교집』*Sermones*

『성령론』*De Spiritu sancto*

『세례론』(2권)*De baptismo libri duo*

『시편 강해』*Homiliae super Psalmos*

『시편 제15편에 관한 둘째 강해』*In psalmum XV homilia secunda*

『에우노미우스 반박』(5권)*Adversus Eunomium libri V*

『자비와 심판에 관한 설교』*Homilia de misericordia et iudicio*

『자선에 관한 설교』*De eleemosyna*

『잠언 시작에 관한 설교』(설교 12)*Homilia in principium proverbiorum*

『하느님의 심판』*De iudicio Dei*

• 발레리아누스 (시미에의)

『설교집』*Homiliae*

• 베네딕도

『수도 규칙』*Regula Benedicti*

• 베다 (존자)

『가톨릭 서간 해설』*Super epistulas catholicas expositio*

『루카 복음 해설』*In Lucae evangelium expositio*

『마르코 복음 해설』*In Marci evangelium expositio*

『묵시록 해설』*Explanatio Apocalypsis*

『복음서 강해』*Homiliarum evangelii libri ii*

『사도행전 해설』*Expositio Actuum Apostolorum*

『사무엘기 상권 우의적 해설』*In Samuelem prophetam allegorica expositio*

『성막과 제구』*De tabernaculo et vasis eius ac vestibus sacerdotum*

『솔로몬의 성전』*De templo Salomonis*

『솔로몬의 잠언 우의적 해설』*In proverbia Salomonis allergoricae interpretationis fragmenta*

『아가 우의적 해설』*In Cantica Canticorum allegorica expositio*

『에즈라기와 느헤미야기 우의적 해설』*In Esdram et Nehemiam prophetas allegorica expositio*

• 브라울리오 (사라고사의)

『서간집』*Epistulae*

• 빅토리누스 (페타우의)

『묵시록 주해』*Commentarii in Apocalypsim*

『사도 헌장』*Constitutiones apostolotum*

• 사도나/마르티리우스

『완덕에 관한 책』*Liber de perfectione*

『사막 사부들의 금언집』*Sententiae Patrum*

• 살비아누스 (마르세유의)

『교회에게 또는 탐욕 반박』*Ad ecclesiam sive Adversus avaritiam*

『하느님의 다스림』*De gubernatione Dei*

• 세베루스 (안티오키아의)

『대성당 설교집』*Homiliae cathedrales*

『성경 주해 선집』*Catena*

• 세베리아누스 (가발라의)

『바오로 서간 주해 단편』*Fragmenta in epistulas sancti Pauli*

• 셰누테

『언어』*De lingua*

• 시메온 (신 신학자)

『교리교육』*Catecheses*

• 아그드 교회회의

『법규』*Canon*

• 아르노비우스 (소)

『시편 주해』*Commentarii in psalmos*

• 아스테리우스 (설교가)

『시편에 관한 설교』*Homiliae de Psalmis*

• 아우구스티누스

『가톨릭 교회의 관습과 마니교도의 관습』*De moribus ecclesiae catholicae et de moribus Manichaeorum*

『갈라티아서 해설』*Expositio epistulae ad Galatas*

『거룩한 동정』*De sancta virginitate*

『거짓말』*De mendacio*

『거짓말 반박』*Contra mendacium*

『고백록』*Confessiones libri tredecim*

『과부 신분의 유익』*De bono viduitatis*

『그리스도교 교양』*De doctrina christiana*

『그리스도인의 삶』*De vita Christiana*

『그리스도인의 투쟁』*De agone christiano*

『로마서 명제 해설』*Expositio quarundam propositionum ex epistula (apostolic)ad Romanos*

『마니교도 반박 창세기 해설』*De Genesi adversus Manichaeos*

『마니교도 파우스투스 반박』*Contra Faustum*

『믿음 희망 사랑』*Enchiridion de fide, spe et caritate*

『복음사가들의 일치』*De consensu evangelistarum*

『본성과 은총』*De natura et gratia*

『부정한 혼인』*De adulterinis coniugiis*

『삼위일체론』*De Trinitate*

『서간집』*Epistulae*

『설교집』*Sermones*

『성도들의 예정』*De praedestinatione sanctorum*

『시편 상해』*Enarrationes in Psalmos*

『신국론』*De civitate Dei*

『신앙과 신경』*De fide et symbolo*

『심플리키아누스에게 보낸 여러 질문』*De diversis quaestionibus ad Simplicianum*

『여든세 가지 다양한 질문』*De diversis quaestionibus octoginta tribus*

『영과 문자』*De spiritu et littera*

『예비신자를 위한 신경 해설』*De symbolo ad catechumenos*

『요한 복음 강해』*In Johannis evangelium tractatus*

『요한 서간 강해』*In Johannis epistulam ad Parthos tractatus*

『유대인 반박』*Adversus Judaeos*

『율리아누스 반박』*Contra Julianum*

『은총과 자유의지』*De gratia et libero arbitrio*

『인간 의로움의 완성』*De perfectione iustitiae hominis*

『입문자 교리교육』*De catechizandis rudibus*

『자유의지론』*De libero arbitrio*

『절제』*De continentia*

『주님의 산상 설교』*De sermone Domini in monte*

『참된 종교』*De vera religione*

『창세기 문자적 해설』*De Genesi ad litteram*

『페틸리아누스 서간 반박』*Contra litteras Petiliani*

『펠라기우스 행적』*De gestis Pelagii*

『펠라기우스파 두 서간 반박』*Contra duas epistulas Pelagianorum*

『혼인과 정욕』*De nuptiis et concupiscentia*

• 아타나시우스

『니케아 공의회 교령』*De decretis Nicaenae synodi*

『라자로의 부활에 관한 설교』*Homilia in resurrectionem Lazari*

『말씀의 육화』*De incarnatione Verbi*

『성 안토니우스의 생애』*Vita sancti Antonii*
『아리우스파 반박 연설』(1-3편)*Orationes tres contra Arianos*
『축일 서간집』*Epistulae festales*
『호르시에시에게 보낸 둘째 편지』*Epistua secunda ad Horsiesi*

• 아폴리나리스 (라오디케아의)

『로마서 주해 단편』*Fragmenta in epistulam ad Romanos*
『마태오 복음 단편』*Fragmenta in Matthaeu*
『요한 복음 단편』*Fragmenta in Ioannem*

• 아프라하트

『논증』*Demonstrationes*

• 아프링기우스 (베자의)

『묵시록 주해』*Tractatus in Apocalypsin*

• 안드레아스

『성경 주해 선집』*Catena*

• 안드레아스 (카이사리아의)

『묵시록 주해』*Commentarii in Apocalypsin*

• 안키라 교회회의

『법규』*Canon*

• 암모니우스

『성경 주해 선집』*Catena*

• 암브로시아스테르

『구약성경과 신약성경에 관한 질문』*Quaestiones Veteris et Novi Testamenti*
『바오로의 열세 서간 주해』*Commentarius in XIII epistulas Paulinas*

• 암브로시우스

『과부』*De viduis*

『나봇 이야기』*De Nabuthae*

『낙원』*De paradiso*

『동정』*De virginitate*

『루카 복음 해설』*Expositio evangelii secundum Lucam*

『서간집』*Epistulae*

『성령론』*De Spiritu Sancto*

『성사론』*De sacramentis*

『성조』*De patriarchis*

『성직자의 의무』*De officiis ministrorum*

『세상 도피』*De fuga saeculi*

『시편 제118편 해설』*Expositio de psalmo CXVIII*

『신앙론』*De fide*

『아브라함』*De Abraham*

『야곱과 행복한 삶』*De Iacob et vita beata*

『열두 시편 해설』*Explanatio super psalmos XII*

『요셉』*De Ioseph*

『욥과 다윗의 탄원』*De interpellatione Iob et David*

『육일 창조』*Hexaemeron*

『죽음의 유익』*De bono mortis*

『카인과 아벨』*De Cain et Abel*

『테오도시우스의 죽음』*De obitu Theodosii*

『토빗 이야기』*De Tobia*

『평신도들에게 보낸 편지』*Epistula ad laicos*

• 에바그리우스 (폰투스의)

『수도승에게』*Ad monachos*

『시편 발췌 주해』*Scholia in Psalmos*

『잠언 발췌 주해』*Scholia in Proverbia*

• 에우세비우스 (갈리아의)

『설교집』*Sermones*

• 에우세비우스 (베르첼리의)

『삼위일체론』*De Trinitate*

• 에우세비우스 (에메사의)

『로마서 주해 단편』*Fragmenta in epistulam ad Romanos*

『성경 주해 선집』*Catena*

• 에우세비우스 (카이사리아의)

『교회사』*Historia ecclesiastica*

『복음의 논증』*Demonstratio evangelica*

『시편 주해』*Commentarii in psalmos*

『이사야서 주해』*Commentarii in Isaiam*

• 에우케리우스 (리옹의)

『세상 경멸』*De contemptu mundi*

• 에우티미우스

『마르코 복음 주해』*Commentarius in Evangelium secundum Marcum*

• 에프렘 (시리아인)

『열왕기 상권 주해』*In Primun Librum Regnorum*

『열왕기 하권 주해』*In Secundum Librum Regnorum*

『오바드야서 주해』*Commentarius in xii prophetas minores*

『욥기 주해』*Commentarii in Iob*

『우리 주님에 관한 설교』*Sermo de Domino nostro*

『즈카르야서 주해』*Commentarius in xii prophetas minores*

『창세기 주해』*Commentarius in Genesim*

『타티아누스의 네 복음서 발췌 합본 주해』*Evangelii concordantis exposition / In Tatiani Diatessaron*

『탄생 찬가』*Hymni de nativitate*

『히브리서 주해』*Srboyn Ep'remi Matenagrowt'iwnk"*

• 에피파니우스 (살라미스의)

『약상자』*Panarion / Adversus haereses*

• 오리게네스

『기도론』*De oratione*

『레위기 강해』*Homiliae in Leviticum*

『로마서 주해』*Commentarii in Romano*

『루카 복음 강해』*Homiliae in Lucam*

『마태오 복음 주해』*Commentarium in evangelium Matthaei (lib. 10-11)*

『민수기 강해』*In Numeros homiliae*

『사무엘기 상권 강해』*Homiliae in librum Regnum I*

『순교 권면』*Exhortatio ad martyrium*

『시편 발췌 주해』*Scholia in Psalmos*

『아가 주해』*Commentarium in Canticum canticorum*

『양탄자』*Stromata*

『에페소서 주해 단편』*Fragmenta ex Commentaries in Epistulam ad Ephesios*

『여호수아기 강해』*In Iesu Nave homiliae*

『예레미야서 강해』*In Jeremiam (homiliae 1-11)*

『요한 복음 주해』*Commentarii in evangelium Joannis (lib. 1 4, 5, 6, 10, 13)*

『욥기 단편』*Fragmenta in Iob*

『원리론』*De principiis*

『잠언 (해설) 단편』*Expositio in Proverbia (frag.)*

『창세기 강해』*Homiliae in Genesim*

『켈수스 반박』*Contra Celsum*

『탈출기 강해』*Homiliae in Exodum*

『코린토 1서 주해 단편』*Fragmenta ex Commentariis in Epistulam I ad Corinthios*

『판관기 강해』*In librum Iudicum homiliae*

• 오이쿠메니우스

『로마서 주해 단편』*Commentarii in Pauli epistulas (Rom.)(fragm.)*

『묵시록 주해』*Commentarius in Apocalypsin*

『사도행전과 가톨릭 서간, 바오로 서간 주해』*Commentarii in Acta Apostolorum, in epistulas catholicas, in Pauli epistulas*

『히브리서 주해 단편』*Commentarii in Pauli epistulas (Hebr.)(fragm.)*

• 올림피오도루스

『바룩서 주해』*Commentarii in Baruch*

『욥기 주해』*Commentarii in Iob*

• 요한 (노)

『서간집』*Epistulae*

• 요한 (다마스쿠스의)

『복된 동정 마리아의 영면에 관한 첫째 설교』*Homilia I in dormitionem beatae virginis Mariae*

『성화상에 관한 연설』(3편)*Orationes de imaginibus tres*

『신앙 해설』*Expositio fidei*

• 요한 카시아누스

『규정집』*De institutis coenobiorum et de octo principalium vitiorum remediis*

『담화집』*Collationes*

• 요한 크리소스토무스

『갈라티아서 주해』*In epistulam ad Galatas commentarius*

『그리스도의 신성에 관해 유대인과 이교인 반박』*Contra Iudaeos et gentiles quod Christus sit Deus*

『내 아버지께서 여태 일하고 계시다』*In illud: Pater meus usque modo operatur*

『동정』*De virginitate*

『라자로에 관한 강해』*De Lazaro homiliae 1-7*

『라자로와 부자』*De Lazaro et divite*

『로마서 강해』*In epistulam ad Romanos homiliae 1-32*

『마태오 복음 강해』*In Matthaeum (homiliae 1-90)*

『사도행전 강해』*In Acta apostolorum homiliae 1-55*

『사제직』*De sacerdotio libri 1-6*

『성경 주해 선집』*Catena*

『세례 받을 이들을 위한 마지막 교리교육』*Catechesis ultima ad baptizandos*

『수도생활을 반대하는 이들 반박』*Adversus oppugnatores vitae monasticae*

『시편 해설』*Expositio in psalmos*

『(입상에 관해) 안티오키아 신자들에게 행한 강해』*Ad populam Antiochenum homiliae (de statuis)*

『에페소서 강해』*In epistulam ad Ephesios*

『예비신자 교리교육』*Catecheses ad illuminandos*

『요한 복음 강해』*In Joannem (homiliae 1-88)*

『욥기 주해』*Commentarius in Iob*

『유대인 반박』*Adversus Iudaeos*

『자선』*De eleemosyna*

『잠언 (주해) 단편』*Fragmenta in Proverbia*

『재혼하지 말아야 한다』*De non iterando coniugio*

『젊은 과부에게』*Ad viduam iuniorem*

『중풍 병자에 관한 설교』*Homilia in paralyticum*

『참회에 관한 설교』*De paenitentia (homiliae 1-9)*

『창세기 강해』*In Genesim (homiliae 1-67)*

『코린토 1서 강해』*In epistulam I ad Corinthios argumentum et homiliae I-XLIV*

『코린토 2서 강해』*In epistulam II ad Corinthios (homiliae 1-30)*

『콜로새서 강해』*In epistulam ad Colossenses homiliae 1-12*

『테살로니카 1서 강해』*In epistulam I ad Thessalonicenses homiliae 1-11*

『티모테오 1서 강해』*In epistulam I ad Timotheum argumentum et homiliae 1-18*

『티모테오 2서 강해』*In epistulam II ad Timotheum homiliae 1-10*

『티토서 강해』*In epistulam ad Titum homiliae 1-6*

『필리피서 강해』*In epistulam ad Philippenses argumentum et homiliae 1-15*

『하느님의 이해할 수 없는 본성』(강해 1-5)*De incomprehensibili Dei natura Contra Anomoeos homiliae 1-5)*

『한나에 관한 설교』*De Anna sermones 1-5*

『히브리서 강해』*In epistulam ad Hebraeos*

• 위-디오니시우스
『신명론』*De divinis nominibus*
『천상 위계』*De coelesti hierarchia*

• 위-바실리우스
『자비와 심판에 관한 설교』*Homilia de misericordia et iudicio*

• 위-아우구스티누스
『구약성경과 신약성경에 관한 질문』*Quaestiones Veteris et Novi Testamenti*

• 위-아타나시우스
『시편 해설』*Expositiones in Psalmos*

• 위-암브로시우스
『악덕과 덕의 갈등』*Liber de vitiorum virtutumque conflictu*

• 위-콘스탄티우스

『로마서 단편』*Fragmenta in epist. ad Romanos*

• 위-클레멘스 (로마의)

『코린토 신자들에게 보낸 둘째 편지』*Epistula II ad Corinthios*

• 유스티누스 (순교자)

『유대인 트리폰과의 대화』*Dialogus cum Tryphone Iudaeo*

• 율리아누스 (에클라눔의)

『욥기 해설』*Expositio libri Iob*

• 율리아누스 포메리우스

『관상 생활』*De vita contemplatina*

• 이그나티우스 (안티오키아의)

『에페소 신자들에게 보낸 편지』*Epistula ad Ephesios*

• 이레네우스 (리옹의)

『이단 반박』*Adversus haereses*

• 이사악 (니네베의)

『수덕 생활』
『종교적 완성』*De perfectione religiosa*
『카이사리아의 시메온 수도원장에게 보낸 편지』

• 이쇼다드 (메르브의)

『열왕기 상권 해설』*Expositio in Primun Librum Regnorum*
『욥기 주해』*Commentarius in Job*
『이사야서 주해』*Commentarii in Isaiam)*
『주해집』*Commentaries*

• 이시도루스 (세비야의)

『명제』(3권)*Sententiarum libri tres / Sententiae*

• 익명

『열두 성조의 유언』*Testamentum duodecim patriarcharum*

• 익명

『파코미우스의 생애』*Vita Pachomii*

• 저자 미상

『성경 주해 선집』*Catena*

• 저자 미상의 비유사파

『욥기 주해』*Commentarius in Iob*

• 카시오도루스

『사도들의 서간과 사도행전, 요한 묵시록 요약』*Complexiones in Epistulas Apostolorum, Actuum Apostolorum et Apocalypsis Ioannis*

『시편 해설』*Expositio psalmorum*

• 카이사리우스 (아를의)

『묵시록 해설』*Expositio in Apocalypsim*

『설교집』*Sermones*

• 크로마티우스 (아퀼레이아의)

『마태오 복음 강해』*Tractatus in Matthaeum*

『설교집』*Sermones*

• 클레멘스 (로마의)

『코린토 신자들에게 보낸 첫째 편지』*Epistula I ad Corinthios*

• 클레멘스 (알렉산드리아의)

『교육자』*Paedagogus*

『단편집』*Fragmenta*

『양탄자』*Stromata*

『어떤 부자가 구원받는가?』*Quis dives salvetur?*

『테오도투스의 작품에서 발췌』*Excerpta ex Theodoto*

• 키릴루스 (알렉산드리아의)

『로마서 단편』*Fragmenta in epist. ad Romanos*

『루카 복음 주해』*Commentarii in Lucam*

『마태오 복음 단편』*Fragmenta in Matthaeum*

『모세오경의 격조 있는 해설』*Glaphyra in Pentateuchum*

『성경 주해 선집』*Catena*

『열두 소예언서 주해』*Commentarius in XII prophetas minores*

『요한 복음 주해』*Commentarii in Iohannem*

『율리아누스 황제 반박』*Contra Iulianum imperatorem*

『이사야서 주해』*Commentarius in Isaiam prophetam*

• 키릴루스 (예루살렘의)

『신비 교리교육』*Mystagogiae (catecheses) 1-5*

『예비신자 교리교육』*Catecheses ad illuminandos 1-18*

• 키프리아누스

『가톨릭 교회의 일치』*De catholicae ecclesiae unitate*

『데메트리아누스에게』*Ad Demetrianum*

『배교자』*De lapsis*

『서간집』*Epistulae*

『선행과 자선』*De opere et eleemosynis*

『인내의 유익』*De bono patientiae*

『주님의 기도』*De dominica oratione*

『죽음』*De mortalitate*

• 테르툴리아누스

『기도론』*De oratione*

『마르키온 반박』*Adversus Marcionem*

『박해에서 도피』*De fuga in persecutione*

『아내에게』*Ad uxorem*

『영혼론』*De anima*

『우상 숭배』*De idololatria*

『월계관』*De corona*

『이단자들에 대한 항고』*De praescriptione haereticorum*

『정덕』*De pudicitia*

『죽은 이들의 부활』*De resurrectione mortuorum*

『호교론』*Apologeticum*

• 테오도레투스 (키루스의)

『다니엘서 주해』*Interpretatio in Danielem*

『민수기에 관한 질문』

『바오로의 열두 서간 주해』*Interpretatio in XII epistulas (sancti)Pauli*

『바오로의 열두 서간 주해 단편』』

『서간집』*Epistulae: Collectio Sirmondiana, 1-95*

『섭리에 관한 연설』*De providentia orationes X*

『시편 주해』*Interpretatio in Psalmos*

『아가 주해』*Explanatio in Canticum canticorum*

『에제키엘서 주해』*Interpretatio in Ezechielem*

『오바드야서 주해』*Interpretatio in XII prophetas minores*

『이사야서 주해』*Commentaria in Isaiam*

『하까이서 주해』*Interpretatio in XII prophetas minores*

『호세아서 주해』*Interpretatio in XII prophetas minores*

• 테오도루스 (몹수에스티아의)

『로마서 단편』*Fragmenta in Epistulam ad Romanos*

『로마서 주해 단편』*Fragmenta in Epistulam ad Romanos*

『마태오 복음 단편』*Fragmenta in Matthaeum*

『시편 해설』*Expositio in psalmos*

『오바드야서 주해』*Commentarius in XII prophetas minores*

『요한 복음 주해』*Commentarii in Ioannem*

『즈카르야서 주해』*Commentarius in XII prophetas minores*

『티모테오 1서 주해』*Commentarius in epistulam I ad Timotheum*

『히브리서 단편』*Fragmenta in Epistulam ad Hebraeos*

• 테오도루스 (헤라클레아의)

『마태오 복음 단편』*Fragmenta in Matthaeum*

『요한 복음 단편』*Fragmenta in Ioannem*

• 테오필락투스

『베드로 1서 주해』*Commentarius in epistulam I Petri*

『베드로 2서 주해』*Commentarius in epistulam II Petri*

『야고보서 주해』*Commentarius in epistulam Iacobi*

『요한 1서 주해』*Commentarius in epistulam I Ioannis*

『호세아서 주해』*In Osee commentarius*

• 테오필루스 (안티오키아의)

『아우톨리쿠스에게』*Ad Autolycum libri III*

• 티코니우스

『묵시록 주해』*Commentarius in Apocalypsin*

• 파울리누스 (놀라의)

『시가집』*Carmina*

『서간집』*Epistulae*

• 파코미우스

『교리교육』*Catecheses*

『서간집』*Epistulae*

『역대기』*Paralipomena*

• 파키아누스 (바르셀로나의)

『참회자』*De paenitentibus*

• 파테리우스

『구약성경과 신약성경 해설』*Liber de expositione veteris ac novi testamenti*

• 페트루스 크리솔로구스

『설교집』*Sermones*

• 펠라기우스

『그리스도인의 삶』*Liber de vita christiana*

『로마서 주해 단편』*Fragmenta in epistulam ad Romanos*

『바오로의 열세 서간 해설』*Expositiones XIII epistularum Pauli*
『콜로새서 주해』*Commentarii in Colossenses*

• 포시디우스
『아우구스티누스의 생애』*Vita sancti Augustini*

• 포티우스
『히브리서 단편』*Fragmenta in epistulam ad Hebraeos*

• 폴리카르푸스
『필리피 신자들에게 보낸 편지』*Epistula ad Philippenses*

• 풀겐티우스 (루스페의)
『서간집』*Epistulae*
『설교집』*Sermones*
『아리우스파 파스티디오수스의 설교 반박』*Liber ad Victorem contra sermonem Fastidiosi Ariani*
『죄의 용서에 관해 에우티미우스에게』*Ad Euthymium de remissione peccatorum libri II*

• 프로스페르 (아퀴타니아의)
『모든 민족의 소명』*De vocatione omnium gentium*

• 프로코피우스 (가자의)
『이사야서 주해 선집』*Catena in Isaiam*
『팔경 주해 선집』*Catena in Octateuchum*

• 프리마시우스
『묵시록 주해』*Commentarius in Apocalypsin*

• 필록세누스 (마부그의)
『카이사리아의 시메온 사부에게 보낸 편지』

• 필리푸스 (사제)
『욥기 주해』*Commentarii in librum Iob*

• 헤르마스

『목자』*Pastor*

• 헤시키우스 (예루살렘의)

『욥기 강해』*Homiliae in Iob*
『성경 주해 선집』*Catena*

• 호르시에시

『호르시에시의 유언』

• 히에로니무스

『다니엘서 주해』*Commentarii in Danielem*
『라자로와 부자에 관한 설교』*Homilia in Lucam, de Lazaro et divite*
『마르코 복음 강해』*Tractatus in Marci Evangelium*
『마태오 복음 주해』*Commentarii in Evangelium Matthaei*
『바오로 서간 주해』*Commentarii in IV epistulas Paulinas*
『서간집』*Epistulae*
『시편 강해 59편』*Tractatus lix in Psalmos*
『시편 둘째 강해집』*Tractatuum in Psalmos series altera*
『시편 주해』*Commentarioli in psalmos*
『에제키엘서 주해』*Commentarii in Ezechielem*
『예레미야서 주해』(6권)*In Hieremiam prophetam libri VI*
『예루살렘의 요한 반박』*Contra Ioannem Hierosolymitanum*
『요비니아누스 반박』*Adversus Iovinianum*
『이사야서 주해』*Commentarii in Isaiam*
『창세기의 히브리어에 관한 질문』
『코헬렛 주해』*Commentarius in Ecclesiasten*
『티토서 주해』*Commentarii in IV epistulas Paulinas (ad Titum)*
『펠라기우스파 반박 대화』(3권)*Dialogi contra Pelagianos libri III*
『필레몬서 주해』*Commentarii in IV epistulas Paulinas (ad Philemonem)*
『호세아서 주해』*Commentarii in Prophetas minores (Osee)*

• 히폴리투스

『그리스도의 적』*De antichristo*

『다니엘서 주해』*Commentarium in Danielem*
『잠언 단편』*Fragmenta in Proverbia*

• 힐라리우스 (아를의)
『일곱 가톨릭 서간 해설』*Expositio in VII epistulas catholicas*

• 힐라리우스 (푸아티에의)
『마태오 복음 주해』*Commentarius in Evangelium Matthaei*
『삼위일체론』*De Trinitate*
『시편 강해』*Tractatus super psalmos*
『시편 제1-91편 강해』*Tractatus super Psalmos I-XCI*

7 99
18 373
31-46 52 54
35 29
36 29
40 53
42 47
26,14 314
15 176
27,45.51 321
51 267
59 425
28,5 357
18 322

마르
1,24 324-6
2,21-22 276
3,21 73
4,19 33
5,1-9 324
25-34 320
6,41 254
7,6 361-2
6-7 231 362
10 68
11 68
9,2-8 402
42 418
10,17 225
17-23 226
18 250
19 225
21 34
24-25 417
29-30 74
12,30 326 362
30-31 241
40 380
41-44 381 383
42 42
42-43 382
42-44 381
43 382

43-44 381
44 383
13,14 377
15,33 321
46 425
16,6 357

루카
1,19 254
26-37 151
27 418
36 418
38 151
48 154
51 203 436
52 436
2,1-4 381
4 418
49 148
51 65
4,18 22
5,31 257
36-38 276
6,16 314
20 40
27.35 240
29 266
35 311
41-42 435
7,12 390
8,14 33
28 325
9,16 254
33 163
46 443
47 443
10,2 423
27 75 212
42 312
11,4 329
27-28 73
29-51 416
12,5 206
8 362 450

15 15
13,24 300
14,11 147 156 438 447
13 48 403
26 162
33 34
15,21 317
16,9 17 30
11 16
12 30
19-31 27
23-24 120
25 345
28 19
17,2 363 418
15 108
19-31 28
21 363 418
18,10 447
10 이하 158
10-14 327
18 225
18-25 220
19 250
20 68 225
24-25 417
19,1-10 395
8 42 226
10 170
16-17 216
17 310
21,1-4 383
2-3 382
3-4 382
20 377
22,15 257
27 157
23,41 321
42 321
43 321-2
44 321
53 425

요한
1,1 252 260
9 403
14 38
42 415
2,4 67
3,8 253
12 262
16 53
31 360
4,23 360
5,23 360 363
6,27 221
37 262
39 238
51.58 346
7,5 73
8,6 396
7 86
11 87
18 275-6
44 130-1 138 141
218
47 233
49 329
9,7 104
35 320
38 320
39 99
10,9 141
11,28 410
34 417
44 330
12,8 188 362
42 323
43 323
44-45 400
13,14-15 156
15 156
28-29 49
34 228-30 275
35 228 230 325
14,2 37 292
5 230

6 132 141 149 218
357
9 400
15 230 235
15.23 239
21 234 236
27 75
15,6 199
12 228-30
16 117
26 276
17,11 417
16-17 126
19 122
40 425
19,34 424
20,1 416
31 320
21,12 187
17 317
19 286

사도
3,6 21
8 115
4,13 369
32 376
5,1-2 33
7,30 408
60 283
8,26 245
27-28 181
9,15 152
16 352
36-41 384
43 152
10,3 245
14 414
15 414
20 246
26 184
35 202-3
11,17 244
14,10-14 418

15 359
15,5-21 422
16,10 245
20,24 348
24,14 184

로마
1,8 118
9 422
17 261 427
20 102-3 405
20-21 359
21 177
22 434
25 188-9
28 435
2,3-4 398
7-9 203
8 177
14 203
25 135
26 232
3,2 255
4 130 137 141
7 130
18 205
23 119
31 241
4,3 199
5,3 240
5 240
14 97
21 100
6,11 123
7,7 222
10 225
14-16 221
22 17
23 85 212
25 172
8,3 223
6 404
18 215 296-7 354
22 361

26 110
27 244
28 337
29 185
9,1-8 73
7 137
22 112
10,8 273
9 319
10 318 320 361-2
11 319
12 319
11,16 122
17-24 451
36 359
12,12 291
16 146
18 163
13,9-10 240
10 228 276
14,3 170
10 170-1
14 421
16,25 256

1코린
1,23 357
24.30 125
29 429
30 126
2,10 254
12 254
14 254
15 112
3,9 145
12 236
16 86
21-22 389
22 196
4,7 112 146
12 283
5,1-5 333
6,9-10 58 178
15 86

16 84
20 86
7,25-40 153
9,20 135 421
21 135
10,4 89
11 182
13 290 292
24 135
31-32 110
33 135
11,1 368
3 61
12,3 324
7 368
26 284
28 270
13,5 135
7 325
9.12 244
12 401
15,8 153
9 153
28 316
33 387
43 111
50 403

2코린
1,7 293
2,5-11 90
3,2-3 220
18 253
4,10 279
16 142
18 94
5,6 299 378
10 171
17 278
19 201
21 275
6,10 21
17 79
7,1 193